区分	国名		廃藩置県	都府県名
東《とう》山《さん》道《どう》	陸《む》奥《つ》	陸《む》奥《つ》	青森	[illegible]
		陸《りく》中《ちゅう》	（秋田）盛岡	（[illegible]）岩手
		陸《りく》前《ぜん》	水沢	宮城
			仙台	
		磐《いわ》城《き》	磐《いわ》前《さき》	福島
			福島	
		岩《いわ》代《しろ》	若松	
	出《で》羽《わ》	羽《う》後《ご》	秋田	秋田
			酒《さか》田《た》	山形
		羽《う》前《ぜん》	山形	
			置《おき》賜《たま》	
	下《しも》野《つけ》		宇都宮	栃木
			栃木	
	上《こう》野《ずけ》		群馬	群馬
	信《しな》濃《の》		長野	長野
	飛《ひ》驒《だ》		筑《ちく》摩《ま》	岐阜
	美《み》濃《の》		岐阜	
	近《お》江《うみ》		長浜	滋賀
			大津	
北《ほく》陸《りく》道《どう》	越《えち》後《ご》		（若松）新潟	新潟
			柏崎	
	佐《さ》渡《ど》		相川	
	越《えっ》中《ちゅう》		新《にい》川《かわ》	富山
	能《の》登《と》		七《なな》尾《お》	石川
	加《か》賀《が》		金沢	
	越《えち》前《ぜん》		足《あす》羽《は》	福井
	若《わか》狭《さ》		敦《つる》賀《が》	
東《とう》海《かい》道《どう》	安《あ》房《わ》		木更津《きさらづ》	千葉
	上《かずさ》総			
	下《しもうさ》総		（新治）印《いん》旛《ば》	
	常《ひたち》陸		新《にい》治《ばり》	茨城
			茨城	

区分	国名	廃藩置県	都府県名
	[illegible]	東京	東京
東《とう》海《かい》道《どう》	相《さが》模《み》	神奈川	神奈川
	伊《い》豆《ず》	足《あし》柄《がら》	（東京）静岡
	駿《する》河《が》	静岡	
	遠《とおとうみ》江	浜松	
	甲《か》斐《い》	山梨	山梨
	三《み》河《かわ》	額《ぬか》田《た》	愛知
	尾《お》張《わり》	名古屋	
	伊《い》賀《が》	安濃津《あのつ》	三重
	伊《い》勢《せ》		
	志《し》摩《ま》	度《わた》会《らい》	
南《なん》海《かい》道《どう》	紀《き》伊《い》	（度会）	（三重）
		和歌山	和歌山
	淡《あわ》路《じ》	名《みょう》東《とう》	（兵庫）
	阿《あ》波《わ》		徳島
	土《と》佐《さ》	高知	高知
	伊《い》予《よ》	宇和島	愛媛
		松山	
	讃《さぬ》岐《き》	香川	香川
畿《き》内《ない》	大《やまと》和	奈良	奈良
	山《やま》城《しろ》	京都	京都
	河《かわ》内《ち》	堺《さかい》	大阪
	和《いずみ》泉		
	摂《せっ》津《つ》	大阪	
		兵庫	兵庫
山《さん》陰《いん》道《どう》	但《たじ》馬《ま》	豊岡（京都）	
	丹《たん》波《ば》		
	丹《たん》後《ご》		京都
	因《いな》幡《ば》	鳥取	鳥取
	伯《ほう》耆《き》		
	隠《お》岐《き》	島根	島根
	出《いず》雲《も》		
	石《いわ》見《み》	浜田	

区分	国名	廃藩置県	都府県名
山《さん》陽《よう》道《どう》	播《はり》磨《ま》	飾《しか》磨《ま》	（兵庫）
	美《みま》作《さか》	北条	岡山
	備《び》前《ぜん》	岡山	
	備《びっ》中《ちゅう》	深津	
	備《びん》後《ご》		広島
	安《あ》芸《き》	広島	
	周《す》防《おう》	山口	山口
	長《なが》門《と》		
西《さい》海《かい》道《どう》	筑《ちく》前《ぜん》	福岡	福岡
	筑《ちく》後《ご》	三《み》潴《ずま》	
	豊《ぶ》前《ぜん》	小倉	
	豊《ぶん》後《ご》	大分	大分
	肥《ひ》前《ぜん》	伊万里《いまり》	佐賀
	壱《い》岐《き》	長崎	長崎
	対《つしま》馬	（伊万里）	
	肥《ひ》後《ご》	八《やつ》代《しろ》	熊本
		熊本	
	日《ひゅう》向《が》	美々津《みみつ》	宮崎
	大《おお》隅《すみ》	都《みやこの》城《じょう》	鹿児島
	薩《さつ》摩《ま》	鹿児島	

注・区分は、701年の大宝令の畿内七道の制による。
・国名は、927年の延喜式による(68国)。陸奥・出羽の分割は1868年に行われた。
・廃藩置県の欄は、県名の改廃が多いので、1871年末の3府72県を示した。
・県名は、1890年の府県制実施以後のものを示した。東京府は1943年に都制がしかれ、東京都となった。

編　者

長田　勝宏　　平林　　明
柳澤　　哲

■表紙写真　村上　宏治
■本文写真提供（敬称略）　アマナイメージズ／コーベット・フォトエージェンシー／CPC photo／TNM Image Archives Source:http://TnmArchives.jp/／PANA通信社／毎日フォトバンク／悠工房

凡　例

1　史料は、学習上の重要度に応じて①**基本史料**（語注＋史料＋通釈の3段組）、②**発展史料**（語注＋史料の2段組）、③**参考史料**の3つに分類し、位置付けた。

2　発展史料・参考史料中、史料の解釈が難解と思われる箇所については、自学自習の便宜をはかるため、**部分的に通釈**を付けた。

3　史料は、過去10年間にわたるセンター試験、主要国公立・私立大**入試に出題された頻度**に応じて★★★★★（非常に出題頻度が高い）、★★★★（特に出題頻度が高い）・★★★（比較的頻度が高い）・★★（時折出題される傾向がある）・★（頻度は低いもしくは出題されていない）の5段階で示した。

4　原文が、漢文・和様漢文・和漢混交文は、原則として書き下し文とし、必要に応じて句読点を付けた。送りがなは歴史的かなづかいにより、ふりがなは現代かなづかいを原則とした。史料文の省略は、中略と必要に応じ後略を……で表した。

5　史料の重要部分は、赤太字体で示した。

6　年代表記は、原則として西暦を優先し、日本の元号は（　）で示した。

7　**解説**は、単に史料のみの解説にとどまらず、その歴史的意義や時代の背景・動向についても言及し、史料が歴史の流れのなかでとらえられるよう充実させ、幅広い学習ができるよう配慮した。

8　重要史料の冒頭部分には、**要点ナビ**を設置し、要点を頭に入れてから史料を読むことで理解が一層深まるようにした。なお、（　）内に将軍や首相など主たる時の人物を示した。

9　重要史料には、入試の論述・記述式問題対策として**探究**を設け、史料の意義や歴史の流れを確実につかめるようにした（別冊「探究の解説」があります）。

10　各テーマには適宜「**Spot**」を登載し、歴史事象を種々の角度からアプローチでき、歴史への関心が一層深まるようにした。

11　目次について、各史料を掲載した頁番号は（　）内に示した。

目次

第1編　原始・古代

史料年表

時代	西暦（元号）	政治・経済・社会・文化	関連史料	朝鮮	中国
旧石器	B.C.70万年頃から	旧石器文化	p.12		
縄文	B.C.1万1000年頃から	縄文文化	p.13		
	B.C.400年頃				
弥生時代	A.D.57年	奴国王、後漢に朝貢	p.15	高句麗・三韓・漢の支配	後漢
	239年	邪馬台国卑弥呼、魏へ遣使	p.17		魏・呉・蜀
古墳時代	372年	百済王、七支刀を日本に贈る	p.24		晋
	391年	朝鮮出兵	p.23		
		このころ漢字使用始まる	p.27	高句麗・百済・新羅	南北朝
	478年	倭王武、宋に上表	p.24		
	527年	磐井の乱	p.31		
		このころ仏教公伝	p.29		
飛鳥時代	603年	冠位十二階制定			隋
	604年	憲法十七条制定	p.34		
	607年	小野妹子を隋に派遣	p.36		
	〃	法隆寺創建	p.38		唐
	645(大化元)年	大化改新（乙巳の変）	p.40		
	646(〃 2)年	改新の詔	p.41		
	663年	白村江の戦い	p.43		
	672年	壬申の乱	p.45		
	701(大宝元)年	大宝律令	p.48	新羅　渤海	
	708(和銅元)年	和同開珎を鋳造	p.57		
奈良時代	710(〃 3)年	平城京遷都	p.57		
	711(〃 4)年	蓄銭叙位令	p.57		
	712(〃 5)年	『古事記』成立	p.67		
	720(養老4)年	『日本書紀』成立	p.69		
	723(〃 7)年	三世一身の法	p.59		
	741(天平13)年	国分寺・国分尼寺の建立の詔	p.62		
	743(〃 15)年	大仏造立の詔	p.63		
		墾田永年私財法	p.59		
	792(延暦11)年	健児	p.72		
平安時代	794(〃 13)年	平安京遷都	p.71		
	866(貞観8)年	応天門の変	p.80		
	894(寛平6)年	遣唐使停止	p.76		
	902(延喜2)年	延喜の荘園整理令	p.74		
	939(天慶2)年	平将門の乱	p.91	高麗　契丹	五代
	1017(寛仁元)年	藤原道長、太政大臣となる	p.81		宋
	1051(永承6)年	前九年合戦	p.93		
	1083(永保3)年	後三年合戦	p.93		

関連地図

※年代は創建年。

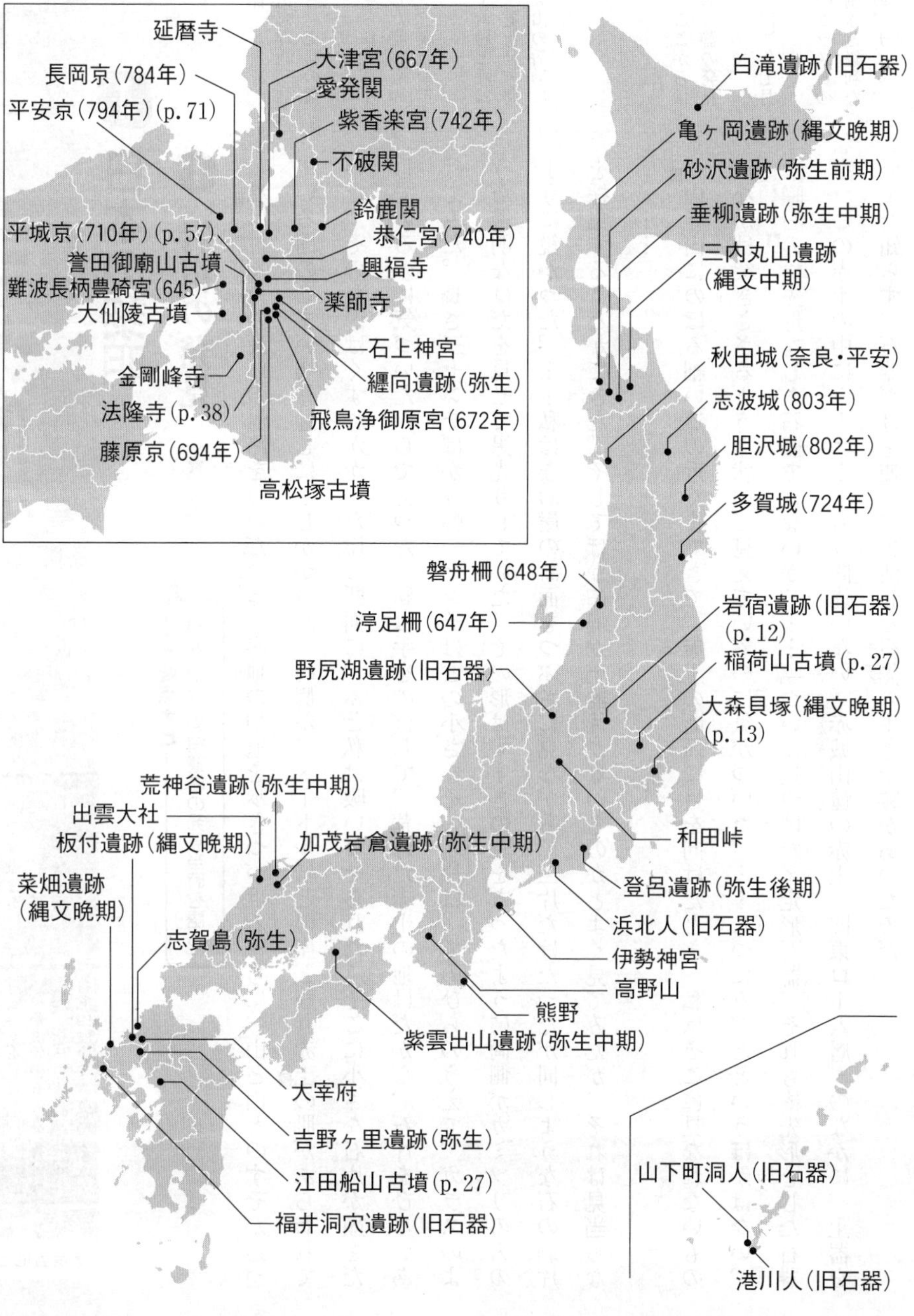

延暦寺
長岡京(784年)
平安京(794年)(p. 71)
大津宮(667年)
愛発関
紫香楽宮(742年)
不破関
鈴鹿関
平城京(710年)(p. 57)
恭仁宮(740年)
誉田御廟山古墳
興福寺
難波長柄豊碕宮(645)
大仙陵古墳
薬師寺
石上神宮
金剛峰寺
纒向遺跡(弥生)
法隆寺(p. 38)
飛鳥浄御原宮(672年)
藤原京(694年)
高松塚古墳
白滝遺跡(旧石器)
亀ヶ岡遺跡(縄文晩期)
砂沢遺跡(弥生前期)
垂柳遺跡(弥生中期)
三内丸山遺跡
(縄文中期)
秋田城(奈良・平安)
志波城(803年)
胆沢城(802年)
多賀城(724年)
磐舟柵(648年)
渟足柵(647年)
岩宿遺跡(旧石器)
(p. 12)
稲荷山古墳(p. 27)
野尻湖遺跡(旧石器)
大森貝塚(縄文晩期)
(p. 13)
荒神谷遺跡(弥生中期)
出雲大社
板付遺跡(縄文晩期)
加茂岩倉遺跡(弥生中期)
和田峠
菜畑遺跡
(縄文晩期)
登呂遺跡(弥生後期)
浜北人(旧石器)
志賀島(弥生)
伊勢神宮
高野山
熊野
紫雲出山遺跡(弥生中期)
大宰府
吉野ヶ里遺跡(弥生)
江田船山古墳(p. 27)
福井洞穴遺跡(旧石器)
山下町洞人(旧石器)
港川人(旧石器)

第1章 日本文化の黎明《れいめい》

十餘條可貴哉仁賢之化也然東夷天性柔順異於三方之外
故孔子悼道不行設浮於海欲居九夷有以也
夫樂浪海中有倭人分爲百餘國以歲時來獻見云
自危四度至十六度謂之析木之

漢書地理志

① 日本の黎明

① 岩宿の発見 ★☆☆☆

要点ナビ　相沢忠洋、岩宿遺跡の発見当時を語る。

私[1]は村々での商いの帰路を急いだ。丘陵地《きゅうりょうち》の畑道を歩きつづけるうちに、山と山とのすそが迫っている間のせまい切り通しにさしかかった。両側が二メートルほどの崖《がけ》となり赤土[2]の肌《はだ》があらわれていた。そのなかばくずれかかった崖《がけ》の断面に、ふと私は吸いよせられた。そこに小さな石片《せきへん》が顔をだしているのに気づいたからであった。私は手をのばして、荒れた赤土の地はだから、石片をひろいあげてみた。長さ三センチばかり幅一センチほどの小さなその石片は、てのひらのうえで、ガラスのような透明なはだを見せて黒光りしていた。その形はすすきの葉をきったように両側がカミソリの刃のように鋭かった。……私はなお崖の断面をつぶさに見ながら、三片だけだったが同じような石の剝片《はくへん》を採集することができた。そしてほかに何か土器片がないものかとよく見てみたが、それは見当らない。……

[3]山寺山にのぼる細い道の近くまできて、赤土の断面に目を向けたとき、私はそこに見なれないものがなかば突きささるような状態で見えているのに気がついた。……じつにみごとというほかはない、黒曜石《こくようせき》[4]の槍《やり》先形をした石器ではないか。……「ついに見つけた！定形石器、それも槍先形をした石器を。この赤土の中に……」……もう間違いない。赤城山麓《あかぎさんろく》の赤土（関東ローム層）のなかに、土器をいまだ知らず、石器だけを使って生活した祖先《そせん》の生きた跡《あと》があったのだ。

※色文字は重要語

[1] **私**　著者の相沢忠洋氏。岩宿遺跡の発見者。史料の前半は、一九四六（昭和二一）年に細石器と見られる石片を初めて発見した時のもので、当時彼は二〇歳の青年であった。

[2] **赤土**　関東ローム層と呼ばれる火山灰層。更新世末期に関東周辺の火山の活動によって形成された。

[3] **山寺山に……**　ここからは、槍先形との定形石器の発見について記したもので、一九四九（昭和二四）年七月のことである。

[4] **黒曜石**　半透明ガラス質の火山岩。打ち割ると鋭利な刃ができるため、ナイフ、

石槍《せきそう》、石鏃《せきぞく》などの剥片《はくへん》石器の素材となった。

史料注

「岩宿」の発見――幻の旧石器を求めて 岩宿遺跡の発見者相沢忠洋氏の自伝。一九六九（昭和四四）年に刊行。

『「岩宿《いわじゅく》」の発見―― 幻《まぼろし》の旧石器を求めて』

解説 日本列島で人類が生活を始めたのは、いつなのだろうか。戦前までは、土器を伴う縄文文化が最古であって、その以前の文化――すなわち旧石器文化の存在は認められていなかった。その定説をくつがえしたのが、行商で生計を立てながら考古学の研究を続けていた無名の一青年、**相沢忠洋《あいざわただひろ》**氏によるこの岩宿《いわじゅく》遺跡の発見である。

この発見を契機に、その後日本における**旧石器文化**の研究はすすみ、全国で五〇〇〇か所を超える遺跡が発見されるに至った。しかし、旧石器時代とはいえ、三万年前以前の古い段階の遺跡は、発見例は稀《まれ》であるので、日本の旧石器文化がどこまでさかのぼれるのかは、今後の研究を待たねばならない。

石器とともに、この時代の人類の存在を証明するのが、化石となった人骨である。戦後、浜北人《はまきたじん》、港川人《みなとがわじん》などが発掘された。骨から推定される旧石器時代人の特徴は、著しく低身長で、男で一五〇センチ程度だったらしい。

要点ナビ モース、大森貝塚の発見当時を語る。

1 横浜に上陸……行ったとき 一八七七（明治一〇）年六月二〇日頃。

2 私 著者のE・S・モース（一八三八～一九二五）アメリカの動物学者。来日後、東京大学で教鞭をとり、大森貝塚の発見で日本の考古学の基礎を築いた。

3 貝墟 貝塚。

4 メイン州 アメリカ合衆国北東部の州。

5 六マイル 約九・七キロ。一マイルは約一・六一キロ。

6 古代陶器 縄文土器。モースはこの土器をcord marked potteryと呼んだ。

2 大森貝塚 ★☆☆☆

横浜に上陸して数日後、初めて東京へ行ったとき[1]線路の切り割に貝殻《かいがら》の堆積《たいせき》があるのを、通行中の汽車の窓から見て、私[2]は即座《そくざ》にこれを本当の貝墟《かいきょ》[3]だと認識した。私はメイン州[4]の海岸で貝塚をたくさん研究したから、ここにあるものの性質もすぐ認めた。私は数カ月間、誰かが私より先にそこへ行きはしまいかということを絶えずおそれながら、この貝墟を訪れる機会を待っていた。……われわれは東京から六マイル[5]の大森まで汽車に乗り、それから築堤《ちくてい》までの半マイルは、線路を歩いていった。……最後に現場に到達するやいなや、われわれは古代陶器《とうき》[6]のすばらしい破片《はへん》を拾い始め、学生たちは私が以前ここへきたにちがいないといい張った。私はうれしさのあまり、まったく夢中になってしまったが、学生たちも私の熱中に仲間入りした。

『日本その日その日』

解説 約一万年前以降を地質学では、完新世《かんしんせい》と呼ぶ。それ以前（約二〇〇万年前から一万年前まで）は更新世《こうしんせい》といわれ、氷期と間氷期をくり返す氷河時代であったのに対し、地球全体が温暖化したため、地表をおおっていた氷河が解け出し海水面が上昇する時期である。日本列島が形成されたのは、このころのことであった。このような大きな自然環境の変化は、日本列島に新しい文化―**縄文文化**を生み出した。人々は、動物相の変化に対応する弓矢を発明し、食料を貯蔵、調理するため

史料注

日本その日その日（Japan Day by Day） 大森貝塚の発見者モースが、滞日中の日記やスケッチ、さらに帰国後の日本紹介の講演などをまとめて、一九一七（大正六）年に刊行されたもの。

探究1

① 縄文時代と弥生時代の葬法について述べよ。
② 縄文時代と弥生時代の社会の違いを述べよ。また、その違いが生じたのはなぜか。

に土器─**縄文土器**を製作した。石器も磨製石器が使用されるようになった。この縄文文化の存在は、一八七七（明治一〇）年のE・S・モースによる大森貝塚の発見、発掘により明らかとなった。縄文土器という名称も、発掘報告書の中でモースが「縄文土器（cord marked pottery）」と呼んだのが始まりである。

約一万三〇〇〇年前から、およそ一万年間に及ぶ縄文時代は、土器の編年によって、草創期・早期・前期・中期・後期・晩期の六つの時代に区分される。草創期は土器製作の開始に意義があり、早期から前期にかけて定住化が促進し、竪穴住居の集落が形成された。前期から中期にかけて気候の温暖化による食料供給の増加で、縄文文化は中部山岳地帯を中心に華やかな時期を迎える。巨大な環状集落が現れ、豊かな食料採集民の文化が成熟する。後期以後は、地域的差異が拡大し、とくに亀ケ岡《かめがおか》式土器に代表される東日本の文化が注目される。

Spot

縄文人の食生活

農耕開始以前の狩猟《しゅりょう》採集民の生活というと、不安定な食料供給、貧困な食生活というイメージが強いが、最近の研究で、縄文前中期頃の食生活はかなり多彩で豊かであることがわかってきた。主食として考えられるのは、クルミ、クリ、トチ、ドングリなどの木の実やヤマイモなど野生のイモ類だったらしい。アク抜きの必要なドングリなどは、水さらしや煮沸による処理を行っていたようだ。この主食に加えて、イノシシやシカなどの肉類、ハマグリ、カキなどの貝類、様々な魚類もメニューに加わっている。東日本では川を遡《さかのぼ》るサケ、マスも豊富だ。

縄文時代人は食料を貯蔵する技術も持っていたようだ。主食の木の実を保存するための貯蔵穴が全国各地で発見されているし、さらに驚くべきことにパンやクッキー状の保存食まで作っていたらしい。山形県押出《おんだし》遺跡出土のいわゆる「縄文クッキー」は、木の実のデンプンとシカやイノシシの肉、野鳥の卵などに塩と野生酵母《こうぼ》を加え、二〇〇～二五〇度ほどで焼いたものだという。

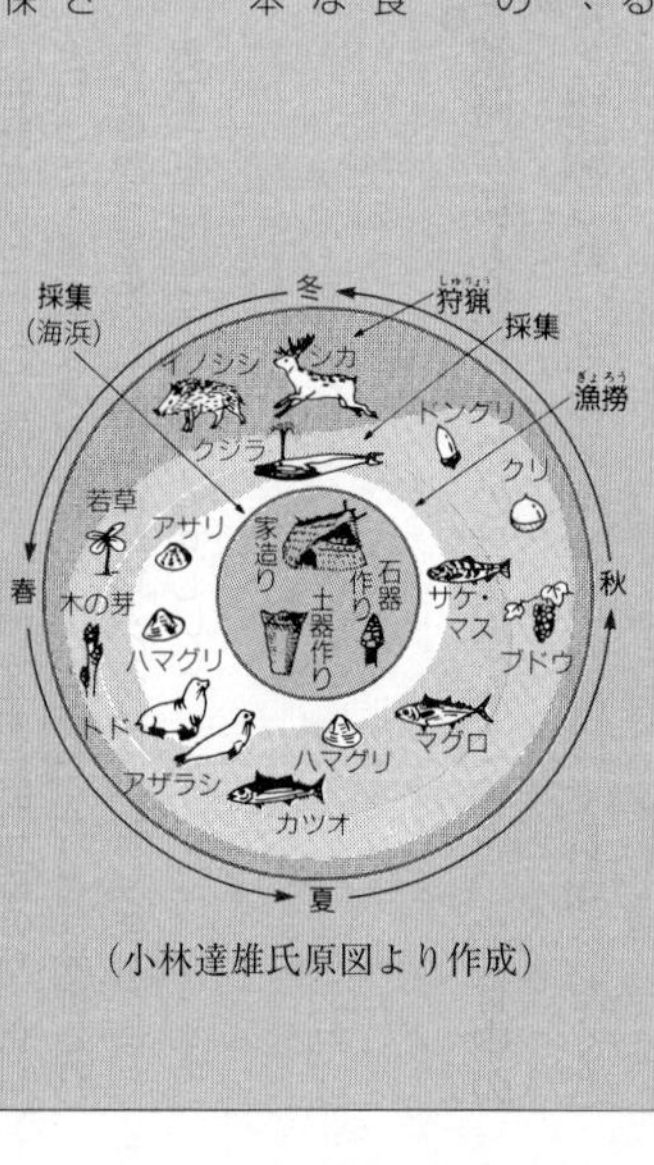

（小林達雄氏原図より作成）

2 小国家の分立

❶ 紀元前後の倭国 ★★★★☆

要点ナビ 倭国内での立場を高めるため、中国王朝の権威を借らんとする小国の王たち。

夫《そ》れ楽浪《らくろう》❶海中《かいちゅう》に倭人《わじん》❷有り。分れて百余国と為《な》る。歳時《さいじ》を以《もっ》て来《きた》り、献見《けんけん》すと云《い》ふ。〔『漢書《かんじょ》』地理志《ちりし》〕

通釈 朝鮮の楽浪郡の海の向こうに住む倭人は、一〇〇余りの小国に分かれている。彼らは定期的に楽浪郡に使者を送り、貢物を持ってあいさつに来るという。

解説 中国の史書では、日本のことを倭《わ》（倭人・倭国など）と称している。古い例では、『山海経《せんがいきょう》』という地理書に「蓋国《がいこく》は鉅燕《きょえん》の南、倭の北にあり、倭は燕《えん》（前一一〇〇頃～前二二二）に属す」とか、『論衡《ろんこう》』（王充《おうじゅう》著）にも「周の時（前一〇四六頃～前七七一）、天下太平、越裳《えっしょう》白雉《はくち》を献じ、倭人鬯艸《ちょうそう》（ウコンのことか?）を貢す」などと記されているが、いずれも史実性は薄いと見られている。したがって、確実に日本に関する記事で最古のものは、やはりこの『**漢書**』**地理志**である。ここに描かれている紀元前後の日本は、弥生時代中期にあたる。農耕社会の発展によって、貧富の差が生じ、身分や階級が発生し、いくつかの集落が統合され小国が形成される。そして、それらの小国家のなかには、楽浪郡を通じて中国王朝と交渉を持つものも現れた。史料は、そんな状況を物語っている。

ここでいう小国は、朝鮮半島に近い地理的環境や、当時の遺跡の出土状況からみて、北部九州を中心に分布していたと思われる。彼らが中国王朝との交渉を求めた理由は、その先進的な技術や文化を導入し、あるいはその権威によって政治的統合を進めようとする意図などが考えられる。

※色文字は重要語

❶**楽浪** 紀元前一〇八年、前漢の武帝が朝鮮北部を征服して設置したという四郡（楽浪《らくろう》・臨屯《りんとん》・真番《しんばん》・玄菟《げんと》）の一。現在の平壌《ピョンヤン》付近。

❷**倭人** 古代日本人に対する中国の古称。

史料注

『漢書』地理志 『漢書』（全一〇〇巻）は、後漢の班固《はんこ》が一世紀後半に撰した前漢（前二〇二～後八）の正史。司馬遷の『史記』にならい、紀伝体で書かれている。巻二八「地理志」に倭人の記事が見られる。

探究2 日本古代史研究に中国史料が重視されるのはなぜか。

❷ 一～二世紀の倭国 ★★★★★

要点ナビ 後漢の光武帝、奴国王に金印を与える。

建武中元《けんむちゅうげん》二年❶、倭の奴国《なこく》❷、奉貢朝賀《ほうこうちょうが》す。使人《しじん》自ら大《たい》夫《ふ》❸と称す。倭国《わこく》の極南界《きょくなんかい》なり。光武《こうぶ》❹賜《たま》ふに印綬《いんじゅ》❺を以《もっ》

通釈 建武中元二（五七）年、倭の奴国は使者を都に送り、貢物を奉じてあいさつに来た。使者は自分を大夫

❶**建武中元二年** 後漢光武帝の時の年号。西暦五七年。

❷**奴国** 福岡県博多湾付近に

てす。

安帝《あんてい》❻の永初《えいしょ》元年、❼倭の国王帥升《すいしょう》❽等《ら》、生口《せいこう》❾百六十人を献《けん》じ、請見《せいけん》を願ふ。

桓《かん》・霊《れい》❿の間、倭国大いに乱れ、更々《こもごも》相攻伐《あいこうばつ》し、歴年《れきねん》主《あるじ》なし。

〔『後漢書《ごかんじょ》』東夷伝《とういでん》〕

と称した。奴国は倭国の最南端にある。光武帝は奴国に印綬を与えた。

安帝の永初元（一〇七）年、倭国王帥升等は、奴隷一六〇人を献上し、皇帝に直接お目にかかりたいと願った。

桓帝と霊帝の時代（二世紀後半）に、倭国は内乱が続き、長期間統一されなかった。

⬇「漢委奴国王」金印

福岡市博物館蔵

全高　2.2cm

一辺　2.3cm（原寸大）

解説　倭《わ》の奴《な》国の王が一世紀半ばに、後漢に対して「大夫《たいふ》」を自称する使者を送り、印綬を授かった。このとき光武帝が奴国王に授けた印は、天明四（一七八四）年に博多湾志賀島で発見された**「漢委奴国王《かんのわのなのこくおう》」の金印**とされる。さらに二世紀初めには「倭国王帥升《すいしょう》」らが奴隷一六〇人を献じた。この史料からは、倭の小国内には、すでに「王」「大夫」「生口（奴隷）」などの階級が生じていたことがわかる。また、その王たちが中国に朝貢する目的には、小国の支配権を中国王朝に承認してもらい（その表れが印綬の授受など）、その権威を背景に小国内での権力を強めることにあったのだろう。

また、二世紀後半にはいわゆる**倭国大乱**の記事があるが、これは一～二世紀に成長してきた小国が、さらに拡大・統合をめざして、隣接する小国との果てしない戦争をくり広げていた過程を物語っている。弥生時代の遺跡には、環濠《かんごう》集落や高地性集落が見られるが、これらは当時の果てしない小国間の抗争を知る貴重な史料だろう。

あったと推定される小国。

❸大夫　中国古代の官名。『魏志』にも見られる。漢代では論議をつかさどる官名で、一般に大臣をいう。

❹光武　後漢初代の光武帝（在位二五～五七）。

❺印綬　印とそれにつける組み紐《ひも》。

❻安帝　後漢六代皇帝（在位一〇七～一二五）。

❼永初元年　西暦一〇七年。

❽帥升　他書には師升とある。

❾生口　奴隷のこと。捕虜、留学生、捕魚者の説もある。

❿桓・霊　後漢一一代の桓帝（在位一四七～一六七）、一二代の霊帝（在位一六八～一八九）。

史料注

『後漢書』東夷伝　『後漢書』は、南朝の宋の范曄《はんよう》が五世紀に撰した後漢（二五～二二〇）の正史。倭に関する記事は、三世紀に成立した『魏志』に基くところが多いが、ここに示した二つの朝貢記事などは、『後漢書』独自のものである。

探究3

① 後漢に「奉貢朝賀」したのはなぜか。

② 一七八四年に発見された金印の意義を述べよ。

3 邪馬台国 ★★★★★

※色文字は重要語

1帯方 後漢末の建安年間（一九六―二二〇）に遼東太守公孫康が楽浪郡の南半を割いて設置した郡。
2韓国 朝鮮半島南部の三韓（馬韓《ばかん》・弁韓《べんかん》・辰韓《しんかん》）で、ここでは主に馬韓をさす。
3狗邪韓国 弁韓の加羅《から》。洛東江の河口地方をさす。
4卑狗 対馬国の首長の呼称。
5卑奴母離 首長を補佐する官の呼称。一支国《いきこく》、奴国、不弥国にも見られる。
6瀚海 大海を意味する。対馬海峡にあたる。
7一大国 一支国の誤りとするのが通説。壱岐《いき》のこと。
8〜12 これらの小国は、邪馬台国の位置をめぐる諸説により、その訓読も異なりその比定地も一定でない。
13邪馬壹国 通説では邪馬臺・(台)国の誤りとする。

(1)邪馬台国

倭人《わじん》は帯方《たいほう》1の東南大海の中にあり、山島に依《よ》りて国邑《こくゆう》をなす。旧《もと》百余国。漢《かん》の時朝見《ちょうけん》する者あり、今、使訳《しやく》通ずる所三十国。

郡より倭に至《いた》るには、海岸に循《したが》つて水行《すいこう》し、韓国2を歴《へ》て、乍《あるい》は南《みなみ》し乍は東《ひがし》し、その北岸狗邪韓国《くやかんこく》3に到る七千余里。始めて一海を度《わた》る千余里、対馬《つしま》国に至る。その大官を卑狗《ひく》4といひ、副を卑奴母離《ひなもり》5といふ。……また南一海を渡る千余里、名づけて瀚海《かんかい》6といふ。一大国7に至る。……また一海を渡る千余里、末盧《まつら》国8に至る。……東南陸行五百里にして、伊都《いと》国9に到る。……世々王あるも、皆女王国に統属す。郡使の往来常に駐《とど》まる所なり。東南奴《な》国10に至る百里。……東行不弥《ふみ》国11に至る百里。……南、投《とう》馬《ま》国12に至る水行二十日。……南、邪馬壹国13に至る、女王の都《みやこ》する所、水行十日陸行一月。……その南に狗奴《くな》国あり、男子を王となす。……女王に属せず。郡より女王国に至る万二千余里。

通釈

倭人は帯方郡の東南方の大海の中にあって、山がちな島に国をつくっている。もと一〇〇余国に分かれていた。漢の頃には朝貢する者があった。今、使者（や通訳）を魏に遣わしてくる国は三〇国である。

帯方郡から倭に行くには、朝鮮半島の海岸沿いに航行して、韓国を経て、あるいは南方へ、あるいは東方へ行くのであって、倭の対岸の狗邪韓国に至るまでで七〇〇〇余里ある。そこから、初めて海を渡り一〇〇〇余里で対馬国に着く。その国の長官を卑狗といい副官を卑奴母離という。……また南へ一〇〇〇余里海を渡るのだが、この海を瀚海と呼んでいる。この瀚海を渡ると一大国（壱岐）に着く。……また海を渡って一〇〇〇余里で末盧国に着く。……東南へ陸路で五〇〇里で伊都国に着く。……ここには代々王がいるが、いずれも女王国（邪馬台国）に服属している。また、伊都国は、帯方郡から邪馬台国への使者が往復するときに、必ず立ち寄るところである。そこから東南へ一〇〇里行くと奴国である。さらに東へ一〇〇里行くと不弥国である。……さらに南へ船で二〇日行くと投馬国である。……そこから南へ船で一〇日さらに陸路を一か月（船で一〇日または陸路一か月）で邪馬台国に着く。女王が都をおいているところである。……その南に狗奴国があり、男性を王としている。……この国は女王に服属していない。帯方郡より女王国に至る距離は一万二〇〇〇里である。

(2) 風俗

男子は大小となく、皆黥面文身《げいめんぶんしん》す[14]。……諸国の文身各《おの》々異り、或《あるい》は左にし或は右にし、或は大に或は小に、尊卑《そんぴ》差あり。……その風俗淫《いん》ならず。男子は皆露紒《ろかい》し[15]、木緜《もめん》[16]を以《もっ》て頭に招《か》け、その衣は横幅、ただ結束《けっそく》して相《あい》連ね、ほぼ縫《ぬ》ふことなし。婦人は被髪屈紒《ひはつくつかい》し[17]、衣を作ること単被《たんぴ》の如《ごと》く、その中央を穿《うが》ち、頭を貫きてこれを衣《き》る[18]。禾稲《かとう》[19]紵麻《ちょま》[20]を種《う》ゑ、蚕桑緝績《さんそうしゅうせき》[21]して、細紵《さいちょ》・縑緜《けんめん》[22]を出《い》だす。その地には牛・馬・虎《とら》・豹《ひょう》・羊・鵲《じゃく》[23]なし。兵には矛《ほこ》・楯《たて》・木弓《もくきゅう》を用ゐる。木弓は下を短く上を長くし、竹箭《ちくせん》は或は鉄鏃《てつぞく》、或は骨鏃《こつぞく》なり。……倭《わ》の地は温暖、冬夏生菜《せいさい》を食す。皆徒跣《とせん》[24]。屋室あり、父母兄弟、臥息処《がそくところ》を異にす。朱丹《しゅたん》を以てその身体に塗《ぬ》る、中国の粉を用ゐるが如きなり。食飲には籩豆《へんとう》[25]を用ゐ手食す。その死には棺《かん》あるも槨《かく》[26]なく、土を封じて冢《つか》を作る。……

その俗挙事行来《きょじこうらい》に、云為《うんい》する所あれば、輒《すなわ》ち骨を灼《や》きて卜《ぼく》し、以て吉凶《きっきょう》を占《うらな》ひ、まず卜する所を告《つ》ぐ。その辞《じ》は令亀《れいき》の法[27]の如く、火坼《かたく》[28]を視《み》て兆《しるし》を占ふ。その会《かい》同《どう》・坐起《ざき》には、父子男女別なし。人性酒を嗜《たしな》む。大《たい》

男子は、大人も子供も、顔や身体にいれずみをしている。……倭の諸国のいれずみは各々異なっていて、左右大小が相違し、また身分の尊卑によっても区別がある。……その風俗はみだらではない。男子はみな冠をつけず髪を結い、ゆう（こうぞの木の繊維から作った布）を頭に巻き、衣は横幅の広い布をただ結んで身にかけるだけで、あまり縫うことはしない。婦人は髪を束ねてまげを作り、単衣《ひとえ》のような着物を作り、その中央に穴をあけ、頭をつっ込んで着ている。稲や麻の一種を栽培し、蚕を飼い糸を紡ぎ、細糸の麻布やかたく織った絹布、真綿を生産する。その地には、牛・馬・虎・豹・羊・鵲（かささぎ）はいない。武器としては矛・楯・木弓を使う。木弓は下の部分が短く、上の部分が長く、竹の矢は鉄製または骨製のやじりをつけている。……倭の地は温暖で、冬も夏も生野菜を食べる。みな裸足で歩く。住居は、父母兄弟がそれぞれ寝たり休んだりする場所を異にしている。朱を体に塗っているが、これは中国で粉を用いるようなものだ。飲食には高坏のような食器を用い、手で食べる。人が死ぬと、死体を棺に納めるが、槨（そとばこ）はなく、土に埋めて塚を作る。……

その習俗として、何か事を始める時やどこかへ出かける時に、何か問題があれば、鹿の骨を焼いて吉凶を占い、告げるということがある。それは、令亀の法のように、焼いた時にできるひびを見て、吉凶を占うのである。人々の集会や立居振舞《たちいふるまい》には、父子男女による差別はない。彼らは酒をたしなむ。身分の高い人に敬意を表すときは、ただ手を打つだけで、これが中国で

[14] **黥面文身**　顔や体にいれずみをする。

[15] **露紒**　冠をつけず髪を結う。みずらに結うことか。

[16] **木緜**　緜は綿。ただし、木綿ではなく植物繊維を織って作った布。

[17] **被髪屈紒**　髪をうしろで結う。まげに結うことか。

[18] **衣を作る……これを衣る**　貫頭衣《かんとうい》のこと。

[19] **禾稲**　稲。

[20] **紵麻**　麻の一種。

[21] **蚕桑緝績**　蚕を養い、絹糸をつむぐ。

[22] **縑緜**　かたく織った絹布と真綿。

[23] **鵲**　かささぎ。

[24] **徒跣**　はだし。

[25] **籩豆**　高坏《たかつき》のような食器。

[26] **槨**　外側の囲い。棺をおおうために、粘土を固めたり石材を並べて作ったもの。

[27] **令亀の法**　中国で古くから行われた卜占《ぼくせん》で、亀甲《きっこう》を焼いてできるひびを見て吉凶

を占うこと。

㉘**火坼** 焼いてできるひび。

㉙**大人** 身分の高い人。支配階級。身分の低い下戸との差に注意。

㉚**跪拝** ひざまずいて拝む。

㉛**宗族** 一族。「門戸」（家族の意）よりも広い範囲の親類をさす。

㉜**大倭・一大率** いずれも官名。これらの官職の解釈には諸説がある。

㉝**鬼道** 一般に呪術《じゅじゅつ》の意。女王卑弥呼の巫女《みこ》＝シャーマン的性格を現しているといわれ、祭政一致の支配体

人《じん》㉙の敬《けい》する所を見れば、ただ手を摶《う》ち以て跪拝《きはい》㉚に当《あ》つ。……その俗、国の大人は皆四、五婦、下戸《げこ》も或は二、三婦。婦人淫せず、妬忌《とき》せず、盗窃《とうせつ》せず、諍訟《そうしょう》少なし。その法を犯《おか》すや、軽き者はその妻子を没《ぼっ》し、重き者はその門戸《もんこ》および宗族《そうぞく》㉛を没す。尊卑各々《おのおの》差序《さじょ》あり、相臣服《しんぷく》するに足る。租賦《そふ》を収む、邸閣《ていかく》あり、国国市《いち》あり。有無を交易し、大倭《だいわ》㉜をしてこれを監《かん》せしむ。

女王国より以北には、特に一大率《いちだいそつ》㉜を置き、諸国を検察《けんさつ》せしむ。諸国これを畏憚《いたん》す。常に伊都国《いと》に治《ち》す。……下《げ》戸《こ》、大人と道路に相逢《あ》へば、逡巡《しゅんじゅん》して草《そう》に入り、辞を伝へ事を説くには、或は蹲《うずくま》り或は跪《ひざまず》き、両手は地に拠《よ》り、これが恭敬《きょうけい》を為《な》す。対応の声を噫《あい》《おお》といふ、比《ひ》するに然諾《ぜんだく》の如し。

(3) 女王卑弥呼

その国、本《もと》また男子を以《もっ》て王となし、住《とど》まること七、八十年。倭《わ》国乱れ、相攻伐《あいこうばつ》すること歴年《れきねん》、乃《すなわ》ち共に一女子を立てて王となす。名づけて卑弥呼《ひみこ》といふ。鬼道《きどう》㉝に事《つか》へ、能《よ》く衆《しゅう》を惑《まど》はす。年已《すで》に長大なるも、夫婿《ふせい》なく、男弟《だんてい》あり、佐《たす》けて国を治む。王となりしより以来、見る

いう跪拝（ひざまずいて拝む）にあたる。……その風習として、身分の高い者は皆四、五人の婦人を持ち、身分が低くても二、三人の婦人を持つ者がいる。婦人はかたく貞操《ていそう》を守り、焼きもちを焼かず、また盗みをする者もなく、訴訟も少ない。もし法を犯した場合は、軽罪の者は妻子を取り上げて奴隷とされ、重罪の者はその家族及び親類一族までも奴隷とされる。身分の上下によって差別、序列が明らかで、お互いにそれにふさわしく振舞う。租税を納め、それを収める倉庫があり、各国に市がある。ここで産物を交易し、大倭にこれを監督させている。

女王国から北には、特に一大率を置き、諸国を検察させている。諸国はこれをおそれはばかっている。彼は伊都国に常駐している。……下戸が大人と道路で会うと、後ずさりして草むらに入り、話をする場合は、うずくまるかひざまずき、両手を地につけ、恭敬の態度を示す。受け答えの声は噫（あい）というが、それは然諾（承諾）を意味する。

邪馬台国では、前は男王を立てて、七、八〇年過ごしたが、倭国内が乱れて、何年間も戦争が続いたので、共同で一人の女子を王として立てた。この女王の名は卑弥呼といい、呪術《じゅじゅつ》にたくみで、人民をうまく信頼させ支配している。年はとっているが、夫はなく、弟がいて政治を補佐している。王位についてから彼女を見た者は少なく、一〇〇〇人の婢を近侍《きんじ》させているが、

制を物語る。鬼道については、中国の道教との関連を指摘する説もある。

34 婢　女性の奴隷。

35 楼観　物見台。遠くを見渡すために高く築かれたやぐら。

36 景初二年　景初三（二三九）年の誤りとするのが通説。二三八年に魏は公孫淵を滅して、楽浪・帯方郡を勢力下におさめた。

37 天子　魏の皇帝明帝。

38 太守　郡の長官。

39 班布　かすり模様が入った木綿の布。

40 金印紫綬　後漢の制では、玉印黄赤綬（皇帝）、金印朱綬、金印紫綬（最高の大臣級）、銀印青綬の順になっている。

41 銅鏡百枚　卑弥呼が下賜された銅鏡百枚が各地の前期古墳から出土し、「景初三年」銘を持つものもある三角縁神獣鏡に比定する説が

ある者少なく、婢《ひ》[34]千人を以て自ら侍《じ》せしむ。ただ男子一人あり、飲食を給《きゅう》し、辞《じ》を伝へ居処《きょしょ》に出入《でいり》す。宮室《きゅうしつ》・楼観《ろうかん》[35]・城柵《じょうさく》、厳《おごそ》かに設け、常に人あり、兵を持《じ》して守《しゅ》衛《えい》す。……

(4) 魏との交渉

景初《けいしょ》二年[36]六月、倭《わ》の女王、大夫《たいふ》難升米《なしめ》等《ら》を遣《つか》はして郡に詣《いた》り、天子[37]に詣りて朝献《ちょうけん》せむことを求む。太守《たいしゅ》[38]劉《りゅう》夏《か》、吏《り》を遣はし、将《も》つて送りて京都に詣らしむ。

その年十二月、詔書《しょうしょ》して倭の女王に報じて曰《いわ》く、「親《しん》魏《ぎ》倭王卑弥呼《ひみこ》に制詔《せいしょう》す。帯方《たいほう》の太守劉夏、使を遣はし汝《なんじ》の大夫難升米・次使都市牛利《ずしごり》を送り、汝献ずる所の男生口《せいこう》四人・女生口六人・班布《はんぷ》[39]二匹二丈を奉《たてまつ》り以《もっ》て到る。……今汝を以て親魏倭王となし、金印紫綬《しじゅ》[40]を仮《ゆる》し、装封《そうふう》して帯方の太守に付し仮授《かじゅ》せしむ。又、特に汝に……白絹五十匹……銅鏡百枚[41]……を賜い、……悉《ことごと》く以て汝が国中の人に示し、国家汝を哀れむと知らしむべし。……」と。……

その八年[42]、太守王頎《おうき》官に到る。倭の女王卑弥呼、狗奴《くな》

ただひとりの男子が、飲食を給仕し、女王の言葉を取りつぐため居室に出入りしている。宮室・物見台・城柵を厳重に設け、いつも人がいて、兵器を持って守衛している。……

景初三（二三九）年六月、倭の女王が大夫難升米らを帯方郡に派遣し、天子に謁見《えっけん》し朝貢《ちょうこう》することを求めた。帯方郡長官の劉夏は、郡の官吏を同行させ郡（洛陽）まで送らせた。

その年一二月、詔書によって倭の女王に報じられたのは「親魏倭王卑弥呼に詔を下す。帯方郡長官の劉夏が、使者を遣わし、あなたの派遣した大夫難升米や次使都使牛利を送り、あなたの献じた男の生口四人、女の生口六人、木綿の布二匹四丈を奉じてきた。……今、あなたを親魏倭王に任じ、金印紫綬を授けるが、これは封をして帯方郡長官にことづける。また、とくにあなたに……白絹五〇匹……銅鏡一〇〇枚……を与え、それらのすべてをあなたの人民に示して、わが国があなたをいつくしんでいることを知らしめよ。……」というものだった。……

正始八年、帯方郡長官の王頎が着任した。倭の女王卑弥呼は、狗奴国の男王卑弓弥呼と元来不和であったが、卑弥呼は載斯烏越らを郡に派遣し、狗奴国との交戦状況を説明した。郡は、塞曹掾史張政らを派遣し、詔書、黄幢（軍旗）を難升米に授け、檄文を作ってこ

ある。しかし、日本では五〇〇面以上出土するが、中国では全く出土していないことから、中国から渡来した工人が日本で製作したという説もある。

42 その八年 正始八（二四七）年。この間に二四〇・二四三・二四五年の対魏交渉記事がある。

43 卑弥弓呼 人名。

44 塞曹掾史 郡の属官の称。

45 黄幢 黄色い軍旗。

46 径百余歩 一歩＝一・五メートル説によれば、一五〇メートル（一・八メートル、〇・三メートル説もある）。

47 徇葬 貴人の死に従う者を葬る殉葬のこと。

48 宗女 一族の女。

49 壹与 臺与（とよ）の誤りとする説もある。

史料注

『魏志』倭人伝 『三国志』魏書の東夷伝倭人の条を普通「魏志倭人伝」という。『三国志』は西晋の陳寿が三世紀末に撰したもので、そのうちの『魏志』（三〇巻）は魏（二二〇～二六五）の正史。『後漢書』よりも

国の男王卑弥弓呼《ひみここ》[43]と素《もと》より和せず。倭の載斯烏越《さいしうえつ》等を遣はして郡に詣り、相《あい》攻撃する状を説く。塞曹掾史《さいそうえんし》[44]張政《ちょうせい》等を遣はし、因《よ》りて詔書・黄幢《こうどう》[45]を齎《もたら》し、難升米に拝仮《はいか》せしめ、檄《げき》を為《つく》りてこれを告喩《こくゆ》す。

(5)卑弥呼死後の状況

卑弥呼《ひみこ》以《もっ》て死す。大いに冢《つか》を作る。径《けい》百余歩《ぶ》、[46]徇《じゅん》葬《そう》[47]する者、奴婢《ぬひ》百余人。更に男王を立てしも、国中服せず。更々相誅殺《こもごもあいちゅうさつ》し、当時千余人を殺す。また卑弥呼の宗女《そうじょ》[48]壹与《いよ》[49]年十三なるを立て王となし、国中遂《つい》に定まる。

〔『魏志《ぎし》』倭人伝《わじんでん》〕

れを告喩させた。

卑弥呼が死んで、大きな墓を作った。直径が一〇〇余歩で、殉死した奴隷が一〇〇人を超えた。卑弥呼の死後、もう一度男王が立てられていたが、国中が服従せず、お互いに殺し合い、一〇〇〇人を超える死者が出た。そこで、再び卑弥呼の一族の女で、一三歳の壱与を立てて王として、ようやく国中がおさまった。

解説

「**魏志倭人伝**」の記述でまず注目に値するのは、倭人の風俗や社会についての描写である。『魏志』撰者の認識は、「会稽東治《かいけいとうや》」（現、福建省）や、「儋耳《たんじ》、朱崖《しゅがい》」（海南島）などと比較しているように、倭をかなり南方のイメージで描いている。しかし、それらの記述のなかには、弥生時代の社会の特色を表すものがいくつか見られる。まず「禾稲《かとう》」（稲）「紵麻《ちょま》」を植え、「生菜を食す」ような、稲作中心の農耕生活である。植物繊維や養蚕による織物もあるようだ。第二に「鉄鏃」に象徴される金属器の使用である。卑弥呼《ひみこ》に贈られた「銅鏡百枚」をめぐっては様々な議論があるが、青銅器、鉄器が使用された時代であることを、文献からも裏付けている。第三に、「大人《たいじん》」と「下戸《げこ》」の違いの記事や、刑罰において「尊卑各々差序あり」の記事に見られるように、身分や階級が厳然と存在していることである。これは、農耕による生活の安定で貧富の差が増大し、また小国間の抗争のなかで奴隷が増加したり、専門的技術者や戦士など社会的分業が進んだことによるのだろう。そして、事あるごとに「骨を灼きて卜し、以て吉凶を占う」ような呪術的風習の強い社会では、それら社会階層の頂点に、「鬼道」をよくする女王卑弥呼が君臨したのである。

『漢書』で百余国と記されていた倭は、『魏志』では三〇国余に統合されている。しかも、それらは対立する狗奴国などを除き、大半は邪馬台国を盟主とする小国連合を形成していたようだ。シャーマン的女王卑弥呼の呪術的能力が国家支配の要であった反面、「大倭《だいわ》」「一大率《いちだいそつ》」などの官職があり、何らかの刑法的規範が存在し、租税制があるなど国家としての権能をしだいに整えつつあったことが推定できる。

古く成立し、倭を訪れた魏使の見聞に基づいてほぼ同時代に書かれたことで、貴重な史料となっている。

⬅邪馬台国への行程図

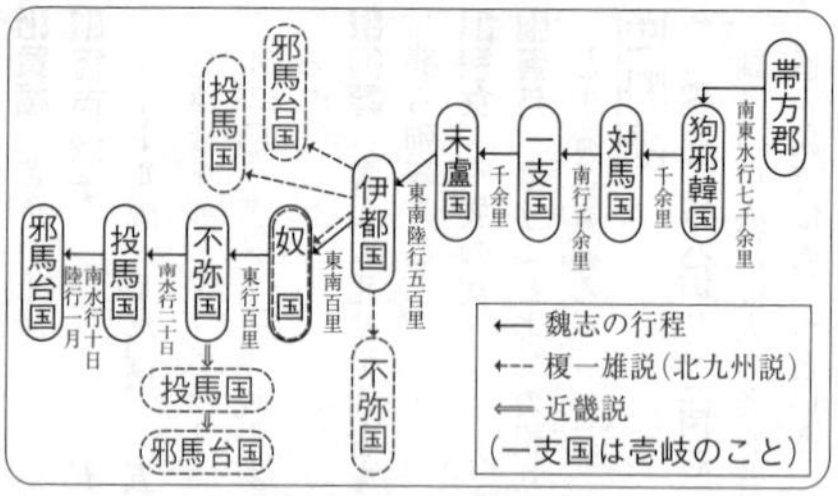

探究4

① 邪馬台国支配は、祭政一致の政治形態であった。これを示す部分を魏志倭人伝の史料から書き出せ。

② 邪馬台国の位置に関する両説について述べよ。

このように邪馬台国が魏に朝貢したのは、敵対する狗奴国に対し優位に立ち、同時に連合の盟主たる地位を確保することにあったのだろう。注目されるのは、魏の卑弥呼への厚遇である。「親魏《しんぎ》倭王《わおう》」や金印紫綬《しじゅ》、さらにはおびただしい下賜《かし》品などは、東方の一小国の女王にとっては明らかに破格ともいえる厚遇である。それは、魏を取り巻く三世紀の東アジア情勢――江南に呉が勢力を張り、朝鮮北部に高句麗が台頭し呉と結び、魏と対立している――を敏感に反映したものである。

Spot

「邪馬台国論争」のゴールは見えた?

邪馬台国の所在をめぐる論争は、日本古代史研究上、最も長きにわたり、最も多くの人々が情熱を注ぎ、論議を重ねてきた。その理由は、近畿説をとれば、三世紀中頃には近畿から九州北部までの政治的統合が成立していたことになるのに対し、九州説では邪馬台国をヤマト政権の前身と考えて東遷したとするか、ヤマト政権に征服されたとみるかに分かれる。つまり、邪馬台国の所在に関心が集まるのは、それがその後のヤマト政権による統一といかなる関連があったのかという、日本の国家形成をめぐる論議の中で重視されているからである。この論争が決着を見なかったのは、史料がわずか二〇〇〇字程度の「『魏志』倭人伝」に限られ、そこに書かれた字句をめぐる解釈が一定しないことにあった。距離を信用して方位を疑えば近畿説に有利とされ、反対に距離を疑い、方位を信じれば九州説に有利とされてきた。しかし、近年のめざましい考古学的発見とその研究の進展によって、近畿説が優勢となりつつある。その理由として、成立年代が三世紀まで遡《さかのぼ》ると考えられるようになった前方後円墳の分布、有力な集落遺跡の存在（九州の吉野ヶ里遺跡は卑弥呼の時代には盛期を過ぎるのに対し、近畿説では纒向遺跡が注目されている）などがあげられる。いよいよ「邪馬台国論争」もゴールが見えてきたようである。

⬆箸墓古墳　卑弥呼の墓の可能性が指摘される。

第2章 律令国家の成立

❶ ヤマト政権と朝鮮・中国

❶ 朝鮮半島への進出 ★★★★☆

百残《ひゃくざん》❶・新羅《しんら》は旧是《もとこ》れ属民《ぞくみん》なり、由来朝貢《ゆらいちょうこう》す。而《しか》るに倭《わ》は、辛卯《かのとう》の年❷を以《もっ》て来《きた》り海を渡り、百残□□新羅を破り、以て臣民《しんみん》と為《な》す。六年丙申《ひのえさる》❸を以て王躬《みずか》ら水軍を率《ひき》ゐ残国《ざんこく》を討科《とうか》す。……百残王困逼《こんひつ》し、男女生口《せいこう》一千人・細布千匹《びき》を献出《けんしゅつ》し、王に帰《き》して自《みずか》ら誓《ちか》ふ、今より以後、永く奴客《どきゃく》と為らむと。……九年(三九九)己亥《つちのとい》、百残誓に違《ちが》ひ、倭と和通《わつう》す。王平穣《へいじょう》❹を巡下《じゅんか》す。而《しか》して新羅、使を遣《つか》はし王に白《もう》して云《いわ》く、倭人其《そ》の国境に満ち、城池《じょうち》を潰破《かいは》し、奴客を以て民と為せり、王に帰して命を請《こ》はむと。……十年(四〇〇)庚子《かのえね》、歩騎《ほき》五万を遣はして、往《ゆ》きて新羅を救はしむ。男居城《なんきょじょう》より新羅城に至《いた》る。倭、其の中に満てり。官兵方《かんぺいまさ》に至らむとし、倭賊《わぞく》退く、……。十四年(四〇四)甲辰《きのえたつ》、□倭不軌《ふき》にして帯方《たいほう》界に侵入す。……倭寇潰敗《わこうかいはい》し、斬殺《ざんさつ》無数なり。

〔高句麗好太王碑文《こうくりこうたいおうひぶん》〕

※色文字は重要語

❶百残　百済のこと。「残」は悪い意味をこめた用字。

❷辛卯の年　西暦三九一年とされる。
　原文は「倭以辛卯年来渡海破百残□□新羅以為臣民」で、「渡海破百残」の主語は倭ではなく、高句麗だとする説もある。

❸六年丙申　高句麗の好太王（広開土王）（在位三九一～四一二）の即位六年。三九六年にあたる。

❹平穣　現在の平壌《ピョンヤン》付近か。

通釈

百済、新羅は我が高句麗に古くから服属し、以前から朝貢してきたものである。しかし、倭が辛卯の年（三九一年）に渡海してきて、百済や新羅を破り、服属させてしまった。好太王（広開土王）の六年（三九六年）、好太王自ら水軍を率いて、残国（百済）を討伐した。……百済王は困って、男女の奴隷一〇〇〇人と美細な布一〇〇〇匹を献上し、好太王に帰順して、自ら誓った。「これからは、好太王の奴隷となります。」……九年（三九九年）、百済がこの誓いに背いて、倭と通じているというので、王は平穣に巡幸《じゅんこう》した。これに対し、新羅が使者を派遣し王に申し上げた。「倭人が、新羅の国境地帯に充満して、城や池を破壊して、好太王の奴隷である新羅を属民としようとさえしています。王に帰順して、救助を願うのみです」と。……一〇年（四〇〇年）、歩兵騎兵五万を派遣して、新羅を救わせた。男居城から新羅城へ進軍すると、倭人はその地に充満していたが、高句麗の官兵が迫り来ると、倭人の賊は退散してしまった。……一四年（四〇四年）、倭は背いて帯方郡へ侵入してきた。……しかし、倭賊は潰滅《かいめつ》し、斬《き》り殺された者は数知れなかった。

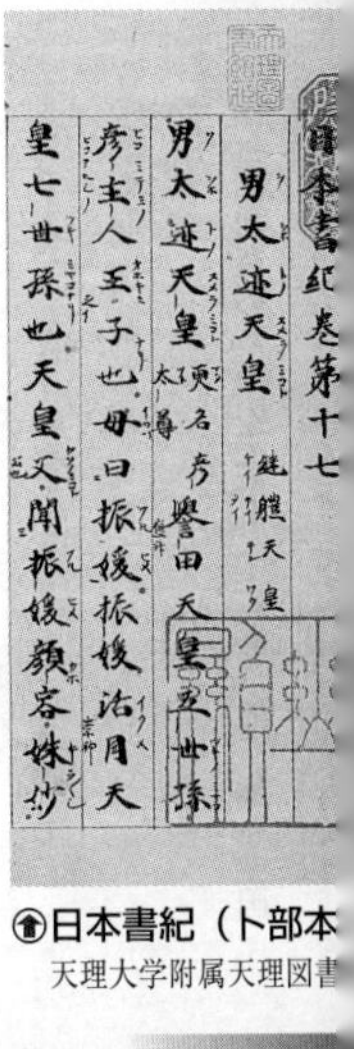

⇧日本書紀（卜部本
天理大学附属天理図書

5泰和四年　東晋の太和四年（三六九年）とする説が通説であるが、四六八年や四八〇年とする説もある。

史料注

高句麗好太王碑　四一四年、好太王の子長寿王が父の偉業をたたえるために都の丸都城（現、中国吉林省、鴨緑江北岸通溝）に建てた記念碑。高さ六メートルの方柱に約一八〇〇字が刻まれている。

石上神宮七支刀銘　奈良県天理市石上神宮（物部《もののべ》氏の氏神《うじがみ》）の神宝となっている鉄剣。六つの突出部を持つ奇異な形をしており、七支刀と呼ばれている。表裏に六一文字が彫《ほ》られている銘文。

要点ナビ　半島南部での立場を有利にするため、中国王朝の権威を借らんとする大王たち。

1高驪　高句麗のこと。

参考　**石上神宮七支刀銘《いそのかみじんぐうしちしとうめい》**　★☆☆☆☆

（表）　泰和《たいわ》四年□（五）5月一六日丙午《ひのえうま》正陽に百練《ひゃくれん》の□（鉄）の七支刀を造る。□（世）は百兵を辟（避）け、宜しく侯王に供供すべし、□□□□作る。

（裏）　先の世以来、未《いま》だ此《こ》の刀有らず。百済《くだら》□（王）の世□《せいし》、生を聖音に奇す故に、倭王の旨《むね》によりて造り、□《こう》世に伝□（示）す。

〔石上神宮七支刀銘〕

解説　巨大な前方後円墳が出現する古墳時代前期から中期は、日本の国家形成を考える上で重要な時期だが、中国史書に記述が見られない「空白の四世紀」でもある。この空白を埋める貴重な史料が、この**好太王碑文《こうたいおうひぶん》**である。高句麗は四世紀初め、楽浪郡《らくろうぐん》・帯方郡《たいほうぐん》を滅ぼし、朝鮮半島北部に強大化し、好太王（広開土王《こうかいどおう》）の時代に全盛期を迎える。一方、半島南部も部族統一が進み、西に百済《くだら》、東に新羅《しらぎ》が成立し、最南部の加耶諸国《かやしょこく》には何らかの形で倭《わ》の勢力が存在したようである。この碑文から、〝日本は四世紀前半までに政治的統一を成し遂げ、その権力を背景に南下する高句麗《こうくり》と戦うため朝鮮に大規模な出兵をした〟と考えることもできる。また、石上神宮に伝世する七支刀の銘文も、当時のヤマト政権と百済の密接な関係を窺わせる史料である。しかし、史料中の「倭」の行動に対する異説（語注2参照）もあり、ヤマト政権による半島〝進出〟という一面的な見方には批判も多い。いずれにしても、当時の朝鮮半島と日本はかなり活発に様々な交流をし──それは先進的技術や鉄などの資源をめぐって──時として半島の政治情勢も反映し戦争へと発展したと考えられるのではないか。

←**石上神宮七支刀**　石上神宮蔵

② 倭の五王　★★★★★

倭国《わこく》は高驪《こうらい》1の東南大海の中にあり、世々《よよ》貢職《こうしょく》2を修む。

通釈　倭国は高句麗の東南の大海の中にあって、代々中国

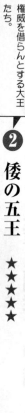

高祖《こうそ》❸の永初《えいしょ》二年(四二一)、詔《みことのり》して曰《のたま》わく、「倭讃《さん》、万里貢《ばんりこう》を修む。遠誠《えんせい》宜《よろ》しく甄《あらわ》すべく、除授《じょじゅ》を賜《たま》ふべし」と。太《たい》祖《そ》❹の元嘉《げんか》二年(四二五)、讃、また司馬曹達《しばそうたつ》を遣《つか》はして表《ひょう》を奉《たてまつ》り方物《ほうぶつ》を献《けん》ず。讃死して弟珍《ちん》立つ。使を遣はして貢献《こうけん》し、自ら使持節《しじせつ》❺都督《ととく》❻倭・百済《くだら》・新羅《しらぎ》・任那《みまな》・秦韓《しんかん》・慕韓《ぼかん》❼六国諸軍事、安東《あんとう》大将軍、倭国王と称《しょう》し、表して除正《じょせい》せられんことを求む。詔して安東将軍・倭国王に除す。……二十年(四四三)❽、倭国王済《せい》、使を遣はして奉献《ほうけん》す。また以《もっ》て安東将軍・倭国王となす。二十八年(四五一)、使持節都督倭・新羅・任那・加羅❾・秦韓・慕韓六国諸軍事を加へ、安東将軍は故《もと》の如《ごと》く、ならびに上《たてまつ》る所の二十三人を軍郡に除す。済死す。世子興《せいしこう》、使を遣はして貢献す。世祖《せいそ》❿の大明《たいめい》六年(四六二)、詔して曰く、「……宜しく爵《しゃく》号を授《さず》くべく、安東将軍・倭国王とすべし」と。興死して弟武《ぶ》立ち、自ら使持節都督倭・百済・新羅・任那・加羅・秦韓・慕韓七国諸軍事、安東大将軍、倭国王と称す。

順帝《じゅんてい》⓫の昇明《しょうめい》二年(四七八)、使を遣はして表を上《たてまつ》る。曰く、「封国《ほうこく》⓬は偏遠《へんえん》にして、藩《はん》を外《そと》に作《な》す。昔より祖禰《そでい》⓭躬《みずか》ら甲冑《かっちゅう》を擐《つらぬ》き、山川《さんせん》を跋渉《ばっしょう》し、寧処《ねいしょ》に遑《いとま》あらず。東は

に朝貢《ちょうこう》をしてきた。高祖の永初二(四二一)年、詔が出された。「倭王の讃が万里を越えて貢物《みつぎもの》を献上してきた。遠方からの誠意にこたえるため、官職を授けよう」と。太祖の元嘉二(四二五)年に、讃はまた司馬曹達を派遣し、国書と産物を献上した。讃が死んで弟の珍が即位した。使者を派遣し、貢物を献上して、自ら「使持節都督倭・百済・新羅・任那・秦韓・慕韓六国諸軍事、安東大将軍、倭国王」と称し、上表文をたてまつり正式に任命されることを求めた。そこで詔を出して、「安東将軍・倭国王」に任命した。……元嘉二〇(四四三)年、倭国王済が使者を派遣し、貢物を献上してきた。そこでまた、「安東将軍・倭国王」とした。元嘉二八(四五一)年、済に「使持節都督倭・新羅・任那・加羅・秦韓・慕韓六国諸軍事」の官職を加え、「安東将軍」は以前と同じとし、また同時に上表してあった二三人も軍・郡の称号を与えられた。済が死んだ。その世子(あとつぎ、よつぎ)の興が使者を派遣し、貢物を献上してきた。世祖の大明六(四六二)年、詔が出された。「……(興に)爵号を授け、安東将軍・倭国王としよう」と。興が死んで、弟の武が即位し、彼は自ら「使持節都督倭・百済・新羅・任那・加羅・秦韓・慕韓七国諸軍事、安東大将軍、倭国王」と称した。

順帝の昇明二(四七八)年、武は使者を派遣して上表し、次のように述べた。「私の国は中国からはるか遠くに位置し、辺鄙《へんぴ》な所を支配しております。昔から私の祖先は、自ら甲冑《かっちゅう》をつけ、山川を踏破し、休む暇もなく国土の平定に努めました。東は毛人を五五国、

❷貢職 貢物《みつぎもの》。

❸高祖 南朝の宋の初代皇帝武帝(在位四二〇~二二)。

❹太祖 宋の三代皇帝文帝(在位四二四~五三)。

❺使持節 三国時代以後置かれた軍政官の称号。「都督○○諸軍事」と続き、その地方の支配権を委ねられているという意味。

❻都督 諸州の軍政を統括する長官。

❼秦韓・慕韓 辰韓《しんかん》・馬韓《ばかん》をさす。両地域とも四世紀半ばに新羅・百済が成立し、当時は存在しない。

❽二十年 太祖文帝の即位二〇年の意。

❾加羅 弁韓地方。朝鮮半島最南部の地方。「魏志」でいう「狗邪韓国」。

❿世祖 宋の四代皇帝孝武帝(在位四五四~四六四)。

⓫順帝 宋の八代皇帝(在位四七七~四七九)。

⓬封国 王として封ぜられた国の意。

⓭祖禰 父祖の意。また、禰は彌(弥)の誤りだとし、梁書《りょうしょ》にいう武の祖父(宋書の珍)をさすという説もある。

14毛人　蝦夷《えみし》をさすか。
15衆夷　熊襲《くまそ》などをさすか。
16海北　朝鮮半島をさす。

史料注
『宋書』倭国伝　南朝の宋（四二〇～四七九）の正史。梁《りょう》の武帝の時代（四八八（永明五）年）に、沈約《しんやく》が撰したもの。唐代に書かれた『梁書』の中にも倭の五王の記事がある。

倭の五王

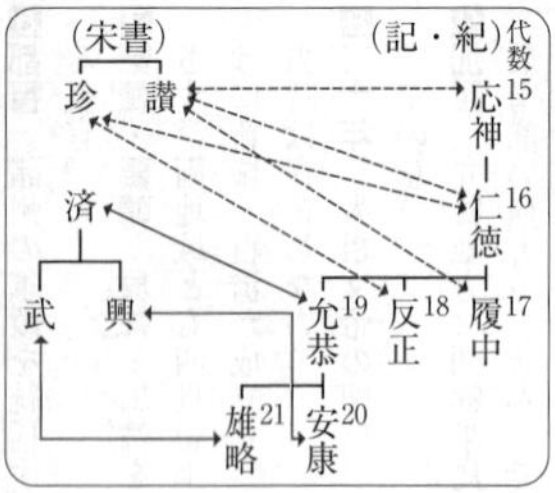

探究1
我が国が宋に朝貢した目的を述べよ。

毛人《もうじん》14を征《せい》すること五十五国、西は衆夷《しゅうい》15を服《ふく》すること六十六国、渡りて海北《かいほく》16を平《たいら》ぐること九十五国。王道融泰《ゆうたい》にして、土を廓《ひら》き畿《き》を遐《はる》かにす。……」と。詔して武を使持節都督倭・新羅・任那・加羅・秦韓・慕韓六国諸軍事、安東大将軍、倭王に除す。　〔『宋書《そうじょ》』倭国伝《わこくでん》〕

西は衆夷を六六国、海を渡り北方で九五国を平定しました。王権が行き届き睦《むつ》まじく平安で、国土も広大です。……」と。そこで詔を出して武を「使持節都督倭・新羅・任那・加羅・秦韓・慕韓六国諸軍事、安東大将軍、倭王」に任命した。

解説　五世紀には、いわゆる「**倭《わ》の五王**」が相次いで中国南朝に朝貢している。この目的は、四世紀末以来の**高句麗《こうくり》**との抗争のなかで、朝鮮半島における優位な立場を確保するため、中国王朝によって朝鮮の各地域の支配をも認められた官位官職を得ることにあった。倭王武の上表文で、日本国内統一後、朝鮮半島まで征服した事情を述べ強く官位を求めているのは、逆に高句麗の強大化で半島における勢力後退を余儀なくされている実情を物語るものであろう。また宋王朝も、倭国王の要求した官職をすべて認めたわけではない。倭国王がたび要求した**百済《くだら》**の支配権は、百済がそれ以前から宋に朝貢していたため認められていない。また、（中国）南朝の宋が対立する北朝（北魏）を封じるためには、その隣国高句麗との協調の方が重要であり、高句麗と対立する遠方の倭国をさほど優遇しなかったようだ。しかし、日本が中国の冊封《さくほう》体制という東アジア国際社会の舞台に登場したことと、それがヤマト政権の統一の画期とされる五世紀に行われたことの意義は大きいといえよう。ところで、倭の五王は漢字の意味や音の比較によって『記紀』の天皇に比定する試みがなされている。通説では済《せい》・興《こう》・武《ぶ》をそれぞれ允恭（雄朝津間幼子宿禰《おあさづまわくごのすくね》）・安康（穴穂《あなほ》）・雄略（大泊瀬幼武《おおはつせのわかたけ》）に比定されるが、讃・珍には諸説があり、例えば仁徳（大鷦鷯《おおさざき》）を讃に、反正（瑞歯別《みずはわけ》）を珍《ちん》に比定する説がある。

Spot

朝鮮半島と鉄

朝鮮との関係については、「三韓征伐」や「任那日本府による統治」のような日本側の一方的な軍事的優位を強調する論は影をひそめ、両者の経済的、文化的つながりに力点を置くようになったと思う。四～五世紀に、日本が朝鮮に求めたものは、まず様々な先進的技術であり、その技術を駆使する技術者集団だった。日本に初めて鉄器がもたらされたのは、稲作の伝来とほぼ同じだが、その本格的使用は紀元後になってからである。しかも、国内の砂鉄を原料に製鉄技術を持つのは六世紀といわれ、倭の五王の時代の甲冑《かっちゅう》や刀剣も、朝鮮半島から鉄材（鉄鋌《てってい》と呼ばれる）や製品の形で持ち込まれたものだろう。日本各地の古墳からこの鉄鋌という鉄製品の素材が一〇〇〇枚以上も出土し、半島南部に多くの出土例があることが、このことを裏付けている。鉄ひとつ見ても、当時の日本が先進技術の面で朝鮮半島に依存していたことがわかる。

❷ 大陸文化の伝来とヤマト政権の動揺

❶ 漢字の使用 ★★★☆☆

要点ナビ
北関東から九州中部までを統一した獲加多支鹵大王。

(1) 江《え》田《た》船《ふな》山《やま》古《こ》墳《ふん》出《しゅつ》土《ど》鉄《てっ》刀《とう》銘《めい》

天下治《あめのしたしろし》めす獲《わ》□《か》□《た》□《け》鹵大王《るのおおきみ》❶の世、奉□典曹人《てんそうじん》❷、名は无《む》□《り》弖《て》、八月中、大いなる□釜《かま》と、幷《あわ》せて四尺の廷刀《ていとう》❸とを用い、八十たび練《ね》り、六十たび捃《よ》じたる❹三寸上好《みきた》❺の□刀なり。此《こ》の刀を服する者は長寿、子孫注々三恩を得る也《なり》。其《そ》の統《す》ぶる所❻を失はざらむ。作刀者の名は伊太□(和)、書者は張安也。

東京国立博物館蔵（部分）

(2) 稲《い》荷《な》山《りやま》古《こ》墳《ふん》出《しゅつ》土《ど》鉄《てっ》剣《けん》銘《めい》

（表）辛亥《かのとい》年❼七月中記す。乎獲居臣《おわけのおみ》、上祖《かみつおや》の名は意富比垝《おおひこ》❽、其《そ》の児多加利足尼《こたかりすくね》、其の児名は弖已加利《てよかり》獲居《わけ》、其の児名は多加披次獲居《たかひしわけ》、其の児名は多沙鬼獲居《たさきわけ》、其の児名は半弖比《はてひ》、

（裏）其ノ児名は加差披余《かさひよ》、其の児名は乎獲居臣、世々杖刀人《じょうとうじん》❾の首《おさ》と為《な》り、奉事し来り今に至る。獲《わ》加《か》多《た》支《け》鹵大王《るのおおきみ》の寺❿、斯鬼宮《しき》に在《あ》る時、吾《われ》天下を左治《さじ》し⓫、此の百練の利刀を作らしめ、吾が奉事せる根原を記す也。

所有：文化庁　写真提供：埼玉県さきたま史跡の博物館

※色文字は重要語

❶**獲□□□鹵大王**　獲加多支《わかたけ》鹵大王《るのおおきみ》と読み、雄略天皇か。
❷**典曹人**　文官。
❸**廷刀**　鉄刀の素材となる鉄鋌《てってい》。
❹**八十たび練り、六十たび捃じたる**　精錬を重ねた。
❺**三寸上好**　長さ三寸のよく鍛えた。
❻**統ぶる**　支配する。
❼**辛亥年**　四七一年説が有力。
❽**意富比垝**　記紀の伝承にある大彦命（崇神天皇が各地に派遣した四道将軍のひとりで、北陸道を征服した）とする説がある。大彦命は阿倍臣・膳《かしわで》臣の祖とされるので、この説では乎獲居臣は畿内豪族となる。
❾**杖刀人**　武官。
❿**寺**　ここでは朝廷の意。
⓫**左治し**　お助けし。

(3)隅田八幡神社人物画像鏡銘《すだはちまんじんじゃじんぶつがぞうきょうめい》

癸未年《みずのとひつじ》12八月十日、大王年《おおきみのとし》、男弟王《おおとのきみ》13 意柴沙加宮《おしさかのみや》14 に在《あ》りし時、斯麻《しま》15長寿を念じ、開中費直《かわちのあたい》16の穢《あや》人《ひと》、今州利《いますり》の二人等を遣《つか》はし、白上同17二百旱《かん》を取り、此の竟《かがみ》18を作る。

解説　四世紀末から五世紀にかけて、朝鮮半島との交流が活発になると、半島からの渡来人によって大陸の先進文化が次々ともたらされた。それまで固有の文字を持たなかった日本社会で、いつから漢字が使用されたのか確たる定説はない。四世紀以前にも、金印や銅鏡のように漢字が書かれた遺物が存在するが、それらは大陸で作られたものであり、日本での漢字使用の最古の例はいずれも五世紀のここにあげた三つの銘文である。乎獲居臣《おわけのおみ》、斯麻《しま》などの人名や意柴沙加宮《おしさかのみや》などの表記でわかるように、固有の国語を漢字の音を用いて表現しているのである。また、**江田船山《ふなやま》古墳出土鉄刀銘《てっとうめい》**の「獲□□□鹵大王」は、従来「獲宮弥都《たじひのみやみず》歯大王《はのおおきみ》」と読まれ反正天皇《はんぜい》（瑞歯別《みつはわけ》）をさすとされていたが、**稲荷山《いなりやま》古墳出土鉄剣銘《てっけんめい》**の発見で、これも「獲加多支鹵大王」と読んで雄略天皇（大泊瀬幼武《おおはつせわかたけ》）と考える説が有力になった。これによって、五世紀後半には畿内から遠い東国（稲荷山古墳は埼玉）や九州（江田船山古墳は熊本）にまで、ヤマト政権の勢力が及んでいたと解されるようになった。また、これらの史料から、「大王」（のちの天皇）という他の一般首長層を超越する権力的称号が使用されている点や、「典曹人」「杖刀人」と呼ばれる何らかの官僚的機構が「大王」の権力を支えている点が注目される。

12癸未年　四四三年説と五〇三年説が有力。
13男弟王　五〇三年説では即位前の継体天皇（男大迹《おおど》王）。
14意柴沙加宮　大和の忍坂宮。
15斯麻　シマという人名。
16開中費直　河内直。直は姓。
17白上同　上質の白銅。
18竟　鏡の略字。

史料注

江田船山古墳出土鉄刀銘　一八七三（明治六）年に熊本県玉名郡の江田船山古墳から出土した全長約九〇センチメートルの鉄製の刀に銀象嵌《ぞうがん》された七五文字の銘文。

稲荷山古墳出土鉄剣銘　一九六八（昭和四三）年に埼玉県行田市の稲荷山古墳から出土した全長約七三センチメートルの鉄剣を、一〇年後にX線撮影したところ発見された金象嵌の一一五文字の銘文。

隅田八幡神社人物画像鏡銘　和歌山県橋本市の隅田八幡神社に伝わる直径約二〇センチメートルの仿製《ぼうせい》鏡（日本製の青銅鏡）の裏面にある四八文字の銘文。

Spot

日本最古の文字は？

日本人が文字を使い始めたのはいつ頃のことだったのだろうか。「漢委奴国王」の金印（五七年）や奈良県東大寺山古墳出土の「中平《ちゅうへい》」銘刀（一八四～一八九年）の存在は、古くから倭人が漢字に触れていたことを示唆するものではあるが、これらはすべて中国で製作されたものであり、日本列島で漢字が使用されていた証拠とはならない。近年、三重県津市大城《だいしろ》遺跡から、「奉」の字とも読める刻書がある二世紀末頃の土器が出土したのをはじめ、漢字の刻書・墨書と思われるものがある三世紀代の土器の発見が相次いで報告されている。しかし、中には文字であるか怪しいものや、文字であったとしても一字のみのものが多く、単なる「記号」として使用されたものとの見方が強い。したがって、文章を構成する「文字」としての使用が確認されるのは、やはりここに挙げた三つの史料ということになろう。

⬆大城遺跡出土刻書土器
津市教育委員会提供

❷ 仏教の公伝 ★★★☆☆

要点ナビ 百済の聖明王、欽明天皇に仏像・経典を伝える。

(1)戊午説（五三八年）

志癸嶋《しきしま》の天皇❶の御世《みよ》、戊午《つちのえうま》の年❷十月十二日、百斉国《くだらの》主明王《めいおう》❸、始めて仏像経教《きょうきょう》并《なら》びに僧等を度《わた》し奉《たてまつ》る。勅《ちょく》して蘇我稲目宿禰の大臣《おおおみ》に授《さず》けて興隆《こうりゅう》せしむる也《なり》。

『上宮聖徳法王帝説《じょうぐうしょうとくほうおうていせつ》』

大倭国《やまとのくに》の仏法は斯帰嶋宮《しきしまのみや》に天下《あめのした》治しめしし天国案春《あめくにおしはる》岐広庭天皇《きひろにわのすめらみこと》❹の御世《みよ》、蘇我大臣稲目宿禰《そがのおおおみいなめのすくね》仕《つか》え奉りし時より創《はじ》まる。天下治しめすこと七年、歳は戊午《つちのえうま》に次《やど》りしとしの十二月に度《わた》り来たる。百済国の聖明王の時に太子像ならびに灌仏《かんぶつ》の器一具、および仏の起こりしを説く書巻一筐《はこ》を度して言う、「まさに聞く、仏法は既に是れ世間無上の法なり。そのまた行い修むべし」と。

『元興寺伽藍縁起《がんごうじがらんえんぎ》幷流記資材帳《ならびにるきしざいちょう》』

(2)壬申説（五五二年）

（欽明《きんめい》天皇十三年）❺冬十月に、百済《くだら》の聖明王《せいめいおう》❻……釈迦仏《しゃかぶつ》の金銅像一軀《ひとはしら》・幡蓋《はたきぬがさ》若干・経論《きょうろん》若干《そこら》巻《まき》を献《たてまつ》る。……天皇聞《きこしめ》し已《おわ》りて、歓喜《よろこ》び踊躍《ほどはし》りたまひて、使者に

通釈

欽明天皇の治世、戊午の年（五三八）の一〇月一二日、百済の聖明王が初めて仏像・経典及び僧侶らを送ってきた。天皇は詔勅《しょうちょく》を下し、蘇我稲目にこれらを授け、仏教の興隆をはかったのである。

大倭の国の仏法は、斯帰嶋の宮で天下を治められた欽明天皇の御代、蘇我大臣稲目宿禰が仕えていた時に始まった。欽明天皇七（五四六）年、戊午の年の十二月に伝えられたのである。百済国の聖明王は、悉達太子《シッダッタ》（釈迦）像ならびに灌仏《かんぶつ》の器一式、および仏起を説く書巻一筐を贈られて仰られた。「まさに聞くところによれば、仏法はすでにこの世の最高の法であり、貴国もまたこれを修行すべきであろう」と。

（欽明天皇一三（五五二）年）冬一〇月に、百済の聖明王が……釈迦仏の金銅像一体、仏具の幡蓋を若干、経論若干巻を献上してきた。……欽明天皇は（使者の口上を）お聞きになって、喜びにたえず、使者に次のように仰せられた。「私は、これまでこのように優れた法を聞いたことはなかった。しかし、このことを私

❶**志癸嶋の天皇** 欽明天皇。大和国の磯城島《しきしま》に金刺宮《かねさしのみや》を置いたことによる。
❷**戊午の年** 五三八年。
❸**明王** 聖明王。
❹**天国案春岐広庭天皇** 欽明天皇。
❺**欽明天皇十三年** 五五二年。干支は壬申。
❻**聖明王** 百済の王（在位五二三～五五四）。このころ百済は新羅、高句麗の圧迫を受け、日本の援助を求め交流にも熱心だった。
❼**歴問ひ** 一人ひとり次々に問う。
❽**蘇我大臣稲目宿禰** 蘇我馬子の父。蘇我氏は渡来人と結んでいた。
❾**豊秋日本** 豊秋は実り豊かな秋の意で、日本の美称。

10 物部大連尾輿　物部守屋の父。物部氏は軍事氏族。蘇我氏と激しく対立。

11 中臣連鎌子　中臣氏は朝廷の神事・祭祀を司った中央豪族。

12 国家　ここでは天皇をさす。

13 継体天皇即位十六年　五二二年。

14 司馬達止　鞍作鳥《くらつくりのとり》（止利仏師）の祖父。

史料注

上宮聖徳法王帝説　厩戸王（聖徳太子）の伝記集。七世紀半ば以降の古い史料を編集し（著者不詳）、平安中期に集大成したもの。厩戸王の系譜、伝説、金石文集から成るが、記紀に対して異説が多く、これを補う貴重な史料。

元興寺伽藍縁起幷流記資材帳　元興寺（もと飛鳥寺）の縁起と財産目録を記したもので、仏教伝来など『日本書紀』とは別の古伝をのせている。七四七（天平十九）年成立。

日本書紀　神代より持統天皇譲位（六九七）までを記した官撰の歴史書で、その編纂は天武朝に始められ七

詔《みことのり》して云《のたま》はく、「朕《われ》、昔より来《このかた》、未《いま》だ曾《かつ》て是《かく》の如《ごと》く微《くわ》妙しき法《のり》を聞くことを得ず。然《しか》れども朕、自ら決《さだ》むまじ」と。乃《すなわ》ち群臣《まえつきみたち》に歴問《となめと》ひて7曰《のたま》はく、「西蕃《にしのくに》の献《たてまつ》れる仏の相貌《かおきらぎら》端厳し。全《もっぱ》ら未だ曾て有《あら》ず。礼《いやま》ふべきか不《いな》や」と。蘇我大臣稲目宿禰《そがのおおおみいなめのすくね》8奏《そう》して曰《もう》さく、「西蕃の諸国、一《もはら》に皆礼ふ。豊秋日本《とよあきつやまと》9豈《あ》に独《ひと》り背《そむ》かむや」と。物部大連尾輿《もののべのおおむらじおこし》10・中臣連鎌子《なかとみのむらじかまこ》11、同じく奏して曰さく、「我が国家の12、天下《あめのした》に王《きみ》とましますは、恒《つね》に天地《あまつやしろ》社稷《くにつやしろ》の百八十神《ももあまりやそがみ》を以《もっ》て、春夏秋冬、祭拝《まつ》りたまふことを事《わざ》とす。方《まさ》に今改めて蕃神《あだしくにのかみ》を拝《おが》みたまはば、恐るらくは国神《くにつかみ》の怒《いかり》を致したまはむ」と。天皇曰はく、「情願《ねが》ふ人稲目宿禰に付《さず》けて、試《こころみ》に礼ひ拝ましむべし」と。

『日本書紀《にほんしょき》』

だけで決めることはできない。」そして、群臣の一人ひとりに次のようにお尋ねになった。「西の蕃国が献上した仏像の端正で壮厳な様子は、今まで見たこともない。この仏を礼拝するべきであろうか」。この下問に対し、蘇我稲目は「西方の諸国は皆これを礼拝しています。我が国だけが礼拝しないわけにはまいりません」と述べ、物部尾輿、中臣鎌子は「我が朝廷が、王として天下を統治する根拠は、（天皇が）諸々の多くの神々への春夏秋冬の祭礼を主宰することにあります。それなのに、今、隣国から移ってきた神を礼拝することは、我が国の神々の怒りを招くことになりましょう。」と述べた。（このように群臣の意見が分かれたので）天皇は、「礼拝を願っている蘇我稲目に仏像を授けて、試みに礼拝をさせてみることにせよ」と命ぜられた。

参考　**仏教の私伝**

継体天皇即位《そくい》十六年13壬寅《みずのえとら》、大唐の漢人案部村人司馬達止《あやひとくらつくりのすぐりしばたつと》14、此《こ》の年の春二月に入朝す。即《すなわ》ち、草堂《そうどう》を大和国高市《たけち》郡坂田原に結び、本尊《ほんぞん》を安置し、帰依礼拝《きえらいはい》す。世を挙《あ》げて皆云《い》ふ、是《こ》れ大唐《もろこし》の神なりと。『扶桑略記《ふそうりゃくき》』

解説　日本の古代国家や文化を考える上で、仏教の伝来は非常に重要な意味を持つ。その仏教の公伝については、⑴上宮聖徳法王帝説《じょうぐうしょうとくほうおうていせつ》や元興寺縁起《がんごうじえんぎ》による戊午《ぼご》（五三八）年説と⑵日本書紀による壬申《じんしん》（五五二）年説がある。しかし、①日本書紀のこの部分の記述、特に聖明王の国書の部分には、「金光明最勝王経《こんこうみょうさいしょうおうきょう》」（七〇三年唐の義浄《ぎじょう》翻訳、日本へは七一八年伝来）などの引用が多く、記事の史料的価値が低い、②百済は五三八年に熊津《ゆうしん》から扶余《ふよ》に遷都しており、高句麗《こうくり》、新羅《しらぎ》の圧迫に対抗するため、日本との結びつきを強めたと考えやすい、などの理由で⑴説が有力である。一方、仏教の受容をめぐって

二〇（養老四）年に完了した。三〇巻、漢文の編年体で書かれる。皇室の系図、神話や物語、官府の記録、諸氏の家記、寺院の縁起などが編纂材料となっている。
扶桑略記　平安末期に皇円（?～一一六九）が著した史書。神武天皇から堀河天皇までの記事を漢文の編年体で記す。仏教関係の記事が多い。

探究2
① 仏教公伝以前、我が国の信仰はどのようなものであったか。
② 仏教公伝当時、我が国ではどのような問題が起こったか。

1 二十一年　継体天皇の即位二一年。五二七年。
2 壬辰の朔甲午　干支を用いた日付の表現。壬辰（十干十二支で二九番目）から数えて甲午（同三一番目）にあたる日なので、三日となる。（干支順位表参照）
3 南加羅　金官国（現、慶尚南道金海）とその付近。そ

は、ヤマト政権内の主導権争いもあいまって崇仏派《すうぶつ》の蘇我氏《そが》と排仏派《はいぶつ》の物部《もののべ》・中臣《なかとみ》氏の対立が激しくなった。物部氏は武将で蘇我氏との権力争いと勢力確立のため神祇《じんぎ》信仰を固持し、中臣氏は職掌が祭祀《さいし》であった関係から排仏を唱えたが、三蔵管理等で多くの渡来人を掌握する蘇我氏は、早くから半島経由の大陸文化に接しており、仏教受容に積極的であった。仏教公伝以前から、渡来人社会では仏教信仰は広まっていたと考えられ、そのことを物語るのが『扶桑略記』に書かれた司馬達等《しばたっと》（止）の例である。

Spot

仏教伝来からヤマト政権の実態を考える

『日本書紀』の記述によれば欽明天皇十三（五五二）年、百済の聖明王より、仏像と経典が献上されたという。仏教の伝来を記した史料としてあまりにも有名なものだが、実はここにヤマト政権の実態が如実に示されていることに気付いたであろうか。百済の使者の口上を聞いた欽明天皇は小躍りして喜び、これまでこのように優れた教えを聞いたことがないとまで言っておきながら、私だけでは決められないとして、仏教を受け入れるか否かを豪族たちに問うているのである。これはまさに、国家の大事を大王（のちの天皇）が決める権限のなかったことを示している。そもそもヤマト政権はヤマトの王を中心とした連合政権であり、大王の地位は諸豪族の推戴によって保障されていた。したがって、大王は豪族の顔色を窺《うかが》いながらことを進めざるを得なかったのである。

3 磐井の乱　★★☆☆☆

要点ナビ　筑紫国造磐井、新羅と結んでヤマト政権に抵抗。

二十一年[1]夏六月の壬辰《みずのえたつ》の朔甲午《ついたちきのえうま》[2]に、近江毛野臣《おうみのけなのおみ》、衆《いくさ》六万を率《い》て、任那《みまな》に往《ゆ》きて、新羅《しらぎ》に破られし南加羅《ありひしのから》[3]、喙己呑《とくことん》を為復《かえ》し興建《た》てて、任那に合《あわ》せむとす。是《ここ》に、筑紫国造《つくしのくにのみやつこ》磐井《いわい》、陰《ひそか》に叛逆《そむ》くことを謨《はか》りて、猶預《うらもい》[4]して年を経《ふ》。……新羅、是《これ》を知りて、密《ひそか》に貨賂《まいない》を磐井が所《もと》に行《おく》りて、勧《すす》むらく、毛野臣の軍を防遏《た》へよと[5]。是に、磐井、火《ひのくに》・豊《とよのくに》[6]二つ国に掩《おそ》ひ拠《よ》りて、[7]使修職《つかえまつ》らず。

通釈
継体天皇二一（五二七）年、六月三日に、近江毛野臣は兵六万の大軍を率いて任那へ行き、新羅に征服された南加羅、喙己呑を奪還して任那に併合しようとした。この時、筑紫国造磐井は、ひそかに反逆を決意していたが、反乱を実行に移すことにはためらっていた。……新羅はこのことを知って、ひそかに磐井のもとへ賄賂《わいろ》を送り、毛野臣の軍を防ぎ止め（新羅に協力す）るよう求めた。そこで、磐井は、火・豊の二国に勢力

れに続く喙己呑は現、慶尚北道慶山付近といわれる。ただし、新羅によるこの二国征服は、実際には毛野臣の渡海よりあとのことであり、「日本書紀」編者による修飾の部分と考えてよい。

4猶預　うらおもう（心思ふ）の約。心で思いためらっていて実行しないこと。

5防遏へよ　防ぎ止める。

6火・豊　肥前、肥後と豊前、豊後。

7掩ひ拠りて　勢力を張る。

8大伴大連金村　五世紀末から六世紀半ばにヤマト政権の軍事力を担う豪族として活躍。欽明朝で朝鮮経営の失敗を非難され失脚した。

9物部大連麁鹿火　継体朝に大伴金村とともに政治を主導。武将としても重きをなした。

10許勢大臣男人　許勢氏は外交・軍事をつかさどった新興豪族。巨勢氏とも。

史料注　**日本書紀**　三〇頁参照。

……天皇、大伴大連金村《おおとものおおむらじかなむら》8・物部大連麁鹿火《もののべのおおむらじあらかひ》9・許勢大臣男人《こせのおおおみおひと》10等《ら》に詔《みことのり》して曰《のたま》はく、「筑紫の磐井反《そむ》き掩《おそ》ひて、西の戎《ひな》の地《くに》を有《たも》つ。今誰《たれ》か将《いくさのきみ》たるべき者《もの》」と。大伴大連等僉《みな》曰《もう》さく、「正《たいら》に直《ただ》しく仁《めぐ》みて勇《いさ》みて兵《つわものの》事《こと》に通《こころしら》へるは、今麁鹿火が右に出《い》づるひと無し」と。天皇曰はく、「可《ゆるす》」と。

『日本書紀《にほんしょき》』

を張って、（ヤマト政権から求められた）職務を行わなくなった。……継体天皇は、大伴金村、物部麁鹿火、許勢男人らヤマト政権の首脳に「筑紫の国造磐井が反逆し、西国に勢力を張っている。誰か、磐井を征討する将軍はいないか」と言った。大伴金村らは皆、「人間的にもすぐれ（正直で仁や勇の気持ちに満ち）、軍事にも通じているといえば、今、物部麁鹿火の右に出る者はいないでしょう」と言った。天皇は、「そうしよう。」と言った。

参考　**屯倉《みやけ》の設置**　★☆☆☆

（安閑《あんかん》天皇元年閏《うるう》十二月）武蔵国造《むさしのくにのみやつこ》笠原直使主《あたいおみ》と同族小杵《おき》と、国造を相争ひて、年経《ふ》るに決め難し。小杵、……而《しか》して使主を殺さむと謀《はか》る。使主覚りて走《に》げ出《い》づ。京に詣《もう》でて状《そのかたち》を言《もう》す。朝庭臨断《みかどつみさだ》めたまひて、使主を以《もっ》て国造とす。国造使主……謹《つつし》みて国家の為に、横渟《よこぬ》・橘花《たちばな》・多氷《おおい》・倉樔《くらす》・四処《よところ》の屯倉を置き奉《たてまつ》る。（欽明《きんめい》天皇十六年）秋七月朔《ついたち》壬午《みずのえうま》に、蘇我大臣稲目宿禰《そがのおおおみいなめのすくね》・穂積磐弓臣《ほづみのいわゆみのおみ》等《ら》を遣《つかわ》して、吉備《きび》の五郡に白猪《しらい》屯倉を置かしむ。

『日本書紀《にほんしょき》』

解説　六世紀には、朝鮮半島では**新羅《しらぎ》**が台頭して急速に国家体制を確立し、**百済《くだら》**や**加耶《かや》諸国**を脅かす。ヤマト政権の拠点加羅（任那《みまな》）も、五六〇年代（書紀では五六二年）には完全に新羅の支配下に入った。このような国際情勢の変化も影響し、六世紀前半にはヤマト政権に動揺がみられる。まず、大王家をめぐる複雑な政治情勢がある。継体天皇の即位にも王朝交替を暗示する要素があるが、それに続く安閑・宣化・欽明の三代の天皇については「書紀」の紀年がかなり矛盾しており、不安定な時代を象徴している。また、地方では、この史料の磐《いわ》井《い》の乱のような大きな反乱が起こっている。近江臣毛野の遠征とこの乱は、書紀編者が意図的に結びつけたもので、本来無関係だとしても、この乱の背景には、朝鮮出兵の過重な負担に対する首長層や民衆の不満があったに違いない。また、ヤマト政権が各地に屯倉《みやけ》を設置し、地方豪族の地位を脅かす政策をとったことも地方反乱の要因となった。五三四年の武蔵国造の内紛――この地位をめぐり笠原直使主《あたいおみ》が同族の小杵《おき》と争い、小杵が上《かみ》毛野君《つけののきみ》小熊《おくま》に救援を求めたので使主が朝廷と結んだ――の記事も、結末は使主による四か所の屯倉献上で終わっている。反乱を鎮圧したヤマト政権は、その地に屯倉を設置し、その支配をより強化しようとしているのである。

4 渡来人 ★☆☆☆☆

(応神《おうじん》天皇十四年)是歳《このとし》弓月君《ゆづきのきみ》❶、百済《くだら》より来帰《もうけ》り。因《よ》りて奏して曰《もう》さく、「臣、己《おの》が国の人夫《たみ》百二十県を領《ひき》ゐて帰化《もうけ》り❷。然《しか》れども、新羅《しらぎ》人の拒《ふせぐ》に因りて、皆加羅《から》国❸に留《とどま》れり」と。爰《ここ》に、葛城襲津彦《かつらぎのそつひこ》❹を遣《つかわ》して、弓月の人夫を加羅に召《め》す。

(十五年の秋八月)百済の王、阿直岐《あちき》❺を遣して、良馬二匹を貢《たてまつ》る。……天皇、阿直岐に問ひて曰《のたまわ》く「如《も》し汝《いまし》に勝《まさ》れる博士、亦《また》有りや」と。対《こた》へて曰《もう》さく、「王仁《わに》❻といふ者有り。是《こ》れ秀れたり」と。……仍《よ》りて王仁《わに》を徴《め》さしむ。……十六年の春二月に、王仁来《もうけ》り。……所謂《いわゆる》王仁は、是書首《これふみのおびと》❼等《ら》の始祖《しそ》なり。『日本書紀《にほんしょき》』

通釈

(応神天皇一四年)この年に、弓月君が百済からやって来た。そこで弓月君は、「私は、我が国の一二〇県の人々を率いて帰化してきた。しかし、新羅の妨害によって、皆まだ加羅国にとどまっております」と奏上してきた。そこで、葛城襲津彦を派遣して、弓月君に従ってきた人々を加羅国で召集しようとした。

(応神天皇一五年秋)百済王が阿直岐を派遣して、良馬二匹を献上してきた。……天皇は、阿直岐に「おまえに勝るような優秀な博士は、他にいるのか」と問われた。阿直岐は「王仁という者がおります。これは優秀です」と答えた。……そこで王仁を招くことになった。……一六年春二月に王仁はやって来た。……王仁は西文氏らの始祖である。

❶**弓月君** 渡来系の雄族秦《はた》氏の祖とされる。

❷**帰化** 君主の徳に感化されて服属すること。

❸**加羅国** 朝鮮半島南部(=任那《みまな》)の小国。

❹**葛城襲津彦** 初期対朝鮮外交上しばしば登場する有力将軍。彼の子孫葛城氏は五世紀に天皇家の外戚として繁栄した。

❺**阿直岐** 古事記では阿知吉師(あちきし)とある。「キシ」は朝鮮語でも族長に対する敬称。

❻**王仁** 論語や千字文《せんじもん》を伝えたとされる。西文《かわちのふみうじ》氏の祖。

❼**書首** 西文氏。文筆専門で中心的役割を果たした。

史料注

日本書紀 三〇頁参照。

探究3

① 氏姓制度を説明せよ。
② 中期古墳が巨大化した背景は何か。

解説

渡来人とは主として古代に海外から渡来して我が国に住みついた者を、その子孫を含めていう。ヤマト政権による統一国家形成の段階に入ると、在来の氏族とは別の氏族として意識されるようになった。渡来人が目立ってくる最初の四~五世紀にかけて代表的な氏族は、王仁《わに》氏・弓月君《ゆづきのきみ》・阿知使主《あちのおみ》などである。彼らの多くは畿内に居住地を与えられ、世襲《せしゅう》制の地位を与えられる者も少なくなかった。また、大陸伝来の進んだ諸生産技術もほとんど彼らの専業であったことが知られる。五世紀後半以降も活発にその役割を果たした渡来人も七世紀後半に入るとほぼ終止符が打たれることとなる。平安初期に成立した『新撰姓氏録《しんせんしょうじろく》』によると、当時畿内に存在した中央氏族一〇六五氏のうち、渡来人系は約三〇%を占めている。

3 推古朝の政治

要点ナビ 厩戸王（聖徳太子）が豪族たちに役人の心得を示す。

❶ 憲法十七条 ★★★★★

（推古《すいこ》天皇十二年）[1] 夏四月丙寅《ひのえとら》朔《ついたち》戊辰《つちのえたつ》、皇太子親《みずか》ら肇《はじ》めて憲法[2]十七条を作りたまふ。

一に曰《のたまわ》く、和《やわらぎ》を以《もっ》て貴《とうと》しとし、[3] 忤《さから》ふること無きを宗《むね》とせよ。人皆党《たむら》有り、[4] 亦達《またさと》る者少し。是《ここ》を以て、或《あるい》は君父《きみかぞ》に順《したが》はず、また隣里《りんり》に違《たが》ふ。然《しか》れども、上《かみ》和《やわら》ぎ、下睦《しもむつ》びて、事を論《あげつら》ふに諧《かな》ふときは、則《すなわ》ち事理《ことわり》自《おのずか》らに通ふ、何事か成らざらむ。

二に曰く、篤《あつ》く三宝《さんぼう》を敬《うやま》へ。三宝とは仏《ほとけ》・法《のり》・僧《ほうし》なり。則《すなわ》ち四生《よつのうまれ》[5]の終《おわり》の帰《よりどころ》、万《よろず》の国の極宗《きわめのむね》なり。何《いず》れの世、何れの人か是《こ》の法《のり》を貴ばざる。人尤《はなは》だ悪《あ》しきもの鮮《すくな》し、能《よ》く教ふるをもて従ふ。其《そ》れ三宝に帰《よ》りまつらずば、何を以《もっ》てか枉《まが》れるを直《ただ》さむ。

三に曰く、詔《みことのり》を承《うけたまわ》りては必ず謹《つつ》しめ、君をば則ち天《あめ》とす、臣《やっこらま》をば則ち地《つち》とす。天覆《おお》ひ地載《の》せて、四時《よつのとき》[6]順《めぐ》り行き、万気《よろずのしるし》[7]通ふことを得《う》。地、天を覆はむと欲するときは、則ち壊《やぶ》るることを致さむ。是《ここ》を以て、君

※色文字は重要語

[1] 推古天皇十二年　六〇四年。「上宮聖徳法王帝説」では六〇五年のこととしている。

[2] 憲法　近現代の国の根本法規としての憲法ではなく、政治道徳的規範であり、官吏の心得を示したもの。

[3] 和を以て貴しとし（以レ和為レ貴）　『礼記』や『論語』による引用。このような儒家思想による引用句が多い。

[4] 人皆党有り　管子《かんし》、韓非子《かんぴし》など法家思想では、朋党《ほうとう》が国家に害あることを力説している。

[5] 四生　仏教（法華経）で、卵生《らんせい》・胎生《たいせい》・湿生《しっせい》・化生《かせい》、すなわちすべての生物をさす。

[6] 四時　春夏秋冬（四季）。

[7] 万気　人畜草木すべての気。

通釈

（推古天皇一二（六〇四）年）夏四月三日に、皇太子厩戸王《うまやと》（聖徳太子）が親しく重要法令一七条を作成された。

一　和合を貴び、人と争うようなことが起きぬように心がけよ。人は、皆、党を作り、また道理を悟っていることも少ない。このゆえに、君父に逆らったり、隣里と争ったりする状態があるのである。しかし、上に立つ者が和合を大事にし、下の者がそれに応じ、双方の意見を十分に出し合えば、道理が自然に通っていって、すべての事がうまくいく。

二　三宝を深く敬え。三宝とは仏と法と僧である。つまり、一切の生物の最後のよりどころ、また、万国の窮極の教えのことである。いつの時代のどの人がこの教えを貴ばないであろうか。まったく悪いだけだという人は少ないから、よく教え導けば、従うものだ。その場合、三宝によらないで、どうやって悪人を正しく導けようか。

三　天皇の命令を受けたなら、必ず、誤りを犯さぬよう心を引き締めよ。君を天として、臣を地とすれば、天が地の上にあってこそ、季節が順調にめぐり、万物の気が通うことができるのである。逆に、もし地が天の上に立とうなどとすれば、すべては破壊されてしまう。このように、君が命ずるときには臣は従

言ふとき臣承り、上《かみ》行へば下靡《なび》く。故《ゆえ》に詔を承りては必ず慎《つつし》め、謹《つつ》しまざれば自らに敗れなむ。

四に曰く、群卿百寮《まえつきみたちつかさつかさ》8、礼《いやび》を以て本《もと》とせよ。其れ民を治むるが本、要《かなら》ず礼に在《あ》り。……

八に曰く、群卿百寮、早く朝《まい》り晏《おそ》く退《まか》でよ。……

九に曰く、信は是《これ》義の本なり。事毎《ことごと》に信有るべし。其れ善悪成敗、要《かなら》ず信に在り。……

十一に曰く、功過《こうか》を明《あきらか》に察《み》て、賞罰《しょうばつ》を必ず当《あ》てよ。日者《ひごろ》、賞は功に在《お》きてせず、罰は罪に在《お》きてせず。事を執《と》れる群卿、賞罰を明《あきら》むべし。

十二に曰く、国司《くにのみこともち》9・国造《くにのみやつこ》、百姓《おおみたから》に斂《おさ》めとること勿《なか》れ。国に二《ふたり》の君非《あら》ず、民に両《ふたり》の主《あるじ》無し。率土《くにのうち》の兆民《おおみたから》、王《きみ》を以て主と為《な》す。所任官司《よさせるつかさみこともち》は、皆是れ王の臣なり。何ぞ敢《あえ》て公《おおやけ》とともに、百姓に賦斂《おさめと》らむ。

十五に曰く、私《わたくし》を背《そむ》きて公に向《ゆ》くは10、是れ臣が道なり。……

十六に曰く、民を使ふに時を以てするは11、古《いにしえ》の良き典《のり》なり。……

十七に曰く、夫《そ》れ事は独《ひと》り断《さだ》むべからず、必ず衆《もろもろ》と

い、上の行動には下がならうべきなのである。だから、天皇の命令を受けたなら、心を引き締めよ。そうしないと必ず自分で失敗してしまうだろう。

四　官吏《かんり》は礼を基本としなさい。人民を統治する基本は礼である。

八　官吏はすべて、朝早く出仕して、遅く退出せよ。……

九　信は義（人として行うべき道）のもとである。何事にもすべて信をもって行え。事の良し悪し、うまくゆくゆかないは、信にかかっている。……

十一　功績と過ちをよく見て、それに応じて賞罰を与えよ。賞が功によらず、罰が罪によらないことがよくある。政務をとる官僚は、賞罰を明確に行え。

十二　国司や国造は百姓を（私的に）収奪してはならない。国に二人の王はなく、民に二人の主人はいない。国中の民衆は、すべて王を主人としているのである。王によって任命された官人は、王の臣下に過ぎない。何で、彼らが公である王と並んで、百姓に税を賦課し収奪することができようか。

十五　私心を去って公に尽くすことが、臣下としての道である。

十六　民を労役に使うのを、民の生業の暇な時にすることは、昔からの良い慣行である。

十七　重大なことは独断してはならない。必ず、人々とともに議論せよ。

8群卿百寮　群卿は国政に参画する上級の官吏をさし、百寮は様々な役人をさす。

9国司　律令制的国司制はこの当時成立していない。「国司」という言葉が使われていることから、憲法十七条は後世の偽作とする説（津田左右吉説など）もあったが、内容の緻密《ちみつ》な検討により推古朝の時代のものであるとする説の方が有力となっている（もちろん、用字などは書紀編者による改変がある）。

10私を背きて公に向くは（背レ私向レ公）「韓非子」による。公私の別を厳しく説くのも法家思想の特色。

11民を使ふに時を以てするは（使レ民以レ時）『論語』による。人民を使うには農閑期をみてすべきであるの意。

論《あげつら》ふべし。

『日本書紀《にほんしょき》』

2 遣隋使の派遣 ★★★★★

開皇《かいこう》二十年、[1] 倭王《わおう》あり、姓は阿毎《あめ》、字《あざな》は多利思比孤《たりしひこ》[2] 阿輩鶏彌《おおきみ》[3]と号《ごう》す。使《し》を遣《つか》はして闕《けつ》[4]に詣《いた》る。……

大業《たいぎょう》三年、[5] 其《そ》の王、多利思比孤、使[6]を遣はして朝貢《ちょうこう》す。使者曰《いわ》く「聞く、海西の菩薩《ぼさつ》天子[7]、重ねて仏法を興《おこ》すと。故《ゆえ》に遣はして朝拝《ちょうはい》せしめ、兼《か》ねて沙門《しゃもん》数十人、来りて仏法を学ばしむ」と。其の国書に曰く「日出《い》づる処《ところ》の天子、書を日没する処の天子に致す。恙《つつが》無きや、云々《うんぬん》」と。帝《みかど》、之《これ》を覧《み》て悦《よろこ》ばず、鴻臚卿《こうろけい》[8]に謂《い》ひて曰《のたまわ》く「蛮夷《ばんい》の書、無礼なる者有り、復《ま》た以《もっ》て聞《ぶん》する勿《なか》れ」と。明年《みょうねん》、上《しょう》[9]、文林郎《ぶんりんろう》[10] 裴清《はいせい》を遣はして倭《わ》国に使《つかい》せしむ。

〔『隋書《ずいしょ》』倭国伝《わこくでん》〕

（推古《すいこ》天皇十五年[11]）秋七月の戊申《つちのえさる》の朔《ついたち》 庚戌《かのえいぬ》、大《だい》礼《らい》[12] 小野妹子《おののいもこ》を大唐《もろこし》に遣はし、鞍作福利《くらつくりのふくり》を以て通事《おさ》とす。……

通釈

開皇二〇（六〇〇）年、倭王の、姓はアメ、字はタリシヒコという者がオオキミを名乗り使者を都の長安に送ってきた。……

大業三（六〇七）年に、倭国の王が使者を遣わして、朝貢してきた。使者の口上には「海西の聖天子が仏法を興隆していると聞きます。そこで（我が国より）使者が朝廷へ参上させられ、同時に僧侶数十人が仏法の研究のために遣わされたのです」とあり、国書には「日の昇るところの天子が、書を日の没するところの天子に差し出します。変わりはありませんか……」とあった。煬帝《ようだい》は、この国書を見て不機嫌になり、外務大臣に対し「蛮人の国書に無礼なものがあった。こういう国から、また何か言ってきても相手にするな」と命じた。翌年、煬帝は文林郎の裴清を倭国に使者として派遣した。

（推古一五（六〇七）年）秋七月三日、大礼の小野妹子を隋に派遣し、鞍作福利を通訳にそえた。……

推古一六（六〇八）年夏四月、小野妹子が隋から帰国した。隋では、妹子を蘇因高と呼んだ。隋の使者裴

[1] **開皇二十年**　六〇〇年。当時の隋の皇帝は文帝（在位五八一～六〇四）。
[2] **多利思比孤**　天皇の諱《いみな》には足彦《たらしひこ》が多いので、ここでは天皇一般の称号であろう。
[3] **阿輩鶏彌**　「アメキミ」と読む説もある。
[4] **闕**　隋《ずい》の都長安をさす。
[5] **大業三年**　六〇七年。当時の皇帝は煬帝《ようだい》（在位六〇四～六一八）。
[6] **使**　小野妹子《おののいもこ》をさす。
[7] **菩薩天子**　聖天子。煬帝をさす。
[8] **鴻臚卿**　隋の外交事務を担当する高官。
[9] **上**　煬帝をさす。
[10] **文林郎**　裴世清《はいせいせい》のこと。文林郎は日本の令《りょう》制《せい》では少初《そ》位《い》上（三〇階中二九位）。
[11] **推古天皇十五年**　六〇七年。

探究4　憲法十七条から、当時の政治と社会の状態を考えよ。

要点ナビ　中国皇帝に臣属しない形式をめざした新外交への転換。

12大礼 冠位十二階で第五にあたる位。

13蘇因高 蘇は小野の「小」因高は妹子の音によるものか。

14辛巳 推古一六（六〇八）年の九月一一日。

15日文 旻（みん）。舒明四年八月条以降は僧旻と見える。高向玄理とともに、帰国後大化改新で国博士となる。

史料注

『隋書』倭国伝 『隋書』は隋の正史。六二二年唐の魏徴の撰。その東夷伝倭国の条には日本書紀にない貴重な史料が見られる。

日本書紀 三〇頁参照。

探究5

① 隋に使者を派遣した目的を述べよ。

② 厩戸王と倭の五王時代の外交の違いを述べよ。

十六年夏四月、小野臣《おみ》妹子、大唐より至《いた》る。唐国《もろこしのくに》、妹子臣を号《なず》けて蘇因高《そいんこう》と曰《い》ふ。13即《すなわ》ち大唐の使人《つかい》裴世清《はいせいせい》、下客《しもべ》十二人、妹子臣に従ひて、筑紫《つくし》に至る。……

辛巳《しんし》、14唐の客《まろうど》裴世清、罷《まか》り帰りぬ。則《すなわ》ち復《また》小野妹子臣を以て大使《おおつかい》とす。……爰《ここ》に天皇、唐の帝を聘《とぶら》ふ。其の辞《ことば》に曰く、「東《やまと》の天皇、敬《つつし》みて西《もろこし》の皇帝《きみ》に白《もう》す。……」と。是《こ》の時に、唐の国に遣はす学生倭漢《やまとのあやの》直福因《あたいふくいん》・奈羅訳語恵明《ならのおさえみょう》・高向漢人玄理《たかむこのあやひとげんり》・新漢人大《いまきのあやひとおお》圀《くに》、学問僧新漢人日文《にちもん》15・南淵漢人請安《みなぶちのあやひとしょうあん》・志賀漢人慧隠《しがのあやひとえおん》・新漢人広済《こうさい》等、幷《あわ》せて八人なり。

『日本書紀《にほんしょき》』

世清が一二人のしもべを伴い、妹子に連れられ筑紫に到着した。

九月一一日、隋の使者裴世清が帰国した。そこで再び小野妹子を隋へ送った。……その時、天皇は隋の皇帝へのあいさつの書の中で「東の天皇が、つつしんで西の皇帝に申し上げる。……」と書いた。この時に隋に派遣された学生は、倭漢直福因・奈羅訳語恵明・高向漢人玄理・新漢人大圀、学問僧新漢人日文・南淵漢人請安・志賀漢人慧隠・新漢人広済ら、合わせて八人だった。

解説

六世紀のヤマト政権は、朝鮮外交や皇位継承問題などで豪族の対立が激しかったが、**蘇我馬子**《そがのうまこ》は**物部**《もののべの》**守屋**《もりや》を倒し、最終的に実権を握った。彼は、対立した崇峻《すしゅん》天皇を暗殺し、**推古天皇**を擁立するが、この女帝のもとで皇太子として摂政したとされるのが**厩戸王**（聖徳太子）である。したがって、推古朝の政治では、厩戸王だけでなく実力者蘇我馬子の存在を忘れてはならない。

この時代には、**冠位**《かんい》**十二階**制定、**憲法十七条**制定、遣隋使《けんずいし》派遣、国史（天皇記、国記）編纂、仏教の奨励など様々な新政策が実施されるが、その目的は天皇中心の中央集権国家体制の樹立にあった。この理念を示したものが憲法十七条になるが、「憲法」とはいえ、近代国家のそれとは異なり、官吏たる豪族に対する道徳的訓戒を示したものである。条文は、漢籍の字句を多く用い、儒教・仏教・法家思想の強い影響が見られる。

一方、朝鮮半島での政治的立場の回復や中国の文物導入のため遣隋使が派遣された。倭《わ》の五王の時代と異なり、中国皇帝に臣属しない外交を求めている点が目新しいが、煬帝《ようだい》が怒りながらも答礼使を送った背景には、これから戦うであろう高句麗の背後にある日本を無視できない状況があったのだろう。ただし、答礼使裴世清《はいせいせい》の位階をみれば、隋の対日姿勢はうかがい知れよう。なお、遣隋使に同行した留学生たちが、帰国後**大化改新**の指導的役割を果たすことに注意したい。

Spot

推古朝のトロイカ体制

厩戸王《うまやとおう》が天皇にならなかったのはなぜだろうか。いや、ならなかったのではなく、なれなかったのである。最大の要因は推古天皇の存在である。有力皇族として注目されるようになった厩戸王であったが、すでに推古天皇が即位していた。当時はまだ譲位の慣行が成立しておらず、厩戸王が即位するためには推古天皇の死を待つしかなかった。そこで、成人した厩戸王の存在を無視できなくなった推古天皇は彼を政治に参画させる。一方、物部氏を滅ぼして最有力の豪族となった蘇我馬子も無視できない存在である。こうして、氏姓制度によるヤマト政権の支配が行き詰まりをみせる中、中央集権国家建設は急務となっていた。それは、推古天皇、厩戸王、蘇我馬子がそれぞれ立場を越えて実感していたことである。ここに、三者の妥協が生まれ、推古朝のトロイカ体制が成立したのである。そして、この三者はそれぞれの思惑を胸に緊張感を保ちながらも、中央集権国家建設のために手を携えていく。ここに、七世紀の一〇〇年に及ぶ中央集権国家建設の大事業がスタートしたのであった。

4 飛鳥文化

1 法隆寺の創建 ★☆☆☆

池辺《いけのべ》の大宮に天下治《あめのしたしろ》しめしし天皇[1]大御身《おおみみ》労《いた》づき賜《たま》ひし時《病気になられた時、》、歳《ほし》は丙午《ひのえうま》に次《やど》る年（五八六）、大王天皇《おおきみすめらみこと》[2]と太子[3]とを召《め》し誓願《せいがん》し賜《たま》ひ、「我が大御病《おおみやまい》太平ならむと欲坐《おもほします》が故《ゆえ》に《私の病気が治ることを望んで、》、将《まさ》に寺を造《つく》りて薬師《やくし》[4]の像を作り仕《つか》へ奉《たてまつ》らむ」と詔《みことのり》したまふ。然《しか》るに当時崩《そのときほう》じ賜ひて[5]造り堪《あ》へずありしかば《すぐに崩御されてしまい寺を造立できなかったので、》、小治田《おはりだ》の大宮に天下治しめしし大王天皇[6]及び東宮聖王[7]、大命を受け賜はりて歳《ほし》は丁卯《ひのとう》に次《やど》れる年（六〇七）、仕《つか》え奉る。

〔法隆寺《ほうりゅうじ》金堂《こんどう》薬師如来像光背銘《やくしにょらいぞうこうはいめい》〕

（天智《てんじ》天皇九年（六七〇））夏四月の癸卯《みずのとう》の朔《ついたち》壬申《みずのえさる》（三〇日）に、夜半之後《あかつき》に、法隆寺災《ひつ》けり。一屋《ひとつのいえ》も余ること無し。大雨《ひさめ》ふり雷《いかづち》震《な》る。

『日本書紀《にほんしょき》』

※色文字は重要語

[1] **池辺の大宮に天下治しめしし天皇**　用明天皇のこと。「池辺の大宮」は用明天皇の大王宮である池辺双槻《なみつきの》宮《みや》（現、奈良県桜井市阿部か）。

[2] **大王天皇**　推古天皇をさす。

[3] **太子**　厩戸王。

[4] **薬師**　薬師如来は、仏教の東方浄瑠璃世界の盟主で、

❷ 仏教の興隆 ★☆☆☆☆

（推古《すいこ》天皇）二年（五九四）の春二月の丙寅《ひのえとら》の朔《ついたちのひ》に、皇太子《厩戸王》及び大臣《おおおみ》に詔《みことのり》して、三宝《さんぼう》を興し隆《さか》えしむ。是《こ》の時に、諸臣連《もろもろのおみむらじ》等、各君親《おのおのきみおや》の恩《みめぐみ》の為に、競ひて仏舎《蘇我馬子》《ほとけのおほとの》を造る。即《すなわ》ち是を寺と謂《い》ふ。（推古《すいこ》天皇三十二年（六二四））秋九月の甲戌《きのえいぬ》の朔《ついたちひのえね》丙子に（三日）、寺及び僧尼《ほうしあま》を校《かんが》へて《調査して、》、具《つぶさ》に其《そ》の寺の造れる縁《ことのよし》《その寺の縁起、》、亦《また》僧尼の入道《おこな》ふ縁《ことのよし》《出家事由、》、及び度《いえで》せる年月日《得度の年月日》を録《しる》す。是《こ》の時に当りて、寺四十六所、僧八百十六人、尼五百六十九人、幷《あわせ》て一千三百八十五人有り。『日本書紀』

衆生の病苦を治すといわれ、日本でも病気治しの現世利益信仰として民間にも浸透した。

5当時崩じ賜ひて 『書紀』では用明の崩御は五八七年で、この史料とは食い違う。

6小治田の大宮に天下治しめしし大王天皇 推古天皇。「小治田の大宮」は推古天皇の大王宮である小墾田《おはりだ》宮（現、奈良県高市郡明日香村豊浦）。

7東宮聖王 厩戸王。東宮は皇太子のこと。

史料注

法隆寺金堂薬師如来像光背銘 法隆寺金堂の薬師如来像の光背（仏像のうしろにつける光をかたどった装飾）にある銘文。像と銘文は後世の偽作説が強い。

日本書紀 三〇頁参照。

探究6 飛鳥文化が世界性に富んでいる例をあげよ。

解説 六世紀から七世紀半ばにかけて、特に推古朝を中心として日本最初の仏教文化である飛鳥文化が開花する。蘇我氏の仏教帰依《きえ》、厩戸王（聖徳太子）の保護奨励により、本格的な寺院も建立され始めた。世界最古の木造建築といわれる法隆寺もその一つである。

法隆寺の創建については『書紀』の六七〇年焼失記事をめぐり、明治以来再建・非再建の論争があったが、一九三九（昭和一四）年の若草伽《が》藍《らん》の発掘により、再建説が有力となった。若草伽藍とは、現在の法隆寺（西院《さいいん》伽藍）の東南部にある遺構で、塔が南、金堂が北という四天王寺式の伽藍配置を持ち、その出土遺物から七世紀初頭のものと考えられている。しかし、焼失再建されたにしても、その年代については一定でなく、依然として法隆寺の創建には謎が多い。

推古朝の仏教興隆政策により、蘇我氏の飛鳥寺建立を初めとして、豪族による氏寺建立も盛んだったようである。『書紀』の寺四六所という数字は、寺院趾や出土古瓦などから推定される飛鳥時代の寺院数（五〇余寺）にかなり近いものである。

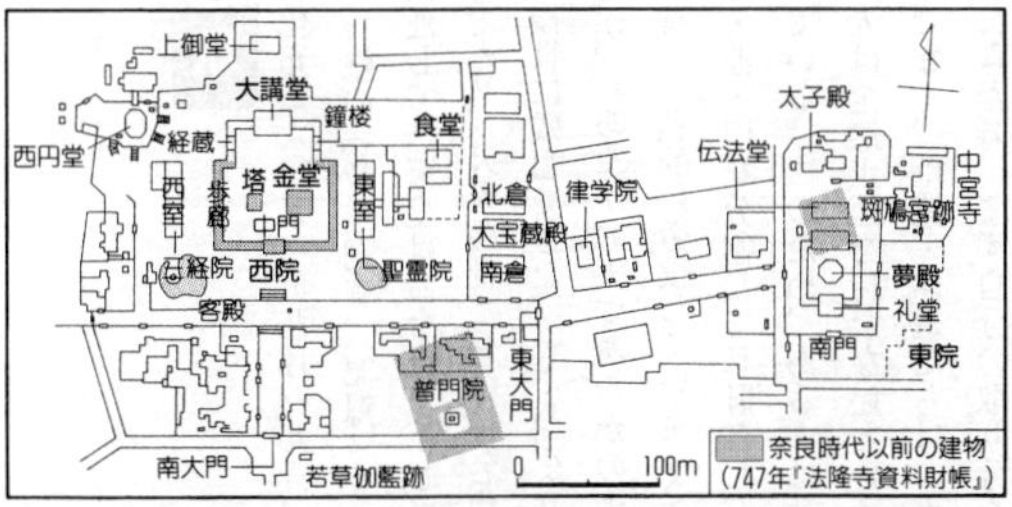

⬆法隆寺境内図 **金堂**：法隆寺の本尊を安置する建物。 **大講堂**：平安時代の再建。薬師三尊像と四天王像を安置する。 **塔**：日本最古の五重塔。 **夢殿**：八角形の殿堂。厩戸王（聖徳太子）の等身大といわれる救世観音像が安置されている。 **食堂《じきどう》**：僧侶が食事を摂るために使われた建物。

5 大化改新《たいかのかいしん》

❶ 改新の要因　★☆☆☆

（大化《たいか》元年❶九月丙寅《ひのえとら》の朔《ついたち》）甲申《きのえさる》、使者を諸国に遣《つか》はして、民《おおみたから》の元数《おおかず》を録《しる》す。仍《よ》りて詔《みことのり》して曰《のたま》はく、「古《いにしえ》より以降《このかた》、天皇の時毎《みよごと》に、代《しろ》の民❷を置き標《あらわ》して名《みな》を後に垂《た》る。其《そ》れ臣連《おみむらじ》等・伴造《とものみやつこ》・国造《くにのみやつこ》、各己《おのおのおの》が民❸を置きて情《こころ》の恣《ほしきまま》に駈使《つか》ふ❹。又《また》国県《あがた》の山海《やまうみ》・林《はやし》野《の》・池田《いけた》を割《さき》りて、己が財《たから》として、争ひ戦ふこと已《や》まず。或《あるひと》は数万頃《あまたよろずしろ》❺の田を兼《か》ね幷《あわ》す。或は全《もは》ら容針少地《はりさすばかりのところ》も無し。調賦《みつぎたてまつ》る時に、其の臣連・伴造等、先《ま》づ自ら収め斂《と》りて、然《しか》して後に分《わか》ち進る。宮殿《おおみや》を修治《つく》り、園陵《みささぎ》を築造《つく》るに、各己が民を率《ひきい》て、事に随《したが》ひて作れり。……方《まさ》に今、百姓❻猶《なおとも》乏し。而《しか》るを勢《いきおい》有る者は、水陸《たはたけ》を分《わ》け割《さ》いて、私の地《ところ》とし百姓に売り与えて❼年に其の価《あたい》を索《こ》ふ。今より以後、地売ることを得じ。妄《みだり》に主《あるじ》と作《な》りて劣《つたな》く弱きを兼ね幷《あわ》すこと勿《なか》れ」と。百姓大《おおい》に悦《よろこ》ぶ。

『日本書紀《にほんしょき》』

通釈

大化元（六四五）年九月一九日、使者を諸国に派遣して百姓の総数を調査、記録させた。（この人口調査に関連して）天皇は命令書を下して次のように言った。「古来より、天皇の世ごとに、名代《なしろ》の民を置き天皇の名を後世に残してきた。ところが今では、臣連・伴造・国造が、（あたかも王であるかのように）各々自己の民を持ち、私的に労役している。さらに、国県の山海・林野・池・田を分割して私財とし、互いに争うことが続いている。このため、ある人は数万頃の田を集積し、ある人は全然土地を持たないという状態である。それのみでなく、臣連・伴造たちは、百姓が（都に）税を納めにきた時、まず自分の取り分を取ってから、残りを国に納め、また天皇の宮殿や墳墓を造営する時も、私有の民を引率してきて、様子をみて適当に作業する有様である。……現在、百姓は窮乏している。それなのに、有勢者は、田畑を分割して私地としてしまい、それを百姓に貸与して、毎年地代を請求している。今後は、田畑を貸与して私利を求めることは禁止する。また百姓の主人となって、弱い百姓を吸収し、奴婢とすることも禁止する」と。この詔を聞いて百姓は喜んだ。

※色文字は重要語

❶**大化元年**　六四五年。

❷**代の民**　名代《なしろ》の民。名代は天皇、皇子、皇后の名を付した大王家の私有民。「代」とは「糊代《のりしろ》」の代と同じで「……のためのもの」の意。

❸**己が民**　豪族の私有民部曲《かきべ》のこと。

❹**情の恣に駈使ふ**　これと同様の状態が「十七条憲法」第一二条に見える。

❺**頃**　令制以前の田地の面積単位。一頃は令制の五歩（約一三平方メートル）。

❻**百姓**　古代には「ひゃくせい」と読んですべての良民を指した。百（たくさん）の姓を持つ者たちの意味。

❼**売り**　貸すこと。土地を貸すことをその土地の生産物を売ることと考えていたための言い方。

史料注

日本書紀　三〇頁参照。

探究7

「改新の要因」の史料から、大化改新を必要とした理由を述べよ。

要点ナビ

孝徳天皇が難波宮で宣布した新政府の施政方針。

1 大化二年　六四六年。
2 子代の民　名代《なしろ》とともに皇室のための直属民。
3 屯倉　皇室の直轄領。
4 臣　以下の称号は、当時の豪族の代表的な姓や地位を

解説　この史料は、蘇我《そが》本宗家滅亡の三か月後に行われた新政府の現状分析という形で『日本書紀』に記されたものである。大化改新前のいわゆる**氏姓制度**の下で、豪族による土地・人民の支配が続き、しかもそれが増大する傾向にあったという。したがって、当然土地・人民の所有をめぐる豪族間の抗争は激しくなり、社会不安が増していたと想像できる。このように氏姓制度に基づく支配体制は次第に行きづまっていたのである。

一方、七世紀初め、隋《ずい》を継いで中国を統一した唐は、律令に基づく強力な中央集権国家を完成させ、朝鮮半島へも進出した。この圧迫のなか、高句麗《こうくり》、百済《くだら》、新羅《しらぎ》の各国でも専制権力樹立の政変が続く。このような東アジア世界の激変に迅速に対応するためにも中央集権国家体制の樹立は急務となっていた。こうしたなか、**厩戸王**《うまやとおう》の死後、実権を強化した蘇我氏は**蝦夷**《えみし》**・入**《いる》**鹿**《か》父子の時代には専横ぶりが目立ち、厩戸王の子山背大兄王も死に追い込むほどで、反蘇我氏の気運も生じてきた。そんななかで、留学生僧旻《みん》、高向玄理《たかむこのげんり》らが帰国し彼らの理論的指導のもとで、中央集権国家体制樹立に障害となっていた蘇我氏を排除すべく、反蘇我氏勢力が結集し、**中大兄皇子**《なかのおおえのみこ》、**中臣鎌足**《なかとみのかまたり》らを中心に断行されたのが**乙巳**《いっし》**の変**——蘇我蝦夷・入鹿父子殺害によるクーデターであった。

Spot

「乙巳の変」が起こった本当の理由

中大兄皇子の政治的評価は焦点のあて方によって大きく分かれる。そもそも、中大兄皇子が乙巳の変で蘇我氏を倒した理由は何であろうか。蘇我氏が次期天皇として古人大兄皇子を推すのは明らかであった。つまり両親が天皇でありながら、中大兄皇子には天皇になれる可能性がほとんどなかった。いや、それどころか場合によれば山背大兄王の二の舞になる可能性すらあったのである。それならばやられる前にやってしまえということになる。だからこそ、乙巳の変の直後に彼は即位することをためらった。「ここで即位したら人心を掌握することはできない」という中臣鎌足の忠告はまさに、「乙巳の変」の真相を如実に物語っているといえよう。

2 改新の詔　★★★★★

（大化《たいか》）二年**1**春正月の甲子《きのえね》の朔《ついたち》に、賀正礼《みかどおがみのこと》畢《おわ》りて、即《すなわ》ち改新之詔《あたらしきにあらたまるのみことのり》を宣《のたま》ひて曰《のたまわ》く、

其《そ》の一に曰く、昔在《むかし》の天皇等の立てたまへる子代《こしろ》の民《おおみたから》、**2**処処《ところどころ》の屯倉《みやけ》、**3**及び、別《こと》には臣《おみ》**4**・連《むらじ》・伴造《とものみやつこ》・

通釈

（大化）二（六四六）年正月一日に、新年の儀式が終わってから改新の詔を発し、次のように言われた。

その一は、昔の天皇たちが設置した子代の民、各地の屯倉、及び諸豪族が支配する部曲や各地の田荘を廃

表した慣用句。

5部曲の民　豪族の私有民。

6田荘　豪族の私有地。

7食封　皇族や官職にあるものに一定数の戸（封戸）を支給し、そこから納められる税の大部分を与える制度。

8大夫　国政審議に参画する高官。令制では五位以上の者をさす。

9畿内・国司　畿内国の司と読む説もある。

10郡司　郡は大宝令施行以後の呼称。それ以前は「評」であったことが『藤原宮出土木簡』（**Spot**参照）で確認されている。

11関塞　関所ととりで。

12斥候　北辺の守備兵か。

13防人　辺境、特に大宰府管内の守備兵。

14駅馬　官道（宿駅）に置かれた公用の馬。

15伝馬　郡に置かれた公用の馬。

16鈴契　鈴は諸国に、契は関に置いた、駅馬・伝馬使用のための証明。

17計帳　調庸を賦課するための台帳。

18旧の賦役　旧来の税制。

19絁　上質な絹に対し、粗末

国造《くにのみやつこ》・村首《むらのおびと》の所有《たもて》る部曲《かきべ》の民5、処処の田荘《たどころ》6を罷《や》めよ。仍《よ》りて食封《へひと》《じきふ》7を大夫《まえつきみ》8より以上に賜《たま》ふこと、各《おのおの》差《しな》有《あ》らむ。……

其の二に曰く、初めて京師《みさと》を修め、畿内・国司9・郡司10・関塞《せきそこ》11・斥候《うかみ》12・防人《さきもり》13・駅馬《はゆま》14・伝馬《つたわりうま》15を置き、鈴契《すずしるし》16を造《つく》り、山河を定めよ。……

其の三に曰く、初めて戸籍《こせき》・計帳《けいちょう》17・班田収授之法《はんでんしゅうじゅのほう》を造れ。……

其の四に曰く、旧《もと》の賦役《えつき》18を罷めて、田の調《みつぎ》を行へ。凡《およ》そ絹・絁《あしぎぬ》19・糸20・綿21は、並《ならび》に郷土《くに》の出《いだ》せるに随《したが》へ。……別《こと》に戸別《へごと》の調22を収《と》れ。……凡そ調の副物《そわつもの》23の塩と贄《にえ》24とは、亦《また》郷土の出せるに随へ。……凡そ仕丁《しちょう》25は旧《もと》の三十戸毎《ごと》に一人せしを改めて、五十戸毎に一人を以《もっ》て諸司に充《あ》てよ。……凡そ采女《うねめ》26は、郡《こおり》の少領《すけのみやつこ》27より以上の姉妹《いろも》、及び子女の形容端正《かおきらぎら》しき者を貢《たてまつ》れ。

『日本書紀《にほんしょき》』

止せよ。これによって、大夫以上には代わりに、身分に応じて食封を与えることとする。……

その二は、初めて都をつくり、畿内・国司・郡司・関塞・斥候・防人・駅馬・伝馬を設置し、鈴契をつくり、地方の行政区画を明確にせよ。……

その三は、初めて戸籍・計帳・班田収授の法を定めよ。……

その四は、旧来の税制を廃止し、田に課する税制を施行せよ。絹・絁・糸・綿は郷土の生産品を出せ。……それとは別に、一戸ごとを単位とする税を徴収せよ。……調の付加税の塩と贄は、その土地の特産物を出せ。……仕丁は、旧来三〇戸に一人ずつ出させていたのを改めて、五〇戸に一人ずつ出させ諸官司に配属する。……采女は、郡の少領以上の者の姉妹や子女で、容姿端麗な者を出すようにせよ。

解説

『日本書紀』によると大化改新の経過は次のようになる。六四五年六月、飛鳥板蓋宮《あすかいたぶきのみや》で蘇我入鹿《そがのいるか》を暗殺、翌日蘇我蝦夷《そがのえみし》自殺（乙巳の変）。軽皇子《かるのみこ》が即位し（孝徳《こうとく》天皇）、**中大兄皇子**《なかのおおえのみこ》が皇太子、阿倍倉梯麻呂が左大臣、蘇我倉山田石川麻呂《そがのくらやまだのいしかわまろ》が右大臣、**中臣鎌足**《なかとみのかまたり》が内臣、**僧旻**《みん》・**高向玄理**《たかむこのげんり》が国博士となり、新政府の陣容が整う。新政府は、大化の年号を立て、東国国司や使者を派遣し造籍・校田（田地調査）を命ずる一方、民の声を聞く鐘匱《かねひつ》の制、良賤の区別をする男女の法などを定めた。また、皇位継承の有力候補古人大兄皇子《ふるひとのおおえのみこ》を殺害し、大王宮を難波《なにわ》に遷した。翌六四六（大化二）年には、この史料の「改新の詔」を発布し改革に着手、薄葬令（四七頁参照）なども定めた。

この大化改新の記述をめぐっては『書紀』編纂時の脚色を含んでいるというのが今日の定説である。「改新の詔」についても、額面どおりには受け取れないものの、『書紀』の記述にみられるいくつかの改革理念は何らかの形で示されたと考えられている。

改新の詔は、第一条で皇室や豪族の私有地・私有民を廃止して、**公地公民制**とし、第二条で地方行政組織や軍事・交通制度を定め、第三条で公地公民制に基づき班田収授法を行い、第四条で古い税制を改め、調副物仕丁采女の貢進を定めている。これらの改革の基本方針は、のちの**壬申の乱**（六七二年）を経た天武・持統朝にほぼ達成され、さらに大宝律令制定で、律令体制の完成として実を結ぶのである。

Spot

郡評論争と木簡

大化改新の詔の第二条に登場する「郡司」などの「郡」をめぐり、戦後激しい論争があった。改新前の地方豪族（国造など）の支配領域に、中央集権的地方制度としての郡を設けるというのが『書紀』の記述であるが、他の史料に散見する「評」字（いずれもコホリ）との相違点から始まり、改新の詔の偽作、修飾などの諸説を生んだ。

この問題に一つの決着を与えたのが藤原宮出土木簡である。「評」字を用いた木簡に「己亥年」という年代が記され、「郡」字が用いられるのは、大宝令制定以後ということが明らかとなったのである。

3 白村江《はくそんこう／はくすきのえ》の戦い ★★☆☆☆

（天智《てんじ》天皇二年[1]八月 壬午《みずのえうま》の 朔《ついたち》） 戊戌《つちのえいぬ》（十七日）に、賊将《敵将》 州柔《つぬ》[2]に至りて、其《そ》の王城を繞《かく》む。大唐《もろこし》の軍将、戦船《いくさぶね》一百七十艘《そう》を率《い》て、白村江[3]に陣烈《つらな》れり。戊申《つちのえさる》に、日本の船師《ふないくさ》《先着の水軍》の初《ま》づ至る者と、大唐の船師合ひ戦ふ。日本不利《ま》けて退く。…… 己酉《つちのととり》に、日本の諸将と百済《くだら》の王と、気象《かたち》《戦況をよく見極めずに》を観《み》ずして、相謂《あいかた》りて曰《のたまわ》く「我等先を争はば、彼自《おの》づからに退くべし」《我々が先を争って攻めれば、敵はおのずから遠のくであろう》と。……大唐、即《すなわ》ち左右より船を夾《はさ》みて繞《かこ》み戦ふ。須臾之際《ときのま》《またたく間に》に、官軍《みいくさ》敗続《やぶ》れぬ。水に赴《おもぶ》きて溺《おぼ》れ死ぬる者衆《おお》し。……（天智天皇三年）是歳《ことし》、対馬《つしま》嶋・壱岐《いきのしま》嶋・筑紫国《つくしのくに》等に、防《さきもり》と烽《とぶひ》[4]を置く。又筑紫に、大堤《おおつつみ》を築《つ》きて水を貯《たくわ》へしむ。名《なづ》けて水城《みずき》[5]と曰ふ。

『日本書紀』

な絹織物。

20 糸 生糸。

21 綿 真綿。屑繭から作る。木綿の生産が始まる以前、綿とは真綿をさした。

22 戸別の調 戸を単位として賦課する税。

23 副物 付加税。

24 贄 天皇に献上する山野河海の食料品。

25 仕丁 諸官司に奉仕した雑役夫。

26 采女 後宮の女官。

27 少領 令制下の郡司は、大領・少領・主政・主帳の四等官からなる。

史料注

日本書紀 三〇頁参照。

1 天智天皇二年 六六三年。

2 州柔 現在の忠清南道にあった百済の城。百済の将軍鬼室福信らが百済復興運動の拠点とした。

3 白村江 朝鮮半島にある錦江が黄海に注ぐ河口付近。

4 防と烽 防人とのろし。

5 水城 大宰府防衛のために設置された堀と土塁。

史料注

日本書紀　三〇頁参照。

解説　六六〇年、唐《とう》・新羅《しらぎ》の連合軍によって百済が滅亡、その後も遺民による抗戦が続き、倭に対して滞在中の王子余《よ》豊璋《ほうしょう》の帰還と援軍を要請してきた。これを承諾した女帝**斉明天皇**《さいめい》は自ら援軍を率い、筑紫へ向かうがそこで崩じてしまう。残された**中大兄皇子**の指揮の下、倭軍は海を渡るが、六六三年、**白村江**で唐・新羅の連合軍の前に大敗を喫した。『日本書紀』にみえる征西の記述はけっして好意的とはいえない。おそらく当時の宮廷内にも異論があったのであろう。では斉明天皇をそこまで突き動かしたものは何であったのか。斉明天皇は息子中大兄を差し置いて重祚した。乙巳の変によって迫られた初の譲位という汚名をそそぎたかったのではないだろうか。そして、飛鳥の都を石で飾り、蝦夷征討をすすめ、朝鮮半島南部での復権をもくろむ。そんな老女帝の姿からは、あのヤマト政権の全盛期であった倭王武に自らをなぞらえたのではないかという思いが伝わってくる。

4 甲子《かっし》の宣　★☆☆☆

要点ナビ　天智天皇（中大兄皇子）が大海人皇子を通じて群臣に示した改革方針。

（天智天皇）三年[1]の春二月の己卯《つちのとう》の朔《ついたち》丁亥《ひのとい》（九日）に、天皇、大皇弟《ひつぎのみこ》[2]に命して、冠位の階名を増し換ふること、及び氏上、民部《かきべ》、家部《やかべ》[3]等の事を宣ふ。……其《そ》の伴造《とものみやつこ》等の氏上には干楯《たて》・弓矢を賜ふ。亦《また》其《そ》の民部・家部を定む。

『日本書紀』

解説　白村江の敗戦の翌六六四年、称制中の**中大兄皇子**は、大海人皇子《おおあまのみこ》を通じて新たな改革を宣布した。いわゆる「**甲子の宣**」である。その内容は、①冠位の改定、②氏上の制定、③豪族私有民（民部・家部）の制定の三つからなる。注目すべきは③である。一見「改新の詔」に示された公地公民制をめざす方向が後退したかのようにもみえる。しかし本当にそうなのだろうか。実際のところ「改新の詔」が発せられたのちも、豪族たちは依然として旧来の部曲を所有していた。それが、この「甲子の宣」によって、あらたに天皇から与えられた私有民という性格が明確になったのである。一見、改革や敗戦に不満をもつ豪族への妥協策と見えつつも、改革は着実に進められていく。公地公民制の確立まであと一歩である。

1 天智天皇三年　六六四年。この年の干支は甲子《かっし》。中国の讖緯説《しんいせつ》によれば、辛酉《しんゆう》の年に大変革、甲子の年には政令が改まるとされた。

2 大皇弟　大海人皇子。のちの天武天皇。

3 民部・家部　民部は諸氏に属する私有民、家部は氏ではなく家に属する私有民と考えられる。

史料注

日本書紀　三〇頁参照。

「国家の危機」を巧みに利用した中大兄皇子

白村江の敗戦は、中大兄皇子を敗軍の将としてしまう。水城や大野城・基肄城をはじめとする古代朝鮮式山城が西日本各地に築かれた。そして「甲子の宣」で氏上を定め、豪族に部曲を与え、さらには都を大津へと遷す。一見、改新政治が後退したかにみえるこれらの事実は見方を変えれば政治家中大兄皇子の真骨頂がうかがえる。そもそも、水城や古代朝鮮式山城の建設には豪族の動員が不可欠である。国家の危機を叫び、巧みに豪族を手中に納めている。遷都

Spot

もそうである。琵琶湖の水運を利用していつでも東国へ逃げられるようにと大津に都が遷されたようにも見えるが、大和は豪族たちの本拠地である。彼らはこれまた巧みに本拠地から切り離されてしまったのである。さらに改新政治が後退したかのように見える部曲の支給についても、これまで既得権益であった豪族の私有民を、天皇があらためて豪族に与えるという図式は、公地公民制の一歩手前まできたことを示している。急激な改革は必ず反発を招き、反動をもたらす。ゆっくりではあるが、確実に中央集権化を進めていった中大兄皇子は政治家中の政治家といえるだろう。

5 壬申の乱 ★☆☆☆☆

（天武《てんむ》天皇元年[1]六月辛酉《かのととり》の朔《ついたち》……甲申《きのえさる》）(二十四日)是《こ》の日に、途発《みちた》ちて東国《あづまのくに》へ入りたまふ。……（丙戌《ひのえいぬ》(二十六日)に…）是の時に、近江朝《おうみのみかど》、大皇弟《たいこうてい》[2]東国に入りたまふことを聞きて、其《そ》の群臣悉《ことごと》くに愕《お》ぢて、京の内震動《さわ》ぐ。……（秋七月）壬寅《みずのえとら》(十三日)に、男依《おより》等[3]、安河《やすのかわ》の浜《ほとり》[4]に戦ひて大きに破りつ。……辛亥《かのとい》(二十二日)に、男依等瀬田《せた》[5]に到る。……是の日に、羽田公矢国《はたのきみやくに》・出雲臣狛《いずものおみこま》、合ひて共に三尾城《みおのき》を攻めて降《くだ》しつ。壬子《みずのえね》(二十三日)に、男依等、近江の将犬養連五十君《いぬかいのむらじいきみ》及び谷直塩手《たにのあたいしおて》を粟津市《あわづのいち》に斬《き》る。是《ここ》に、大友皇子[6]、走げて入らむ所無し。乃《すなわ》ち還《かえ》りて山前《やまさき》[7]に隠れて、自ら縊《くび》れぬ。時に左右大臣群臣皆散り亡《う》せぬ。

『日本書紀』

1 **天武天皇元年** 六七二年。
2 **大皇弟** 大海人皇子。のちの天武天皇。
3 **男依** 村国連男依。壬申の乱最大の軍功を上げた大海人の舎人。
4 **安河の浜** 滋賀県守山市野洲川。
5 **瀬田** 滋賀県大津市唐橋町。
6 **大友皇子** 天智天皇の子。明治時代に弘文天皇の名が贈られる。
7 **山前** 滋賀県大津市長等山付近か。

6 律令国家への道——天武・持統朝の政治 ★☆☆☆☆

(1)部曲《かきべ》の廃止

（天武《てんむ》天皇四年[1]二月乙亥《きのとい》の朔《ついたち》）己丑《つちのとうし》(十五日)に、詔《みことのり》して曰《のたまわ》く「甲子《きのえね》の年に諸氏に給《たま》へりし部曲《かきべ》[2]は、今より以後、皆除《や》めよ。又親王・諸王及び諸臣、幷《あわせ》て諸寺等に賜《たま》へりし山沢《やまさわ》・嶋浦《しまうら》・林野《はやしの》・陂池《いけ》は、前も後も並《ならび》に除《や》めよ。

1 **天武天皇四年** 六七五年。
2 **部曲** 甲子の宣で定められた民部・家部の一部を指していると考えられる。

(2)飛鳥浄御原令《きよみはらりょう》の編纂

(天武天皇十年[3]二月庚子《かのえね》の朔《ついたち》)甲子《きのえね》に(二十五日)、天皇・皇后、共に大極殿《だいごくでん》に居《おわ》しまして、親王・諸王及び諸臣を喚《め》して、詔して曰く、「朕《ちん》、今より更《また》律令を定め、法式を改めむと欲《おも》ふ。故《かれ》、倶《とも》に是《こ》の事を修めよ。然《しか》も頓《にわか》に是《これ》のみを務《まつりごと》に就《な》さば、公事欠くこと有らむ。人を分けて行ふべし」と。

(3)八色《やくさ》の姓《かばね》の制定

(天武天皇十三年[4])冬十月の己卯《つちのとう》の朔《ついたち》に(一日)、詔して曰く「更《また》諸氏の族姓を改めて、八色の姓を作りて、天下の万姓《よろずのかばね》を混《まろか》す。一つに曰く、真人《まひと》。二つに曰く朝臣《あそみ》。三つに曰く、宿《すくね》。四つに曰く、忌寸《いみき》。五つに曰く、道師《みちのし》。六つに曰く、臣《おみ》。七つに曰く連《むらじ》。八つに曰く、稲置《いなぎ》」。

『日本書紀』

[3]**天武天皇十年**　六八一年。

[4]**天武天皇十三年**　六八四年。

史料注
日本書紀　三〇頁参照。

7 天皇の神格化　★★☆☆☆

壬申《じんしん》の年[1]の乱を平定しぬる以後《のち》の歌二首

大君《おおきみ》は神にし坐《ま》せば赤駒《あかごま》の匍匐《はらば》ふ田井《たい》を都[2]となしつ

大伴御行《おおとものみゆき》[3]

天皇、雷岳《いかづちのおか》に御遊《いでま》しし時、柿本人麻呂《かきのもとのひとまろ》の作る歌一首

大君は神にし坐せば天雲《あまくも》の雷《いかづち》の上に廬《いおり》せるかも

柿本人麻呂[4]

『万葉集《まんようしゅう》』

[1]**壬申の年**　六七二年。

[2]**都**　飛鳥浄御原宮《あすかきよみはら》をさす。この二首の大君はいずれも天武天皇。

[3]**大伴御行**　(?—七〇一)　壬申の乱で天武天皇を助けて功があり、天武・持統朝に仕えた官人。

[4]**柿本人麻呂**　(生没年不詳)　持統・文武朝に仕えた、万葉集最高の歌人といわれる。

通釈

壬申の乱を平定した後の歌二首

大君(天皇)は神でいらっしゃるので、栗毛の馬が腹ばいになるようなたんぼでも、都になさった。

大伴御行

天皇が雷岳に行幸した時に柿本人麻呂が作った歌一首

大君は神でいらっしゃるので、空の雲の上に仮の宮をつくっていらっしゃる。

柿本人麻呂

史料注

万葉集 全二〇巻には約四五〇〇首の歌が収録されている。現在の形に近いものは、大伴家持の編集によるとされ、天皇から庶民までの幅広い作者と、素朴な感情表現を持つ上代文学の宝庫である。

1 大化二年 六四六年。

2 西土の君 中国の皇帝。

3 封かず 土を盛り上げず。

史料注

日本書紀 三〇頁参照。

解説 壬申の乱に勝利し即位した**天武天皇**《てんむ》と次の**持統天皇**《じとう》の時代は、中央集権的な国家体制を確立する重要な時期となった。皇族で政府の中枢《ちゅうすう》を固める皇親政治や諸豪族の官僚化を促進させる**八色**《やくさ》**の姓**《かばね》の制定などにより、天皇の権威権力は高められ、その地位は次第に絶対的なものとなった。こういった天皇の絶対化、神格化を象徴するものが『万葉集』にいくつか見られる、宮廷歌人による「大君は神にし坐せば」で始まる天皇讃歌である。

参考 **大化の薄葬令** ★☆☆☆

（大化二年[1]三月癸亥《みずのとい》の朔《ついたち》）甲申《きのえさる》（二十二日）、詔《みことのり》して曰《のたまわ》く、「朕聞《ちんき》く、西土《もろこしのくに》の君《きみ》、[2]其《そ》の民《たみ》を戒《いまし》めて曰《いわ》く、『古《いにしえ》の葬《はぶり》は、高きに因《よ》りて墓とす。封《つち》かず[3]樹《き》うえず。……廼者《このごろ》、我が民の貧絶は、専《ひたす》ら墓を営《つく》るに由《よ》れり。爰《ここ》に其の制を陳《の》べて、尊卑《そんぴ》別あらしむ。夫《そ》れ、王《みこたち》より以上の墓は、其の内の長さ九尺《しゃく》、濶《ひろ》さ五尺。其の外の域《と》は、方《たたさよこさ》九尋《ひろ》、高さ五尋。役《えき》一千人、七日に訖《おわら》しめよ。……上臣《たかきまえつきみ》の墓は、其の内の長さ濶さ及び高さは、皆上に准《なら》へ。其の外の域《めぐり》は、方七尋、高さ三尋。役五百人、五日に訖しめよ。『日本書紀』

解説 大化改新の際に制定された公葬の制度。従来の古墳に比べて造墓の規模が大きく縮小し、全体として著しく簡素化された薄葬の規定となっている。この葬制で注目すべきは、使用すべき役夫の人数と日数を一々規定していることである。この葬制は、改新によって公地公民制が採用された結果、諸氏族がその私民と私財を投じてきた従来の私葬方式が不可能になったため、それに代わるべき政府による葬送方式を新たに制定したもので、公葬制とも呼ぶべきものである。

Spot

ホップ・ステップ・ジャンプの七世紀

七世紀は中央集権国家建設に邁進した百年間であった。国内外の政治危機を打開するため、氏姓制度を基盤とするヤマト政権の構造改革をスタートさせた推古朝だったが、推古天皇、厩戸王、蘇我馬子によるトロイカ体制は、三人の相次ぐ死によってバランスが崩れ、ヤマト政権は動揺する。こうして突出した権力を握った蘇我氏であったが、乙巳の変によって滅亡、構造改革のスローガンともいうべき「改新の詔」が発せられる。しかし、依然として豪族たちは氏姓制度に基づく伝統的な力を温存しており、改革は進まなかった。こうしたなか迎えた白村江の戦い。敗軍の将となった中大兄皇子は国家的な危機を利用して中央集権をさらに進める。そして壬申の乱。敗れた近江朝廷側についた中央豪族が没落、ここに強大な権力を手にした天武天皇により、中央集権国家は確立する。これを制度として完成させたのが七〇一年の大宝律令であった。こうして、七世紀の我が国は乙巳の変（ホップ）、白村江の戦い（ステップ）、壬申の乱（ジャンプ）を経ることによって中央集権国家を確立したのである。

6 律令《りつりょう》制度

❶ 令の諸制度 ★★★★★

要点ナビ
計帳：毎年作成。戸籍：六年ごとに作成。
口分田：六歳以上に班給。兵役：衛士は一年、防人は三年。

(1)戸令《こりょう》第八

凡《およ》そ戸は、五十戸を以《もっ》て里《り》❶と為《せ》よ。里毎《ごと》に長《おさ》一人を置け。……凡そ戸主《こしゅ》は、皆家長《かちょう》❷を以て為よ。戸の内に課口《かこう》❸有らば課戸《かこ》と為よ。課口無くば不課戸《ふかこ》と為よ。……凡そ計帳を造《つく》らむことは、毎年に六月の卅日(三十)以前に、京・国の官司、所部《しょぶ》の手実《しゅじつ》を責《こ》へ。具《つぶさ》に家口、年紀を注《しる》せ。……

凡そ戸籍は、六年に一たび造れ。十一月上旬より起《おこ》して式❹に依《より》て勘《かんが》へ造れ。（式に従って作成せよ。）……凡そ戸籍は、恒《つね》に五比《ごひ》を留めよ。其れ遠き年のは次《ついで》に依りて除け。近江の大津の宮の庚午年籍《こうごねんじゃく》は除かず。

『令義解《りょうのぎげ》』

(2)田令《でんりょう》第九

凡そ田は、長さ卅歩《ぶ》❺・広さ十二歩を段《たん》と為よ。十段を町と為よ。段の租稲《そとう》二束《そく》二把《わ》、（一段から田租として稲を二束二把、）町の租稲廿二(二十)束《そく》。凡そ口分田《くぶんでん》を給《たま》はんことは、（与えるについては、）男に二段、女は三分の一を減ぜよ。五年以下❻には給はざれ。其《そ》の地に寛狭《かんきょう》❼有らば、郷土《くに》の法に従《よ》れ。……凡そ田は、六年に一たび班《たま》へ。（一回与えよ。）……若《も》し身死したるを以て田を退《かえ》すべくんば、（田を返す場合は、）班年《はんねん》に至《いた》らん毎《ごと》に、即《すなわ》ち、収《と》り授《たま》ふ❽に従《よ》れ。（国に返却させよ。）凡そ官戸奴婢《かんこぬひ》の口分田は、良人《りょうにん》と同じ。家人《けにん》奴婢は郷の寛狭に随《したが》ひて、並びに三分之一を給へ。

『令義解』

※色文字は重要語

❶**里**　律令制下の地方行政区画の最小単位で、上に郡、国がある。七一五(霊亀元)年には郷と改められ郷の下に里が設けられた。

❷**家長**　嫡系の長子。ただし、戸内の長老を家長と呼ぶこともある。

❸**課口**　律令制において課役を負担する者。

❹**式**　律令の施行細則をいい、ここでは造籍式をいう。

❺**歩**　一歩は当時の五尺で約一・八メートル。

❻**五年以下**　五歳以下。

❼**寛狭**　寛とは水田が十分で規定の口分田を与え得る地方をいい、狭とはそれが少なく規定通りにできない地方をいう。

❽**収り授ふ**　いわゆる班田収授法の骨子をなす規定であるが、六年ごとに収授するといっても、死亡など、変動がない限りは、同じ田を継続して耕作し得た。

❾**調**　律令制の物納課税。地方の産物を納める。

(3) 賦役令《ぶやくりょう》 第十

凡そ調《ちょう》9の絹・絁《あしぎぬ》10・糸11・綿12・布13は、並に郷土の所出《しょしゅつ》（その地の産物を納めよ。）に随《したが》へよ。正丁《せいてい》14一人に絹・絁八尺《しゃく》五寸《すん》。……布は二丈六尺。……京及び畿内は、皆正丁一人に、調の布一丈三寸。……。

凡そ正丁の歳役《さいえき》15は十日。若し庸《よう》16を収《と》る須《べ》くば布二丈六尺。……京・畿内は庸を収るの例に在《あ》らず。

凡そ調庸の物は、年毎に、八月中旬より起《おこ》りて輸《いだ》せ。……其の運脚は均《ひと》しく庸調の家に出さしめよ。

凡そ令《りょう》条《じょう》の外《ほか》の雑徭《ぞうよう》17は、人毎に均しく使へ。総《すべ》て六十日を過ぐることを得ざれ。『令義解』

(4) 軍防令《ぐんぼうりょう》 第十七

凡そ兵士の簡《えら》び点《ささ》む（兵士の徴発）次《ついで》は、皆比近《ひきん》（居住地に近い軍団に割りふりする）にて団割《だんかつ》せしめよ。……さして軍に入るべきは、同戸の内に三丁毎に一丁を取れ。18

凡そ兵士の上番《じょうばん》（兵士としての勤務）せむは、京に向はむは一年、防《ふせぎ》に向はむは三年、行程《こうてい》を計《かぞ》へず。……凡そ兵士の京に向ふをば衛士《えじ》と名づく。辺《ほとり》を守るをば防人《さきもり》と名づく。『令義解』

解説 **律令**は国家体制を規定する基本法で、律は刑法、令は今日の行政法・民法にあたる。基本的には唐から導入されたものであるが、令についてはわが国の実態に即して改められた部分もあった。七世紀の一〇〇年を中央集権国家建設に向かって邁進してきたわが国にとって、これを制度として補強するものが律令であり、七〇一年の大宝律令の制定によって名実ともに中央集権国家体制が完成したのである。なお律令制定後、これらを補うものとして**格式**《きゃくしき》が制定された。律令の追加修正法が格であり、律・令・格の施行細則として制定されたのが式である。

---

10 絁 粗製の絹。
11 糸 絹糸。
12 綿 真綿のこと。木綿ではない。
13 布 麻の布。
14 正丁 二一～六〇歳の良民男子で身体上の障害のない者。
15 歳役 一年に一〇日間上京して中央政府に使役される義務。
16 庸 歳役の代わりに納める麻布。
17 雑徭 地方国衙《こくが》に対する労役。
18 三丁毎に一丁を取れ 実際には一国の正丁の総数の三分の一を兵士にした。

史料注
令義解 養老令の官撰註釈書（一〇巻）で律令再建時代にあたって令の解釈混乱に対し従来の諸説を取捨し、定説をつくったもの。八三三年清原夏野・小野篁《たかむら》など。

探究8
① 律令制度において、造籍が重要であるのはなぜか。
② 律令制下の農民の負担には、どのようなものがあったか。

③ 大宝律令と唐の律令との違いを述べよ。

Spot

小学一年生にテニスコート九面分の口分田？

六歳以上の男子に与えられた口分田二段は二三三三一・八㎡であるから、テニスコート約九面分にあたる。小学一年生がこれを耕作すると考えれば少々広すぎないだろうか。しかしながら、実態はかなり違っていた。そもそも、班田は造籍開始から二年後であり、実際は早くても数えで九歳、遅ければ十五歳まで支給されなかったのである。さらに口分田の班給には租の徴収という目的のほかに、農民の最低限度の生活を保障する目的があった。そうでなければ調庸をはじめとした租税や労役を確保できなかったからである。また当時は、当然のことながら米の生産効率も悪く、租＝二束二把という負担もけっして楽ではなかった。さらには出挙による負担も考えれば生活の糧を得るのに最低限のものであったのである。

Spot

史料を読み解くポイント

史料を読み解く上でポイントになるのが、誰が、誰に伝えようとしているのかという点である。みなさんも古典で尊敬語や謙譲語について学んでいることと思うが、現代と違って身分社会においては自分より身分の高い人に対しては必ず敬意を表さなければならない。したがって、主体の身分や動作の方向によって使用される言葉が限定されているものがある。それを以下にまとめてみた。ただし、あくまで原則であり、時代による変化や史料によっては例外もあるので注意してほしい。

宣《のたま》う、曰《のたま》う…天皇が臣下に発する場合（30・32・33・34・35・40・41・42・44・45・46・47・53・54・57・59・61・62・63・64・71頁参照）。

奏《そう》す…臣下が天皇に意見を述べる場合（59頁参照）。

奉《たてまつ》る、上《たてまつ》る…臣下が天皇に文書を差し出す場合（29頁参照）。

符《ふ》す、付《ふ》す…上級官庁から下級官庁に命令する場合（72・74・88頁参照）。

解《げ》す…下級官庁から上級官庁へ上申する場合（83頁参照）。

下《くだ》す…上位の者（官庁）が下位の者（官庁）に命令を与える場合（111・112頁参照）。

申《もう》す、言《もう》す、曰《もう》す…下位の者が上位の者へ意見を述べる場合（33・65・77・80頁参照）。

7 農民の生活

1 貧窮問答歌《ひんきゅうもんどうか》

★★☆☆☆

要点ナビ　貧者と窮者の問答をとおして民衆生活を垣間見る。

風まじへ　雨降る夜の　雨まじへ　雪降る夜は　術《すべ》もなく　寒くしあれば　堅塩《かたしお》❶を　取りつづしろひ❷　糟湯《かすゆ》酒　うちすすろひて　しはぶかひ❸　鼻びしびしに　しかとあらぬ　鬚《ひげ》かきなでて　我《あれ》をおきて　人はあらじと　誇《ほこ》ろへど　寒くしあれば　麻衾《あさぶすま》❹　引き被《かがふ》り　布肩衣《ぬのかたぎぬ》　有《あ》りのことごと　着そへども　寒き夜すらを　我《われ》よりも　貧しき人の　父母は　飢《う》ゑ寒《こご》ゆらむ　妻子《めこ》どもは　吟《によ》び泣くらむ　この時は　いかにしつつか　汝《な》が世は渡る

天地《あめつち》は　広しと言へど　吾《あ》がためは　狭《さ》くやなりぬる　日月《ひつき》は　明《あか》しと言へど　吾《あ》がためは　照《て》りや給《たま》はぬ　人皆《みな》か　吾《あ》のみや然《しか》る　わくらばに❺　人とはあるを　人なみに　我《あれ》もなれるを❻　綿《わた》もなき　布肩衣《ぬのかたぎぬ》の　海松《みる》のごと　わわけさがれる❼　襤褸《かがふ》❽のみ　肩にうちかけ　伏《ふ》せ廬《いほ》❾の　曲《ま》げ廬❿の内に　直土《ひたつち》⓫に　藁解《わらと》き敷《し》きて　父母は　枕《まくら》の方《かた》に　妻子どもは　足《あと》の方に　囲《かく》みゐて　憂《うれ》ひさまよひ⓬　かまどには　火気《ほけ》吹《ふ》き立てず　こしき⓭には　蜘《く》

通釈

風が雨にまじって吹き、さらに雪も加わってくる夜は、どうしようもなく寒い。塩の固まりを肴《さかな》にして少しずつかじりながら、酒糟を湯でといて飲む。そして、咳《せき》払いをして、鼻水をすすりあげ、あるかなきかの鬚《ひげ》をなでて、俺だって捨てたものではないんだとは思ってみる。しかし、やはり寒いので、麻ぶとんをひっかぶり、麻布の肩衣をありったけ着たりしてもまだ寒い。こんな寒い夜には、俺よりも貧しい人の父母は飢えと寒さに痛めつけられ、妻子は力無い声で泣いていることだろう。俺は考え、問いかけずにはいられないのだ。「こういう時は、どうやって生きているのだ。お前たち貧しい人々よ」と。（以上が問、以下がその答。作者の自問自答である。）

世界は広いものなのでしょうが、私たちには狭く苦しいものでしかありません。日月は明るいものなのでしょうが、私たちを照らしてはくれません。誰にとってもこんなものなのでしょうか。それとも私たちにとってだけこうなのでしょうか？　たまたま人に生まれ、人並みに大人になりましたのに、綿も入っていない麻布の肩衣が、濡れた海草のように破れて下ってボロボロなのを、肩に打ちかけ、ひしゃげ、かしいだ小屋の土の床に藁《わら》を敷いて、父母は枕の方にいて頂き、妻子たちは足の方にと（この頼りにもならない自分を）囲ん

※色文字は重要語

❶**堅塩**　きたしともいう下等な固形の塩。当時塩は高価で米価の半分位であったので貧乏人は上等の白塩を用いることができなかった。
❷**取りつづしろひ**　少しずつかじり。
❸**しはぶかひ**　しきりに咳《せき》をし。
❹**麻衾**　麻の粗末な夜具。
❺**わくらばに**　偶然に。
❻**我もなれるを**　自分も成人しているのに。
❼**わわけさがれる**　ずたずたに裂けてたれ下がっている。
❽**襤褸**　ぼろ。
❾**伏せ廬**　低く伏したような小屋。
❿**曲げ廬**　曲がった小屋。廬とは当時の庶民の竪穴住居を示す言葉。
⓫**直土に**　地面に直接に。
⓬**憂ひさまよひ**　嘆きうめいて。
⓭**こしき**　米をむして炊く器。
⓮**ぬえ鳥**　トラツグミのこと

蛛《も》の巣《す》懸《か》きて　飯炊《いひかし》ぐ　ことも忘れて　ぬえ鳥[14]の　呻吟《のどよ》ひをるに　いとのきて[15]　短きものを　端《はし》切ると　言へるがごとく　しもと[16]取る　里長《さとおさ》[17]が声は　寝屋処《ねやど》[18]まで　来立《きた》ち呼ばひぬ　かくばかり　術《すべ》なきものか　世の中の道
世の中を憂《う》しと恥《やさ》し[19]と思へども飛び立ちかねつ鳥にしあらねば　『万葉集《まんようしゅう》』

で、嘆き悲しみながら眠ります。かまどには湯気が吹くことはなく、釜にはクモの巣が張り、飯の炊き方も忘れて、トラツグミのようにか弱く泣くほかなくなっていますのに、「特別に短い物は端を切ってさらに短くされるものだ」という諺《ことわざ》のように、（悪い上にも悪いことが重なって）笞《むち》を持った里長の（労役への召集や税の徴収の）声が寝処の前まで来て呼びたてるのです。こんなにまで、やるせないことが、世の中のきまりでなくてはいけないのでしょうか。

　世の中は、つらく恥ずかしいことばかりだと思うけれど、飛び立つこともできず、自分は鳥ではなかったのだと思い知る。


で、「のどよふ」の枕詞。
[15] **いとのきて**　副詞。そうでなくてさえ。以下端切るまでは当時のことわざ。
[16] **しもと**　罪人を打つために用いる木の枝で作ったむち。
[17] **里長**　令の規定で五〇戸を一里とし里長一人置いた。
[18] **寝屋処**　寝室の入口。
[19] **恥し**　恥ずかしい。

探究9　「貧窮問答歌」の史料から、班田農民の衣・食・住の様子を考えよ。

❷ 防人《さきもり》の歌　★☆☆☆☆

防人《さきもり》に　立ちし朝けの　金門出《かなとで》に[1]　手放れ惜《お》しみ[2]　泣きし児《こ》らはも
父母が　頭かきなで　幸《さ》くあれて　いひし言《けと》葉《ば》ぜ[3]　忘れかねつる
韓衣《からころも》[4]　裾《すそ》に取りつき　泣く子らを　置きてぞ来ぬや　母《おも》なしにして　『万葉集』

通釈　防人に立った朝の門出に、握った手を離すのを嫌がって泣き叫んだ私の子供たちよ。

　父と母が私の頭を抱きしめ撫《な》でながら、「無事でいるんだよ」といった言葉が忘れようとしても忘れられない。

　旅立つ私の着物の裾にすがりついて泣く子供たちを置いてきたのだ。子供たちには母親もいないというのに。

[1] **金門出に**　門出に。
[2] **手放れ惜しみ**　握りあった手を離すのを惜しんで。
[3] **言葉ぜ**　方言。「ことばぞ」と同じ。
[4] **韓衣**　衣服に関する語の枕詞。

史料注
万葉集　四七頁参照。

解説　律令制下の農民は、**租**《そ》・**調**《ちょう》・**庸**《よう》のほかにも**雑徭**《ぞうよう》、兵役、運脚《うんきゃく》等さまざまな負担を強いられており、その生活の実態は非常に厳しい状況にあったと考えられる。ここでは、その農民の思いを『万葉集』から探ってみたい。史料

❶の「貧窮問答歌」は、筑前守《ちくぜんのかみ》だった山上憶良《やまのうえのおくら》が在任中の七三一（天平三）年頃作ったものといわれ、当時の農民生活やその心情を知る貴重な史料である。遣唐使の経験もあり、漢文学に精通した憶良が唐詩をもとに作歌したともされるが、この作品にあるような農民の惨状《さんじょう》を在任中の憶良が実際に見聞したと考えた方がよいだろう。彼は、下級とはいえ貴族に属する人間なのだから、実際の庶民の生活は、彼の表現力をしてもまだ言い尽くせないほど悲惨なものだったのかもしれない。

史料❷の**防人**《さきもり》の歌は、『万葉集』に百余首収められている。防人は、唐、新羅《しらぎ》など外敵の侵入を防ぐために、北九州に配置された警備兵で、七三〇（天平二）年以後は東国の兵士に限るようになった。彼らの歌は稚拙《ちせつ》ではあるものの、遠く離れた故郷の家族への思いを切々と歌ったものが多い。また、東国方言を使ったものもあり、東歌《あずまうた》とともに東国農民の生活歌として注目される。ところで、なぜ九州の沿岸を守る防人は東国から徴発されたのだろうか。畿内を中心に西日本一帯の勢力によって形成された政治連合であるヤマト政権に対し、その後にヤマト政権に組み込まれていった東国はヤマト政権への服属が強く、豪族の子弟が大王のもとに舎人《とねり》として出仕した。この伝統を受け継ぐ東国は衛士や防人を供給し、律令国家にとって重要な軍事基盤となっていたのである。

❸ 農民の労苦 ★☆☆☆☆

和銅《わどう》五年春正月乙酉《きのとのとり》❶、詔《みことのり》して曰《のたまわ》く、「諸国の役《えき》民《みん》、郷に帰るの日、食糧❷絶《た》へ乏《とぼ》しくして、多く道路に饉《う》ゑて、溝壑《こうがく》に転塡《てんてん》すること、其《そ》の類《たぐい》少なからず。国司等宜《よろ》しく勤《つと》めて撫養《ぶよう》❸を加へ、量《はか》りて賑恤《しんじゅつ》❹すべし。如《も》し死する者有らば、且《しばら》く埋葬《まいそう》を加へ、其の姓名を録《しる》して、本属に報ぜよ。」と。

（和銅六年三月壬午《みずのえうま》❺）また、詔《みことのり》したまはく「諸国の地、江山遐《こうさんはる》かに阻《へだた》りて（河や山によって遠く隔てられ、）、負担の輩《ともがら》、久しく行役に苦しむ。資粮《しろう》❻を具備《そな》へむとせば、納具《のうぐ》❼の恒数《かず》を欠き、重負《じゅうふ》を減損《へら》さむとせば、路《みち》に饉《う》うることの少なからぬことを恐る。各々《おのおの》一嚢《いちのう》の銭❽を持ち、当炉《とうろ》の給《きゅう》と作《な》し（道中炉のある所で食事をする時の用にあてれば、）、永く労費を省《はぶ》き、往還便《おうかん》（往復の便が増

通釈

和銅五（七一二）年正月一六日に天皇が詔書で言われることには「諸国から（京へ上った）労役民が、郷里へ帰る途中で、道路で飢え、路傍の溝などに転げ落ちることが多い。諸国の国司たちは彼らに保護を加え、必要に応じて食料などを施せ。飢死したものについては、埋葬し、その姓名を記録しておいて、本籍地に連絡してやれ。」と。

❶乙酉　七一二年一月一六日。
❷食糧　貢納や都での労役のための旅費は、公民の自弁が原則だった。
❸撫養　なでやしなうこと。
❹賑恤　あわれみ救うこと。
❺和銅六年　七一三年三月一九日。
❻資粮　物資・食料。
❼納具　納入すべき貢物。
❽一嚢の銭　一袋の銭。

（すだろう。）を得しむべし。国郡司《こくぐんじ》等、豪富《ごうふ》の家に募《つの》りて、米《よね》を路の側《かたわら》に置き、その売買を任すべし。……」と。

『続日本紀《しょくにほんぎ》』

4 浮浪人《ふろうにん》の増加　★☆☆☆

（霊亀《れいき》元年）五月辛巳《かのとみ》[1]朔《ついたち》。諸国の朝集使《ちょうしゅうし》[2]に勅《ちょく》して曰《のたまわ》く、「天下の百姓、多く本貫《ほんがん》[3]に背《そむ》き、他郷に流宕《るとう》して（流浪して課役を免れている。）、課役を規避《きひ》す。其《そ》の浮浪逗留《とうりゅう》して、三月以上を経《ふ》る者は、即《すなわ》ち土断《どだん》（土着して調庸を納めること、）して調庸を輸せしむること、当国の法に随《したが》へ。……」と。

（養老《ようろう》元年五月）丙辰《ひのえたつ》。[4]詔《みことのり》して曰く、「率土《そつど》（全国の人民、）の百姓、四方に浮浪し、課役を規避して、遂《つい》に王臣[5]に仕《つか》へ、或《あるい》は資人《しじん》[6]を望み、或は得度《とくど》[7]を求む。王臣本属《ほんぞく》（本籍地の役所を通さないで）を経《へ》ずして、私《わたくし》に自ら駈使《くし》し、国郡に嘱請《しょくせい》（国、郡の役所に頼み、人民を私に使用するようになる。）して、遂に其志《そのこころざし》を成す。……」と。

『続日本紀』

[1]辛巳　七一五年五月一日。
[2]朝集使　律令制下で一年間の国郡の政治を中央に報告する使い。
[3]本貫　本籍地。
[4]丙辰　七一七年五月一七日。
[5]王臣　皇族や臣下の上級官人。
[6]資人　「つかいびと」「とねり」と訓じ、親王や上級官人の護衛や雑務に従事した。
[7]得度　政府の許可による正式の出家。

史料注
続日本紀　七九七（延暦一六）年、菅野真道《まみち》らによって編まれた歴史書。『日本書紀』に続く六国史の二番目の書で、六九七年から七九一年までの編年体史書。奈良時代の根本史料である。

探究10　浮浪人の増加は、律令体制にどのような影響を与えたか。

解説　律令制下の農民は過重な負担を強いられていた。『続日本紀』には農民の労苦をうかがい知る数多くの史料があるが、史料❸はその一つである。調庸の運搬（運脚）にあたったと思われる農民の悲惨な最期を示している。また、史料❹は、こういった過重な負担を嫌った農民たちが、その消極的な抵抗手段として、戸籍に登録された地（本貫地）を逃れて各地に浮浪した実態を示している。これは口分田の荒廃の一因でもあった。当初、彼らを本貫地へ戻すことを原則としていた律令国家も、浮浪先で浮浪人帳に登録して調庸を賦課するようになる。しかし、浮浪した農民の中には有力な貴族や寺社に寄食し、その私有地の開墾に従事する者もいた。こうして貴族・寺院の大土地所有が進展し（初期荘園）、律令制下の土地制度は貴族と農民双方から次第に突き崩されていくことになった。

←「長屋《ながや》王宮《おうみや》鮑《あわび》大贄《おおにえ》十編」と記された木簡　奈良文化財研究所蔵

参考 戸籍《こせき》と計帳《けいちょう》 ★☆☆☆☆

● 大宝《たいほう》二年筑前《ちくぜん》国嶋《しま》郡川辺里《かわべのさと》戸籍

戸主　追《つい》正八位上勲十等肥君《ひのきみ》猪手《いて》　年伍拾参歳（53歳）
　正丁　大領　課戸
庶母《ままはは》宅蘇《たくその》吉志《きし》須弥豆売《すみずめ》　年陸拾伍歳（65歳）　老女
妻咎多奈売《かたなめ》　年伍拾弐歳（52歳）　丁妻
妾宅蘇吉志橘売　年肆拾柒歳（47歳）　丁妾
妾黒売　年肆拾弐歳（42歳）　丁妾
妾刀自売　年参拾伍歳（35歳）　丁妾
男《むすこ》　肥君与呂志《よろし》　年弐拾玖歳（29歳）　正丁　嫡子
黒勲十等肥君泥麻呂《ぬまろ》　年弐拾柒歳（27歳）　正丁
　妾橘売ノ男
男肥君太哉　年弐拾参歳（23歳）　正丁　嫡弟
男肥君乎《お》麻呂　年拾捌歳（18歳）　小丁
男肥君久漏《くろ》麻呂　年拾陸歳（16歳）　小子
男肥君夜恵《やえ》麻呂　年拾伍歳（15歳）　小子　上件三口ハ妾橘売ノ男
男肥君大建　年拾肆歳（14歳）　小子　妾黒売ノ男
男肥君小建　年拾肆歳（14歳）　小子　妾橘売ノ男
女《むすめ》　肥君名代売《なしろめ》　年弐拾参歳（23歳）　丁女　先妾女
女肥君志許夫《しこふ》売　年弐拾弐歳（22歳）　丁女　妾橘売ノ女
女肥君意止《おと》売　年拾玖歳（19歳）　次女　嫡女
女肥君乎志許夫売　年拾柒歳（17歳）　次女　妾橘売ノ女
婦《よめ》肥君方《かた》名売　年弐拾伍歳（25歳）　丁妻　与呂志ノ妻
孫肥君遊麻呂　年伍歳（5歳）　小子
孫肥君弥豆麻呂　年壱歳（1歳）　緑子　上件二口ハ与呂志ノ男
婦肥君方名売　年拾捌歳（18歳）　次妻　泥麻呂ノ妻
〔中略〕

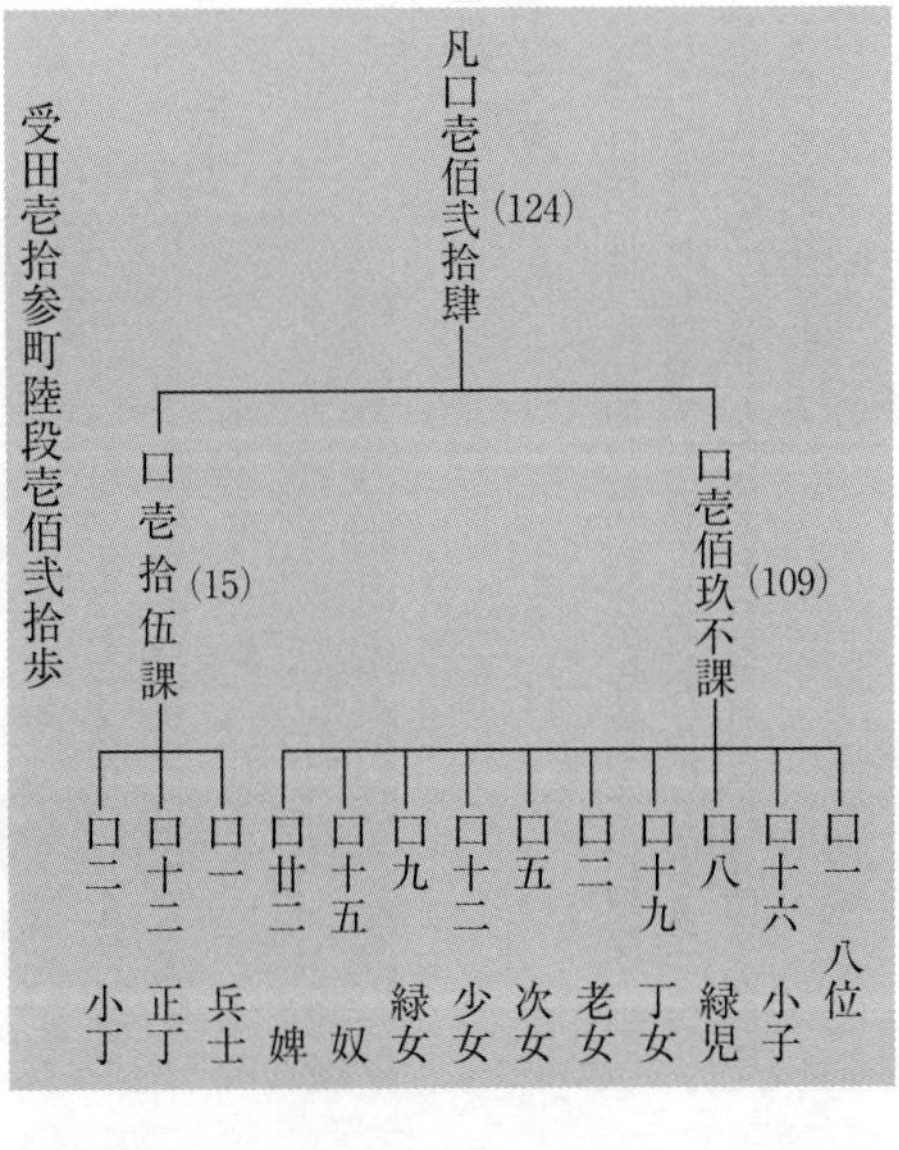

史料注
大日本古文書　東大史料編纂所編の古文書集成。正倉院文書を中心とする編年文書、所蔵者別の家分け文書、幕末の対外関係文書の三種がある。

探究11
戸籍と計帳の違いを述べよ。

●神亀《じんき》三年山背《やましろ》国愛宕《おたぎ》郡出雲《いずも》郷《ごう》計帳

戸主出雲臣吉事《よごと》　年参拾肆歳（34歳）　癲狂　篤疾　左頰ニ黒子《ほくろ》
母酒人《さかひと》連鳥木売　年陸拾弐歳（62歳）　一目盲　残疾　右頰ニ黒子
男《むすこ》　出雲臣豊嶋　年捌歳（8歳）　小子
男出雲臣豊成　年肆歳（4歳）　小子
女《むすめ》　出雲臣豊日売　年陸歳（6歳）　括首
姉出雲臣真飛鳥売《あすかめ》　年参拾柒歳（37歳）　丁女　右頰ニ黒子
姉出雲臣宅主売《やかぬしめ》　年参拾柒歳（37歳）　丁女　右頰ニ黒子
（養老六年逃）
姉出雲臣辞旡売《ことなしめ》　年参拾肆歳（34歳）　丁女　右脣ニ黒子
姑《おば》出雲臣形名売　年陸拾陸歳（66歳）　耆女（和銅六年逃）
婢乎都貴売《おつきめ》　年陸拾壱歳（61歳）　左頤《おとがい》ニ黒子　戸主ノ婢
戸出雲臣馬養《うまかい》　年参拾肆歳（34歳）　正丁　右頰ニ黒子
母出雲臣依売　年陸拾陸歳（66歳）　耆女　頸ニ黒子
丹波前国多貴郡
妻尾治《おわり》連ノ族酒虫売　年参拾歳（30歳）　丁女　左ノ目本ニ黒子
男出雲臣馬人　年拾歳（10歳）　小子　左頰ニ黒子
女出雲臣家主売　年拾陸歳（16歳）　小女　頸ニ黒子
妹出雲臣宮虫売　年参拾陸歳（36歳）　丁女（和銅六年逃）
妹出雲臣長売　年参拾伍歳（35歳）　丁女（和銅一年逃）

『大日本《だいにほん》古文書《こもんじょ》』

●税の計算　この郷戸は三一人（男五人〔うちひとりは四歳〕、女二〇人、奴二人、婢四人）で、仮にこの年が班年とすると、次のようになる。

口分田　男　2段×4人＝8段
女　$2\times\frac{2}{3}\times20$＝26段240歩
奴　$2\times\frac{1}{3}\times2$＝1段120歩
婢　$2\times\frac{2}{3}\times\frac{1}{3}\times4$＝1段280歩
合計　3町7段280歩〔1町＝10段、1段＝360歩〕

租　3町7段280歩×1束5把＝56束$6\frac{2}{3}$把〔七〇六年に1段につき1束5把と改められた。神亀三年は七二六年。1束＝10把〕

庸　畿内なのでなし（正丁1人……10日または布2丈6尺）

調　畿内なので$\frac{1}{2}$（正丁1人分の$\frac{1}{2}$）

解説　戸籍は律令体制のもとでは、男女、良賤《りょうせん》など身分を明らかにして班田の台帳となった。計帳は、それをもとに調庸などを賦課する台帳として毎年作成された。いずれも、正倉院の紙背《しはい》文書として現存するが、これは保存義務期間を過ぎたのちに、廃棄された紙を写経などに利用したためである。計帳には、身体的特徴や現在の居住地までが細かく記されているが、これは税逃れの逃亡を防ぐためのものであったが、実際にはかなりの逃亡が計帳でも確認され、律令体制下の農民支配の実態がよくわかる。

8 青丹《あおに》よし寧楽《なら》のみやこ

❶ 和同開珎《わどうかいちん》 ★☆☆☆☆

和銅《わどう》元年春正月乙巳《きのとみ》、❶武蔵国《むさし》秩父郡《ちちぶ》、和銅❷を献《けん》ず。詔《みことのり》して曰《のたまわ》く、「……東方《ひんがしのかた》武蔵国に自然《おのずからに》作成《なれる》和銅《にぎあかがね》出在《いでたり》（自然に存在する銅で、精錬したものと同じぐらい上質なものが出た）と奏《もう》して献《たてまつ》れり。……故《かれ》、慶雲《けいうん》五年を改めて和銅元年として御世《みよ》の年号《な》と定め賜《たま》ふ。……」と。……二月甲戌《きのえいぬ》❸始《はじめ》て催鋳銭司《さいじゅせんし》❹を置く。……五月壬寅《みずのえとら》❺始て銀銭を行ふ。……八月己巳《つちのとみ》❻始て銅銭を行ふ。

『続日本紀《しょくにほんぎ》』

❷ 蓄銭叙位令 ★★☆☆☆

（和銅《わどう》四年冬十月甲子《きのえね》）❶詔《みことのり》して曰《のたまわ》く、「夫《そ》れ銭《ぜに》の用《もちい》たる、財を通じて有無を貿易する（品物を交換する）所以《ゆえん》なり。当今《とうこん》、百姓なお習俗《しゅうぞく》（古くからの物々交換の習わしに従って、）に迷《まよ》ひて、未《いま》だ其《そ》の理《り》を解《かい》せず。僅《わずか》に売買すと雖《いえど》も、猶《な》ほ銭を蓄《たくわ》ふる者無し。其の多少に随《したが》ひて節級《せっきゅう》（段階をつけて）して位《くらい》を授《さず》けむ。其れ従六位《じゅろくい》以下、蓄銭《ちくせん》一十貫《かん》❷以上有らむ者には、位一階を進めて叙《じょ》す（昇進させる。）。廿《（二十）》貫以上には二階を進めて叙す。

『続日本紀』

解説 中国を範とする律令国家建設をめざす日本では、七世紀の天武朝に鋳造された**富本銭**に続き、唐にならった**和同開珎**（史料❶）を鋳造した。銀銭（実物は中国西安近郊で出土）は翌年廃止されたものの、銅銭はその後も継続して発行された。しかし、当時の経済は物々交換の域を脱せず、稲や布などの物品による取り引きが行われていたので、政府は種々の政策をとり、銭貨の流通をはかったが、流通範囲は畿内に限られていたと考えられる。こうした中、出されたのが蓄銭叙位令（史料❷）である。銭貨を一定額蓄えた者に、その銭の政府への納入を条件として位を与える制度であったが、畿内以外では役人や庶民による銭貨の死蔵を招くに至り、八〇〇（延暦一九）年に廃止された。

参考 **平城京** ★☆☆☆☆

青丹《あおに》よし　寧楽《なら》の京師《みやこ》は　咲く花の　薫《にお》ふがごとく　今盛りなり

大宰少弐《だざいのしょうに》小野朝臣老《おののあそみおゆ》

『万葉集《まんようしゅう》』

※色文字は重要語

❶乙巳　七〇八年一月一一日。
❷和銅　精錬した銅。
❸甲戌　七〇八年二月一一日。
❹催鋳銭司　銭の鋳造をつかさどる鋳銭司に、和同開珎の鋳造を促すために設置された官司。
❺壬寅　七〇八年五月一一日。
❻己巳　七〇八年八月一〇日。

❶甲子　七一一年一〇月二三日。
❷一十貫　一貫は一〇〇〇文で銅銭一〇〇〇枚にあたる。一〇貫は和同開珎一万枚。

史料注
続日本紀　五四頁参照。

史料注
万葉集　四七頁参照。
続日本紀　五四頁参照。

参考　**造都の困難**　★☆☆☆☆

（和銅《わどう》四年(七一一)九月）丙子《ひのえね》、勅《みことのり》したまはく、「頃《このごろ》聞《き》かく、『諸国の役民、造都に労《いたつ》きて、奔亡《ほんもう》すること猶《なお》多し。禁《いさ》むと雖《いえど》も止《や》まず』ときく。今、宮の垣《かき》成らず、防守備《ぼうしゅそな》はらず。権《かり》に軍営を立て兵庫《ひょうこ》を禁守すべし」とのたまふ。
『続日本紀《しょくにほんぎ》』

参考　**出羽国《でわ》・大隅国《おおすみ》の設置**　★☆☆☆☆

（和銅《わどう》五年(七一二)九月）己丑《つちのとうし》、太政官議奏《だいじょうかんぎそう》して曰《もう》さく「国を建てて疆《さかい》を辟《ひら》くことは武功の貴《とうと》ぶるところなり。官を設け民を撫《な》づることは、文教の崇《とうと》ぶるところなり。その北道の蝦狄《かてき》、遠く阻険《そけん》を憑《たの》みて、実《まこと》に狂心《きょうしん》を縦《ほしいまま》にし、屢《しばしば》辺境を驚かす。……遂《つい》に一国を置きて、式《もち》て司宰《しさい》を樹《た》て、永く百姓を鎮《しず》めむことを」とまうす。……是《ここ》に始めて出羽《でわ》国を置く。
（和銅六年(七一三)四月乙未《きのとひつじ》）日向《ひゅうが》国の肝坏《きもつき》・贈於《そお》・大隅《おおすみ》・始羅《あいら》の四郡を割《さ》きて、始めて大隅《おおすみ》国を置く。
『続日本紀』

解説　平城京は七一〇（和銅三）年から七八四（延暦三）年までの都である。元明天皇の時、藤原京から遷都され、中国の都城制にならった東西約四・三キロメートル（外京を含めて六・三キロメートル）、南北約四・七キロメートル（北辺坊を除く）の都市には約一〇万人の人々が生活していたとされる。平城京への遷都が行われた理由はいくつかの複合的要因が考えられる。天皇の代替わりごとに宮を移す伝統がまだ根強く残っていたこと、大宝律令の制定による諸制度の円滑な運用の場の必要性が求められていたこともあった。一方で粟田真人ら大宝の遣唐使がもたらした長安城との構造上の相違については衝撃だったに違いない。しかし、忘れてはならないのがすでに政界の第一人者となっていた藤原不比等の存在である。平城遷都が彼の主導によって行われたことは、不比等やその一族の邸宅や彼らの氏寺が平城京の一等地を占めていることからも伺える。そしてなによりも、藤原一族の命運をかけた首皇子、つまりのちの聖武天皇のために営まれた舞台、それが平城京であった。だが造都のための工事は全国から動員された農民は雇役（一人一日一文（和同開珎一枚）の支給を受ける）とはいっても強制労働に近いものであった。過酷な労働に耐えきれず、逃亡する者が続出したことは、七一一（和銅四）年九月の『続日本紀』の記事が伝えている。

9 班田制の動揺

要点ナビ 長屋王政権下、太政官が求めた土地制度改革を元正天皇が許可。

1 三世一身法《さんぜいっしんほう》 ★☆☆☆☆

(養老《ようろう》七年夏四月)辛亥《かのとい》。[1]太政官奏《だいじょうかんそう》すらく、「頃者《このごろ》百姓漸《ようや》く多くして、田池窄狭《でんちさくきょう》なり。望み請《こ》ふらくは、天下に勧《すす》め課《おお》せて田疇《でんちゅう》[2]を開闢《ひら》[3]かしめむ。其《そ》の新たに溝池《こうち》を造《つく》り、開墾《かいこん》を営む者有らば、多少に限らず給《きゅう》して三《さん》世《ぜ》[4]に伝へしめむ。若《も》し旧《もと》の溝池を逐《お》はば、其の一身に給せむ」と。奏可《そうか》す。『続日本紀《しょくにほんぎ》』

通釈 養老七（七二三）年四月一七日、太政官は（元正）天皇にこう奏上した。「このごろ、人口が次第に増加し、田や池が狭く不足しています。国中に奨励して、田地の開墾をさせたいと思っています。新たに灌漑《かんがい》設備をつくり開墾した者には、その面積の多少にかかわらず三代の間所有を許し、もし旧来の設備を利用して開墾した者には、本人一代のみ所有を許したいと思います。」と。この奏上は許可された。

※色文字は重要語

[1] **辛亥** 七二三年四月一七日。
[2] **田疇** 田地。
[3] **開闢** 開墾のこと。
[4] **三世** 田令の規定からすれば、三世は子・孫・曽孫の三代と考えられるが、本人・子・孫の三代とする説もある。

要点ナビ 橘諸兄政権下、聖武天皇が発布した土地制度改革。

2 墾田永年私財法《こんでんえいねんしざいほう》 ★★★★☆

(天平《てんぴょう》十五年五月)乙丑《きのとうし》。[1]詔《みことのり》して曰《のたまわ》く、「聞くならく、墾田《こんでん》は養老《ようろう》七年の格《きゃく》[2]に依《よ》るに、限《かぎ》り満《み》つるの後、例に依りて収授《しゅうじゅ》す。是《これ》に由《よ》りて、農夫怠倦《たいけん》し、開ける地復《ま》た荒《あれ》る、と。今より以後は、任《まま》に私財《しざい》と為《な》し、三世《さんぜ》一身《いっしん》を論ずること無く、咸《みな》悉《ことごと》く永年取る莫《なか》れ。其《そ》の親王《しんのう》の一品《いっぽん》[3]及び一位[4]には五百町、二品及び二位には四百町、……初位《そい》已下《いか》庶人《しょにん》に至《いた》るまでには十町、但《ただ》し郡司《ぐんじ》には、大領《かみ》《たいりょう》[5]・少領《すけ》《しょうりょう》に三十町、主政《じょう》《しゅせい》・主帳《さかん》《しゅちょう》に十町。若《も》し先

通釈 天平十五（七四三）年五月二七日、（聖武）天皇が命令書を下して言うことには、「聞くところによると、開発田が養老七年格によって、（三世または一身の）期間ののちは、恒例によって公有地となり収授されるので、農民が耕作を怠り、一度開発されてもすぐまた荒れてしまうということである。今後は開発田を意のままに私財として所有させ、三世一身という期限に関係なく、没収して公有化することは永久にやめよ。一品の親王と一位の貴族は五百町、二品と二位は四百町、……初位から庶民までは十町までの範囲で私有を許す。ただし郡司は、その長官・次官に三十町、三等官・四

[1] **乙丑** 七四三年五月二七日。
[2] **養老七年の格** 七二三年の三世一身法をさす。格は律令の修正・追加の法令。
[3] **一品** 親王（天皇の兄弟や皇子）の位階は一品から四品まで四階級あった。
[4] **一位** 官人の位階は一位から八位及び初位まで三〇階があった。
[5] **大領** 郡司の四等官の長官（かみ）。

より地を給《たま》ふこと茲《こ》の限より過多なるもの有らば、便即《すなわ》ち公《おおやけ》に還《かえ》せ……」と。『続日本紀《しょくにほんぎ》』

等官に十町とする。もし、以前から田地を与えられていて、この限度を超えているものは、すぐに国に返還させよ……」と。

探究12

① 墾田永年私財法は、土地制度の上でどのような影響があったか。

② 大規模な開墾を営むことができたのは、どのようなものか。

❸ 加墾の禁止 ★☆☆☆☆

要点ナビ 道鏡政権下、称徳天皇が発布した土地制度改革。

（天平神護《てんぴょうじんご》元年三月）丙申《ひのえさる》❶。勅《ちょく》すらく、「今聞く、墾田《こんでん》は天平十五年の格《きゃく》❷に縁《よ》るに、今より以後は、任《まま》に私財《しざい》と為《な》し、三世一身《さんぜいっしん》を論ずること無く、咸悉《みなことごと》く永年取る莫《なか》れ、と。是《これ》に由《よ》りて、天下の諸人競《きそ》ひて墾田を為し、勢力の家は百姓を駆役《くえき》し（百姓を使って仕事をさせ、）、貧窮《ひんきゅう》の百姓は自存《じそん》するに暇《いとま》なし（自ら生計をたてる余裕がない）。今より以後は、一切禁断して加墾《かこん》せしむること勿《なか》れ。但《ただ》し寺は、先来の定地《ていち》開墾の次《ついで》（かつて寺の土地と定められた土地を開墾すること）は、禁ずる限に在《あ》らず。又、当土の百姓（その土地の人々）、一、二町は亦《また》これを許すべし。『続日本紀』

❶**丙申**　七六五年三月五日。

❷**天平十五年の格**　七四三年の墾田永年私財法をさす。

史料注

続日本紀　五四頁参照。

解説　奈良時代初め、平城京造営等により労役が増え、負担に耐えかねた農民が浮浪・逃亡し、口分田の荒廃が起こった。また、人口増加による口分田不足という問題も生じ、政府は開墾奨励策をとらざるを得なくなる。七二二（養老六）年の百万町歩開墾計画（この意義については見解が分かれる）に引き続き、翌年には史料❶の三世一身法が出された。さらに、その二〇年後には、三世一身法の効果が不十分であるとして、史料❷の墾田永年私財法を発したのである。従来、墾田（新規に開墾された田）の永世私有を認めた墾田永年私財法は政府自らの手で公地公民の原則を放棄したものであるという点が強調されてきた。たしかに、開墾の主体は十分な財力のある貴族や寺院等に限られ、彼らによる土地の占有すなわち荘園制発達の端緒となった。しかし、わが国が模倣した唐の均田制は、本来、口分田以外にある程度の大土地所有を許容しつつもそれに制限を加えようとする永業田の制度を持っていた。永業田は墾田を含む世襲の田である。ところが、わが国では均田制を取り込んだとき、永業田の制度を切り捨ててしまった。このため政府が墾田を把握することが出来なかったのである。この欠点を補うための法が墾田永年私財法だったのである。道鏡政権の七六五（天平神護元）年には過熱しすぎた開墾を押さえるため

❶**下道朝臣吉備真備**　吉備真備。
❷**関東**　鈴鹿関・不破関以東。東国をさす。
❸**進士无位**　ここでは無位の志願兵の意味。
史料注
続日本紀　五四頁参照。

史料❸にみえる加墾禁止令が出される（但し寺院は除外）が、道鏡失脚後の七七二（宝亀三）年には撤回され、同時に墾田永年私財法にあった位階による開墾面積の制限も撤廃され、墾田の開発はさらに進むことになった。

Spot

班田制の変遷をアルバイトで考えてみよう

みなさんの学校ではアルバイトは認められているだろうか。大宝律令制定時、生徒がアルバイトをすることは想定されていなかった。ところが、学校に内緒でアルバイトをするものが次から次と出てきた。学校としては実態を把握しなければならない。そこで、三世一身法によって長期休みの期間のみという限定付きでアルバイトを許可制にした。しかし、長期休み以外にも学校に内緒でアルバイトをする生徒が跡を絶たない。学校もやむを得ず、墾田永年私財法によってアルバイトを届出制にした。つまり、届出さえすればアルバイトを認めることにしたのである。これによって、学校はアルバイトをしている生徒をしっかりと把握し、指導できるようになった。しかし、勉強時間がとれなくなった生徒の学力は低迷、学校として立て直しが迫られてくる。以上のうち、学校を律令国家、アルバイトを開墾、生徒を豪族・寺社と置き換えてみよう。いささか強引のような気もするが、班田制の変遷の一面が理解できるのではないだろうか。

参考 **藤原広嗣《ひろつぐ》の乱** ★☆☆☆☆

（天平《てんぴょう》十二年（七四〇）八月）癸未《みずのとひつじ》（二十九日）、大宰少弐《だざいのしょうに》従五位下藤原朝臣《あそん》広嗣、表を上《たてまつ》りて時政の得失を指《しめ》し、天地の災異《さいい》を陳《の》ぶ。因《よ》て僧正玄昉《げんぼう》法師、右衛士督《うえじのかみ》従五位上下道《しもつみち》朝臣真備《まきび》❶を除くを以《もち》て言《こと》とす。

九月丁亥《ひのとい》（三日）、広嗣遂《つい》に兵《いくさ》を起して反《そむ》く。勅《みことのり》して、従四位上大野朝臣東《あずまんど》人（ひと）を大将軍とし、従五位上紀《きの》朝臣飯麻呂《いいまろ》を副将軍としたまふ。……

（十月己卯《つちのとう》（二十六日））、大将軍大野朝臣東人らに勅《ちょく》して曰《のたまわ》く「朕意《ちんおも》ふ所有るに縁《よ》りて、今月の末暫《しばら》く関東❷に往《ゆ》かむ。その時に非《あら》ずと雖《いえど》も、事已《ことや》むこと能はず。将軍これを知るとも、驚き怪《あや》しむべからず」と。……

（十一月丙戌《ひのえいぬ》（三日））是《こ》の日、大将軍東人ら言《もう》さく、「進士无位《しんじむい》❸阿倍朝臣黒麻呂、今月廿（二十）三日の丙子《ひのえね》を以《もっ》て、逆賊広嗣を肥前《ひぜん》国松浦《まつら》郡値嘉嶋《ちかのしま》長野村に捕獲《とら》へき」とまうす。詔《みことのり》して報《こた》へて曰く、「今、十月廿九日の奏《そう》を覧《み》て逆賊広嗣を捕へ得たることを知りぬ。その罪顕露《あらわ》にして疑ふべきに在《あ》らじ。法に依《よ》りて処決《しょけつ》し、然《しか》して後《のち》に奏聞《そうもん》すべし」とのたまふ。

『続日本紀《しょくにほんぎ》』

10 国家仏教の発展

要点ナビ 聖武天皇が恭仁京において鎮護国家思想に基づき諸国に命じる。

1 国分寺建立の詔 ★★★☆☆

（天平《てんぴょう》十三年三月）乙巳《きのとみ》、**1** 詔《みことのり》して曰《のたまわ》く、「朕薄徳《われはくとく》を以《もっ》て忝《かたじけな》く重任《ちょうにん》を承《う》け、未《いま》だ政化《せいか》を弘《ひろ》めず、寤寐《ごび》**2** 多く慚《は》ず。……頃者《このごろ》、年穀《ねんこく》豊かならず、疫癘《えきれい》**3** 頻《しき》りに至《いた》る。慚懼《ざんく》**4** 交々《こもごも》集りて、唯《ひと》り労して己《おのれ》を罪す。是《これ》を以《もっ》て広く蒼生《そうせい》**5** の為《ため》に遍《あまね》く景福《けいふく》**6** を求む。……宜《よろ》しく天下の諸国をして各々《おのおの》敬《つつし》んで七重塔一区を造《つく》り、并《なら》びに金光明最勝王経《こんこうみょうさいしょうおうきょう》**7**・妙法蓮華経《みょうほうれんげ》**8** 各一部 **9** を写しむべし。朕又別に、金字《こんじ》の金光明最勝王経を写して、塔毎《ごと》に各一部を置かしめむと擬《ほっ》す。冀《こいねが》ふ所は、聖法《しょうぼう》の盛《さか》んなること、天地と与《とも》に永く流《つた》へ、擁護《ようご》の恩《おん》、**10** 幽明《ゆうめい》**11** に被《こうむ》らしめて恒《つね》に満たむことを。……又国毎の僧寺《そうじ》には封《ふ》**12** 五十戸、水田十町を施《ほどこ》せ。尼寺《にじ》には水田十町。僧寺には必ず廿《二十》僧有らしめ、其《そ》の寺の名を金光明四天王護国之寺《ごこくの》**13** と為《な》し、尼寺には一十尼《に》ありて、其の寺の名を法華滅罪之寺《ほっけめつざい》**14** と為せ。

『続日本紀《しょくにほんぎ》』

通釈

天平一三（七四一）年三月二四日に、（聖武）天皇が命令書を下して言うことには、「私は仁徳が薄いにもかかわらず、天皇の重任につき、いまだに政治の力で民を教導することが少ないので、寝てもさめても自己を責めることが多い。……近年、穀物の実りが豊かでなく、流行病がはやり、（これも私の不徳のいたす所だと）慚愧《ざんき》の念に耐えず、ひとり自分を責めている状態であるが、ここに、広く人民のために幸福を招く方策をとろうと思う。……全国に命じて、各々七重塔一区画を建立し、金光明最勝王経と妙法蓮華経を一部ずつ写させよ。私も、それとは別に、自分で金字で金光明最勝王経を写して、諸国の塔ごとに一部ずつを置こうと思う。（この造塔と写経の功徳により）願うことは、仏法の繁栄が、天や地のように永く続き、仏恩が、あの世でもこの世でも、豊かに満ちているようにということである。……また、各国は、僧寺（国分寺）には封戸五〇戸・水田一〇町を寄進し、尼寺（国分尼寺）には水田一〇町を寄進せよ。僧寺には必ず二〇人の僧を置き、その寺の名を金光明四天王護国之寺とせよ。尼寺には必ず一〇人の尼を置き、その寺の名を法華滅罪之寺とせよ。」と。

※**色文字は重要語**

1 乙巳　七四一年三月二四日。ただしこれは誤りで、正しくは二月一四日。

2 寤寐　寝てもさめても。

3 疫癘　流行病。七三七（天平九）年には藤原四子が天然痘《とう》のため死亡している。

4 慚懼　心に恥じること。

5 蒼生　人民。

6 景福　大いなる幸福。

7 金光明最勝王経　「本経を持する国王人民は、諸天これを擁護すべし」とされる鎮護国家の仏教経典。

8 妙法蓮華経　釈迦《しゃか》の王舎城での八年間の説法を結集したとされる仏教教典。この経の霊験功徳はいかなる重障をも克服できると信じられた。

9 各一部　各一〇部とした書もある。

10 擁護の恩　仏法が我々をかばってくれる恩恵。

11 幽明　あの世とこの世。

12 封　封戸《ふこ》のこと。

解説

国ごとに寺院を設けることは、唐から帰国した**玄昉**《げんぼう》らが先例（則天武后の大雲寺建立）にならい、諸国に二寺ずつ創建することを勧めたことが契機となる。おりしも疫病や凶作、あいつぐ政争などの社会不安の増大を背景に、**聖**

13 **金光明四天王護国之寺**　国分寺の正式名称。

14 **法華滅罪之寺**　国分尼寺の正式名称。

史料注

続日本紀　五四頁参照。

武天皇と光明皇后によって実現された。その計画は、藤原四子が病死した七三七（天平九）年、各国に釈迦像をつくり、大般若経を写すことを命じたことにはじまる。その後、国ごとに写経や七重塔の建立が命じられ、藤原広嗣《ひろつぐ》の乱の翌年、これまでの命令を集大成したものが七四一（天平一三）年二月にあらためて出された、いわゆる国分寺建立の詔である。詔では、造仏とともに金光明最勝王経《さいしょうおうきょう》など護国経典の書写を命じている。金光明最勝王経には四天王が四方鎮護にあたるとされており、仏の力で国家を護持する鎮護国家の思想が展開されている。造営は難航したが、官職との引き替えによる郡司らの寄進などによって奈良時代末にはほぼ全国で二寺の完成をみた。しかし、律令体制の衰退とともに国家の支援を失い、その多くが衰退した。中世以降、宗派を変えながらも庶民の信仰を集めた寺院として生まれ変わることで今日まで維持しているところもあるが、当時の壮麗な伽藍や宗派を今に伝えている寺院は皆無である。国家権力によって造営された寺院のままでは、生き残ることが出来なかったのである。

2 大仏造立の詔　★★★☆☆

要点ナビ　聖武天皇が紫香楽宮において大仏造立を天下に号令。

（天平《てんぴょう》十五年）冬十月辛巳《かのとみ》、1 詔《みことのり》して曰《のたまわ》く、「……粤《ここ》に天平十五年歳癸未《ほしみずのとひつじ》に次《やど》る十月十五日を以《もっ》て、菩《ぼ》薩《さつ》の大願《たいがん》2を発《おこ》して盧舎那仏《るしゃなぶつ》3の金銅像一軀《く》を造《つく》り奉《たてまつ》る。国銅《くにのあかがね》を尽《つく》して象を鎔《とか》し、大山を削《けず》りて以て堂を構《かま》へ、広く法界《ほうかい》4に及ぼして朕《わ》が知識5と為《な》す。遂《つい》に同じく利益《りやく》を蒙《こうむ》らしめ、共に菩提《ぼだい》6を致さしめむ。夫《そ》れ天下の富を有《たも》つ者は朕《われ》なり、天下の勢を有つ者も朕なり。此《こ》の富勢《ふせい》を以て此の尊像を造る。事や成り易《やす》く、心や至《いた》り難《がた》し。但《た》だ恐らくは徒《いたずら》に人を労することありて、能《よ》く聖を感ぜることなく、或《あるい》は誹謗《ひぼう》を生じて反《かえっ》て罪辜《ざいこ》に堕《だ》せむこと

通釈　（天平一五（七四三）年）冬一〇月一五日、聖武天皇が詔を出され、「ここに天平一五年一〇月一五日、菩薩の大願を立てて、盧舎那仏の金銅像一体の鋳造を開始しようと思う。国中の銅のすべてを使って仏像を鋳《い》、大きな山を削《けず》って平地を作って仏殿を建立し、（その功徳を）広く世界に及ぼして、私の仏への捧《ささげ》物としよう。（そして、天下万民も）同じように仏像の利益を受けて、一緒に悟《さと》りを開くようにさせよう。そもそも、天下の富を持っているのは私だし、天下の権勢を握っているのも私なのだ。だから、この富と権勢によって仏像を造ろうとすれば、その事自体は簡単である。しかし、真心はこもらないことになるだろう。それだけでなく、無益に人の労力を使うだけで仏の尊さが実感されず、また、（造営事業の過程で、担当者たちが）中傷し合って、返って罪人を生み出してしまうことになりはしないかと恐れるのである。……もし、一枚の

1 **辛巳**　七四三年一〇月一五日。

2 **菩薩の大願**　仏教興隆の悲願。菩薩とは、衆生救済をし、仏になるため修行する者をいう。

3 **盧舎那仏**　元来太陽を意味し、光明のように全世界に広がる仏とされる。奈良時代には、華厳《けごん》宗の中心仏とされた。

4 **法界**　世界。

5 **知識**　仏教興隆のため金品を寄附すること。または、その人自身、寄附の金品そのものをさす。

6 **菩提**　無上《むじょう》の正しい悟《さと》り。

を。……もし更《さら》に人、一枝《し》の草一把《ぱ》の土を持ちて像を助け造らむと情願《じょうがん》❼する者有らば、恣《ほしいまま》にこれを聴《ゆる》せ。国郡等司《つかさ》、この事に因《よ》りて百姓を侵擾《しんじょう》して、強《し》ひて収《しゅう》斂《れん》せしむること莫《なか》れ。……」『続日本紀《しょくにほんぎ》』

草や一つかみの土のようにわずかな物でも仏像の造立を助けるために捧げたいという人がいたら、それを許せ。だからといって、国司や郡司たちは、この造立事業のために百姓を困らせ、強制的に（寄附を）収奪してはならない。……」

参考　**大仏開眼《かいげん》**　★★☆☆☆

（天平勝宝四年《てんぴょうしょうほう》（七五二））夏四月乙酉《きのととり》、盧舎那大仏《るしゃなだいぶつ》の像成りて、始めて開眼す。是《こ》の日、東大寺に行幸《ぎょうこう》したまふ。天皇、❶親《みずか》ら文武の百官を率《ひき》ゐて、設斎大会《せっさいだいえ》したまふ。その儀一《もは》ら元日に同じ。五位已上《いじょう》は礼服《らいぶく》を着る。六位已下は当色《とうじき》。僧一万を請《こ》ふ。既《すで》にして雅楽寮《ががくりょう》と諸寺との種々の音楽、並《ならび》に咸《ことごと》く来《きた》り集《あつま》る。復《また》、王臣諸氏の五節《ごせち》・久米儛《くめまい》・楯伏《たてふし》・蹋歌《とうか》・袍袴《ほうこ》等の歌儛《かぶ》有り。東西より声を発し、庭を分けて奏《つかえまつ》る。作《な》すことの奇《くす》しく偉《とうと》きこと、勝《あ》げて記すべからず。仏法東に帰《いた》りてより、斎会《さいえ》の儀、嘗《かつ》て此《かく》の如《ごと》く盛りなるは有らず。

『続日本紀《しょくにほんぎ》』

解説　七五二（天平勝宝四）年四月九日、僧一万人の読経が響く中、聖武太上天皇、光明皇太后、孝謙天皇以下、文武百官が居並ぶ中、バラモン僧菩提僊那《ぼだいせんな》を導師として盛大に開眼供養会が営まれた。その様子を『続日本紀』は「仏法東に帰りてより斎会の儀、嘗て此の如く盛なるは有らず」と誇らしげに記している。だが、その偉容《いよう》をはじめて現した盧舎那仏を仰ぎ見る人々の心に去来したものは何だったのだろうか。少なくとも、現実には政界での暗闘や政変は止むことなく、疫病の流行もはたと無くなったという兆候もない。あらゆる困難を乗り越えて鎮護国家思想を具現化しようとした律令国家の国力を誇示したこの大仏開眼供養会ではあったが、真に人々の救済にどれだけ貢献したものだったのだろうか。

❸ 行基《ぎょうき》の活動　★☆☆☆☆

1 （養老《ようろう》元年（七一七）四月）壬辰《みずのえたつ》（二三日）、詔《みことのり》して曰《のたまわ》く、「……凡《およ》そ僧尼は、寺家に寂居《じゃくきょ》して、教を受け道を伝ふ。令《りょう》に准《じゅん》ずるに云《いわ》く、其《そ》れ乞食《こつじき》する者有らば、三綱❶連署《れんしょ》して、午前に鉢《はち》を捧《ささ》げて告《つ》げ乞《こ》へ。此《こ》れに因《よ》りて更に余の物を乞ふを得じと。方今《いま》、小僧行基《しょうそうぎょうき》❷幷《ならび》に弟子等、街衢《がいく》に零畳《れいじょう》（市街地に落ちぶれてたむろし）して妄《みだり》に罪福を説く。朋党《ほうとう》（信徒で集団を作り、）を合せ構《かま》へ、指臂《しひ》を焚《た》き剥《は》ぎ（指を焼いたり、ひじの皮をはいだりして、）、歴門仮説❸して余の物を乞ひ、詐《いつわ》りて聖道を称して百姓

---

❼**情願**　心から願うこと。

探究13　国分寺建立、大仏造立の目的を述べ、さらに農民に与えた影響を考えよ。

❶**天皇**　孝謙天皇。

史料注
続日本紀　五四頁参照。

❶**三綱**　古代、各寺院に置かれた僧尼統制の機関。

❷**行基**　六六八～七四九。初め官寺に法相《ほっそう》宗を学んだが、のち民間布教に従事し、信者の力で池溝、道橋などを各地に築いた。彼の行動は

を妖惑《ようわく》す。道俗擾乱《どうぞくじょうらん》し（僧侶も俗人も大いに乱れて、人々は皆仕事を捨てた。）、四民業《なりわい》を棄《す》つ。進みては釈経《しゃくきょう》[4]に違《たが》ひ、退きては法令を犯《おか》す。……」と。

（天平《てんぴょう》十五年（七四三）十月）乙酉《きのととり》（一九日）、皇帝[5]、紫香楽《しがらき》宮[6]に御《ぎょ》す。盧舎那《るしゃな》仏の像を造《つく》り奉《たてまつ》らむが為《た》めに始めて寺地を開く。是《ここ》に於《お》いて、行基法師、弟子等を率《ひき》ゐて衆庶《しゅうしょ》を勧誘す。

（天平十七年（七四五）正月）己卯《つちのとう》（二一日）、詔して行基法師を以《もっ》て大僧正《だいそうじょう》と為す。

『続日本紀《しょくにほんぎ》』

解説 諸国における国分寺の創建は、都における総国分寺である**東大寺**とその本尊盧舎那《るしゃな》大仏の造立事業へと発展していった。強力な中央集権国家に君臨する、専制君主としての**聖武天皇**の自信の一端が、史料❷の「天下の富を有つ者は朕なり。……」からうかがえる。だが、七四三年に発願されたこの事業は凶作や疫病《えきびょう》流行による民力の疲弊《ひへい》もあって、必ずしも順調に進まなかった。このため、政府は広く民間に協力を求めることとなり、かつては僧尼令《そうにりょう》違反として弾圧していた**行基**《ぎょうき》の力をも利用するのである（史料❸）。大仏造立には莫大な量の銅や錫《すず》、金と延べ二一八万人の労働力が徴発され、当時の朝廷の収入の五分の一以上が毎年使われたという。これほどまでの多くの労苦を要した大仏鋳造は七五二年に完成するが、動揺し始めた律令体制（**大仏造立の詔**の発布は、**墾田永年私財法**の発布と同年であることに注意）を仏教の力で維持しようとする聖武天皇の願いは成就せず、むしろ民衆の負担増大は律令国家の崩壊を早めることになったのである。

❹ 鑑真《がんじん》の来日 ★★☆☆

日本国天平《てんぴょう》五年[1]歳癸酉《ほしみずのととり》に次《やど》る、沙門《しゃもん》[2]栄叡《ようえい》・普照《ふしょう》等、聘《へい》唐大使丹墀真人広成《たじひのまひとひろなり》に随《したが》ひて唐国に至《いた》り、留《とど》まりて学問す。……（天宝元載《てんぽうげんさい》[3]冬十月）時に大和上《だいわじょう》[4]楊《よう》州大明《だいめい》寺に在《あ》り、衆僧《しゅうそう》のために律[5]を講ず。栄叡・普照師大明寺に至り、大和上の足下《そっか》に頂礼《ちょうらい》[6]して具《つぶさ》に本意を述べて曰《もう》さく、「仏法東流して日本国に至る。其《そ》の法有りと雖《いえど》も、法を伝ふるの人無し。……願はくは和上東遊して化を興《おこ》せ（人々を教化して欲しい）」と。大和上答へて曰《のたまわ》く、「……誠に此《こ》れ仏法興隆《こうりゅうゆう》有縁《えん》の国なり。今我が同法の衆中《しゅうちゅう》、誰かこの遠請《えんせい》に応じ、日本国に向ひて法を伝ふる者有るや」と。時に衆黙然《もくぜん》として一《ひとり》の対《こた》ふる者無し。しばらくして僧祥彦《しょうげん》有り、進みて曰《もう》さく、「彼の国は太《はなはだ》遠く、性命存じ難し。滄波淼漫《そうはびょうまん》[7]、百に一たびも至ること無し。……」と。和上曰《のたまわ》く、「是《これ》法事のためなり。何《いずくん》ぞ身命を惜しまむ。諸人去《ゆ》か

---

[3]**歴門仮説** 家々を訪れ、偽りの教えを説くこと。
[4]**釈経** 仏教の教え。
[5]**皇帝** 聖武天皇。
[6]**紫香楽宮** 現、滋賀県甲賀市信楽町。聖武天皇は七四五年一月ここに遷都（五月には平城京に戻る）。

史料注
続日本紀 五四頁参照。

探究14 奈良時代の政争の渦中における聖武天皇の政治は、どのようなものであったか。

[1]**天平五年** 七三三年。
[2]**沙門** 僧侶。
[3]**天宝元載** 唐の玄宗の時代の年号。七四二年。
[4]**大和上** 和上は僧の尊称。ここでは鑑真のこと。
[5]**律** 仏法の戒律。
[6]**頂礼** 頭を地につけて拝むこと。
[7]**滄波淼漫** 青い波が立つ海が果てしなく広がること。

ざれば、我即《すなわ》ち去《ゆ》くのみ」と。

『唐大和上東征伝《とうだいわじょうとうせいでん》』

解説 六三〇年以来の遣唐使の派遣は、大陸の先進文化伝来に果たした役割は大きいが、特に仏教はその重要な柱であった。聖武天皇の国家仏教政策が展開された時期にも、日本では正式な授戒《じゅかい》を行うことができずにいたが、日本に戒律を伝えた有名な**鑑真《がんじん》**の来日も、遣唐使の同行僧の要請が契機となっていた。彼は、史料にあるように強い使命感から日本への渡航を決意し、その後五度の渡航失敗やその間の失明をも乗り越え、七五三（天平勝宝五）年に来日を果たした。彼は東大寺に戒壇を設立し、七五九（天平宝字三）年には唐招提寺《とうしょうだいじ》を開いた。聖武天皇（当時は上皇）や皇族も彼によって受戒し、鑑真は日本の国家仏教政策の展開の上で大きな役割を果たしたのである。

参考 **遣唐使渡航の苦難** ★☆☆☆

(天平《てんぴょう》十一年(七三九)) 十一月辛卯《かのとう》(三日)、平郡朝臣広成《へぐりのあそんひろなり》ら拝朝す。初め広成は天平五年(七三三)に大使多治比真人広成《たじひのまひとひろなり》に随《したが》ひて入唐す。六年十月、事畢《おわ》りて却帰《かえ》るに、四船同じく発《た》ちて蘇州《そしゅう》より海に入《い》りき。悪《あ》しき風忽《たちま》ちに起《おこ》りて彼此《ひし》相失ふ。広成の船一百一十五人、崑崙《こんろん》国に漂着す。賊《ぞく》兵有りて来《きた》り囲《かく》み、遂《つい》に拘執《とらわ》る。船人、或《あるい》は殺され、或は迸《はし》り散る。自余《そのほか》の九十余人、瘴《やまい》に着かれて死亡《し》ぬ。広成ら四人、僅《わず》かに死を免《まぬか》れて崑崙王に見《まみ》ゆること得《う》。仍《より》て升粮《しょうりょう》を給《たまわ》りて悪処《あくしょ》に安置せらる。七年に至りて、唐国欽州《きんしゅう》の熟崑崙《じゅくこんろん》[1]有りて彼《かしこ》に到《いた》る。便《すなわ》ち偸《ひそ》かに載《の》せられて、出《い》で来《きた》りて既《すで》に唐国に帰る。本朝の学生《がくしょう》阿倍中満《あべのなかまろ》に逢《あ》ひ、便奏《びんそう》して将《もち》て入朝し、渤海《ぼっかい》の路《みち》を取りて帰朝せむことを請《こ》ふ。天子これを許し、船粮《せんりょう》を給《たま》ひて発遣《はっけん》す。十年三月、登州《とうしゅう》より海に入りき。五月渤海の界《さかい》に到る。適《たまたま》その王大欽茂《だいきんぼう》の使《つかい》を差《つかわ》して我が朝を聘《とぶら》はむと欲《す》るに遭《あ》ふ。即時《すなわち》同じく発《た》つ。沸海《ふっかい》を渡るに及びて、渤海の一船浪《なみ》に遇《あ》ひ傾き覆《くつがえ》りぬ。大使胥要徳《しょようとく》ら冊(四十)人没死《ぼっし》す。広成ら、遺《のこ》れる衆《ひとびと》を率《ひき》ゐて出羽《でわ》国に到り着く。

『続日本紀《しょくにほんぎ》』

解説 遣唐使《けんとうし》は六三〇（舒明《じょめい》天皇二）年から八九四（寛平《かんぴょう》六）年まで、日本側史料によると一九回任命されたが、そのうち中止になった四回と唐使を送るためだけの目的のものを除き、一二回が実際に派遣された正規の遣唐使となる。遣唐使の派遣は、唐のすぐれた文物・制度の導入を目的としており、奈良時代の律令制度や仏教文化に貢献した役割ははかりしれない。しかし、得るものも大きいかわりに、渡海の危険も大きく、特に新羅《しらぎ》との関係が悪化した七世紀半ば以降の遣唐使は、朝鮮半島経由ではなく直接大洋を越える航路を選択せざるを得ず、遭難が多発することになった。このような渡航の危険が、のちの遣唐使廃止の一因となっている。

史料注

唐大和上東征伝 『鑑真過海大師東征伝』ともいう。淡海三船が七七九（宝亀一〇）年に著した伝記。鑑真の弟子思託の『大和上伝』を参照し、鑑真が日本に戒律を伝えた因縁や経路、唐招提寺の縁起などを記したもの。

[1] **熟崑崙** 唐に帰順した崑崙人。

史料注

続日本紀 五四頁参照。

⓫ 天平文化

❶ 古事記の編纂 ★★☆☆☆

要点ナビ 編者の太安万侶、『古事記』編纂の経緯を述べる。

臣安万侶言《しんやすまろもう》す。……是《ここ》に天皇《すめらみことみことのり》詔す。朕《われ》聞く。諸家の賷《もた》る❶所の帝紀《ていき》❷及び本辞《ほんじ》❸既《すで》に正実《せいじつ》に違《たが》ひ、多く虚偽《きょぎ》を加ふ。当今《いま》の時其《そ》の失《あやまり》を改めずんば、未《いま》だ幾年を経《へ》ずして其の旨《むね》❹滅びなむとす。斯《こ》れ乃《すなわ》ち邦家《ほうか》の経緯《けいい》❺、王《おう》化《け》の鴻基《こうき》❻なり。故《か》れ惟《ここ》に帝紀を撰録《せんろく》し、旧辞《きゅうじ》❼を討覈《とうかく》❽し、偽《いつわり》を削《けず》り、実《まこと》を定め、後葉《のちのよ》❾に流《つた》へんと欲《ほっ》すと。時に舎人《とねり》有り、姓《うじ》は稗田《ひえだ》名は阿礼《あれ》。年は是《こ》れ廿《(二十)》八、人と為《な》り聡明《そうめい》。目に度《わた》れば口に誦《よ》み、耳に払《ふる》れば心に勒《しる》す。即《すなわ》ち阿礼に勅語《ちょくご》して帝皇《すめらみこと》の日継《ひつぎ》❿及び先代の旧辞を誦習《よみなら》⓫はしめたまひき。……焉《ここ》に於《おい》て旧辞の誤り忤《たが》へるを惜《おし》み、先紀《せんき》⓬の謬《あやま》り錯《みだ》れるを正さむとして、和銅《わどう》四年⓭九月十八日を以《もっ》て、臣安万侶に詔して、稗田阿礼が誦《よ》む所の勅語⓮の旧辞を撰録して、以て献上《けんじょう》せしむ者《てへり》⓯。

〈『古事記《こじき》』序《じょ》〉

※色文字は重要語

❶**賷る** 諸家の伝える。
❷**帝紀** 皇室の記録。
❸**本辞** 古記録や古伝。後出の先代の旧辞と同じか。
❹**旨** 正しい帝紀と本辞。
❺**邦家の経緯** 国家の組織。
❻**王化の鴻基** 天皇統治の基本。
❼**旧辞** 本辞と同じか。
❽**討覈** たずね明らかにする。
❾**後葉** 後世。
❿**日継** 皇室の系図のようなものか。
⓫**誦習** 暗誦させた。または成文について訓法を習わせた。
⓬**先紀** 前出の帝紀、帝皇の日継をさす。
⓭**和銅四年** 七一一年。
⓮**勅語** 天武天皇の勅語。
⓯**者** 「てへり」と読み「といへり」の意。

史料注
古事記 稗田阿礼が誦習し、太安万侶が撰録した歴史書。七一二(和銅五)年一月完成。神代より推古天皇に至る帝紀(皇室の年代記、系

通釈

天皇の臣の(太《おお》)安万侶が申し上げます。「……天武天皇が命令されて『私の聞くところによると諸々の貴族の家に伝わる天皇の年代記や古い物語などの記事は、真実と相違し、虚偽の部分も多いという。今、その誤りを改めなければ、幾年も経ないうちに本当の事がわからなくなってしまうだろう。このような歴史の記録は、国家組織の原理を示すものであり、天皇の教化を広めていくための基礎である。よって、帝紀を撰び記録し、旧辞をよく検討して、虚偽を捨て、真実を定めて、後世に伝えるように』と言われたことがあった。その時、舎人の稗田阿礼という語部《かたりべ》が天皇に近侍していた。彼は当時二八歳で、人柄が賢く、一見しただけで暗誦してしまい、一度聞いただけでしっかりと心に記憶する能力を持っていた。そこで天皇は、阿礼に命じて、累代の天皇の地位の継承関係や、昔の物語を暗誦させたのであった。……それゆえ、今、(元明天皇は)旧辞の誤りを残念に思われ、帝紀の誤りや不統一を正そうとされて、和銅四(七一一)年九月一八日に、天皇の臣である私安万侶に命じて『稗田阿礼が天武天皇の命令により暗誦した旧辞を撰び記録して、献上せよ』と命令されたのです。」

解説

律令国家は、中央集権の達成に伴って、政権成立の由来を述べ、その正統的権威を確立させるためにも、また対外的な意味からも、国家事業として天武天皇の頃から国史の編纂に着手したとみられる。それらは八世紀初めに、『古事記』三巻(七一二年)、『日本書紀』三〇巻(七二〇年)として完成し、普通「記紀」と略称されるが、それぞれの内容、成

譜）と旧辞（神話、伝説など）から成る。歴史書としては、日本現存最古のもの。

探究15 記・紀編集以前の修史事業をあげよ。

1甲子 七一三年五月二日。
2彩色 絵具の原料となる鉱物の類。
3色目 品目。
4沃塉 肥えているか、またはやせているかの状態。
5史籍 『風土記』をさす。

史料注
続日本紀 五四頁参照。

1紫野 ムラサキ草を植えてある禁園。
2標野 上代に皇室、貴人が領有した野原。
3野守 立ち入りを禁じられている野の見張り人。
4炎 明け方のほのかな光、

立の過程は異なっている。ここに示したのは、『古事記』の序文であるが、初の正史である『日本書紀』が本格的な漢文で記述された史書であるのに対し、『古事記』が口誦《こうしょう》そのものを独特な音訓を交えた文章で書かれた成立事情が述べられている。

② 風土記《ふどき》 ★☆☆☆

（和銅《わどう》六年）五月甲子《きのえね》[1]、制すらく、「畿内七道諸国の郡郷《ぐんごう》名は好《よ》き字を着《つ》けよ。其《そ》の郡内に生ずる所の銀・銅・彩色《さいしき》[2]・草木・禽獣《きんじゅう》・魚虫等の物は、具《つぶさ》に色目《しきもく》[3]を録《ろく》せしむ。及び土地の沃塉《よくせき》[4]、山川原野の名号の所由《よるところ》（名称の由来）、又《また》古老の相伝旧聞異事《そうでんきゅうぶんいじ》（古老の伝える古い伝承）は、史籍《しせき》[5]に載《の》せて亦宜《またよろ》しく言上《ごんじょう》すべし」と。『続日本紀《しょくにほんぎ》』

解説 この史料は七一三年畿内七道諸国に出された官命で、全国に地誌の編纂、撰上を命じたものである。これに基づいて諸国の国司が提出した報告が、のちに風土記と呼ばれたものである（『常陸国風土記』は、「常陸国司、解《げ》す。古老の相伝ふる旧聞を申す事。」で始まるが、下級官庁から上級官庁への上申文書である解《げ》（解文）の形式をとっていることに注意）。風土記の編纂は、恐らく『古事記』や『日本書紀』の撰上といった修史の編纂と軌《き》を一《いつ》にした事業であろう。現在、常陸・出雲・播磨・肥前・豊後の五か国のもののみが『風土記』としてまとまって残されているが、これらには地名の由来を述べた説話が多く含まれ、単なる地誌にとどまらずに、当時の地方民衆の風俗、習慣、文化などを知る貴重な史料となっている。

③ 万葉集 ★☆☆☆

茜草指　武良前野逝　標野行　野守者不見哉　君之袖布流　額田王《ぬかたのおおきみ》
あかねさす　紫野《むらさきの》[1]行き　標野《しめの》[2]行き　野守《のもり》[3]は見ずや　君が袖振《そでふ》る

東　野炎　立所見而　反見為者　月西渡　柿本人麻呂《かきのもとのひとまろ》
東《ひんがし》の　野に炎《かぎろい》[4]の　立つ見えて　かへり見すれば　月かたぶきぬ

田兒之浦従　打出而見者　真白衣　不盡能高嶺尓　雪波零家留　山部赤人《やまべのあかひと》
田子《たご》の浦ゆ　うち出《い》でてみれば　真白《ましろ》にそ　富士の高嶺《たかね》に　雪は降りける
宇良々尓　照流春日尓　比婆理安我里　情悲毛　比登里志於母倍婆　大伴家持《おおとものやかもち》
うらうらに　照れる春日《はるひ》に　ひばり上がり　心悲《こころがな》しも　ひとりし思へば　『万葉集』

曙光。

史料注
万葉集　四七頁参照。

解説　『万葉集』二〇巻には、仁徳天皇から七五九（天平宝字三）年までの総数四五〇〇余首の長歌、短歌、施頭歌《せどうか》などが載せられている。『万葉集』の成立年代を知る史料がないためその時期は不明だが、およそ宝亀《ほうき》年間（七七〇年代）に大伴家持らによって編まれたものと推定されている。万葉集の歌は大きく四期に分けられる。第一期は壬申《じんしん》の乱までの激動期で、斉明、天智、天武、有間皇子、額田王など皇室歌人が中心である。第二期は平城遷都までの約四〇年で、皇室の讃歌などが目立って増え、柿本人麻呂ら宮廷歌人の活躍期、第三期は七三三（天平五）年までの二〇年余で、山部赤人、大伴旅人、山上憶良など個性的な歌人が登場した時期である。そして第四期は、七五九年までの約二五年間で、この天平文化の爛熟期には大伴家持らが活躍した。史料には、それぞれの時期を代表する歌人の作品を掲げた。

4 日本書紀の成立 ★☆☆☆

（天武《てんむ》天皇十年三月）丙戌《ひのえいぬ》（十七日）、天皇、太極殿《だいごくでん》に御《おわしま》して、川嶋《かわしま》皇子1・忍壁《おさかべ》皇子2・……に詔《みことのり》して、帝紀《ていき》及び上古《じょうこ》の諸事を記し定めたまふ。　『日本書紀《にほんしょき》』

（養老四年五月　癸酉《みずのととり》（二十一日））是《これ》より先、一品舎人《いっぽんとねり》親王3、勅《ちょく》を奉《う》けたまはりて日本紀《にほんぎ》4を修《あ》む。是《ここ》に至りて功成りて奏《さし》上《あ》ぐ。紀卅（三十）巻系図一巻なり5。　『続日本紀《しょくにほんぎ》』

通釈　天武一〇（六八一）年三月一七日、天皇が大極殿で、川嶋皇子・忍壁皇子・……等に、帝紀及び過去の諸事を記すように詔を出した。
養老四（七二〇）年五月二一日、これより先に舎人親王が天皇の詔勅を受け『日本書紀』の編纂にしたがっていたが、このたびそれが完成し、奏上した。紀（編年体の記録）三〇巻と系図一巻である。

1川嶋皇子　天智天皇の皇子。天武朝でも天武天皇の諸皇子と伍して活躍した。
2忍壁皇子　天武天皇の第九皇子。「刑部」「忍坂部」とも書く。のちに文武朝で大宝律令の撰定も主宰した。
3舎人親王　天武天皇の第三皇子。日本書紀編纂を主宰した。淳仁《じゅんにん》天皇は彼の子。
4日本紀　他の文献ではすべて『日本書紀』とある。
5系図一巻　現存しない。

史料注
日本書紀 三〇頁参照。
続日本紀 五四頁参照。

1橿原建邦の時 神武天皇即位の時。
2淡海先帝 天智天皇。
3藤太政 藤原不比等。

史料注
懐風藻 我が国最古の漢詩集。七五一年成立。

探究16
① 天平文化の特色を述べよ。
② 『古事記』・『日本書紀』を比較せよ。

解説 『日本書紀』の編纂の経過は、六八一（天武《てんむ》一〇）年三月、川嶋《かわしま》皇子らが『帝紀《ていき》』及び『上古諸事《じょうこしょじ》』の記定を命ぜられたことに始まり、七一四（和銅《わどう》七）年の国史編集開始を経て、七二〇（養老《ようろう》四）年の完成に至るとするのが一般的である。ただし、あまりに長すぎる歳月を考え、天武朝の修史事業はそこで一旦終了し、その史料が『古事記』『日本書紀』の編纂に用いられたとする説もある。

『日本書紀』に「日本」という国号が冠せられているのは、中国王朝を強く意識し、日本という国家の由来を語るという性格を反映しているとされる。『日本書紀』が編年体というスタイルをとったため、上代の記事にも年代が必要となり、中国の讖緯《しんい》説により紀元前六六〇年が神武即位の年となったことなどは、明らかに中国への対抗意識のあらわれである。

参考 **懐風藻（序文）** ★☆☆☆

逖《とお》く前修《ぜんしゅう》に聴《き》き、遐《はろか》に載籍《さいせき》を観《み》るに、襲山降蹕《そのみねこうひつ》の世に、橿原建邦《かしわらけんぽう》の時1に、天造草創《てんぞうそうそう》にして、人文未《じんぶんいま》だ作《おこ》らずありき。……淡海《おうみ》先帝2の命を受けたまふに及至《およ》びて、帝業恢開《ていぎょうかいかい》し、皇猷《こうゆう》を弘闡《こうせん》したまふ。……此の際《きわ》に当りて、宸翰《しんかん》文を垂《た》らし、賢臣頌《しょう》を献《たてまつ》る。雕章麗筆《ちょうしょうれいひつ》、唯《ただ》に百篇のみに非《あら》ず。但《ただ》し時に乱離《らんり》を経《へ》、悉《ことごとく》煨燼《わいじん》に従ふ。……茲《こ》れ自《よ》り以降《のち》に、詞人間出《しじんかんしゅつ》す。龍潜《りゅうせん》の王子、雲鶴《うんかく》を風筆に翔《かけ》らせ、鳳翥《ほうしょ》の天皇、月舟《げっしゅう》を霧渚《むしょ》に泛かべたまひ、神納言《しんのなごん》が白鬢《はくびん》を悲しび、藤太政《とうのだいじょう》3が玄造を詠《よ》める。……遠く淡海自り、云《ここ》に平都に曁《およ》ぶまで、凡《すべ》て一百二十篇、勒《ろく》して一巻と成す。作者六十四人、具《つぶさ》に姓名を題《しる》し、并《あわ》せて、爵里《しゃくり》を顕《あら》はし、篇首《へんしゅ》に冠《かごう》らしむ。余《わ》が此《こ》の文を撰《えら》ぶ意《こころ》は、将《まさ》に先哲《せんてつ》の遺風《いふう》を忘れずあらむが為《ため》なり。故懐風《かれかいふう》を以《も》ちて名づくる云爾《ぞ》。時に天平勝宝三年歳辛卯《ほししんぼう》に在《やど》る冬十一月なり。『懐風藻』

Spot

現代の文化は劣っているのか

花咲く奈良の都。一三〇〇年の時を超え、いまなお奈良は私たち訪れるものを魅了してやまない。薬師寺、興福寺、東大寺、唐招提寺など長い風雪に耐え、今日に伝えられた仏像や建築を目にした時、先人たちのすぐれた文化の高さを実感せずにはおられない。だが一方で現代の我々の文化を考えた時、一〇〇〇年後に果たして平成の文化として語り継がれていくものを生み出しているだろうか。そう考えがちだが、実はこれを比べる事はできないのである。つまり物差しが違うのだ。近代に至るまで、わが国は格差社会であった。富や権力は極めて限られた権力者に集まり、享受されていた。そして、それらを惜しみなく使って残したのが天平文化である。一方で現代は大衆社会。昨今、格差社会といわれるが近世以前とは比べ物にならない。そういう意味で、国民一人一人が文化を創造する時代である。我々は胸を張って一〇〇〇年、二〇〇〇年後に伝えられる大衆文化を残していきたいものである。

⓬ 平安初期の政治

❶ 平安遷都 ★★☆☆☆

（延暦《えんりゃく》十三年十月）丁卯《ひのとう》、❶……都を遷《うつ》す。詔《みことのり》して曰《のたまわ》く、云々《うんぬん》。「葛野《かどの》❷の大宮の地は、山川も麗《うるわ》しく、四方《よも》の国の百姓の参出《まいりい》で来《こ》む事も便《たよ》りにして《便利な地である。》云々。」……十一月丁丑《ひのとうし》（八日）、詔す。「……此《こ》の国山河襟帯《さんがきんたい》《山がえりのようにそびえ、河が帯のように流れ、自然の要害となっている。》、自然に城《き》を作《な》す。斯《こ》の形勝《けいしょう》に因《よ》り、新号を制すべし。宜《よろ》しく山背国《やましろのくに》を改めて山城国と為《な》すべし」と。又子来《またしらい》の民、謳歌《おうか》の輩《ともがら》、❸異口同辞《いくどうじ》、号して平安京と曰《い》ふ。『日本紀略《にほんきりゃく》』

※色文字は重要語

❶延暦十三年十月丁卯　七九四年一〇月二八日。
❷葛野　山城国葛野郡。
❸子来の民・謳歌の輩　天子の徳を慕う人々やたたえる人々。

❷ 平安京造都の中止——徳政相論 ★★★★☆

（延暦《えんりゃく》二十四年十二月壬寅《みずのえとら》）❶是《こ》の日、中納言近衛《ちゅうなごんこのえの》大将従三位《じゅさんみ》藤原朝臣《あそん》内麻呂、殿上《でんじょう》に侍す。勅《ちょく》有りて、参議右衛士督《さんぎうえじのかみ》従四位下藤原朝臣緒嗣《おつぐ》と参議左大弁正四位下菅野《すがのの》朝臣真道《まみち》とをして、天下の徳《とく》政《せい》を相論《そうろん》せしむ。時に緒嗣、議《ぎ》して云《いわ》く、「方今《いま》、天下の苦しむ所は軍事と造作❷なり。此《こ》の両事を停《とど》めば百姓《ひゃくせい》安んぜむ」と。真道、異議を確執《かくしつ》《自分の意見を強く主張して譲らなかった。》して肯《あ》えて聴《き》かず。帝、❸緒嗣の議を善《よ》しとし、即《すなわ》ち停廃《ちょうはい》《中止に及んだ。》に従ふ。『日本後紀《にほんこうき》』

要点ナビ
軍事と造作継続の是非をめぐり、桓武天皇は中止を主張する藤原緒嗣の意見を採用。

❶延暦二十四年十二月壬寅　八〇五年一二月七日。
❷軍事と造作　蝦夷《えみし》征討と平安京造営をさす。
❸帝　桓武天皇。

❸ 平安京の実情 ★☆☆☆☆

予《われ》❶二十余年以来、東西の二京を歴《あまね》く見るに、西京《にしのきょう》は人家漸《よう》やく稀《まれ》らにして、殆《ほとほと》に幽墟《ゆうきょ》に幾《ちか》し。人は去ること有りて来《きた》ること無く、屋《いえ》は壊《やぶ》るること有りて造《つく》ること無し。其《そ》の移徙《いし》❷するに処《ところ》無く、賤貧《せんぴん》《貧しさを気にしない者》に憚《はばか》ること無き者は是《こ》れ居《お》り。或《あるい》は幽隠亡命《ゆういんぼうめい》《世間を離れ隠遁生活を楽しみ、》を楽しび、当《まさ》に山に入り田に帰るべき者は去らず。

❶予　著者慶滋保胤《よししげのやすたね》（?～一〇〇二）。
❷移徙　移り住むこと。
❸往年　過ぎ去った年。昔。

自ら財貨を蓄《たくわ》へ奔営《ほんえい》（忙しく仕事に励み利益を得ようとする者）に心有るが若き者は、一日と雖《いえど》も住むことを得ず。往年《おうねん》❸一つの東閣❹有り。華堂《かどう》（はなやか）朱戸《しゅこ》（で美しい建物や朱塗りの立派な戸）、竹樹泉石《ちくじゅせんせき》、誠に是《こ》れ象外《しょうがい》の勝地《しょうち》なり（ほかには見られない景勝の地である。）。主人《あるじ》❺事有りて左転し、屋舎《おくしゃ》火有りて自《おのずか》らに焼く。其の門客の近地に居る者数十家、相率《あいい》て去りぬ。其の後主人帰ると雖も、重ねて修《つくろ》はず。子孫多しと雖も、永く住まはず。荊棘《けいきょく》門を鏁《とざ》し狐狸《こり》穴に安《やす》むず（いばらが生い茂り門を閉ざしてしまい、）。夫《そ》れ此《かく》の如《ごと》きは、天の西京を亡《ほろぼ》すなり。人の罪に非《あら》ざること明らかなり。東京《ひがしのきょう》四条以北、乾《いぬい》・艮《うしとら》の二方《ふたつかた》は（西北、東北の方角は、）、人々貴賤《きせん》と無く、多く群聚《ぐんしゅう》する所なり。高き家は門を比《なら》べ堂を連《つら》ね、少《ちい》さき屋《いえ》は壁を隔《へだ》て簷《のき》を接《つら》ぬ。東隣《とうりん》に火災有れば、西隣余炎《よえん》を免《のが》れず（（家が密集している）西隣の家も類焼を避けられない。）。南宅に盗賊《ぬすびと》有れば、北宅に流矢《ながれや》を避《さ》り難し（南隣から放たれた矢が北隣の家にも飛び交う。）。　『池亭記《ちていき》』

解説　奈良時代後半の政界は、相次ぐ政変と僧侶の政治介入で混乱を極めたが、光仁天皇即位後、藤原氏の主導で政治の刷新がはかられた。桓武天皇は七八一年即位し、七八四年には長岡京遷都《せんと》を断行した。しかし、翌年造宮長官藤原種継《たねつぐ》の暗殺事件が起こり、それを契機に再遷都が模索された。かくして、七九四年和気清麻呂《わけのきよまろ》の建言を入れて、史料❶に見るように山背《やましろ》国葛野《かどの》の地に都が遷され、平安京が造営されるのである。桓武朝の政治は、この新都の造営と蝦夷《えみし》征討という二大事業を軸に展開されることになるが、これらの政策は雑徭《ぞうよう》半減など公民負担軽減策にもかかわらず、民衆の疲弊を招いたことは否めない。史料❷は、そのような状況下で、藤原緒嗣《おつぐ》（百川《ももかわ》の子）の建議を入れ、造都も中止せざるを得ない苦しい事情を物語るものである。また、その後の平安京は、史料❸に見るように右京の荒廃が顕著となった。朱雀《すざく》大路の西側の右京は、自然条件（桂川の湿地帯）の悪さに加え、政変に絡《から》む社会的な条件もわざわいして、次第に荒廃する一方で、左京は人口が増え、特に鴨川《かもがわ》流域から東山山麓が発展していったのである。

❹**東閣**　貴族の邸宅。

❺**主人**　源高明。「左転」とは彼が安和の変（九六九）で左遷され、大宰府に行ったことを示している。

史料注

日本紀略　平安末期に成立した編年体の歴史書。著者不詳。前半は六国史の抄録に基づき編集されており、六国史の欠を補う重要史料。

日本後紀　六国史の一つ。『続日本紀』に続く、七九二（延暦一一）年から八三三（天長一〇）年までの編年史。藤原緒嗣らによって八四〇（承和七）年に完成。

池亭記　慶滋保胤が九八二（天元五）年に著した随筆。『本朝文粋《もんずい》』（藤原明衡が編纂した漢詩文集）に収録されている。

探究17　平安遷都が行われた歴史的背景について述べよ。

❶**符**　上級官庁から下級官庁に下す文書。

❷**健児**　従来の徴兵制による軍団を廃止し、郡司の子弟から弓馬にすぐれた者を募集。

❹ 健児　★★☆☆☆

要点ナビ　桓武天皇の意向を受け、太政官が諸国に通達した兵制改革。

太政官符《だいじょうかんふ》す❶　応《まさ》に健児《こんでい》❷を差《つかわ》す（徴発すること）べき事

大和《やまと》国卅人（三十）、河内《かわち》国卅人　……

以前《さきに》❸、右大臣の宣《せん》を被《こうむ》るに偁《いわ》く（右大臣（藤原継縄）が天皇の命令を受けて言われるのに、）、勅《ちょく》を奉《うけたまわ》るに、今諸国の兵士、辺要《へんよう》の地を除くの外《ほか》、皆停廃《ちょうはい》に従へ。其《そ》れ兵庫《へいこ》・鈴蔵《れいぞう》❹及び国府《こくふ》❺等の類《たぐい》は、宜《よろ》しく健児を差《つかわ》して以《もっ》て守衛《しゅえい》に充《あ》つべし。宜しく郡司《ぐんじ》の子弟を簡《えら》び差し、番を作りて守らしむべし。
延暦《えんりゃく》十一年（七九二） 六月十四日
『類聚三代格《るいじゅうさんだいきゃく》』

解説 農民生活の疲弊は、税収入の減少という国家財政の面での影響のみならず、軍団の兵士の質の低下を招いた。桓武天皇は、辺境の地（陸奥、出羽、佐渡と西海道（九州））諸国を除く諸国の軍団を廃止し、農民負担の軽減をはかるとともに、代わって健児《こんでい》を募集し軍事力の少数精鋭化をはかった。この制度は、国ごとに定数があり、（史料の大和国では三〇）最大は常陸・近江の二〇〇人、最少は和泉の二〇人であった。この制度は、崩壊してゆく律令体制を現実に応じて再編成していこうとする政策の一環であったが、一〇世紀以後は私兵である武士の台頭によって存在の意義を失っていった。

❸**以前** 右について。
❹**兵庫・鈴蔵** 兵器庫と駅鈴をしまう倉庫。
❺**国府** 国衙《こくが》の所在地。

史料注
類聚三代格 弘仁・貞観・延喜の三代格のうち重要なものを分類・編集したもの。編者未詳で三〇巻。一〇～一一世紀に成立した。

⑤ 格式の編纂 ★★☆☆☆

蓋《けだ》し聞く、律は懲粛《ちょうしゅく》《懲らしめ慎しませることを主とし、》を以て宗《むね》と為《な》し、令は勧誡《かんかい》《善を勧め、悪を戒めることを主とする。》を以て本となす。格《きゃく》は則《すなわ》ち時を量《はか》りて《時勢に応じて》制を立て、式は則ち闕《か》けたるを補ひ遺《のこ》れるを拾《ひろ》ふ。……律令は是《こ》れ政に従ふの本《もと》たり、格式は乃《すなわ》ち職を守るの要《かなめ》たり。方今《いま》、律令は頻りに刊脩《かんしゅう》を経《へ》たりと雖《いえど》も《何回も改訂されてきたけれども、》、格式は未《いま》だ編緝《へんしゅう》を加へず。……上は大宝元年❶より起こし、下は弘仁十年❷に迄《いた》る、都《すべ》て式冊《（四十）》巻、格十巻と為す。
『類聚三代格《るいじゅうさんだいきゃく》』

❶**大宝元年** 七〇一年。
❷**弘仁十年** 八一九年。

史料注
類聚三代格 七三頁参照。

探究18 令外官設置の理由を述べよ。

解説 これは『類聚三代格《るいじゅうさんだいきゃく》』に収められた『弘仁格式《こうにんきゃくしき》』の序文である。格とは、社会事情に対応して行われる律令の改廃や補足で、詔勅《しょうちょく》や太政官符《だいじょうかんぷ》などの形で発令されたものであり、式とは律令や格の施行細則である。平安時代初期には、律令体制崩壊の中で格式が頻繁に発布された。政府は、増大する事務処理を円滑にするためにも、また相互に矛盾することもある膨大な格式によって混乱を招かないためにも、格式の整理、編集を余儀なくされた。こうして編纂されたのが、弘仁、貞観《じょうがん》、延喜《えんぎ》の三代格式である。これらを編纂し、施行するということは、新たな律令の制定に匹敵するぐらい、新しい法体系の施行を意味し、それは律令制再建をめざす政府に迫られた急務だったのである。

歴代随一の帝王、嵯峨天皇

平安京を定めたのは桓武天皇である。しかし、当の平安京に住む人々はそう思っていなかったようである。少なくとも鴨長明はそうであった。それは『方丈記』の記述で明らかである。治承四（一一八〇）年の福原遷都の記述に、「おほかた、この京のはじめを聞けることは、嵯峨の天皇の御時、都と定まりにけるより後、すでに四百余歳を経た

Spot

り」とある。つまり、平安京が定まったのは嵯峨天皇の時であると書いてあるのだ。なぜ、桓武天皇ではないのだろうか。桓武天皇の後を継いだのは平城天皇である。しかし、四年足らずで病気のため弟の嵯峨天皇に譲位する。ところが、平城京に戻った平城太上天皇との間で「二所朝廷」とよばれる政治的混乱が生じ、平城太上天皇は平城京還都を宣言するに至る。結局、機先を制した嵯峨天皇によって事態は収拾されるのだが、この「平城太上天皇の変」を経てようやく平安京が都としての地位を確立することになる。そういう意味では、嵯峨天皇の時に平安京が定まったといっても過言ではない。さらにこの後、父桓武天皇の遺志を継いだ嵯峨天皇によって、律令制度の立て直しが図られ、蝦夷征討も完了するのである。ところで、この嵯峨天皇、他にも三筆の一人として名高いほか、漢詩の名手として知られる。また、確認されているだけで皇子・皇女の数実に五五人。まさに夜の帝王でもあった。

6 延喜の荘園整理令 ★☆☆☆

要点ナビ 醍醐天皇の意向を受け、太政官が諸国に通達した土地制度改革。

太政官符《だいじょうかんぷ》す　応《まさ》に勅旨開田《ちょくしかいでん》❶、幷《なら》びに諸院諸宮❷及《およ》び五位以上、百姓の田地舎宅《しゃたく》を買取り閑地荒田《かんちこうでん》を占請《せんせい》するを停止《ちょうじ》すべき事

右、案内《あない》を撿《けん》するに、《事情を調べてみると、》頃年《このごろ》勅旨開田遍《あまね》く諸国に在《あ》り。空閑荒廃之地《くうかんこうはいのち》を占《し》むと雖《いえど》も、是《こ》れ黎元《れいげん》❸の産業の便《べん》を奪《うば》ふ也《なり》。加之《しかのみならず》新《あらた》に庄家《しょうけ》❹を立て、多く苛法《かほう》を《苛酷なやり方をさせる》施《ほどこ》す。《法がとられている。》課責尤《かせきもっと》も繁《しげ》く、威脅《いきょう》耐《た》へ難し。且《か》つ諸国の奸濫《かんらん》❺の百姓、課役《かやく》を遁《のが》れんが為《ため》に動《やや》もすれば京師❻に赴《おもむ》き、好んで豪家《ごうけ》に属し、或《あるい》は田地を以《もっ》て詐《いつわ》りて寄進《きしん》と称し、或は舎宅を以て巧《たく》みに売与《ばいよ》と号し、《売却したと称し、》遂《つい》に使を請《こ》うて牒《ちょう》❼を取り、封《ふう》を加へ牓《ぼう》を立つ。《土地の境域を拡大し、境界には標識を立てる。》……宜《よろ》しく当代《とうだい》以後、勅旨開田は皆悉《みなことごと》く停止して民をして負作《ふさく》❽せしめ、其《そ》の寺社百姓の田地は各《おのおの》公験《くげん》❾に任《まか》せて本主《ほんしゅ》に還《かえ》し与ふべし。《本来の所有者に返還せよ。》……但《ただ》し元来相伝《がんらいそうでん》《相続してきた》して庄家たること券契《けんけい》❿分明《ぶんみょう》にして、国務《こくむ》に妨《さまた》げ無き者は此《こ》の限りに在らず。仍《より》て須《すべか》らく官符到《いた》る後百日の内に弁行《べんこう》し、状《じょう》を具《ぐ》して言上《ごんじょう》すべし。《実施し、報告せよ。》

通釈

太政官命令　勅旨田を開発すること、また、諸院諸宮と五位以上の貴族が、百姓の田地や屋敷を買い取って、(それを中心に)空閑地や荒廃田の(開発のための)囲い込みを申請すること、以上の二形態の開発を禁止する。

❶**勅旨開田**　勅旨田の開発のこと。勅旨田とは律令制度の解体期に多く設置された皇室領荘園で、特権的な免税地であった。

❷**諸院諸宮**　院宮に住む上級の皇族などをいう。

❸**黎元**　人民。班田農民。

❹**庄家**　荘園管理の建物。

❺**奸濫**　よこしまな心。

❻**京師**　都。ここでは平安京をさす。

❼**牒**　牒とは上下関係にない役所の間で取り交わされる文書で、この場合は、貴族の家の牒＝家牒を示す。

❽**負作**　賃租で貸して耕作させること。

9 公験　官庁から交付する公式の証明書。

10 券契　公験と同じ。土地の所有権を証明する文書。

11 延喜二年　九〇二年。

史料注
類聚三代格　七三頁参照

延喜《えんぎ》二年[11]三月十三日　『類聚三代格《るいじゅうさんだいきゃく》』

解説　菅原道真が大宰府に左遷された翌九〇二年、藤原時平の主導で醍醐天皇の勅により発せられたのが延喜の荘園整理令である。荘園の乱立は、公領の減少を招き財政基盤を損なうものであったから、これ以後政府はたびたび荘園整理令を発しこれを規制しようとした。延喜の荘園整理令はその最初のものであるが、不正手段による非合法な荘園の禁止にとどまり、券契（証拠書類）が明らかなもので国務を妨げない荘園は認めたので、有効なものとはなり得なかった。皮肉なことに、最初の荘園整理令がだされた九〇二年が、記録に見える最後の班田が実施された年となった。

要点ナビ　備中介となった三善清行が醍醐天皇に上奏した地方の実態。

7 税制の破綻——意見封事十二箇条

★★★★☆

臣《しん》[1]、去る寛平《かんぴょう》五年[2]、備中介《びっちゅうのすけ》に任《にん》ず。彼《か》の国の下《しもつ》道郡《みちのこおり》に、邇磨郷《にまのごう》[3]有り。爰《ここ》に彼の国の風土記《ふどき》を見るに、皇極《こうぎょく》天皇六年[4]に、大唐の将軍蘇定方《そていほう》、新羅《しらぎ》の軍を率《ひき》ゐ百済《くだら》を伐《う》つ。百済使を遣《つか》はして救はむことを乞《こ》ふ。天皇筑紫《つくし》に行幸《ぎょうこう》して、将《まさ》に救兵を出さむとす。……路《みち》に下道郡に宿《やど》したまふ。一郷《いちごう》を見るに戸邑《こゆう》甚《はなは》だ盛《さかん》なり。天皇詔《みことのり》を下し、試みに此《こ》の郷の軍士を徴《め》す。即《すなわ》ち勝兵[5]二万人を得たり。天皇大いに悦《よろこ》びて、此の邑《むら》を名づけて二万《にま》郷と曰《い》ふ。後に改めて邇磨《にま》と曰ふ。……天平神護《てんぴょうじんご》年中[6]、右大臣吉備朝臣《きびのあそん》[7]、大臣を以《もっ》て本郡《ほんごうり》の大領《かみ》《たいりょう》を兼《か》ぬ。試みに此の郷の戸口《ここう》を計《かぞう》るに、纔《わずか》に課《か》丁《ちょう》[8]千九百余人有るのみ。貞観《じょうがん》[9]の初め、故民部卿《こみんぶきょう》藤原

通釈　私は、去る寛平五（八九三）年に備中国の介（国司の次官）に任ぜられました。その国の下道郡に邇磨郷があります。この国の風土記を見ますと、皇極天皇六（六六〇）年に、唐の将軍蘇定方が新羅軍を率いて百済を討ったので、百済は日本に使者を派遣して救援を求めてきました。天皇は筑紫に行幸して、援軍を派遣しようとされました。……途中、下道郡に宿営しましたが、ある郷を見ると家々が非常ににぎわっていました。そこで天皇は詔を出され、試みにこの郡から兵士を徴発すると、すぐれた兵士二万人を得ることができました。そこで、天皇は大いに喜び、この村を二万郷と名付けました。のちに邇磨郷と改められたのです。……

天平神護年間（七六五〜七六七）に、右大臣吉備真備が、大臣のままこの郡の大領（郡司の長官）を兼ねました。当時、この郷の人口を調べると、課丁はわず

1 臣　三善清行。

2 寛平五年　八九三年。

3 邇磨郷　現在の岡山県倉敷市真備町。吉備真備の出身地。

4 皇極天皇六年　六六〇年。実際には、皇極が重祚《ちょうそ》した斉明天皇六年。

5 勝兵　すぐれた兵士。

6 天平神護年中　七六五〜七六七年。

7 吉備朝臣　吉備真備。七六七年以後右大臣。ただし、郡司兼任はしていないと思

われる。

8 課丁　調庸を負担する農民。

9 貞観　八五九～八七七年。

10 大帳　大計帳。年毎の戸口の異動や当年の徴税額を計したもの。

11 閲する　調査する。

12 老丁　六一～六五歳の男子。

13 正丁　二一～六〇歳の男子。

14 中男　一七～二〇歳の男子。

15 延喜十一年　九一一年。

16 虚耗　すり減ってなくなってしまうこと。

史料注

本朝文粋　平安中期（一一世紀半ば）に藤原明衡《あきひら》が編纂した漢詩文集。平安初期以来の学者、文人六七人の詩文四二九編を収める。

探究19　「意見封事」の提出された延喜の治とよばれる時代の実状を述べよ。

保則《やすのり》朝臣、彼の国の介《すけ》たりし時、……大帳《だいちょう》[10]を計《はか》るの次《つい》で、其の課丁を閲《けみ》するに[11]、七十余人有るのみ。某《それがし》、任に到《いた》り又《また》此の郷の戸口を閲《けみ》するに、老丁《ろうてい》[12]二人、正丁《せいてい》[13]四人、中男《ちゅうなん》[14]三人有るのみ。去る延喜《えんぎ》十一年[15]、彼の国の介《すけ》藤原公利《きみとし》、任満ちて都に帰る。清行問ふ、「邇磨郷の戸口当今幾何《いくばく》ぞ」と。公利答へて曰く、「一人も有ること無し」と。謹《つつし》みて年紀《ねんき》を計《かぞう》るに、皇極天皇六年庚申《かのえさる》より、延喜十一年辛未《かのとひつじ》に至《いた》るまで、纔《わずか》に二百五十二年、衰《すい》弊《へい》の速《すみや》かなること亦既《またすで》に此《かく》の如《ごと》し。一郷を以て之《これ》を推《お》すに、天下の虚耗《きょもう》[16]、掌《たなごころ》を指《さ》して知るべし。

『本朝文粋《ほんちょうもんずい》』

通釈　（保則が）……（邇磨郷の人口は）わずか一九〇〇余人になっていました。貞観年間（八五九～八七七）の初め頃、亡くなった民部卿の藤原保則がその国の介だった時、……大帳を作成するついでに、この郷の課丁を数えると七〇余人になっていました。私が赴任してこの人口を調べたところ、老丁二人、正丁四人、中男三人しかいませんでした。去る延喜一一（九一一）年、この国の介藤原公利が任期を終え都に帰ってきました。私が邇磨郷の人口は現在何人かと問うと、公利はひとりもいないと答えました。初めからの年代を数えてみますと、皇極天皇六年から延喜一一年までは、わずかに二五二年間です。しかし、（この郷の）衰退が急速であることは今述べたとおりです。一郷の例から推察するに天下が疲弊していることは、自らの掌をさすように明らかです。

解説　大化改新以来、朝廷では時に諸臣に勅し（天皇が命じ）て社会の状態や政治について、密封した封書により意見を上奏させることがあった。そのなかで最も有名なものが、九一四年**醍醐天皇**に上奏した**三善清行**《みよしきよゆき（きよつら）》のものである。彼は平安前期の代表的漢学者であるとともに、備中介《びっちゅうのすけ》・参議を歴任した学識高い官僚でもある。史料の意見封事《ふうじ》十二箇条では、時代の欠陥を鋭く突き、古代律令制国家の衰退を政治、社会等の多方面から指摘している。備中国邇磨《にま》郷では、斉明天皇の時二万人の兵士を徴集するぐらいであったのが、その二五〇年後には豊かだった戸口が廃絶し、ついに調庸負担者が零《ゼロ》になったことを述べ、律令制下の重い税負担が農民の逃亡につながったことを物語っている。これに続く十二か条の意見では、中央政府の改革や経費節減・地方政治の改革などを提唱している。しかし、彼のめざした律令制再建は制度の手直しではもはや達成できず、それほどまでに社会が変動してきたことを物語っている。

要点ナビ　遣唐大使に任命された菅原道真が諸公卿に求めた遣唐使停止の建議。

⑧ 遣唐使の停止（廃止）　★★★☆☆

諸公卿《くぎょう》[1]をして遣唐使《けんとうし》の進止《しんし》を議定《ぎじょう》せしめんことを請《こ》ふの状

通釈　公卿の人々によって遣唐使を派遣するか停止するかが討議決定されるように請う書状

1 公卿　太政大臣・左右大臣を公、大中納言・参議・三位以上の朝官を卿という。

❷去年三月 八九三（寛平五）年三月中瓘が唐の国勢の疲弊を報じた。太政官は翌年七月二二日返牒《へんちょう》（返事）を送ってこれを賞し砂金《さきん》一五〇両を下賜した。

❸大唐の凋弊 唐は安史の乱（七五六～六三）で衰退し、黄巣の乱（八七五～八四）で混乱を極めた。結局、遣唐使停止後一三年で滅亡するに至った（九〇七）。

❹大使 遣唐大使。

❺参議 大臣や大中納言とともに国政を議する高官。

❻勘解由次官 勘解由使局（官吏交替の監察）の次官。

❼守 官位が相当せず、官は高いが位の低い場合に記す。

❽行 官位が相当せず、官は低いが位の高い場合に記す。

❾式部権大輔 式部省の権官の次官。権官は令制の正官以外の官。

❿春宮亮 春宮坊の次官。

史料注

菅家文草 菅原道真の作った詩文を集めたもの。九〇〇（昌泰三）年成立した。

右、臣某《しんそれがし》 謹《つつし》んで、在唐《ざいとう》の僧中瓘《ちゅうかん》、去年三月❷商客王《おう》訥《とつ》等に附《ふ》して到る所の録記《ろくき》を案ずるに、大唐の凋弊《ちょうへい》❸之《こ》れに載《の》すること具《つぶさ》なり。……臣等伏《ふ》して旧記を撿《けん》するに、度々《たびたび》の使《つかい》等、或《あるい》は海を渡りて命《めい》に堪《た》へざる者あり。或《あるい》は賊《ぞく》に遭《あ》ひて遂《つい》に身を亡《ほろ》ぼす者ありしも、唯《ただいま》未だ唐に至りて、難阻飢寒《なんそきかん》の悲《かなしみ》ありしことを見ず。中瓘申し報ずる所の如《ごと》くば、未然《みぜん》の事、推《お》して知るべし。臣等伏して願《ねがわ》くは、中瓘録記の状を以《もっ》て、遍《あまね》く公卿《くぎょう》・博士に下し、詳《つまびら》かに其《そ》の可否《かひ》を定められん事を。国の大事にして独《ひと》り身の為《ため》のみあらず。且《かつ》は款誠《かんせい》を陳《の》べて伏して処分を請ふ。謹んで言《もう》す。

寛平《かんぴょう》六年（八九四）九月十四日　大使❹参議《さんぎ》❺　勘解由次官《かげゆのすけ》❻

従四位下兼守《じゅしいげけんしゅ》❼　左大弁行《さだいべんこう》❽　式部権大輔《しきぶごんのたいふ》❾　春宮亮《とうぐうのすけ》❿

菅原朝臣《すがわらのあそん》某

『菅家文草《かんけぶんそう》』

右のことについて、私（菅原道真）は、唐に滞在中の僧中瓘が去年三月に唐の商人王訥らに託して送ってきた記録を見ましたが、そこには、大唐国の衰退の様子が詳細に載せられていました。……私どもがこれまでの古い記録を調べてみましたところ、何回にもわたった遣唐使のなかには、海を渡っても使命を果たせなかった者や、賊難にかかって身を滅ぼす者はいましたが、唐で通行困難や飢え寒さの目にあったりした者はありませんでした。それに対し、中瓘の報告によれば、これからは、遣唐使がどんなひどい目にあうか、まったく予断を許しません。そこで、中瓘の記録を写して、すべての公卿や博士に配って、遣唐使派遣の可否を具体的に審議し決定することをお願いします。このことは国家の大事なので上申しているのでありまして、ただ（遣唐使の任務を仰せつかっている）私個人の身の安全のために上申しているのではございません。ここに、私の誠心を述べて、謹んで処置を請うものです。謹言。

寛平六（八九四）年九月一四日　大使参議勘解由次官従四位下兼守左大弁行式部権大輔春宮亮菅原朝臣某

解説

遣唐使は一面では律令制度の繁栄を支える役割を果たしてきた。使節団は大使、副使、判官、録事以下水手《かこ》に至る多数の職員と留学生、留学僧を加え、初期は一〇〇～二〇〇人、のちには五〇〇人以上に達し、船も初めは二隻であったが、八世紀以後は四隻となり「四《よつ》の船」とよばれ遣唐使の別称ともなった。博多津《はかたのつ》を出港した船団は、初めは北路を通ったが、半島を統一した新羅《しらぎ》との関係悪化による危険の増大と、南西諸島の開拓により、八世紀以後は南路をとるようになった。しかし、遣唐使の派遣には航海の危険がつきまとい、六三〇年からの十数回の派遣のうち全船が無事帰国できた例はほとんどみられない。史料は八九四年に遣唐大使の**菅原道真《すがわらのみちざね》**の建議で派遣が停止された事情を物語るが、その直前の遣唐使派遣（八

探究20 遣唐使派遣の理由、およびその停止が日本に与えた影響について述べよ。

史料注
日本紀略　七二頁参照。

三八年）からすでに五十数年間を経ていたのである。遣唐使の停止の理由は、史料にあるような唐の衰退、海上の遭難、入唐後の危険だけでなく、派遣の費用捻出《ねんしゅつ》が困難になった財政上の問題が大きかったのだろう。なお、東アジア世界が変動期を迎えており、従来の遣唐使のような公式の国交や貿易以外の私貿易船の往来があったことにも注意したい。また、唐以外にも**渤海**《ぼっかい》との交流（七二七年から九二〇年までに三四回にわたる渤海使の来日がある）も忘れてはならない。このように、遣唐使の停止は確かに中国との公式の交流を断ち日本の文化にも大きな影響を与えたものの、その後一切の大陸との交渉を断絶したというわけではなく、刀伊《とい》の入寇《にゅうこう》（一〇一九年）もそのような大陸とのつながりの一事件としてとらえたい。

参考　**刀伊の入寇**　★☆☆☆

（寛仁《かんにん》三年四月十七日）公卿《くぎょう》参入し、小除目《こじもく》行はるるの間、大宰府《だざいふ》の飛駅使《ひえきし》馬に乗りて左衛門陣《さえもんのじん》に馳《か》け入る。是《これ》、刀伊《とい》国の賊徒《ぞくと》五十余艘《そう》起り来たり、壱岐嶋《いきのしま》を虜《とりこ》め、守《かみ》藤原理忠《まさただ》を殺害し、幷《なら》びに人民を虜掠《りょりゃく》し、筑前《ちくぜん》国怡土《いと》郡に来たる、者《てへり》。『日本紀略《にほんきりゃく》』

Spot

道真の悲劇

藤原基経が世を去った八九一年、宇多天皇は菅原道真を蔵人頭に抜擢した。ここから道真の異例の出世がスタートする。八九七年、宇多天皇は息子の醍醐天皇に譲位するが、その際にも道真を基経の子、時平とともに重用するよう諭《さと》している。八九九年、時平が左大臣、道真が右大臣に任じられた。学者の家柄としては破格の出世である。事実、「意見封事」で知られる三善清行などは、分をわきまえよと右大臣の辞職勧告さえ送りつけている。一方、譲位後も政治に介入する父宇多に対する醍醐天皇の心情も複雑であった。こうした中、九〇一年、突如として道真は大宰権帥に左遷される。時平が、道真は醍醐天皇を廃し娘婿の斉世親王擁立をはかっていると讒言《ざんげん》したためである。宇多はただちに宮中に駆けつけたが、宮門は固く閉ざされたままであった。道真失脚の背景には時平とのライバル関係の他に、宇多・醍醐親子の確執、そして周囲の反感があったのである。そのような政治状況を理解できなかったことが、道真の政治家としての限界でもあった。道真は二年後、大宰府にて不遇の死を遂げた。それからまもなく、道真失脚にかかわった者たちはあいつぐ不幸に見舞われることになる。時平が九〇九年に三九歳の若さで死去、四年後には右大臣源光が鷹狩に出た際、泥沼にはまって溺死した。源光は道真の後任の右大臣であった。さらに九二三年には時平の妹穏子と醍醐天皇の間に生まれた皇太子保明親王が二一歳で死去、二年後にはその保明親王と時平の娘との間に生まれた幼い新皇太子慶頼王まで亡くなってしまう。さらには九三〇年に清涼殿に落雷があり、道真追放に関わった大納言藤原清貫ら多数の死傷者を出す。醍醐天皇は心労から病に倒れ、三ヶ月後に四六歳で崩じた。これらが道真の祟りとされ、やがて道真を雷神とする信仰が人々の間に広まった。これが天神信仰で、京都と大宰府に天満宮が創建され、中世以後流行し、さらには生前、道真が優れた学者・詩人であったことから学問の神様として信仰されるようになり、今日に及んでいるのである。

第3章 貴族政治と国風文化

❶ 摂関政治

❶ 摂政・関白のはじめ ★★★☆☆

(1) 摂政のはじめ

天安《てんあん》二年❶戊寅《つちのえとら》 摂政《せっしょう》 従一位《じゅいちい》 藤良房《とうのよしふさ》 五十五 十一月七日宣旨《せんじ》❷にて摂政と為《な》す。 『公卿補任《くぎょうぶにん》』

（貞観八年❸八月）十九日辛卯《かのとう》、太政大臣《だいじょうだいじん》❹に勅《ちょく》して天下の政《まつりごと》を摂行《せっこう》せしむ。 『日本三代実録《にほんさんだいじつろく》』

(2) 関白のはじめ

摂政太政大臣❺に万機《ばんき》を関白《かんぱく》せしむるの詔《みことのり》を賜《たま》ふ。詔して、「朕《ちん》❻凉徳《りょうとく》を以《もっ》て茲《ここ》に乾符《けんぷ》❼を奉《ほう》ず。（徳の薄い身でありながら帝位についた。）鳳扆《ほうい》❽に臨みて薄氷を履《ふ》むが如く、龍軒《りゅうけん》を撫《ぶ》して淵水《えんすい》を渉《わた》るが若《ごと》し。（天子の車で深い川を渡るような（不安な）状態だ。）太政大臣の保護扶持《ぶじ》に非《あら》ざるよりは、何《いずくん》ぞ宝命を黄図《とうと》に恢《ひろ》め、旋機《せんき》を紫極《しきょく》に正しうするを得むや。（どうして天命を広め、天子の使命を正しく行うことができようか。）嗚呼《ああ》、三代❾政《まつりごと》を摂《と》り、一心に忠を輸《いた》す。先帝❿聖明《せいめい》にして、其《そ》の摂録《せつろく》⓫を抑《あお》ぐ。朕の冲眇《ちゅうびょう》、重ぬるに孤煢《こけい》を以《もっ》てす。（私は無力であり、さらに孤独で頼る者もない。）其れ万機《ばんき》の巨細《こさい》、（すべての政務及び官職について）百官己《おのれ》に総《す》べ、（太政大臣が）自ら統轄し、）皆太政大臣に関白⓬し、然《しか》る後奏下《そうげ》すること一《いつ》に旧事《きゅうじ》の如《ごと》くせよ。主者《つかさどるもの》施行せよ」と。

仁和三年⓭十一月廿一日（二十）

『政事要略《せいじようりゃく》』

※色文字は重要語

❶**天安二年** 八五八年。
❷**宣旨** 天皇の命を伝える文書の一形式で、綸旨《りんじ》と並んで簡単な形式で出された。
❸**貞観八年** 八六六年。
❹**太政大臣** 藤原良房。
❺**摂政太政大臣** 藤原基経。
❻**朕** 宇多天皇。
❼**乾符** 天皇であるしるし。
❽**鳳扆** 天子の座。玉座。
❾**三代** 清和・陽成・光孝の三代をさす。
❿**先帝** 光孝天皇。
⓫**摂録** 摂政。
⓬**関白** 「あずかりもうす」。（太政大臣を）経由し奏上する。
⓭**仁和三年** 八八七年。

史料注

公卿補任 神武天皇代から一八六八（明治元）年に至るまでの公卿の氏名、官歴

解説 律令制が変質するなかで政治的に台頭したのは、あらゆる手段で他氏を排斥《はいせき》し、**外戚**《がいせき》の立場に立って高位を占めた**藤原北家**である。**藤原良房**《よしふさ》が**摂政**《せっしょう》に就任したのは、正式には『日本三代実録』のように八六六年のことであ

⬆御堂関白記
陽明文庫蔵

を年代順に記したもの。一〇世紀半ばに成立していた『公卿伝』に代々書き継いだといわれる。

日本三代実録　九〇一（延喜元）年、藤原時平らの撰で成立した歴史書。六国史の最後で、清和・陽成・光孝三代（八五八〜八八七年）について記す。

政事要略　一〇〇八（寛弘五）年頃惟宗允亮《これむねのまさすけ》が著した法制書。当時の政務全般に関する制度、事例を広く集め類別したもの。

るが、彼の娘明子《めいし》が産んだ清和天皇が即位した八五八年には事実上摂政の任にあったことが『公卿補任《くぎょうぶにん》』の記事から知れる。また、**藤原基経**《もとつね》は、「関白」の初見記事である八八七年に正式に宇多天皇から関白に任命されたが、事実上は彼が擁立した光孝天皇の即位（八八四年）以後その任にあった。このような摂政・関白の職は、本来臨時のものでその天皇一代限りのものであったが、やがて**安和の変**《あんな》（九六九年）で他氏排斥《はいせき》を完了した藤原氏は以後それを常置し、権勢を極めることとなった。

❷ 応天門の変　★☆☆☆

今は昔、水尾《みのお》の御門《みかど》[1]の御時に、応天門《おうてんもん》[2]焼けぬ。人の付けたるになんありける（誰かが放火したのである。）。それを伴善男《とものよしお》[3]といふ大納言《だいなごん》、「これは信《まこと》の大臣《おとど》[4]のしわざなり」と大やけに申《もうし》ければ、その大臣を罪せんとさせ給《たま》ひけるに、忠仁公《ちゅうじんこう》[5]……この事を聞きおどろき給ひて……御前《ごぜん》に参《まい》り給《たまい》て、この事申す。「人の讒言《ざんげん》にも侍《はべ》らん。大事になさせ（それをまにうけて）給《たまう》事、いと異様《ことよう》の事也《なり》（大事にして（源信を処罰するなど）しまうことは、おかしなことです。）。かかる事は返《かえす》〻《がえす》よくただして、まこと、そらごととあらはして（嘘偽りがないか正してから）、おこなはせ給べきなり」と……。

応天門を焼て、信の大臣におほせて、かの大臣を罪《つみ》させて、一の大納言なれば、大臣にならんと（首席の大納言になり、さらに大臣になろうとしていたのに、）かまへける事の、かへりてわが身罪せられけん、いかにくやしかりけむ。

『宇治拾遺物語《うじしゅういものがたり》』

[1] **水尾の御門**　清和天皇。
[2] **応天門**　平安京大内裏の朝堂院の南面の門。応天門炎上は八六六（貞観八）年閏三月のこと。
[3] **伴善男**　八六四（貞観六）年に大納言となったが、応天門の変で伊豆へ配流《はいる》された。
[4] **信の大臣**　源信。嵯峨天皇皇子で、左大臣の地位にいた。
[5] **忠仁公**　藤原良房。太政大

臣。

史料注
宇治拾遺物語 鎌倉初期の説話集。作者不詳。『今昔物語集』などと重複する話が多い。庶民性に富んだ親しみやすい作品。

解説 八六六（貞観《じょうがん》八）年に発生した応天門《おうてんもん》炎上事件に端を発する疑獄事件が応天門の変である。大納言**伴善男《とものよしお》**は、左大臣 源 信《みなもとのまこと》に疑いをかけたが、太政大臣藤原良房《よしふさ》が無実を主張したため逮捕を免れた。その後、善男の従者の隣人という男が訴えでて、善男が息子の中庸《なかつね》に命じて放火させたという疑いが出てきた。**藤原良房**は善男をとらえ訊問《じんもん》をしているさなかの八月一九日、孫の清和天皇から正式に摂政に任ぜられたのである。結局、古来の名族伴氏（八二三年、淳和天皇（大伴親王）即位に伴い、大伴氏は天皇の 諱《いみな》を避けるため、伴氏と改称）と紀氏は、この事件によって完全に没落し、**藤原北家**による政権独占が進むこととなった。なお、この一件を描いた絵巻物が有名な『伴大納言絵巻』（院政期の作）である。

❸ 藤原道長の栄華 ★★★★★

要点ナビ 右大臣藤原実資が日記に記した道長の権勢。

（寛仁《かんにん》二年❶十月）十六日乙巳《きのとみ》、今日、女御《にょうご》❷藤原威子《いし》を以《もっ》て皇后《こうごう》に立つるの日なり。前太政大臣《さきのだいじょうだいじん》❸の第三の娘なり。一家にして三后《さんこう》❹を立つ、未《いま》だ曾《か》って有らず。……太閤《たいこう》❺ 下官《げかん》❻を招き呼びて云《い》ふ、和歌を読まんと欲す。必ず和す❼べし者《てへり》。答へて云ふ、何ぞ和し 奉《たてまつ》らざらんやと。又《また》云ふ、誇《ほこ》りたる歌になむ有る。但《ただ》し宿構《しゅくこう》❽に非《あら》ず者。此《こ》の世をば我が世とぞ思ふ望月《もちづき》❾の虧《かけ》たる事も無しと思へば。余申して云ふ、御歌《おんうた》優美なり。酬答《しゅうとう》するに方《すべ》無し。満座只《ただ》此の御歌を誦《じゅ》す可《べ》しと。……『小右記《しょうゆうき》』

❶**寛仁二年** 一〇一八年。
❷**女御** 天皇の后妃の一つ。初めは地位が低かったが、このころには皇后に次ぐ。摂関家の娘も女御を経て皇后に上がる。
❸**前太政大臣** 藤原道長。
❹**三后** 道長の長女彰子《しょうし》が一条中宮、次女の妍子《けんし》が三条中宮となっていた。
❺**太閤** 前関白の唐名。道長。
❻**下官** 自分をさす卑称。
❼**和す** 返歌を詠む。
❽**宿構** あらかじめ作る。
❾**望月** 十五夜の満月。

通釈 （寛仁二〈一〇一八〉年、一〇月）一六日今日、女御の藤原威子が皇后の位につかれた。（藤原道長の三女である。これで道長の家からは三人の皇后が出たことになるが、全く先例のないことだ。）……（この立后の儀式の後の宴席で）道長が私を招き呼んで「和歌を詠もうと思うが、是非返歌を頼みたい」と言うので、「なぜ返歌しないことがありましょうか」と答えた。道長は、「自慢気な歌だが、この場の座興で、別に前から作っておいたわけではないよ」と軽く弁解して「この世をば我が世とぞ思う望月の欠けたることもなしと思えば」と詠んだ。私は「歌の見事なのに感嘆して、うまい返歌が出てきません。皆で、この歌を唱和することにしましょう」と答えておいた。……

❹ 摂関家への荘園集中 ★☆☆☆☆

（万寿《まんじゅ》二年（一〇二五）七月）十一日辛卯《かのとう》、……去る九日丹生使《にうし》❶ 蔵人検非違使《くろうどけびいし》棟仲《むねなか》❷、大納言《だいなごん》能信《よしのぶ》❸卿《きょう》の山城《やましろ》国庄《しょう》の雑人《ぞうにん》に、小舎人《こどねり》の頭打ち破らる。濫行《らんぎょう》極《きわ》まり無し。仍《よっ》て使の官人を差し遣《つか》はすと云々《うんぬん》。天下の

❶**丹生使** 丹生神社への使者。
❷**棟仲** 平棟仲。
❸**能信** 藤原道長の五男。

地、悉《ことごと》く一の家④の領となり、公領は立錐《りっすい》の地も無きか。悲しむべきの世なり。

錐を立てるほどのわずかな土地もない。

『小右記《しょうゆうき》』

解説　藤原北家一門の繁栄は**道長《みちなが》**・**頼通《よりみち》**に至ってその頂点に達した（一一世紀の前半約七〇年の間、藤原氏の全盛時代）。道長の代に甥《おい》の伊周《これちか》を退けたのちは、一門の中で特に対立するものもなく、他氏の有力なものはすでにまったく排除されてしまっていたから、朝廷の実権を完全に掌握して専制的な政治を行うこと二〇余年に及んだ。彼自身は従《じゅ》一位摂《せっ》政太政《しょうだいじょう》大臣に昇り、その七男八女のうち五男が公卿の列に加わり六女が中宮・女御になり、その勢威は一〇一七（寛仁元）年長子頼通に受け継がれた。『小右記』にある威子《いし》の立后はその翌年のことで、その栄華と権力を「満月が欠けるところのない」とたとえるように、満ち足りた幸福に浸っている有様をよくうかがうことができる。道長はまた御堂関白《みどうかんぱく》の名で知られているが、その御堂の建立に示された人々の協力の様子は、『栄《えい》華《が》物語』巻一五「うたがひ」や『小右記』寛仁三年七月一七日の条にその勢威のすばらしさを知ることができる。なお御堂法《ほう》成《じょう》寺は一〇二二（治安二）年七月一四日完成し盛大な供養が営まれたが、以後しばしば火災にあい、鎌倉末期に廃絶、今はその跡形もとどめていない。

参考　**法成寺《ほうじょうじ》の造営**　★☆☆☆☆

かくて世を背《そむ》かせ給《たま》へれど、御急ぎは「浦吹く風」にや、御心地今は例ざまになり果てさせ給ぬれば、御《み》堂《どう》の事おぼし急がせ給《たまう》。摂政殿《せっしょう》国々までさるべき公事《おおやけごと》をばさるものにて、先づこの御堂の事を先に仕《つか》ふまつるべき仰言《おおせごと》給ひ、……日々に多くの人々参りまかで立ち込む。さるべき殿ばらを始め奉《たてまつ》りて、宮々の御封《みぶ》・御庄《みしょう》どもより、一日に五六百人、千人の夫《ぶ》どもを奉るにも、人の数多かる事をばかしこき事に思ひおぼしたり。国々の守ども、地子《じし》・官物《かんもつ》は遅《おそ》なはれども、ただ今はこの御堂の夫役、材木・檜皮《ひわだ》・瓦《かわら》多く参らす業を、我も〳〵と競ひ仕まつる。

『栄花物語《えいがものがたり》』

Spot

道長は極楽往生できたのか？

一〇二七（万寿四）年一二月四日、藤原道長は没した。享《きょう》年六二歳。自ら建てた法成寺《ほうじょうじ》阿弥陀《あみだ》堂で、九体の阿弥陀如来《にょらい》から五色の糸を自らの手に結び、一族の公卿、国々の有力国司らに看取《みと》られ、まさに大往生《だいおうじょう》をとげた感がある。しかし、彼は晩年、胸を病み（心臓病か）、糖尿病、白内障に悩み、死去の年の六月頃から食事をほとんど受けつけなくなったようだ。一一月には下痢が続き、失禁状態となり、背中に大きな腫《は》れ物までできている。胸の痛みに腫れ物の激痛、……阿弥陀如来はこの苦しみから彼を救うことができたのであろうか。

史料注

④一の家　摂関家のこと。

小右記　小野宮右大臣藤原実資《さねすけ》の日記で九七八（天元元）～一〇三二（長元五）年の記録。彼の祖父実頼や伯父頼忠が摂関となった名門ながら、道長一門の政権独占により頂点に立てなかった不満からか、権力者道長に対しても批判的な見方で描いている。

探究1

① 藤原氏の政権獲得の手法について述べよ。

② 公私混同の政治の実例を調べよ。

史料注

栄花（華）物語　宇多天皇より堀河天皇までの約二〇〇年を藤原道長の栄華を中心に記した編年体の歴史物語。一一世紀頃の作。作者は赤染衛門《あかぞめえもん》ともいわれる。

2 地方政治の乱れ

1 尾張国郡司百姓等解[1] ★★★★☆

要点ナビ 尾張国郡司、百姓らから太政官に提出された国司弾劾の嘆願書。

尾張《おわり》国の郡司《ぐんじ》百姓《ひゃくせい》[2] 等解《らげ》し申す官裁《かんさい》を請《こ》ふの事

裁断《さいだん》せられんことを請ふ、当国守《とうごくのかみ》藤原朝臣元命《あそんもとなが》、[3] 三箇《か》年内[4]に責《せ》め取る非法の官物《かんもつ》、[5] 幷《なら》びに濫行横法《らんぎょうおうほう》(三十)一箇条の愁状《しゅうじょう》

一、(一条)裁断せられんことを請ふ、例挙《れいこ》[6]の外《ほか》に三箇年内に収納せる加徴《かちょう》の正税《しょうぜい》[7] 卌(四十)三万千二百卌八束《そく》の息利《そくり》十二万九千三百七十四束四把《ぱ》一分《ぶ》の事……

一、(七条)裁断せられんことを請ふ、交易《こうえき》[8]と号して誣《し》ひ取る絹《きぬ》・手作布《てづくりのぬの》・信濃布《しなののの》・麻布《あさ》・漆《うるし》・油・苧《からむし》[9]・茜《あかね》[10]・綿[11]等の事……

一、(二六条)裁定せられんことを請ふ、守元命朝臣、庁務《ちょうむ》[12]無きに依《よ》つて、郡司百姓の愁《うれ》ひを通じ難きの事……

一、(二七条)裁断せられんことを請ふ、守元命朝臣の子弟郎等《していろうとう》、郡司百姓の手自《よ》り乞《こ》ひ取る雑物《ぞうもつ》の事……

一、(三〇条)裁断せられんことを請ふ、守元命朝臣、京自り下向《げこう》するに、毎度引率する有官散位《うかんさんみ》[13]の従類《じゅうのたぐい》、同じく不《ふ》

通釈

尾張国の郡司と百姓が太政官の裁判を請願すること

国守の藤原元命が、今まで三か年の間に行った非法な税の収奪と無法行為、しめて三一か条に関する私たちの嘆願書を裁いて頂くようお願いします。

一、定例の出挙以外に、この三年間正税四三万一二四八束の利息として一二万九三七四束四把一分を徴収したことについて裁断して頂きたい。

一、国への買上げだといって、(実はひどく値切って)だまし取った、絹・手作布・信濃布・麻布・漆・油・苧・茜・綿等について裁断して頂きたい。

一、元命が、国の政庁で執務をとらないので、郡司百姓が嘆願を提出する権利を奪われていることについて裁断して頂きたい。

一、元命の子弟や従者が、郡司百姓の手から責め取ったいろいろな財物について裁断して頂きたい。

一、元命が京から下向の度に引率してくる有官・散位の従者とよからぬ者たちについて裁断して頂きたい。

※色文字は重要語

1 解 令制で下から上へ差し出す文書形式。

2 百姓 古代では百姓《ひゃくせい》と読み、奴婢等以外の国家に直接隷属する身分を示す。

3 元命 藤原魚名(北家房前の子)の子孫。

4 三箇年内 国司の任期は、このころ通常四年。この訴訟は任期切れの時期を狙って起され、再任を阻止した。

5 官物 官に納められた税の総称。

6 例挙 恒例の出挙稲貸付《すいことうかしつけ》。国ごとにその額が決まっており、その利息が地方官衙《かんが》の主要財源。

7 正税 国郡の正倉に備蓄された租税の稲。出挙(種籾の高利強制貸付)の元本。

8 交易 交易雑物のこと。国司が正税の一部でその地方の産物を買上げて中央に送る制度。

9 苧 イラクサ科の多年草。麻布の原料。

⑩茜　赤い染料。
⑪綿　絹の一種で蚕の繭を煮て引き伸ばし、綿状にした物。真綿。
⑫庁務　当時の国司は、政庁で百姓の訴訟を聞く義務があった。
⑬有官散位　有位者で官についているものを有官、ついていないものを散位という。
⑭不善の輩　元命は彼らに、検田、納税、百姓の弾圧などの仕事をさせた。

史料注
尾張国解文　『平安遺文』などに収められている。一条天皇（在位九八六～一〇一一）の時に尾張国の郡司百姓が一致して国司藤原元命の悪政を朝廷に訴え、その停任を申請した文書。

探究2　当時の国司は、自分の任国をどのように考えていたか。

要点ナビ　『今昔物語集』に記された受領の貪欲さ。

①御坂　今の神坂峠。東山道

善《ぜん》の輩《ともがら》⑭の事……
以前《さき》の条の事、憲法の貴《とうと》きを知らんがため言上《ごんじょう》すること件《くだん》の如《ごと》し。……望み請ふらくは件《くだん》の元命朝臣を停止《ちょうじ》し、改めて良吏《りょうり》を任じ、以《もっ》て将《まさ》に他国の牧宰《ぼくさい》をして治国優民《ちこくゆうみん》の褒賞《ほうしょう》を知らしめんことを。仍《よ》りて具《つぶ》さに三十一箇条の事状を勒《ろく》し、謹《つつし》みて解《げ》す。『尾張国解文《おわりのくにげぶみ》』

以上のことは、正しい法がこの世にも存在することを教えて頂くために言上するものです。……この元命朝臣を罷免《ひめん》して、良い官吏を任命して頂き、諸国の国司に良い国政をすればその賞があることを知らせたいのです。……よって、細かに三一か条にわたって述べて、謹んで申し上げます。

解説　地方政治の乱れは、辺境における反乱とともに、国司の暴政とこれに対する農民の反抗のなかに顕著にみられる。このころ地方の郡司・百姓が国司を訴えるために上京する事実がしばしばあったことは、『御堂関白記《みどうかんぱくき》』などにも見えているが、国司の非法の内容を詳しく述べた史料はほかにほとんどないので、この解文《げぶみ》は当時の地方政治の実状を示す史料として、極めて重要視されている。
元命《もとなが》は花山《かざん》天皇のときの権臣《けんしん》藤原惟成《これなり》の叔父《おじ》であった。したがって、一条天皇即位とともに摂政となった藤原兼家にとっては、非常に警戒を要する人物だったから、これを失脚させるために中央の人の手でこの解文が作為されたのではないかという説もあるが、内容は非常に具体性を持っていて、いかにも当時の国司が行いそうなことを詳細に述べている（ここで特に注意すべきことは、尾張国全体が元命という国司一家の私領という性格を持ってきていることである）。こうした暴政は、当時受領《ずりょう》と呼ばれた任国に下る国司の間では一般的で、「きさき（后）がね　もし然らずばよき国の　若き受領の妻がねならし」（為頼朝臣集）と羨望《せんぼう》されたごとく彼らが一代にして財をなしたことは、いかに農民の収奪をこととしていたかを示すであろう。
なお参考までにこの提訴の結果を付け加えると、翌九八九（永祚《えいそ》元）年二月五日に朝廷で元命の停任を議定し、後任者が任命された。しかし元命の政治的生命は失われたわけでなく、解文の中で非難されている息子も一〇二三（治安三）年に石見守《いわみのかみ》に任命されたことが知られている。

2 受領《ずりょう》ハ倒《たお》ル所ニ土ヲ摑《つか》メ　★☆☆☆☆

今ハ昔、信濃《しなの》ノ守《かみ》藤原ノ陳忠《のぶただ》ト云《い》フ人アリケリ、任国《にんこく》ニ下《くだり》テ国ヲ治《おさめ》テ任畢《おわり》ニケレバ、上《のぼり》ケルニ御坂《みさか》①ヲ越《こゆ》ル間ニ、多《おおく》ノ馬共ニ荷《に》ヲ懸《か》ケ、人ノ乗タル馬員《かず》知レズ次《つづ》キテ行ケル程ニ、多ノ人乗タル中

の官道で美濃から信濃に越える峠。

❷**懸橋** 険しい崖に沿って通行するために板を棚のようにさしかけて造った道。桟道。

❸**鉉** 端（はた）の意か。

❹**旅籠** 旅行用の駕籠（かご）。

❺**平茸** きのこの一種。

❻**受領** 任国に実際に赴任している国司。

史料注

今昔物語集 一一～一二世紀に成立した説話集で、インド、中国、日本の三国にわたる古今の仏教・世俗説話を所収。著者は源隆国とする説もあるが不詳。

探究3 悪徳国司の出現が社会に及ぼした影響を述べよ。また、これに似た数多くの例に留意せよ。

ニ、守《かみ》ノ乗タリケル馬シモ、懸橋《カケハシ》❷ノ鉉《ハタ》❸ノ木ヲ後足ヲ以《もっ》テ踏折《ふみおり》テ、守逆様《さかさま》ニ馬ニ乗乍《のりなが》ラ落入《おちいり》ヌ。……数《あまた》ノ人懸《かか》リテ絡上《くりあげ》タルヲ見レバ、守旅籠《はたご》❹ニ乗テ絡上ラレタリ。守片手ニハ縄《つな》ヲ捕《とら》ヘ給《たま》ヘリ。今片手ニハ平茸《ひらたけ》❺ヲ三総許《ふさばかり》持《もち》テ上リ給ヘリ。引上《ひきあげ》ツレバ懸橋ノ上ニ居《す》エテ、郎等共《ろうとうども》喜《よろこび》合《あい》テ、「抑《そもそ》モ此《これ》ハ何ゾノ平茸ニカ候《さうらう》ゾ」ト問《と》ヘバ、守ノ答フル様《よう》、「落入ツル時ニ馬ハ疾《と》ク底ニ落入ツルニ、我レハ送《おく》レテ《私は少し遅れて、》フタメキ落行ツル《バタバタしながら落ちていった》程ニ、木ノ枝ノ滋《しげ》ク指合《さしあい》タル上ニ不意《すずろ》ニ落懸リツレバ《木の枝が茂っている所に落ちて引っかかったので、》、其《そ》ノ木ノ枝ヲ捕ヘテ下《おり》ツルニ、……其ノ木ニ平茸ノ多ク生《おい》タリツレバ見棄難《みすてがた》クテ、先《ま》ツ手ノ及《およ》ビツル限リ取テ、旅籠ニ入レテ上《のぼせ》ツル也《なり》。未《いま》ダ残リヤ有ツラム。云ハム方ナク多カル物カナ《いいようがないほどたくさんあった。》。……極《いみじ》キ損ヲ取ツル心地コソスレ」ト云ヘバ、郎等共「現《げ》ニ御損《ごそん》ニ候」ナド云テ、其ノ時ニゾ集リテ散《さ》ト咲《わら》ヒニケリ《どっと笑った。》。守、「僻事《ひがごと》ナ云ヒソ《馬鹿なことを言うな。》。汝等《なんじら》ヨ宝ノ山ニ入テ手ヲ空《むな》シクシテ返《かえり》タラム心地ゾスル。受領《ずりょう》❻ハ倒ル所ニ土ヲ摑《つか》メトコソ云ヘ」ト云ヘバ、……此レヲ聞ケム人争《いか》ニ憾《にく》ミ咲《わらい》ケル《たいそう、皮肉に満ちた笑いをした》トナム語リ伝ヘタルトヤ。

『今昔物語集《こんじゃくものがたりしゅう》』

解説 摂関政治のもとで、中央の政治が紊《びん》乱していた頃、地方では都から下った中・下流の貴族が、**受領**となって農民の搾取《さくしゅ》に狂奔《きょうほん》していた。史料中の「受領《ずりょう》ハ倒ル所ニ土ヲ摑《つか》メ」という言葉は、こうした受領の貪欲さを如実に描いている。律令制によれば、国司に任ぜられた者は六年ないし四年の間任地に下って政務をみることになっていたが、**遙任《ようにん》**制度が成立してくるとともに、国司は任地に下らないのが普通になった。受領は遙任国司に対して実際に任地に赴いて実務をとる国司の称であったが（解由《げゆ》状を受領するところから起こったという）、この受領もただ徴税に際して任地に行くことが多くなった。これらの受領層は収入の多い地方官を**重任《ちょうにん》**して財力を蓄え、摂関政治を構成していた上流貴族に対する一つの階層を形成して、やがて院政が出現するとその権力の主要な一支柱になったとみられている。

3 荘園の発達

1 大名田堵の経営 ★☆☆☆

三の君の夫《おっと》は、出羽権介田中豊益《でわごんのすけたなかのとよます》、偏《ひとえ》に耕農を業《ぎょう》と為《な》し、更《さら》に他の計《はかりごと》なし。数町の戸主《へぬし》❶、大名の田堵《たと》❷なり。兼《か》ねて水旱《すいかん》の年を想《おも》ひて（あらかじめ、洪水やひでりの年を想定して）鋤《すき》・鍬《くわ》を調《ととの》へ、暗《そら》に腴《こ》え迫《や》せたる地を度《はか》りて馬把《まぐわ》・犂《からすき》を繕《つくろ》ふ。（土地が肥よくかやせているかを見てそれに応じ、牛馬耕の鍬・鋤を用意する。）或《あるい》は堰塞《いせき》・堤防《つつみ》・構渠《ほりみぞ》❸・畔畷《あぜなわて》❹の忙《いそぎ》に於《おい》て、田夫農人《でんぷのうじん》を育《はぐく》み、或は種蒔《たねまき》・苗代《なわしろ》・耕作・播《ばん》殖《しょく》❺の営《いとなみ》に於て、五月男女《さおとめ》❻を労《ねぎら》ふの上手《じょうず》なり。作るところの稙穜《わせおくて》❼・粳糯《うるちもちいね》❽、苅頴《かりえい》❾他人に勝れ、春法《しょうほう》❿毎年《としごと》に増す。しかのみならず、園畠《そのはたけ》に蒔《ま》くところの麦・大豆《まめ》・大角豆《ささげ》・小豆《あずき》・粟《あわ》・黍《きび》・稗《ひえ》・蕎麦《そば》・胡麻《ごま》・員《かず》を尽《つく》して登熟《みのりじゅく》す。春は一粒をもて地面に散《ちら》すといへども、秋は万倍をもて蔵《くら》の内に納《おさ》む。

『新猿楽記《しんさるがくき》』

※色文字は重要語

❶**戸主**　土地所有者。
❷**大名の田堵**　大きな名《みょう》を請作《うけ》する有力な農民。「田《た》堵《と》」の堵は垣の意。
❸**構渠**　みぞ（用水路）。
❹**畔畷**　あぜやあぜ道。
❺**播殖**　種まきや植え付け。
❻**五月男女**　田植を行う農夫。五月乙女。
❼**稙穜**　早稲と晩稲。
❽**粳糯**　うるち米ともち米。
❾**苅頴**　稲穂を刈る（収穫）。
❿**春法**　もみを臼《うす》でつくこと。

史料注

新猿楽記　一一世紀初め頃藤原明衡が著した往来物（初級教科書）。猿楽を見物する右衛門尉《うえもんのじょう》一家（妻三人、娘一六人、男子九人）に託し、各種の職業階層の生活様式を滑稽に描いた。史料の田中豊益は、右衛門尉の三番目の娘の夫という設定である。

解説　七四三年の**墾田永年私財法**《こんでんえいねんしざいほう》は、それ以後の土地制度を大きく変えていった。これによって、開墾やそれによる土地の私有が公認されていったのだが、その後開墾上の制約（位階による面積の制限、三年不耕の原則など）が撤廃され、九～一〇世紀には開墾が広範に行われるようになった。このような開墾の主力となった有力な農民が**田堵**《たと》である。史料に登場する田中豊益は、架空《かくう》の人物ではあるが、当時の田堵の実態、すなわち荘園や公領での農業のプロフェッショナルとしての姿が生々しく伝えられている。田堵は、荘園領主（公領の場合国衙《こくが》）との間に一年ごとに契約し、一定の土地を請作《うけさく》し、地子を貢納する。請作地の大きい有力な者は大名《だいみょう》田堵と呼ばれ、小さい者は小名《しょうみょう》田堵と呼ばれた。田堵は請作地に自分の名（**負名**《ふみょう》）を冠して名《みょう》田を形成したが、初期には土地所有権は持たず領主的性格はほとんどみられない。しかし、班田制崩壊により新たな租税徴収の単位となったこの名《みょう》に対する国衙からの圧迫は強く、その圧力のなかで耕作者を確保する必要がある荘園領主は、次第に田堵の権利を広範に認めるようになった。このようにして、田堵はやがて在地領主化して名主《みょうしゅ》と呼ばれるようになる。

2 荘園の寄進──上桂《かみかつら》荘の例 ★☆☆☆☆

寄進《きしん》し奉《たてまつ》る 所領の事
合はせて壱所者《いっしょてえり》
山城《やましろ》国上桂《かみかつら》に在《あ》り
四至《しいし》1 東は桂川東堤の樹の東を限る　西は五本松の下路を限る　南は他領の堺（入り交る）を限る　北は□河の北梅津堺の大榎木を限る
右当所は、桂の津守《つもり》2 建立《こんりゅう》の地なり。津守津公《つぎみ》・兼枝《かねえだ》・則光《のりみつ》と次第《しだい》知行《ちぎょう》相違《そうい》無し。爰《ここ》に御威勢《ごいせい》を募《つの》り奉らんが為《た》めに、当庄《しょう》を以《もっ》て永代《えいだい》を限り、院3の女房《にょうぼう》4 大納言《だいなごん》殿御局《おつぼね》に寄進し奉る所なり。中《ちゅう》司職《すしき》5に至《いた》りては、則光の子々孫々《ししそんそん》相伝《そうでん》すべきなり。後日のため寄進の状件《くだん》の如《ごと》し。

確かに代々領有支配してきた。

長徳三年九月十日6
玉手則光　判
玉手則安　判
『東寺百合文書《とうじひゃくごうもんじょ》』

1四至　東西南北の境界。
2津守　桂川の津の管理者だろうが、明確な伝記は不詳。
3院　ここでは東三条院藤原詮子《せんし》（兼家の娘で、円融天皇女御、一条天皇の母）。
4女房　皇居や院の御所で部屋を賜わる高位の女官。女房は父兄の官職（この場合大納言）で呼ばれた。
5中司職　荘官の名称の一つ。
6長徳三年　九九七年。

3 荘園の寄進──鹿子木《かのこぎ》荘の例 ★★☆☆☆

鹿子木《かのこぎ》の事1
一　当寺2の相承《そうしょう》は、開発《かいはつ》領主3沙弥《しゃみ》4 寿妙《じゅみょう》嫡《ちゃく》々相伝《そうでん》の次第なり。
一　寿妙の末流《まつりゅう》高方《たかかた》5の時、権威《けんい》を借らんが為《た》めに、実《さね》政《まさ》6 卿《きょう》を以《もっ》て領家《りょうけ》と号《ごう》し、年貢《ねんぐ》四百石を以て割《さ》き分《わか》

通釈

鹿子木のこと
一　この荘園を東寺が伝承しているのは、開発領主の沙弥寿妙の子孫が代々継承してきたからである。
一　寿妙の子孫の高方の時、権威を借りようとして藤原実政卿を領家として、年貢四〇〇石を上納するこ

1鹿子木の事　鹿子木荘のことで肥後国飽田郡にあった。
2当寺　東寺。空海が嵯峨天皇より下賜され、真言密教の根本道場として繁栄、多くの荘園を領有した。
3開発領主　その地を最初に開いた本来の領主（根本領

ち、高方は庄家領掌進退《しょうけりょうしょう》の預所職《あずかりどころしき》7となる。

一　実政の末流願西《がんさい》8微力《びりょく》の間、国衙《こくが》の乱妨《らんぼう》を防がず。この故《ゆえ》に願西、領家得分《とくぶん》二百石を以て、高陽院内親王《かやのいんないしんのう》9に寄進す。件《くだん》の宮薨去《こうきょ》の後、御菩提《ごぼだい》の為《た》めに、勝功《しょうく》徳院《どくいん》を立てられ、かの二百石を寄せらる。其《そ》の後、美《び》福門院《ふくもんいん》10の御計《おんはからい》として御室《おむろ》11に進付《しんぷ》せらる。これ則《すなわ》ち本家《ほんけ》の始めなり。……

『東寺百合文書《とうじひゃくごうもんじょ》』

とし、高方は現地を管理支配する預所職となった。

一　実政の子孫の願西は力がなかったので国衙の干渉を防げなかった。そこで願西は領家の得分のうち二〇〇石を高陽院内親王に寄進した。内親王が亡くなったあと、菩提を弔うために勝功徳院を建てられ、その二〇〇石を寄進された。その後、美福門院のはからいで仁和寺に寄進された。これがこの荘園の本家の初めである。

4沙弥　入門直後の正式に僧侶にならないものをいう。

5高方　中原高方。寿妙の孫。

6実政　藤原実政。寄進を受けた一〇八六年には、大宰大弐《だざいのだいに》従《じゅ》二位であった。

7預所職　現地を掌握する荘官の名称の一つ。

8願西　刑部大輔藤原隆道の法名、実政の曽孫。

9高陽院内親王　鳥羽天皇の娘。

10美福門院　高陽院内親王の母得子。

11御室　京都御室の仁和《にんな》寺。

史料注

東寺百合文書　東寺所蔵の文書のうち、一六八五年頃金沢藩主前田綱紀が寄進した一〇〇合の箱に収められたもの。

探究4　地方豪族は、その私有地をどのようにして守ったか。

解説　田令《でんりょう》の規定によると、墾田は田租を納める義務を持つ輸租田《ゆそでん》であったが、九世紀半ば以後、貴族・寺社はその地位を利用し、**不輸《ふゆ》**の特権を認めさせ、さらに検田のための国衙《こくが》勢力の立ち入りを拒《こば》む**不入《ふにゅう》**の権も獲得した。これらの荘園の権限を獲得したり、さらに強化するために行われたのが寄進《きしん》であり、それは一〇世紀末にはすでに行われており（史料❷）一一～一二世紀に本格化し**寄進地系荘園《きしんちけい》**を成立させる。その典型的な例が鹿子木荘《かのこぎのしょう》（史料❸）であり、「権威を借り、「国衙の乱妨を防」ぐため寄進が繰り返され、**本家**―**領家**―**預所《あずかりどころ》**の重層的領有関係が成立している。このような荘園の乱立は、公領の減少を招き財政基盤を損うものであったから、政府はたびたび荘園整理令を発しこれを規制しようとしたが、不正手段による非合法な荘園の禁止にとどまり、有効なものとはなり得なかった。

なお、これは『東寺百合文書』に収められた「鹿子木荘事書」という史料で、鎌倉時代後期の一三世紀末に書かれたものである。そのため、のちに領主権を得た東寺が、領有権をめぐる訴訟の中でその正当性を主張するために書かせたものであり、開発領主の立場や権限が強調されているとの見解がなされており、寄進地系荘園の形成時期も含めて今後の研究が待たれるところである。

4 官省符荘　★☆☆☆☆

要点ナビ　太政官や民部省が不輸を公認した荘園。

太政官符《だいじょうかんふ》す　伊勢《いせ》国司

応《まさ》に醍醐寺《だいごじ》[1]所領の曾禰庄《そねのしょう》[2]を不輸租田《ふゆそでん》と為《な》し、幷びに庄司《しょうじ》[3]・寄人《よりうど》[4]等の臨時雑役《ぞうやく》[5]を免《めん》ずべき事壱志《いちし》郡に在《あ》り

右、彼の寺去る七月七日の解《げ》[6]状《じょう》を得るにいはく、「件《くだん》の庄の租税と雑役を免除せらるべきの由《よし》、具《つぶ》さに事状を注し言上《ごんじょう》すること先に畢《おわん》ぬ。しかるに、いまだ裁下《さいか》[7]を承《うけたまわ》らず。しかる間、彼の庄司今月九日の解状にいはく、件の庄いまだ租税を徴《ちょう》するの例あらず、しかるに当任の守《かみ》藤原朝臣国風《あそんくにかぜ》にはかに前例にそむきて庄田を収公《しゅうこう》して雑役を付科《ふか》す。望み請《こ》ふらくは、早く言上せられて官符[8]を給《たま》はり、全《まった》く地子《じし》を運納《うんのう》せむ（地子のすべてを寺に納入したい）者《てえり》。望み請ふらくは先の解状に任《まか》せて、早く官符を給《たまわ》せられて、将《もっ》て庄務を済さむ（庄務を円滑に行いたいと思います）」者《てえれ》ば、左大臣[9]宣《せん》す、「勅《ちょく》を承《うけたまわ》る請《せい》に依《よ》れ（申請通りにせよとの天皇の仰せである。）」者。国宜《よろ》しく承知し、宣に依りてこれを行へ。符到《いた》らば奉行《ぶぎょう》せよ。

天暦《てんりゃく》五年九月十五日

『醍醐寺雑事記《だいごじぞうじき》』

解説

官省符荘《かんしょうふしょう》とは、国家が太政官符《だいじょうかんぷ》や民部省が発した符によって、荘田の不輸租《ふゆそ》やその領有を公認した荘園のことで、最も特権的な荘園として他と区別された。律令制以来荘園の不輸租と領有とを公認するのは太政官だけであったが、領有者が自ら荘と称した荘園や国司が認めた**国免荘**《こくめんのしょう》も、平安時代中期以降多く出現する。もともと律令制下では神田・寺田などの不輸租田を除いて一般に荘田の不輸租は認められなかったが、有力な諸家・諸寺社はその地位を利用して種々の口実を設け、荘園の不輸租権を得ようとした。なお、九世紀末までは、官省符荘において新たに付加されてきた田地も既存の官省符荘田と同質に取り扱われ不輸租となったが、一〇世紀初め頃からは、官省符荘の不輸租の範囲は当初の官省符に記載された荘田だけに限定され、それ以外の荘田は輸租とされるのが原則となった。しかし、中頃には耕作民の臨時雑役を免除された荘園も出現する。醍醐寺伊勢国曾禰荘がその早い例である。そして一一世紀後期に入ると、官省符荘田では官物《かんもつ》も臨時雑役もともに不輸とされて荘園領主の収入となった。また、平安時代にしばしば発せられた荘園整理令は、官省符荘田を対象としたものではなく、収公されることはなかった。

[1]**醍醐寺** 八七四（貞観一六）年に創建の真言宗寺院。醍醐天皇時代に勅願《ちょくがん》寺となった。

[2]**曾禰庄** 九四八（天暦二）年に朱雀院《すざくいん》から醍醐寺に寄進されて成立した荘園。伊勢国壱志郡（現在の三重県松阪市付近）にあった。

[3]**庄司** 荘官の名称の一つ。

[4]**寄人** 荘官だが、本家の貴族・寺社の人的支配のもとにある奉仕者身分。

[5]**雑役** 雑物と夫役。

[6]**解** 下から上への上申文書。

[7]**裁下** 許可。

[8]**官符** 太政官符。

[9]**左大臣** 藤原実頼。

史料注

醍醐寺雑事記 僧慶延《けいえん》が醍醐寺の所領・行事・資財などについて撰した書。平安末期成立。

探究5

① 官省符荘と国免荘の違いを述べよ。

② 荘民の負担と班田農民の負担とを比べよ。

4 武士勢力の台頭

1 僦馬《しゅうば》の党 ★☆☆☆☆

此《この》国❶頃年《このごろ》強盗《ごうとう》蜂起《ほうき》し、侵害《しんがい》尤《もっと》も甚《はなはだ》し。静かに由緒《ゆいしょ》を尋《たず》ぬるに、皆僦馬の党❷より出ず。何となれば、坂東《ばんどう》諸国の富豪《ふごう》の輩《ともがら》❸ただ駄《だ》を以《もっ》て物を運ぶ。其《そ》の駄の出《い》ずる所は皆掠奪《りゃくだつ》による。山道《さんどう》❹の駄を盗みて以て海道《かいどう》❺に就《つ》き、海道の馬を掠《かす》めて以て山道に赴《おもむ》く。爰《ここ》に一疋《ぴき》の駑《ど》❻に依りて百姓《ひゃくせい》の命を害《そこな》ひ、遂《つい》に群盗《ぐんとう》を結び既《すで》に凶賊《きょうぞく》と成る。茲《ここ》に因《よ》りて当国隣国共に以て追討《ついとう》し、解散の類《やから》、件《くだん》等の堺《さかい》❼に赴く。

『類聚三代格《るいじゅうさんだいきゃく》』

※色文字は重要語

❶**此国**　上野国《こうずけ》。

❷**僦馬の党**　馬を用いて運送業を営み蓄財した土豪。

❸**富豪の輩**　地方豪族や有力農民（大名田堵など）。

❹**山道**　東山道。

❺**海道**　東海道。

❻**駑**　のろい馬。

❼**件等の堺**　東国の境。東山道の碓氷《うすい》峠や東海道の足柄《あしがら》峠をさす。

史料注

類聚三代格　七三頁参照。

通釈

上野国ではこのごろ（八九九年頃）強盗が多発し、被害がはなはだしい。強盗の素性を調べると、皆、「僦馬の党」から出ている。というのは、東国の富豪層は馬で物を輸送するが、その馬は皆掠奪《りゃくだつ》したものである。東山道で馬を強奪《ごうだつ》しては東海道でその馬を使って輸送し、東海道で馬を奪っては東山道で使っている。一匹の馬によって多くの人命が奪われ、彼らは群盗化し恐しい盗賊となっている。そこで当国（上野国）や周辺諸国がその取り締まりをしたため、逃亡した彼らは、東国の境となる峠の方へ向かっている。

解説

史料は八九九（昌泰二）年に、上野国《こうずけ》から出された解《げ》をうけて発布された太政官符《だいじょうかんぷ》の一節である。「僦馬《しゅうば》の党」という名辞はこの史料以外に見られないため、必ずしもその詳細な実態を検証できないが、九～一〇世紀に東国に広く分布した運送業者で、有力な農民や土豪が盗賊化しながら台頭してきた勢力とみられる。ここで注目すべきは、まず律令制の解体のなかで運脚のような物資輸送の仕組みも崩壊し、馬などを駆使して運送業を請負う者が登場したことである。瀬戸内海では同様に海運業を担う者が出てきただろう。そして、これらの勢力は非合法のものとして国司による取り締まりの対象となり、それに対抗するために武装し、相互に結束していったものと思われる。そのような国司との対立抗争が、**天慶《てんぎょう》の乱**（平将門の乱・藤原純友の乱）という形であらわれる。将門は多くの農民を隷属下に置いた僦馬の党の糾合《きゅうごう》に成功し、反国衙《こくが》闘争を展開したとみられるのである。九世紀末～一〇世紀は、中央政界においては藤原氏の台頭が著しく、一時的に菅《すが》原道真《わらのみちざね》の登用や醍醐・村上天皇の親政も行われたが、大きな流れは藤原氏の政権独占、摂関政治の完成へと向かっていた。貴族政治が最盛を迎える前に、もうすでにその貴族に代わって次代を担う**武士**勢力の萌芽がみられるところに注目したい。

2 平将門《たいらのまさかど》の乱 ★★☆☆☆

天慶《てんぎょう》二年[1]十一月廿《（二十）》一日を以《もっ》て常陸国《ひたちのくに》に渉《わた》る。国、兼《か》ねて警固《けいご》を備へて、将門《まさかど》を相待つ。将門陳《ちん》じて云《い》ふ。件《くだん》の玄明《はるあき》[2]等を国土に住ましめ、追捕《ついぶ》すべからざるの牒《ちょう》[3]を国に奉《たてまつ》る。而《しか》るに承引《しょういん》せず、合戦すべきの由《よし》、返事を示し送る。仍《よ》りて彼此《かれこれ》の合戦の程、国の軍《いくさ》三千人員《かず》の如《ごと》く討取《うちと》らる也《なり》。……時に武蔵権守《むさしのごんのかみ》[4]興世王《おきよのおおきみ》、竊《ひそか》に将門に議《ぎ》して云ふ、「案内《あない》を検《けん》ぜしむるに、一国を討《う》つと雖《いえど》も、公《おおやけ》の責《せ》め軽からず。同じくは坂東《ばんどう》[5]を虜《りょ》掠《りゃく》[6]して暫《しばら》く気色《けしき》を聞かむ」てへり。将門報答《ほうとう》して云ふ。「将門が念《おも》ふところも啻《ただ》これのみ。……苟《いや》しくも将門、刹帝《せったい》[7]の苗裔《びょうえい》[8]、三世の末葉《まつよう》[9]なり。同じくは八国より始めて、兼ねて王城を虜領《りょりょう》せむと欲《おも》ふ。今すべからく諸国の印鎰《いんやく》[10]を奪《うば》ひ、一向《いっこう》に受領《ずりょう》の限りを官堵《かんと》[11]に追ひ上げてむ。然《しか》れば且《か》つは掌《たなごころ》に八国を入れ、且《か》つは腰に万民を附《つ》けむ」てへり。……また数千の兵《つわもの》を帯《たい》して、天慶二年十二月十一日を以《もっ》て、先《ま》ず下野《しもつけ》国に渡る。……将門、同月十五日を以て上毛野《かみつけの》[12]に遷《うつ》る。……将門を名《な》づけて新皇《しんのう》と曰《い》ふ。……且つ諸国の受領を点定《てんじょう》し、且つ王城を建つべきの議を成す。その記文に云ふ、「王城は下総《しもうさ》

通釈

天慶二（九三九）年一一月二一日に（将門は）常陸国に進軍した。常陸国府は、すでに警固をかためて将門軍を待ち受けていた。将門は「問題の藤原玄明などが常陸国で生活するのを認め、彼らを追討することをやめよ」という最後通牒を国府に突き付けたが、国府側は承諾せず、宣戦布告を返答としてきた。そこで合戦となったが、常陸国府の軍勢三〇〇〇人は総勢ことごとく討ち取られてしまった。……この時武蔵権守の興世王がひそかに将門にはかり、「過去の記録を調べてみると、一国を討ったに過ぎないといっても、朝廷の処罰は軽くない。どうせ同じことなら関東全体を奪い取って、しばらく様子をうかがったらどうか」と言った。将門は、「私が思うところも同じだ。……いやしくも私は天皇の血を引く、高望《たかもち》王の三世の子孫である。同じことならば、関東八か国から始めて、都まで征服しようと思う。今はまず、諸国の国印と正倉の鍵を奪い、すべての国司（受領）を都へ追い返そう。そうすれば八国を支配下に置き、万民を支配することになろう。」と言った。……また、数千人の兵を従えて、天慶二（九三九）年一二月一一日に、まず下野国に進軍した。……将門は、同（一二）月一五日に上野国に進んだ。……将門を新皇と呼んだ。……（将門は）諸国の受領を決定し、また新皇の皇居を建てようとはかった。その文書に「皇居は下総国の亭南に建てる。檥橋を京の山崎と名付け、相馬郡の大井津を京の大津と名

[1] **天慶二年** 九三九年。
[2] **玄明** 藤原玄明。常陸国の有力者。
[3] **牒** 公文書の一形式。上下関係にない役所の間で取り交されるもの。
[4] **権守** 権官（正官以外の官）の一種。正式の国守の定員外の国守。
[5] **坂東** 足柄《あしがら》・碓氷《うすい》峠以東の地。関東地方。
[6] **虜掠** 人をとりこにし、物をかすめ取ること。
[7] **刹帝** 帝王の血筋。
[8] **苗裔** 子孫。
[9] **三世の末葉** 将門が、高望《たかもち》王（桓武平氏の祖、九世紀末に上総国に土着）の三世孫であることをさすか。
[10] **印鎰** 印は国印。鎰は鍵。（国印の入った櫃《ひつ》の鍵、または国の税を納めた倉庫の鍵）これを奪うとは、国守の実権を奪うことを意味する。
[11] **官堵** 官都。京都。
[12] **上毛野** 上野国。

国の亭南13に建つべし。兼ねて檥橋《うきはし》を以て、号《なづ》けて京の山埼と為《な》し、相馬《そうま》郡大井津《おおいのつ》を以て、号けて京の大津とせむ」と。便《すなわ》ち、左右大臣・納言《なごん》・参議・文武百官・六弁八史14皆以て点定し、内印外印《げいん》15の鋳《い》るべき寸法、古文の正字《しょうじ》を定め了《おわ》んぬ。『将門記《しょうもんき》』

付けよう。」とある。そして、左右大臣・納言・参議・文武百官・六弁八史（などあらゆる官吏）を任命し、天皇印・太政官印も、鋳造する寸法や古式にのっとった字体などを定めた。

解説　九～一〇世紀以後、地方政治の混乱によって治安が乱れると国衙《こくが》の役人や荘園の荘官を初め有力農民は治安維持のためにも、また支配下の土地や人民を確保するためにも武装しなければならなかった。彼らは家子《いえのこ》と呼ばれる同族や郎党と呼ばれる従者を率いて武士団を結成し、上京して滝口の武士や諸国の追捕使《ついぶし》、押領使《おうりょうし》等に任命されて、中央・地方の治安維持の分担をしながらその地位を利用して発展を遂げていった。大武士団の統率者は棟梁《とうりょう》と呼ばれたが、彼らは国司として地方に下ったものの子孫で現地に土着して地方豪族となったものが多かった。なかでも**桓武平氏**《かんむへいし》と**清和源氏**《せいわげんじ》が有力であった。

東国に早くから根をおろしていたのは桓武平氏であった。その一族で下総の猿島《さしま》を根拠とする**平将門**は、若年で都に上り藤原忠平に仕えたが、帰国後所領問題で伯父の国香や良兼らと絶えず争い、九三五（承平五）年国香を殺したためその子の貞盛をも敵にしていた。この地方の騒動も、史料に見られる九三九（天慶二）年一一月に、常陸の国府を攻略して以来、下野・上野の国府を攻め落として反乱を起こし、関東の大半を征服して新皇と称するようになった。

平将門の乱は、同じ東国の武士団である平貞盛、藤原秀郷《ひでさと》らによって、わずか二か年で鎮圧されたが、ほとんど同時に起こった西海の藤原純友の乱と合わせて天慶《てんぎょう》の乱と呼ばれ、京都の宮廷貴族を驚かせ恐怖に陥れた。この乱によって、中央貴族の無力が明らかになるとともに地方武士団の組織は一層強化され、武士たちは自己の力を自覚していくようになったのである。

13亭南　将門の拠点のあった猿島《さしま》郡石井《いわい》郷亭南をさすか。

14六弁八史　太政官弁官局の弁官、史官の総称。左右弁官の大・中・少各一人の六弁と左右の大・少各二人の史（八史）をさす。

15内印外印　内印は天皇印で、外印は太政官印のこと。

史料注　**将門記**　九四〇（天慶三）年成立した戦記物の先駆的作品。著者不詳。平将門の乱の経過を知る根本史料である。

探究6　天慶の乱の歴史的意義を述べよ。

3 源義家《みなもとのよしいえ》の権勢　★☆☆☆

（寛治《かんじ》五年）1六月十二日、宣旨《せんじ》を五畿七道《ごきしちどう》に給《たま》ひ、前陸奥守義家《さきのむつのかみよしいえ》兵を随《したが》へて京に入ること、幷《なら》びに諸国百姓《ひゃくせい》、田畠の公験《くげん》2を以《もっ》て好みて義家朝臣《あそん》に寄する事《土地を寄進すること》を停止《ちょうじ》す。件《くだん》の由緒《ゆいしょ》《その理由は》は、藤原実清《さねきよ》3と清原則清《のりきよ》4と河内《かわち》国の領所《りょうしょ》を相論《そうろん》する《所領をめぐって争いを起こし、》の間、義家朝臣と舎弟《しゃてい》義綱《よしつな》と権《けん》を互《たがい》にし《権力争いをし、》、両方威《い》を争ふの間、攻伐《こうばつ》を企《くわだ》てむと欲《ほっ》すなり。天下の騒動、此《これ》より大なるは莫《な》し。『百錬抄《ひゃくれんしょう》』

1寛治五年　一〇九一年。

2公験　官府から下付する証明書。私有地の所有権移転を公認する文書が多い。

3藤原実清　源義家の郎党。

4清原則清　義家の弟義綱の

郎党。

史料注

百錬抄 鎌倉末期に成立した編年史。九六八年から一二五九年までの約三世紀にわたる雑事を記録。

探究7 平忠常の乱の歴史的意義を述べよ。

解説一一世紀後半から一二世紀の院政期には、地方社会で実力を蓄えた武士が中央政界へも進出し、大いにその力を見せつけることとなる。特に清和源氏は、平忠常《たいらのただつね》の乱（一〇二八年）で源頼信・頼義父子が活躍して東国に地盤を築き、前九年合戦（一〇五一～六二）、後三年合戦（一〇八三～八七）を経て源義家（頼義の子）の時代には東国武士との間に強固な主従関係を確立した。史料は、その義家が弟義綱との争いから合戦を始めようとしたため、驚いた政府が義家の入京と義家への荘園寄進を禁止したものである。一個人への寄進禁止という前代未聞の法令を見ても、当時の義家の権勢はうかがい知ることができるし、その権勢を頼って荘園集中がかなり進んでいたことがわかる。しかし、この武門の棟梁《とうりょう》の繁栄は長くは続かなかった。弟義綱との対立、白河上皇の態度の変化（義家のあまりの人気への不安）などで勢力後退を余儀なくされた。代わって、義家の子義親の乱行を出雲に討った平正盛が重用され始め、彼の孫清盛の時代には平氏の極盛期を迎えるのである。

4 前九年合戦 ★☆☆☆

六箇郡《ろっか》[1]の司《つかさ》に、安部頼良《あべよりよし》[2]といふ者ありき。……自ら酋長《おさ》を称し、威権《いけん》甚《はなはだ》しくして、……賦貢《ふこう》（朝廷に対して）を輸《いた》さず（貢納せず、）、徭役《ようやく》を勤むることなかりき（雑役を勤めることもしなかった。）。代々《よよ》（先祖代々）己《おのれ》を恣《ほしいまま》にし、蔑《ないがしろ》にすといへども（朝廷をないがしろにしていたが、）上制すること能《あた》はず（これを制することはできなかった。）。……ここに朝廷議《はかりごと》ありて、追討将軍択《えら》びぬ。衆議の帰りしところは、独《ひと》り源朝臣頼義《みなもとのあそんよりよし》[3]にあり。頼義は河内守頼信《かわちのかみよりのぶ》[4]朝臣の子なり。……（康平《こうへい》五年（一〇六二）春）源頼義朝臣頻《しきり》に兵を光頼弁《みつよりならび》に舎弟武則《しゃていたけのり》[5]に求めつ。ここに武則同年の秋七月をもて、子弟と万余人の兵を率《ひき》ゐて、陸奥《むつ》国に越へ来りぬ。将軍大に喜びて、三千余人を率ゐ、七月廿六日（二十）をもて発《おこ》しぬ。……（九月十七日）将軍士卒《しそつ》に命じて曰《のたまわ》く「各《おのおの》村落に入りて屋舎《おくしゃ》を壊《こぼ》ち運び、城の隍《みぞ》を填《うず》みよ（城の周囲の溝を埋めよ。）。」……賊徒《ぞくと》潰《つい》え乱れて、或《あるい》は身を碧潭《へきたん》に投げ（青い淵に身を投げ、）、或は首《こうべ》を白き刃《やいば》に刎《は》ねつ。

『陸奥話記《むつわき》』

参考 **後三年合戦** ★☆☆☆

出羽《でわ》の秀武《ひでたけ》と云《い》ふ者、七旬老屈《しちじゅんろうくつ》（*七〇歳の老体）に及び、砂金を捧《ささ》げて庭上《ていじょう》に跪《ひざまず》きしの時、真衡《さねひら》は或《あ》る僧と囲碁《いき》に弾《はず》み、秀武を顧《かえり》みず。数刻の間に及ぶ。秀武は真衡の親類なり。忽《たちまち》に忿瞋《ふんしん》（*激しく怒って、）を起し、火を我が館に放ち、潜《ひそ》かに出羽に馳《は》せ下り了《おわ》んぬ。然《しか》る間真衡進発して秀武を討ち止めんと欲する処《ところ》、秀武は清衡家衡《きよひらいえひら》と相

[1] **六箇郡** 陸奥国の胆沢《いさわ》・和賀《わが》・江刺《えさし》・志波《しわ》・稗抜《ひえぬき》・岩手の六郡。安部氏は父祖三代の間に北上川流域を支配。

[2] **安部頼良** 安部頼時のこと。

[3] **源朝臣頼義** 源頼信の長男。前九年合戦を平定。

[4] **頼信** 河内源氏の祖。平忠常の乱を鎮圧。

[5] **光頼幷に舎弟武則** 出羽国の俘囚《ふしゅう》長清原光頼・武則兄弟。武則は鎮守府将軍となり奥羽二州の基礎を築く。

史料注

陸奥話記 一一世紀後半の成立。前九年合戦の経過について記した軍記物語。

康富記 室町時代中期の学

者中原康富の日記。武家の動静を詳しく記述。

探究8 諸乱の鎮定者は、どのような人びとであったか。

語るの間、清衡家衡は真衡館に押し寄せ放火す。真衡は途中にて之《これ》を聞き引き返せしと雖《いえど》も既《すで》に敵に合はざるの間、重ねて出羽に発向《はっこう》せんと欲すの刻、*八幡《はちまん》殿*源義家奥州に任ぜられ給《たま》ひ国に入るなり。真衡は太守八幡殿の為《ため》に給仕を致し、礼儀を厚くせしの後、又出羽に進発せしめ了んぬ。……この間真衡は出羽発向の路中に於《おい》て病《やまい》に侵《おか》され頓死《とんし》了んぬ。この後清衡家衡は太守に対し野心存せず死亡の重光《しげみつ》は逆臣たるの由《よし》之を陳《の》ぶ。降を請《こ》ふの間、太守之を免じ許し、六郡を割《さ》き分けて、各三郡を充《あ》て清衡家衡に補《ぶ》せられし処、家衡兄清衡を讒《そし》り申すと雖も、太守許さず、……家衡は清衡館に同居せしの時、……清衡を害せんと欲す。清衡先《ま》づ之を知り、叢中《そうちゅう》に隠れ居りしの処、家衡火を放ち清衡宿所を焼き払い忽に清原妻子眷属《けんぞく》を殺害し了んぬ。

『康富記《やすとみき》』

解説 **前九年合戦**（一〇五一～六二）は陸奥《むつ》の俘囚《ふしゅう》（蝦夷に対する呼称の一つ）の長だった安部氏が起こした反乱である。安部頼時《あべのよりとき》は、隣郡を攻略したため、朝廷は源頼《より》義《よし》・義家《よしいえ》父子にこれを討たせた。頼時は一時帰順したものの、その後再び態度を硬化させ反乱を起こし、一〇五七（天喜《てんき》五）年敗死した。しかし、その後もその子貞任《さだとう》・宗任《むねとう》らの抵抗に苦しむこととなり、出羽の俘囚長清原氏の援軍を得てようやく一〇六二（康平《こうへい》五）年に源頼義は鎮圧に成功した。この乱で活躍した清原氏は、鎮守府将軍として陸奥六郡にも勢威をふるうことになる。しかし、清原真衡《さねひら》（前九年合戦で活躍した武則《たけのり》の孫）は義弟清衡《きよひら》・家衡《いえひら》と内紛を起こした。真衡が頓死《とんし》しても争いはやまず、今度は清衡と家衡の対立を生んだ。清衡の要請に応じて国司として下向した源義家の介入によって、ようやく一〇八七（寛治元）年この乱は終結した。これが**後三年合戦**である。これにより、源氏は**東国武士団**とのつながりを深め、確固たる勢力基盤を築き上げた。

Spot

羅城門《らじょうもん》で老婆を剥《は》ぐ盗人の話

今は昔、盗みを働こうと思って摂津国から上京して来た男がいた。日暮れには間があるので羅城門の下に隠れていたが、朱雀《すざく》大路にはまだ人通りがある。人影が絶えるまでと、そっと門の二階に登った。見れば、奥の方にかすかに灯がともっている。不思議に思い連子窓《れんじまど》を通して覗くと、若い女の屍体が横たわり、枕元におかれた灯のわきに白髪の老婆が座って死人の髪を一本一本抜いている。一瞬ぎょっとしたが「まてよ、この老婆は鬼だろうか。いや、死霊かもしれぬ。ひとつおどしてみよう」と気をとり直し、そっと戸を開けるや刀を抜き大喝して走りかかった。老婆は手をすり合わせて狼狽する。「きさまは何者だ。何をしている」と男が叫ぶと、老婆は、「このお方は私の主人ですが、亡くなられても葬ってくれる人がなく、やむをえずここに置いたのですが、おぐしがたいそう長いので、抜き取って鬘《かつら》にしようと思っただけです。どうかお許しくだされ」と言う。男はそれを聞くや、死人の衣裳と老婆の着衣、それに抜き取った髪を奪って二階から駆けおり、どこへとも知れず逃げ去った。

……以上が後年、芥川龍之介が著した短編小説『羅生門』の題材となった『今昔物語集』の「羅城門登上層見死人盗人語第一八」のあらすじである。

5 国風文化と浄土教

要点ナビ 編者の紀貫之が仮名文で記した和歌の神髄。

❶ 古今和歌集仮名序 ★★☆☆☆

やまとうたは❶、ひとのこゝろをたねとして、よろづのことの葉とぞなれりける《多くの言葉となってあらわれている。》。世中にある人、こ《生きている人間は、いろんなことに》とわざ❷しげきものなれば《出会うものなので、》、心におもふことを、見るもの、きくものにつけて、いひいだせるなり。花になくうぐひす、みづにすむかはづ❸のこゑをきけば、いきとしいけるもの、いづれかうたをよまざりける《歌を詠まないものがいようか。》。ちからをもいれずして、あめつちをうごかし、めに見えぬ鬼神《きじん》をも《天地の神々を動かし、目に見えぬ鬼神をも感動させ、》、あはれとおもはせ、おとこ女のなかをもやはらげ、たけきものゝふ❹のこゝろをも、なぐさむるは歌なり。

『古今和歌集《こきんわかしゅう》』

※色文字は重要語
❶やまとうた 和歌のこと。
❷ことわざ 行い。
❸かはづ かえる。
❹ものゝふ 武士。

史料注 **古今和歌集** 九〇五（延喜五）年、醍醐天皇の命で成立した最初の勅撰和歌集。撰者は紀貫之、凡河内躬恒ら。全二〇巻で約一一〇〇首を収める。

❷ 土佐日記 ★★☆☆☆

をとこ《(男)》もすなる日記といふものを、をむな《(女)》もしてみんとてするなり。それの《(某)》とし《年)》❶のしはす《(一二月)》のはつか《(二〇日)》あまりひとひの ひ《(日)》のいぬ《(戌)》のときに❷、かどです《(門出)》。そのよし《(由)》、いさゝかものにかきつく。

『土佐日記《とさにっき》』

❶それのとし 九三四（承平四）年。
❷いぬのとき 午後七時から九時の間。

史料注 **土佐日記** 紀貫之が土佐守の任期を終えて帰京するまで（九三四年一二月二一日～翌年二月一六日）の日記風の紀行文。

解説 文化の国風化を示すものに**かな文字**の発達がある。かな（仮名）とは、本来「真名《まな》（漢字）」に対する仮《かり》の字の意味で、万葉仮名の草書体を簡略化した**平がな**と漢字の偏《へん》・旁《つくり》・冠《かんむり》などの一部を表音符号として用いた**片かな**があるが、公的な文書の文字としてはなじまないものであった。仮名は、既に九世紀に私的な和歌の贈答や書簡に使用されているが、その公的な地位を高めたのが『**古今《こきん》和歌集**』仮名序《かなじょ》であり、『土佐日記』である。

❸ 末法思想の流布 ★☆☆☆☆

永承《えいしょう》七年❶壬辰《みずのえたつ》正月廿六日《（二十）》癸酉《みずのととり》。……今年始めて末法《まっぽう》に入る。

（永保《えいほ》元年《（一〇八一）》）九月十五日戊戌《つちのえいぬ》未時《ひつじのとき》、山僧❷数百の兵衆《へいしゅう》を引率《いんそつ》して三井寺《みいでら》に行き向ふ。重ねて残りの堂舎僧房《どうしゃそうぼう》等を焼き畢《おわ》る❸と云《い》ふ。……門人❹上下各々皆山林に逃《に》げ隠れ、或《あるい》は悲しみを含みて黄泉《よみ》に入り《あの世に行き、》、或は愁《うれい》を懐《いだ》きて蒼天《そうてん》を仰《あお》ぐ。今年末法に入りてより三十年を経《へ》たり。

『扶桑略記《ふそうりゃくき》』

❶永承七年　一〇五二年。この年が釈迦入滅後、二〇〇一年目にあたるとされた。
❷山僧　比叡山延暦寺の僧。三井寺と対立していた。
❸焼き畢る　既に六月にも山僧による焼き打ちがあった。
❹門人　三井寺の僧。

史料注　**扶桑略記**　三一頁参照。

探究9　末法思想流布の上で僧兵の横暴がどのように影響したか。

❹ 空也《くうや》の活動 ★☆☆☆☆

沙門《しゃもん》❶弘也《くうや》❷は、父母を言はず《両親を語らず》、亡命《ぼうめい》❸して世にあり。或《ある》は云《いわ》く、潢流《こうりゅう》❹より出でたりといふ《ある人は皇室の血筋であるという》。口に常に弥陀仏《みだぶつ》を唱ふ。故に世に阿弥陀聖《あみだのひじり》と号《な》づく。或は市中に住して仏事を作《な》し、また市聖《いちのひじり》と号づく。嶮《さか》しき路に遇ひては即ちこれを鏟《けず》り《険しい道にあってはすぐに道を開削し、》、橋なきに当りてはまたこれを造り、井なきを見るときはこれを掘る。号づけて阿弥陀の井と曰《い》ふ。

『日本往生極楽記《にほんおうじょうごくらくき》』

❶沙門　僧。
❷弘也　空也（九〇三―九七二）。
❸亡命　本籍地から離れること。
❹潢流　皇室。

史料注　**日本往生極楽記**　慶滋保胤著。十世紀後半に成立した最初の往生伝。聖徳太子をはじめとして、皇族から僧・庶民にいたる計四五人の極楽往生の伝記を収録している。

解説　浄土信仰の民衆への布教に大きな役割を果たしたのが、聖《ひじり》と呼ばれる民間の宗教者である。その先駆者と評価される**空也**は、若い頃から在俗の修行者として諸国をめぐり、「南無阿弥陀仏」を唱えながら道路・橋・寺などを造り、社会事業を行い、念仏を広めていった。空也ゆかりの京都六波羅蜜寺《ろくはらみつじ》には、念仏を唱える口から六体の阿弥陀が現れたといわれる伝承のままにあらわされた『空也上人立像』があり、運慶の四男康勝の手になる鎌倉彫刻の傑作として名高い。

⬆空也上人立像　六波羅密寺蔵
（康勝作・鎌倉時代）

5 往生要集 ★☆☆☆☆

要点ナビ 源信が記した、念仏による極楽往生のすゝめ。

夫《そ》れ往生極楽《おうじょうごくらく》の教行《きょうぎょう》は、濁世末代《じょくせまつだい》❶の目足《もくそく》❷なり。道俗貴賤《どうぞくきせん》、誰か帰《き》せざる者あらん。但《ただ》し、顕密《けんみつ》❸の教法は、其文一《そのもんいつ》に非《あら》ず。事理《じり》の業因《ごういん》❹は、其《そ》の行惟《こ》れ多し。利智《りち》精進《しょうじん》の人は、未《いま》だ難《かたし》と為《な》さず。予《よ》の如《ごと》き頑魯《がんろ》の者❺、豈《あ》に敢《あえ》てせんや。是《こ》の故《ゆえ》に念仏の一門に依《よ》りて、聊《いささ》か経《きょう》論《ろん》の要文《ようもん》を集む。之《これ》を抜《ひら》き之を修《しゅう》するに、覚《さと》り易《やす》く行ひ易し。総じて十門❻あり、分《わか》ちて三巻と為す。一に厭離《おんり》穢土《えど》❼、二に欣求浄土《ごんぐじょうど》❽、三に極楽の証拠《しょうこ》、四に正修念《しょうじゅねん》仏《ぶつ》、五に助念《じょねん》の方法、六に別時《べつじ》念仏、七に念仏の利益《りやく》、八に念仏の証拠、九に往生の諸業、十に問答料簡《もんどうりょうけん》❾なり。之を座右《ざゆう》に置きて廃忘《はいぼう》❿に備へよ。

〔『往生要集《おうじょうようしゅう》』序《じょ》〕

通釈 極楽に往生するための教理と修行は、濁った末世に生きるものにとっての導きの糸である。僧・俗人・貴族・庶民を問わず、皆、それに帰依していくのは当然だ。ただ、顕教・密教の教えは、その内容が多岐にわたり、往生するために必要な行いもいろいろと多い。それでも、智力にすぐれていて精進できる人にとっては困難でないだろうが、私のように愚かな者は、ためらわざるを得ない。だから、念仏の宗派の立場から、経論の中の重要部分の抜き書きを、ここに集めてみた。この本（往生要集）を開いて学べば、教理を覚り易く、修行も容易になるだろう。この本は一〇章からなり、三巻に分けてある。一章は穢《けが》れた現世を厭《いと》い離れること、二章は浄土に往生することを願い求めること、三章は経文による極楽の（実在の）証明、四章は正しい念仏の修め方、五章は念仏を助ける方法、六章は日時を定めて念仏すること、七章は念仏による利益、八章は念仏すれば往生できることの証明、九章は往生するための種々の行い、一〇章はほかの宗派との問答体による比較である。この本を座右に置いておき、忘れそうになったら、読まれるとよい。

❶**濁世末代** 濁った末世。
❷**目足** 道標、導き。
❸**顕密** 顕教と密教。
❹**事理の業因** 悟りを開き成仏するために必要な修行。
❺**頑魯の者** 頑固で愚かな者。
❻**十門** 『往生要集』は一〇の章からなる。
❼**厭離穢土** 娑婆《しゃば》、すなわち現世を厭《いと》い離れること。
❽**欣求浄土** 浄土に往生することを願い求めること。
❾**問答料簡** 問答してはかり比べること。
❿**廃忘** 信心を忘れること。

史料注
往生要集 源信（恵信僧都《えしんそうず》）が九八五（寛和元）年著した仏教経論集。多くの経論をひき、極楽往生するために念仏すべきことを説いている。

探究10 摂関・院政期になって浄土教は、なぜ急に勃興したか。

解説 平安後期の浄土信仰の流行は、**末法《まっぽう》思想**によるところが大きい。釈迦《しゃか》入滅後一〇〇〇年で像法の世、さらに一〇〇〇年で末法の世に入り、絶え間ない天災地変と戦乱が人々を苦しめると信じられていた。当時の世相はまさに末法を感じさせるものであったため、人々の不安は増し、阿弥陀如《あみだにょ》来《らい》によって救われ極楽往生《ごくらくおうじょう》することを願う浄土信仰が盛んになったのである。源信《げんしん》の『往生要集』は浄土教学の確立に大きな影響を与える著作となった。

第2編　中世

史料年表

時代	西暦（元号）	政治・経済・社会・文化	関連史料	朝鮮	中国
平安時代	1069(延久元)年	延久の荘園整理令	p. 100	高麗	宋
	1086(応徳３)年	院政の開始	p. 101		
	1156(保元元)年	保元の乱	p. 106		南宋／金
	1159(平治元)年	平治の乱	p. 106		
	1167(仁安２)年	平清盛、太政大臣になる	p. 106		
	1180(治承４)年	福原遷都	p. 106		
		治承・寿永の乱(～85年)			
鎌倉時代	1185(文治元)年	守護・地頭の設置	p. 108		
		壇ノ浦の戦い			
		平氏滅亡			
		このころ鎌倉幕府成立	p. 108		
	1192(建久３)年	源頼朝、征夷大将軍となる			
	1221(承久３)年	承久の乱	p. 111		
	1232(貞永元)年	御成敗式目制定	p. 117		
	1274(文永11)年	文永の役（元寇）	p. 128		元
	1281(弘安４)年	弘安の役（元寇）			
	1297(永仁５)年	永仁の徳政令	p. 129		
		このころ悪党の活躍	p. 131		
	1333(元弘３)年	鎌倉幕府滅亡			
建武の新政	1334(建武元)年	建武の新政	p. 143		
室町時代（南北朝）	1336(建武３・延元元)年	建武式目制定	p. 150		
		南北朝の動乱	p. 152		
	1338(延元３・建武５)年	足利尊氏、征夷大将軍になる			
	1352(文和元・正平７)年	半済令発布	p. 156		
	1392(元中９・明徳３)年	南北朝の合体	p. 153	朝鮮	明
室町時代	1401(応永８)年	足利義満、日明貿易の開始	p. 177		
	1428(正長元)年	正長の徳政一揆	p. 168		
	1429(　〃　２)年	播磨の土一揆	p. 168		
	1441(嘉吉元)年	嘉吉の変	p. 170		
		嘉吉の徳政一揆	p. 171		
室町時代（戦国）	1467(応仁元)年	応仁の乱	p. 159		
	1485(文明17)年	山城の国一揆	p. 163		
	1488(長享２)年	加賀の一向一揆	p. 164		

関連地図

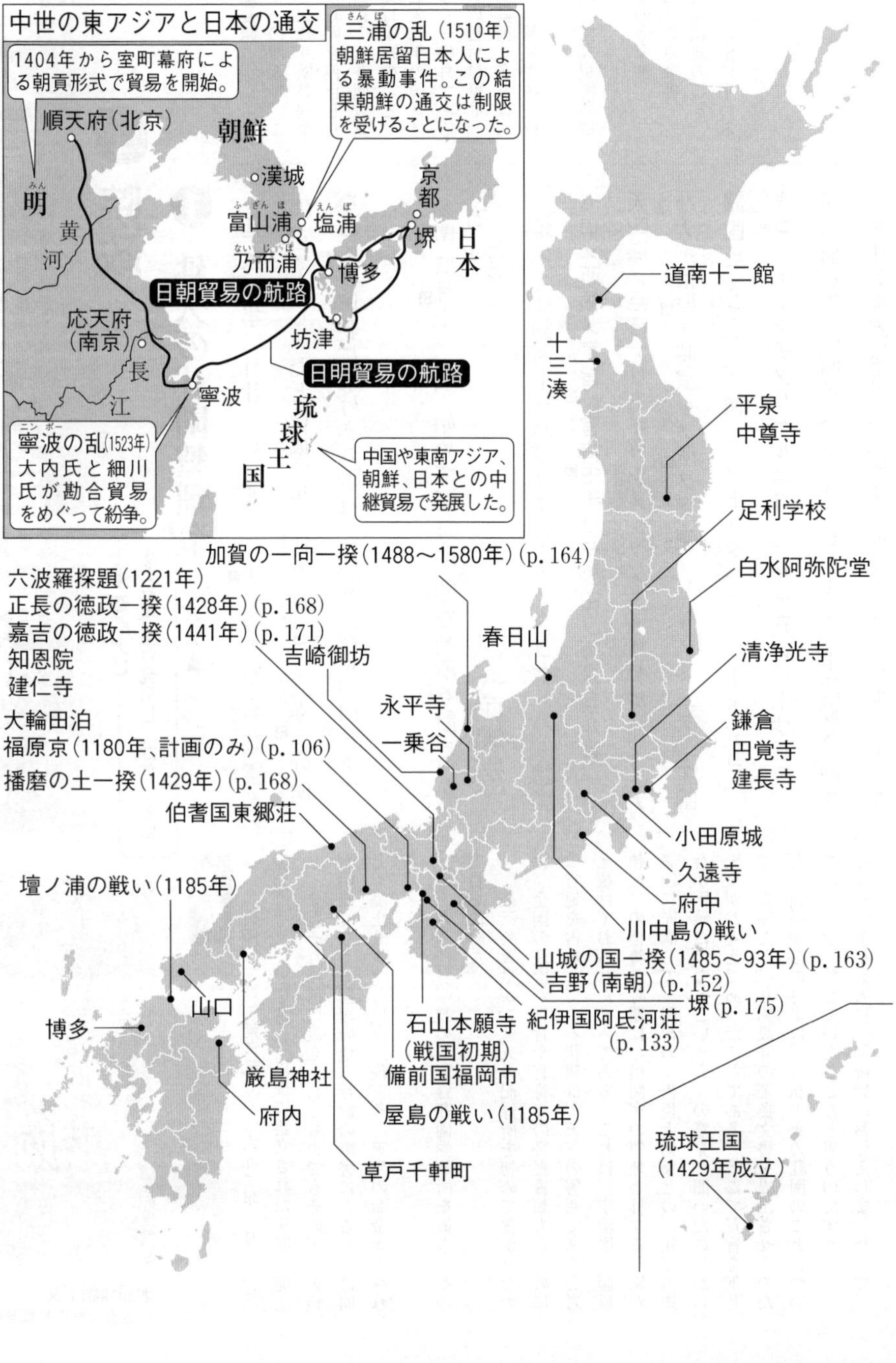

中世の東アジアと日本の通交
1404年から室町幕府による朝貢形式で貿易を開始。
順天府(北京)
明《みん》
黄河
応天府(南京)
長江
寧波
寧波《ニンボー》の乱(1523年)大内氏と細川氏が勘合貿易をめぐって紛争。
朝鮮
漢城
富山浦《ふざんほ》
塩浦《えんぽ》
乃而浦《ないじぼ》
三浦《さんぽ》の乱(1510年)朝鮮居留日本人による暴動事件。この結果朝鮮の通交は制限を受けることになった。
京都
堺
日本
博多
坊津
日朝貿易の航路
日明貿易の航路
琉球王国
中国や東南アジア、朝鮮、日本との中継貿易で発展した。
道南十二館
十三湊
平泉
中尊寺
足利学校
白水阿弥陀堂
清浄光寺
鎌倉
円覚寺
建長寺
小田原城
久遠寺
府中
川中島の戦い
山城の国一揆(1485〜93年)(p. 163)
吉野(南朝)(p. 152)
堺(p. 175)
紀伊国阿氐河荘
(p. 133)
加賀の一向一揆(1488〜1580年)(p. 164)
春日山
六波羅探題(1221年)
正長の徳政一揆(1428年)(p. 168)
嘉吉の徳政一揆(1441年)(p. 171)
知恩院
建仁寺
吉崎御坊
永平寺
一乗谷
大輪田泊
福原京(1180年、計画のみ)(p. 106)
播磨の土一揆(1429年)(p. 168)
伯耆国東郷荘
壇ノ浦の戦い(1185年)
山口
博多
厳島神社
府内
石山本願寺
(戦国初期)
備前国福岡市
屋島の戦い(1185年)
草戸千軒町
琉球王国
(1429年成立)

第4章　中世社会の形成

1 院政

1 延久の荘園整理令 ★★★☆☆

要点ナビ
後三条天皇が発令し、かなり徹底。

延久《えんきゅう》元年二月廿《(二十)》三日、寛徳《かんとく》二年❶以後の新立《しんりゅう》荘園《しょうえん》を停止《ちょうじ》すべし。たとひ彼《か》の年以往《いおう》と雖《いえど》も、立券《りっけん》❷分明《ぶんみょう》ならず、国務に妨げある者は、同じく停止の由宣下《せんげ》す。……

閏《うるう》二月❸十一日、始めて記録庄園券契所《しょうえんけんけいじょ》❹を置き、寄《より》人《うど》❺等《ら》を定む。　『百錬抄《ひゃくれんしょう》』

延久ノ記録所トテハジメテヲカ《(置)》レタリケルハ、諸国七道ノ所領ノ宣旨《せんじ》❻官符《かんぷ》❼モナクテ公田《くでん》ヲカスムル事、一《いっ》天《てん》四《し》海《かい》ノ巨害《こがい》ナリトキコシメシツメテ《(聞こえ召しつめて)》アリケルハ、スナハチ宇治《うじ》殿❽ノ時、一ノ所❾ノ御領《ごりょう》〱トノミ云《いい》テ、庄園諸国ニミチテ《(満ちて)》受《ず》領《りょう》ノツトメタヘガタシ《(勤め耐えがたし)》ナド云《いう》ヲ、キコシメシ《(聞こし召し)》モチタリケルニコソ。サテ宣旨ヲ下サレテ、諸人領知《りょうち》ノ庄園ノ文書《もんじょ》ヲメサレケルニ《(召されけるに)》、宇治殿ヘ仰《おおせ》ラレタリケル御返事ニ、「皆サ心得ラレタリケルニヤ。五

※色文字は重要語

❶寛徳二年　一〇四五年。この年には、寛徳荘園整理令で、新立の荘園を停止した。

❷立券　国家による荘園設立許可書の発行手続のこと。

❸閏二月　延久元年の閏月は二月ではなく一〇月であるため、史料の日付は疑問。

❹記録庄園券契所　各荘園の証拠書類（券契）の調査機関。

❺寄人　記録荘園券契所の職員。

❻宣旨　天皇の命令書。

❼官符　太政官の命令書。

❽宇治殿　藤原頼通のこと。

❾一ノ所　最上の座にすわる者。摂関のこと。

通釈

〔（『百錬抄』の）延久元（一〇六九）年二月二三日〕「寛徳二（一〇四五）年以後に新立された荘園を廃止し、またそれ以前に設立されたものでもその証拠書類が明瞭でなく、国司の地方行政の障害になるものは同じく廃止せよ」という（後三条）天皇の命令が下された。……

閏二月一一日、初めて記録荘園券契所を置き、その職員を決めた。

（後三条天皇が）延久の記録所を初めて置かれたのは、全国の荘園が宣旨や官符等の証拠書類もないのに公有地を占拠している状態は、天下の害悪であると考え続けておられたからである。これは、宇治殿（藤原頼通）の権勢の時期に「摂関家の領地と称する荘園が諸国に充満して、国司の（租税上納などの）任務の遂行が困難だ」などという人々の意見を聞いたころから、天皇がお考えであったことである。そこで宣旨を下して、貴族たちに荘園設立の証拠文書を提出させたのだが、頼通からの返事は、「（私の家の荘園のことについては）皆が了解していたことだと思うのですが……。私は五〇余年も天皇の御後見にお仕えしましたので、

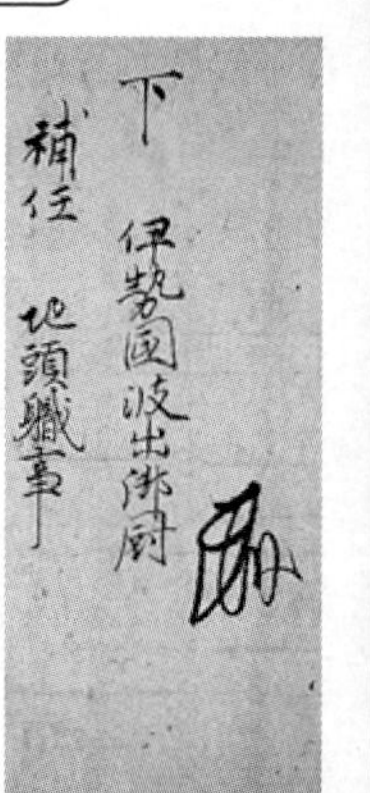

㊤源頼朝下文
東京大学史料編纂所蔵

十余年君ノ御《おん》ウシロミ[10]ヲツカウマツリテ候《そうらい》シ間、所領モチテ候者ノ強縁《ごうえん》[11]ニセンナンド《(等)》思ヒツツヨセタビ候ヒシカバ、サニコソナンド申タルバカリニテ、マカリスギ候キ。ナンデウ文書カハ候ベキ。……」ト、サハヤカニ申サレタリケレバ、アダニ御支度《したく》サウイ《(相違)》ノ事ニテ、ムゴニ《(無期)》御案《ごあん》アリテ、別ニ宣旨ヲクダサレテ、コノ記録所ヘ文書ドモメス《(召す)》コトニハ、前大相国《さきのだいしょうこく》[12]ノ領ヲバノゾク《(除く)》ト云宣下《いうせんげ》アリテ、中〳〵ツヤ〳〵ト御沙汰《ごさた》ナカリケリ。『愚管抄《ぐかんしょう》』

所領を持つ人々が縁故を求めて寄進してきました。ただ『そうか、そうか。(解った)』と言うだけで今まで過してきました。何で証拠文書などありましょうか。……」ということだった。こうはっきり言われては、計画が狂ってしまい、(天皇は)いつまでも御思案された末に、結局、別に宣旨を下して、記録所への文書提出については、頼通の荘園を除外すると命ぜられた。こんなことで、すっきりとした処置にはならなかったのである。

10君ノ御ウシロミ　天皇の後見。摂関のこと。頼通は三代の天皇の後見をつとめた。

11強縁　権力者との縁故。

12前大相国　前太政大臣の中国的言い方。

史料注

百錬抄　九三頁参照。

愚管抄　天台座主慈円（九条兼実の弟）が一二二〇（承久二）年著した、神武から承久の乱前までの歴史書（一四〇頁参照）。

解説　藤原氏を生母にもたない**後三条天皇**は、摂関家から距離を置いて親政を開始した。国家財政の再建のためには、従来不十分であった荘園整理を徹底する必要があった。**延久の荘園整理令**は一〇六九（延久元）年二月二三日と三月二三日の二回出された。その概要は①一〇四五（寛徳二）年以後の新立荘園は認めない、②一〇四五年以前であっても証拠文書のない荘園は整理する、③文書があっても国司行政の障害になる荘園は整理する、という内容である。

後三条天皇は、太政官に記録荘園券契所をもうけ、反摂関家の立場にある大江匡房らを職員に起用した。そこでは、国司提出の書類を審査し詳細な調査の上で荘園整理を判断した。当時最大の荘園領主であった摂関家の所領について『愚管抄』は、藤原頼通の所領だけは特例とされたと述べている。しかし、実際には特例はごく一部にとどまり頼通の荘園も整理された。

探究1

① 延久の記録所は、だれがどのような目的で設けたか。

② 延喜と延久の整理令に対する藤原氏の態度に、どのような違いがあるかを調べよ。

2 院政の開始　★★☆☆☆

要点ナビ　院政の開始について、北畠親房が批判。

白河院《しらかわいん》……天下《あめのした》ヲ治《おさめたまう》給コト十四年。……世ノ政《まつりごと》ヲハジメテ院中《いんちゅう》ニテシラセ給《たまう》。後ニ出家《しゅっけ》セサセ給《たまい》テモ猶《なお》ソノマヽニテ御一期《おんいちご》[1]ハスゴサセマシ〳〵キ。……此《この》御代《みよ》[2]ニハ院ニテ政ヲキカセ給《たま》ヘバ、執柄《しっぺい》[3]ハタヾ職ニソナ

1御一期　御一生。

2此御代　白河上皇の御代。

3執柄　摂政・関白の別称。

4宣旨　詔勅より簡単な手続で出される天皇命令。

通釈

白河上皇が……天皇として国を治められたのは一四年間であった。……その後、初めて政治を院中から指導され、出家して法皇となられても、そのまま亡くなるまで院政を続けられたのである。この時は、院で政治が処理されたので、摂関はただ名前だけのものと

ハリタルバカリニナリヌ。サレドコレヨリ又《また》フルキスガタハ一変《いっぺん》スルニヤ侍《はべり》ケン。執柄世ヲオコナハレシカド、宣旨《せんじ》**4**・官符《かんぷ》**5**ニテコソ天下ノ事ハ施行《せこう》セラレシニ、此御時《このみよ》ヨリ院宣《いんぜん》**6**・庁御下文《ちょうのおんくだしぶみ》**7**ヲオモクセラレシニヨリテ、在位《ざいい》ノ君又位《きみまたはくらい》ニソナハリ給ヘルバカリナリ。世ノ末ニナレルスガタナルベキニヤ。

『神皇正統記《じんのうしょうとうき》』

なった。（この点だけみると摂関の存在しない昔に戻ったかのようだが）しかし、実はこの時から古い政治の姿が一変していったのである。というのは、以前は、摂関が政治を指導していても、天皇の宣旨や太政官符によって天下の政治が行われていたのに、この時から、院宣や院庁下文の役割が重くなって、天皇自身も、形式的に位におられる名前だけの存在になられてしまったからである。世も末になったというべきであろう。

5官符　太政官から命令を下達する文書。

6院宣　院の命令を下達する公文書。院司が院の仰せを受けて出す奉書の形式。

7御下文　院庁下文。院庁から出す公式文書。

史料注

神皇正統記　一三三九（延元四）年南朝の中心人物北畠親房が著し、のちに後村上天皇に献じた歴史書。神代から後村上天皇までの天皇の事蹟、歴史の推移を述べ、南朝の正統性を強調した。

解説　**後三条天皇**の死後、**白河天皇**は十数年にわたる親政を行った後、一〇八六（応徳三）年、位を堀河天皇に譲り、上皇となって**院政**を開始した。その最大の目的は上皇が確実に自分の子孫に皇位を継承することにあり、摂関家から皇位継承の主導権を奪うことになった。

史料は南北朝時代の南朝をささえた北畠親房の『**神皇正統記**』である。藤原氏などの上級貴族が補佐する天皇親政を理想と考えていた北畠親房は、院政には批判的で、天皇や藤原氏の権威の低下を嘆いている。史料の記述とは異なり、実際は太政官をはじめとする朝廷が依然として政治の中心であったが、上皇から出される**院庁下文《いんのちょうくだしぶみ》**や**院宣《いんぜん》**が国政一般に影響を及ぼすようになった。

3 院政の実態　★★☆☆☆

要点ナビ　藤原宗忠の日記に見る白河院政。

法皇の御時《おんとき》初めて出来《しゅったい》せる事

受領《ずりょう》の功**1**、万石万疋《びき》**2**進上《しんじょう》の事

十余歳の人、受領と成る事

卅（三十）余国定任《じょうにん》**3**の事

我が身より始めて子三四人に至り、同時に受領と成る事

神社仏事（寺）封家の納**4**、諸国の吏全く弁済《べんさい》すべからざる事

天下の過差《かさ》日を逐《お》うて倍増し、金銀錦繡《きんしゅう》、下女の装束《しょうぞく》と成る事

通釈　白河法皇の時に新たにはじまったこと。

受領への任官を求めた成功《じょうごう》として、多くの米や絹を献上すること。

一〇歳余りの子供が受領になること。

全国で三〇国以上の国司が重任していること。

本人も含めて子供三・四人が同時に受領になること。

寺社の封戸としての支給分を、諸国の受領が全く納めないこと。

世の中が贅沢になり、金銀をちりばめた豪華で美しい衣装が下女の装束にも使われるようになったこと。

（白河法皇が）出家した後でも受戒しないこと。

1受領の功　受領（国司）任官を求めた成功。成功は売官の一種。

2万石万疋　石は米を、疋は織物を数える単位。

3定任　重任。国司の任期後も交代せずに留任すること。

4神社仏事封家の納　寺社に与えられた封戸。封戸とは、民戸を与え、そこからの税の大部分を与える制度。

5御受戒　出家するものが受

けるべき戒め。

史料注

中右記 中御門右大臣藤原宗忠の日記。記事は一〇八七年から一一三八年に及び、院政期の政治、社会情勢を詳述している。

源平盛衰記 一三世紀半ばに成立した軍記物。著者不詳。源平の争乱を描き、平家物語の異本とみるべきだが、平家物語が語りを対象としているのに対し、読みを対象とした文体をとっている。

探究2

① 院政が行われた目的を述べよ。
② 律令政治・摂関政治・院政を次の項目ごとに比較せよ。
(イ) 経済的基盤
(ロ) 政治機関とその職員
(ハ) 命令文書
③ どのような人びとが院政をささえたか。

要点ナビ 後白河法皇が、民間歌謡を編纂。

1 九品 西方浄土に往生する

御出家の後、御受戒《じゅかい》[5]なき事 『中右記《ちゅうゆうき》』―

参考 **天下三不如意《さんふにょい》** ★☆☆☆

白河の院は、**賀茂《かも》川の水、双六《すごろく》の賽《さい》、山法師《やまほうし》**、是《こ》れぞ朕《ちん》が心に随《したが》はぬ者と、常に仰《おお》せの有りけるとぞ申し伝へたる。 『源平盛衰記《げんぺいせいすいき》』

解説 院政は、天皇に譲位した上皇（出家後は法皇）が院庁において、「**治天《ちてん》の君《きみ》**」として、子や孫の天皇に代わって政治を行う政治形態である。

白河上皇以来、後醍醐天皇が親政を回復するまで院政は続き、中世の朝廷では通常の政治形態となるが、一般的には、一二世紀末の白河・鳥羽・後白河上皇の治世を院政期と呼んでいる。

院政を支えていたのは、**院近臣《いんのきんしん》**と呼ばれる院の側近である。院近臣は上皇の外戚《がいせき》を含む上級貴族に加えて、地方で勢力を蓄えた受領層や実務官僚など中・下級貴族である。

『中右記《ちゅうゆうき》』の掲載箇所では、特に受領に関する新たな状況が語られている。受領やその一族が成功《じょうごう》などの手段で国司に任官されたり、重任されたりする様子がわかる。

またこの頃は、知行国制度や院分国制度が急速に拡大し、公領が上皇や知行国主、受領などの私領地化し、院政を支える経済的基盤となった。そうした中、院政を行う上皇に絶大な権力が集中したことが、「天下三不如意」の史料からうかがい知ることができる。

そして、院政期の天皇家の後継争いや、院近臣同士の主導権争いなどは、やがて保元・平治の乱の火種となっていく。

Spot

僧兵と強訴

僧兵とは、武装した僧の集団のことである。平安時代に急激に増大した寺領荘園や末寺の組織化をめぐって、大寺社同士の対立や、国司との紛争から自衛するために組織された。僧兵は、主に雑役を担当し、大寺院の僧侶集団では下位に位置する堂衆と呼ばれる人々が中心であった。特に奈良法師と呼ばれた興福寺、山法師《やまほうし》と呼ばれた延暦寺、寺《てら》法師《ほうし》と呼ばれた園城寺の僧兵は勢力が大きかった。僧兵という呼び名は近世以降のもので、当時は悪僧と呼ばれた。大寺院同士の抗争や各国国司との衝突などをめぐり、大寺院は朝廷への訴訟を繰り返すことになる。この時、延暦寺は日吉社の神輿、興福寺は春日社の神木という宗教的シンボルを押し立て、僧兵を中心に実力行使を行った。これを強訴といい、白河院政期以降急速に増加する。

4 梁《りょう》塵《じん》秘《ひ》抄《しょう》――今様《いまよう》 ★☆☆☆

浄土《じょうど》は数多《あまた》あむなれど、弥陀《みだ》の浄土ぞ勝れたる、九《ここの》―

通釈 浄土にもいろいろあるというけれど、阿弥陀様の浄

人には九段階がある。

❷十悪五逆の人　罪深い凡夫。

❸蝸牛　「まいまいつむり」ともいう。触角を振って歩く姿が「舞う」と見られた。

史料注

梁塵秘抄　一二世紀末、後白河法皇が撰した今様など流行歌謡集。現存するものは約五七〇首。

品《しな》❶なむなれど、下品下《げぼんげ》にてもありぬべし

弥陀の誓《ちかい》ぞ頼もしき、十悪五逆《じゅうあくごぎゃく》の人❷なれど、一たび御名《みな》を唱《とな》ふれば、来迎引接《らいごういんじょう》疑はず

舞へ〳〵蝸牛《かたつむり》❸舞はぬものならば、馬の子や牛の子に蹴《け》させてむ、踏破《ふみわら》せてむ、真に愛《うつく》しく舞うたらば、華《はな》の園まで遊ばせむ

『梁塵秘抄《りょうじんひしょう》』

土がいい。その中でも九品あるというけれど、一番下の下品下でもよいから往生したい。

阿弥陀様の誓願は頼もしい。十悪五逆の悪業を積んでいても、一度仏を念じて御名を唱えれば、臨終のとき、浄土から来迎され、浄土へ引き導いてくださる。

（頭上の触角を振って）舞え舞え、蝸牛。舞わないなら（僕らが番している）馬や牛の子に蹴らせて殻を破らせるぞ。美しく舞ったら、お花畑まで連れてって、遊ばせてやる。

解説　平安末期には、武士や**田堵**《たと》・**名主**《みょうしゅ》などの有力農民の台頭により、貴族文化に新たな要素が加わった。この頃白拍子という遊女を中心に民間で流行した歌謡が**今様**《いまよう》である。後白河法皇はみずから今様を白拍子らに学んで、『梁塵秘抄』として編纂した。掲載の歌謡から、浄土教の影響が庶民に広がっていることがわかる。

Spot

中世の飢饉

歴史学は、人びとの営みを学ぶ学問である。そこで忘れてはならないのは、人びとの暮らしは自然環境の中でなりたっていることである。現在でも天候が農作物の収穫に大きく影響し、人々の暮らしを左右するが、とくに中世に生きる人びとにとっては、気候の変化は生死に直結する大問題であった。七・八月の平均気温二十一度の岩手県三陸地方を例にとってみると、平均気温が一度下がると、稲の収穫量が半分以下になるような大冷害の確率が五倍にはね上がり、一度上がるだけでその確率は七分の一になるという試算がある。

十二世紀のはじまりは、ここ千年のなかでも最暖期にあたっていたと考えられている。奥州藤原氏による平泉の繁栄も温暖な気候が作り上げたものであった。しかしこの温暖な気候は、西日本ではしばしば高温・干ばつの被害を引き起こした。養和の大飢饉は、平氏の基盤の西日本で起きた高温・乾燥が原因の飢饉であり、この時豊作の東日本から攻め上った源義仲軍に有利であったと見られている。

鎌倉時代には、冷害をきっかけに寛喜の大飢饉が一二三一年におこって、大量の犠牲者がでた。その結果、流民になったり下人化したりした人びとが増え、身分をめぐる裁判が各地で起こされたことが、一二三二年に御成敗式目制定の一つのきっかけになったと考えられている。

2 平氏政権

❶ 平氏の繁栄 ★★★☆☆

要点ナビ 『平家物語』に見る平清盛の権勢。

六波羅殿《ろくはらどの》❶の御一家の君達《きんだち》といひてしかば、花族《かしょく》❷も栄《えい》耀《ゆう》❷も面《おもて》をむかへ肩をならぶる人なし。されば入道相《にゅうどうしょう》国《こく》❸のこじうと、平大納言時忠卿《へいだいなごんときただきょう》のたまひけるは、「此《この》一門にあらざらむ人は皆人非人《にんぴにん》なるべし」とぞのたまひける。かゝりしかば、いかなる人も相構《あいかまえ》て其《その》ゆかりにむすぼゝれむとぞしける。衣文《えもん》のかきやう、烏帽子《えぼし》のためやうよりはじめて、何事も六波羅様《よう》といひてげれば、一天四海《いってんしかい》の人皆是《これ》をまなぶ。……吾身《わがみ》の栄花を極《きわむ》るのみならず、一門共に繁昌《はんじょう》して、嫡子重盛《ちゃくししげもり》、内大臣の左大将、次男宗盛《むねもり》、中納言の右大将、三男知盛《とももり》、三位《さんみ》中将、嫡孫維盛《ちゃくそんこれもり》、四位少将、惣《そう》じて一門の公卿《くぎょう》❹十六人、殿《てん》上人《じょうびと》❺卅《（三十）》余人、諸国の受領《ずりょう》、衛府《えふ》、諸司、都合《つごう》六十余人なり。世には又《また》人なくぞみえられける。……日本秋津嶋《あきつしま》は纔《わずか》に六十六箇《か》国、平家知行《ちぎょう》の国❻卅余箇国、既《すで》に半国にこえたり。某外《そのほか》庄園田畠《しょうえんでんばた》いくらといふ数を知《しら》ず。綺羅《きら》充満《じゅうまん》して、堂上《とうしょう》花の如《ごと》し。軒騎《けんき》群集し

通釈

六波羅殿（平清盛公）の一族の貴公子たちといえば、上級貴族の家柄の人でも対等につきあえる人はいなかった。そこで、清盛の妻の弟、平時忠は「この平家一門でなければ人ではない」と言ったものだ。そんな訳で世間の人はどの人も、なんとかしてこの一門の縁につながろうとした。衣服のえりもとの合わせ方、烏帽子の曲げ具合から始まって、何でも六波羅式とさえいえば、国中の人がその真似《まね》をした。……清盛は、自分自身が栄花をきわめただけでなく、一門全体が繁栄し、嫡子重盛は内大臣兼左大将、次男宗盛は中納言兼右大将、三男知盛は三位中将、嫡孫（重盛の子）維盛は四位少将となり、すべて合わせると、一門の公卿が一六人、殿上人が三〇余人、諸国の受領や衛府、諸司の長官が六〇余人にも上った。世の中には、平家一門以外には人がいないように思われた。

日本は、わずか六六か国なのに、平家の知行国は三〇余か国で、半分以上を占めている。そのほか、荘園や田畑の領有はどのくらいあるのかわからない。きらびやかな服装の人々が満ちあふれて、屋敷には花が咲いたようである。その門前には、車や馬が群がって市場のようなにぎやかさである。楊州の金、荊州の珠、呉郡の綾、蜀江の錦など珍しい財宝が集まり、何一つ欠けているものはない。歌舞《かぶ》用の堂閣や、珍しい趣向

※色文字は重要語

❶六波羅殿　平清盛のこと。京都六波羅に屋敷があったための呼称。

❷花族・栄耀　花族は華族、栄耀は英雄の誤り。両方とも清華の別称。清華とは、貴族のうち摂関家に次ぐ家柄のこと。

❸入道相国　出家した太政大臣。ここでは清盛をさす。

❹公卿　朝廷の最高機関の構成員。公とは大臣、卿は大納言・中納言・参議及び三位以上の上級官人をさす。

❺殿上人　清涼殿の殿上の間に昇ることの許された四位・五位の廷臣の通称。

❻知行の国　一国の支配権が、特定個人に与えられるもの。与えられた知行国主は国司（守）を推薦する権利を持ち、朝廷へわずかな額を納めるほかは、自分の収入とできた。

❼楊州・荊州・呉郡・蜀江　いずれも中国の地名。文中

て、門前市をなす。楊州《ようしゅう》の金《こがね》、荊州《けいしゅう》の珠《たま》、呉郡《ごきん》の綾《あや》、蜀江《しょくこう》の錦《にしき》❼、七珍万宝一《しっちんまんぽうひとつ》として闕《かけ》たる事なし。歌堂舞《かどうぶ》閣《かく》の基《もとい》、魚龍爵馬《ぎょりょうしゃくば》❽の翫《もてあそび》もの、恐《おそら》くは帝闕《ていけつ》❾も仙《せん》洞《とう》❿も是にはすぎじとぞみえし。
『平家物語《へいけものがたり》』

の玩具《がんぐ》なども集められて、おそらくは内裏や上皇の御所も、これ以上ではあるまいと思われた。

の物品はそれぞれの名産物。
❽**魚龍爵馬**　魚が龍に変じてうねり歩いたり、馬などが走るように作った演芸。
❾**帝闕**　皇居・内裏。
❿**仙洞**　上皇の御所。

史料注
平家物語　平氏一族の盛衰を仏教の無常観を基調にして描いた軍記物語で、鎌倉前期の成立とされる。作者は信濃前司行長などの説があるが不詳。琵琶《びわ》法師によって語られたため異本も多い。

探究3
① 保元・平治の乱の歴史的意義を述べよ。
② 平氏政権の性格を述べよ。

解説　**保元の乱**と**平治の乱**の勝利により、**平清盛**は**後白河法皇**の信任のもと勢力を伸ばした。太政大臣に就任後の一一七一（承安元）年、娘徳子を高倉天皇の中宮として入内させた。まさに平氏の全盛の到来である。平時忠の言葉「此一門にあらざらむ人は皆人非人なるべし」の一節はあまりにも有名である。しかし一方で法皇との対立も始まっていた。**鹿ケ谷《ししがたに》の陰謀《いんぼう》**（一一七七年）をきっかけに、清盛はクーデターを起こし、法皇を鳥羽殿に幽閉《ゆうへい》し院政を停止した。史料にある、全国の半分を超える三〇余箇国の知行国を領有した、というのはクーデター後のことである。また、平家一門が就いた公卿・殿上人以下中央・地方諸官庁の上級官人も飛躍的に増えたことも事実だが、史料にある数字は、ある時点の数ではなく、延べ人数と考えた方が良い。

平氏政権は、経済的基盤が多くの荘園や知行国であったこと、**外戚《がいせき》**となることに力を注ぎ、一族で律令官制の高位高官を占めた点など、貴族的性格を強く残していた。一方で、西国の武士を家人として組織したり、荘園、公領の一部に地頭として在地武士を任命するなど、武家政権的な側面も見いだせる。さらに、大輪田泊《おおわだのとまり》（現在の神戸港）を修築し、音戸《おんど》の瀬戸《せと》の開削《かいさく》による瀬戸内航路の開発によって**日宋貿易**を活発に行ったことも、斬新な面である。史料後半では、宋からの輸入品が平氏の屋敷を飾っていたことがうかがえる。

❷ 福原遷都　★★★★☆

治承《じしょう》四年水無月《みなづき》の比《ころ》、にはかに都遷《うつ》り侍《はべ》りき。いと思ひの外《ほか》なりし事なり。おほかた、この京❶のはじめを聞けることは、嵯峨《さが》の天皇の御時❷、都と定まりにけるより後、すでに四百余歳を経《へ》たり❸。ことなるゆゑなくて、たやすく改まるべくもあらねば、これを世の人安からず憂《うれ》

通釈　治承四（一一八〇）年六月頃、突然遷都《せんと》が行われた。まったく思いもかけないことであった。だいたい、この都の始まりについて聞くところによれば、これは嵯峨天皇の御代に都と定まったもので、その後すでに四〇〇年余りを経過している。（都は）特別の理由もなしに簡単に変えてよいはずのものではないから、この

要点ナビ　鴨長明が記す公家の反発。

❶**この京**　平安京。
❷**嵯峨天皇の御時**　桓武天皇の平安京遷都より、平城太上天皇の変（八一〇）を経て都が確定した認識が強かったのであろう。
❸**四百余歳を経たり**　誇張し

へあへる、実《げ》にことわりにも過ぎたり。されど、とかく言ふかひなくて、帝《みかど》**4**より始め奉《たてまつ》りて、大臣、公卿《くぎょう》みな悉《ことごと》く移ろひ給《たま》ひぬ。……軒《のき》を争ひし人のすまひ、日を経つゝ荒《あ》れゆく。家はこぼたれて淀河《よどがわ》**5**に浮び、地は目のまへに畠となる。人の心みな改りて、たゞ馬・鞍《くら》のみ重くす。牛・車を用する人なし。西南海《せいなんかい》**6**の領所《りょうしょ》を願ひて、東北**7**の庄園《しょうえん》を好まず。その時おのづから事の便《たよ》りありて、津《つ》の国**8**の今の京《じょうり》**9**に至れり。所のありさまを見るに、その地、程狭《ほどせま》くて条里《じょうり》を割《わ》るに足《た》らず。……古京はすでに荒れて、新都はいまだ成らず。『方丈記《ほうじょうき》』

遷都を人々が不安がり、心配したのもまことに当然すぎることであった。しかし、あれこれいっても仕方がなく、安徳天皇を始めとして、大臣や公卿たちもみなすべて移転された。……豪華を競っていた京の住宅は日に日に荒れていった。家は取り壊されて、その材木は筏《いかだ》に組まれて淀川に浮かび、宅地はまたたくまに畑となった。人々の心もみな変わり、武士風の乗馬が流行して馬・鞍のみを重んじ、公家風の牛車を使う人はいない。西海道・南海道の領地を欲しがり、東国・北国の荘園を嫌うしまつだ。その頃私（鴨長明）は、用事のついでに摂津国の福原京に行った。そこのようすを見ると、土地は狭く、町割りをすることもできない。……平安京はすでに荒れ果てて、新しい都はまだ完成していない。

た表現で、実際は四〇〇年に満たない。

4帝　安徳天皇。

5淀河　淀川。京都から流れ大阪湾に注ぐ。

6西南海　西海道九か国と南海道六か国。平氏の勢力範囲。

7東北　東海道一五か国・東山道八か国と北陸道七か国。源氏の勢力範囲。

8津の国　摂津国。

9今の京　福原。

史料注

方丈記　鴨長明《かものちょうめい》が京都郊外の日野《ひの》山の方丈庵（一丈つまり約三メートル四方）で書いた随筆。無常観を基調として著され、一二一二（建暦二）年成立。

解説　一一八〇（治承四）年、**以仁王**《もちひと》や源頼政の平氏打倒の挙兵後の六月、平清盛は福原京遷都を断行した。それは反平氏勢力の動きを恐れたためだが、**後白河法皇**を中核とした公家・寺社の拠点である平安京から離れ、日宋貿易の拠点である大輪田泊に近く、平氏支配下の福原で政権の確立をはかった面もある。史料には誇張もあるが、あわただしい遷都の様子、旧都の荒廃、人心や気風の変化が述べられている。当初から公家たちの反対に加え、こうした平氏独裁に対する諸国の反乱の拡大の中、富士川の合戦の敗戦後、一一月には平安京に還都《かんと》された。

Spot

平清盛の父は白河上皇？

清盛は、実は白河上皇の子であったとする説が、すでに鎌倉時代から存在する。父平忠盛が白河上皇の寵愛《ちょうあい》を受けていた女性を、妻として貰《もら》い受け、しかもその女性がすでに身ごもっていたというのである。いくつかの史料がそれを物語るが、伝説の発生とどちらが早いのかの疑問も残る。いずれにしても、この問題は現在立証することは大変困難である。やはり、そんな伝説が生まれたのも、清盛・平氏一門の台頭、栄華ぶりが、当時の常識を超えていたことの表れであろう。

3 鎌倉幕府の成立

❶ 東国支配権の獲得 ★☆☆☆☆

要点ナビ
源頼朝が受けた「寿永二年十月宣旨」。

（寿永《じゅえい》二年閏《うるう》十月）**1** 十三日、……東海・東山《とうざん》・北陸三道の庄園、国領**2**本《もと》の如《ごと》く領知《りょうち》すべきの由《よし》、宣下《せんげ》せらるべきの旨《むね》、頼朝申し請《こ》ふ。仍《よ》って宣旨《せんじ》**3**を下さるるの処《ところ》、北陸道許《ばか》りは義仲を恐るるに依《より》て其《そ》の宣旨を成されず。頼朝これを聞かば、定めて鬱《うつ》を結ぶか。……

寿永二年閏十月二十二日、……東海・東山道等の庄公**4**服さざるの輩《ともがら》あらば、頼朝に触れ沙汰《さた》を致すべしと云々《うんぬん》。

『玉葉《ぎょくよう》』

解説 **源頼朝**が朝廷から東国支配権を獲得したのは、一一八三年の「寿永二年十月宣旨」によってである。宣旨そのものの原文は伝わっていないが、この『玉葉』の記事からその内容を推測することができる。同宣旨は、八月に頼朝が行った申請を、十月に後白河法皇が許可する形で出されたものだが、要旨は、①東海・東山両道の荘園や国衙領は、もとのように荘園領主や知行国主が知行すること、②その命令に従わない者に対する武力行使権は頼朝に与える、というものであった。頼朝が求めた地域のうち北陸道は、源義仲に配慮し除外されたが、義仲にとってみれば、苦労して得た自己の東国支配権が否定される内容で、承服できるものではなかった。義仲は法皇に迫り、頼朝追討の院庁下文《いんのちょうくだしぶみ》を手に入れるが、逆に翌一一八四（寿永三年）一月、源義経、範頼《のりより》に攻撃され敗死した。

※**色文字は重要語**

1 寿永二年閏十月 一一八三年閏一〇月。閏月は太陰暦において、季節と暦のずれを調整するため設けられた月。

2 国領 国衙領《こくがりょう》。

3 宣旨 天皇の命令を伝える公文書。

4 庄公 荘園と国衙領。

史料注
玉葉《ぎょくよう》 親幕派の公卿九条兼実《かねざね》の日記で、一一六四（長寛二）年から一二〇三（建仁三）年までを記録。当時の政治情勢に関する貴重な史料。兼実は摂政・関白を歴任した。『愚管抄《ぐかんしょう》』の著者慈円《じえん》の兄である。

探究4 「寿永二年十月宣旨」の歴史的意義を述べよ。

❷ 守護・地頭の設置 ★★★☆☆

（文治《ぶんじ》元年十一月）十二日……凡《およ》そ今度の次第**1**関東の重事《ちょうじ》たるの間、沙汰《さた》の篇《へん》、始終の趣《おもむき》、太《はなは》だ思《おぼ》し食《め》し

通釈 （文治元〔一一八五〕年十一月）十二日……およそこの度の事態は、鎌倉幕府にとって重大なことなので、処理の仕方や見通しについて、（頼朝が）非常に心配

1 今度の次第 頼朝の叔父行家と弟義経が反逆したこと、または、二人の申請で後白

煩《わずら》ふの処《ところ》、因幡前司《いなばのぜんじ》広元[2]申して云《いわ》く、「世已《すで》に澆季《ぎょうき》、梟悪《きょうあく》の者尤《もっと》も秋《とき》を得《え》、天下反逆《はんぎゃく》の輩《ともがら》あるの条、更に断絶すべからず。而《しか》るに東海道の内に於《おい》ては御居所《きょしょ》たるによつて静謐《せいひつ》せしむと雖《いえど》も、奸濫《かんらん》定めて他方に起らんか。これを相鎮《しず》めんが為《ため》に、毎度東士《とうし》[3]を発遣《はっけん》せらるゝは、人々の煩《わずらい》なり。国の費《ついえ》なり。此《こ》の次《ついで》を以《もっ》て、諸国に御沙汰を交《まじ》へ、国衙《こくが》・庄園毎《ごと》に、守護・地頭を補《ぶ》せらるれば、強《あなが》ち怖《おそ》るる所有るべからず。早く申し請《こ》はしめ給《たま》ふべし」と云々《うんぬん》。二品《にほん》[4]殊《こと》に甘心《かんしん》し、此の儀《ぎ》を以て治定《じじょう》す。本末《ほんまつ》の相応《そうおう》、忠言の然《しか》らしむる所なり。

（文治元年十一月）廿《（二十）》八日……諸国平均に守護地頭を補任《にん》し、権門勢家《けんもんせいか》庄公を論ぜず、兵粮米《ひょうろうまい》[5]段別五升を宛《あ》て課すべきの由《よし》、今夜北条殿[6]藤中納言経房《とうのちゅうなごんつねふさ》[7]卿《きょう》に謁《えつ》し申すと云々《うんぬん》。『吾妻鏡《あづまかがみ》』

（文治元年十一月）廿八日……又聞く、件《くだん》の北条丸[8]以下の郎従《ろうじゅう》等、相分ちて五畿《ごき》・山陰《さんいん》・山陽・南海・西海[9]の諸国を賜《たま》はり、庄公を論ぜず、兵粮段別五升を宛て催《もよお》すべし。啻《ただ》に兵粮の催しのみに非《あら》ず、惣《そう》じて以て田地を知行《ちぎょう》すべしと云々。凡《およ》そ言語の及ぶ所に非ず。『玉葉《ぎょくよう》』

していたところ、大江広元が申し上げるには、「世はすでに末世で、悪人にとっては活躍の好機ですので、天下の反逆者の出現は今後もなくならないでしょう。東海道の地域内は頼朝公がおられる所（幕府の根拠地）なので穏やかですが、反乱はきっと他の地方で起ることでしょう。これを鎮圧するためにその都度、関東武士を派遣するのは、人々の負担となり、国費の無駄《むだ》づかいです。ですからこの機会に、諸国に命令を出して、国衙領・荘園ごとに守護・地頭を置くことにすれば、それほど恐れることもなくなるでしょう。この案を早急に朝廷に申請されたらいかがですか。」とのことであった。二品（頼朝公）はずいぶんと感心し、そのように決定した。このことが最初から最後までうまく落着したのは、広元の忠義の言葉によってである。

（文治元年十一月）二十八日……諸国に一様に守護・地頭を任命し、有力貴族の荘園とか国衙領とかに関わりなく、兵粮米として一段につき五升ずつ課すべきである旨を、今夜北条時政が中納言の藤原経房卿に面会し申し入れたとのことである。

（文治元年十一月）二十八日……さらに聞くところによると、北条時政以下の（頼朝の）家来たちが、「五畿・山陰・山陽・南海・西海の諸国を分割して賜り、荘園、国衙領を問わず、兵粮米を五升ずつ賦課《ふか》するとのことである。とはいっても、単に兵粮米の徴収だけにとどまらず、全面的に田地を支配することになるだろう」という。まったく言語道断である。

河法皇が頼朝追討の院宣を出したこと。

2因幡前司広元　大江広元。当時は公文所の別当であった。

3東士　関東武士。

4二品　二品とは二位のことで、頼朝をさす。頼朝はこの年四月に従二位となっていた。

5兵粮米　戦乱の際に将兵の食料として徴収した米。

6北条殿　北条時政。頼朝の妻の父で、頼朝の代理として入京していた。

7藤中納言経房　藤原経房。

8北条丸　北条時政。「丸」とは、時政を見下した呼び方。

9五畿……西海　東海・東山北陸道がないのは、これ以前に頼朝の支配権が確立していたからであろう。

史料注

吾妻鏡　鎌倉時代の出来事を幕府自身で記録した歴史書。一一八〇（治承四）年四月源頼政の挙兵から、一二六六（文永三）年七月の六代将軍宗尊親王帰京までを、幕府の公用記録、幕府役人の手記、公卿の日記などを資料として編纂される。幕府や鎌倉時代史研究の重要史料である。

玉葉　一〇八頁参照。

沙汰未練書　鎌倉幕府の訴訟手続きの解説書。一三一九（元応元）～一三二三（元亨三）年頃の成立とみられる。作者は不詳。

探究5　守護・地頭の設置が公家政権に及ぼした影響について述べよ。

参考　**鎌倉幕府の諸制度**　★☆☆☆☆

一　将軍家トハ、右大将家《うだいしょうけ》*以来、代々関東政務の君の御事《おんこと》なり。　*源頼朝のこと

一　両国司トハ、武蔵相模《むさしさがみ》両国ノ国司の御名《おんな》なり。将軍家執権《しっけん》の御事なり。　執権トハ、政務ノ御代官ナリ……

一　六波羅《ろくはら》トハ、洛中《らくちゅう》の警固並《けいごなら》びに西国の成敗《せいばい》の御事なり。

一　地頭トハ、右大将家以来、代々将軍家に奉公し、御恩を蒙《こうむ》る人の事なり。　地頭得分率法《りっぽう》の御事書これあり。

一　新補《しんぽ》地頭トハ、承久《じょうきゅう》兵乱の時、没収の地を以《もっ》て、所領等を充給《あてたま》はる事なり。

一　御家人トハ、往昔《おうせき》以来、開発領《かいほつりょうしゅ》主として、武家の御下文《おんくだしぶみ》を賜《たま》はる人の事なり。　開発領主トハ、根本私領なり。又本領トモ云ふ。

『沙汰未練書《さたみれんしょ》』

解説　後白河法皇が、源義経《よしつね》の求めに応じて、一一八五（文治元）年、頼朝追討の宣旨を与えると、大いに反発した頼朝は北条時政の大軍を入京させた。『吾妻鏡』によれば、頼朝は法皇に迫り、源義経・行家《ゆきいえ》追討の宣旨を得るとともに、二人の捜索・逮捕を目的として、**守護・地頭**設置の権限と荘園・公領から一段につき五升の兵粮米を徴収する権利を要求した。この申請が認められたことで、頼朝は公的な裏付けのもとに地方武士を組織化できることになり、さきの「寿永二年十月宣旨」で確立した東国政権から、全国的政権へ飛躍する重要な転機となる。

地頭はそれ以前から設置されており、「守護」の用語はこの時期にはのちに編集された『吾妻鏡』以外には見られないことから守護・地頭の実態は多くの論争の的になっている。守護は惣追捕使や国地頭などとも呼ばれたが、次第に用語は守護に統一された。一方の地頭（荘郷地頭）は平家没官領や謀叛人の没収地におかれ、権限も次第に整えられていった。

守護・地頭の設置は、公家や寺社などの反発を招くことになる。まもなく頼朝と同盟関係を結ぶことになる九条兼実《くじょうかねざね》でさえ『玉葉』の中で「言語道断」と記しているのは、まさに公家や寺社の声を反映してのことであろう。

Spot

「養和」の年号を使わなかった頼朝

年号の使用は、中国の前漢（前二世紀）に始まり、日本・朝鮮などで採用されたが、現在では日本のみとなっている。ところで、年号を使用するということは、その時の政権へ帰属することを意味している。例えば南北朝時代、二つの朝廷が存在し、年号も同時に二つあったとき、そのいずれを使っていたかでどちらの勢力下にあったかもわかるのである。源頼朝は、以仁王《もちひと》の令旨《りょうじ》をかかげて挙兵したが、以仁王の死後もその生存を主張し、平清盛の擁立した安徳天皇の年号「養和」を認めず、次の寿永二年まで、「治承」を使い続けた。そして後鳥羽天皇即位を一つの契機に再び朝廷の年号を使用したのである。こうした例は南北朝時代、九州を支配した足利直冬が実父尊氏《たかうじ》との対立から「観応」を採用せず、「貞和」を使っていたことなどが知られている。

4 承久の乱

① 北条義時《よしとき》追討《ついとう》の宣旨《せんじ》

★★☆☆☆

要点ナビ
後鳥羽上皇が発令させた守護・地頭への命令。

右弁官《うべんかん》下す。五畿内《ごきない》・諸国東海・東山・北陸・山陰・山陽・南海・大宰府

応《まさ》に早く陸奥守《むつのかみ》平義時朝臣《あそん》❶の身を追討し、院庁《いんのちょう》に参り裁断を蒙《こうむ》らしむべき、諸国庄園守護人地頭等の事。

右、内大臣❷宣《せん》す。勅《ちょく》を奉《うけたまわ》るに、近曾《さいつころ》関東の成敗《せいばい》と称し天下の政務を乱す。纔《わずか》に将軍❸の名を帯《お》ぶると雖《いえど》も、猶以《なおもっ》て幼稚の齢《よわい》に在《あ》り。然《しか》る間、彼の義時朝臣、偏《ひと》へに言詞を教命❹に仮り、恣《ほしいまま》に裁断を都鄙《とひ》に致す。剰《あまつさ》へ己《おの》が威《い》を燿《かがや》かし、皇憲❺を忘れたるが如し。之《これ》を政道に論ずるに、謀反《むへん》❻と謂《い》ふべし。早く五畿七道の諸国に下知《げち》し、彼朝臣を追討せしめよ。兼《かね》て又諸国庄園守護人地頭等、言上《ごんじょう》を経《ふ》べきの旨《むね》あらば、各《おのおの》院庁に参り、宜《よろ》しく上奏《じょうそう》を経べし。……

承久《じょうきゅう》三年五月十五日

〔小松美一郎《こまつよしいちろう》氏所蔵文書〕

通釈

右弁官は五畿内（山城国・大和国・河内国・和泉国・摂津国）と諸国（東海・東山・北陸・山陰・山陽・南海・大宰府）に命令する。

諸国庄園守護人地頭等は早急に陸奥守平義時朝臣（北条義時）を追討し、院庁に出頭して裁断を受けなければならない事

このことについて、内大臣（久我通光）が広く告げる。天皇の命令を次の通り受けるに、近ごろ鎌倉幕府の裁きと称して、天下の政治を乱している。かろうじて将軍の名はついているものの、（九条頼経は）まだ幼齢である。その間に、かの北条義時は、むやみに将軍の言葉をかりて、勝手に国中に裁定を下している。そればかりか自己の威勢を誇り、朝廷の定めた法令を忘れているかのようである。これは正しい政治のあり方からすれば謀反というべき行いである。早急に諸国に命令を下し、かの朝臣（＝義時）その人を追討せよ。また、諸国の荘園の守護・地頭たちは、申し立てることがあれば、院庁に出頭して申し立てなさい。

承久三（一二二一）年五月十五日

※色文字は重要語

❶**平義時朝臣**　北条義時。

❷**内大臣**　久我通光。

❸**将軍**　一二一九（承久元）年に九条家から迎えられた摂家将軍頼経。

❹**教命**　将軍の命令だが、ここでは北条政子の命令を示す。

❺**皇憲**　律令など朝廷の法秩序。

❻**謀反**　律の八虐の筆頭。天皇を殺し国家を危うくする犯罪。

史料注

小松美一郎氏所蔵文書　京都府の小松家に伝わる文書。史料は、太政官の書記局である右弁官から出された官宣旨。

解説

源頼朝の死後、二〇年余の幕府の内紛は、朝廷側の勢力を回復に向かわせた。**後鳥羽《ごとば》上皇**は、親しい関係にあった三代将軍**源実朝《さねとも》**が暗殺されたこともあり、次第に討幕の意志を強めていった。実朝の後継者として、後鳥羽上皇の皇子を皇族将軍に迎えたいとする**北条義時《ほうじょうよしとき》**の要請と、上皇の関係者を領家とする荘園の地頭罷免《ひめん》の要求を、お互いに拒否し

たことで、朝廷と幕府の対立は、決定的になった。上皇は西面《さいめん》の武士を置き、僧兵や在京の御家人を味方に引き入れ、一二二一（承久三）年五月十五日、諸国の守護・地頭に対し、義時追討の院宣《いんぜん》や宣旨《せんじ》を発した（史料の宣旨は、仲恭《ちゅうきょう》天皇の意向を受けた形式をとっているがもちろん上皇の意志である）。また「討幕」ではなくて、「義時追討」を命令しているところにも注目したい。幕府統制下の武士たちの分裂に期待していたことがわかる。

② 尼将軍《あましょうぐん》北条政子の演説 ★★★☆☆

（承久《じょうきゅう》三年五月）十九日、……二品《にほん》[1]家人《けにん》等を簾《れん》下《か》[2]に招き、秋田城介《じょうのすけ》景盛《かげもり》[3]を以《もっ》て示し含めて曰《いわ》く、皆心を一《いつ》にして奉《うけたまわ》るべし。是《これ》最期《さいご》の詞《ことば》なり。故《こ》右大将軍[4]朝敵《ちょうてき》を征罰《せいばつ》し、関東を草創《そうそう》[5]してより以降《このかた》、官位と云《い》ひ、俸禄《ほうろく》と云ひ、其《そ》の恩既《すで》に山岳《さんがく》よりも高く、溟渤《めいぼつ》[6]よりも深し。報謝《ほうしゃ》の志浅からんや。而《しか》るに今逆臣の讒《そしり》に依《よ》り、非義の綸旨《りんじ》[7]を下さる。名を惜しむの族《やから》、早く秀康《ひでやす》[8]・胤《たね》義《よし》[9]等を討ち取り、三代将軍の遺跡を全《まっと》うすべし。但し院中《いんちゅう》[10]に参ぜんと欲する者、只今申し切るべし者《てえれば》、群参の士悉《ことごと》く命に応じ、且《か》つは涙に溺《おぼ》れ返報《へんぽう》申すに委《くわ》しからず。只命《いのち》を軽《かろ》んじて恩に酬《むく》いんことを思ふ。

『吾妻鏡《あづまかがみ》』

通釈　（承久三〔一二二一〕年五月）十九日……二品（北条政子）は御家人等を近くに招集し、安達景盛を通じて「皆心を一つにして聞きなさい。これが最後の言葉です。故頼朝公が、朝敵を征討し鎌倉幕府を開いて以来、皆が得た官位や俸禄など考え合わせると、その恩は山よりも高く海よりも深いものです。それに感謝し報いようとする気持ちは、決して浅いはずはありません。ところが今、反逆者による偽りの告げ口で、誤った綸旨が下されました。名誉を重んじる者は、早く藤原秀康や三浦胤義らを討ち取り、頼朝公以来三代にわたる将軍のあとを守りなさい。ただし上皇方に味方したい者は、今はっきりと申し出なさい」と言うと、集まった家来たちはすべて政子の命令に従い、感激の涙で返事もできないほどであった。ひたすら命をかけて、御恩に報いようと思うばかりであった。

要点ナビ　北条政子が御家人を説得。

1 **二品**　北条政子。当時従二位であった。
2 **簾下**　簾はすだれ。当時身分の高い人は直接顔を見せず、簾を隔てて対面した。
3 **秋田城介景盛**　政子の側近安達景盛。
4 **故右大将軍**　源頼朝。
5 **関東を草創**　鎌倉幕府の開設。
6 **溟渤**　大海。
7 **綸旨**　宣旨より簡単な手続きで蔵人から出される天皇の命令だが、ここでは義時追討の宣旨（一一一頁参照）をさす。
8 **秀康**　北面の武士藤原秀康。
9 **胤義**　有力な御家人三浦義村の弟で、京都大番役で在京中朝廷方に参加した。
10 **院中**　後鳥羽上皇の御所。

史料注
吾妻鏡　一一〇頁参照。

解説　**後鳥羽上皇**《ごとば》は祭礼である流鏑馬《やぶさめ》揃えの挙行を口実に、西国武士らを鳥羽城南寺に招集し、討幕の行動を開始した。上皇の挙兵、そして「義時追討命令」の報に触れた**北条義時**《よしとき》が最も心配したのは、御家人たちの動揺であった。

こうした武士の結束を守ったのは、実朝の死後「尼将軍」と呼ばれた、源頼朝の夫人**北条政子**であった。政子は義時の姉であり、事実上将軍の地位にもあった（摂家《せっけ》将軍頼経《よりつね》の正式就任は一二二六年）。政子は頼朝以来の幕府の御恩を御家人に説いて、幕府を守ることを訴えた。御家人に自分たちの利益を代表し、要求を実現できるのは公家政権ではなく、幕府であると再認識させるのに効果が大きかったのであろう。幕府は北条泰時、時房を中心に京都遠征軍を送り、約一か月で勝利を収めた。

3 承久の乱の評価 ★★★★☆

要点ナビ 北畠親房が後鳥羽上皇の企てを批判。

頼朝勲功《くんこう》ハ昔ヨリタグヒ(類)ナキ程ナレド、ヒトヘニ天下ヲ掌《たなごころ》ニセシカバ、君トシテヤスカラズ(安)オボシメシ(思召)ケルモコトワリ(理)ナリ。況《いわん》ヤ其跡《そのあと》タエ(絶)テ後室《こうしつ》ノ尼公《にこう》**1**陪《ばい》臣《しん》**2**ノ義時ガ世ニナリヌレバ、彼《かの》跡ヲケヅリテ御《み》心ノマヽニセラルベシト云《いう》モ一往《いちおう》イヒ(謂)ナキニアラズ。シカレド白河・鳥羽ノ御代《みよ》ノ比《ころ》ヨリ政道ノフルキ(古)スガタ(姿)**3**ヤウヤウオトロヘ(衰)、後白河ノ御時兵革《ひょうがく》**4**オコリテ奸臣《かんしん》**5**世ヲミダル。天下ノ民ホトンド塗炭《とたん》**6**ニオチ(落)ニキ。頼朝一臂《いちび》**7**ヲフルヒテ其乱《そのみだれ》ヲタヒラゲタリ。王室ハフルキ(古)ニカヘル(帰)マデナカリシカド、九重《ここのえ》**8**ノ塵《ちり》モヲサマリ、万民ノ肩モヤスマリ(休)ヌ。上下堵《しょうかと》**9**ヲヤスクシ、東ヨリ西ヨリ其徳ニ伏《ふく》セシカバ、実朝ナク(亡)ナリテモソム(背)ク者アリトハキコエズ。是《これ》ニマサル程ノ徳政ナクシテ、イカデタヤスク(容易)クツガヘ(覆)サルベキ。縦又《たといまた》ウシナ(失)ハレヌベクトモ、民ヤスカル(安)マジ

1後室ノ尼公　頼朝の未亡人で出家した北条政子。
2陪臣　家来の家来。征夷大将軍は朝廷の家来で、北条はさらにその家臣という意味。
3フルキスガタ　具体的には天皇を摂政・関白が補佐する体制。
4兵革　保元・平治の乱、治承・寿永の乱のこと。
5奸臣　藤原頼長・信頼、源義朝・義仲、平清盛などをさす。
6塗炭　泥にまみれ火に焼かれるような非常に苦痛な境遇。
7一臂　片腕のこと。
8九重　皇居。ここでは都。
9堵　かきね。

通釈

頼朝の功績は今まで例を見ないほどのものであったにしても、天下の実権を一手に握ってしまったことは、天皇家としては内心穏やかでないのは無理もない。まして頼朝の子孫が絶え、未亡人の政子と、陪臣《ばいしん》の北条義時の治世になったのだから、頼朝の遺した所領を削減して、後鳥羽上皇の思いのままにしたいと考えたのも、一応はもっともなことである。

しかし、白河・鳥羽院の時代の頃から、（院政の開始により）従来のあるべき政治の形態は次第にすたれ、後白河院の世になると、うち続く兵乱とよこしまな悪だくみをする臣下のため世は乱れた。全国の民衆は極めて苦痛な境遇を味わうことになったのである。

この時現れて、一身の力で兵乱を鎮めたのが頼朝であった。皇室は古き姿にまで戻れなかったが、都の戦さはおさまり、民衆の負担も軽くなった。上も下も安心して暮らし、頼朝の徳に全国各地がなびいたので、実朝暗殺後も幕府に背《そむ》く者があったとは聞かない。幕府にまさる善政なくして、朝廷はどうして容易に幕府を倒すことができようか。たとえ滅ぼすことができたとしても、民心を安定させることができなければ、天

⑩**法皇**　後白河法皇。

⑪**上**　後鳥羽上皇。

⑫**謀叛オコシ……利ヲ得タル**　後醍醐天皇の建武政権から離脱し、南北朝の抗争で優位に立つ足利尊氏を念頭に置いている。

史料注　**神皇正統記**　一〇二頁参照

探究6　**承久の乱の歴史的意義を述べよ。**

クバ、上天《しょうてん》ヨモクミシ《(与)》給ハジ。次ニ王者ノ軍《いくさ》ト云《いう》ハ、トガ《(咎)》アルヲ討《とう》ジテ、キズナキヲバホロボサ《(滅)》ズ。頼朝高官ニノボリ《(昇)》、守護ノ職ヲ給《たまわる》、コレミナ法皇⑩ノ勅裁也《ちょくさいなり》。後室ソノ跡ヲワタクシニヌスメリ《(盗)》トハサダメ《(定)》ガタシ。義時久《ひさし》ク彼ガ権ヲトリテ、人望ニソムカ《(背)》ザリシカバ、下ニハイマダ《(未)》キズ有トイフベカラズ、一往《いちおう》ノイハレ《(謂)》バカリニテ追討セラレンハ、上《かみ》⑪ノ御トガトヤ申ベキ。謀叛《むほん》オコシタル朝敵ノ利ヲ得タル⑫ニハ比量《ひりょう》セラレガタシ。カ、レバ時ノイタラ《(至)》ズ、天ノユル《(許)》サヌコトハウタガ《(疑)》ヒナシ。

『神皇正統記《じんのうしょうとうき》』

の味方も得られないだろう。次に、王者の軍というものは、罪のある者を討つのであって、罪科のないものを滅ぼすことはしない。頼朝が高官にのぼり、守護の職を与えられたのは、すべて後白河法皇自らの裁定によるものである。これを勝手に盗み取ったものだとはいえない。政子がその跡を受け継ぎ、義時も長く権力を握って、人望に背かなかったものだから、臣下として欠点があったとはいえない。(源家将軍の断絶など)ひととおりの理由だけで追討するのは、君主として後鳥羽上皇の過ちだと言わざるを得ないだろう。謀叛を起こした朝敵が利益を手に入れるのとは比較できない。このように見てくると、時機も熟さず、天も許さないことは疑いのないことである。

解説　**承久の乱**について、南北朝時代、南朝方の中心的人物として活躍した**北畠親房**《きたばたけちかふさ》が『神皇正統記』の中で評した部分である。親房は後醍醐《ごだいご》天皇の側近として知られるが、建武の新政の天皇独裁には批判的で、天皇のもと摂関家や北畠氏のような上流貴族などの臣下が補佐する政治形態を理想と考えていた。鎌倉幕府の成立も朝廷の裁定によるもので、源頼朝や北条義時の政治も結果的には天皇政治を補う善政であると評価している。一方、院政が親房の政治理念とは相容れないこともあり、承久の乱を「(上皇の)御トガ」(上皇の過ち)とまで言い切って批判している。

要点ナビ　承久の乱後、新補率法適用の地頭。

4 新補地頭　★★☆☆☆

去々年《きょきょねん》の兵乱❶以後、諸国の庄園郷保《ごうほ》❷に補《ほ》せらるる所の地頭の沙汰《さた》の条々

通釈　一昨年の承久の乱以後、諸国の荘園や国衙領に任命された地頭についての決定のこと

❶**去々年の兵乱**　承久の乱。

❷**郷保**　国衙領の単位。

一　得分《とくぶん》の事

右、宣旨《せんじ》❸の状の如《ごと》くば、仮令《けりょう》、田畠 各《おのおの》拾（十）一町の内、十町は領家国司の分、一丁（町）は地頭の分、広博狭小《こうはくきょうしょう》を嫌《いと》はず、此《こ》の率法《りっぽう》を以《もっ》て免給《めんきゅう》の上、加徴《かちょう》❹は段別《たんべつ》に五升《しょう》を充《あ》て行はるべしと云々《うんぬん》。尤《もっと》も以て神妙《しんみょう》。但《ただ》し此の中、本《もと》より将軍家の御下知《おんげち》を帯《たい》し、地頭たる輩《ともがら》の跡、没収の職《しき》として改補《かいぶ》せらるるの所々《しょしょ》に於ては、得分《とくぶん》たとひ減少すといえども、今更加増《いまさらかぞう》❺の限りに非《あら》ず。是《こ》れ旧《きゅう》儀《ぎ》に依《よ》るべきの故《ゆえ》なり。しかのみならず、新補《しんぽ》の中《うち》、本《ほん》司《し》❻の跡、得分尋常《じんじょう》の地に至っては、又以て成敗《せいばい》に及ばず。只《ただ》得分無き所々を勘注《かんちゅう》❼し、宣下《せんげ》の旨《むね》を守って計らひ充てしむべきなり。

貞応《じょうおう》二年七月六日　前陸奥守《さきのむつのかみ》❽　判

相模守《さがみのかみ》❾殿

『新編追加《しんぺんついか》』

一　地頭の収益について

右のことについて、宣旨によると「たとえば田畑一一町あるとすれば、一〇町は領家・国司の取り分、一町は地頭の分とし、土地の広い狭いにかかわりなく、この比率によって土地を地頭に支給し、さらに加徴米を一段につき五升を与えよ」ということである。もっともなことである。ただ新しく任命された地頭の中でも、以前から将軍の下知状を与えられて地頭であった者が罪によって没収された所領に、代わりとして任ぜられた場合には、たとえ収益が先に述べた比率（新補率法）より少なくても、新しく加増してはならない。先例がある場合はそれに従うべきだからである。そればかりでなく、新しく地頭が置かれた地で、前任者が（地頭ではなく）荘官であった場合、比率が世間一般の水準ならば、これも特に問題にしない。ただ得分のない所を調べあげて、宣旨の趣旨に従い取り計らっていくべきである。

貞応二（一二二三）年七月六日　前陸奥守（北条義時）判

相模守（北条時房）殿

❸**宣旨**　一二二三（貞応二）年六月一五日に出された後堀河天皇の宣旨。

❹**加徴**　地頭に与えられた土地（地頭給田）以外の田畑から地頭の収益として徴収できる年貢米。

❺**加増**　新補率法と同等のレベルまで得分を増やす。

❻**本司**　ここでは、上皇側について土地を没収された荘官。

❼**勘注**　調査し記録すること。

❽**前陸奥守**　執権北条義時。

❾**相模守**　六波羅探題北条時房。

解説

一二二一（承久三）年六月、**承久の乱**に勝利した幕府軍は、上皇側に味方した公家・武家の所領を**六波《ろくは》羅探題《らたんだい》**に命じて調査させ、三〇〇〇余か所を没収した。それらは、功績のあった御家人に地頭職任命という形で恩給された（**新恩給与《しんおんきゅうよ》**）。これにより、多くの新恩地頭が生まれたが、その得分（地頭の収益）や土地支配権が不明確な地も多く、新恩地頭の非法や荘園領主との紛争も頻発した。そこで幕府は、得分のきわめて少ない所や得分の先例のない場合について、新たな基準作りをする必要に迫られた。この基準を**新補率法**という。その内容は、①地頭の支配地域の十一町毎に一町の給田（免田）を与える、②一段につき五升の加徴米を徴収させる、③山野河海からの収益は折半する、などであった。従来の得分を引きついだ地頭（本補《ほんぽ》地頭）に対し、新補率法の適用を受けた地頭は新補《しんぽ》地頭と呼ばれた。このように厳密には承久の乱後の新恩地頭にも、本補・新補の両方が存在するわけだが、これ以後の地頭をすべて新補地頭と呼ぶことが多くなった。

史料注

新編追加　御成敗式目を補充する幕府法を「追加法」とか「式目追加」と呼び、それを編集した追加法令集の一つが『新編追加』である。室町時代中期に成立。他の法令集が年代順なのに対し、項目別に分類され、所収条文数も多いので重要視された。この史料は、幕府より六波羅へ宛てた御教書（幕府の執権・連署が将軍の命をうけて、下位の者に対して出す奉書形式の文書）である。この史料のような御成敗式目制定以前のものも含めて、御成敗式目以外の幕府法令を「式目追加」と呼ぶことが多い。

探究7

① 武家社会における御恩と奉公の関係を説明せよ。

② 新補地頭の設置は、幕府勢力（北条氏）の伸張にいかに役立ったか。

Spot

北条政子の真の姿は？

源頼朝の妻北条政子は、実家北条氏の繁栄のため子供の源頼家が犠牲になることを黙認したり、頼朝の愛人宅を破壊させたりして「気丈な尼《あま》将軍」とか「嫉妬《しっと》深い女性」のイメージが強い。しかし、多くのエピソードは後世になってつくられたもので、『吾妻鏡』からうかがえる政子像は東国女性の一般的な姿であり、都育ちの流人頼朝と関東武士の間にたっての苦労も見え隠れする。その一面では非常に優しい面もあらわれている。頼朝の弟源義経は頼朝にそむき追討の対象になったが、その愛人静《しずか》御前《ごぜん》が吉野で捕らえられて鎌倉へ送られた時、頼朝の命令で舞を披露させられた。静は「吉野山峯の白雪踏み分けて、入にし人の後ぞ恋しき」と義経への思いを歌って頼朝を激怒させたが、この時、頼朝をなだめ静の窮地を救ったのは北条政子である。政子は、頼朝自身の流人時代、駆け落ち同然で頼朝のもとへ走ったこと、頼朝挙兵の後の石橋山の戦い（大敗）での政子の不安な気持ちなどを切々と訴えた。そんな彼女を「強い優しさ」あるいは「優しい強さ」を持った女性と評する人がいる。夫頼朝、愛息の頼家・実朝らを失った晩年には、鎌倉幕府において将軍政治から執権政治への橋渡し役が、彼女に課せられることになった。

●本補地頭と新補地頭

本《ほん》補《ぽ》地《じ》頭《とう》	設置	・1185年以降、幕府により以前からの所職や所領を地頭職《じとうしき》の内容として保証されたもの
	得分	・以前からの荘官や郷司《ごうじ》としての得分を継承 〔得分の先例がある場合はそれに従う〕
新《しん》補《ぽ》地頭	設置	・承久の乱（1221）後、幕府が没収した朝廷方の所領に新地頭として任命される ・以前、地頭不設置の所領などでは新地頭の得分をめぐって領主・新地頭間で紛争が生じた ・幕府は1223年、それらの地頭の得分率法（新補率法《しんぽりっぽう》）を制定
	得分	・新補率法の適用 ①11町につき1町の免田《めんでん》（地頭の収益となる田） ②1段につき5升の加徴米《かちょうまい》（地頭の収益）の徴収権 ③山・野・川・海からの収益の半分（地頭の収益） 〔新補地頭とは新補率法の適用を受けた地頭のこと〕

⬅後鳥羽上皇
水無瀬神宮蔵

北条政子➡
安養院蔵

5 御成敗式目《ごせいばいしきもく》

1 式目制定の趣旨《しゅし》 ★★★☆☆

要点ナビ
執権北条泰時から六波羅探題北条重時への説明。

さてこの式目をつくられ候《そうろう》事は、なにを本説[1]として被㆓注載㆒之由《ちゅうしのせらるるのよし》、人さだめて謗難《ぼうなん》[2]を加《くわうる》事候歟《か》。ま事にさせる本文[3]にすがりたる事候《そうら》はねども、たゞ道理[4]のおすところを記《しる》され候者也《なり》。かやうに兼日《けんじつ》に定め候はずして、或《あるい》はことの理非《りひ》をつぎにして其《その》人のつよきよはきにより、或は御裁許《ごさいきょ》ふりたる事[5]をわすらかしておこしたて候。かくのごとく候ゆへに、かねて御成敗《ごせいばい》[6]の躰《てい》を定めて、人の高下《こうげ》を論《ろん》ぜず、偏頗《へんぱ》なく裁定せられ候はんために、子細《しさい》記録しをかれ候者也。この状は法令のおしへに違《い》するところなど少々候へども、たとへば律令格式《りつりょうきゃくしき》は、まなをしりて候物のために、やがて漢字を見候がごとし。[7]かなばかりをしれる物のためには、まな[8]にむかひ候時は人の目をしいたるがごとくにて候へば、この式目は只《ただ》かなをしれる物の世間におほく候ごとく、あまねく人に心えやすからせんために、武家の人への、はからひのためばかりに候。これによりて京都の御沙汰《ごさた》[9]、律令のおきて

※色文字は重要語

1本説　依りどころとなる法理上の原典。
2謗難　非難。
3本文　本説と同じ意味。
4道理　武家社会の倫理。
5御裁許ふりたる事　判決の下った事例。
6御成敗　訴訟の裁決。
7まなをしりて……ごとし　分かりにくい表現だが、漢字を例にとって律令格式が法律の専門家のみを対象にしていることを言おうとしている。
8まな　「真名」。漢字のこと。
9京都の御沙汰　朝廷の政治。

通釈

さて、この式目をつくったことに対して、なにを原典にしたのかと、きっとそしり非難する人もあるだろう。たしかにこれというべきほどの典拠《てんきょ》によったことはないが、ただ道理のさし示すことを記したのである。このようにあらかじめ定めておかないと、あるいはことの正しいか誤りかを二の次にして、その人が強いか弱いかという勢力で判決を下したり、あるいは前に判決したことを忘れてまた（訴訟の場で）問題にすることが起こる。こんなわけであらかじめ裁決のあり方を定めて、当事者の身分の高低にかかわらず、公平に裁定が下されるよう、こまかに記録しておかれたのである。この式目の内容は律令格式の説くところとは少し異なっているが、律令格式は、例えば漢字を知っている人を対象に書かれたものが、そういう人にはすんなりと漢字を見て理解できるようなものだ。仮名しか知らない者にとっては、漢字に向かうと目が見えなくなってしまうように理解できない。そこでこの式目は、仮名だけはわかる者が世間には多いように、広く人々が納得できるために、武家の人々の便宜《べんぎ》となるよう定めたものである。これによって朝廷の御裁断や、律令の規定が少しも変更されるものではない。律令格式の条文は立派なものではあるけれど、武家や民間の者で、それを知っている者は、一〇〇分の一・一、〇〇〇分

10法令　律令格式。

11法令の官人　朝廷の裁判の実務にたずさわる明法家などの官僚。

12勘録　判決文の草案や意見書。

13恐々謹言　書状の終わりに記して、相手に対して敬意を表す文言。

14武蔵守　執権北条泰時。

15駿河守　六波羅探題北条重時。

史料注

貞永式目　唯浄裏書本　六波羅探題の役人斎藤唯浄が著した式目の注釈書。一二八九（正応二）年成立。

探究8　御成敗式目の対象はどのような人びとか、「式目制定の趣旨」の史料から

聊《いささか》もあらたまるべきにあらず候也。凡《およそ》法令[10]のおしへめでたく候なれども、武家のならひ、民間の法、それをうかゞひしりたる物は百千が中に一両もありがたく候歟。仍《すなわち》諸人しらず候処に、俄《にわか》に法意をもて理非を勘《かんがえ》候時に、法令の官人[11]心にまかせて軽重《けいちょう》の文どもを、ひきかむがへ候なる間、其勘録《かんろく》[12]一同ならず候故《ゆえ》に、人皆迷惑と云云《うんぬん》。これによりて文盲《もんもう》の輩《ともがら》もかねて思惟《しい》し、御成敗も変々《へんぺん》ならず候はんために、この式目を注《ちゅうし》置《おか》れ候者也。京都人々の中に謗難を加事候はゞ、此趣《このおもむき》を御心え候て御問答あるべく候。恐々謹言《きょうきょうきんげん》。[13]

貞永元九月十一日　武蔵守《むさしのかみ》[14]　在

駿河守《するがのかみ》殿[15]

『貞永式目《じょうえいしきもく》　唯浄裏書本《ゆいじょううらがきぼん》』

の一もいないだろう。そこで、人々のわからぬ状態の中で、いきなり律令の規定を適用して判断するような時に、法律をつかさどる役人が気ままに罪の軽重についての法文を引用するので、判決文は一定せずに人々は皆迷惑しているという。こういうことなので、字の読めない人もあらかじめ考えることができ、裁定もあれこれ変わることのないよう、この式目がつくられたのである。京都の人々の中で非難するものがあったら、この趣旨を心得て対処なさるように。　恐々謹言

貞永元（一二三二）年九月十一日　　武蔵守（北条泰時）判

駿河守（北条重時）殿

解説

北条義時《よしとき》のあと執権に就任した北条泰時《やすとき》は、政所別当の大江広元や「尼将軍」北条政子の死に直面する。幕府が始まって以来、御家人結束の中心人物であった二人を失ったことで、幕府には新たな規範作りが必要であった。それが、一二三二（貞永元）年の**御成敗式目**の制定である。式目制定は、承久の乱後、幕府が西国へ支配拡大した結果、御家人と荘園領主や西国農民との紛争が増加したことや、寛喜の大飢饉で所領訴訟が増えたことも背景にはあった。さらに、**連署**や**評定衆**を設置して執権政治を推進しようとする泰時にとって、合議制を行う一定の基準づくりも急務であった。泰時は、朝廷の明法道の研究を土台に律令格式を検討しつつ、評定所の審議を経て、式目を制定した。この史料は、泰時が弟で六波羅探題《ろくはらたんだい》の北条重《しげ》時《とき》に宛てた消息文（手紙）である。この消息文によって、式目制定の趣旨を知ることができるが、要旨は、式目が、①武士社会における生活の倫理である「道理」と、源頼朝以来の先例によってつくられた、②公平な裁判を行うため、訴訟のあり方を

それを示す言葉を書き出して説明せよ。

定めた、③教養のない武士にもよくわかるような内容にした、④幕府の勢力範囲にのみ適用し、朝廷の政治や律令の系統を引く公家法には一切変更はない、などである。また荘園領主の支配下では依然として本所法が効力を持っていた。このように朝廷と摩擦は避けながら、「律令格式とは異なる」ことを明示し、幕府の勢力範囲においては公家法からの独立を宣言している。

❷ 御成敗式目 ★★★★★

要点ナビ 執権北条泰時が初の幕府法として制定。

一（第三条）諸国守護人奉行《ぶぎょう》❶の事

右、右大将家❷の御時定め置かるる所は、大番催促《おおばんさいそく》❸・謀《む》叛《ほん》・殺害人《せつがいにん》 付けたり、夜討、強盗、山賊、海賊 等の事也《なり》。而《しか》るに近年、代官を郡郷《ぐんごう》に分《わか》ち補《ほ》し、公事《くじ》❹を庄保《しょうほ》❺に充《あ》て課《おお》せ、国司に非《あら》ずして国務を妨げ、地頭に非ずして地利《ちり》❻を貪《むさぼ》る。所行《しょぎょう》の企《くわだて》、甚《はなは》だ以《もっ》て無道也。……早く右大将家御時の例に任せて、大番役幷《なら》びに謀叛・殺害の外《ほか》、守護の沙汰《さた》❼を停止《ちょうじ》せしむべし。

一（第五条）諸国地頭、年貢所当《しょとう》❽を抑留《よくりゅう》せしむるの事

右、年貢を抑留するの由《よし》、本所《ほんじょ》の訴訟あらば、即《すなわ》ち結解《けちげ》❾を遂《と》げ勘定《かんじょう》を請《う》くべし。犯用《はんよう》の条若し遁《のが》るる所なくば、員数《いんずう》に任せてこれを弁償《べんしょう》すべし。

一（第六条）国司・領家の成敗《せいばい》は関東の御口入《ごくにゅう》❿に及ばざる事

右、国衙《こくが》・庄園、神社、仏寺領、本所の進止《しんじ》⓫たり。沙

❶奉行 職務として遂行すべき事柄。
❷右大将家 源頼朝。
❸大番催促 御家人が交代で京都警備をする京都大番役を、守護が催促・指揮する権限。
❹公事 年貢以外の雑税。
❺庄保 荘園と国衙領を構成する単位としての保。
❻地利 その土地から生ずる収益。
❼沙汰 行為。
❽所当 年貢とセットになり、年貢と同じ意味に使われる。
❾結解 決算。
❿御口入 干渉。
⓫進止 土地や人間に対する最も強力な支配権。

通釈

一 諸国の守護が遂行すべき職務のこと

このことについて、右大将家（頼朝公）の時に定められたのは大番催促、謀叛人・殺害人（夜討・強盗・山賊・海賊を付け加える）の取り締まりなどのことである。にもかかわらず、近年になって（守護は）代官を郡や郷に配置し、公事を荘園・公領に割りあて、国司でもないのに国務に介入しては（国司を）妨害したり、地頭でもないのに土地からの収益をむさぼっている。このようなふるまいはきわめて道理からはずれたものである。……ただちに頼朝公の時の先例にならって、大番役と謀叛・殺害人の取り締まり以外の守護の行為をやめさせよ。

一 諸国の地頭が（荘園領主に送るべき）年貢をおさえとどめること

このことについて、年貢をおさえとどめていると、荘園領主の訴えがあれば、すぐに決算をし、荘園領主側の監査を受けなければならない。その結果不正が明らかで弁解の余地がない場合は、所定の数量を弁償せよ。

一 国司や領家の行う訴訟裁決に幕府は干渉をしないこと

汰出《しゅったい》するにおいては、今更《いまさら》御口入に及ばず。若し申す旨《むね》有りと雖《いえど》も敢《あ》へて叙用《じょよう》されず。

一（第八条）　御下文《おんくだしぶみ》を帯《たい》すと雖も知行《ちぎょう》[12]せしめず年序[13]を経《ふ》る所領の事

右、当知行の後、廿《(二十)》ヶ年を過ぎば、右大将家の例に任せて理非《りひ》を論ぜず改替《かいたい》する能《あた》はず、而るに知行の由を申し、御下文を掠《かす》め給《たま》はるの輩《ともがら》、彼《か》の状を帯ぶると雖も叙用に及ばず。

一（第一八条）　所領を女子に譲り与ふるの後、不和の儀あるに依《よ》りて其《そ》の親悔《く》い還《かえ》[14]すや否やの事

右、男女の号異なると雖も、父母の恩惟《こ》れ同じ。爰《ここ》に法家の倫申《ひと》す旨《むね》[15]有りと雖も、女子は則《すなわ》ち悔い返さざるの文に憑《よ》り不孝の罪業《ざいごう》を憚《はば》かるべからず。父母もまた敵対の論に及ばんことを察して、所領を女子に譲るべからざる歟《か》。親子義絶《ぎぜつ》[16]の起こり也。教令《きょうりょう》違反の基《もとい》也。女子若し向背《こうはい》の儀有らば、父母宜《よろ》しく進退[17]の意に任すべし。

一（第二三条）　女人《にょにん》養子の事

右、法意の如くばこれを許さずと雖も、大将家御時以来当世に至るまで、其の子無き女人等、所領を養子に譲

このことについて、国衙領・荘園・神社・仏寺領は本所の支配権の下にある。訴訟が起きても幕府が今更口をはさむことはしない。もし幕府に訴え出る者がいても一切取り上げない。

一　将軍の下文を持っているにもかかわらず、実際の支配をしないままに一定の年数を経た所領のこと

このことについて、現実の土地支配をして二〇年を過ぎれば、頼朝公の先例によって権利の正当性のいかんにかかわらず、土地支配をやめさせることはしない。しかし、現実に土地支配をしていると偽って下文を得た者が、その文書を盾《たて》に主張しても取り上げない。

一　所領を女子に譲った後、親子の不和があったとき、その親が取り戻すことができるか否かのこと

このことについて、男と女の名称は違っていても父母の恩は同じである。明法家の説は別にあるが、それに従うと、女子への譲与は取り戻せないという一文を拠《よ》り所として、親不孝もはばからないようになるであろう。父母の側も女子が悔い返しを拒否して紛争になるのを恐れて、所領を女子に譲らないだろう。これは親が子の縁を絶つ原因であるし、子が親の命令に背くもとでもある。したがって女子が親に背くことがあれば、悔い返すかどうかも親の自由にすべきである。

一　女子が養子を迎えること

このことについて、律令の見解では許されないが、頼朝公以来現在まで、子供のない女子が所領を養子に譲り与えることは、変わることのない武家の法で、数えきれない程先例がある。そればかりか、一般の慣習でも例は多い。評定会議の審議内容は大変信用できる

---

12 知行　実際に支配すること。

13 年序　一定の年数。二十年を意味することが多い。

14 悔い還す　所有権が移ったあと、それを後悔して自己に取り返すこと。「悔い返す」とも書く。

15 法家の倫申す旨　当時の明法家の説では、女子への譲与は悔い返せないとしている。

16 義絶　親子の縁を絶つこと。親の子に対する最強の制裁権の発動形式。

17 進退　土地や人間の支配をさし、「進止」とほぼ同義語。ここでは、悔い返すか否かも親の意のままという意味。

⑱不易の法 ある年代を限って、それ以前の決定や裁決を変更しない法令。ここでは武家の慣習法のこと。
⑲都鄙の例 一般に行われている慣習。幕府の不易の法に対比する語。
⑳評議 評定会議。
㉑安堵の御下文 所領相続を承認するため幕府から発給された下文。
㉒先条 一八・二〇条をさす。
㉓先判の譲 前に書かれた譲状をさす。判は譲状にある花押のこと。
㉔逃散 農民が、領主に対する抵抗として集団で行う耕作放棄。この時代では付近の山野へ逃げることが一般的であった。
㉕逃毀 逃亡者の残した財産を破壊したり奪い取る行為。当時刑事事件が起きると、警察権を持つものが当然の権利として逃毀を行った。
㉖逃脱 逃散と同じ。
㉗去留 逃散の百姓が、そこに留まるか、元の地へ去るかということ。

り与ふる事不易《ふえき》の法⑱あげて計《かぞ》ふるべからず、しかのみならず都鄙《とひ》の例⑲先蹤《せんしょう》これ多し。評議⑳の処《ところ》尤《もっと》も信用に足れるか。

一（第二六条）所領を子息に譲り、安堵《あんど》の御下文㉑を給はるの後、その領を悔い還し、他の子息に譲り与ふる事

右、父母の意に任すべきの由、具《つぶさ》に以て先条㉒に載せ畢んぬ。よって先判《せんぱん》の譲㉓につきて安堵の御下文を給はると雖も、その親これを悔い還し、他子に譲るにおいては、後判《こうはん》の譲に任せて御成敗あるべし。

一（第四二条）百姓逃散《ちょうさん》㉔の時、逃毀《にげこぼち》㉕と称して損亡《そんもう》せしむる事

右、諸国の住民逃脱《ちょうだつ》㉖の時、其の領主ら逃毀と称して、妻子を抑留し、資財を奪ひ取る。所行の企は甚だ仁政《じんせい》に背《そむ》く。もし召し決せらるるの処、年貢所当の未済《みさい》有らば、その償《つぐな》ひを致すべし。然《しか》らずば、早く損物《そんもつ》を糺《ただ》し返さるべし。但《ただ》し、去留《きょりゅう》㉗においては、宜しく民の意《こころ》に任すべきなり。

一（第四八条）売買所領の事

右、相伝《そうでん》の私領を以て、要用《ようよう》の時沽却《こきゃく》せしむるは定《じょう》法《ほう》なり。而るに或は勲功《くんこう》に募《つの》り、或は勤労に依りて別の

であろう。

一 所領を子供に譲り、所領安堵の下文をいただいた後、所領を取り返して他の子供に譲り与えること

このことについて、父母の意向に任せるべきことが、以前の条文に詳しく載っている。したがって、前に書かれた譲状によって所領安堵の下文をいただいていても、その親が取り返し、他の子供に譲与する場合には、後の譲状によって裁断しなさい。

一 百姓が農地を捨てて逃散した時、領主が逃毀だといって財産などを奪い取ること

このことについて、住民が逃亡した時、領主が逃毀だといって妻子を捕らえたり、資財を奪い取る。こんなやり方は情深い政治に反する。双方を召集して対決させて、幕府が裁定した結果、年貢で未納のものがあれば、百姓は弁償しなければならない。が、そうでなければ領主は奪い取った財物を調査し、返さなければならない。ただし百姓がその居所を去るかとどまるかは、百姓自身の判断に任せること。

一 所領を売買すること

このことについて、先祖伝来の所領を支出の必要がある時に売却するのは、習わしとなっている。しかし、特別の勲功や勤めで将軍から恩賞として賜った者が、自分勝手にそれを売買するのは、その行為が罪とならないはずはない。今後は確実にやめさせなければならない。もしこの条に背き売却した場合は、売手も買手もともに罪に処する。

御恩に預かるの輩、恣《ほしいまま》に売買せしむるの条、所行の旨其の科《とが》無きに非ず。自今《じこん》以後慥《たしか》に停止せらるべきなり。若し制符《せいふ》㉘に背き沽却せしめば、売人《うりびと》といひ買人《かいびと》といひ、共に以て罪状に処せらるべし。

『御成敗式目《ごせいばいしきもく》』

㉘**制符**　禁止事項を知らせる文書。ここではこの条文をさす。

史料注

吾妻鏡　一一〇頁参照。

探究9

① 守護の任務を示す語句を「御成敗式目」の史料から書き出して説明せよ。

② 「右大将家の御時」という文句が、「御成敗式目」の史料中にしばしば見られるが、それは何を意味するか。

③ 御成敗式目は、後世にどのような影響を与えたか。

参考　**御成敗式目の完成**　★☆☆☆

（貞永元年八月）十月戊午《つちのえうま》。……武州《ぶしゅう》（北条泰時）造らしめ給ふ御成敗式目、其《そ》の篇《へん》を終へらる。五十箇《か》条（正しくは五一か条）なり。今日以後訴論《そろん》の是非《ぜひ》は、固くこの法を守りて裁許《さいきょ》せらるべきの由《よし》定めらると云々《うんぬん》。

『吾妻鏡《あづまかがみ》』

解説　式目の式は法式、目は条目をさし、**御成敗式目**とは成敗（裁断）のための式目という意味である。

御成敗式目は、本来御家人が関係している裁判にのみ適用され、所領関係が最も多く、その他、寺社関係、守護地頭の権限に関するもの、訴訟手続関係などに分類できる。史料中の重要条文として第八条に、二十年以上継続して支配した所領は、事情にかかわらず支配権を認める知行年紀法《ちぎょうねんきほう》があり、御家人の現有する権利を保護している。また、公家法との差異を見せる条文としては、親の悔返《くいかえし》権を認めた第一八条及び二六条、子のない女性が養子をとって所領を譲る権利を認めた第二三条がある。

式目は必要に応じて補足・修正され、「式目追加」と呼ばれた。室町幕府も御成敗式目を基本法としたほか、戦国大名の分国法にも多大な影響を与えるなど、武家法の根本法典としての地位を長く保った。本来は幕府の勢力範囲を対象としていたが、次第に公家領や寺社領にも適用された。また、一般にも広く読まれ、江戸時代の寺子屋では読み書きの手本として普及する。

Spot

ようやく人間扱いされた奴婢

中世の隷属民である下人・所従は御成敗式目では「奴婢・雑人」と記載された。下人の産んだ子供はだれのものになるかについて、御成敗式目では「頼朝公の先例により、男の子は父親に、女の子は母親に帰属する」としている。一方、律令の規定では「別の家に所属する公奴婢・私奴婢・官戸・家人が逃亡中に子供を産んだとき、その子供は母親の主人の所有となる」と定められていた。また別の条項では、奴婢は家畜や財物の類と同じに処理することが決められており、律令制では、奴婢が人間扱いではなく物として考えられていたことがわかる。

鎌倉時代でも下人・所従が譲与の対象になっていて、主人の財産としての身分からは抜け出せていない。しかし、律令が制定されて五〇〇年余にして、古代とは違う法的扱いを受けることで、ようやく奴婢を人間扱いする側面が生まれてきたのである。

6 地頭勢力の進展

❶ 分割相続　★☆☆☆☆

所領配分の事

嫡男大炊助入道《ちゃくなんおおいのすけにゅうどう》分[1]　相模《さがみ》国大友郷地頭郷司《ごうじ》[2]職《しき》[3]

次男宅万別当《たくまべっとう》[4]分　豊後《ぶんご》国大野庄内志賀村半分地頭職 別に注文在り[5]

大和太郎兵衛尉《ひょうえのじょう》[6]分　同庄内上村半分地頭職 別に注文在り

八郎[7]分　同庄内志賀村半分地頭職 別に注文在り

九郎入道[8]分　同庄内下村地頭職 但し故豊前々司墓堂寄附院主職[9]なり

女子犬御前《いぬごぜん》分　同庄内中村地頭職

女子美濃局《みののつぼね》分　同庄内上村半分地頭職 別に注文在り

帯刀左衛門尉後家《たてわきさえもんのじょうごけ》分[10] 数子これ在り　同庄中村内保多田名《ほただみょう》

右、件《くだん》の所領等は、故豊前々司能直朝臣《こぶぜんぜんじよしなおあそん》、代々将軍家御下文《おんくだしぶみ》を賜《たま》はり、相違無く知行《ちぎょう》し来たる所なり。而《しか》るに尼深妙《あましんみょう》、亡夫能直之《の》譲りを得て将軍家御下文を賜はり、領掌《りょうしょう》[11]せしむる所なり。これに依《よ》りて能直の遺言《ゆいごん》に任せ、孚《ふ》数子[12]等の為に、此《かく》の如く配分する所なり。然《しか》らば均分の状にまかせて依違《いい》無く《あいまいなこと》領掌せしむべきなり。但《ただ》し関東御公事《おんくじ》[13]仰せ下さるる時は、嫡男大炊助入道の支配を守り、所領の多少に随《したが》ひて、其《そ》の沙汰《さた》を致すべきなり。仍《よ》って後日の証文として惣《そう》配分の状件の如し。

延応《えんおう》弐年[14]四月六日　尼　深妙（花押）

『志賀文書《しがもんじょ》』

※色文字は重要語

1 嫡男大炊助入道　大友能直《おおともよしなお》の子で、家督の相続者である親秀。

2 郷司　国衙領を構成する単位である郷の徴税責任者。

3 職　職務に付随した権益。

4 宅万別当　託磨《たくま》能秀。

5 注文　詳細を記した文書。

6 大和太郎兵衛尉　一万田《いちまた》景直。

7 八郎　志賀能郷。

8 九郎入道　大友能職《よしもと》。

9 故豊前……院主職　父能直の墓を守る堂に寄進された所領の住職としての収益権。

10 帯刀左衛門尉後家　大友時直の未亡人。

11 領掌　所領を現実に支配すること。

12 孚数子　孚は育《はぐ》くむ、養うの意。ここでは自分の子が数人いるということ。

13 関東御公事　鎌倉幕府が御家人に課した負担。主として幕府の経費にあてられた。

史料注
14 延応弐年　一二四〇年。
志賀文書　鎌倉～室町期に豊後国の守護として、のちに戦国大名として活躍する大友氏の支族、志賀氏に伝わる文書。志賀氏は史料中の「八郎」能郷が、大野荘志賀村半分の地頭職を相続し、土着して志賀氏を称したことに始まる。

解説　鎌倉時代の武士団は、惣領制という血縁的統制により、一族が強く結びついていた。惣領制において宗家（主家）の長を惣領、ほかを庶子といった。荘園領主や国衙から課せられる年貢・公事を納めたり、幕府の大番役や軍役を務める際には、惣領が庶子に割り当て、一括して奉仕したりした。また、氏神の祭祀も惣領が取り仕切った。惣領制の下では分割相続が行われ、本拠地を惣領が、ほかは庶子が分割して支配することが多かった。

史料では惣領の大友能直の死後、いったん未亡人の尼深妙がすべて領有した後、次の惣領（大友親秀）が決まると、本拠地の相模国大友郷を惣領に、次男（託間能秀）以下に豊後国大野荘をほぼ均等に相続している。また、この時期女子にも同様に相続されたことも読み取れる。

鎌倉幕府の御家人支配はこの惣領制に基づいて行っていたので、惣領の力量が一族の浮沈を握っていた。

●大友氏の相続

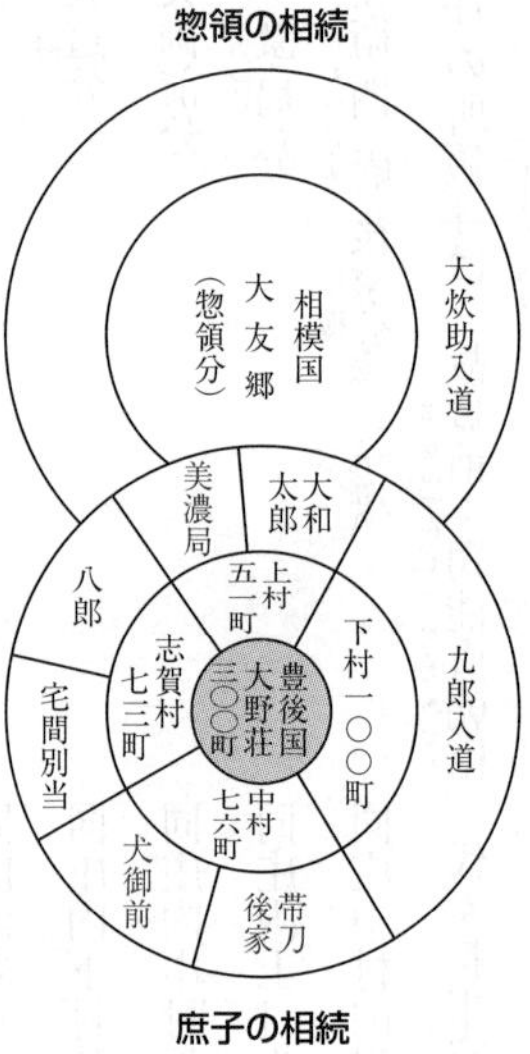

2 地頭請《じとううけ》 ★☆☆☆☆

要点ナビ　荘園領主が地頭に、年貢の請負納入を依頼。

尾張国富田庄《とみだのしょう》1領家年貢の事

右、彼《か》の年貢に於《おい》ては、承元《じょうげん》五年の北条殿の御請《うけ》文《ぶみ》2に任せて沙汰《さた》あるべきの処《ところ》、連々対捍《たいかん》3の間、訴訟に及ぶと雖《いえど》も、所詮《しょせん》、損否《そんぴ》を論ぜず、毎年十一月中に佰拾《（百十）》貫文《かんもん》、京進《きょうしん》せらるべきの由《よし》、請文を出さるるの上

1 富田庄　名古屋市中川区富田町を中心とする地域にあった。この荘園の領家は近衛家で、円覚寺は地頭職を一二八三（弘安六）年に北条時宗から寄進されている。
2 北条殿の御請文　当時地頭

通釈　尾張国富田荘の領家（が受け取る）年貢のこと
このことについて、その年貢は承元五（一二一一）年の北条義時殿の請文に約束されている通りに処置すべきなのに、いつも（地頭側は）年貢を納めないので、訴訟を起こしたのだが、結局のところ、減収のあるなしにかかわらず、毎年一一月中に一一〇貫文の銭を京都の領家側に送ると約束した請文を（地頭家が）出し

職を有した北条義時が、近衛家に請所としての諸条件の履行を確約した文書を出していた。

3対捍 年貢を未進して、催促をしても出さないこと。

4巡見使 農作物の豊凶調査のため領家が派遣する使。

5有宗 領家近衛家の荘官。

史料注

円覚寺文書 鎌倉市円覚寺に伝わった文書。

探究10 地頭請が行われたのはなぜか。

は、未進《みしん》の訴訟と云《い》ひ、巡見使《じゅんけんし》4の入部と云ひ、停止《ちょうじ》せられ畢《おわ》んぬ。……仍《よっ》て後日の為の状、件《くだん》の如し。

嘉暦《かりゃく》弐年五月十八日 有宗5（花押）

『円覚寺文書《えんがくじもんじょ》』

たので、年貢未納についての訴訟を取り下げ、巡見使を荘園に送り込むことについても取りやめとする。……よって、後日の証拠となるように記録したところは、以上の通りである。

嘉暦二（一三二七）年五月一八日 有宗（花押）

解説 鎌倉時代における地頭勢力の拡大は、荘園公領の侵略によるものが多かった。本来荘園や公領の領主に納めるはずの年貢を地頭が抑えてしまったり、荘園・公領の農民を下人にしたりして勢力を拡大した。とくに新補《しんぽ》地頭設置後は諸権限をめぐる紛争が頻発し、荘園領主らは幕府や六波羅探題に訴え出た。しかし、訴訟費用や日数がかかり、仮に荘園領主が勝訴しても、現地に根を下ろした地頭を拘束することは困難であった。そこで、毎年契約した年貢を地頭に請け負わせる代わりに現地の支配を一切ゆだねた。これを**地頭請**といい、請負の対象地を地頭請所という。この史料の富田荘《とみだのしょう》のように私的に契約したものや、幕府の斡旋《あっせん》（武家口入）によるものがある。

また、史料から、富田荘では年貢の銭納《せんのう》化が始まっていたこともわかる。ちなみに富田荘では、それまでの年貢は絹や綿が主流であった。

要点ナビ 荘園領主と地頭で荘園を分割支配（和与中分）。

1和与 和解の契約。

2神崎庄 広島県世羅《せら》郡世羅町にあった荘園。

3下地 所領において、田畑山林・塩浜等すべての収益の対象となる土地そのもの。

4所務 所領の管理、荘園の収益にかかわる事務。

5雑掌 ここでは、荘園領主の代理として訴訟事務を行う者。

3 下地中分《したじちゅうぶん》 ★★☆☆☆

和与《わよ》1

備後《びんご》国神崎庄《かんざきのしょう》2 下地《したじ》3以下所務条々4の事

右、当庄領家高野山金剛三昧院内遍照院雑掌《こんごうさんまいいんないへんしょういんざっしょう》5行盛《ゆきもり》、地頭阿野《あの》侍従《じじゅう》殿季継《すえつぐ》御代官助景《すけかげ》と相論する当庄下地以下所務条々の事、訴陳《そちん》を番《つが》ふ6と雖《いえど》も、当寺知行《ちぎょう》之《の》間、別儀《べつぎ》を以《もっ》て和与せしめ、田畠・山河以下の下地、中《ちゅう》分《ぶん》7せしめ、おのおの一円の所務を致すべし。仍《よ》つて和与

通釈

和解契約

備後国神崎荘の土地の管理及び収益事務のこと

このことについて、当荘園の領家である高野山金剛三昧院内の遍照院の荘官行盛と、地頭である阿野季継の代官助景との間で土地の支配などをめぐって裁判をし、訴状と陳状を交換したが、金剛三昧院の支配地という特別の事情によって和解することとし、田畠・山河などの土地は（領家と地頭で）二分し、それぞれ独占的に支配することとする。そこで和解の契約を以上のように決めた。

2 中世

鎌倉

⑥訴陳を番ふ　訴訟に際し、訴人（原告）の訴状と論人（被告）の論状の通常三度にわたるやりとり。

⑦中分　荘園を二分し、それぞれの領有権を持って土地を支配すること。

史料注

金剛三昧院文書　高野山金剛峯寺の塔頭《たっちゅう》の一つ金剛三昧院に伝わる文書。金剛峯寺の古文書を高野山史編纂所が蒐集し、高野山内各寺院、高野山旧領各地の文書を家わけとして刊行したものの一つ。

探究11

① 地頭請と下地中分の違いを述べよ。

② 地頭請や下地中分の歴史的意義を考えよ。

の状、件《くだん》の如し。

文保弐年二月十七日

地頭代左衛門尉《じとうだいさえもんのじょう》助景在判

雑《ざっ》掌《しょう》行盛在判

『金剛三昧院文書《こんごうさんまいいんもんじょ》』

文保二（一三一八）年二月一七日

地頭代左衛門尉助景　在判

雑　掌　行　盛　在判

解説

地頭請ともに、領家などの荘園領主と地頭との紛争解決として行われたのが、**下地中分**である。それは、領家（史料では金剛三昧院《こんごうさんまいいん》）と地頭（阿野季継《あのすえつぐ》）が荘園の土地そのものを二分して、土地と住民の支配権を分ける方法である。神崎荘《かんざきのしょう》のような、和解による和与中分のほか、荘園領主の申請をうけて幕府が強制的に中分命令を出すこともあった。その結果は中分絵図として描かれ、伯耆国《ほうきの》東郷荘の絵図などが有名である。

下地中分は鎌倉時代の後半に多く見られる。これによって複雑な領有関係を克服し、地頭が一円的な支配権を獲得していく契機となった。

Spot

鎌倉武士西へ

現在でさえ、東日本と西日本は言葉や食生活の習慣などで違いがあるが、鎌倉時代は東国と西国とにより鮮明な色分けができる。例えば、承久《じょうきゅう》の乱に見られるような朝廷と幕府の勢力範囲、裁判管轄に表れる幕府と六波羅探題《ろくはらたんだい》の地域的な分担などである。その他、原始から続く、「畠作の東国、水田の西国」の図式や、民俗的な差異ももちろんである。このように、東国と西国の間にはかなり高い壁がそびえていたといえる。

一方で鎌倉時代を通じて、この壁を乗り越える東国御家人の「西遷」も続いた。例えば、相模《さがみ》国毛利《もうり》荘（神奈川県）から安芸《あき》国吉田荘（広島県）へ移った毛利氏、武蔵《むさし》国熊谷《くまがや》郷（埼玉県）から安芸国三入《みり》荘へ移動した熊谷氏である。「惣領制《そうりょうせい》」（一一三頁）で見た大友氏は、承久の乱後に豊後国大野荘近辺に庶子《しょし》（託磨《たくま》・志賀氏）が移動したのに続き、元寇《げんこう》に際し、一二七一（文永八）年の幕府の下向命令を受け、惣領の大友頼泰（能直の孫）が本拠を豊後に遷《うつ》した。ところで、毛利氏も熊谷氏もさらに大友氏も新たな本拠ではなく、東国の本領の名を名字とし続けた。このことは、西国へ移りながらも観念的には鎌倉から離れられなかった鎌倉武士の姿を表している。

7 元寇と幕府の衰退

要点ナビ
元のフビライ＝ハンが朝貢を要求。

❶ 蒙古の牒状《ちょうじょう》[1]

★☆☆☆

上天《しょうてん》の眷命《けんめい》せる[2]大蒙古国《だいもうここく》皇帝[3]書を日本国王[4]に奉《たてまつ》る。朕《ちん》[5]惟《おも》ふに、古《いにしえ》より小国の君、境土《きょうど》相接するは尚《なお》講《こう》信修睦《しんしゅうぼく》に務む。況《いわ》んや我が祖宗《そそう》[6]は天の明命《めいめい》を受け、区《く》夏《か》[7]を奄有《えんゆう》す。遐方《かほう》異域の威《い》を畏《おそ》れ徳に懐《なつ》く者数へつくすべからず。……高麗《こうらい》は朕の東藩《とうはん》[8]なり。日本は高麗に密邇《みつじ》し、開国以来、亦《また》時に中国に通ず。朕の躬《み》に至つて一《いち》乗《じょう》の使《つかい》も以《もっ》て和好《わこう》を通ずること無し。尚《なお》王の国これを知ること未だ審《つまびらか》ならざるを恐る。故《ゆえ》に特に使を遣《つか》はし、書を持して朕が志を布告せしむ。冀《こいねがわ》くは、今より以往《いおう》、問を通じ好《よしみ》を結び、以て相親睦《しんぼく》せん。且《か》つ聖人は四海《しかい》を以て家と為《な》す。相通好せざるは豈《あに》一家の理ならんや。兵を用ふるに至るは、夫《そ》れ孰《いずれ》か好む所ならん。王其《そ》れ之《これ》を図《はか》れ。不宣《ふせん》[9]

至元三年[10]八月　日

『東大寺尊勝院蔵本《とうだいじそんしょういんぞうほん》　蒙古国牒状《もうここくちょうじょう》』

※色文字は重要語

[1] **牒状** 上下関係のない役所間で用いられた文書。

[2] **上天の眷命せる** 天帝の恩寵（目をかけられ、いつくしみ）を受けていること。

[3] **皇帝** フビライ。

[4] **日本国王** 亀山天皇。

[5] **朕** 皇帝の自称。

[6] **祖宗** 現在までの歴代の君主。

[7] **区夏** 区は区域で夏は中華。天下をさす。

[8] **藩** 一地方の鎮圧を任されている属国。

[9] **不宣** 「すべてを語り尽くしてはいないが」という意味で、友人間の書簡に使われる止め句。

[10] **至元三年** 元の年号で一二六六年。

通釈

天のいつくしみを受ける大蒙古国の皇帝が、書を日本国王に差し上げる。朕が考えるには、昔から小国の国王も、国境が接すれば音信を交わし友好に努めてきた。まして、わが祖先は天の命令を受け天下を領有してきた。はるか遠方の異国から、その威をおそれ、徳になついてくる者は数限りない。……高麗は朕の東方の属国である。日本は高麗に近接し、開国以来、時には中国にも使いを遣わしてきた。が、朕の代になってからは、親交を結ぶ一人の使者も送ってこない。まだ、王の国（日本）がこうした事情をはっきりとは知らないのではないかと心配している。そこで特に使いを派遣し、文書で朕の意志を知らせる。今後は、互いに訪問して友好を結び、親睦を深めていくよう願うものである。また、聖人は全世界を一つの家とするという。互いに通好しないで、どうして一つの家だといえよう。兵を用いることは誰が望もうか。王はそのことをよく考え対応されたい。不宣。

至元三（一二六六）年八月　日

史料注

東大寺尊勝院蔵本　奈良の東大寺尊勝院に伝わる文書。この史料は東大寺僧宗性が国書を書写したもの。

探究12　**蒙古襲来の理由を考えよ。**

解説　一三世紀初頭、**チンギス=ハン**によりユーラシア大陸の東西にまたがる大帝国となったモンゴルは、チンギスの孫**フビライ=ハン**の代に至り、日本に高麗を通じて朝《ちょう》貢《こう》を要求してきた。その最初のものが、史料の国書である。朝貢要求の目的としては、東アジア世界に君臨するためには形のいかんを問わず日本をも支配下に置く必要があったこと、また当面の大目標の南宋征服のため、緊密な日宋関係を断絶させることなどが考えられる。国書の形式は、当時の中国の文面には見られぬほど丁重《ていちょう》であったともいわれるが、その内容は、武力行使をにおわせながらの通交要求である。一二六八（文永五）年国書は大宰府《ざいふ》に到着したが、幕府はその要求に侵略の意図ありと判断し、返牒《へんちょう》（返書）を拒否した。以後再三にわたり使者が来日し、朝廷は返牒を出すことを決定したが、幕府の反対で結局中止となった。幕府が外交権をも握っていたのである。

要求を拒否したことで、フビライが「兵力を用いる」ことを覚悟した幕府では、高齢の北条政村《ほうじょうまさむら》から**北条時宗《ときむね》**へと執権職を交代し、元寇《げんこう》に備える対策をとった。

❷ 御家人・非御家人の動員　★★☆☆☆

蒙古《もうこ》人対馬《つしま》・壱岐《いき》に襲来❶し、既に合戦を致すの由《よし》、覚恵《かくえ》❷注し（報告してきた）申す所なり。早く来る廿（二十）日以前に安芸《あき》に下向《げこう》し、彼《か》の凶徒《きょうと》寄せ来たらば、国中の地頭御家人ならびに本所・領家一円の地の住人❸等を相《あ》い催《もよお》し（召集して）、禦《ふせ》ぎ戦わしむべし。更に緩怠《かんたい》（手落ちのないため）あるべからざるの状、仰せによって執達《しったつ》件《くだん》の如し。

文永十一（一二七四）年十一月一日

武蔵守《むさしのかみ》❹在判
相模守《さがみ》❺在判

武田五郎次郎❻殿

『東寺百合文書《とうじひゃくごうもんじょ》』

❶**蒙古人対馬・壱岐に襲来**　文永の役のこと。
❷**覚恵**　小弐資能。
❸**本所・領家一円の地の住人**　荘園領主が独占的に支配している所領の住人（非御家人）。
❹**武蔵守**　連署北条義政。
❺**相模守**　執権北条時宗。
❻**武田五郎次郎**　安芸国守護の武田信時。

史料注

東寺百合文書　八八頁参照。

解説　一二七四（文永一一）年、フビライは、元《げん》及び服属させた高麗《こうらい》から徴発した軍隊を混成し、約三万人の兵で日本に来襲した。元軍は、対馬《つしま》・壱岐《いき》を侵し、博多湾に上陸した。一〇月二〇日の事である。次の参考史料『八幡愚童訓《はちまんぐどうくん》』に見られるように、幕府軍は不慣れな、元軍の集団戦法や毒矢さらには「鉄放（てつはう）」と呼ばれる火器などにより苦戦をしいられた。しかし同日夜、大風雨のために多数の元船は難破し、敗退した。これが**文永の役《ぶんえいのえき》**である。

探究13 蒙古襲来に対する幕府の対策を調べよ。

東寺百合文書の史料、安芸国守護で関東武士の武田信時宛の書状（関東御教書）に示されるように、元軍襲来の報に接した幕府は、西国の守護を総動員したほか、西国に所領を持つ東国御家人に西国への下向を命じたり、従来は幕府の支配の及ばなかった荘園領主一円地の非御家人を動員している。幕府の受けた衝撃の大きさがわかるが、同時に、この機を捉《とら》えて、従来の支配地域を拡大している点も見落とせない。元寇《げんこう》の後、西国守護の多くが更迭《こうてつ》され、北条氏やその縁者に代えられているなど、北条支配を強めようとする動きも出てくる。

参考 元軍の戦法 ★☆☆☆☆

十一月廿(二十)日（実際は一〇月二〇日）、蒙古船ヨリ下リ、馬ニ乗リ旗ヲ挙《あ》ゲテ責懸《せめかか》ル。日本ノ大将ニハ少弐《しょうに》入道覚恵《にゅうどうかくえ》が孫、纔《わずかに》十二三ノ者、箭合《やあわせ》ノ為トテ小鏑《こかぶら》ヲ射タリシニ、蒙古一度ニ訌《どっ》ト咲《わら》フ。太鼓ヲ叩《たた》キ銅鑼《どら》ヲ打チ紙砲鉄砲《しほうてっぽう》ヲ放シ時ヲ作ル。其《そ》ノ声唱立《おびたたし》サニ、日本ノ馬共驚テ進退ナラズ。……蒙古カ矢短シト云トモ、矢根ニ毒ヲ塗《ぬり》タレバ、チトモ当ル所毒気ニマク。……冑《よろい》軽ク馬ニハ能《よく》乗リ、力強ク命ハ惜マズ、強盛勇猛自在無窮《むきゅう》ニ馳《かけ》引ヲ、大将軍高キ所ニ居上リ、引クベキ所ニハ逃鼓《にげつづみ》ヲ打チ、懸《かかる》ベキニハ責鼓《せめつづみ》ヲ叩《たた》キ、夫《それ》ニ随《したがい》テ寄引《よせひき》、逃ル時ハ鉄放《てっぽう》ヲ飛バシテ暗ク成シ、鳴リ高ケレバ心ヲ迷ハシ肝《きも》ヲ失ヒ、目クレ耳塞《ふさぎ》テ、亡然《ぼうぜん》トシテ東西ヲ知ラズ、日本ノ軍ノ如ク相互ニ名乗リ合ヒ、高名不覚《こうみょうふかく》ハ一人宛《ずつ》ノ勝負ト思フ処、此《この》合戦ハ大勢一度ニ寄合テ、足手ノ動《はたら》ク処ニ我モ〳〵ト取付テ押殺シ生捕《いけどり》ケリ、是故《これゆえに》懸入《かけいる》程ノ日本人、一人トシテ漏者《もるるもの》コソナカリケレ。

『八幡愚童訓《はちまんぐどうくん》』

史料注

八幡愚童訓 『八幡愚童訓』は二種類あるが、史料のものは、元寇に際しての八幡大菩薩の霊験について述べている。

要点ナビ 執権北条貞時のもとで、御家人の救済のため発令。

3 永仁の徳政令 ★★★★★

関東御事書《おんことがき》の法1

一 質券《しちけん》売買地の事　永仁五年三月六日

右、地頭御家人の買得《ばいとく》地においては、本条2を守り、廿(二十)箇《か》年を過ぐるは、本主《ほんしゅ》3取返すに及ばず。非御家人幷《なら》びに凡下《ぼんげ》の輩《ともがら》4の買得地に至りては、年紀の遠近を謂《い》はず、

1**関東御事書の法** 鎌倉幕府から出され、「一 何々の事」と箇条書の体裁で書かれた法規。
2**本条** 御成敗式目の第八条（一一〇頁参照）の時効規定。
3**本主** 土地を売った元の持

通釈

鎌倉幕府から出された箇条書の法

一 質入れされたり、売買された土地のこと　永仁五（一二九七）年三月六日

このことについては、地頭御家人が買い取った所領は、御成敗式目の規定の通り、二〇年を経過したものは売り主が取り返すことはできない。が、御家人以外の武士や一般庶民が買い取った土地については、経過

ち主。
❹**凡下の輩**　武士身分に属さない一般庶民。借上などをさす。
❺**越訴**　判決を不服とする者が起こす再審請求。
❻**領掌**　領有し、現実に支配権を行使すること。
❼**御下文・下知状**　いずれも幕府から発給された公文書。ここでは土地の売買・譲渡を認めたもの。
❽**年紀**　❷と同様、御成敗式目に定められた二〇年のこと。
❾**利銭出挙**　利息の付いた金銭の貸借。
❿**甲乙の輩**　特定の階層でないすべての人々。
⓫**成敗**　訴訟の受理。
史料注
東寺百合文書　八八頁参照。

本主之《これ》を取返すべし。

関東より六波羅《ろくはら》へ送られし御事書の法

一　越訴《おっそ》❺を停止《ちょうじ》すべきの事……

一　質券売買地の事

右、所領を以《もっ》て或《あるい》は質券に入れ流し、或は売買せしむるの条、御家人等侘傺《たてい》の基《もとい》なり。向後《きょうこう》に於《おい》ては停止に従ふべし。以前沽却《こきゃく》の分に至りては、本主をして領《りょう》掌《しょう》❻せしむべし。但《ただ》し或は御下文《くだしぶみ》・下知《げち》状❼を成し給ひて、或は知行《ちぎょう》廿箇年を過ぐるは、公私の領を論ぜず今更《いまさら》相違有るべからず。若《も》し制符《せいふ》に背《そむ》き濫妨《らんぼう》を致すの輩《ともがら》有らば、罪科《ざいか》に処せらるべし。次に非御家人、凡下の輩質券買得地の事、年紀❽を過ぐと雖《いえど》も売主をして知行せしむべし。

一　利銭出挙《りせんすいこ》❾の事

右、甲乙《こうおつ》の輩❿要用の時、煩費《はんぴ》を顧《かえり》みず負累《ふるい》せしむるに依《よ》りて、富有《ふゆう》の仁《じん》其《そ》の利潤を専《もっぱ》らにし、窮困《きゅうこん》の族《やから》弥《いよいよ》侘傺《たてい》に及ぶ歟《か》。自今《じこん》以後成敗《せいばい》⓫に及ばず、縦《たとい》下知《げち》状を帯び、弁償《べんしょう》せざるの由《よし》訴へ申す事有りと雖《いえど》も、沙汰《さた》の限りに非《あら》ず。次に質物を庫倉に入るる事は禁制する能《あた》

した年数に関わりなく、元の売り主が取り戻すことができる。

鎌倉幕府から六波羅探題に送られた箇条書の法

一　再審の請求は受けつけないこと……

一　質入れされたり、売買された土地のこと

このことについて、所領を質に入れ流したり売買したりすることは、御家人の困窮の基である。今後はしてはならない。以前に売った土地は、本主（御家人）が領有し支配すべきである。ただし、（売った相手が御家人である時は）幕府が売買を認めた下文や下知状を下されていたり、その所領を知行して二〇年を過ぎている場合には、その土地が幕府から恩賞として与えられたのか先祖相伝の私領なのかにかかわらず、今さらとり返すことはできない。もし規定に背いて無理に取り返そうとする者は罪に処せられるだろう。ただ、御家人以外の武士や一般庶民が御家人から買い取った土地は、二〇年を過ぎていたとしても、御家人の売り主が知行すべきである。

一　利息つきの金銭貸借のこと

このことについて、誰かれとなくすべての人が出費のある時、利息の累積などで困ることも考えず借金をするので、金持の者はその利潤をますます増やし、貧乏人はいよいよ困窮するのであろう。今後は、金銭貸借の訴訟は一切取り上げない。たとえ幕府の下知状を持って、弁償しないと訴え出る場合でも、一切取り上げない。ただ、品物を質に入れて借金することは、禁制の限りではない。

永仁五（一二九七）年七月二二日

はず。……

永仁五年七月廿二日

『東寺百合文書《とうじひゃくごうもんじょ》』

探究14
① 御家人窮乏の原因は何か。
② 永仁の徳政令の効果と影響について述べよ。

解説 御家人制度は鎌倉幕府の基盤であった。御家人は鎌倉・京都での中央文化との接触や貨幣経済の浸透により生活水準を向上させた半面、分割相続の繰り返しによる所領の細分化とともに、経済的な窮乏に追い込まれる者が増加した。また**元寇《げんこう》**では多大な犠牲を払っても、没収地のない防衛戦だったため恩賞が十分でなく、その後の防備への負担も相まって、困窮の傾向は一層助長された。窮乏した御家人のなかには所領を質入れしたり、売却して御家人役を全うできないものもおり、幕府体制を根底から揺るがす問題となった。幕府はたびたび新恩地の質入れ・売買の禁止を行ったり（先祖相伝の本領については式目も認めていた）、段階的に無償取り返し令を出したが、実効が上がらなかった。そのために執権北条貞時により発せられたのが、一二九七年の**永仁の徳政令**と呼ばれる一連の法令である。

その中心となっているのが、三月の関東御事書の法令と、六《ろく》波《は》羅《ら》探題へ送られたものの第二条項である。それは、御家人所領の一切の売買・質入れ・質流しを禁ずるとともに、買い主が御家人の場合、二〇年を経過した所領は売り主も取り返せないが、買い主が御家人でない土地は何年たっていようが、返還させることができるという規定である。また、第一条項では越訴《おっそ》（判決後の再審請求）を禁止し、第三条項では、金銭貸借に関する訴訟を一切受けつけないとの内容であった。第二の条項は御家人に有利な規定であるが、その背景には〝本来領有していた土地は、あくまでもその家に属する〟という当時の一般的通念があったことも見落とせない。しかし逆に金融の道を閉ざされた御家人の反対もあり、売買・質入れの禁止や越訴制廃止の条項は翌年廃止された。それは強引に得宗《とくそう》（北条氏嫡流《ちゃくりゅう》）専制をおし進めようとする執権北条貞時に対する、御家人層の反発でもあった。

徳政令の施行は御家人ばかりでなく、庶民にも拡大していった。以後の土地売券には、「全国一斉に徳政令が出されてもこの売買には適用されない」というわゆる徳政担保文言《たんぽもんごん》が見られるようになる。また、売券とは別に譲渡を示す渡状が同時に作成されることも行われた。

4 悪党の活躍 ★☆☆☆

要点ナビ 鎌倉後期、播磨国での悪党の成長。

問云ク《といていわく》[1]諸国同《おなじき》事ト申《もうし》ナカ《(が)》ラ当国[2]ハ殊《こと》ニ悪党蜂起《ほうき》ノ聞ヘ候《そうろう》。何《いずれ》ノ比《ころ》ヨリ張行《ちょうぎょう》候《そうらい》ケルヤラム。（どこの国でも同じでしょうが）答云《こたえていわく》、……正安《しょうあん》・乾元《けんげん》[3]ノ比《ころ》ヨリ、目ニ余リ耳ニ満テ聞《きこえ》候シ。（のさばってきたのでしょうか。）所々ノ乱妨《らんぼう》、浦々ノ海賊、寄《よせ》取《どり》[4]・強盗・山賊・追ヒ落シ[5]ヒマ無ク、（頻繁に起こり、）異類異形《いるいいぎょう》ナルアリサマ人倫《じんりん》ニ異ナリ（異様なかっこうや風体は普通人とちがって）柿帷《かきかたびら》[6]ニ六方笠《ろっぽうがさ》[7]ヲ著《つけ》テ烏《え》帽《ぼ》子《し》・袴《はかま》ヲ著《つけ》ス《(ず)》。人ニ面《つら》ヲ合セス《(ず)》忍タル躰《てい》ニテ、数々不具《ふぐ》ナル（数のそろわない）高《たか》シコ[8]ヲ負ヒ、ツカ《(柄)》サヤ《(鞘)》ハゲ《(剥)》タル大

[1] **問云ク** 筆者が住職と語り合った問答を示している。
[2] **当国** 播磨国。
[3] **正安・乾元** 一二九九〜一三〇三年。
[4] **寄取** 襲撃。

❺**追ヒ落シ**　路上での強盗。
❻**柿帷**　柿色の単物。
❼**六方笠**　女性用の日傘。
❽**高シコ**　竹矢籠（たかしこ）。矢を入れる竹製の筒。
❾**サイホウ**　堅い木の棒。
❿**博打博エキ**　賭け事。
⓫**正仲・嘉暦**　一三二四〜二九年。
⓬**引馬**　通常は貴人などが外出の際、飾り立て連れて行く予備の馬。

史料注

峰相記　播磨国峰相山鶏足《けいそく》寺（兵庫県姫路市、現在は廃寺）での老僧との問答という形式を通じて、播磨の地誌を記したもの。

探究15

① 悪党が鎌倉末期・南北朝時代に現れた理由を考えよ。
② 北条氏がその専制的権力を強めるためにとった策を述べよ。

刀ヲハキ《(佩)》（腰につけ、）、竹ナカエ《(長柄)》、サイホウ《(撮棒)》❾杖《つえ(ば)》ハカリニテ、鎧《よろい》・腹巻《はらまき》等ヲ著《つくる》マテ《(迄)》ノ兵具《ひょうぐ》更ニ無シ。カヽル類《たぐい》十人・廿人、或《あるい》ハ城ニ籠《こも》リ、寄手《よせて》ニ加ハリ、（城に立てこもったり、逆に攻める側に加わったり、）或ハ引入《ひきいれ》・返リ忠《ちゅう》ヲ旨《むね》トシテ（敵に内通して城に導いて裏切りをする。）更に約諾《やくだく》ヲ本《もと》トセス《(ず)》。（約束を重んじない。）博《ばく》打《ち》博《ばく》エキ《(奕)》❿ヲ好《このみ》テ、忍ヒ《(び)》小盗ヲ業《なりわい》トス。（こそ泥を生業としている。）武方ノ沙汰守護ノ制ニモカヽハラス《(ず)》（幕府の命令、守護の禁圧にも）日ヲ逐《おい》テ倍増ス。……正仲《(中)》・嘉暦《かりゃく》⓫ノ此《ころ》其《そ》ノ振舞《ふるまい》先年ニ超過シテ、天下ノ耳目《じもく》ヲ驚《おどろか》ス。（世の中の人をびっくりさせる。）吉《よ》キ馬ニ乗リ列《つらな》レリ。五十騎百騎打ツヽキ《(続)》、引馬《ひきうま》⓬・唐櫃《からびつ》（脚のついた唐風の櫃）・弓箭《きゅうせん》（弓矢）・兵具ノ類《たぐい》金銀ヲチリハメ《(ば)》、鎧《よろい》・腹巻テリ《(照)》カヽヤク《(輝)》計《ばかりなり》也。『峰相記《みねあいき》』

解説

一三世紀後半になると、畿内や周辺地域を中心に悪党と呼ばれる集団の活動が見られるようになる。この地域は、荘園領主の影響力が比較的強く残っており、地頭など在地勢力との対立が激しかったところである。在地の対立の中で、荘官・地頭・有力領主がそれぞれ支配を目指して荘園領主と敵対し、**悪党**と呼ばれた者も多い。その他、商人や寺社に属して商業活動を行っている者が、さらに利益をあげようとして悪党化した例、また、天災・飢饉《ききん》や貨幣経済についていけず、本業や本拠地を離れなければならなかった農民など、悪党と呼ばれた者の階層や発生原因も多種多様である。

『峰相記《みねあいき》』によると、正安《しょうあん》・乾元《けんげん》の頃の悪党は〝異類・異《い》形《ぎょう》〟の恰好《かっこう》で奔放《ほんぽう》にふるまうまだ小規模な集団であったが、正中《しょうちゅう》・嘉暦《かりゃく》といった鎌倉時代末期になると、大変羽振《はぶ》りがよい悪党が出現してくる様子が見える。さらに彼らには武士団として地域的な結合をするようになる。

幕府は**得宗専制**化の過程で、悪党の禁圧令を出しなんとか討伐しようと苦心するが、そのために悪党の蜂起が幕府支配への反抗という意味合いを持つようになった。**後醍醐《ごだいご》天皇**の討伐行動に悪党が参加する時が迫ってきているのである。

Spot

元寇を失敗に終わらせた東アジア民衆の抵抗

元寇《げんこう》が結果的に失敗し、日本が侵略を免れた理由はいくつかあるが、高麗《こうらい》を中心とした東アジアの民衆の抵抗もその大きな要因である。一二六〇年、高麗がモンゴルに服属した後も、民衆はモンゴルに抵抗した。特に正規軍の精鋭部隊である三別抄《さんべつしょう》の根強い抵抗により、元寇準備のモンゴル軍が襲われ、用意された戦艦が焼かれるなどで、日本遠征は遅れに遅れた。また三別抄は耽羅《たんら》島（いまの済州《チェジュ》《さいしゅう》島）に拠って抗戦した時、共同戦線をはるため何と日本にも援軍を要請してきたのである。が、残念ながら日本にはその意味がわからず、そのうちに、文永《ぶんえい》の役《えき》が始まってしまった。文永・弘安《こうあん》の役に動員された高麗・南宋の民衆は、造船にも、戦闘にも士気が上がらなかった。風雨で多くが沈船したのは、その劣悪な造船条件のためともいわれる。その後も、フビライは何度も日本遠征を企図したが、旧南宋地域での民衆の蜂起がそれを断念させたのである。

8 産業の発展と農民の成長

1 地頭の非法に抵抗する農民 ★★★☆☆

要点ナビ　阿氏河荘民が地頭湯浅氏の横暴を荘園領主に訴える。

阿《あ》テ河《がわ》ノ上村《かみむら》❶百姓ラツツシ《謹》テ言上《ごんじょう》

一 フセタ《臥田》❷ノコト、リヤウケ《領家》❸ノヲカタエ、フセ《臥》シツメラレテ候《そうろう》ヲ、ソノウエニチトウ《地頭》❹ノカタエ、マタ四百文フセラレ候ヌ、マタソノウエニトシヘチ《年別》ニ一タン《段》ニ二百文ツツノフセレウ《臥料》❺ヲセメトラルルコトタヘ《堪》カタク候。

一 ヲンサイモク《御材木》ノコト、アルイワチトウ《地頭》ノキヤウシヤウ《京上》❻、アルイワチカフ《近夫》❼トマウシ、カクノコトクノ人フ《人夫》ヲ、チトウノカタエセメ《責》ツカ《使》ワレ候ヘハ、ヲ《テ》マヒマ候ワス候、ソノノコリ《残》、ワツカニモレノコリ《洩残》テ候人フ《人夫》ヲ、サイモクノヤマイタシ《山出》ヘイテタテ《出立》候エハ、テウマウ《逃亡》ノアト《跡》❽ノムキ《麦》マケ《蒔》ト候テ、ヲイモトシ《追戻》候イヌ、ヲレラカコノムキマカヌモノナラハ、メコトモ《女子供》❾ヲヲイコメ、ミミ《耳》ヲキリ、ハナ《鼻》ヲソキ、カミ《髪》ヲキリテ、アマ《尼》ニナシテ、ナワホタシ《縄絆》ヲウチテ、サエナマ《苛》ント候ウテ、セメ《責》センカウセラレ候アイタ、ヲサイモクイヨ〳〵ヲソ《遅》ナワリ候イヌ、ソノウエ百姓ノサイケ《在家》イチウ《一宇》、❿チトウ《地頭》トノ《殿》ノエコホチトリ《毀取》候イヌ。

通釈

阿氏河荘上村の百姓らが謹んで申し上げます。

一 臥田のことにつきましては、すでに領家側の承認で臥田とされていますのに、その上さらに地頭方にも四〇〇文の臥料をかけられました。またその上に、毎年一段当たり二〇〇文ずつの臥料を地頭に取られてはがまんできません。

一 （年貢として領家に納入する）御材木の（貢進が遅れている）ことにつきましては、地頭が京へ上るからとか、近夫だといって、かように人夫として地頭にこき使われますと、全く暇などありません。その残りのわずかな人を材木の山出しに出しますと、逃亡した百姓の畑に麦をまけとむりやり連れ戻します。お前たちがこの麦をまかなければ、女子供を捕えて押し込め、耳を切り、鼻をそぎ落とし、髪を切って尼にし、縄でしばって虐待するといって責められますので、御材木の貢進はますます遅くなってしまいました。その上、百姓の家屋一軒が地頭によって解体して取られてしまいました。

建治元（一二七五）年一〇月二八日

百姓等が申し上げます。

※色文字は重要語

1 阿テ河ノ上村　紀伊国阿氏（弖）河荘。現在の和歌山県有田郡にあった。

2 フセタ　検注（領主による土地調査）の際、隠田は没収されることが通常だが、この場合は「臥田」と承認し、臥料を徴収したケースであろう。

3 リヤウケ　この時期の領家は京都の寂楽寺。のちには高野山領となる。

4 チトウ　地頭は紀伊の湯浅氏。

5 フセレウ　臥料は2の通り。荘民が問題にしているのは、領家と地頭とに二重に課せられたことと地頭が検注に関係なく毎年課したこと。

6 キヤウシヤウ　大番役などで上京すること。

7 チカフ　近夫。近所での使役。

8 テウマウノアト　農民が逃亡して耕作する者のいなく

ケンチカン子《ね》ン十月廿《(二十)》八日　　百姓ラカ《(等)》上《たてまつる》

『高野山文書《こうやさんもんじょ》』

解説 地頭は**地頭請《じとううけ》**・**下地中分《したじちゅうぶん》**などによって荘園侵略を強行して在地領主化していく半面、農民に対する搾《さく》取《しゅ》、横暴もまた激しくなっていく。「泣く子と地頭には勝てぬ」といわれた地頭は、年貢のほかに、年貢運送のことなど種々の夫役を課し、武力を背景に農民の財物を奪い取り、圧政の結果として逃亡した農民の家屋、田地などを吸収したりしていった。この史料は、一二七五（建治元）年紀伊国の阿氏河荘の農民が、地頭湯浅氏の横暴を荘園領主の寂楽寺に訴えた文書の一部である。阿氏河荘では当時地頭と領家との間で、支配をめぐって係争中であった。この訴状は、領家側が裁判を有利に導くため、農民を指導して書かせたものとも言われるが、そうした側面はあるにせよ、「ミミヲキリ、ハナヲソギ」という生々しい表現など、地頭の暴力的性格が十分うかがえる。一方で農民は地頭と荘園領主の二重支配に苦しみながらも、それを口実に団結して対処するという強さを身につけてきている面も見落とすことができない。さらに畿内近国の荘園では、荘園領主の影響力が強く、なかなか地頭の在地支配が実現できないでいた。このことが、この地域に悪党《とう》（一三一頁参照）を生み出す土壌ともなっている。

←阿氏河荘民訴状

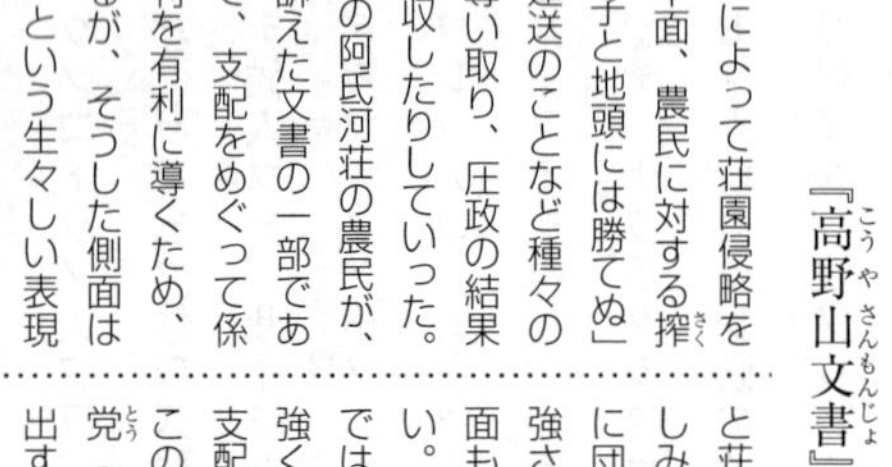

金剛峯寺蔵

なった土地。

9メコトモ 妻子。

10サイケイチウ ここでは農民の家一軒。

史料注

高野山文書 高野山金剛峯寺の所蔵する古文書を、東京大学史料編纂所が収集し、『大日本古文書』の一部として刊行したもの。

探究16 **農民は二重に支配されている。そのことを説明せよ。**

2 二毛作《にもうさく》の普及 ★★☆☆☆

要点ナビ 麦を裏作とする二毛作の拡大。

諸国の百姓田の稲を苅《かり》取るの後、其《そ》の跡《あと》に麦を蒔《ま》く。田麦《たむぎ》と号して、領主等、件《くだん》の麦の所当《しょとう》1を徴《ちょう》取《しゅ》すと云々《うんぬん》。租税の法豈然《あにしか》るべけんや。2（租税の法としては合法ではない。）自今《じこん》以後、田麦の所当を取るべからず。宜《よろ》しく農民の依怙《えこ》（自己の収入とすること）たるべし。この旨《むね》を存じ、備後《びんご》・備前《びぜん》両国の御家人等に下知（命令する）せしむべきの状、仰《おお》せに依《よ》って執達《しったつ》件の如し（せよ。）3。

文永元年《(一二六四)》四月廿《(二十)》六日

武蔵守《むさしのかみ》判4

相模《さがみ》守5判

1所当 年貢のこと。

2租税の……べけんや のち遅くとも室町時代には裏作への所当の賦課は一般的になる。

3執達件の如し 上位の意向を受け下位に発給する書状の結びに使われる。

4武蔵守 執権北条長時。

因幡前司殿《いなばのぜんじどの》6　『新編追加《しんぺんついか》』

解説　鎌倉時代には農業生産が飛躍的に増大した。その要因として、史料に見えるような米と麦の**二毛作**による土地生産性の増大がある。二毛作は平安時代末に伊勢国（三重県）で始まったとされ、鎌倉時代には西国にかなり広まっていたものと考えられている。この史料は、米の裏作として栽培された麦を、在地領主が「田麦」と呼んで課税することを幕府が禁止し、備前・備後両国の御家人に命じたものである。

農業生産増大の背景には、刈敷・草木灰などの肥料の使用、**牛馬**を使用した農耕の普及、中稲など米の品種改良、手工業・商業の発達による鉄製農具の全国流通などがあった。このような技術の発達や生産力の拡大を基礎として、畿内周辺では、小作を行っていた作人が名主に成長したり、名主に隷属していた下人・所従が作人として独立したりするなど、農民の地位向上がみられた。

3 商業の発達　★☆☆☆☆

1 凡《およ》そ京の町人、浜の商人、鎌倉の誂《あつら》へ物（幕府の注文品、）、宰府《さいふ》1の交易、室《むろ》・兵庫の船頭《せんどう》、淀河尻《よどがわじり》の刀禰《とね》（淀川の河口あたりの（交通関係の）役人、）、大津《おおつ》・坂本《さかもと》の馬借《ばしゃく》2、鳥羽《とば》・白河《しらかわ》の車借《しゃしゃく》3、泊《とまり》々の借上《かしあ》げ4、湊《みなと》々の替銭《かえぜに》5、浦々の問丸《といまる》6、同じく割符《さいふ》7を以《もっ》て之《これ》を進上《しんじょう》し、倁載《しゅくさい》に任せて（運送業者に任せて）之を運送す。『庭訓往来《ていきんおうらい》』

解説　一三世紀、年貢の銭納化が普及し始めた。その原因は、日宋貿易による**宋銭**の流入で貨幣経済が発達し、荘園領主層が銭貨を必要とするようになったからである。元が紙幣専用政策をとったことも東アジア全域に銅銭が流出する要因となった。貨幣は、現物輸送に比べてコスト面や安全性に有利さがあり、荘官や地頭にとっても、年貢・公事《くじ》を現金化する際に市場の相場を操作し、中間利潤を得るメリットがあった。やがて実際に送金せずに割符《さいふ》あるいは**為替**《かわし》と呼ばれた手形で、年貢等の進上や、遠隔地取り引きの決済が行われることも始まり、高利貸業者の**借上**《かしあげ》も生まれる。当初荘園領主のために年貢物の保管・運送を担当していた**問**《とい》（問丸《といまる》）は、各地の港湾を本拠として、船運による商品の中継ぎ・輸送・委託販売に携わるようになる。陸上では馬借《ばしゃく》・車借《しゃしゃく》といった専門業者が主として水陸交通の接点で成長し、京都・奈良への運輸に従事した。商品貨幣経済の発達は**定期市**《ていきいち》の開催をも促し、各地に月三度開かれる三斎市《さんさいいち》が誕生した。そして後に常設化していくことで、地方都市の一つのルーツになっていく。史料の『庭訓往来』にはこの時期の商業の発達の状況と、具体的な地名が短い手紙文の中に羅列《られつ》されている。

5**相模守**　連署北条政村。
6**因幡前司**　備前・備後の守護長井泰重。

史料注
新編追加　一一六頁参照。

探究17
鎌倉中期における技術の発展や生産力の向上は、畿内の農村にどのような変化をもたらしたか。

1**宰府**　大宰府。
2**馬借**　馬による輸送業者。
3**車借**　荷車による輸送業者。
4**借上げ**　高利貸業者。
5**替銭**　為替取引。
6**問丸**　商品中継・運送業者。
7**割符**　為替手形。

史料注
庭訓往来　手紙の往信、返信をまとめて文章や用語を習わせる手本とした往来物で一四世紀半ばの成立。二五通の手紙で構成され、江戸時代より明治時代初めまで庶民の家庭教育や、寺子屋用教科書として盛んに用いられた。

9 鎌倉文化

1 法然《ほうねん》の思想 ★★☆☆☆

もろこし我がてう(朝)に、《中国と日本において、》もろもろの智者《ちしや》達のさた(沙汰)し申さるゝ、《専修念仏を理解している僧（源信ら）が論じて勧める、》観念の念ニモ非《あら》ズ。又学文《がくもん》をして念の心[1]を悟《さと》リテ申《もうす》念仏ニモ非ズ。たゞ往生極楽《おうじょうごくらく》のためニハ、南無阿弥陀仏《なむあみだぶつ》と申《もうし》て、疑なく往生スルゾト思《おもい》とりテ、《思い定めて、》申外《もうすほか》ニハ別ノ子さい(細)候《そうら》ハず。但《ただし》三心《さんじん》[2]四修《ししゅ》[3]と申事ノ候ハ、皆決定《けつじょう》《信じて疑わず》して南無阿弥陀仏にて往生スルゾト思フ内ニ籠《こも》り《含まれている》候也《なり》。此外《このほか》ニをくふか(奥深)き事を存ぜバ、二尊[4]ノあハれみニハヅレ、本願[5]ニもれ候べし。念仏ヲ信ゼン人ハ、たとひ一代ノ法《釈迦の一生の教え》ヲ能々《よくよく》学ストモ、一文不知《いちもんふち》《学問のひとかけらも知らぬ愚か者》ノ愚どん(鈍)の身ニナシテ、尼入道《あまにゅうどう》ノ無ち(知)ノともがらニ同《おなじう》しテ、ちしや(智者)ノふるまひヲせずして、只《ただ》一かう(向)《ひたすらに》に念仏すべし。

『一枚起請文《いちまいきしょうもん》』

※**色文字は重要語**

[1] **念の心**　ひたすら思いを集中させること。

[2] **三心**　至誠心・深心・廻向発願心。

[3] **四修**　中国の善導が説く恭敬修・無余修・無間修・長時修。

[4] **二尊**　釈迦如来と阿弥陀如来。

[5] **本願**　阿弥陀仏が一切衆生を救済するためおこした願。

史料注

一枚起請文　一二一二（建暦二）年死期の迫った法然が念仏往生の意義を一枚の紙に書いて、弟子の源智に与えたもの。主著『選択《せんちゃく》本願念仏集』に比べて一般民衆にわかりやすく平易に述べられている。

解説

浄土宗《じょうど》の祖**法然《ほうねん》**（一一三三～一二一二）は美作国《みまさか》（岡山県）に武士の子として生まれ比叡《ひえい》山で学んだ。やがて源信《げんしん》と中国の善導の思想から大きな影響を受け、浄土信仰を深めていった。旧仏教が多くの行《ぎょう》を求め、複雑な学問の理解、財物の布施、厳しい修行を必要としていたのに対し、ひたすら阿弥陀《あみだ》仏を信じ「南無阿弥陀仏」と念仏を唱える（**専修《せんじゅ》念仏**）行のみで誰でも救われると説いた。また、女性にも完全に救済の道を開いたことは、日本の仏教史の上でも画期的なことである。法然の思想は新興の武士層、都市・農村の民衆から受容され、勢力を増すにつれて、旧仏教側の攻撃を受け、朝廷により彼は讃岐国（香川県）に流された。

要点ナビ　親鸞の悪人正機説を弟子唯円が解説。

2 親鸞《しんらん》の思想 ★★★☆☆

一　「善人[1]なをもちて往生《おうじょう》をとぐ、いはんや悪人[2]をや。しかるを、世のひとつねにいはく、『悪人なを往生

[1] **善人**　造寺・造仏・写経などの善行を積もうと努めて

通釈

一　「善人ですら極楽往生することができる。まして悪人が極楽浄土へ行くのは当然である。にもかかわ

いる人。つまり、「自力作善の人」のこと。

2悪人 煩悩に狂わされて善行を積む力もない人。つまり、「煩悩具足の人」のこと。

3本願他力 念仏する者を救済しようという本願を立てた阿弥陀如来にすがる。

4自力作善 自分の修行や努力で善行を積み往生しようとすること。

5真実報土 まことの浄土、阿弥陀如来の浄土のこと。

6煩悩具足 心身を煩わし、悩ますあらゆるものを持っていること。

7生死 生まれたり死んだりという輪廻《りんね》に苦しむこと。

史料注

歎異抄 親鸞の弟子唯円《ゆいえん》が著したもの。親鸞の死後彼への異説が盛んになることを嘆いた唯円が全一八条のうち、第九条までを親鸞自身の言葉の聞書で、また第一〇条以降を唯円の言葉で親鸞の思想を綴って異説を正そうとした。史料の悪人正機説は第三条である。

探究18 親鸞の悪人正機説について説明せよ。

す、いかにいはんや善人をや』と。この条、一旦《いったん》そのいはれあるににたれども、本願他力《ほんがんたりき》3の意趣《いしゅ》にそむけり。そのゆへは、自力作善《じりきさぜん》4の人は、ひとへに他力をたのむこゝろかけたるあひだ、弥陀《みだ》の本願にあらず。しかれども、自力のこゝろをひるがへして、他力をたのみたてまつれば、真実報土《ほうど》5の往生をとぐるなり。煩悩具足《ぼんのうぐそく》6のわれらは、いづれの行《ぎょう》にても生死《しょうじ》7をはなるゝことあるべからざるを哀《あわれみ》たまひて、願《がん》をおこしたまふ本意、悪人成仏《じょうぶつ》のためなれば、他力をたのみたてまつる悪人、もとも往生の正因《しょういん》なり。よりて善人だにこそ往生すれ、まして悪人は」と、仰《おおせ》さふらひき。　『歎異抄《たんにしょう》』

らず、世間の人はいつも『悪人でさえ極楽へ行くのだから、善人が行くのは当然ではないか』という。この考えは一応もっともなようにみえるけれども、実は（阿弥陀如来の）他力本願の教えの趣旨に背いている。そのわけは、自ら修行や善行を積むことができる人は、ひたすら阿弥陀如来の力にすがろうという心に欠けているために、阿弥陀如来の本来の救済の対象ではない。しかし、そういう人でも自力を頼む気持ちを改めて、阿弥陀如来におすがりすれば、まことの阿弥陀浄土に往生をとげることができる。あらゆる煩悩を持つ我々のような者は、どのような修行をしても、苦悩に満ちた迷いの世界を離れることができない。そのことを哀れに思われて、阿弥陀如来は救済の願をお立てになったのであり、その真意は悪人を成仏させようとするためなのであるから、阿弥陀如来におすがりしようとする悪人こそが、最も救済されるにふさわしい。だから善人でさえ極楽往生できる、まして悪人が往生できるのは当然だ」と（親鸞が）仰せになった。

解説

一一七三（承安三）年京都郊外で生まれた**浄土真宗**《じょうどしんしゅう》の祖**親鸞**《しんらん》も当初比叡《ひえい》山で学んだが、やがて法然の専修念仏《せんじゅねんぶつ》に傾倒した。法然の弾圧と同時に越後へ配流《はいる》された親鸞は赦免《しゃめん》後も東国に留まり、次第に法然の教えを乗り越えていく。法然は念仏の行《ぎょう》を重視し、念仏者には一日六万遍という莫大な量を求めたが、親鸞は阿弥陀《あみだ》仏の本願から生じた信によってただ一度の念仏で極楽往生ができると説いた。しかも史料に見えるように、自力で善行を積み、無数の念仏を唱えられる人ではなく、漁撈《ぎょろう》や狩猟などで殺生《せっしょう》を重ね、あらゆる煩悩《ぼんのう》から遁《のが》れられないような一般庶民こそが阿弥陀仏の本願によって救われるとした。これを**悪人正機説**《あくにんしょうきせつ》と呼んでいる。彼は自分の立場を非僧非俗（僧でも俗人でもない）とし、信仰を通じて集まる者は同朋・同行と呼ぶ立場をとった。

3 日蓮《にちれん》の思想

★★☆☆☆

要点ナビ　他国の侵略と内乱を警告。

若《も》し先《ま》づ国土を安んじて、現当《げんとう》[1]を祈らんと欲せば、速《すみや》かに情慮《じょうりょ》を廻《めぐ》らし、悤《いそ》いで対治《たいじ》を加へよ。所以《ゆえん》は何《いか》ん。薬師経《やくしきょう》の七難[2]の内、五難忽《たちま》ちに起り二難猶《なお》残せり。所以《いわゆる》「他国侵逼《しんぴつ》の難、自界叛逆《じかいほんぎゃく》の難」なり。大集経《だいじっきょう》の三災[3]の内、二災早く顕《あら》はれ一災未だ起らず。所以「兵革《へいかく》の災《わざわい》」なり。金光明経《こんこうみょうきょう》の内、種種《しゅじゅ》の災過《さいか》一一《いちいち》起ると雖《いえど》も、「他方の怨賊《えんぞく》国内を侵掠《しんりゃく》する」、此《こ》の災未だ露《あら》はれず、此の難未だ来らず。仁王《にんのう》経の七難[4]の内、六難今盛にして一難未だ現ぜず。所以「四方の賊《ぞく》来つて国を侵《おか》すの難」なり。……

先難是《こ》れ明かなり、後災何ぞ疑はん。若し残る所の難、悪法[5]の科《とが》に依《よ》つて竝《なら》び起り、競ひ来らば、其《そ》の時何《いか》ん為《せ》んや。帝王は国家を基《もとい》として天下を治め、人臣は田園を領して世上を保つ。而《しか》るに他方の賊来つて其の国を侵逼し、自界叛逆して其の地を掠領《りゃくりょう》せば、豈《あに》驚かざらんや。豈騒がざらんや。国を失ひ家を滅せば、何《いず》れの所にか世を遁《のが》れん。汝《なんじ》須《すべか》らく一身の安堵《あんど》を思はば、先づ四

[1]現当　現世と来世。

[2]薬師経の七難　人衆疾疫《にんしゅうしつやく》(人々の病気)・他国侵逼・自界叛逆・星宿変怪《へんげ》(星の運行異常)・日月薄蝕(日蝕月蝕)・非時風雨(時ならぬ風雨)・過時不雨(時が過ぎても雨降らぬ)の七災難。

[3]大集経の三災　穀貴《こくき》(穀物の払底)・兵革・疫病の三災害。

[4]仁王経の七難　日月・星宿・衆火(火災)・時節・悪風・亢旱《こうかん》(日照り)・悪賊の各難。

[5]悪法　悪い教え。

[6]四表　国の四方、周囲。

史料注

立正安国論　日蓮が、法華経こそ唯一の正法《しょうほう》であるとし、国の平和・繁栄を築くために、念仏などの邪法を退ける必要を主唱した問答体の書。一二六〇(文応元)年成立し、前執権で得《とく》宗《そう》の北条時頼に提出された。

通釈

もしも、第一に国土の平和と自分の現世・後世の安楽を願おうというのならば、すみやかに考えをめぐらして、(災難の)対策を立てるのがよい。なぜなら、薬師経の説く七つの難のうち、五つの難が相次いで起き、まだ二つの難を残している。その二難とは、「他国に侵略される難」と「国内で反乱の起きる難」のことである。また、大集経の説く三つの災いのうち、二つはすでに現れたが、一つはまだ起こっていない。それは「戦乱の災」である。さらに、金光明経の説くいろいろの災害がすでに起きているが、「他国の賊が国内を侵し掠奪する」という災難はまだ現れていない。仁王経の説く七難の内の六難は今盛んに起きているが、一難だけはまだ現れない。それは、「四方から賊が国を襲い侵略する、という難」である。……

すでに先に災難が起こっている以上、続いてくる災難も起こることに疑いはないではないか。もしも、まだ起きていない災難が、悪い教えがはびこっている罪のため競い合うように同時に起こってきたならば、一体どうすればよいのか。帝王は国家を基として天下を治め、臣下は田園を領有して世の中を保っている。そうであるのに、国外から賊が襲ってきて国を侵略したり、国内で反乱が起き土地を奪い取るようなことがあれば、驚かずにいられようか。騒がずにいられようか。国を失って、家を滅ぼせば、一体どこに逃れてゆけばよいのだろうか。あなたがもし自分自身の平穏を望むならば、そのためにもまず周囲の平穏を祈るべきもの

探究19 日蓮は、災難から救済されるためにはどうすべきだと考えていたか。

表6の静謐《せいひつ》を禱《いの》るべきものか。

『立正安国論《りっしょうあんこくろん》』 ―― ではないだろうか。

解説 **日蓮《にちれん》**は安房《あわ》国（千葉県）の漁師の子として生まれ、一二歳の時、地元の清澄《きよずみ》山に入り、出家の身となった。少年時代の日蓮は、日本一の智者になりたいと一心に願ったという。その後、比叡《ひえい》山で天台教学を学ぶかたわら、京都・奈良の寺院で諸宗にも触れる中で、仏教の真髄を法華《ほけ》経であると確信した。一二五三年、三二歳で故郷に戻った日蓮は、法華経の題号「妙法蓮華経《みょうほうれんげきょう》」に宇宙の究極の真理が凝縮されていると考え「南無《なむ》妙法蓮華経」と**題目**を唱えることで、釈迦《しゃか》の悟りと功徳《くどく》を自然に譲り受け、救済されると説き、**日蓮宗**を開いた。この法華経至上主義の立場から念仏・禅・真言・律の各教えを排撃し、「念仏無間《むげん》・禅天魔《てんま》・真言亡国・律国賊」という四箇《しか》格言をも唱えた。この史料は『立正安国論』の第九段である。この中で日蓮は、災難の続発を法華信仰の沈滞、邪法（念仏）の流行が原因であるとし、幕府にも法華経への帰依《きえ》を求めた。そのことで、念仏・禅信者などの怒りを買い、幕府の弾圧により伊豆や佐渡に流罪となった。しかし、この中で予言した内乱と外寇は元寇《げんこう》などの形で現実のものとなってくる。

要点ナビ 懐奘《えじょう》が道元の只管打坐を説く。

4 道元の思想 ★★☆☆☆

一日奘《いちじつじょう》1 問云《とうていはく》、叢林《そうりん》2ノ勤学《きんがく》ノ行履《あんり》3ト云《いう》ハ如何《いかん》。示云《じにいはく》、只管打坐《しかんたざ》4也《なり》。或《あるい》ハ閣上《かくじょう》、或楼下《あるいはろう》ニシテ、常坐《じょうざ》ヲイトナム。人ニ交《まじわ》リ物語ヲセズ、聾者《ろうしゃ》ノ如ク瘂《あ》者《しゃ》ノ如クニシテ、常ニ独坐ヲ好ム也。

『正法眼蔵随聞記《しょうぼうげんぞうずいもんき》』

通釈 ある日、私（懐奘）が「修行の道場で、骨身惜しまずに仏道を学ぶ行いとはどのようなものですか」と質問した。

道元禅師が答えられたのは「ひたすら坐禅を組むことである。高殿の上でも下でも、寺院で適当な場所を見つけて、常に坐禅をするのだ。人といっしょになっておしゃべりせず、耳や口の不自由な人のようになって、いつもひとり坐禅を組むことを好きになるのだ。」との教えであった。

解説 禅《ぜん》宗の一派曹洞《そうとう》宗を伝えた道元《どうげん》は一二〇〇（正治二）年、名門貴族の子として生まれたが、幼くして両親の死に直面し、無常を感じて一三歳で出家した。初め比叡《ひえい》山で天台宗を学び、のちに禅を修めた後、二四歳で宋に渡り、四年間曹洞禅を学んで帰国した。彼は京都で草庵を営んで坐禅《ざぜん》本位の修行につとめた。道元の運動が活況を呈すに従い、比叡山衆徒の迫害を受けたため、越前国の豪族の援助のもと永平《えいへい》寺を開いて隠棲《いんせい》し、もっぱら坐禅と庶民への布教に努力した。

1**奘** 筆者の孤雲《こうん》懐奘。
2**叢林** 修行僧の集まる道場。
3**行履** 日常の一切の行為。
4**只管打坐** ただひたすら坐禅をすること。

史料注
正法眼蔵随聞記 道元が折に触れて門下に説いた教えを、弟子孤雲懐奘が筆録、編集したもの。極めて難解な『正法眼蔵《しょうぼうげんぞう》』に比べて平易な言葉で書かれ、道元の思想と日常の修行生活を知る上で格好な史料である。一二三五～三八年のことが記されているが、刊行され流布するようになるのは一七世紀のことである。

探究20
① 栄西と道元との布教の違いを述べよ。
② 道元が最も強調したものを、「道元の思想」の史料から書き出して説明せよ。

1 道理　意味は、避けることのできない必然、人の守るべき規範などだが、慈円はそこに歴史の推移を見い出そうとし、また仏教的な「道理」の考え方も取り入れた。
2 神ノ御代　神武天皇より前の神話の時代。
3 百王　本来は数多くの王、代々の君主の意味だが、末法思想の影響で、天皇が百代になると滅亡するという考え方が広まっていた。
4 八十四代　順徳天皇の代。
5 世継ガモノガタリ　『大鏡』のこと。
6 少々アリ　『今鏡』などをさす。
7 法　存在。真理。

栄西《えいさい》が伝えた公案中心の臨済《りんざい》宗とは異なり、曹洞宗の禅は史料から読み取れるように、ひたすら坐禅を行うこと（只管打坐《しかんたざ》）で、悟《さと》りの境地に到達するとした。このとき、坐禅などの修行を悟りの手段と考えるのではなく、修行そのものが悟りであると説いていることに注意したい。

5 慈円《じえん》の歴史観

★★☆☆☆

要点ナビ　公武融和の立場で、道理と末法思想から歴史を見る。

年ニソヘ《（添）》日ニソヘテハ、物ノ道理**1**ヲノミ思《おもい》ツヾケテ、老《おい》ノネザメ《（寝覚）》ヲモナグサメ《（慰）》ツヽ、イトヾ、年モカタブキ《（傾）》マカル《（罷）》マヽニ、世中《よのなか》モヒサシク《（久）》ミ《（見）》テ侍《はべ》レバ、昔ヨリウツ《（移）》リマカル道理モアハレニオボエ《（覚）》テ、神ノ御代《みよ》**2**ハシラ《（知）》ズ、人代《じんだい》トナリテ神武《じんむ》天皇ノ御後《おんあと》、百王**3**トキコユ《（聞）》ル、スデニノコリ《（残）》スクナク《（少）》、八十四代**4**ニモ成《なり》ニケルナカニ、保元《ほうげん》ノ乱イデキ《（出来）》テノチ《（後）》ノコトモ、マタ世継《よつぎ》ガモノガタリ《（物語）》**5**ト申《もうす》モノモカキツギ《（書継）》タル人ナシ。少々アリ**6**トカヤウケタマハ《（承）》レドモ、イマダエ《（得）》ミ侍《はべ》ラズ。ソレハミナ《（皆）》タヾヨキ《（良）》事ヲノミシル《（記）》サントシテ侍レバ、保元以後ノコトハミナ乱世ニテ侍レバ、ワロキ事ニテノミアランズルヲハバカリ《（憚）》テ、人モ申《もうし》オカ《（置）》ヌニヤトヲロカ《（愚）》ニ覚テ、ヒトスヂ《（一筋）》ニ世ノ

通釈　年のたつにつけ、日のたつにつけて、物の道理ばかりを考え続け、年老いてふとめざめがちな夜半のなぐさめなどにしたりして、いよいよ生涯も終わりに近づこうとしているが、世間を随分長く見てきたので、世の中が移り変わってきた道理も心にしみじみと感じられる。神々の時代のことはわからないが、人間の天皇の代となった神武天皇の時代以来、王は百代といわれているのに、今はすでに八四代の天皇の代になり残り少なくなってしまった中で、保元の乱以後のこと（を書いた人）も「世継の物語」のあとを書き継いだ人はいない。少しはいるとか聞いてもいるが、まだお目にかかっていない。それというのも、どの人も皆、良いことだけを書き記そうとするので、保元の乱以後のことはすべて乱世のことで、悪いことばかりになるのを嫌って語り伝えないのであろうか。それも馬鹿げたことに思えるので、世の中が一途に推移し衰退してきた一本の道理の道を、申し述べてみたいとずっと考えつ

ウツリ《(移)》カハリ《(変)》オトロ《(衰)》ヘクダルコトハリ《(理)》、ヒトスヂヲ申サバヤトオモヒテ、思ヒツヾ《(続)》クレバ、マコトニイハ《(言)》レテノミ覚ユルヲ、カクハ人ノオモハデ、道理ニソムク心ノミアリテ、イトヾ世モミダレ《(乱)》ヲダシ《(穏)》カラヌコトニテノミ侍レバ、コレヲ思《おもい》ツヾクル心ヲモヤスメ《(休)》ント思テカキツ《(書付)》ケ侍《はべる》也。……（巻第三）

コノヤウニテ世ノ道理ノウツリユク事ヲタテ《(立)》ムニハ、一切ノ法**7**ハタヾ道理ト云《いう》二文字ガモツ《(持)》ナリ。其外《そのほか》ニハナニモナキ也《なり》。ヒガゴト《(僻事)》**8**ノ道理ナルヲ、シリワカツ《(知分)》コトノキハマ《(極)》レル大事ニテアルナリ。コノ道理ノ道ヲ、劫初《こうしょ》**9**ヨリ劫末《こうまつ》ヘアユミ《(歩)》クダリ、劫末ヨリ劫初ヘアユミノボルナリ。コレヲ大小ノ国〳〵ノハジメ《(初)》ヨリヲハリ《(終)》ザマヘクダリユクナリ。……（巻第七）

『愚管抄《ぐかんしょう》』

づけていると、本当にすべてのことが道理に当てはまっていると思えてくるのに、世間の人はそう考えずに道理に反する心ばかりあるので、いよいよ世の中も乱れ、穏やかならぬことばかりになってしまう。この乱世のことを案じ続けている自分の心を安らかにしたいと思って、この書物を書き記しているのである。……（巻第三）

このように世の道理というものが移り変わっていくことを明らかにしようとするならば、すべての存在は道理という二文字によってのみ支えられている。それ以外には何もない（ことがわかってくる）。間違った悪事もまた道理が支えていることを理解し、分別することも、至極大事なことである。この道理の移り変わる過程を、この世の初めから終わりまで下りながらたどり、また終わりから初めへとさかのぼっていくのである。そしてこの道理の道を、大小の国々の歴史の中で、初めより終わりへとたどり下っていくのである。（そのことで道理の移り変わりが、理解できる。）……（巻第七）

8 ヒガゴト 道に外れたこと。間違っていること。

9 劫初 この世の初め。

慈円《じえん》の考えた歴史の段階

一、道理が道理として通用する。（神武～成務）
二、道理が人に理解されない。（仲哀～欽明）
三、人が道理と思っても、神仏の心にかなわない。（敏達～道長）
四、道理と思うことが、いわれないものと反省する。（頼通～鳥羽）
五、議論が二分しても、威徳ある人に従うのが道理にかなう。（武士の世の頼朝まで）
六、間違った道も道理となる。（後白河～後鳥羽）
七、道理を知らず、成り行きまかせ。（現在）

史料注

愚管抄 一〇一頁参照。

探究21 慈円の歴史観とその背景にある思想について述べよ。

解説

『**愚管抄**』の著者**慈円**《じえん》は一一五五（久寿二）年、摂関藤原忠通の子として生まれ、鎌倉初期公家政治の舞台で活躍した九条兼実・基実はその兄にあたる。のち出家し、四度までも天台座主の地位につくが、歌人としても名をはせ、のち**後鳥羽上皇**《ごとば》の設置した和歌所の一員ともなり、『**新古今和歌集**《しんこきんわかしゅう》』にも九一首（第二位）載せられている。兼実が頼朝の支持で関白についたり、鎌倉幕府の摂家《せっけ》将軍を九条一族から送り込んだこともあり、慈円も公武融和の立場をとった。『愚管抄』は後鳥羽上皇に討幕の企てを思いとどまらせ、九条家を守る意図から書かれた側面が強い。しかし、「道理」という歴史観を前面に押し出し、歴史の推移を見据えていこうとしており、日本の思想史上画期的なものである。

⑥ 鎌倉時代の和歌集 ★☆☆☆☆

ほのぼのと春こそ空に来にけらし　あまのかぐやま　霞《かすみ》たなびく　太上天皇《だじょう》**1**

さびしさは其の色としもなかりけり（どの色がそうだというのではない）　まき**2**立つ山の秋の夕暮　寂蓮法師《じゃくれん》**3**

心なき身（ものの情緒を解しない出家の身）にもあはれはしられけり　鴫《しぎ》立つ澤**4**の秋の夕暮　西行法師《さいぎょう》**5**

来ぬ人を　まつほの浦の　夕なぎに　焼くや藻塩の　身もこがれつつ　藤原定家《さだいえ》**7**　朝臣《あそん》

み渡せば　花ももみぢもなかりけり　浦の苫屋《とまや》**6**の秋の夕ぐれ　同右

『新古今和歌集《しんこきんわかしゅう》』

咲《さき》しよりかねてぞをしき梅花《うめのはな》散りの別《わか》れは我身《わがみ》とおもへば

箱根路をわが越えくれば伊豆の海や沖の小島に波のよるみゆ

『金槐和歌集《きんかいわかしゅう》』

1太上天皇　後鳥羽上皇。
2まき　真木。杉・檜《ひのき》・松など堅くて建材に適する木。
3寂蓮法師　『新古今和歌集』の撰者の一人。
4鴫立つ澤　鴫の飛び立つ沢。
5西行法師　『新古今和歌集』に最多の九四首載せられている代表的歌人。
6苫屋　粗末な仮小屋。
7藤原定家　『新古今和歌集』の撰者の一人。

史料注

新古今和歌集　一二〇五（元久二）年成立。その後も後鳥羽上皇の手で改訂が続き、一二一〇（承元四）年頃現在の形となる。

金槐和歌集　源実朝作。金は鎌倉の鎌を、槐は「槐門」（中国では大臣を表す。実朝は右大臣）を意味する。一二一三（建保元）年成立。

解説　鎌倉時代、政治の面では武士階級の成長に押され続けた公家が、文化面では優位を保った。特に和歌の世界は代々天皇や院による勅撰《ちょくせん》の歴史を持つ権威ある伝統芸能として、公家社会の実力者に保護・奨励された。『**新古今和歌集**』は**後鳥羽上皇**の命で、和歌所の寄人《よりうど》六人を撰者として成立した。**西行**《さいぎょう》と**慈円**《じえん》の歌が数では群を抜くが、いわゆる新古今調を代表するのは、藤原定家・家隆・寂蓮《じゃくれん》法師らで、本歌取りや初句切れ・三句切れ、体言止めなどの技法を取り入れ、幽玄を基調とする優雅で印象的な歌風を持つ。公家文化の流入で鎌倉の武家にも和歌が広まり、定家に学んだ源実朝は、『金槐和歌集』に万葉調の個性的な歌を残した。

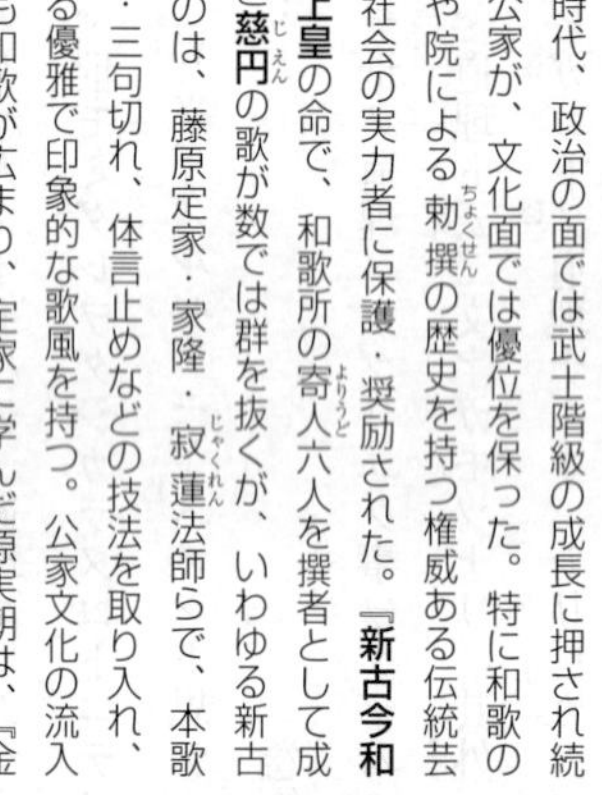

⬆新古今和歌集　筑波大学附属図書館蔵

第5章 武家社会の展開

1 建武《けんむ》の新政《しんせい》

1 新政の成立 ★★★★☆

要点ナビ 天皇親政を目指した後醍醐天皇の新政。

保元《ほうげん》平治《へいじ》治承《じしょう》より以来、武家の沙汰《さた》として政務を恣《ほしいまま》にせしかども、元弘《げんこう》三年の今は天下一統《いっとう》に成しこそめづらしけれ。君の御聖断《せいだん》は延喜《えんぎ》天暦《てんりゃく》1のむかしに立《たち》帰《かえり》て、武家安寧《あんねい》に民屋謳歌《みんおくおうか》し、いつしか諸国に国司守護を定《さだめ》、卿相雲客《けいしょううんかく》各《おのおの》其位階《いかい》に登りし躰《てい》、実《まこと》に目出《めで》度《た》かりし善政なり。……御聖断の趣《おもむき》、五畿七道2八番にわけられ、卿相を以《もっ》て頭人《とうにん》として決断所3と号して新たに造《つく》らる。是《これ》は先代引付《ひきつけ》4の沙汰のたつ所也《なり》。……今の例は昔の新儀《しんぎ》なり、朕《ちん》5が新儀は未来の先例たるべしとて新《あらた》なる勅裁《ちょくさい》漸《ようや》くきこえけり。……

爰《ここ》に京都の聖断を聞奉《ききたてまつ》るに、記録所6決断所を、かるといへども、近臣臨時《きんしんりんじ》に内奏《ないそう》7を経《へ》て非義《ひぎ》を申行《もうしおこなう》間《あいだ》、綸言《りんげん》8朝《あした》に変じ暮《くれ》に改りしほどに諸人の浮沈《ふちん》掌《たなごころ》を返すがごとし。……又、天下一同の法9を以《もって》安堵《あんど》の綸旨《りんじ》10を

※色文字は重要語

1延喜天暦 一〇世紀の醍醐・村上天皇の治世。天皇親政の理想的な時代とされていた。

2五畿七道 律令制下、畿内の五国とそれ以外の七道に分けた地方行政区画。

3決断所 雑訴決断所。所領に関する訴訟を扱った。

4引付 鎌倉幕府で、裁判の公平・迅速化のために置かれた役職。

5朕 天皇の自称で、後醍醐天皇自身。

6記録所 後三条天皇設置の記録荘園券契所がその起源。その後、断続的に存続したが、後醍醐天皇は一三二一年に親政とともに設置、政務の中心機関としており、建武の新政にあたり、一三三四年、再興し拡充した。

通釈 保元・平治や治承の乱の時より、武家が思いのままに政治を行ってきたが、元弘三（一三三三）年の今、天下が（朝廷によって）統一できたことは、すばらしいことである。天皇のお考えは、延喜・天暦の時代にたち返り、武家も民衆も声をそろえ平和をほめたたえる政治を行うことである。やがて諸国に国司や守護を定め、公卿や殿上人がそれぞれの位階にのぼった様子はまことに立派な善政である。……天皇の裁断により、畿内と七道を八つの組に分けられ、公卿を長官として決断所と呼ぶ役所が新たにつくられた。これは鎌倉時代の引付が（土地関係の）訴訟を扱ったのと同様である。……「今、先例となっているものは、そもそも昔は新しい事柄であった。私の新しい方法は未来の先例となるであろう。」と、新しい政治が次々と行われていった。……

さて京都の天皇の方法について聞くところによると、記録所や雑訴決断所を置いたけれども、側近が内々に天皇に奏上しては臨時の裁断を受け、道理にはずれたことを行うので、天皇の命令も朝令暮改で、人々の浮き沈みもまるで手のひらを返したようである。……又

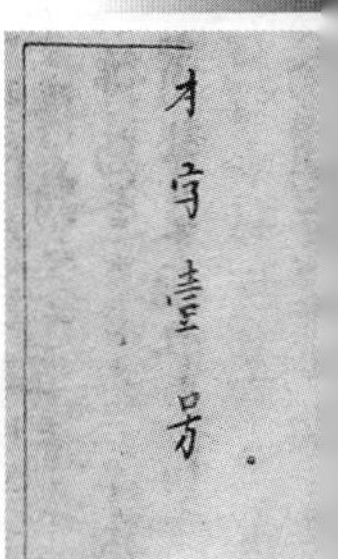

↑勘合 妙智院蔵

下さるといへ共、所帯をめさるゝ輩《ともがら》恨《うらみ》を含《ふくむ》時分《じぶん》、公《く》家《げ》に口ずさみあり。尊氏《たかうじ》なしといふ詞《ことば》を好みつかひける。……

抑《そもそも》累代叡慮《るいだいえいりょ》を以《もって》関東を亡《ほろぼ》されし事は武家を立らるまじき御為《おんため》なり。然《しか》るに直義《ただよし》[11]朝臣大守《あそんたいしゅ》として鎌倉に御《ご》座《ざ》有ければ、東国の輩是《これ》に帰服《きふく》して京都へは応ぜざりしかば、一統の御本意《ほんい》今にをいて更に其益《えき》なしと思召《おぼしめし》ければ、武家して又《また》公家に恨をふくみ奉る輩は頼朝卿《よりともきょう》のごとく天下を専《もっぱら》にせむ事をいそがしく思へり。故《ゆえ》に公家と武家水火の争《あらそい》にて元弘《げんこう》三年も暮にけり。『梅松論《ばいしょうろん》』

（北条方に味方した者以外は）一律に現在の知行《ちぎょう》を安堵する綸旨が出されたが、所領を没収された人々が恨みを持ち始める頃、公家の間にひそかな噂があり、「尊氏なし」ということばがはやった。……

もともと歴代の天皇が考えていたように、鎌倉幕府を滅したことは武家政権を立てさせないためである。それなのに、足利直義が相模守として鎌倉にいるので、東国の人々は彼に服して、京都には従おうとしない。結局、天下を一つにするという天皇の願いはもはや、何の利益もなく思え、武家の中で公家に対して恨みをもっている人々は、頼朝のように政権を掌握することをしきりに願った。このために、公家と武家との水と火のような争いの中で、元弘三年は暮れていった。

7 内奏　側近の蔵人や天皇の側室などを通じ、天皇と直接連絡をとること。

8 綸言　天皇の言葉。

9 天下一同の法　一三三三（元弘三）年七月の「諸国平均安堵法」をさす。

10 綸旨　天皇の意向を受けた蔵人によって発給される文書。天皇の意志を最も直接的に伝えるものとして後醍醐天皇は重用し、絶対・万能とした。

11 直義　足利尊氏の弟で、相模守に任命され、後醍醐天皇の子成良親王と鎌倉へ下り、鎌倉将軍府で関東を支配していた。

史料注

梅松論　一四世紀中期～後期成立とみられる軍記物語。細川一族など足利氏家臣の作といわれる。室町幕府の正当性と足利一門の繁栄を梅と松になぞらえて命名した。

探究1　後醍醐天皇の新政の理想を述べよ。

解説　一三三三（元弘《げんこう》三）年鎌倉幕府の滅亡後、**後醍醐《ごだいご》天皇**は**建武《けんむ》の新政《しんせい》**を開始した。天皇は摂関政治開始以前の「延喜《えんぎ》・天暦《てんりゃく》の治」への復帰を掲げ、天皇親政を目指すものであった。「朕《ちん》が新儀《しんぎ》は未来の先例」と言い切った言葉や、元号を後漢の光武帝が王莽《おうもう》から政権を奪回したときの「建武」から選んだことにその意気込みを見ることができる。

天皇は院・摂関・将軍など天皇親政と対立する機関をおかず、**綸旨《りんじ》**万能主義を主張し、従来から領有している所領も一切綸旨で決定するとした（その際の混乱ぶりは次の「二条河原落書《らくしょ》」参照）。しかし、鎌倉幕府が百数十年積み上げてきた現実との衝突は避けようがなく、七月には「諸国平均安堵法」が出されたり、所領関係の訴訟担当を**雑訴決断所《ざっそけつだんじょ》**に移したりと、直接裁決は後退していった。地方では国司・守護を併置し、武家政権の復活につながる征夷大将軍に子の護良親王を任命したり、小幕府的な陸奥・鎌倉将軍府を設置したりするなど、妥協策が次々ととられた。

なによりも、「討幕」という共通目標で集まった改革派の公家、悪党や商人的武士層、有力御家人などその後の夢はそれぞれが違っていた。新政に期待した農民たちの支持も失い、支持勢力が次々と新政を離れた。「尊氏なし」の言葉が暗示するように、武士層の多くは新たな棟梁として**足利尊氏《あしかがたかうじ》**に期待し始めた。

❷ 二条河原《にじょうがわら》の落書《らくしょ》 ★★★★★

要点ナビ 建武の新政の風刺。

口遊《くちずさみ》[1] 去年八月二条河原落書[2]云々《うんぬん》 元年歟《か》

此比《このごろ》都ニハヤル物、夜討《ようち》強盗《ごうとう》謀綸旨《にせりんじ》[3]、召人《めしうど》[4]、早馬《はやうま》虚騒《そらそう》動《どう》、生頸《なまくび》[5]、還俗《げんぞく》自由出家《しゅっけ》、俄《にわか》大名迷者《まよいもの》、安堵《あんど》[6]恩賞虚《そら》軍《いくさ》、本領《ほんりょう》ハナル、訴訟《そしょう》人、文書入《もんじょいれ》タル細葛《ほそつづら》、追従《ついしょう》、讒人禅律僧《ざんにんぜんりつそう》、下克上《げこくじょう》[7]スル成出者《なりでもの》、器用堪否《きようかんぷ》沙汰《さた》モナク、モル《(洩)》、人ナキ決断所《けつだんじょ》[8]、キツケヌ冠《かんむり》上《うえ》ノキヌ[9]、持モナラハヌ笏《しゃく》[10]持テ、内裏《だいり》マシハリ《(交)》珍シヤ、賢者カホ《(顔)》ナル伝《でん》奏《そう》[11]ハ、我モ〳〵トミユレトモ、巧《たくみ》ナリケル詐《いつわり》ハ、ヲロカ《(愚)》ナルニヤヲトル《(劣)》ラム、為中美物《いなかびぶつ》[12]ニアキミチテ、マナ板烏帽子《えぼし》ユカメツヽ、気色《けしき》メキタル京侍《きょうざむらい》、タソカレ時ニ成《なり》ヌレハ、ウカレテアリク色好《いろごのみ》、イクソハクソヤ数不レ知《かずしらず》、内裏ヲカミ《(拝)》ト名付《なづけ》タル、人ノ妻鞆《めども》ノウカレメ[13]ハ、ヨソノミルメモ心地アシ……ハサラ《(婆娑羅)》[14]扇《おうぎ》ノ五骨《いつつぼね》、ヒロコシ《(広輿)》ヤセ馬薄小袖《うすこそで》、日銭《ひぜに》ノ質《しち》ノ古具足《ぐそく》、関東武士ノカコ出仕《しゅっし》、下衆上臈《げすじょうろう》[15]ノキハモナク、大口《おおぐち》[16]ニキル美精《びせい》好《ごう》[17]、鎧直垂《よろいひたたれ》猶不レ捨《なおすてず》、弓モ引《ひき》エヌ犬追物《いぬおうもの》[18]、落馬矢数《やかず》ニマサリタリ、誰ヲ師匠《ししょう》トナケレトモ、遍《あまねく》ハヤル小笠《こがさ》

通釈

噂　去年八月の二条河原の落書云々

（建武）元（一三三四）年か

このごろ都ではやっているものは、夜討ち、強盗、にせの綸旨。囚人《しゅうじん》、急使の早馬、理由のない騒動。生首が転がり、僧が還俗し、俗人が勝手に出家する。急に大名になる者、一方で路頭に迷う者。本領安堵や恩賞欲しさに、戦争をでっち上げる者。本領を没収された者が、証拠文書を入れた細い籠を持って上京する。おべっかを使う者、他人の悪口を言う者、政治に介入する禅宗や律宗の僧。下剋上で成り上がった者。才能の有無にかかわらず、誰でも構わず寄人に任用する雑訴決断所。着なれない冠や公家装束《しょうぞく》をつけ、持ちなれぬ笏を持って、内裏に出入りするようすも珍しい。利口ぶった伝奏はみんな自分こそはという態度だが、口のうまい嘘つきよりも、愚直な人のほうがずっとましだ。田舎のおいしいものに食べ飽きて、烏帽子を特異な形にゆがめてかぶり、得意になっている京侍。その京侍で、たそがれ時になると、女性を求めて浮かれて歩く好色な者も数多い。内裏参拝と称する人妻たちの娼婦は、はた目にも不愉快だ。……ばさら絵の五本骨の扇を持ち、薄小袖を着る姿は、幅広の輿《こし》に乗る者から、やせ馬にしか乗れない者までも見受けられる。古い鎧を質に入れ、関東武士が馬でなく駕籠《かご》で出仕するかと思えば、身分の上下を問わず美しい精好織の大口袴《ばかま》をはく。鎧直垂をまだ手離さず、ろくに弓も引けぬのに犬追物をし、落馬の方が射る矢数より多い。

1 口遊　噂。

2 二条河原　当時内裏が置かれていた二条富小路《とみのこうじ》に近い賀茂川の河原。

3 綸旨　天皇の意向を受け、蔵人が出す文書。後醍醐天皇が好んで使用した。

4 召人　捕われた犯罪者。

5 生頸　辻斬りや斬首刑によるものか。

6 安堵　土地の領有権や知行権を確認してもらうこと。

7 下克上　下剋上。下のものが上のものをしのぐこと。

8 決断所　雑訴決断所。

9 上ノキヌ　束帯《そくたい》用の上衣。

10 笏　正装した時に手に持つ薄い板。

11 伝奏　奏請を天皇に取り次ぐ公家の職名。

12 為中美物　為中は田舎、美物はおいしいもの。

13 ウカレメ　娼婦。

14 ハサラ　婆娑羅は派手な振る舞いや無法な行為。南北朝期に流行した風俗。

15 下衆上臈　低い身分と高い身分の者。

懸《がけ》[19]、事新《ことあたらし》キ風情也《ふぜいなり》、京鎌倉ヲコキマセテ[20]、一座ソロハヌエセ連歌《れんが》、在々所々ノ歌連歌、点者《てんじゃ》[21]ニナラヌ人ソナキ、譜第非成《ふだいひせい》[22]ノ差別ナク、自由狼藉《ろうぜき》ノ世界也、……四夷《しい》ヲシツ（鎮）メシ鎌倉ノ、右大将家[23]ノ掟《おきて》ヨリ、只品《ただひん》有シ武士モミナ、ナメンタラニソ今ハナル 朝《あした》ニ牛馬ヲ飼《かい》ナカラ、夕《ゆうべ》ニ賞アル功臣《こうしん》ハ、左右《そう》ニオヨハヌ事ソカシ、サセル忠功《ちゅうこう》ナケレトモ、過分《かぶん》ノ昇進《しょうしん》スルモアリ、定《さだめ》テ損ソアルラント、仰《あおぎ》テ信ヲトルハカリ、天下一統《いっとう》メツ（珍）ラシヤ、御代《みよ》ニ生《いで》テサマ〳〵ノ、事ヲミキクソ不思議《ふしぎ》トモ、京童《わらんべ》[24]ノ口スサミ十分一ソモラスナリ。

『建武年間記《けんむねんかんき》』

誰を師匠とするのでもなく、小笠懸がはやるのも新しい風潮だ。京風と鎌倉風の方式が混じり合って、一座がばらばらな怪《あや》しげな連歌の会。あちらこちらで連歌の会が行われ、誰も彼もが点者になる。名門も成り上がりも区別のない、自由狼籍の世の中である。……四方の敵を鎮《しず》めて天下を統一した頼朝の法があって、気品だけは持っていたあの武士たちも、今の世では皆だらしなくなってしまった。朝には牛馬の世話をして主人に尽くしていた者が、夕方には恩賞を受けるということは、とやかく言わないけれど、たいした忠功もないのに、けたはずれの昇進をする者もあれば、そういう人はあとできっとよくないことがあるんだと、天を仰いで思い込もうとする者もいる。天下の統一はめでたい。今の世に生まれたおかげで、さまざまな事を見聞きしたが、何とも不思議なことが多いと思い、京童の噂話の内容を十分の一ほど伝えるのである。

[16]**大口**　正装の下にはく大口袴《ばかま》。
[17]**美精好**　緻密《ちみつ》に織った上等な織物。
[18]**犬追物**　走る犬を的として馬上から射る競技。
[19]**小笠懸**　笠を掛けて的として馬上から射る競技。
[20]**京鎌倉ヲコキマセテ**　当時の連歌のルールは、京都、鎌倉で異なっていた。
[21]**点者**　連歌で作品の優劣を判断する人。
[22]**譜第非成**　代々の名門と成り上がり者。
[23]**右大将家**　源頼朝。
[24]**京童**　京都の若者あるいは京の人々全般。

史料注

建武年間記　著者も成立年代もはっきりしないが、建武年間（一三三四〜三七）直後の成立と見られる。雑訴決断所に関する条規や各機関の役割や構成、二条河原の落書など二六項目の記事を載せ、建武の新政の実態を知るのに重要な史料。

解説

『建武《けんむ》年間記』に載せられているこの有名な落書《らくしょ》は、新政が始まってまもない建武元年八月の都の騒然たる世相を歌って、新政の混乱ぶりを伝えている。そこには本《ほん》領安堵《りょうあんど》の不安、後醍醐天皇によって絶対性を持たせたはずの**綸旨**《りんじ》の朝令暮改ぶり、地方武士の進出と奢侈《しゃし》、公武の風俗の混交、都の乱雑さとその荒廃の様子などがとめどなく記される。新政に批判的な文化人によって著されたと見られるが、二条《にじょう》河原《がわら》に掲げられたのは、当時河原が公権力の及ばない自由の場であったことによる。

❸ 恩賞の不公平　★☆☆☆

同《おなじき》一三三三（元弘三）年八月三日ヨリ、軍勢恩賞ノ沙汰《さた》〔評定を行う〕有ルベシトテ、洞院《とういん》左衛門督《さえもんのかみ》実世《さねよ》卿《きょう》ヲ上卿《しょうけい》[1]ニ定メラル。コレニ依《よ》ツテ諸国ノ軍勢、軍忠《ぐんちゅう》ノ支証《ししょう》ヲ立テ〔戦功の証拠をあげ〕申状《もうしじょう》ヲ捧《ささ》ゲテ恩賞ヲ望ム輩《ともがら》、何《いく》千万人ト云《い》フ数ヲ知

[1]**上卿**　朝廷で議事を行う際に首座となるもの。
[2]**万里小路中納言藤房**　万里

ラズ。実《まこと》ニ忠有ル者ハ功《こう》ヲ憑《たの》ンデ諛《へつら》ハズ、（自らの戦功を信じているのでこびない、）忠無キ者ハ奥ニ媚《こ》ビ竈《そう》ニ求メ、（天皇の側近の貴人にへつらい、実権を握る臣に頼って、）上聞《しょうぶん》ヲ掠《かす》メシ間、（天皇の耳をごまかしたので、）数月《すげつ》ノ内ニ僅《わずか》ニ二十余人ノ恩賞ヲ沙汰セラレタリケレ共《ども》、事正路《せいろ》ニアラズトテ、（公正ではないとして、）軈《やが》テ召返《めしかえ》サレケリ。サラバ上卿ヲ改メヨトテ、万里小路《までのこうじ》中納言《ちゅうなごん》藤房《ふじふさ》卿❷ヲ上卿ニ成サレ、申状ヲ付渡《つけわた》サル。（引き継がせた。）藤房之《これ》ヲ請《うけ》取リ忠否《ちゅうひ》ヲ糺《ただ》シ浅深《せんしん》ヲ分《わか》チ、（戦功の有無を調べその軽重を判断し、）各《おのおの》申与《もうしあた》ヘントシ（申し上げて恩賞を与えようと）給《たま》ヒケル処《ところ》ニ、内奏《ないそう》ノ謐計《ひけい》❸ニ依《よっ》テ、只今《ただいま》マデハ朝敵ナリツル者モ安堵《あんど》ヲ賜《たま》ハリ、更ニ忠無キ輩モ五箇《か》所・十箇所ノ所領ヲ給ハリケル間、藤房諫言《かんげん》ヲ納《いれ》カネ（天皇を諫められずに）テ病《やまい》ト称《しょう》シテ奉行《ぶぎょう》ヲ辞《じ》セラル。……此外《このほか》相州《そうしゅう》ノ一族、関東家風《かふう》ノ輩（北条高時の一族、北条家臣の人々）ガ所領ヲバ、指事《させること》モ無キ（これという功績もない）郢曲《えいきょく》妓女《ぎじょ》ノ輩❹、蹴鞠《しゅうきく》伎芸《ぎげい》ノ者❺共、乃至《ないし》衛府《えふ》諸司《しょし》・官女❻・官僧❼マデ、一跡《いっせき》・二跡ヲ合《あわせ》テ、内奏《ないそう》ヨリ申給ハリケレバ、（領地を一か所二か所と後宮の奏聞によって与えられたので、）今ハ六十六箇国ノ内ニハ、立錐《りっすい》ノ地モ軍勢ニ行ナハル（与えられる）ベキ闕所《けっしょ》❽ハナカリケリ。

『太平記《たいへいき》』

解説 **建武の新政**の特に恩賞方の活動について述べた『**太平記**』の記事である。そこでは公平な評定が行われず、天皇の側近や後宮の女性を利用した内奏《ないそう》によって評定が左右されていたことが記される。その結果、真に功績のあった武士でなく、衛府《えふ》の役人・宮中の女性や官僧ばかりでなく、遊女・旅芸者等に恩賞が与えられたと述べている。これらには誇張も多く見られるが、武士たちの不満が高まっていった雰囲気が読み取れる。**足利尊氏**はその武士の気持ちを鋭く洞察し、一三三五（建武二）年七月、北条高時の遺児時行《ときゆき》の挙兵（**中先代《なかせんだい》の乱**）を機についに建武政権を離脱する。

小路藤房は後醍醐天皇の近臣。この後建武の新政に失望し、遁世《とんせい》したといわれる。

❸**内奏ノ謐計** 後宮から内密の奏上をしてもらい、事を取り計らうこと。

❹**郢曲妓女ノ輩** 神楽《かぐら》、催馬《さいば》楽《ら》、今様《いまよう》などの謡《うた》い物のうたい女。遊女。

❺**蹴鞠伎芸ノ者** 蹴鞠《けまり》などの遊芸にすぐれた者。

❻**官女** 宮中に奉仕する女房。

❼**官僧** 僧正や僧都などの官に任ぜられた僧。

❽**闕所** 敗戦などによる没収地。史料の「闕所は残っていない」というのは誇張。

史料注

太平記 南北朝時代の争乱を題材とした軍記物語。作者は不明だが、一四世紀後半の成立とされる。

❹ 新政下の農民の動向——若狭国太良荘民申状 ★☆☆☆

要点ナビ 百姓が一味神水して荘家の一揆を結ぶ。

東寺❶御《ご》領《りょう》若狭《わかさ》国太良御庄《たらのみしょう》❷百姓等《ら》謹《つつし》みて言上《ごんじょう》す。

早く前例に因准《いんじゅん》せられ、根本の御例に任せて、御哀《ごあい》憐《りん》を垂《た》れられ、御免《ごめん》の御成敗《ごせいばい》を蒙《こうむ》らんと欲する条々愁《うれ》

通釈 東寺御領である若狭国太良荘の百姓一同が謹んで申し上げます。

❶**東寺** 京都市にある真言宗大本山。教王護国《きょうおうごこく》寺ともいう。莫大な寺領を持つ荘園領主であった。

ひの状**3**

右、明王聖主《めいおうせいしゅ》の御代と罷《まか》り成り、随《したが》って諸国の御所《ごしょ》務《む》**4**は旧里《きゅうり》に帰《き》し、天下の土民百姓等皆以《もっ》て貴《たっと》き思《おもい》を成すの条、その隠《かく》れなきものなり。就中《なかんずく》、当庄《しょう》の領《りょう》家職《けしき》に於《おい》ては、根本より当寺御領として、地頭非勘《ひかん》を致さするるの時は、御沙汰《ごさた》を経《へ》られ、地頭の非法を停止《ちょうじ》せられ、百姓等を不便《ふびん》に思《おぼ》し食《め》さるるものなり。ここに至る正安《しょうあん》年中**5**より以来、地頭職《じとうしき》に於ては、関東御領**6**と罷り成り、非法横法を張行《ちょうぎょう》せらると云々《うんぬん》。本所《ほんじょ》の御年貢御所務悉《ことごと》く相違《あいたがい》せしむ。随って百姓等責め損《せ》ぜられ、衰微《すいび》せしむるの条、計《かぞ》ふるに勝《た》ふべからざるのところ、関東御滅亡、今は当寺御領と罷り成り、百姓等喜悦《きえつ》の思を成すの処《ところ》、御所務かつて以て御内御領《みうちごりょう》**7**の例に違《たが》わず、剰《あまつさ》へ新増せしめ、巨多《きょた》の御使《おんつかい》を付けられ、当時濃（農）業の最中呵責《かしゃく》せらるるの間、愁吟《しゅうぎん》に絶えざるにより、子《し》細《さい》を勒《ろく》して言上す。……

建武《けんむ》元年五月　日

一　当御代官の御手作《てづく》り田畠**8**三町に及び御耕作の間、召《め》し仕《つか》はるるところの農夫六百余人なり。古今《ここん》かくの如《ごと》

早く前例に従い、本来の基準によって、あわれみを持って免除の裁定をお願いしたいと書き連ねた愁状《しゅうじょう》。

右のことについては、今度、聡明《そうめい》で立派な（後醍醐）天皇の代となり、諸国の土地支配は昔の形に戻り、天下の土民百姓たちはすべてありがたいことだと思うことは、明白なことです。なかでも、この太良荘の領家職は、本来東寺の所職であり、（東寺は）地頭の横暴に対しては、裁定を下し、地頭の非法を禁止し、百姓たちをあわれに思ってくれたものです。正安年中より現在に至るまで、地頭職については関東御領となり、不法行為が容赦《ようしゃ》なく行われたということです。そんな訳で本所（東寺）の年貢の徴収は思い通りにいきません。そこで百姓たちが責め取られ、衰微してしまうことは数え切れないほどでしたが、関東幕府も滅亡して東寺の所領となり、百姓等も喜んでいたところが、年貢の賦課もかつての得宗《とくそう》領の時と変わらないばかりか、新たに負担も増え、あまたの使節を命ぜられ、しかも今のように農業の忙しい最中に責め使われますので、愁《うれ》いに絶えず、事細かに整理して申し上げます。

建武元（一三三四）年五月　日

一　今の御代官の直営地である田畑は三町の広さにも及び、これの耕作に召し仕われる農夫の数は六〇〇

2太良御庄　太良荘は現在の福井県小浜市の一部。

3愁ひの状　愁状《しゅうじょう》で、荘園の住人・百姓らが困窮や迷惑を訴願するために提出した上申書。

4御所務　荘園等の経営や、年貢等の収取の執行など。

5正安年中　一二九九～一三〇二。

6関東御領　本来は鎌倉幕府の将軍の荘園のことだが、当時には得宗領と混同して用いられ、この場合は後者。

7御内御領　得宗領。

8手作り田畠　地頭や代官の直営地（佃《つくだ》）で、自己の下人らを使役して耕作する

ほかに、領内の農民に夫役労働をさせた。

9 一味神水 百姓が「一味起請文」を書いて団結を誓い、それを焼いた灰を神水に混ぜ、皆でそれを飲むこと。

史料注

東寺百合文書 八八頁参照。

く百姓を責め仕はるるの事、全《まった》く以てこれなし。……関東御領の時は、御年貢備進《びしん》のほかは、百姓等責め仕はるるの事これなし。当地頭御代官の御所行は、百姓らの損亡《そんもう》を顧《かえりみ》られず。苛責《かしゃく》せらるるの条、堪《た》へがたき次第なり。……

百姓等一味神水《いちみしんすい》9仕《つかまつ》り、恐々《きょうきょう》言上件《くだん》の如し

建武元年八月　日　『東寺百合文書《とうじひゃくごうもんじょ》』

人にもなります。昔からこのように多くの百姓をこき使う例はありません。……関東御領の時には、年貢を運ぶこと以外には百姓等がこき使われることはありませんでした。今の御代官のやり方は、百姓の損失を配慮していません。このようにひどい責め方をなされることには、がまんができません。百姓一同、一味神水をして、恐れながら申し上げますところは、以上の通りでございます。

建武元年八月　日

解説 農民も**建武の新政**に淡い期待をいだいていたのだが、現実は思い通りにはいかなかった。鎌倉時代後半から北条得宗家が地頭をつとめていた若狭《わかさ》国太良荘《たらのしょう》の百姓は、地頭勢力が強くその支配に苦しんでいた。新政が開始され、一三三三（元弘三）年九月には地頭職も東寺のものとなり、太良荘は東寺の一円支配地となった。

この結果百姓等は二重の支配がなくなり負担も軽減するものと、「明王聖主《みょうおうせいしゅ》の御代」の到来を喜んだが、実際は東寺の代官脇袋彦太郎の厳しい支配が待っていたのである。新たな課役や代官に提供する使役などで、負担は増大した。太良荘の百姓は史料にあげた五月のほか、六月、七月にも申状を東寺に送って代官の非法を訴えた後、八月には一味神水《いちみしんすい》をしてさらに申状を提出し抗議をした。このように新政は農民の支持をも失うことになるのである。そして農民たちも、団結して苛政《かせい》に立ち向かう強さを身につけ始めた。

Spot

戦闘の変化

正中《しょうちゅう》・元弘《げんこう》の乱から始まる南北朝内乱期は、合戦の方法が大きく転換した時期である。鎌倉武士は自らが騎馬に乗り、弓矢で武装して河原や野原で合戦したのに対し、南北朝期には山城の攻防を中心とした歩兵の戦闘が徐々に多くなっていく。『太平記』に見える楠木正成のゲリラ戦法は有名である。歩兵による接近戦が多くなると武器にも変化がみられ、槍《やり》が出現し、冑《かぶと》や大鎧《よろい》に代わって軽量な胴《どう》丸《まる》・腹巻《はらまき》が用いられるようになる。こうした武器の出現で、武士以外の甲乙人と呼ばれた下層農民や非農業民、賤民などの経済力のない者も戦闘に参加するようになった。

2 室町幕府の成立と南北朝の動乱

要点ナビ
足利尊氏の諮問に中原是円らが答申。

❶ 室町幕府の政治方針——建武式目《けんむしきもく》 ★★★★☆

鎌倉元《もと》の如《ごと》く柳営《りゅうえい》❶たるべきか。他所《たしょ》❷たるべきや否《いな》やの事……

就中《なかんずく》鎌倉郡《ごおり》は、文治《ぶんじ》❸に右幕下《うばくか》❹はじめて武館《ぶかん》を構《かま》へ、承久《じょうきゅう》に義時朝臣《よしときあそん》❺天下を并呑《へいどん》す。武家に於《お》ては、もっとも吉土《きちど》と謂《い》ふべきか。……居処《きょしょ》の興廃《こうはい》は、政道《せいどう》の善悪によるべし。

……ただし、諸人もし遷移《せんい》せんと欲せば、衆人《しゅうじん》の情にしたがふべきか。

政道の事

右、時を量り制を設くに、和漢の間、いずれの法を用いらるべきか。先《ま》づ武家全盛❻の跡《あと》を逐《お》ひ、もっとも善政を施《ほどこ》さるべきか。しからば宿老《しゅくろう》・評定衆《ひょうじょうしゅう》・公人《くにん》❼等《ら》済々《せいせい》たり。故実《こじつ》❽を訪《とぶら》はんに於て、なんの不足あるべきか。古典に曰《いわ》く、徳は是《こ》れ嘉政《かせい》、政《まつりごと》は民を安んずるにありと云々《うんぬん》。早く万人の愁《うれい》を休むるの儀《ぎ》、速《すみや》かに御沙汰《ごさた》あるべきか。其《そ》の最要《さいよう》粗《あらあら》左に註《ちゅう》す。

通釈

鎌倉を以前のように幕府の所在地とすべきか、他所へ移すべきか否かのこと……

特に鎌倉郡は文治年間に、右大将頼朝公が初めて幕府の館を構え、承久の乱で義時が天下を統一した武家にとっては最も縁起のよい土地といえるであろう。……政権所在地が栄えるのもすたれるのも政治のよしあしにかかっている。……ただし、多くの人々は他の場所へ移りたいと望むなら、その気持ちに従うべきであろう。

政治の方法のこと

時代に対応した制度を作るのに、日本、中国のどのような法を参考にすべきか。まず（北条執権政治という）武家政治全盛時代の先例にならって善政を行うべきであろう。それなら、鎌倉幕府からの官僚が数多く健在である。古法や先例をさぐろうとするのに何の不足もありはしない。古典には「徳とはよい政治であり、政治とは民衆を安定させることだ」とある。早くみんなの不満や不安を取り除くため、早急に手段を講ずる必要があるだろう。その要点を大まかに書いておく。

※**色文字は重要語**

❶**柳営**　幕府のこと。
❷**他所**　具体的な地名をあげていないが、ここでは京都が考えられていた。
❸**文治**　文治元（一一八五）年の守護・地頭の設置を示しているのであろうか。
❹**右幕下**　右大将源頼朝。
❺**義時朝臣**　北条義時。
❻**武家全盛**　北条氏の執権政治の全盛時代をさす。
❼**宿老・評定衆・公人**　正式の職名ではなく、鎌倉幕府の評定衆や引付衆などのメンバーで、建武政権その後の室町幕府特に足利直義の下に参集した実務系の役人。
❽**故実**　古法や先例。

9私宅の点定　建武の新政の際、京都へ入った武士が多数の民家を収用したが、それを禁止した。
10京中の空地　元弘の変以来、京都市街の多くが焼失していた。
11無尽銭土倉　質物を預って金融を行う業者。次第に単に「土倉」と呼ぶようになる。無尽銭は貸付金のこと。
12政務の器用　政治的能力のすぐれたもの。
13権貴　権門（官位が高く権勢のある家柄の）貴族。
14禅律僧　禅宗と律宗の僧。
15延喜天暦両聖　醍醐・村上天皇。
16真恵　是円の弟。
17是円　中原是円。鎌倉幕府、建武の新政府、室町幕府で活躍した法律家の武士。

史料注
建武式目　足利尊氏が幕政の基本方針として、鎌倉幕府の評定衆並びに建武政府の雑訴決断所の職員であった中原是円を初め、弟真恵、藤原藤範、玄恵ら八名に諮《し》問《もん》し、その答申を一三三六（建武三）年一一月七日に発布したもの。なお八名は

一 倹約《けんやく》を行はるべき事
一 群飲佚遊《ぐんいんいつゆう》を制せらるべき事
一 私宅《したく》の点定《てんじょう》9を止《や》めらるべき事
一 京中の空地、10本主《ほんしゅ》に返さるべき事
一 無尽銭《むじんせん》土倉《どそう》11を興行《こうぎょう》せらるべき事
一 諸国の守護《しゅご》人、ことに政務の器用《きよう》12を択《えら》ばるべき事
一 権貴《けんき》13并《なら》びに女性禅律僧《にょしょうぜんりつそう》14の口入《くにゅう》を止めらるべき事
……以上十七箇《か》条、大概《たいがい》斯の如《ごと》し。……遠くは延喜天《えんぎてん》暦両聖《りゃくりょうせい》15の徳化《とくか》を訪《と》ひ、近くは義時泰時《やすとき》父子《ふし》の行状《ぎょうじょう》を以て近代の師《し》となす。ことに万人帰仰《ききょう》の政道を施さるれば、四海《しかい》安全の基《もと》たるべきか。

建武《けんむ》三年十一月七日　真恵《しんえ》16　是円《ぜえん》17

『建武式目《けんむしきもく》』

一 倹約につとめること
一 大勢集まって酒を飲んだり、勝手気ままな遊興は禁じること
一 個人の住宅の徴発をやめるべきこと
一 京都市中の空地は、もとの持ち主に返すべきこと
一 無尽銭土倉といった金融業を盛んにすること
一 諸国の守護には、特に政治の実務にすぐれた人物が登用されるべきこと
一 権門貴族、女性や禅宗・律宗の僧の政治への干渉をさせないようにすること
……以上の一七か条、概略はこの通りである。……古くは延喜・天暦の治の両天皇の徳に学び、最近では北条義時・泰時父子の業績を模範として、特にすべての人が仰ぎ服するような政治を行うことが、世の中の平和のための基礎となるであろう。

建武三（一三三六）年一一月七日　真恵　是円

解説　一三三五（建武二）年七月、中先代《なかせんだい》の乱を鎮圧するため鎌倉へ下った**足利尊氏**《あしかがたかうじ》は、鎮定後、新政に反旗を翻《ひるがえ》した。さらに**後醍醐天皇**《ごだいご》の派遣した新田義貞を箱根竹ノ下の戦いで破り、翌年一月には京都へ攻め上った。しかし北《きた》畠顕家《ばたけあきいえ》（親房《ちかふさ》の子）率いる奥羽軍に敗れ、いったん九州まで逃げ、そこで態勢を立て直して、五月湊川《みなとがわ》の戦いで楠木正成《くすのきまさしげ》を破り、再度入京した。尊氏は八月に持明院統《じみょういんとう》の光明天皇を擁立し、後醍醐天皇は比叡《ひえい》山に逃れたが、一一月に一時講和が成立し、後醍醐天皇が光明天皇に譲位する形がとられた。その五日後の一一月七日、尊氏は幕府政治の基本方針である「**建武**《けんむ》**式目**《しきもく》」を中原（二階堂）是円《ぜえん》らの答申どおりに発布した。この時点が室町幕府の成立と考えられている。

建武式目は幕府の所在地をどこに置くべきかという第一項と、当面の政治の基本政策一七か条からなる第二項からなっている。第一項では省略部分も含め、鎌倉は**源頼朝**《みなもとのよりとも》が幕府を創設した武家には縁起のよい地で、北条氏が滅んだのも政治が悪かったためで土地のせいではないと鎌倉にこだわりながらも、「多くの人が京都を望めばそれに従うべき」というやや不明確な結

こののち足利直義の支配下に入る人々である。

論となっている。この式目の制定には尊氏の弟直義《ただよし》の影響力が強かった。のちに幕府では軍事面を尊氏が、政務面を直義が担当する二頭政治が展開されるが、直義は関東に根拠を持ち、鎌倉に幕府を設置したかったものの、結局は、幕府の主力が畿内の武士団であったことや後醍醐天皇の動向に対抗するために、京都に幕府を置くことになる。そのため鎌倉を希望する人への妥協として、第二項の「政道」に関する一七か条に、たとえば第七条の「（軍事面より）政治面にすぐれた人を守護にせよ」などと直義の政治思想を強く出しているのである。また醍醐・村上天皇の親政や北条執権政治に学ぶとした、中原是円の公武折衷《せっちゅう》的な法思想も見ることができる。

このあわただしい政治情勢の中で発布され、具体性に欠ける内容の建武式目は室町幕府の基本法とはなれず、引き続き幕府の根本法は御成敗《ごせいばい》式目（貞永《じょうえい》式目）であったことに注意したい。後の「建武以来追加」においても、**御成敗式目**を「本条」と称しているのである。

❷ 南北朝の動乱 ★☆☆☆☆

サテモ旧都[1]ニハ、戊寅《つちのえとら》ノ年ノ冬[2]改元《かいげん》シテ、暦応《りゃくおう》トゾ云《いい》ケル。芳野《よしの》ノ宮ニハ、モトノ延元《えんげん》ノ号ナレバ、国々モオモイ〳〵ノ号ナリ（それぞれ思い思いにどちらかの年号を使っている）。モロコシニハカ、ルタメシ(例)多ケレド、此国《このくに》ニハ例《ためし》ナシ。サレド四《よ》トセニモナリヌルニヤ（翌延元四年になった）。大日本嶋根《やまとしまね》[3]ハモトヨリノ皇都《こうと》ナリ。内侍所《ないしどころ》・神璽《しんじ》[4]モ芳野ニオハシマセバ、イヅクニカ都ニアラザルベキ（どうしてこの吉野が都でないことがあろうか）。サテモ八月《はつき》ノ十日アマリ六日ニヤ、秋霧《あきぎり》ニオカサレ(冒)給《たまい》テ（風邪に冒されて亡くなる）カクレマシ〳〵ヌトゾキコエシ。ヌルガ中《うち》ナル夢ノ世ハ（一睡の夢のはかなさは、）、イマニハジメヌナラヒ(習)トハシリ(知)ナガラ、カズ〳〵メノマヘナル心地シテ（目の前に浮かんできて、）、老泪《おいのなみだ》モカキアヘネバ（ぬぐいかねて、）、筆《ふで》ノ跡《あと》サヘトヾコホリ(滞)ヌ。

『神皇正統記《じんのうしょうとうき》』

1旧都　京都。

2戊寅ノ年ノ冬　一三三八年。同年八月、北朝は改元して暦応となった。「冬」とは伝聞した親房の誤りか。

3大日本嶋根　大和国。

4内侍所・神璽　三種の神器のうちの、内侍所は八咫《やた》の鏡、神璽は八坂瓊《やさかに》の曲玉《まがたま》。

史料注

神皇正統記　後醍醐天皇の没後、南朝の中心となった北畠親房が、不利な情勢を打開するため東国を転戦中、常陸の小田城で執筆。南朝の正統性を説き、去就を決めかねている関東武士、特に結城親朝《ゆうきちかとも》の帰順を求める目的もあった。一三三九

解説　**後醍醐天皇**《ごだいご》は一三三六（建武三）年一二月京都を脱出して吉野に赴き、南朝を樹立した。以後約六〇年間にわたり、京都の持明院《じみょういん》統（**北朝**）と吉野の大覚寺《だいかくじ》統（**南朝**）がそれぞれの正統性を主張して争う、**南北朝の動乱**が続く。『神皇正統記』では、南朝の正統性が説かれるとともに、国内で二つの年号が使用された特異な時代性がうかがえる。南朝は後醍醐天皇の死や相次ぐ敗戦で弱体化したが、それでも内乱が長期化した最大の要因は、北朝を支えた室町幕府内部の内紛である。まず、足利尊氏の執事の高師直《こうのもろなお》を中心とした急進派と、保守派の直義の対立から、骨肉を分けた尊氏《たかうじ》と直義《ただよし》の争いが展開した（**観応《かんのう》の擾乱《じょうらん》**・一三五〇～五二）。さらに直義の養子（尊氏の実子）直冬《ただふゆ》も別の勢力として抗争に加わり、尊氏派・

（暦応二・延元四）年成立。

探究2 南北朝の動乱が長期に及んだ理由を述べよ。

❶兼熙卿 吉田兼熙。
❷三種の神器 皇位の象徴として伝えられてきた宝物。
❸御譲国の儀 譲位の儀式。
❹両朝の御流相代々御譲位 持明院統と大覚寺統が交互に皇位につく「両統迭立《てつりつ》」。
❺長講堂領 後白河法皇の持《じ》仏《ぶつ》堂長講堂に寄進された荘園群。持明院統の経済基盤。
❻阿野前内大臣 阿野実為。

史料注
近衛家文書 五摂家の一つ近衛家に伝わる文書。

直義派・直冬各派とも時に南朝方と手を組んで内乱を複雑にした。内乱は貴族や武士に加えて広く民衆を巻き込んだが、その過程で、惣《そう》を基盤とした農民の成長、天皇権威を背景とした公家社会の失権で荘園公領制の崩壊と民衆文芸の形成など社会の変貌を導いた。

❸ 南北朝の合体 ★☆☆☆

要点ナビ 足利義満の斡旋で、一三九二年合体。

御合体《がったい》の事、連々《れんれん》（引き続き）兼熙卿《かねひろきょう》❶を以《もっ》て、申し合せ候《そうろう》の処《ところ》（折衝させてきたところ、）、入眼《じゅがん》の条、珍重《ちんちょう》に候（話合いがつき、大変めでたいことだ。）。三種の神器《じんぎ》❷帰座《きざ》（京都へ戻った）あるべきの上は、御譲国《ごじょうこく》の儀《ぎ》❸たるべきの旨《むね》、其《そ》の意を得《え》候。自今以後、両朝の御流相代々《ごりゅうそうだいだい》御譲《じょう》位《い》❹治定《じじょう》（決定がなされた。）せしめ候《さぶら》ひ畢《おわ》んぬ。就中《なかんずく》諸国国衙《こくが》（諸国の国衙領は）、悉《ことごと》く皆御計《おんはから》ひたるべく（（大覚寺統が）管轄する）候。長講堂《ちょうこうどう》領❺に於《おい》ては諸国分一円《いちえん》持明院《じみょういん》殿の御進止《ごしんじ》（支配下におく）たるべく候。

十一月十三日（実際は）一三九二（明徳三）年十月十三日
　　　　　　　　　　　　　　　義満
阿野前《さきの》内大臣❻殿

『近衛家文書《このえけもんじょ》』

解説 南北朝の動乱は、三代将軍**足利義満《よしみつ》**の時代になると、幕府・北朝の優位が決定的となり、一三九二（明徳三）年**南北朝の合体**が実現した。史料によるとその条件は、①譲国の儀式をもって南朝の後亀山天皇から北朝の後小松天皇に神器を渡す、②以後は両統が交互に皇位につく、③国衙領は大《だい》覚《かく》寺《じ》統の管轄とする、④長講堂領は持《じ》明《みょう》院《いん》統が支配する、の四点であった。しかし、北朝には、約束を守る意思などなかった。現実には①は行われず、②は、結局後小松の後はその子称光天皇が即位し反故《ほご》にされ、③は、当時の諸国国衙領はほとんど守護領化しており無意味であった。結局その条件のうち実行されたのは、北朝に有利な④のみである。従って「南北朝の合体」というより実態は「北朝による南朝の吸収」にほかならなかった。

3 守護勢力の拡大

1 守護の国内支配 ★☆☆☆

同じく守護《しゅご》人非法の条々[1]　同日

一　大犯《たいぼん》三箇《か》条[2]付《つ》けたり刈田狼藉《かりたろうぜき》[3]使節遵行《じゅんぎょう》[4]の外《ほか》、所務《しょむ》[5]以下に相綺《あいいろ》ひ、地頭御家人《じとうごけにん》の煩《わずら》ひを成す事。……

一　請所《うけしょ》[6]と号《ごう》し、名字《みょうじ》を他人に仮《か》り、本所《ほんじょ》寺社領を知《ち》行《ぎょう》せしむる事。

一　国司《こくし》領家《りょうけ》の年貢譴納《ねんぐけんのう》と称《しょう》し、仏神用《ぶっしんよう》[7]の催促《さいそく》と号して、使者を所々に放ち入れ、民屋《みんおく》を追捕《ついぶ》するの事。……

一　自身の所課《しょか》を以《もっ》て、一国の地頭御家人に分配せしむる事。……

一　新関を構《かま》へ津料《つりょう》と号して、山手河手《やまてかわて》を取り、旅人の煩ひを成す事。

以前の条々の非法張行《ちょうぎょう》の由《よし》、近年普《あまね》く風聞《ふうぶん》す。一事たりと雖《いえ》ども、違犯《いぼん》の儀《ぎ》有らば、忽《たちま》ち守護職を改易《かいえき》すべし。若《も》し正員存知《しょういんぞんち》せず、代官の結構《けっこう》たるの条、蹤《しょう》跡分明《せきぶんみょう》たらば、則《すなわ》ち彼《か》の所領を召《め》し上ぐべし。所帯《しょたい》無くば、遠流《おんる》の刑に処《しょ》すべし。

『建武以来追加《けんむいらいついか》』

※色文字は重要語

[1]同じく　一三四六（貞和二）年一二月一三日に出された「諸国狼藉条々」の「諸国」を受ける。

[2]大犯三箇条　御成敗式目に定められた守護の権限。大《おお》番催促《ばんさいそく》、謀叛《むほん》人・殺害人の検断。

[3]刈田狼藉　田地をめぐる紛争のさい、所有権を主張して一方的に立稲を刈り取ることを取り締まる権限。

[4]使節遵行　幕府の裁判の判決を強制執行する権限。

[5]所務　荘園の管理。

[6]請所　一定の年貢を本所・領家に納める約束で下地支配の全権をまかせる請負制。ここでは守護請。

[7]仏神用　寺社造営や祈禱《きとう》用途などの費用のこと。

史料注

建武以来追加　室町幕府も『御成敗式目』を基本法としており、必要に応じて追

通釈

諸国守護人の非法の条々　同日

一　大犯三箇条（刈田狼藉の取り締まりと使節遵行とをこれにつけ加える）のほか、地頭の所務などに干渉し、迷惑をかけること。……

一　請所と称して、他人の名義で本所・寺院・神社などの所領を支配させること。

一　国司・領家から年貢取り立ての厳しいとがめがあったと称し、また仏事・神事の用途の催促だといって、使いをあちこちに派遣して民家を差し押さえること。……

一　守護自身に割り当てられた課役などをその国内の地頭御家人らに分けて肩代わりさせること。……

一　新しく関所をつくり、また津料といって、山手・河手などの関銭を取り、旅人に迷惑をかけること。

以上にのべた条々について、違法が行われていると最近盛んに聞こえてくる。以上のうち一つでも違反があれば、その守護は解任する。もし守護本人が知らずに、代官のしわざであることの証拠がはっきりしているときには、代官の所領を没収する。その者に所領がなければ、流罪に処する。

加が出された。それを編集したのが『建武以来追加』であり、建武年間以後の追加集の意味。『建武式目』に対する追加ということではない。

② 守護大名の成長　★☆☆☆☆

一　諸国の守護《しゅご》たる人廉直《れんちょく》を先とすべき事。

諸国の国司は一任四ケ年に過《すぎ》ず。当時❶の守護職《しき》は昔の国司におなじといへども、子々孫々《ししそんそん》に伝《つたえ》て知行《ちぎょう》をいたすことは、春秋《しゅんじゅう》❷の時の十二諸侯《しょこう》、戦国❸の世の七雄にことならず。……❹然《しか》るに当時の躰《てい》たらく、上裁《じょうさい》❺にもかゝはらず、下知《げち》❻にもしたがはず、ほしいまゝに権威《けんい》をもて他人の所帯を押領《おうりょう》し、富に富をかさね、欲に欲をくはふる事は、さしあたりてことかけたるゆへにはあらず。只《ただ》無用の事のしたきと人かずをおほくそへんとのため成《なる》べし。

『樵談治要《しょうだんちよう》』

通釈

一　諸国の守護となる人は、心が清く正直な人を優先すべきこと。

諸国の国司の一回の任期は四年間に過ぎない。現在の守護職は、昔の国司と同じような職だというけれど、子々孫々にまで相伝して支配していることは、中国の春秋時代の十二諸侯や、戦国時代の七雄と同様である。……しかるに現代のありさまは、将軍の裁定にもかかわらず、幕府の命令にも従うことなく、思いのままに権威をふるって他人の所領を侵略し、富を蓄積し、あくなき欲望をいだくのは、当座の生活に困っているからではない。ただ余計なことをしたいのと、（家臣の）人数を増やしたいためなのであろう。

解説

室町幕府が南朝と対抗する中で、権力を確固たるものにするためには、勢力を拡大してきた地方武士を組織化する必要があった。そのために守護の権限を大幅に拡大し、鎌倉時代以来の**大犯三カ条**に加えて、刈田狼藉《かりたろうぜき》の取締り権と使節遵行権の二項目を確認している。語注❶に示したように、この史料は国人らが勝手な行動をとり、幕府に反抗することを禁止する法令とともに出されており、守護に国人らの統制を期待しつつも、守護の権限を越えて領主化することは禁じている。南北朝内乱開始後一〇年にて、幕府の制限にもかかわらず守護が急速に領主化していったことを物語っている。たとえば、悪党の苅田狼藉に対して、それを取り締まるどころか逆に保護し、自分の軍勢に組み込む守護の行動も見られ、幕府の権威は低下していった。

❶**当時**　現在のことをさす。
❷**春秋**　中国の春秋時代（前八～前五世紀）。
❸**戦国**　中国の戦国時代（前五～前三世紀）。
❹この中略部分では、頼朝時代、御成敗式目及び建武式目における守護についての規定が述べられている。
❺**上裁**　将軍の裁定。
❻**下知**　将軍の意向を受けた命令。

史料注

樵談治要　一条兼良《かねよし》が九代将軍足利義尚の要請にこたえ、政治上の意見書として著作。一四八〇（文明一二）年成立。「樵夫（きこり）の政治談議にも聞くべきものがある。」との巻末の語句からの書名。

解説 守護は、次第に国司の持っていた地方行政官的性格を吸収し、国衙《こくが》領を支配下に置くようになった。国内では在地領主の**国人**《こくじん》によって結ばれた**国人一揆**と対抗したが、守護は新たに獲得した荘園国衙領を国人に与え、彼らを家臣団に組み入れた。在京する守護にとって、国人を被官として組織することは領国支配を維持する上で絶対に必要であった。内乱期においては軍事的理由から、足利一門が多く守護として任命されたが、南北朝の抗争や観応の擾乱を通じて没落した家も多かった。その中から、**三管領の斯波**《しば》**・細川**《ほそかわ》**・畠山**《はたけやま》や**四職の山**《やま》**名**《な》**・赤松**《あかまつ》**・一色**《いっしき》**・京極**《きょうごく》などの守護家が勢力を持ち、南北朝末期には守護が支配する領国も固定されるようになった。

要点ナビ
観応令は三か国限定で年貢折半。
↓
応安令で地域拡大し、土地の分割へ。

③ 半済令《はんぜいれい》 ★★☆☆☆

一　寺社本所《ほんじょ》領の事、観応《かんのう》三年七月廿四日の御沙汰《ごさた》

諸国擾乱《じょうらん》❶に依《よ》り、寺社の荒廃《こうはい》、本所の牢籠《ろうろう》、❷近年倍増す。而《しか》してたまたま静謐《せいひつ》の国々も、武士の濫吹《らんすい》❸未だ休《や》まずと云々《うんぬん》。仍《よ》って守護人に仰《おお》せ、国の遠近に依り、日《にち》限《げん》を差《さ》し、施行《せぎょう》すべし。承引《しょういん》せざる輩《ともがら》に於《おい》ては、所領の三分一を分《わか》ち召《め》すべし。所帯《しょたい》無くば、流刑《るけい》に処《しょ》すべし。若《も》し遵行《じゅんぎょう》❹の後立帰《たちかえ》り、違乱《いらん》致さば、上裁《じょうさい》❺を経《へ》ず、国中の地頭御家人《じとうごけにん》を相催《あいもよお》し、不日《ふじつ》に在所に馳《は》せ向ひ、治罰を加へ、元の如《ごと》く沙汰し、雑掌《ざっしょう》❻を下地《したじ》に居《す》え、子《し》細《さい》を注申《ちゅうしん》すべし。将又《はたまた》守護人緩怠《かんたい》の儀《ぎ》有らば、其《そ》の職を改易《かいえき》すべし。次に近江《おうみ》・美濃《みの》・尾張《おわり》❼三箇《か》国、本所領半分の事、兵粮料所《ひょうろうりょうしょ》❽として、当年一作《とうねんいっさく》、軍勢に預け置く

❶**諸国擾乱**　足利尊氏と弟直義の対立に端を発した観応の擾乱（一三五〇～五二）。
❷**牢籠**　所領を失って苦しみ困ること。
❸**濫吹**　乱暴や非法の行為。主として荘園の年貢の未納や横領をさす。
❹**遵行**　判決の執行。ここでは幕府の横領停止命令を守護が執行すること。
❺**上裁**　将軍の命令・裁定。
❻**雑掌**　荘園領主に代わって荘園の年貢徴収などの所務を行う者。
❼**近江・美濃・尾張**　滋賀・岐阜・愛知県で、尊氏方の佐々木・土岐らの守護国。

通釈
一　寺院、神社、公家などの荘園に関すること、観応三（一三五二）年七月二四日の御命令
諸国の戦乱のために、寺院、神社の荒廃や荘園領主の困窮は最近ますますひどくなっている。たまたま（騒乱に巻き込まれずに）平穏な国々でも、武士の非法がまだやんでいないという。そこで守護人に命じ、京都からの遠近に応じて期限を決め、武士の非法停止命令を実行させる。それに従わない者については所領の三分の一を没収する。所領がなければ流罪とせよ。もし執行後に現地へ舞い戻り、命令に違反したなら、将軍の裁定を待つまでもなく、国中の地頭・御家人を動員して、すぐに現地にかけつけ制裁を加えるとともに、元の状態に戻し、雑掌を現地に置き、事情を詳細に報告せよ。もし守護がこうした職務を怠ったときは、守護職を解任する。次に近江・美濃・尾張の三箇国の荘園については、その半分を兵粮米を徴収する所領と指定し、本年一年の収穫に限り、（守護の）軍勢に預

[8]兵粮料所　兵粮米にあてるため武士に給与した土地。

[9]禁裏仙洞の御料所　皇室領荘園。禁裏とは天皇の御所、仙洞は上皇の御所のこと。

[10]寺社一円の仏神領　地頭職の設置されていない寺社領荘園。

[11]殿下渡領　藤原氏の氏長《うじのちょう》者が代々伝承している荘園。

[12]本所領　一般の荘園。

[13]向後　今後、これから。

[14]濫妨人　違反して侵略する者。

史料注　**建武以来追加**　一五四頁参照。

べきの由《よし》、守護人等に相触《ふ》れおわんぬ。半分に於ては、宜《よろ》しく本所に分け渡すべし。若し預人《あずかりにん》事を左右《そう》に寄せ、去り渡さざれば、一円《いちえん》本所に返付《へんぷ》すべし。

一　寺社本所領の事、応安元年（一三六八）六月十七日……

禁裏仙洞《きんりせんとう》の御料所[9]・寺社一円の仏神《ぶっしん》領[10]・殿下渡領《でんかのわたりりょう》[11]等、他に異なるの間、かつて半済《はんぜい》の儀あるべからず。固く武士の妨《さまた》げを停止《ちょうじ》すべし。そのほか諸国の本所領[12]は、しばらく半分を相分《あいわか》ち、下地《したじ》を雑掌に沙汰《さた》し付け（（すでに武士に侵略されている）荘園の半分は荘園領主の代官へ返させ、）、向後《きょうこう》[13]の知行《ちぎょう》を全《まっと》うせしむべし。この上もし半分の預かり人（半済分を預けられた武士）、或《ある》いは雑掌方に違乱し、或いは過分《かぶん》の掠領《りゃくりょう》（半分以上の押領）を致さば、一円本所に付けられ、濫妨《らんぼう》人[14]に至っては、罪科《ざいか》に処すべきなり。『建武以来追加《けんむいらいついか》』

け置くことを守護人にはすでに知らせておいた。残り半分は必ず荘園領主側に渡すこと。もし兵粮米を割り当てられた者が、あれこれ言い訳をして、（残りの半分を）渡さなければ、荘園領主にすべてを返させる。

解説　**半済《はんぜい》**とは国内の荘園国衙領の年貢の半分を兵粮料《ひょうろうりょう》として守護が獲得する制度である。史料の前半は、室町幕府が初めて法令として出した「観応令」（一三五二年）である。これは足利尊氏《あしかがたかうじ》による弟直義《ただよし》毒殺という観応の擾乱終結後に、二代将軍義詮《よしあきら》の名で発せられた。この擾乱に乗じて、軍事行動が活発化した南朝に対抗するために出され、内容は、近江・美濃・尾張の三か国のみで、一年限り年貢を折半するというものであった。この三か国は室町幕府の頼みとする佐々木・土岐らの守護国でもあり、南朝の軍事行動の盛んな地域でもあった。半済の利益を国内の武士に再配分することで、彼らの軍事力を得るねらいを持っていた。そして、翌年には三か国が八か国に拡大される。その後、何度かの変更を経て、一三六八年「応安令」となる。「応安令」は、幼少の三代将軍義満に代わり政務を執った管領細川頼之によって出されたものである。「観応令」では限定された地域が拡大され、戦時という条件が廃され期間の規定もないこと、年貢の半済ではなく、下地（土地そのもの）の折半であることなどの特徴を持っている。これにより、それまでの荘園侵略という武士の非法が、半分の土地については合法化されることとなった。一方で、荘園領主側も侵略されている土地の半分でも返還されることを歓迎した。それほど武士の荘園支配は進んでいたのである。

半済の地を国人たちに分け与えることで、守護は彼らを家臣団に組織したが、国人の側も、支配する農民や他の国人との対立があり、在地領主としての地位を安定させるためには、守護の力を必要としていたのである。

❹ 守護請 ★☆☆☆☆

高野《こうや》領備後《びんご》国太田庄《おおたのしょう》❶ 幷《ならびに》桑原方《くわばらがた》❷ 地頭職尾道倉敷《じとうしきおのみちくらしき》❸以下の事、下地《したじ》に於ては《現地の支配は守護が行い、》知行《ちぎょう》致し、年貢に至りては毎年千石《せんごく》を寺《高野山金剛峯寺》に納むべきの旨《むね》、山名右衛門佐《うえもんのすけ》入道常熙《じょうき》❹に仰《おお》せられ畢《おわ》んぬ《命じられた。》。早く存知《ぞんち》すべきの《理解し徹底するように、》由《よし》、仰せ下さるる所なり。仍《よっ》て執達《しったつ》件《くだん》の如《ごと》し。

応永《おうえい》九年(一四〇二)七月十九日

沙弥《しゃみ》❺(花押)

当寺《金剛峯寺》衆徒中《しゅとちゅう》

『高野山文書《こうやさんもんじょ》』

解説 **守護請《しゅごうけ》**とは、守護が荘園国衙《こくが》領の年貢を請け負う制度である。半済《はんぜい》を足がかりとした外部からの荘園侵略に加えて、荘官も守護の家臣化してゆくなかで荘園領主の荘園支配はまさに危機に頻《ひん》していた。そして彼らがついに最後の手段としてとったのが守護請であり、地方の最大の権力者である守護に荘園の経営を一任し、一定の年貢だけは確保しようとしたものである。史料の太田荘では、幕府の口入《くにゅう》(斡旋《あっせん》)により高野山への年貢納入を、備後国の守護山名時熙《ときひろ》が年一〇〇〇石で請け負うことが契約された。同荘の年貢はもともと一八〇〇石であったので、山名はその差額の八〇〇石を収益に算入できることになる。しかし現実にはその契約さえも履行されなかった。その後の三九年間に高野山が収納した年貢を平均すると、契約の半分にも満たないありさまであった。守護請は寺社本所領が比較的多く残っていた備後などの中間地帯を中心に、この時期行われたが、結局荘園領主の意図通りには事が運ばず、いまや荘園公領制は風前の灯であった。

一方、守護は任国内の荘園・国衙領を一円的に支配することが可能となり、国内の武士を被官化し、ときには**段銭《たんせん》**をかけるようになった。さらにその地位は世襲《せしゅう》されるものとなり、従来の守護とは区別して、守護大名と称された。この守護大名の作り上げた支配体制を守護領国制という。

❶**太田庄**　広島県世羅郡にあった荘園。
❷**桑原方**　太田荘は太田郷と桑原郷から構成された。
❸**尾道倉敷**　現広島県尾道市にあった、年貢物を輸送する際に一時納めておく太田荘の倉敷地《くらしきち》(倉庫・敷地)。
❹**常熙**　備後の守護山名時熙《ときひろ》。
❺**沙弥**　管領畠山基国《もとくに》。

史料注
高野山文書　一三四頁参照。

探究3
① 鎌倉時代と室町時代の武士の荘園侵略のしかたをまとめよ。
② 守護と守護大名の違いを述べよ。

4 応仁の乱と下剋上の時代

1 応仁《おうにん》の乱 ★★★☆☆

応仁丁亥《おうにんひのとい》ノ歳《とし》、天下大ニ動乱シ、ソレヨリ永ク五畿《ごき》七道《しちどう》[1]悉《ことごと》ク乱ル、其起《そのおこり》ヲ尋《たずね》ルニ、尊氏《たかうじ》将軍ノ七代目ノ将軍義政《よしまさ》公ノ天下ノ成敗《せいばい》ヲ有道《うどう》ノ管領《かんれい》ニ不レ任《まかせず》、只御《ただみ》台所《だいどころ》[2]或《あるい》ハ香樹院《きょうじゅいん》[3]或ハ春日局《かすがのつぼね》[3]ナド云《いう》、理非ヲモ不レ弁《わきまえず》、公事《くじ》[4]政道ヲモ不二知給一《しりたまわざる》青女房比丘尼《あおにょうぼうびくに》[5]達計《はから》ヒトシテ、酒宴婬楽《しゅえんいんらく》ノ紛《まぎ》レニ申沙汰《もうしさた》セラレ、亦伊勢守貞親《またいせのかみさだちか》[6]ヤ鹿苑院《ろくおんいん》ノ蔭凉軒《いんりょうけん》[7]ナンド評定《ひょうじょう》セラレケレバ、今迄贔《いままでひい》負《き》ニ募《つのり》テ論人《ろんにん》[8]ニ申与《もうしあたう》ベキ所領ヲモ、又耽二賄賂一《わいろにふけり》訴《そ》人《にん》ニ理ヲ付《つけ》、又奉行所ヨリ本主安堵《ほんしゅあんど》[9]ヲ給《たまわ》レバ、御台所ヨリ恩賞ニ被レ行《おこなわる》。……若此時《もしこのとき》忠臣《ちゅうしん》アラバナドカ不レ奉レ諫レ之哉《これをいさめたてまつらざらんや》、然《しか》レドモ只天下ハ破レバ破《やぶれ》ヨ、世間ハ滅《ほろば》バ滅《ほろび》ヨ、人ハトモアレ、我身サヘ富貴ナラバ、他ヨリ一段瑩羹様《かがやかんよう》ニ振舞《ふるまわ》ント成行《なりゆき》ケリ、……鹿苑院《ろくおんいん》殿[10]御《み》代《よ》ニ倉役《くらやく》[11]四季ニカカリ、普広院《ふこう》殿[12]ノ御代ニ成《なり》、一年ニ十二度カカリケル、当御代臨時ノ倉役トテ大嘗会《だいじょうえ》[13]ノ有リシ十一月ハ九ヶ度、十二月八ヶ度也《なり》、又彼借銭《かのしゃくせん》ヲ破ラ

通釈

応仁元（一四六七）年、天下は大動乱となり、それ以来長期にわたって全国各地が戦争状態となった。その原因を求めると、（以下のような事柄である。）足利尊氏から数えて七代目（将軍としては八代目）の将軍義政公は政治を有能な管領に任せず、ただ夫人や香樹院、春日局などの善悪の判断もつかず、裁判や政治のこともわからない若い女房や尼たちが自分たちのやりたいように、宴会やみだらな遊楽の席で政務を処理した。また、伊勢貞親や鹿苑院の蔭凉軒（季瓊真蘂）などの合議によって決めたので、これまで自分が肩入れしている被告にひいきで与えようとしていた所領を、今度は賄賂《わいろ》に心を奪われて、原告の側に理由をこじつけて与えてしまったり、ある時には、奉行所で本来の所有者が所領の安堵《あんど》を給ったのに、奥方から同じ土地が別の人に恩賞として与えられたりということもあった。……もしこの時忠臣がいれば、どうして（この乱れた政治を）いさめないことがあろうか。しかし、天下の平和が破れても、世の中が滅びてもどうでもよい。他人はどうあれ、自分さえ豊かであれば他の者よりきらびやかに振舞おうという風潮になってしまったのである。……義満公の時代には、土倉役が年に四度季節ごとにかかり、義教公の時代になってそれが年に一二度かかるようになり、今の代になって臨時の土倉役と

※色文字は重要語

[1] **五畿七道**　畿内五か国と東海、東山道等の七道、すなわち全国。

[2] **御台所**　将軍義政の妻日野富子。

[3] **香樹院・春日局**　ともに義政の側に仕える女性。

[4] **公事**　訴訟。

[5] **青女房比丘尼**　青女房は若い女性のことで春日局、比丘尼は尼のことで香樹院をそれぞれさす。

[6] **伊勢守貞親**　伊勢貞親。政所執事として実権を握る。

[7] **鹿苑院蔭凉軒**　禅宗寺院行政を管轄する僧録司が相国寺鹿苑院にあり、その一画の蔭凉軒主であった季瓊真蘂《きけいしんずい》をさす。

[8] **論人**　論人は被告、訴人は原告で、この文章は、裁判の判決が贔屓《ひいき》や賄賂《わいろ》次第であることを非難している。

[9] **本主安堵**　本来の領主の知行権を確認すること。

10鹿苑院殿　足利義満のこと。

11倉役　土倉にかかる公事。

12普広院殿　足利義教。

13大嘗会　天皇の即位後初めて行われる新嘗《にいなめ》祭のこと。ここでは、一四六五（寛正六）年一二月の後土御門天皇のそれをさす。

14徳政　これは応仁記の誇張で、これまで確かめられているところでは、義政の出した徳政令は四回であるとされる。

15倉方　幕府御用の土倉。

16地下方　幕府御用でない土倉。

17仏法王法　仏教と政治。

18飯尾彦六左衛門尉　室町幕府の評定衆のひとりか。

史料注

応仁記　応仁の乱を記した戦記文学。乱後まもなくの成立とみられるが著者不詳。

探究４　「応仁の乱」の史料を読んで、義政の失政を簡単にまとめよ。

ントテ、前代未聞徳政《みもんとくせい》14ト云《い》フ事ヲ此御代ニ十三ヶ度迄行レケレバ、倉方15モ地下方《じげがた》16ヘ《(モ)》皆絶ハテケリ、……不レ計《はからざり》万歳《ばんざい》期セシ花ノ都、今何ンゾ狐狼《ころう》ノ伏土《ふせど》トナラントハ、適々《たまたま》残ル東寺北野サヘ灰土《かいど》トナルヲ、古《いにしえ》ニモ治乱興亡《ちらんこうぼう》ノナラヒアリトイヘドモ、応仁ノ一変ハ仏法王法17トモニ破滅シ、諸宗皆悉《ことごと》ク絶《たえ》ハテヌルヲ不レ堪《かんたんに》二感歎《たえず》一飯尾彦六左衛門尉《いのおひころくざえもんのじょう》18、一首ノ歌ヲ詠《えい》ジケル、

汝《なれ》ヤシル都ハ野辺《のべ》ノ夕雲雀《ゆうひばり》

アガルヲ見テモ落ル涙ハ　『応仁記《おうにんき》』

して大嘗会のあった年の一一月にはひと月に九度、一二月には八度もかかったのである。また借金を破棄してしまおうと、前代未聞のことだがこの義政公の時代には徳政が一三回も行われたので、幕府御用の土倉も一般の土倉もみなつぶれてしまった。……

思いがけない結果であった。永遠に栄えるはずの花の都が今、狐《きつね》や狼《おおかみ》のように悪賢い、荒くれ者のすみかになってしまい、またわずかに焼け残っていた東寺や北野神社まで灰になってしまうとは。昔から世の中が治まったり乱れたり、栄えすたれは世のならいというが、今度の応仁の乱では仏教も政治も破滅し、各宗派もことごとく絶え果ててしまった。その歎きに堪えきれず、飯尾彦六左衛門尉が一首歌を詠んだ。

あなたは知っているでしょうか。都はすっかり焼け野原となってしまい、（以前は都で見なかった）ヒバリが飛び立っている。そのヒバリがあがるのを見るにつけても、落ちるのは涙ばかりです。

解説　専制政治を行った**足利義教**《あしかがよしのり》が嘉吉《かきつ》の変で倒れた後、七代将軍義勝も一〇歳で若死にし、一四四九（宝徳元）年八代将軍**足利義政**《よしまさ》が就任した。その間、有力守護大名の権力が復活し、細川・畠山氏が交互に管領《かんれい》に就任する時代を経て、畠山氏の内紛に乗じた**細川勝元**《ほそかわかつもと》が一二年間も管領を独占する時代があった。

義政は成長とともに将軍親政を目指して管領の権限を削減したが、現実としては側近の伊勢貞親や季瓊真蘂《きけいしんずい》、義政夫人の日野富子が実権を握った。頻発する土一揆《つちいっき》に対し幕府は徳政令を出すが、やがて徳政令の見返りに借り主から一割～二割を幕府に納入させる分一《ぶいち》徳政や、逆に徳政令を出さない条件で貸し主から金銭を出させる分一徳政禁制を発するようになる。いずれも幕府収入の増加をねらったものだが、これで土倉《どそう》の没落や社会不安を招いた。

有力大名では畠山氏に代わって**山名持豊**《やまなもちとよ》が台頭し、細川勝元と対抗するようになった。また、畠山政長と義就《よしひろ》、斯波義敏《しばよしとし》と義廉《よしかど》の家督争いなど、守護大名家の内紛や大名と国人《こくじん》の対立などがしきりに起こった。惣領《そうりょう》制の変質に伴い、単独相続制で

惣領の権限が絶大となると、その就任をめぐる争いが激化し、国人たちも惣領選びに介入してきたのである。畠山・斯波のそれぞれ二派が細川勝元と山名持豊を頼り、義政の弟義視《よしみ》と子義《よし》尚《ひさ》の将軍後継をめぐる問題も加わって対立が深まり、一四六七（応仁元）年、京都における畠山両派の衝突から一一年に及ぶ**応仁の乱**が始まった。細川勝元・畠山政長・斯波義敏の東軍も、山名持豊・畠山義就・斯波義廉の西軍も、将軍家や将軍候補、天皇や上皇、南朝系の皇子などを権威として味方にし、守護大名らを巻き込みながら、京都周辺での戦闘を断続的に繰り返した。

当初は、将軍義政や義尚・義視を手中に収めていた東軍が優勢だったが、一四六八（応仁二）年、義視が西軍に走り、「西幕府」を組織化したことで、将軍家の対立構図が明確になり、大内政弘の参戦もあって西軍有利に転じた。その後、膠着《こうちゃく》状態が続いたが、一四七三（文明五）年、両将の病死を契機に講和が成立し、散発的な戦闘を経て一四七七（文明九）年一一月、大乱は一応終わる。

この乱により幕府の権威は失墜し、その勢力範囲はほぼ山城《やましろ》国一国に限られた。京都の荒廃は激しく、寺社・公家は大きな打撃を受け、荘園公領制もほぼ壊滅した。また、守護大名が参戦している間に守護代や国人に乗っ取られる領国も現れた。まさに「**下剋上**《げこくじょう》の時代」の到来である。

要点ナビ　一条兼良が足利義尚への意見書の中で足軽を糾弾。

❶足がる　徒歩で戦闘に参加する雑兵。

❷旧記　古い記録。

❸五山十刹　室町時代に制定された禅宗寺院の格式で、ここでは京都五山とそれに次ぐ十か寺のこと。

❹門跡　皇族や摂関家子息らが住する格式の高い寺院。

史料注

樵談治要　一五五頁参照。

❷ 足軽の活動　★★☆☆☆

一　足がる❶といふ者ながく停止《ちょうじ》せらるべき事

むかしより天下のみだるゝ事は侍《はべ》れど、足がるといふ事は旧記《きゅうき》❷などにもしるさゞる名目《みょうもく》也。……此《この》たびはじめて出来《いできた》れる足がるは、超過《ちょうか》したる悪党なり。其故《そのゆえ》は洛中洛外《らくちゅうらくがい》の諸社・諸寺・五山十刹《ござんじっさつ》❸・公家・門跡《もんぜき》❹の滅亡はかれらが所行《しょぎょう》也。かたきのたて籠《こもり》たらん所にをいては力なし。さもなき所々《しょしょ》をうちやぶり、或《あるい》は火をかけて財宝《ざいほう》をみさぐる《(見探)》事は、ひとへにひる強盗《ごうとう》といふべし。かゝるためしは先代未聞《せんだいみもん》の事也。

『樵談治要《しょうだんちよう》』

通釈

一　足軽というものは長く禁止されるべきこと

昔から世の中が乱れたことはあるが、足軽ということは古い記録などにもない呼び名である。……このたび（応仁の乱で）初めて現れた足軽は、並はずれた悪党である。その理由は、都の内外の神社・寺院・五山十刹・公家・門跡寺院が荒れ果てたのは彼らのしわざである。それが敵のたてこもった所なら仕方がない。そうでないところを破壊したり、放火したりして財宝を略奪することは、まるで白昼強盗とでもいうべきだ。こんな例は今まで聞いたこともない。

2 中世

足軽《あしがる》という名称は『平家物語』などにも見られ、早くも源平争乱期に出現していることがわかる。その点では史料『樵談治要《しょうだんちよう》』の一条兼良《かねよし》の認識とは違うが、組織的な活動をして合戦に重要な役割を果たすようになるのは応仁の乱であった。この時期は騎馬《きば》戦より歩兵戦が戦闘の主流となり、戦争の行方を左右するのは、軍隊の人数の確保にかかってくるようになる。当然足軽には、混乱に乗じて戦場へ紛れ込んだ盗賊の集団も含まれていたであろうが、多くは、山城《やましろ》国の惣《そう》の農民などが馬や食料とともに徴発され、傭兵《ようへい》として東西両軍に取り込まれた者である。足軽には、かつて「兵《つわもの》の道」といわれた武士のモラルは通用しない。放火・略奪を繰り返し、寝返りや逃亡なども日常であった。関白として伝統的権威の頂点にいた一条兼良には許しがたい存在で、足軽に邸宅や財宝を焼かれたうらみも手伝って、「長く停止」することを求めている。なお兼良は、子尋尊が門跡《もんぜき》をつとめる奈良興福寺大乗院へ避難をする。父の『樵談治要』をあまり評価しない尋尊も、その日記の中で足軽については「亡国の因縁（原因）」と同じ見方をしていて興味深い。

室町

要点ナビ 山名宗全が主張する「例より時」。

[1]山名金吾入道宗全　山名持豊（宗全）。
[2]門家　家の収入といった意味。
[3]匹夫　身分の低い男。
[4]同輩の談　身分の同じ者同士のような会話。

史料注
塵塚物語　古代から中世末までの歴史上の故事逸話六

3 下剋上の風潮 ★☆☆☆

山名《やま な》金吾《きんご》入道宗全《にゅうどうそうぜん》、[1]いにし大乱の比《ころ》ほひ（去る応仁の乱の時分に、）、或《ある》大臣家にまいりて、当代乱世にて諸人これに苦しむなど、さまざまの物語りして侍《はべ》りける折ふし、亭《てい》の大臣ふるき例をひき給ひて（その家の大臣が古い先例を）、さまざまかしこく申されけるに、宗全たけく（勇猛な性格の）いさめる者なれば、臆《おく》したる気色《けしき》もなく申《もうし》侍るは、君のおほせ事、一往《いちおう》は（一応はわかりますが、）きこえ侍れど、あながちそれに乗《じょう》じて例をひかせらるる事しかるべからず（適切ではありません。）。凡《およ》そ例といふ文字をば、向後《きょうこう》（これから）は時といふ文字にかへて御心《おこころ》えあるべし（考えるのがいいでしょう。）。……凡そ例と言ふは其《そ》の時が例也《なり》。大法不易《たいほうふえき》政道（仏教の真理のような不変の政治）は例（原則）を引《ひい》て宜《よろ》しかるべし。其外《そのほか》の事、いささかにも例をひかるる事心得ず。一概《いちがい》に例になづみて（こだわって）時を知らざるゆへに、或ひは衰微《すいび》して門家[2]とぼしく、或ひは官位のみ競望して（競い合って、その智恵や節操を重んじない。）其智節《ちせつ》をいはず。此《かく》の如《ごと》くにして終《つい》に武家に恥《はず》かしめられて天下うばはれ媚《こび》をなす（ご機嫌をとっている。）。若《も》ししゐて古来の例の文字を今沙汰せば（適用するならば、）、宗全ごときの匹夫《ひっぷ》[3]君に対して此の如き同輩《どうはい》の談[4]をのべ侍らんや。是《これ》はそも古来いづれの代の例ぞや。是則《これすなわ》ち時なるべし（これは時勢の変化によるものです。）。

『塵塚物語《ちりづかものがたり》』

五話を載せる説話集。一五五二（天文二一）年成立と見られるが作者は不明。塵のような雑多な話をかき集めたことによる書名。

解説 この史料は、応仁の乱の頃、西軍の大将山名持豊（宗全）とある大臣が会話した内容である。大臣が公家の有職故実《ゆうそくこじつ》の先例を引用して賢者ぶり、得意になっているのに対し、持豊は反論している。公家は「例」にこだわり思考が硬直したため、臨機応変に「時」（時勢）に対応していった武家に政権を奪われ、衰退したのだとし、先例が絶対なら、このように身分の違う大臣と宗全の対談など有り得ないと断じている。山名氏は、かつて一一か国の守護職を占め「六分の一衆」といわれていたが、一三九一年明徳の乱で衰えてしまった。その苦況から、嘉吉《かきつ》の変による赤松氏の没落や畠山氏の内紛に乗じて復活し、細川氏と覇《は》を争うまでになったのは山名持豊の行動力によるところが大きい。それだけに彼の言には説得力を感じられる。下剋上《げこくじょう》の風潮は村々や守護の領国ばかりでなく中央政界でも広がっていく。

4 山城の国一揆 ★★★★

要点ナビ 山城国人が守護畠山義就・政長を追放し、八年間自治支配。

（文明《ぶんめい》十七年[1]十二月十一日）……今日山城国人《やましろこくじん》[2]集会す。上ハ六十歳下ハ十五六歳ト云々《うんぬん》同じく一国中の土民《どみん》等群集す。今度両陣[3]の時宜《じぎ》[4]を申し定めんが為《ため》と云々。然《しか》るべきか《もっともなことである。》。但《ただ》し又下極上《げこくじょう》の至《いたり》なり《下剋上のきわみである。》。両陣の返事問答《もんどう》の様如何《さまいかん》《話し合いの様子はどうであろうか》、未《いま》だ聞かず。……

十七日……両陣の武家衆各《おのおの》引き退き了《おわ》んぬ《引き払ってしまった。》。山城一国中の国人等申し合わす故《ゆえ》なり。自今以後《じこんいご》《今後は》に於《お》ては両畠山方《はたけやま》は国中に入るべからず。本所領《ほんじょりょう》[5]共は各々本《もと》の如《ごと》くたるべし《もとのように本所の直接支配とする》。新関《にいぜき》[6]等一切これを立つべからずと云々。珍重のことなり《本当に結構なことである。》。

（文明十八年）二月十三日……今日山城国人、平等院《びょうどういん》[7]に会合《えごう》す。国中の掟法《じょうほう》猶以《なおもっ》て之《これ》を定むべしと云々《山城国中を支配するための掟を改めて》。凡《およ》そ神妙《しんみょう》なり《感心なことである》。但《ただ》し興成《こうじょう》せしめば《これ以上勢いが強くなれば》天下のため然るべからざる事か《あまりよくないことであろう》。『大乗院寺社雑事記《だいじょういんじしゃぞうじき》』

[1]**文明十七年** 一四八五年。
[2]**国人** 領主的な在地武士。
[3]**両陣** 南山城でにらみ合いを続ける、畠山政長方と畠山義就方の両軍。
[4]**時宜** 対応、処置の対応策。
[5]**本所領** 本所が支配する荘園。
[6]**新関** 新しい関所。両畠山氏ばかりでなく国人らも関所を設けていた。
[7]**平等院** 南山城、宇治の平等院。

史料注 **大乗院寺社雑事記** 興福寺大乗院の門跡、尋尊・政覚・経尋によって書き継がれた日記で、興福寺及び春日社に関係する事柄を記すが、広く政治、経済、文化、

解説 **国一揆《くにいっき》**とは、**国人《こくじん》**と呼ばれる在地の武士を中心とした一揆で、国人たちのヨコの連帯とともに、各国人の支配基盤の惣《そう》村ごとに百姓（土民）も要求を掲げて集まって来るタテのつながりも持っていた。国人、百姓らはその自治的組織「惣国《そうこく》」をもって守護勢力と対抗することが多く、山城《やましろ》の国一揆はその国一揆の代表的な例として知られる。応仁の乱の口火を切った畠山義就《よしひろ》・政長の争いは乱終結後も大和、山城、河内などで続いた。一揆は一四八五（文明一七）年一〇月から南山城に両派の軍勢が対陣しにらみ合っているなか、起こったのである。

社会情勢に記述が及んでいる。一四五〇（宝徳二）年から一五二七（大永七）年の記事を収める。

探究5
① 国一揆とは何か。
② 山城の国一揆は、なぜ一〇年たらずで崩壊していったのか。

南山城三郡（久世《くぜ》・綴喜《つづき》・相楽《そうらく》）の国人と百姓は一二月一一日集会し次の三点を惣国の掟法《じょうほう》として取り決めた。①両畠山軍の撤退を要求する、②寺社本所領は荘園領主の直接支配に戻す、③新しく立てた関所の廃止、である。この三点をもって畠山と交渉し、要求を実現するが、②の荘園領主の支配という方針は、国人たちは荘官でもあったという側面があり、特に荘園領主が他国の国人を代官として派遣するのを敬遠したこと、百姓にとっても守護大名の支配に比べて夫役等が軽く、惣が年貢・公事を請け負う地下請《じげうけ》を許されることが多いという利点があったためである。また、③の新関には寺社の立てた関所は含まれない場合が多く、②③を通じて寺社勢力や貴族との妥協がみえる。だから興福寺大乗院の尋尊も「下剋上のきわみ」とする一方、史料の随所で好意や同感の言葉も発しているのである。

翌一四八六（文明一八）年二月一三日、平等院で会合し、掟法が充実された。検断（警察・裁判）を中心として惣国の支配は三六人衆といわれる国人が担当し、実際の政務は三人ずつの月行事《がちぎょうじ》が交代で行った。また惣国内で**半済**《はんぜい》を実施し、国一揆確立の財政基盤とした。こうして、両畠山及び他国の国人を排除した自治的支配が、一四九三（明応二）年まで八年間続く。しかし、国人同士の対立や、国人と百姓の思惑の差を内部に抱えていた上に、国人の多くは細川政元の被官であり、当初からその影響力を受けていた。細川政元は、一四九三年一〇代将軍足利義稙《よしたね》を失脚させ、畠山政長を滅し、義澄《よしずみ》を将軍にするクーデターを成功させた。そして山城国守護職を伊勢貞陸《さだみち》に与え、南山城に強引に代官を派遣してきた。一部国人の抵抗もむなしく国一揆は崩壊する。

要点ナビ　一向宗門徒が守護富樫政親を倒し、一〇〇年間加賀国支配。

1文明六年　一四七四年。
2無碍光宗　中国元代に流行した宗派。
3こすき　小杉氏。
4鶴童　富樫政親で幼名は鶴童丸。
5長享二年　一四八八年。
6叔和西堂　禅僧の名。
7越前合力勢　将軍義尚の命で出動した隣国越前の朝倉貞景の援軍。
8富樫城　加賀国守護富樫政親の居城高尾城《たこう》（金沢市）。

5 加賀の一向一揆 ★★★★

（文明《ぶんめい》六年[1]十一月一日）……加賀《かが》国の一向宗《いっこうしゅう》土民《どみん》、無碍光宗《むげこうしゅう》と号《ごう》す[2]侍分《さむらいぶん》と確執す（武士との抗争があった。）。侍分悉《ことごと》く以《もっ》て、土民方より国中を払《はら》はる（追放された。）。守護代《しゅごだい》、侍方を合力《ごうりき》の間、守護代こすき[3]打たれ了《おわ》んぬ（討たれてしまった。）。一向宗方二千人計《ばかり》打たれ了んぬ。国中焼失し了んぬ。東方《ひがしがた》（東軍の）の鶴童《つるどう》[4]（加勢したので、）八国中へ打ち入るといえども、持《たも》ち得ず（実際の支配はできない）と云々《うんぬん》。土民蜂起《ほうき》は希有《けう》の事なり（珍しいことである。）。
『大乗院寺社雑事記《だいじょういんじしゃぞうじき》』

（長享《ちょうきょう》二年[5]六月二十五日）……叔和西堂《しゅくわせいどう》[6]語りて云《いわ》く、今月五日、越前府中《えちぜんふちゅう》に行く。其《その》以前、越前《えちぜん》合力勢[7]賀州《がしゅう》に赴《おもむ》く。然《しか》りと雖《いえど》も、一揆衆《いっきしゅう》二十万人、富樫《とがし》城[8]を取回《とりま》く。故《ゆえ》を以て同九日城を攻落せらる。皆生害《しょうがい》す（自害した。）。而《しか》して富樫一家の者[9]一人これを取立つ（守護に取り立てた。）。
『蔭凉軒日録《いんりょうけんにちろく》』

百姓トリ立テ富樫ニテ候間《そうろうあいだ》（百姓たちが取り立てた富樫であったから、）、百姓ノウチツヨク成リテ近年ハ百姓ノ持タル国ノヤウニナリ行キ

9富樫一家の者　富樫泰高。

史料注

大乗院寺社雑事記　一六三頁参照。

蔭凉軒日録　京都相国寺内蔭凉軒の公用日記。京都五山や幕府政治の動向などを記す。

実悟記拾遺　本願寺八代門主蓮如の一〇男実悟の書いた本願寺に関する記録『実悟記』からもれたものを編集したもの。

探究6

① 一向一揆が起こった理由を述べよ。

② 一向一揆の結果、加賀国の支配体制はどうなったか。

候コトニテ候。

『実悟記拾遺《じつごきしゅうい》』

解説　領国支配を強化しようとする守護大名に対して、浄土真宗本願寺派の信者を中心とする人々が起こした一揆が**一向一揆《いっこういっき》**である。特に加賀の一向一揆は一〇〇年もの間、一揆勢力による国内支配が続いたことで注目される。北陸地方における浄土真宗本願寺教団の発展は、一四七一（文明三）年、**蓮如《れんにょ》**が加賀、越前国境の吉崎に道場を開いて布教を行ったことによる。門徒の組織は**惣《そう》村**を単位としたから、惣村の発展した畿内及び中間地帯が教団の発展地域であり、また一向一揆の舞台ともなるのである。また国人《こくじん》のなかに門徒農民と対決するよりは、自らその組織に参加することで、自己の地位の保全と成長をはかろうとする者もいた。加賀国では**応仁の乱**に連動して守護富樫氏のなかで、政親（東軍）と幸千代（西軍）がそれぞれ国人らに擁せられ家督争いをしていた。そのうち政親が蓮如と手を結び本願寺門徒の協力を得て、一四七四（文明六）年幸千代方を国内から追い、守護代小杉氏を討ったのである。しかし、一転して門徒と対立して弾圧しようとしたので、一揆勢は政親打倒に立ち上がる。そして一四八八（長享二）年高尾城に立てこもる政親を攻め、自害に追い込んだ。一向一揆が守護に勝利したのである。一揆勢は富樫泰高を守護としたが、次第に一揆勢が国を支配するようになり、加賀国は「百姓の持たる国」のようだと言われた。その体制は一五八〇（天正八）年織田信長の征服まで続いてゆく。

Spot

一向一揆の結束

一向一揆は戦国大名を大変苦しめたばかりか、一大独立勢力として織田信長の統一過程で、最も長い間抵抗を続けた相手である。その一つの原因は信仰に基づく結束の固さである。一五七〇（元亀元）年から一五八〇（天正八）年の石山本願寺一揆に参加したという安芸国（広島県）の一揆衆の軍旗には「進むは往生極楽、退くは無間《むげん》地獄」とスローガンが書かれ、悲壮な決意とその団結力をみることができる。結束の固さは一向宗信仰の形態によるところが多い。つまり、その集団は惣《そう》村を単位としたため、信徒としての脱落はそのまま惣村からの脱退を意味し、死に直結する問題となった。近江国（滋賀県）の本福寺に伝わる『本《ほん》福寺跡書《ふくじあとがき》』によれば、本願寺から勘気《かんき》（破門）された者は他の門徒との交際を絶たれ、「飢死《かつえじに》、乞食死《こじきじに》此処《ここ》ヤ彼処《かしこ》ニ倒死《たおれじに》、凍死《こごえじに》、冷《ひえ》ヨリノ病ヲウケ病死《やみじに》、カゝル死ニ様《よう》ヲスルゾ」というような状態に追い込まれたという。

2 中世

室町

5 惣村《そうそん》の発達と土一揆《つちいっき》

❶ 惣《そう》の規約 ★☆☆☆☆

要点ナビ
日常生活、祭祀や自検断の基準などを寄合で決定した惣掟。

定《さだむ》今堀《いまぼり》❶ 地下《じ　げ》掟《おきて》之《の》事

合《あわせて》延徳《えんとく》元年 己酉《つちのととり》十一月四日

一 薪《まき》・すミハ、惣ノヲタクヘシ。

一 他所《よ　そ》之人を地下ニ請人《うけにん》❷候ハて、置クヘカラス 候事《そうろうこと》。

一 惣ノ地ト私ノ地ト、サイメ相論《そうろん》❸ハ、金ニテすますヘシ。

一 犬かうへからす事。❹

一 二月・六月サルカク❺ノ六❻ヲ、壱貫文《いっかんもん》ツヽ、惣銭ヲ出《だ》スヘキ者也《ものなり》。

一 家売タル人ノ方ヨリ、百文ニハ三文ツヽ、壱貫文ニハ卅《(三十)》文ツヽ、惣へ出スヘキ者也。此旨《このむね》ヲ背《そむ》ク村人ハ、座《ざ》❼ヲヌクヘキ也。

一 堀❽ヨリ東ヲハ、屋敷《やしき》ニスヘカラス者なり。

『日吉神社文書《ひえじんじゃもんじょ》』

通釈

定める、今堀郷の郷内の人々が守るべき掟のこと

寄合で決定、延徳元（一四八九）年一一月四日

一 薪や炭は、惣で用意したものをたくこと。

一 よその人を、この郷内に身元保証人がいなければ置いてはならないこと。

一 惣で管理する共有地と私有地との境界の訴訟は金銭で処理すること。

一 犬を飼ってはいけないこと。

一 二月と六月に行われる猿楽能の一座に出す祝儀は、一貫文ずつ惣の費用から出すこと。

一 家を売った場合は、売った人が一〇〇文につき三文ずつ、一貫文については三〇文ずつ惣へ出すものとする。このことに違反する人は、宮座から追放する。

一 堀より東側は屋敷としてはならないものとする。

※色文字は重要語

❶**今堀**　近江《おうみ》国蒲生《がもう》郡得珍《とくちんの》保《ほう》今堀郷。現、滋賀県東近江市あたりにあった延暦寺領荘園の一郷村。

❷**請人**　身元保証人。

❸**サイメ相論**　サイメは際目、境界のこと。相論は訴訟や論争のこと。

❹**犬かうへからす事**　犬を飼うことを禁じた理由は、①今堀郷の鎮守である日吉神社の使いが、犬を天敵とする猿であるため、②狂犬病の流行を防ぐため、③犬が畑を荒らすため、④倹約のため、⑤犬を飼える特殊な優越者の出現を防ぐためなどと考えられる。

❺**サルカク**　神事の際に行う猿楽能。

❻**六**　禄。猿楽に対する報酬。

❼**座**　村の神社を中心に神事を行う組織。宮座。

❽**堀**　今堀が環濠《かんごう》集落であったことを示す。

史料注
日吉神社文書 今堀郷の鎮守、日吉神社に伝わった文書。中世の宮座や商業に関する史料の宝庫である。

探究7
惣村の特徴を考えよ。

解説 室町時代には荘園公領制が次第に解体し、守護大名の一円支配が進行する。その中で、水稲農業の著しい進歩や商工業の発達などを背景として、小百姓以下の小農民経営が自立化する一方で、特に畿内やその周辺部を中心に農民による**惣**《そう》または**惣村**《そうそん》という自治的村落組織が成立した。惣の結成の目的は、入会地《いりあいち》や用水の利用、領主・地頭の不当な要求に対する対抗、村の自衛などであるが、村の鎮守《ちんじゅ》の祭祀《さいし》に関わる宮座と一体になることが多かった。惣の指導者は番頭《ばんとう》・沙汰人《さたにん》・おとな（乙名）などであり、構成員も最初の名主層から、次第に小百姓も参加できるようになった。

史料の今堀地下掟《いまぼりじげおきて》は、惣の寄合で決定したものであり、村人の日常生活全般に及ぶ細かな規定や、今堀日吉《ひえ》神社の祭祀について決められている。当時の農民の暮らしぶりや意識を読み取ることができるが、罰則を決めて警察権を行使（地下検断・自検断）したり、惣自体が財産を持って活動していることなど、その強固な活動を示している。なお今堀郷では一五世紀から一七世紀初頭にかけて約二〇通の地下掟を残している。

❷ 村の結合 ★☆☆☆

契約　桂《かつら》川要水《ようすい》今井[1]の事

右契約の旨趣《ししゅ》は、此《こ》の要水の事に就《つ》き、自然《万一、面倒なことや混乱などが起きる》煩《わずらい》、違乱《いらん》等出来《しゅったい》の時は、久世《くぜ》[2]河嶋《かわしま》[3]、寺戸《てらど》[4]尤《もっと》も此の流水を受くるの上は、彼《か》の三ケ郷一身同心《ごういちみどうしん》せしめ、合体の思を成し、面々私曲《めんめんしきょく》なく其《そ》の沙汰《さた》有るべし（それぞれ私欲に走って不正行為をしないようにし 管理すべきである。）。若《も》し同心の儀《ぎ》に背《そむ》く郷においては、要水之《これ》を打止《うちと》むべし。……

暦応《りゃくおう》[5]□年七月　日

上久世季継《かみくぜすえつぐ》（花押）
河《かわ》（革）嶋安定《しまやすさだ》（花押）
寺《てら》戸《ど》親《ちか》智《とも》（花押）

『革島文書《かわしまもんじょ》』

1 **桂川要水今井** 京都西郊の西岡《にしがおか》一一か郷の用水路で、松尾神社近くで桂川から取り入れられ、その地名から今井溝と呼ばれた。

2 **久世** 上久世荘は東寺領荘園。現、京都市南区。

3 **河嶋** 河（革）嶋荘は三条・西園寺・山科の三領家の荘園。現、京都市西京区。

4 **寺戸** 寺戸荘は仁和寺領荘園。現、京都府向日《むこう》市。

5 暦応年間は、一三三八～一三四一年。

史料注
革島文書 京都市革島家に伝わる文書。同家は御家人、下司、公文、名主、庄屋を

解説 **惣村**はその目的の実現のため、互いに協力したり、結合して、惣荘・惣郷を形成することもあった。こうした新しい農村社会の構造を**郷村制**《ごうそん》と呼ぶこともある。それは、近世的な郷村の基礎としての村が成立したことを意味するが、惣村の持つ自治的な性格は、近世の郷村とは大きく違っている。一方惣村には自治組織の面に加えて、徴税など支配機構の末端となっている側面もあったことに注意したい。

史料の上久世・河（革）嶋・寺戸を含む西岡一一か郷は、荘園領主が錯綜《さくそう》し、桂川から取水する灌漑用水をめぐっての流血騒ぎが起きていた地域である。そこで三つの郷民が団結して、

経て現在に至る。

探究8 この時期成立した惣村は近世の村へとどのように変化するか。それぞれの違いや共通する部分を説明せよ。

今後予想される水争いに対処することを神に誓ったのである。この地域の惣村は、強力な地侍《じざむらい》が支配する形で存在し、起《き》請文《しょうもん》に署名しているのも、用水開発者の流れをくむ、各荘園の荘官級の地侍であり、彼らの意志で団結が行われている。しかし、この地域でも、一四六二（寛正三）年の用水についての協力は村落の代表者たちが主体となって行うようになる。さらに、荘郷の枠を越えた惣民の結合が、やがて広範な**土一揆**《つちいっき》の展開へとつながっていくのである。

❸ 土一揆《つちいっき》 ★★★★★

(1) 正長《しょうちょう》の徳政一揆

正長《しょうちょう》元年❶九月　日、一天下《いってんか》の土民《どみん》❷蜂起《ほうき》す。徳政《とくせい》❸と号《ごう》し、酒屋、土倉《どそう》、寺院❹等を破却《はきゃく》せしめ、雑物《ぞうもつ》等恣《ほしいまま》にこれを取り、借銭《しゃくせん》等悉《ことごと》くこれを破る。官領《かんれい》❺これを成敗《せいばい》す。凡《およ》そ亡国《ぼうこく》の基《もとい》、これに過ぐべからず。日本開白《かいびゃく》以来❻、土民蜂起是《こ》れ初めなり。

『大乗院日記目録《だいじょういんにっきもくろく》』

(2) 農民の徳政宣言

正長元年ヨリ
サキ(前)者《は》カンへ四カン
カウニヲヰ(負目)メアル
ヘカラス

『柳生《やぎゅう》の徳政碑文《とくせいひぶん》』

(3) 播磨《はりま》の土一揆

（正長二年正月二十九日）……或人《あるひと》曰《い》はく、播磨《はりま》国の

通釈

正長元（一四二八）年九月　日天下の土民が暴動を起こした。徳政だと言って、酒屋・土倉・寺院などに質入れした品物を奪ったり、借用証文などを破った。管領はこれを成敗した。そもそも国が滅びる原因でこれ以上のものはない。日本が始まって以来土民の暴動は初めてである。

正長元（一四二八）年以前は、神戸四カ郷に負債は存在しない。

正長二（一四二九）年正月二九日……　ある人が次のように語った。「播磨国の土民が去年の冬の京都周

❶**正長元年**　一四二八年。
❷**土民**　下級武士を含む農民。
❸**徳政**　金銭の貸借関係を破棄すること。
❹**寺院**　寺院も寄進された祠《し》堂銭《どうせん》を運用し、高利貸を営んでいた。
❺**官領**　管領畠山満家。
❻**日本開白以来**　小規模のものはこれ以前にもあった。

❼**旧冬の京辺の如く**　正長の徳政一揆をさす。

土民《どみん》、旧冬の京辺の如《ごと》く蜂起《ほうき》⑦す。国中の侍《さむらい》を悉《ことごと》く攻《せ》むるの間、諸庄園代《しょしょうえんだい》⑧、加之《しかのみならず》守護方⑨の軍兵、彼らの為《ため》に或《ある》いは命を失ひ、或は追落《おいおと》さる。一国の騒動希代《きだい》の法なりと云々《うんぬん》。凡《およ》そ土民侍をして国中に在《あ》らしむべからざる所と云々。乱世の至《いたり》なり。仍《よっ》て赤松入道《にゅうどう》⑩発向《はっこう》し了《おわ》んぬ者《てえり》。　『薩戒記《さっかいき》』

辺のように蜂起して国中の侍をことごとく攻撃したので、荘園の現地代官だけでなく、守護方の武士は、命を失ったり、追放されたりした。一国の騒動としては、とてもまれな例だ」という。そもそも、土民たちは「侍たちを国中には居させない」と言っているとのことだ。乱世の極みである。そのため赤松満祐が軍勢を進発させたと。

⑧諸庄園代　荘官の現地代官で地侍層。
⑨守護　播磨守護赤松満祐。
⑩赤松入道　⑨に同じ。

史料注

大乗院日記目録　奈良興福寺大乗院に伝わる記録の中から筆者の大乗院門跡尋尊《もんぜきじんそん》が重要事項を抜き出したもの。一一世紀からの記録があるが、一四二六（応永三三）年以降の社会政治事件や興福寺、春日社について特に詳しく記載される。尋尊は一条兼良の子。

柳生の徳政碑文　奈良市郊外の柳生にある鎌倉時代の地蔵石に刻まれた農民の徳政宣言。一九一四（大正三）年郷土史家の杉田定一により発見。

薩戒記　室町中期の上級貴族中山定親の日記。一四一八（応永二五）～四三（嘉吉三）年までを記録。定親は武家伝奏として公武の折衝に努めた。

探究9
① 徳政とは、どういうことか。
② 土一揆の多発地帯は、どの地域か。また、それはなぜか。

解説　荘園や郷保ごとに年貢や夫役の減免を要求する農民の行動は、南北朝期頃から見られ、荘家《しょうけ》の一揆と呼ばれた。そして**惣**《そう》の結合が進むなかで、畿内を中心としてより広範囲で組織的な武装行動に発展したのが**土一揆**《つちいっき》である。土一揆の多くは、地侍《じざむらい》・**馬借**《ばしゃく》なども参加し、**土倉**《どそう》や**酒屋**など高利貸への債務を破棄する「**徳政**《とくせい》」の実施を目指す徳政一揆の側面も持っていた。そこには、困窮した武士や都市民なども参加していた。

一四二八（正長元）年は激動の年であった。三年前の五代将軍義量《よしかず》の病死後、将軍空位の中で実権を握っていた四代義持が死去、後継者選びが難航し、ようやく義教《よしのり》がクジで六代将軍に決まった。将軍を狙っていた鎌倉公方《くぼう》足利持氏《もちうじ》の不穏な動きが関東であり、伊勢では南朝残党の反乱が起こっていた。また飢饉や疫病の流行もあって、民衆の生活難は深刻であった。

中世では、支配者の代替わりに徳政が行われることがあり、農民らの徳政要求をより切実なものとしていた。

正長の徳政一揆は同年八月、近江の馬借から始まった。馬借は交通業者という性格上、貨幣経済の前面に立ち、機動力もあり、京都や奈良の情報をいち早く得ることができ、しばしば一揆の先駆《さきが》けとなる。徳政一揆は九月に京都の醍醐方面へと拡大し、土倉・酒屋・寺院を襲撃して、質物を奪い返し借用証文を破棄した。さらに山城国から、大和、伊賀、河内など周辺諸国に波及していった。

幕府自体は徳政令を出さなかったが、大和では一揆の攻勢を抑えきれず、大和最大の荘園領主でもあり、事実上の守護職権限を持っていた興福寺が、各郷村の実情に合わせた徳政（在地徳政・私徳政）を実施した。最初の史料『大乗院日記目録』は、「亡国の基」とか「日本開白以来」というセンセーショナルな言葉で正長の徳政一揆を記しており、筆者尋尊《じんそん》が属する興福寺の衝撃の大きさを物語っている。

次の『柳生《やぎゅう》の徳政碑文』は、在地徳政を勝ち取った大和国添上《そえかみ》郡柳生郷の農民が負債破棄を宣言し、地蔵石に刻んで喜びを伝えたものである。

さらに『薩戒記《さっかいき》』によると、翌一四二九（正長二）年一月、播磨《はりま》の土一揆が勃発した。ここで土民が「侍を国中に置かない」と豪語したと記すが、その侍とは守護赤松満祐の家臣であり、この一揆は、国人《こくじん》たちが農民と連携して守護大名の支配を排除したもので、徳政一揆というより、国人一揆の性格が色濃かった。

2 中世　室町

❹ 嘉吉《かきつ》の変 ★★★☆☆

（嘉吉《かきつ》元年❶六月）廿（二十）五日、晴。昨日の儀《ぎ》粗《あらあら》聞く。……猿楽《さるがく》初《はじまり》時分《じぶん》、内方《うちかた》ととめく（轟）（猿楽が始まった頃、屋敷内で騒音が響いた。）。何事そと御尋《おたず》ねあり。雷鳴《らいめい》かなと三条❷申さるるの処《ところ》、御後《おうしろ》（将軍義教の背後）の障子《しょうじ》引あけて、武士数輩《すうはい》出《いで》て則《すなわ》ち公方《くぼう》❸を討《う》ち申す。……細川下野守《しもつけのかみ》❹・大内❺等腰刀《こしがたな》許《ばかり》ニて振舞《ふるま》ふと雖《いえど》も、敵《かたき》を取るに及ばず、手負《てお》いて引き退く。管《かん》領《れい》❻・細川讃州《さんしゅう》❼・一色《いっしき》五郎❽・赤松伊豆《いず》❾等ハ逃走《とうそう》す。其《そ》の外《ほか》の人々は右往左往《うおうさおう》し逃散《ちょうさん》す。御前《ごぜん》に於《おい》て腹切る人なし。赤松❿落ち行き、追懸《おいかけ》て討つ人なし。未練《みれん》謂《い》はん量《ばかり》なし（その未熟で頼りがいのなさは、いいようもない。）。諸大名同心《どうしん》か。其の意を得ざる事なり。所詮《しょせん》、赤松討ちたるべき御企《おんくわだて》露顕《ろけん》の間、遮《さえぎり》て討ち申す（先手を打って討ち果たした）と云々《うんぬん》。自業自得《じごうじとく》、果《はた》して無力の事か（無力なだけであろうか。）。将軍此《かく》の如《ごと》き犬死《いぬじに》、古来《こらい》其の例を聞かざる事なり。

『看聞日記《かんもんにっき》』

要点ナビ 守護赤松満祐、六代将軍足利義教を暗殺。

❶嘉吉元年 一四四一年。
❷三条 三条実雅。
❸公方 六代将軍足利義教。
❹細川下野守 細川持春。
❺大内 大内持世。
❻管領 細川持之。
❼細川讃州 細川持常。
❽一色五郎 一色教親。
❾赤松伊豆 赤松貞村。
❿赤松 赤松満祐。

史料注

看聞日記 後花園天皇の父、伏見宮貞成親王の日記。一四一六（応永二三）年～四八（文安五）年を記録。朝幕関係を中心とした政局の動きのほか、同時代の文化・庶民生活などに記事が及ぶ。「看聞御記《ぎょき》」と呼ばれることが多いが、本来は「看聞日記」である。

解説

六代将軍**足利義教**《よしのり》の時代は、次第に専制政治へと転じてゆく。その背景には、一四二九（永享元）年三月の将軍就任当初から、土一揆《つちいっき》の嵐が吹き荒れ、鎌倉公方《くぼう》足利持氏との対立が続き、少弐《しょうに》・大友氏を中心とした九州の反乱が起こるなどの政情不安があった。鎌倉府との抗争は一四三八～三九年の永享《えいきょう》の乱での持氏の滅亡、その遺児を擁した結城《ゆうき》氏朝の打倒（結城合戦一四四〇～四一年）に発展する。さらに、土岐《とき》持頼、一色義貫、畠山持国らの有力守護大名を殺害し、他の守護大名の家督相続にも強引に介入した。その他、管領《かんれい》の権限を抑制したり、公家や延暦《えんりゃく》寺の僧侶、神官、女性らを大小さまざまな理由で処罰する恐怖政治が続き、史料の伏見宮貞成《さだふさ》親王は別の部分で「万人恐怖、口に出してはいけない」と声をひそめている。一四四一（嘉吉元）年に起きた嘉吉《かきつ》の変の主人公**赤松満祐**《みつすけ》は義教から疎外され、「次は赤松が討たれる」の噂《うわさ》が飛びかうなか、結城合戦勝利の祝宴にこと寄せ、義教を自邸に招いて暗殺した。同席して脱出した管領細川持之らはようやく翌七月になって、本国播磨へ下った赤松満祐の追討軍を組織し、九月**山名持豊**《やまなもちとよ》や細川持常《ほそかわもちつね》らにより乱は鎮圧された。『看聞《かんもん》日記』では「このような将軍の犬死は聞いたこともないが自業自得の結果だ」と酷評している。義教の将軍権力の集中という専制の強化は、皮肉にも将軍の権威の失墜と、幕府内での細川・山名の発言力拡大を招いたのである。

要点ナビ　嘉吉の変後、地侍や土民が代始めの徳政要求。

1 嘉吉元年　一四四一年。
2 江州　近江国（滋賀県）。
3 代始め　新しい将軍の治世の初め。同年六月の嘉吉の変で六代将軍義教が暗殺され、義勝が就任する（正式には翌年一一月）。

史料注
建内記　内大臣万里小路時房《までのこうじときふさ》の日記。その号（建聖院）と内大臣（内府）から「建聖院内府記」というのが正式名称。一四一四（応永二一）年〜五五（康正五）年までを記録するが、欠年も多く現存するのはそのうち一九年分。

5 嘉吉の徳政一揆 ★★★☆☆

1 （嘉吉《かきつ》元年**1**九月三日）近日四辺《しへん》の土民《どみん》蜂起《ほうき》す。土一揆《つちいっき》と号《ごう》し御徳政《おんとくせい》と称《しょう》し、借物《しゃくもつ》を破り、少分《しょうぶん》を以《もっ》て質物《しちもつ》を押《お》し請《う》く（わずかな銭を払って、質入れしている品物を強引に取り返す。）。緈《こと》は江州《ごうしゅう》**2**（京都周辺）より起る。……侍所《さむらいどころ》多勢を以て防戦するも猶承引《なおしょういん》せず（一揆勢は引き下がらなかった。）。土民数万の間防ぎ得ずと云々《うんぬん》。……今土民等、代始《だいはじ》め**3**にこの沙汰《さた》は先例《せんれい》と称すと云々。言語道断《ごんごどうだん》の事なり。『建内記《けんないき》』

解説　嘉吉《かきつ》の変で六代将軍義教《よしのり》を暗殺した**赤松満祐《みつすけ》**を討伐するために、**山名持豊**らの幕府軍が都を離れたすきをついて、一四四一（嘉吉元）年近江の**馬借《ばしゃく》**から**土一揆《つちいっき》**（徳政一揆）が起こった。この結果、近江では在地徳政が行われ、その情報を得た山城国の地侍《じざむらい》や農民が、義教暗殺後の「代始めの徳政」を求めて九月に蜂起《ほうき》した。赤松死後の播磨支配をめざす山名持豊の帰京の遅れや、一揆勢に配下の国人《こくじん》・土豪《どごう》を抱える畠山持国が一揆鎮圧に消極的だったため、情勢は一揆勢有利に推移し、彼らは九月一二日山城一国内の徳政令を獲得したのち、閏《うるう》九月一〇日幕府の徳政令を引き出した。土一揆による徳政令はこれが最初である。しかし山門（延暦寺《えんりゃくじ》）の特に永領地（永久売買地）に徳政を行うことへは反発もあり、幕府は同一八日、この部分への適用を除外した徳政令を発布した。

●おもな一揆

	正長の徳政一揆
1428年	近江坂本《おうみさかもと》の馬借《ばしゃく》が蜂起《ほうき》。畿内の都市民衆や農民に波及。高利貸を襲い、私徳政《しとくせい》を行った
	播磨の土一揆
1429年	矢野荘《やののしょう》国人《こくじん》が中心となり守護大名赤松氏の軍勢の国外退去を要求。赤松満祐《みつすけ》により鎮圧
	嘉吉の徳政一揆
1441年	1441（嘉吉《かきつ》元）年、嘉吉の変直後の幕府に対して、将軍義勝《よしかつ》の「代始めの徳政」を要求して数万人が京都を包囲した。幕府は初めて正式に徳政令を発令した。徳政は代始めや改元《かいげん》に際して要求された
	山城の国一揆
1485〜1493年	家督《かとく》争いのため、南山城に畠山義就《はたけやまよしひろ》（なり）・政長《まさなが》両軍が長期対陣。国人らが一揆を結んで両軍の撤兵を要求。両軍は撤兵。以後南山城を8年間にわたり自治支配
	加賀の一向一揆
1488〜1580年	加賀国では一向宗の勢力が強く、門徒《もんと》である国人や農民が、1488年守護の富樫政親《とがしまさちか》を攻め滅ぼし、以後約100年間一向宗僧侶や国人・農民の合議による自治支配を行った
	法華一揆・天文法華の乱
1532年・1536年	京都の町衆《ちょうしゅう》が日蓮宗《にちれんしゅう》寺院を中心に一揆を結び、一向一揆に対抗し、1532（天文《てんぶん》元）年山科本願寺《やましなほんがんじ》を焼き打ち（法華《ほっけ》一揆）。1536（天文5）年延暦寺《えんりゃくじ》と抗争し、多くの日蓮宗寺院が焼き払われた（天文法華《てんぶんほっけ》の乱）
	長島の一向一揆
1570〜1574年	本願寺《ほんがんじ》の命令で、長島の一向宗信徒が信長に対抗
	石山戦争
1570〜1580年	全国統一をめざす織田信長と対立した本願寺《ほんがんじ》が10年にわたり抗戦したが敗れ、堂舎は焼失した

6 産業・都市の発達

❶ 撰銭令 ★☆☆☆☆

一 商売の輩《ともがら》以下撰銭《えりぜに》の事、明応《めいおう》九・十

近年恣《ほしいまま》に銭を撰《えら》ぶの段《だん》、太《はなは》だ然《しか》るべからず。所詮《しょせん》日本新鋳《しんちゅう》の料足《りょうそく》❶に於《お》ては、堅《かた》くこれを撰《え》るべし。根本《こんぽん》渡唐銭《ととうせん》❷永楽《えいらく》・洪武《こうぶ》・宣徳《せんとく》❸等に至りては、向後《きょうこう》これを取り渡すべし。但《ただ》し自余《じよ》の銭の如《ご》き相交《あいまじ》ふべし。若《も》し違背《いはい》の族《やから》あらば速《すみや》かに厳科《げんか》に処《しょ》せらるべし。

『建武以来追加《けんむいらいついか》』

通釈

一 商売にたずさわる人々が撰銭をすること。明応九(一五〇〇)年一〇月

最近、好き勝手に撰銭をしていることは大変よくないことである。結論として、日本で最近鋳造した粗悪な私鋳銭《しちゅうせん》については厳しく選び捨てよ(通用禁止)。標準的通貨としての輸入銭(例えば永楽・洪武・宣徳銭)などは、今後これを通用させよ。(ただし、それ以外の輸入銭などはそれに混ぜて使用せよ。)もし違反者がいれば厳しい罰に処すべきである。

解説 鎌倉時代から盛んになった貨幣経済は、室町時代には一段と進展する。日本では本朝《ほんちょう》(皇朝《こうちょう》)十二銭以降銭貨の鋳造はなく、宋《そう》銭・元《げん》銭などの輸入銭が一般に使用されたが、**日明貿易**《にちみんぼうえき》により永楽通宝《えいらくつうほう》などの明銭《みんせん》が大量に流入し、国内で広く使用されるようになった。しかし貨幣経済の発展速度に良質の精銭だけでは追いつかず、中国からの私鋳銭《しちゅうせん》や国内で造られた粗悪な貨幣(悪銭)も流通するようになった。そうなれば当然、商工業者は悪銭を排除し精銭を要求するようになり、一方精銭を持つ者は私蔵し、他人に渡さなくなる。また、悪銭との交換比率を市場が決めてしまうこともあった。これらの行為を**撰銭**《えりぜに》と呼ぶが、室町幕府や守護大名は民間の撰銭を禁止し、自ら精銭や悪銭の種類を定めたり、その交換比率や租税(段銭《たんせん》など)での混用率を定めたりした。これが**撰銭令**である。

史料の撰銭令は一五〇〇(明応九)年、室町幕府より出された最初のものである。明の永楽通宝などを精銭とし、それに準ずる渡来銭は混ぜて使用させる一方、日本での私鋳銭を悪銭としている。明から朝貢貿易を許された幕府が自ら発行する代わりに**明銭**を標準的貨幣とし、その他の輸入銭も広く使用させることで、日明貿易の利益を守る意図もあった。その後も、幕府、戦国大名や織田信長から種々の撰銭令が出されたが、貨幣の絶対量の不足のため効果は薄かった。江戸幕府が寛永通宝の大量鋳造を実施するに至って撰銭行為はなくなり、明銭の役割も終わる。

※色文字は重要語

❶**日本新鋳の料足** 渡来銭を真似した粗悪な私鋳銭。

❷**根本渡唐銭** 日本の標準通貨となった中国からの輸入銭。

❸**永楽・洪武・宣徳** いずれも明からの輸入銭。日明貿易の結果、多量の明銭が輸入され、標準通貨の地位を占めた。

史料注

建武以来追加 一五四頁参照。

探究10 撰銭令の出された背景について述べよ。

2 座の発達 ★☆☆☆

要点ナビ 大山崎の油座、本所は石清水八幡宮。

石清水八幡宮大山崎神人《いわしみずはちまんぐうおおやまざきじにん》等、**1** 公事《くじ》 **2** 幷《なら》びに土倉役《どそうやく》の事、免除《めんじょ》せらるる所なり。**3** 将又《はたまた》摂州《せっしゅう》 道祖小路《どうそこうじ》 天王寺《てんのうじ》・木《この》村《むら》・住吉・遠里小野《おりおの》幷びに江州《ごうしゅう》 小秋《こあき》散在《さんざい》土民《どみん》等、恣《ほしいまま》に荏胡麻《えごま》 **4** を売買せしむと云々《うんぬん》。向後《きょうこう》は彼《か》の油器《ゆき》 **5** を破却《はきゃく》すべきの由《よし》、仰《おお》せ下さるる所なり。仍《よ》つて下知件《げちくだん》の如《ごと》し。

応永《おうえい》四年五月廿六日　　沙弥《しゃみ》 **6**（花押）

『離宮八幡宮文書《りきゅうはちまんぐうもんじょ》』

1 大山崎神人 石清水八幡宮の末社、大山崎離宮八幡宮に属する神人。神社を本所とする座の商人たち。
2 公事 室町幕府の課す雑税。
3 土倉役……所なり 土倉役が免除されていることは、彼らが高利貸を行っていたことを示す。
4 荏胡麻 灯油の原料。シソ科の一年草。
5 油器 油をしぼる道具。
6 沙弥 管領斯波義将。

史料注

離宮八幡宮文書 京都府乙訓郡大山崎町にある大山崎離宮八幡宮に所蔵される古文書で、とくに大山崎油座や荏胡麻の油営業に従事した神人に関する史料は有名である。

通釈

石清水八幡宮の大山崎神人たちに対し、公事と土倉役とを免除されるものである。さらに、摂津国の道祖小路・天王寺・木村・住吉・遠里小野や近江国の小秋といった所々の住民たちが、勝手に許しも受けず、荏胡麻を売買しているというが、今後、彼らの油器は破棄されねばならないとの仰せが将軍家から下された。よって、以上の通り命令するところである。

応永四（一三九七）年五月二六日斯波義将

解説

座《ざ》とは、中世に商工業者や交通業者などが天皇家や寺社など本所として特権を得た同業者組織である。

そもそも平安時代末に、公家や大寺社に労役を奉仕する供御人、寺社の雑役をする神人、天皇の行事や祭礼に際して駕籠《かご》をかつぐ駕輿丁《かよちょう》らが労役の代償として商品生産や販売を特権として認められたことが起源である。やがて都市部の商人や職人が課役を逃れるために寺社や公家に身を寄せることで、商工業者の座が結成された。鎌倉中期以降には建築業者、小売商人、手工業者をはじめ能楽《のうがく》・田楽《でんがく》・琵琶法師《びわほうし》など芸能の座も結成された。中心となる商工業者の座としては、早い段階に油座と麴座があらわれて地方に普及し、紺座・魚座がこれに続いた。

座の密集地域は、商品経済の発達していた山城、大和、摂津、近江といった畿内近国で、室町時代には、興福寺に所属する大乗院と一乗院であわせて一二〇を超える座を抱えていたことが確認された。座の構成員は座衆と呼ばれ、史料の石清水八幡宮を本所とする大山崎油座では、六〇人あまりがいた。

座の特権とは①商品仕入れや販売に関する独占権、②座衆が営業税や市場税、関銭などを免除されたことである。史料では、幕府の公事と土倉役が免除されていることと、摂津・近江に農民層が灯油の原料の荏胡麻を販売していることを理由に、農民の油器を破却する許可を幕府から得ていることがしるされ、大山崎神人は油座の独占的特権を維持しようとしたことがわかる。

探究11

① 座の組織を説明せよ。
② 座が発達した社会的背景を考えよ。

●中世の有名な座と本所

国名	場所	座名	本所
大和	奈良	油座	興福寺大乗院・春日神社
		塩座	興福寺大乗院・同一乗院
		素麺座	興福寺大乗院・春日神社
		漆座	興福寺大乗院・同一乗院
		葺工座	興福寺大乗院・同一乗院
山城	京都	駕輿丁諸座	左右近衛・左右兵衛（壬生・中原）
		薬商売座	施薬院
		綿座	祇園社
		材木座	祇園社
		酒麹座	北野社
	大山崎	油座	石清水八幡宮（離宮八幡宮に所属）
	男山	麹座・米座	石清水八幡宮
	木津	材木座	興福寺一乗院
摂津	天王寺	青苧座	三条西家
	今宮	魚座	祇園社・内蔵寮
和泉	貝塚	麹座	貝塚本願寺
近江	粟津	魚座	山科家等
	枝村	紙座	宝慈院
	保内	紙座・塩座	延暦寺（村落座）
美濃	大矢田	紙座	三条西家

③ 農業生産力の発達　★★☆☆☆

要点ナビ　朝鮮使節宋希璟《そうきけい》が、日本の三毛作を記録する。

1 （応永《おうえい》二十七年）❶六月　阿麻沙只《あまがさき》❷に宿して日本を詠《よ》む

日本の農家は、秋に畓《た》❸を耕して大小麦を種《ま》き、明年初夏に大小麦を刈《か》りて苗種《びょうしゅ》❹を種き、秋初《しゅうしょ》に稲を刈りて木麦《そば》を種き、冬初に木麦を刈りて大小麦を種く。一畓に一年三たび種く。乃《すなわ》ち川塞《ふさ》がれば（川の流れをせきとめ灌漑すれば）則《すなわ》ち畓と為《な》し、川決すれば（川のせきをきって田の水を流せば）則ち田❺となす。

『老松堂日本行録《ろうしょうどうにほんこうろく》』

❶**応永二十七年**　一四二〇年。
❷**阿麻沙只**　現兵庫県尼崎市。
❸**畓**　水田。
❹**苗種**　稲の種もみ。
❺**田**　陸田（乾田）。

史料注
老松堂日本行録　一四一九（応永二十六）年の応永の外寇の真相究明のために幕府

解説　朝鮮使節宋希璟《そうきけい》が摂津国尼崎付近の農業を観察し、灌漑《かんがい》排水施設のもとに稲、大小麦とそばの**三毛作**《さんもうさく》が行われている様子を記している。実際は三毛作か、稲の生長とともにそばがその間に播《ま》かれた三種二毛作か判明していないが、いずれにしても室町時代の農業生産力の向上を物語る。灌水のためには、龍骨車《りゅうこつしゃ》、投げつるべなどの道具が用いられた。また二毛作は一五世紀には関東にも畠二毛作が広まったが、その普及率は畿内でも二〇～三〇％と推定されている。稲作の発達は大唐米と呼ばれるインディカ種の赤い米が中国から輸入されたことにもよる。この品種は虫害や旱害《ひでり》に強く、多収穫なうえ、早稲《わせ》で炊き増《ぶ》えがするなどの利点を持ち、一五世紀には西日本に広まっていった。

4 自由都市堺 ★★★★☆

堺《さかい》[1]の町は甚《はなは》だ広大にして、大なる商人多数あり。此《こ》の町はベニス[2]市の如《ごと》く執政官《しっせいかん》[3]に依《よ》りて治めらる。

〔一五六一年ガスパル=ヴィレラ[4]書簡『耶蘇会士日本通信《やそかいしにほんつうしん》』〕

日本全国、当堺の町より安全なる所なく、他の諸国において動乱あるも、此の町にはかつてなく、敗者も勝者も、此の町に来住《らいじゅう》すれば皆平和に生活し、諸人相和《あいわ》し、他人に害を加ふる者なし。市街においてはかつて紛擾《ふんじょう》（もめ事が起こった）おこることなく、敵味方の差別なく、皆大なる愛情と礼儀をもつて応対せり。市街には悉《ことごと》く門ありて番人を付し、紛擾あれば、直《ただ》ちにこれを閉《と》づることも一つの理由なるべし（平和であることの一つの理由だろう）。紛擾をおこす時は、犯人其《そ》の他悉く捕《とら》へて処罰す。然《しか》れども互ひに敵視する者町壁外《ちょうへきがい》に出《い》づれば、仮令一投石《たとえいっとうせき》の距離をこえざるも、遭遇《そうぐう》するときは互ひに殺傷《さっしょう》せんとす。町は甚だ堅固《けんご》にして、西方は海[5]を以《もっ》て、又他の側は深き堀《ほり》[6]を以てかこまれ、常に水充満《じゅうまん》せり。

〔一五六二年同『耶蘇会士日本通信《やそかいしにほんつうしん》』〕

解説　堺《さかい》は一六世紀の自由都市の代表的存在とされる大阪湾口最大の経済都市である。堺は鎌倉時代から港町として発展し、室町時代には細川、山名、大内など有力守護のもと交通の要衝として兵庫港と肩を並べるほどに重要性を増

が朝鮮へ送った使節に対し、朝鮮が大蔵経（仏教の経典）とともに回礼使として派遣した宋希璟の記録で、一四二〇（応永二七）年閏正月ソウル出発から一〇月帰国という京都までの往復の見聞と行動を記す。

1 堺　現大阪府堺市。
2 ベニス　イタリアの都市。
3 執政官　堺で合議制により市政を担当した会合《えごう》衆（解説参照）。
4 ガスパル=ヴィレラ　ポルトガルのイエズス会宣教師。一五五六（弘治二）年来日。六二～六七年の間、堺を拠点として伝道。
5 海　現大阪湾。
6 堀　環濠《かんごう》。

史料注
耶蘇会士日本通信　一六世紀後半、日本で布教していた耶蘇（イエズス）会宣教

師が、インドやヨーロッパの会員に送った書簡集の一部。

探究12
① 堺が発展した理由は何か。
② 堺の市政は、どのように行われたか。

した。そして一五世紀半ばから**日明《にちみん》貿易**、一六世紀には**南蛮《なんばん》貿易**の中心地として堺商人が実権を握り富力を蓄えていった。堺はもともと摂津国堺北荘と和泉国堺南荘に属し、まったく別の行政支配を受けていたが、室町初期に荘域を越えて住民が結集し自治的体制が作られ地下請《じげうけ》を実現していた。しかし、**応仁の乱**から引き続く畠山の内紛や、細川家臣の三好長慶、その家臣松永久秀の下剋上《げこくじょう》による戦乱から自衛しようと、その経済力を背景に自治的体制を整えていった。ヨーロッパから伝来した鉄砲を生産し、町を城壁で囲み兵を雇って武装化し、周辺の大名と外交交渉をして、常に堺を戦火の外におく努力をした。自治的統制の中心にいたのが、三六人の会合《かいごう（えごう）》衆と呼ばれる豪商である。ヨーロッパ中世の自由都市を知るキリスト教宣教師は、それをベニスの執政官にたとえ、堺を治外法権的存在だとその自治的組織を高く評価するが、豪商ら有力町衆は一握りで多くの貧困な住民はその下におり、堺を構成する町にも上下秩序が存在し、中世の自由都市としての限界も見落せない。しかも、この都市の自立の歴史はきわめて短く、織田信長の入京に際し屈服させられてその直轄地となり、「自由都市」は消滅する。

Spot

琉球《りゅうきゅう》王国の貿易

按司《あじ》と呼ばれる有力な在地首長を中心に、城《グスク》という城《じょう》塞《さい》を本拠に沖縄で対立抗争が繰り広げられたのは一二〜一四世紀で、「グスク時代」と称されている。そして、有力な按司のもと、沖縄本島には北から山北《さんほく》（北山《ほくざん》）・中山《ちゅうざん》・山南《さんなん》（南山《なんざん》）の三つの小国家が並び立ち、各々が明に入貢する時代を経て、一四二九年中山の尚巴志《しょうはし》により三山が統一され、さらに奄美・宮古・八重山諸島なども合わせ琉球王国が成立した。

尚氏による統一王国の樹立は、それまで各首長が持っていた明との外交・貿易権を唯一独占するものであったが、明との外交・貿易関係とは、明の冊封《さくほう》体制の一員となり、明に進貢《しんこう》船を出し朝貢貿易を行うことであり、国産品の乏しい琉球は進貢貿易を積極的に利用した。明への進貢回数は琉球が一七一回で二位の安南（ベトナム）の八九回に大差をつけている。ちなみに日本（勘合貿易）は一九回（一三位）である。琉球は進貢貿易を軸に、日本、朝鮮やシャム（タイ）、マラッカを初めとする東南アジアとの貿易にも積極的に乗り出し、中継貿易を行った。尚氏の首府首里の外港である那覇の港は、諸国の船舶と物産で大変なにぎわいであったという。こうして琉球王国は東アジアから東南アジアにわたる通商圏の主人公であり、平和な貿易立国として存在していた。

7 室町時代の対外関係

要点ナビ 三代将軍足利義満から明の皇帝・恵帝へ。

① 義満の対明国書 ★★★★★

日本准三后《じゅんさんごう》1 某《それがし》書を大明《だいみん》皇帝陛下《へいか》2に上《たてまつ》る。日本国開闢《かいびゃく》以来、聘問《へいもん》を上邦《じょうほう》3に通ぜざることなし。某、幸《さいわい》に国鈞《こくきん》を秉《と》り、海内虞《かいだいおそれ》なし。特に往古《おうこ》の規法に遵《したが》ひ、肥富《こいづみ》4をして祖阿《そあ》5に相副《あいそ》へ、好《よしみ》を通じて方物《ほうぶつ》6を献《けん》ぜしむ。金千両、馬十匹、薄様《うすよう》7千帖《じょう》、扇《おおぎ》百本、屏風《びょうぶ》三双《ぞう》、鎧《よろい》一領、筒丸《どうまる》8一領、劒《けん》十腰《よう》、刀一柄《ぺい》、硯筥《すずりばこ》一合、同文台《ふだい》一箇《こ》。海島に漂寄《ひょうき》の者9幾許人《いくばくにん》を捜尋《そうじん》し、之《これ》を還《かえ》す。某誠惶誠恐《せいこうせいきょう》、頓首《とんしゅ》々々謹言《きんげん》。

『善隣国宝記《ぜんりんこくほうき》』

通釈

日本国の准三后である私（足利義満）が、国書を大明国の皇帝陛下に差し上げます。日本は国が始まって以後、あいさつの使いを貴国に送らないことはございませんでした。私は幸いにも国政をつかさどり、国内の平和を保っております。特に昔からの方式に従って、肥富を祖阿に同行させ、日本の土産物を献上させます。それは、金一〇〇〇両、馬一〇匹、薄い鳥の子紙一〇〇〇帖、扇一〇〇本、屏風三双、鎧一領、胴丸一領、剣一〇腰、刀一柄、硯箱一合、文机一箇です。また、日本に漂着した人を何人かさがし出したので、送還します。恐れ謹み、敬意を表して申し上げます。

※色文字は重要語

1 准三后　皇后・皇太后・太《たい》皇太后《こうたいごう》に準ずる位。足利義満。
2 大明皇帝陛下　明の第二代皇帝の恵帝。
3 上邦　明に対する敬称。
4 肥富　副使の博多商人。
5 祖阿　正使の禅僧。
6 方物　その地方に産する物。
7 薄様　ごく薄くすいた鳥の子紙（優良紙の名称）。
8 筒丸　胴にあてる丸い鎧。
9 漂寄の者　倭寇が中国沿岸から奪い連れて来た者。

② 明の国書 ★★☆☆☆

……朕《ちん》1大位を嗣《つ》ぎてより、四夷《しい》2の君長朝献《くんちょうちょうけん》する者、十百をもって計《かぞ》ふ《とても多い。》。苟《いやし》くも大義に戻るに非《あら》ざれば《大義に従っていれば、》、みな礼をもってこれを撫柔《ぶじゅう》するを思ふ《受け入れいつくしむ》。茲爾《ここになんじ》日本国王源道義《みなもとのどうぎ》、3心王室に存《そん》し《（明の）王室に思いを寄せ》、君を愛するの誠を懐《いだ》き、波濤《はとう》を踰越《ゆえつ》し《荒波の海を越えて、》、使を遣《つかわ》して来朝し、逋流《ほりゅう》の人《漂流民》を帰し、……朕甚《はなは》だ嘉《よみ》す《ほめたたえる。》。……今使者道彝《どうい》・一如《いちにょ》を遣《つかわ》し、大統暦《だいとうれき》4を班示《はんじ》し、正朔《せいさく》を奉ぜしめ《宗属国として認め、》、錦綺《きんき》5二十匹を賜《たま》ふ。至らば領《りょう》すべし《到着したら受け取れ。》。

建文《けんぶん》四年（一四〇二）二月初六日

『善隣国宝記《ぜんりんこくほうき》』

1 朕　明の恵帝の自称。
2 四夷　中国の中華思想に基づく周囲の野蛮人。東夷・西戎・南蛮・北狄。
3 源道義　足利義満。道義は義満の号。
4 大統暦　明の暦。
5 錦綺　錦と綾絹。

史料注

善隣国宝記　京都相国寺《しょうこくじ》の僧、瑞渓周鳳《ずいけいしゅうほう》の著作。古代より一四六六（文正元）年頃までの日本と中国・朝鮮との関係、書状などを年次を追って記したもの。そのなかで義満の対明外交を批判する。一四七〇（文明二）年成立。

探究13　勘合貿易の推移をまとめよ。

解説　一四〇一（応永八）年、**足利義満**《あしかがよしみつ》は僧祖阿《そあ》、商人肥《こい》富《づみ》を明に派遣して貿易開始を交渉し、一四〇四年明から**勘合**《かんごう》が交付されて正式貿易が開かれた。明の恵帝による**倭**《わ》**寇**《こう》禁圧要求に応じたのである。

日明貿易は、勘合貿易とも呼ばれる。勘合は「日本」の二字を分けて日字号勘合と本字号勘合とし、日本から行く貿易船は本字勘合に幕府の勘合印を押したものを持って行き、明ではそれを備えつけてある本字底簿と付き合わせて、合えば公認の貿易船として貿易を許した。日字勘合は明船が日本へくる時に持参することになっていた（実例は確認されていない）。

当時、明は諸外国の貿易船を属国からの進貢船《しんこうせん》と見なし、**朝貢貿易**《ちょうこうぼうえき》しか許していなかった。貿易上の取引は外交上の贈答の形式をとり、使節団の滞在費・運送費・帰国費を負担し、かつ多くの頒賜《はんし》物をあたえたため、朝貢国にとって利益は莫大であった。義満は明の正朔《せいさく》を奉じ（明の皇帝から大統暦を授与され、属国の礼をとること）、明からは「日本国王源道義」と呼ばれ、自らは「日本国臣源」と署名し朝貢した。義満にとって、貿易の利益に加えて朝廷の外交権を奪うことに大きな意味を持っていた。また、貨幣経済の進展に対応するため、銅銭獲得を大きな目的としたが、これは幕府による一種の貨幣発行権の独占であり、政治権力を高める働きを持っていた。四代将軍足利義持《よしもち》は朝貢形式を国辱《こくじょく》であるとして貿易を中止したが、一四三二年六代将軍足利義教《よしのり》は再び実利主義をとり貿易を再開した。

勘合貿易の初めの頃は、幕府・寺社・大名が商人の資力を利用しながら貿易船を経営したが、義教の時代頃から政治力の減退とともに自ら貿易船を調達できなくなり、大商人から抽分《ちゅうぶん》銭《せん》をとって請け負わせるようになった。抽分銭は商品売却総額の一〇％で、幕府や大名・寺社の重要な財源となった。一四六八年以後、貿易船の経営は幕府の手から離れ、堺商人と結んだ細川氏と博多商人と結んだ大内氏との間で主導権が争われ、応仁の乱で両氏が敵対したこともあり、一五二三年には両氏の貿易船が寧波《ニンポー》で衝突した。すなわち、寧波に遅れて到着した細川氏の船が明の高官に贈賄《ぞうわい》して先に取り引きを開始したため、大内氏は細川氏の船を焼き、沿岸を荒し、明の指揮官を捕えてのがれた。この寧波の乱の結果、大内氏が明との貿易を独占した。

主要な輸出品は、銅・硫黄・金・刀剣・扇・漆器などであり、輸入品は銅銭を主とし、のちには生糸・綿糸・絹織物・陶磁器などが多くなった。なお、貿易港としては、明では寧波、日本では博多と堺が栄えた。

Spot

倭寇《わこう》

倭寇とは、鎌倉末期から室町時代に朝鮮半島や中国沿岸を荒らした日本の海賊行為を、中国や朝鮮で呼んだ言葉である。それは一四〜一五世紀の前期倭寇と、一六世紀の後期倭寇に分けられる。

前期倭寇は、対馬《つしま》・壱岐《いき》・肥前松浦《まつら》地方や瀬戸内に根拠地を持ち、朝鮮半島から山東半島を中心に進出して私貿易を行っていた武装船団が、時に海賊化したものが多い。高《こう》麗《らい》は倭寇によってその滅亡を早めたといわれる。そして、明からの室町幕府への禁圧要求が、勘合貿易の開始にもつながるのである。

一方、勘合貿易の断絶後の一六世紀には、利益を失った西国武士らの海賊化があった。また明の「海禁《かいきん》」政策により、明国内にも多数の密貿易者がおり、略奪行為も行われていた。これらを後期倭寇と呼び、活動範囲も中国中南部沿岸へ移るが、日本人の割合は多くなかった。

8 室町文化

1 蓮如の布教

★☆☆☆☆

要点ナビ
親鸞の教えを平易に説明。教団拡大に役割。

夫《それ》、人間の浮生《ふしょう》❶なる相《そう》❷をつら〳〵観《かん》ずるに、おほよそはかなきものは、この世の始中終《しちゅうじゅう》❸まぼろしのごとくなる一期《いちご》❹なり。されば、いまだ万歳《まんざい》の人身《にんじん》をうけたりといふ事をきかず。一生すぎやすし。いまにいたりて、たれか百年の形体《ぎょうたい》❺をたもつべきや。我やさき、人やさき、けふともしらず、あすともしらず、をくれさきだつ人は、もとのしづく、すゑの露《つゆ》❻よりもしげしといへり。されば、朝には紅顔《こうがん》ありて、夕《ゆうべ》には白骨《はっこつ》となれる身なり。すでに無常の風❼きたりぬれば、すなはちふたつのまなこたちまちにとぢ、ひとつのいきながくたえぬれば、紅顔むなしく変じて、桃李《とうり》のよそほひをうしなひぬるときは、六《ろく》親眷属《しんけんぞく》❽あつまりて、なげきかなしめども、更《さら》にその甲斐《かい》あるべからず。さてしもあるべき事ならねばとて、野外におくりて、夜半《よわ》のけぶりとなしはてぬれば、たゞ白骨のみぞのこれり。あはれといふも中《なか》〳〵をろかなり。されば、人間のはかなき事は、老少不定《ろうしょうふじょう》のさかひなれば、

※色文字は重要語

❶**浮生** はかない人生。
❷**相** 姿。かたち。
❸**始中終** すべて。
❹**一期** 一生。
❺**形体** 人間の体。
❻**もとのしづく、すゑの露** 葉の先の露も、もとの方のしずくも、早かれ遅かれいずれは消えていくこと。人の寿命についてのたとえで使用される。
❼**無常の風** 風が花を散らすように無常が人の命を奪う。
❽**六親眷属** 一切の親族。

通釈

人間のはかない一生の様子をよくよく観察すると、何がはかないといって、この世のすべてのものが幻のように思われる人間の一生ほどはかないものはない。だから万年もの寿命を持った人間が生まれたということは聞いたことがない。一生はたちまち過ぎてゆく。この今の時代に誰が百年も生きられよう。自分が先に死ぬかあるいは人が先なのか、今日死ぬのか明日なのかもわからない。生き残る人と先に死んでいく人のようすは、たとえにいう、「本のしずく、末の露」よりもせわしいといえる。だから、朝には血色のよい紅顔の若者が、夕には死んで白骨となるのである。無常の風が吹いてくれば、すぐに両目を閉じ、息も絶えてしまうので、紅顔もむなしく変わり、桃や李《すもも》の花のような美しい姿もなくなってしまった時にはもう、すべての親族が嘆き悲しんだところでどうしようもない。そこで、そうもしていられないことと野辺の送りをし、夜の（荼毘《だび》の）煙と変わってしまえば、ただ白骨だけが残るのである。これをあわれだといってみてもはじまらない。だから人間の命ははかなく、老人であろうが少年であろうが必ず死ぬ境遇にあるので、誰もが早く来世の極楽往生を心にかけ阿弥陀仏にすがって、念仏を唱えるべきである。あなかしこ　あなかしこ

たれの人もはやく後生《ごしょう》[9]の一大事を心にかけて、阿弥陀《あみだ》仏《ぶつ》をふかくたのみまいらせて、念仏《ねんぶつ》まうすべきものなり。あなかしこ〳〵。『御文《おふみ》』

解説　一四五七（長禄《ちょうろく》元）年四三歳で、浄土真宗本山本願寺第八世門主《す》となった**蓮如**《れんにょ》は、親鸞《しんらん》の教えを戦国乱世に即して農民らに伝え、布教をすすめた。その際、阿弥陀仏の救いを信じれば、誰でも極楽往生できるという教義を平易に説明した「**御文**《おふみ》」という文章が大きな役割を果たした。その結果、京都・近江一帯という比叡山《ひえいざん》延暦《えんりゃく》寺の膝元で、同領荘園に属する農民が本願寺門徒として組織化されていったため、延暦寺の圧迫を激しく受け、一四七一（文明三）年越前国吉崎に移った。吉崎進出にあたっては、支配者の朝倉氏と領主の興福寺大乗院の援助を得て道場を建設し、北陸門徒組織化の拠点とした。本願寺教団の発展は、郷《ごう》村ごとの講に結集した中小名主らの農民の団結を基盤としており、在地の地侍などが加わって一向一揆という農民闘争にまで高まってゆく。しかし、蓮如自身は既成の体制のなかで、他宗派との協調をはかりながら教団の発展をめざしたから、むしろ一向一揆に対しては常にブレーキ的役割を果たしていた。その後加賀の一向一揆の前段階で、門徒と加賀国半国の守護富樫幸千代との衝突を契機に、一四七五（文明七）年蓮如は吉崎から畿内に移り、山科・石山本願寺で布教を続けた。

[9] **後生**　死後の世界のこと。

史料注

御文　蓮如が諸国の門徒に対して平易な文章の手紙を送り、正しい信心や門徒の心得を教えたもの。講の中で繰り返し読まれ、大切に保存された。編纂は蓮如の五男実如《じつにょ》の発案で、その子円如《えんにょ》が中心となって行ったとみられる。

探究14　一向一揆に対する蓮如の態度を述べよ。

❷ 連歌　★☆☆☆

それ連歌《れんが》はやまとうた[1]の一体（一つの形態として）として、そのかみよりつたはりて人の世にさかりなり（今、盛んになっている。）。……しかはあれど代々をかさねてことにあつめえらばれたる事は其跡《そのあと》なかりしを（（連歌だけを）集めて選集を作るという例はなかったが、）、なにがしのおとゞ[2]外《そと》にはまつり事をたすくる（助）[3]契《ちぎり》をわすれず、うちには道[4]をもてあそぶ心ざしのあさから（浅）ざりしゆえにひろくまなび、とほく（遠）もとめて、いにしへ今の連歌《れんが》をあつめて菟玖波集《つくばしゅう》となづけしめ、おほやけごとになずらふる（勅撰集と同等に扱うという勅（天皇の命令））みことのりを下されしより、此《この》みちいよいよひろまりてさかり（盛）にとゝ（整）のほりける。

雪ながら山本かすむ夕べかな[5]　宗祇《そうぎ》[6]

『新撰菟玖波集《しんせんつくばしゅう》』

[1] **やまとうた**　和歌。

[2] **なにがしのおとゞ**　ある大臣。二条良基のこと。

[3] **まつり事をたすくる**　二条良基は摂政・関白をつとめた。

[4] **道**　歌の道。

[5] **雪ながら……**　『新古今和歌集』後鳥羽上皇の「見渡せば山もと霞む水無瀬川、夕べは秋と何思ひけん」が

行く水とをく梅にほふさと❼　肖柏《しょうはく》❽
川風に一むら柳春見えて❾　宗長《そうちょう》❿
舟さす音もしるきあけがた⓫　祇
月や猶《なお》霧わたる夜に残るらん⓬　柏
霜をく野はら秋は暮れけり⓭　長
なく虫の心ともなく草枯れて⓮　祇
……
『水無瀬《みなせ》三吟百韻《さんぎんひゃくいん》』

解説 平安時代末から歌の世界で、五・七・五の長句と七・七の短句を、複数の人々によって即興的につなぎ合わせる**連歌**が始まり、やがて中世を代表する詩文として、『新古今《こきん》和歌集』以後低迷する和歌を凌《しの》いでいった。その主流は長句と短句を鎖のように長く連ねる長連歌（鎖《くさり》連歌）であり、集団（座）で楽しめることから社交の手段ともなり興隆した。南北朝期に連歌の地位を確立したのが二条良基《よしもと》である。彼は「応安新式」によって連歌の作法を定め、准《じゅん》勅撰連歌集『菟玖《つく》波《ば》集』を編纂するなどの業績を残した。室町時代後半に二条良基を受け継ぎ連歌を大成したのが飯尾宗祇《そうぎ》である。宗祇は地方を巡って連歌の普及につとめる一方、第二の准勅撰連歌集『**新撰菟玖波集**』を編纂した。連歌（長連歌）は、長句と短句を種々の作法で交互に連鎖させていく百韻の方式がよくとられたが、ちなみにこの史料の『水無瀬《みなせ》三吟百韻《さんぎんひゃくいん》』はその代表作である。ちなみにこの最後の句を挙句《あげく》といい、慣用句ともなっている。

しかし連歌が大衆化するにつれ、規則づくめに固定化した連歌より、発生期の滑稽《こっけい》性を取り戻した俳諧《はいかい》連歌に人気が移り、戦国時代末期、山崎宗鑑《そうかん》により『犬筑波集』が成立した。これが近世の談林《だんりん》派の俳諧に影響を与える。

本題。
❻宗祇　飯尾宗祇。『新撰菟玖波集』の編者。
❼行く水……　雪から雪解け水を連想。雪と梅も関連。
❽肖柏　牡丹《ぼたん》花《か》肖柏。
❾川風に……　梅と柳が関連。
❿宗長　柴屋軒《さいおくけん》宗長。
⓫舟さす……　川と舟が関連。季節は春から秋へ。
⓬月や猶……　前句の聴覚的な秋から視覚にも訴える。
⓭霜をく……　霧を受けて霜。
⓮なく虫……　前句の霜と「草かれ」を関連。

史料注
新撰菟玖波集　飯尾宗祇らが編纂した連歌集。一四九五（明応四）年成立。作者は天皇、庶民を含む二五五人。
水無瀬三吟百韻　宗祇・肖柏・宗長による連歌百韻。摂津国水無瀬神宮の後鳥羽院御影堂に奉納されたもの。一四八八（長享二）年成立。

探究15 連歌の歴史を簡潔に述べよ。

3 能楽論 ★★☆☆☆

要点ナビ　世阿弥の能楽論。「花」の理論。

(1)風姿花伝

(秘義《ひぎ》に)云《いわく》、抑《そもそも》、芸能とは、諸人《しょにん》の心を和《やわ》らげて、上下の感をなさむ事、寿福増長《じゅふくぞうちょう》の基《もとい》、遐齢延年《かれいえんねん》❶の方なるべし。極《きわ》め〳〵ては、諸道悉《ことごと》く寿福延長ならんとなり。殊更《ことさら》この芸、位を極めて、家名❷を残す事、是《これ》、天下の許されなり。是、寿福増長なり。

……この芸とは、衆人愛敬《しゅにんあいぎょう》❸を以《もっ》て、一座建立《こんりゅう》の寿福とせり。故《ゆえ》に、あまり及ばぬ風体《ふうてい》❹のみなれば、又諸人の褒美《ほうび》欠《か》けたり。此《こ》のために、能に初心を忘れずして、時に応じ、所によりて、愚《おろ》かなる眼《め》にもげにもと思ふやうに能をせん事、これ寿福也《なり》。『風姿花伝《ふうしかでん》』

(2)花鏡

幽玄《ゆうげん》❺の風体《ふうてい》の事、諸道・諸事において、幽玄なるを以《もっ》て上果《しょうか》❻とせり。ことさら、当芸❼において、幽玄の風体第一とせり。……

抑《そもそも》、幽玄の堺《さかい》❽と者《は》、まことにはいかなる所にてあるべきにやらん。先《まず》、世《せ》上《じょう》の有様《ありさま》を以て、人の品々❾を

❶**遐齢延年**　長寿。
❷**家名**　よい評判。
❸**衆人愛敬**　大衆に愛されること。
❹**風体**　芸風。
❺**幽玄**　優雅で、柔らかく整っていて美しいこと。和歌の世界では最高の美的観念として確立されていた。
❻**上果**　理想的な境地。
❼**当芸**　能楽。
❽**堺**　境地。
❾**品々**　身分、品格。

通釈

(秘伝の中に)いわれていることには、そもそも芸能とは、多くの人心を和らげ、上下貴賤《きせん》の別なく感動を与えることで、(観客の)幸福を増し、長寿の方法を知ることにある。きわめ尽くせば、どのような芸能においても、ことごとく幸福を増すことになる。特にこの能楽では、最高の芸位を極めて家名を後世に残すことは、天下の人々に名人と認められることであり、(芸人も)幸福を増すことになる。

……この芸能は、広く大衆に愛されることが、一座繁栄のためのしあわせ事である。だからあまり大衆に理解しにくい芸能ばかり見せると、みんなほめたたえはしない。このため、能では初心を忘れることなく、時に応じ所に応じて、能を知らない大衆の眼にもなるほど面白いものだと感じさせるような能を演ずることが、しあわせ事である。

幽玄の芸風のことであるが、あらゆる芸能において幽玄であることを理想の境地としている。とりわけこの能楽においては幽玄の芸風を第一としている。……

では幽玄の境地とは本当はどのようなものであろうか。まず世間一般の有様を例として、人の身分や品格を考えてみると、公家の立ち居《い》振る舞いが上品で、人々から群を抜いた尊敬を集めている様子は幽玄の品格と

見るに、公家の、御《おん》たゝずまひの位高く、人望余《じんぼうよ》に変れる御有様、是《これ》、幽玄なる位と申すべきやらん。しからば、たゞ美しく柔和《にゅうわ》なる体《てい》、幽玄の本体なり。……言葉の幽玄ならんためには歌道《かどう》を習ひ、姿の幽玄ならんためには、尋常《じんじょう》なるしたて**10**の風体を習ひ、一切《いっさい》、ことごとく、物まね**11**は変るとも、美しく見ゆる一《ひと》かゝり**12**をもつこと、幽玄の種《たね》と知るべし。

『花鏡《かきょう》』

いうべきであろう。とすれば、ただ美しく物柔らかな風情が幽玄の本質である。……言葉を幽玄とするには和歌の道を習い、姿が幽玄であるためには品のよいふん装の仕方を学び、あらゆることにおいて演ずる種目は変わっても、どこかに美しい姿が見える手がかりを持つことが、幽玄の根本である。

10したて　装束。身ごしらえ。
11物まね　しぐさ。
12一かゝり　一つの手がかり。

史料注

風姿花伝　通称『花伝書』とも呼ばれ、世阿弥が父観阿弥の遺訓を自分自身の体験や意見で整理した能楽の理論書で、能役者の修行・演出上の注意、能の歴史などが述べられている。一四〇〇（応永七）年～一〇年代に完成。
花鏡　世阿弥が嫡男元雅《ちゃくなんもとまさ》に与えた能楽の秘伝書。一四二四（応永三一）年成立。

解説

鎌倉末から室町時代の前期にかけて、田植えの神事から発展した田楽《でんがく》が全盛期を迎えていたが、一方、奈良時代に唐から伝わった散楽《さんがく》は、平安時代の猿楽《さるがく》を経て鎌倉時代までに、対話形式の劇的要素が加味されて**猿楽能**として成立していた。猿楽能は寺社を本所とする座によって興業されたが、南北朝時代には、結崎《ゆうざき》・円満井《えんまい》・坂戸《さかど》・外山《とび》（のち観世《かんぜ》・金春《こんぱる》・宝生《ほうしょう》・金剛《こんごう》）の大和《やまと》猿楽の四座《しざ》と、近江猿楽三座が活躍した。このうち、大和の結崎座から**観阿弥《かんあみ》**が出て、物まね本位の芸に田楽や曲舞《くせまい》など諸芸を取り入れ、優美な能へと発展させた。その子**世阿弥《ぜあみ》**はさらに優雅に洗練させて能を大成し、現在の能の基礎を作った。今日演ぜられる二四〇番のうち約半数が世阿弥の作とされる。観阿弥・世阿弥父子は将軍義満の後援を受けて猿楽の地位を確固たるものとし、寺社の手よりも武士階級の保護により発展することとなった。世阿弥は能楽論の著作にもつとめ、史料の『風姿花伝《ふうしかでん》』と『花鏡《かきょう》』では、「衆人愛敬《しゅにんあいぎょう》」をめざすことや「幽玄」を尊重することを主張していることが読みとれる。題名にもつけられているように、世阿弥の能楽論の中核は「花」の理論である。「花」とは観客の感動を呼び起こした状態をいう。

提供：観世宗家

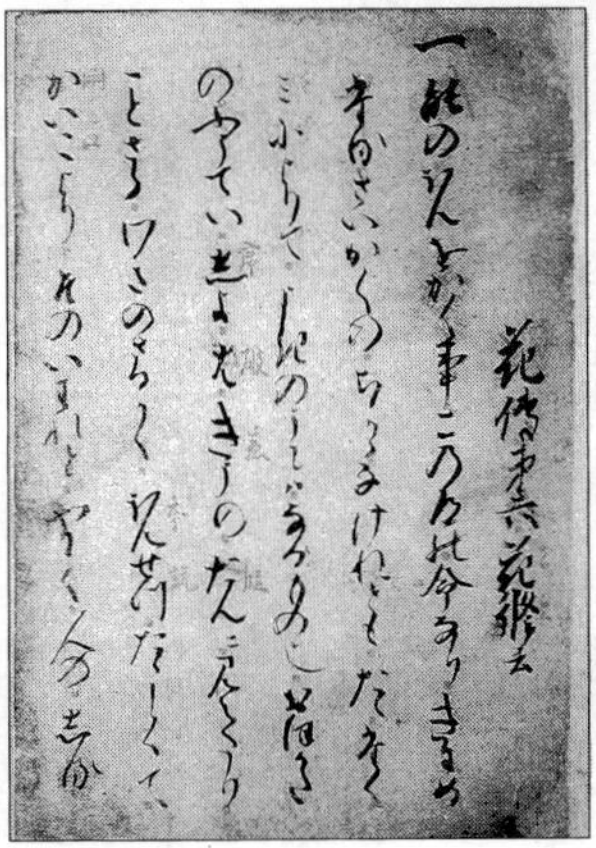

⬆風姿花伝（花伝書）

9 戦国大名

要点ナビ
戦国大名が領国支配のために制定。さまざまな起源を持つ。

※色文字は重要語
1 当家塁館　朝倉氏の居城。
2 大身の輩　有力な家臣。
3 一乗の谷　朝倉氏の居城があった一乗谷。現、福井市。
4 下司　下級役人。
5 私領の名田　先祖伝来の領地や買得地。
6 恩地領　恩賞として与えられた領地。
7 沽却　売却。
8 駿府　今川氏の居城地で現在の静岡市。
9 不入地　守護不入地で、守護の警察権や段銭賦課権などの及ばない地。

❶ 分国法　★★★★★

一 当家塁館《とうけるいかん》[1]の外《ほか》、必ず国中に城郭《じょうかく》を構《かま》へさせらる間《ま》敷候《じくそうろう》。総《すべ》て大身《たいしん》の輩《ともがら》[2]をば、悉《ことごと》く一乗《いちじょう》の谷[3]へ引《ひっ》越《こ》さしめて、其《そ》の郷《ごう》其の村には、ただ代官下司《げす》[4]のみ据《すえ》置《お》かるべき事。

『朝倉孝景条々《あさくらたかかげじょうじょう》』

一 私領《しりょう》の名田《みょうでん》[5]の外、恩地領《おんちりょう》[6]左右《そう》無く沽却《こきゃく》[7]せしむるのこと、停止《ちょうじ》せしめ訖《おわ》んぬ。……

一 内儀《ないぎ》を得ずして他国へ音物書札《いんもつしょさつ》を遣《つか》はす事、一向《いっこう》これを停止せしめ畢《おわ》んぬ。……

一 喧嘩口論《けんかこうろん》堅《かた》く停止の事。……此《こ》の旨《むね》に背《そむ》き、互に勝負に及ばば理非《りひ》に寄らず双方成敗《そうほうせいばい》すべし。若《も》し一方手《て》出《だし》仕《つかまつ》るにおいては、如何様《いかよう》の理《ことわり》たりと雖《いえど》も、其の者罪科《ざいか》に行はるべき事。

『長宗我部元親百箇条《ちょうそかべもとちかかじょう》』

『甲州法度之次第《こうしゅうはっとのしだい》』

一 駿府《すんぷ》[8]の中、不入地《ふにゅうち》[9]の事、之《これ》を破り畢《おわ》んぬ。各《おのおの》異《い》儀《ぎ》に及《およ》ぶべからず。

一 駿遠《すんえん》[10]両国の輩、或《あるいは》わたくしとして他国より嫁《よめ》を取《とり》、或は婿《むこ》に取、娘をつかはす事、自今《じこん》以後之《これ》を停止し畢

通釈

一 朝倉家の居城のほかに、決して国中には城を作ってはいけない。すべて有力な家臣たちは残らず一乗谷の城下に引っ越させて、村々には代官や下級役人だけを置くようにすること。

一 もともとの自分の所領を除いて、主君から恩賞として与えられた領地を理由もなく売ることは禁止する。……

一 あらかじめ許可を得ずに他国へ贈り物や手紙を送ることは一切禁止する。

一 喧嘩や口論は堅く禁止する。……この命令に反して、お互いに勝負するようなことがあれば理由のいかんを問わず両方とも処罰する。もし一方が手出しするような時は、どんな理由でもその者を処罰する。

一 駿府の中では、守護不入地の取り決めは破棄した。みんな反対してはならない。

一 駿河・遠江両国の今川氏の家臣は、勝手に他の国から嫁をもらったり、婿を迎えたり、娘を嫁にやっ

んぬ。

『今川《いまがわ》仮名《かな》目録《もくろく》』

一 盗賊《とうぞく》に付《つい》て、親子の咎《とが》の事、親の咎は子にかけべし。たゞし子たりとも、遠き境《さかい》談合《だんごう》[11]なすべきやうなくば、これをかけべからず。同《おなじく》子の咎、親にかけべからず。たゞし一《ひとつ》家に候《そうら》はゞ同罪たるべし。又時宜《じぎ》[12]によるべきなり。

一 百姓、地頭《じとう》の年貢《ねんぐ》所当《しょとう》[13]相《あい》つとめず、他領《たりょう》へ罷《まか》り去る事、盗人《ぬすびと》の罪科たるべし。仍《よって》かの百姓許容《きょよう》のかた[14]へ、申《もうし》届くるのうへ、承引《しょういん》いたさず候はゞ、格護《かご》族《やから》同罪たるべきなり。

『塵芥集《じんかいしゅう》』

たりすることは今後禁止する。

一 盗賊についての親子の罪のことについては、親の罪は子にもかける。ただし子であっても、遠く離れていて、相談して示し合わせたりできなければ、罪とはしない。同様に子の罪は親にかけてはいけない。ただし親子が同居している時は同罪である。その他、その時々の場合に適した処理をするように。

一 百姓が地頭の年貢や雑税を納めず、他領へ逃げ込んだ時は盗みの罪とする。従ってその百姓をかくまった所へ通告しても、引き渡さないならば、百姓をかばった者も同罪である。

10 駿遠 駿河・遠江(ともに現、静岡県)で今川氏の領国。

11 談合 話し合い。

12 時宜 その時々にふさわしい処置をすること。

13 年貢所当 年貢及びその他の雑税。

14 許容のかた 逃亡した百姓がかくまわれているところ。

史料注

朝倉孝景条々 越前守護朝倉孝景(敏景)が制定した家訓。

甲州法度之次第 武田信玄の定めた法令を中心に二六カ条本と五五カ条本がある。今川仮名目録の影響を強く受ける。

長宗我部元親百箇条 土佐の長宗我部氏の分国法で、家法と領国法の二つの性格を合わせ持つ。

今川仮名目録 今川氏親の定めた「仮名目録」と子義元の「目録追加」から構成

解説 応仁の乱を境として**戦国大名**が各地に出現し始めた。戦国大名の出自《しゅつじ》は、①守護の家臣(守護代など)であったもの(朝倉、織田、長尾など)、②国人《こくじん》・土豪《どごう》から成長したもの(斎藤、毛利など)、③守護大名から転身したもの(今川、島津、武田など)、がある。守護大名が幕府の権威を背景にして、荘園制の所職を経済的基礎としており、国内の武士との主従関係も守護としての軍事指揮権に基づくなどの特徴を持っていたのに対し、戦国大名は幕府の権力を排除し、荘園公領制を完全に否定して領国内における唯一で絶対の支配者となった。戦国大名の支配体制は千差万別であるが、領国内の国人・土豪層を家臣団に編成し、指出《さしだし》方式の検地を行い、所領を知行として家臣に再配分したりした。また城下町を建設して楽市《らくいち》楽《らく》座《ざ》を実施し、富国強兵策をとるものが多かった。

戦国大名が領国支配や家臣団統制のために制定したのが分国《ぶんこく》法《ほう》(戦国家法)である。支配体制に大きな違いがあるように、分国法の内容にもそれぞれ個性がみられるが、取り上げた史料に即して代表的な内容を上げてみると、①家臣団の城下町集住(朝倉孝景条々)、②恩地領の売買禁止、③他領との私的通信の禁止(以上、甲州法度之次第)、④喧嘩《けんか》両成敗《りょうせいばい》(長宗我部元親百箇条)、⑤守護不入地の廃止、⑥他領との私的な婚姻縁組の禁止(以上、今川仮名目録)、⑦犯罪者の縁座制、⑧年貢未納農民の逃亡禁止(以上、塵芥集)、である。分国法は大別して、一家の子孫に遺す家訓、大名家の家臣団全体を対象にした家法、領国全体に向けた領国法の三つの系統が考えられる。領国法を出すことができたのは、主として、守護出身の大名である。また、「六角氏式目」のように六角氏と有力家臣が起請文を交換

される。東国の分国法の先駆けである。
塵芥集 東北・伊達稙宗《たねむね》の制定で、分国法中で最大の一七一条。

探究16 分国法に多く見られる特色をあげよ。

❶廿六日　一五八〇（天正八）年九月二六日。

して成立したり、「相良氏法度」のように有力家臣らの審議によって決定され、領主がそれを承認して発布するという国人一揆の契状の流れをくむものもあった。しかし多くは、戦国大名自身が法規定を超えた絶対的権威として位置づけられていた。

●分国法一覧

大名	勢力範囲	分国法名（通称）	条数	制定者	制定年代
今川	駿河・遠江	今川仮名目録（今川仮名目録追加）	33(21)	今川氏親（今川義元）	一五二六（一五五三）
伊達	陸奥南部・出羽南部	塵芥集	171	伊達稙宗《たねむね》	一五三六
武田	甲斐・信濃一部	甲州法度之次第（信玄家法）	26(55)	武田晴信（信玄）	一五四七
結城	下総北半部	結城氏新法度（結城家法度）	106	結城政勝	一五五六
六角	近江南半部	六角氏式目（義治式目）	67	六角義賢《よしかた》・義治	一五六七
長宗我部	土佐	長宗我部元親百箇条（長宗我部氏掟書）	100	長宗我部元親・盛親	一五九七
大内	周防・長門・豊前・筑前	大内氏掟書（大内家壁書）※	50	大内持世～義隆	一四三九～一五二五
相良	肥後南半部	相良氏法度※	41	相良為続《ためつぐ》・長毎《ながつね》・晴広	一四九三～一五五五
三好	阿波・讃岐・淡路	新加制式	22	三好長治	一五六二～七三（?）
朝倉	越前	朝倉孝景条々（朝倉敏景十七箇条）	16	朝倉敏景（孝景）	一四七一～八一（?）
北条	伊豆・相模	早雲寺殿廿一箇条	21	北条早雲（伊勢長氏）	不明

※　逐次に発布された法令を集録したもの。

❷ 指出検地 ★☆☆☆

廿《（二十）》六日❶、当国中寺社・本所《ほんじょ》❷・諸寺・諸山・国衆《くにしゅう》❸・悉《ことごと》く以《もっ》て一円《いちえん》に指出《さしだ》すべき《残らずすべてを指し出しなさい》の旨《むね》、悉く以て相《あい》

2本所　荘園の実質的領主。

3国衆　大和国土着の国人。

史料注

多聞院日記　奈良興福寺学侶の多聞院英俊の日記。一四七八（文明一〇）年～一六一八（元和四）年までの記述がある。

触《ふ》れられおはんぬ。沈思《ちんし》沈思。……前代未聞《ぜんだいみもん》、是非《ぜひ》なき次第《しだい》。『多聞院日記《たもんいんにっき》』

解説　指出検地《さしだしけんち》とは、戦国大名が一般的に行ったもので、太閤検地《たいこうけんち》やのちの徳川検地のように、大名権力が直接検地を行うのではなく、家臣や寺社・村に対し、土地・屋敷・山林の面積・年貢・耕作者などについての土地台帳を指《さ》（差《さ》）し出させ、報告させたものをいう。年貢高も銭何貫文《ぜにかんもん》として表示する**貫高制**《かんだかせい》が採用されることが多かった。

信長も、この指出検地を各征服地で行った。この史料は、大和国《やまと》に指出検地を命じたものであるが、特に、荘園領主であり依然として大和国に段銭《たんせん》等の賦課権を保有していた興福寺《こうふくじ》と国人《こくじん》との関係を断ち、国人らの在地領主を信長のもとに軍事的に統一しようとする目的があったと考えられる。

このように、信長による指出検地は、統一政権としての織田信長が、指出検地により荘園領主・在地領主・土豪《どごう》らの複雑な土地所有関係を統一的に再編成しようとした点に意義がある。

こうした土地政策の統一的再編成がさらに徹底的に行われるのが、太閤検地なのである。

Spot

『おあむ物語』と戦国の実態

『おあむ物語』という、戦国時代末期から江戸初期に生きた女性「おあむ」からの聞き書きをもとにした物語がある。彼女は、父母とともに一四歳の頃大垣城で関ヶ原の戦いを経験するが、物語には、城内の悲惨な様子がつづられている。城内での女性たちはせっせと、鉛を溶かして鉄砲の玉を作っていた。また、味方がとってきた敵の首に名札をつけたり、高い身分にみせるため、お歯黒や化粧を施すこともやっていたという。なによりも、そんな血なまぐさい生首の中で寝起きすることが怖く思わなくなったと語っていることは、戦国時代の生活が、現代からは想像もつかない極限状態だったことを物語っている。

また一三歳の頃の服を一七歳まで着たきりで過ごし、せめて膝《ひざ》小僧の隠れる帷子《かたびら》がほしいとも述べている。中級以上の武士の娘であった彼女でさえそんな状況なのだから、庶民たちの生活の実態はいかに厳しいものであったかがうかがえる。

戦国時代の戦闘が、主に食料の端境期に行われ、食料を奪う目的もあったこと。雑兵が生活のため戦闘に参加したのは、農村にとっていわば口べらしであったことにも注目されている。またいったん戦争に敗れると、住民たちが連れ去られ、売買されることも日常であった。

戦国時代は、時代劇やテレビドラマにもなったり、最近はゲームになったりと、日本人にはなじみが深い。また、戦国武将があこがれの対象や地域の英雄にもなっていて、戦国ブームなどとも言われている。しかし、実際の戦国時代は生きるか死ぬか、奪うか奪われるかの時代だった。けっして身近でロマンに満ちた時代などとは言えないのである。

第3編　近世

史料年表

時代	西暦（元号）	政治・経済・社会・文化	関連史料	朝鮮	中国
室町	1543(天文３)年	鉄砲の伝来	p. 190	朝鮮	明
戦国時代	1568(永禄11)年	織田信長が入洛			
安土・桃山時代	1575(天正３)年	長篠合戦			
	1582(〃 10)年	本能寺の変			
		太閤検地始まる	p. 196		
	1585(〃 13)年	刀狩令	p. 198		
	1590(〃 18)年	豊臣(羽柴)秀吉、天下統一			
	1592(文禄元)年	文禄の役(〜1596)	p. 204		
	1597(慶長２)年	慶長の役(〜1598)	p. 204		
	1600(〃 ５)年	関ヶ原の戦い			
江戸時代	1603(〃 ８)年	徳川家康、征夷大将軍となり江戸幕府を開く			
	1615(元和元)年	武家諸法度制定	p. 209		
		禁中並公家諸法度制定	p. 211		
	1627(寛永４)年	紫衣事件	p. 213		
	1639(〃 16)年	ポルトガル船の来航禁止			
	1641(〃 18)年	オランダ商館を長崎出島へ移設(鎖国の完成)	p. 227		
	1643(〃 20)年	田畑永代売買の禁止令	p. 215		清
	1651(慶安４)年	由井（比）正雪の乱			
	1665(寛文５)年	諸宗寺院諸法度制定	p. 212		
	1685(貞享２)年	最初の生類憐みの令を公布	p. 232		
	1715(正徳５)年	海舶互市新例	p. 234		
	1716(享保元)年	徳川吉宗、享保の改革(〜1745)	p. 246		
	1719(〃 ４)年	相対済し令	p. 246		
	1722(〃 ７)年	上げ米の令	p. 247		
	1723(〃 ８)年	足高の制	p. 248		
	1742(寛保２)年	公事方御定書を制定	p. 249		
	1772(安永元)年	田沼意次、老中となる(〜1786、田沼時代)	p. 251		
	1787(天明７)年	松平定信、寛政の改革(〜1793)	p. 255		
	1792(寛政４)年	ロシア使節ラクスマンが根室に来航			
	1808(文化５)年	間宮林蔵を北方探検に派遣			
	1825(文政８)年	異国船打払令	p. 282		
	1837(天保８)年	大塩の乱	p. 264		
	1841(〃 12)年	水野忠邦、天保の改革(〜1843)	p. 265		
		株仲間解散令	p. 265		
	1843(〃 14)年	人返しの法	p. 267		
		上知令	p. 267		

関連地図

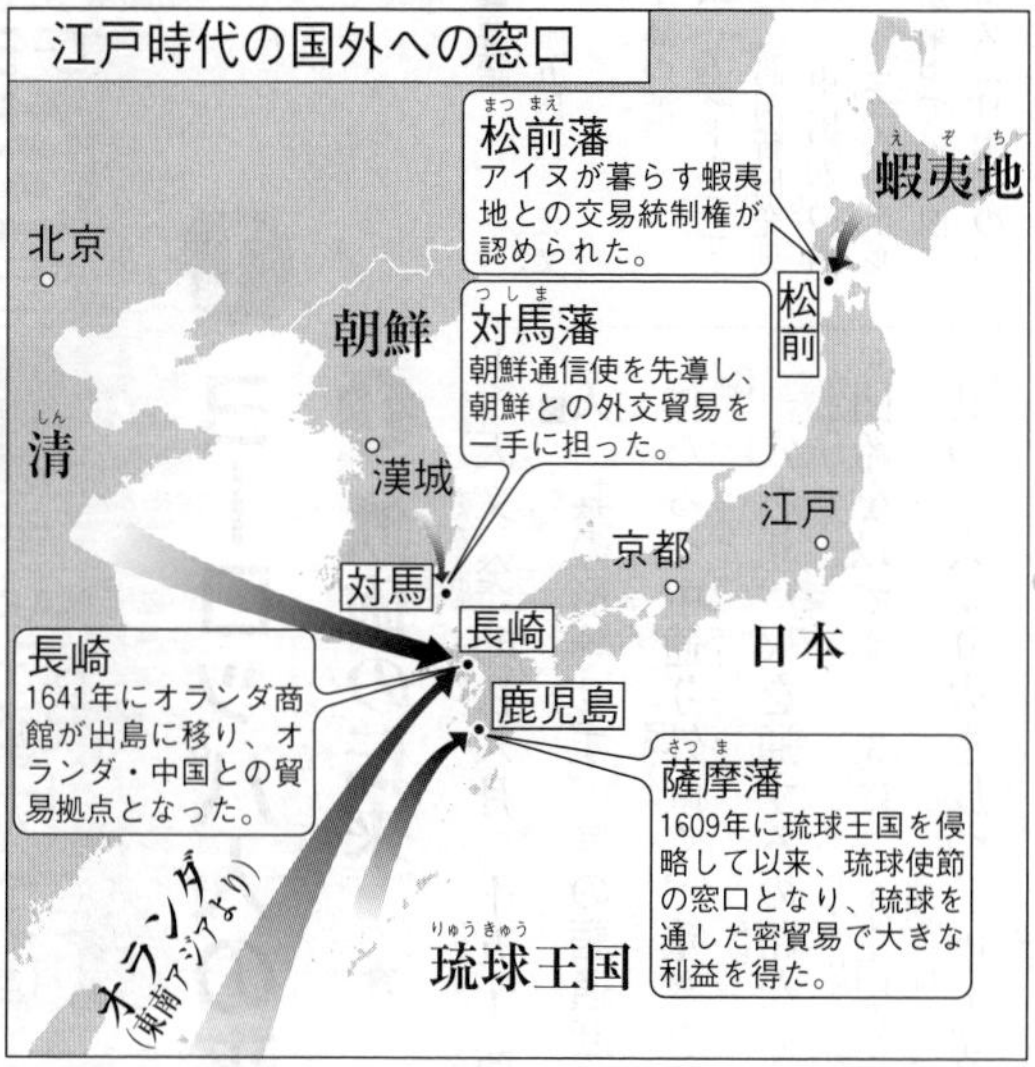
江戸時代の国外への窓口
松前《まつまえ》藩
アイヌが暮らす蝦夷地との交易統制権が認められた。
蝦夷地《えぞち》
北京
松前
対馬《つしま》藩
朝鮮通信使を先導し、朝鮮との外交貿易を一手に担った。
朝鮮
清《しん》
漢城
江戸
京都
対馬
長崎
日本
長崎
1641年にオランダ商館が出島に移り、オランダ・中国との貿易拠点となった。
鹿児島
薩摩《さつま》藩
1609年に琉球王国を侵略して以来、琉球使節の窓口となり、琉球を通した密貿易で大きな利益を得た。
オランダ（東南アジアより）
琉球王国《りゅうきゅう》

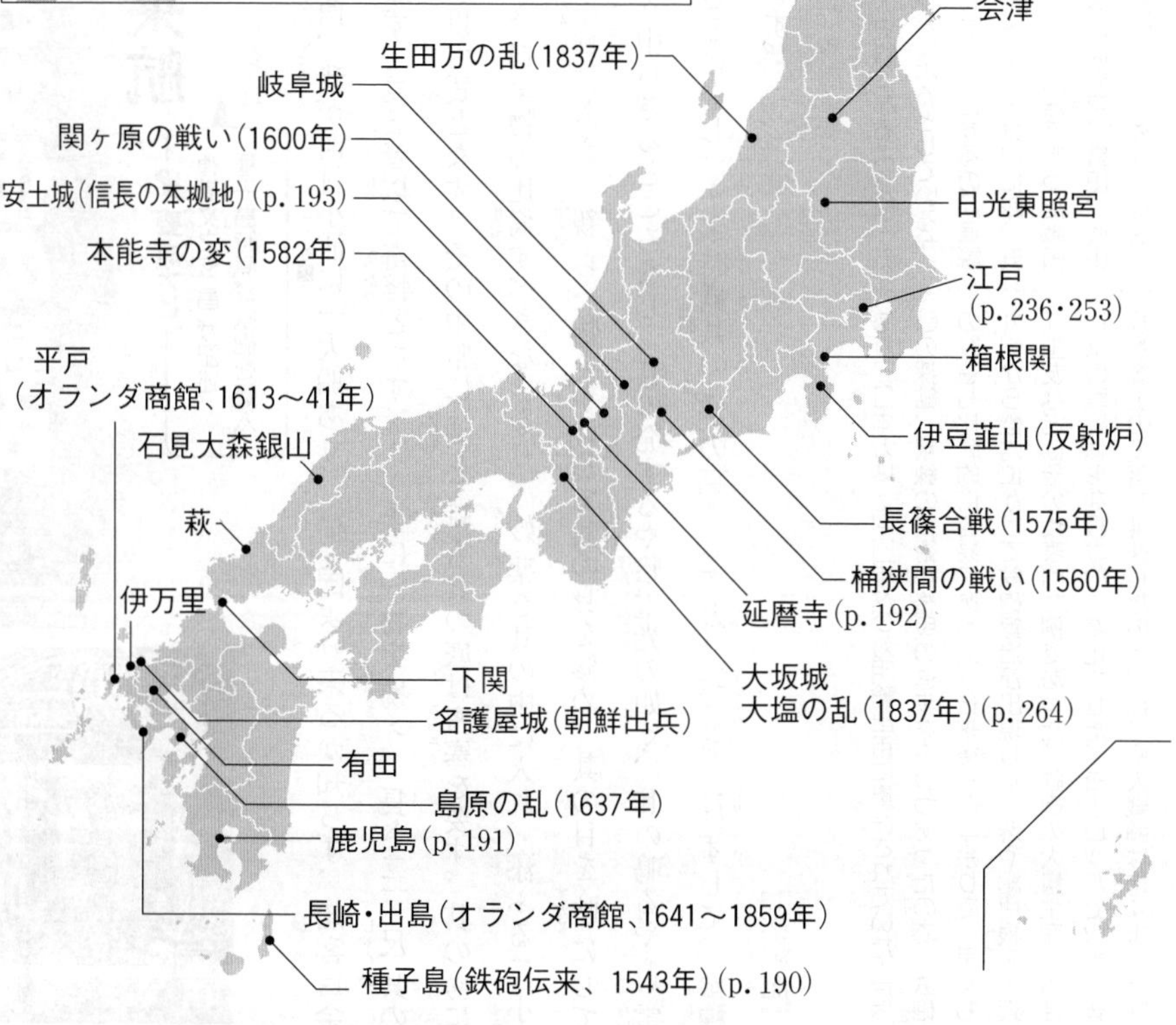
シャクシャインの戦い（1669年）
松前
酒田
会津
生田万の乱（1837年）
岐阜城
関ヶ原の戦い（1600年）
日光東照宮
安土城（信長の本拠地）（p. 193）
本能寺の変（1582年）
江戸（p. 236・253）
箱根関
平戸（オランダ商館、1613〜41年）
伊豆韮山（反射炉）
石見大森銀山
萩
長篠合戦（1575年）
桶狭間の戦い（1560年）
伊万里
延暦寺（p. 192）
下関
大坂城
大塩の乱（1837年）（p. 264）
名護屋城（朝鮮出兵）
有田
島原の乱（1637年）
鹿児島（p. 191）
長崎・出島（オランダ商館、1641〜1859年）
種子島（鉄砲伝来、1543年）（p. 190）

第6章　幕藩体制と文化の動向

1 ヨーロッパ人の来航

1 鉄砲の伝来　★☆☆☆

要点ナビ
禅僧文之玄昌《ぶんしげんしょう》が記述。
種子島時堯《たねがしまときたか》が鉄砲を購入。

天文《てんぶん》癸卯《みずのとう》秋[1]八月二十五丁酉《ひのととり》、我が西村小浦《こうら》[2]に一大船あり。何国《いずれのくに》より来るか知らず、船客百余人[3]、其《そ》の形類《るい》せず、其の語通ぜず、見る者以《もっ》て奇怪《きかい》となす。……手に一物《いちもつ》（鉄砲）を携《たずさ》う。長さ二三尺《しゃく》[4]其の体《てい》たるや中通り外直《そとなお》く（形状は中が空洞で外側はまっすぐ）、重きを以て質《しつ》となす。その中常に通《とお》ると雖《いえど》も其の底は密塞《みっそく》（密閉）を要す。其の傍《そば》に一穴《いっけつ》あり、火を通ずるの路《みち》なり。形象物の比倫《ひりん》すべきなきなり。妙薬《みょうやく》（火薬）を其の中に入れ、添《そ》ふるに小《しょう》団鉛《だんえん》を以てす。先に一小白《しょうはく》（小さな白い的を岩のそば）を岸畔《がんはん》に置き、親《みずか》ら一物を手にして其の身を修め（身構え）、其の目を眇《すがめ》にして其の一穴より火を放つ。則《すなわ》ち立中《たちあた》らざるところなし。其の発するや撃電光《げきでんこう》の如《ごと》く、其の鳴るや驚雷《きょうらい》の如く、聞く者其の耳を掩《おお》わざるはなし。……時堯《ときたか》[5]其の価《あたい》の高くして及び難き（入手しがたいにもかかわらず、）を言はずして、蛮種《ばんしゅ》の二鉄炮《てっぽう》を求め、以て家珍《かちん》（家宝）となす。
『鉄炮記《てっぽうき》』

※色文字は重要語

1 天文癸卯　一五四三（天文《てんぶん》一二）年。
2 小浦　種子島の港。
3 船客百余人　アントーニオ＝ガルバンの『諸国新旧発見記』には、中国人の船（ジャンク）に三人のポルトガル人が乗って一五四二年ジャポエス（日本）の一島に漂着したとある。
4 長さ二三尺　約六〇～九〇センチメートル。
5 時堯　種子島時堯《たねがしまときたか》（一五二八～七九年）。種子島の島主。

史料注
鉄炮記　種子島に漂着したポルトガル人によって鉄砲が伝えられた状況を記した日本側の唯一の史料。一六〇六（慶長一一）年、薩摩の大竜寺の禅僧文之玄昌《ぶんしげんしょう》が著した記録。

解説
鉄砲の伝来については、この史料にあるように一五四三（天文一二）年ポルトガル人によるとしているが、ポルトガル人が中国人倭寇の船に乗船してきたとするのが通説である。鉄砲は、最大射程約五〇〇メートル、一分間に四、五発の発射が可能であり、刀・槍《やり》・弓が主要な武器であった戦国社会に急速に普及した。一五五〇年前後には島津、織田、武田などの諸侯が実戦に使用し始めた。我が国には優秀な刀鍛冶《かじ》があり、日本刀は、国内用及び対明輸出用に量産されていた上に、鉄の採鉱、精錬の技術が格段の進歩をみつつあったので、鉄砲の製造も比較的に容易であった。伝来後一〇年余りで、早くも九州から畿内にかけて鉄砲鍛冶が出現した。堺や紀伊根来《ねごろ》・近江国友《くにとも》などはその代表的な例であった。鉄砲の大量生産使用は従来の戦闘体形を根本的に変化させた。ヨーロッパで火器の普及が騎士の没落を推進したのと同様、個人戦闘はますます意味

解体新書
神戸市立博物館蔵

を失い、集団的に組織された鉄砲足軽隊が大きく浮かび上がり、戦術、築城術に大変革をもたらし全国の封建的統一を早める要因となった。なお、この鉄砲を最もよく活用したのは**織田信長**であり、その威力を最も発揮したのは鉄砲隊三〇〇〇人を配した一五七五（天正三）年の武田軍との長篠《ながしの》合戦であった。また、のちの秀吉の朝鮮侵略が初めの頃急速に進んだのも、当時の朝鮮にはなかった鉄砲の威力が大きく寄与したからである。

　その後、幕末まで鉄砲（先込式火縄銃）は用いられるが、開国に伴い欧米から大量の元込式小銃が輸入されるに及んで、鉄砲の地位は低いものとなっていく。

探究1

① ヨーロッパ人が日本を含むアジアに進出した背景を述べよ。

② 鉄砲を初めて最もよく活用したのはだれか。また、その威力を発揮した戦いは何か。

③ 鉄砲の伝来は、当時の社会にどのような影響を及ぼしたか。

❷ ザビエル来日 ★☆☆☆

要点ナビ　ザビエルの書簡。日本人の文化水準の高さを評価。

一五四九年八月、聖母の祝日❶、サンタ=フェーのパウロ❷の故国なる鹿児島に着きたり。彼の親戚《しんせき》その他は大なる愛情を示して我等《われら》❸を迎へたり。……日本に付きては我等が見聞して知り得たる所を左に述《の》ぶべし。第一我等が今日まで交際したる人は新発見地中の最良なる者にして、異教徒《いきょうと》中には日本人に優《すぐ》れたる者を見ること能《あた》はざるべしと思はる（日本人より優れている人々を見い出すことは不可能である）。此国《このくに》の人は礼節を重んじ、一般に善良にして悪心を懐《いだ》かず、何よりも名誉を大切とするは驚くべきことなり。

『耶蘇会士日本通信《やそかいしにほんつうしん》』

解説　一五四九（天文一八）年フランシスコ=ザビエルの来日により始まるキリスト教の布教は、イエズス会士の布教がポルトガル船による**南蛮《なんばん》貿易**と密接な結び付きを持っていたことなどにより、九州北部を中心とする西日本一帯に急速に広まった。その後、ルイス=フロイスやヴァリニャーニらの宣教師が活発に布教活動を展開した。また、信長は仏教勢力を抑制する意図もあってキリスト教を保護したため、その頃にキリスト教は最盛期を迎えた。

❶**聖母の祝日**　八月一五日。

❷**サンタ=フェーのパウロ**　ザビエルに日本への渡航及び布教を決意させたといわれる、マラッカで出会った日本人アンジロー（ヤジロウ）の洗礼名といわれる。

❸**我等**　ザビエルら数名のイエズス会宣教師。

史料注

耶蘇会士《やそかいし》日本通信　ザビエル来日以降のイエズス会宣教師によって、ヨーロッパ等へ送られた書簡報告集。

探究2　キリスト教が急速に広まったのはなぜか。

2 信長の統一事業

❶ 宣教師の見た信長像 ★☆☆☆

要点ナビ　宣教師ルイス=フロイスの書簡。

此《こ》の尾張の王[1]は、年齢三十七歳なるべく、長身瘦軀《ちょうしんそうく》[2]、髭《ひげ》少し。声甚《はなは》だ高く、非常に武技を好み、粗野なり。正義及び慈悲の業《ぎょう》を楽しみ《正義と慈悲の行いを好み》、傲慢《ごうまん》にして名誉を重んず。決断を秘し、戦術に巧みにして、殆《ほとん》ど規律に服せず、部下の進言に従ふこと稀《まれ》なり。彼は諸人より異常なる畏敬《いけい》を受け、酒を飲まず、自《みずか》ら奉ずること極めて薄く、日本の王侯は悉《ことごと》く軽蔑《けいべつ》し、下僚《かりょう》に対するが如《ごと》く肩の上より之《これ》に語る。諸人は至上《しじょう》の君に対するが如く之に服従せり。善き理解力と明晰なる判断力を有し、神仏其《そ》の他の偶像を軽視し、異教一切の卜《うらない》を信ぜず、名義は法華宗なれども、宇宙の造主なく、霊魂不滅なることなく、死後何物も存せざることを明《あきらか》に説けり。

『耶蘇会士《やそかいし》日本通信』

解説　イエズス会宣教師のルイス=フロイスは、一五六九年に本国ポルトガルに送った書簡の中で、信長の人物像を以上のように記している。それを読むと彼の優れた判断力と先見性、そして極めて合理的で革新的な性格であったことがわかる。この人物をして、はじめて天下統一事業が可能になったことを理解してほしい。

[1]**尾張の王**　織田信長。

[2]**長身瘦軀**　背が高く痩せている。

史料注　**耶蘇会士《やそかいし》日本通信**　一九一頁参照。

❷ 延暦寺の焼打ち ★☆☆☆

九月十二日[1]叡山《えいざん》[2]を取詰《とりつめ》、根本中堂《こんぽんちゅうどう》[3]三王《さんのう》廿《(二十)》一社を初奉《はじめたてまつ》り、霊仏霊社、僧坊経巻《きょうかん》、一宇《いちう》《一棟の家》も残さず、時に雲霞《うんか》の如《ごと》く焼払灰燼《かいじん》の地となるこそ哀《あわ》れなれ。……僧俗・児童・智者・上人《しょうにん》一々に頸《くび》をきり、信長公の御目に懸《か》け、是《これ》は山頭において其《そ》の隠れなき高僧・貴僧・有智《うち》の僧と申、其外《そのほか》美女・小《こ》童《わらわ》の員《かず》知れず召捕《めしと》り、御前へ召つれ参り、悪僧の儀は是非《ぜひ》に及ばず《いうに及ばず》、是は御扶《たす》け成され候《そうら》へと声々に申上候といへども、中々御許容《きょよう》なく、一々に頸を打落され、目も当られぬ有様なり。数千の屍《しかばね》、

※色文字は重要語

[1]**九月十二日**　一五七一(元亀二)年九月一二日。

[2]**叡山**　比叡山延暦寺。九世紀初頭、最澄が天台宗を開宗。仏教教学の中心で、南都(興福寺)と並び、北嶺《ほくれい》と称された。

算を乱し、哀れなる仕合《しあわせ》なり。
散乱し、

『信長《しんちょう》《のぶなが》公《こう》記《き》』

解説　一五六八（永禄一一）年、将軍**足利義昭**を擁して上洛《じょうらく》（入京）した**織田信長**は、一五七〇（元亀一）年に浅井長政・朝倉義景を姉川の戦いで破り、天下統一への道を歩み始めた。しかし、その事業は必ずしも順調に進んだわけではなかった。姉川の戦いの直後から本願寺を中心とした一向宗門徒との戦いも始まり、また浅井・朝倉軍は再挙し近江に進出した。これに対し、信長軍は反撃し約三万といわれる浅井・朝倉軍を比叡《ひえい》山に立てこもらせるに至った。莫大な寺領を持ち、信長と対立していた比叡山延暦《えんりゃく》寺《じ》は、浅井・朝倉軍を庇護《ひご》し反信長の立場を鮮明にした。天下統一をめざす信長の前に寺院勢力と戦国大名が、連携しつつ立ちはだかったのである。こうした動き、特に延暦寺の態度は信長にとって絶対に許すことのできないものであった。こうして一五七一（元亀二）年、信長は自ら軍を率い比叡山に総攻撃をかけたのである。九月一二日、根本中堂を初めとする建物をすべて焼き払い、僧俗問わずすべての人々をみな殺しにしたのである。

　さらに、信長の天下統一に対し、石山本願寺を中心とする一《いっ》向一揆《こういっき》勢力もたびたび抵抗した。一向宗（浄土真宗）の門徒は、各地で侍・百姓・町人・職人等の身分を越えた講や組を結び、強い宗教意識によって結束していた。伊勢長島の一向一揆で信長の弟信興が自害させられるなど、信心と結びついた一向一揆の抵抗は激しかった。信長は、それゆえにこそ、こうした一向一揆に対し徹底した弾圧を行った。参考史料に示した一向宗の寺で見つけられた文字のかかれた瓦《かわら》は、一五七六（天正四）年の越前一向一揆弾圧の有様が記されているものであるが、信長の武将前田利家が一〇〇〇余人の門徒を磔《はりつけ》・釜ゆでという残虐《ざんぎゃく》な方法で殺したことがわかる。

　比叡山延暦寺といい、一向宗といい、宗教意識と結びついた勢力の抵抗は激しく、それゆえにこそ信長は、ヴァリニャーニの例にみられるようにキリスト教を厚く保護し、かつ布教に対してもかずかずの便益を与えたのである。信長は、このように古代的な寺院勢力を含む戦国大名らを相手にした統一のみならず、宗教的結束によってかたまった在地の人々をも統一しなければならなかったのである。この信長が完全には達成できなかった天下統一は、豊臣秀吉を経て徳川政権に至り完成されるのである。

参考　**越前一向一揆文字瓦《がわら》**　★☆☆☆☆

此書物《このかきもの》、後世ニ御らん《（覧）》しられ、御物かたり《（語）》可《べく》レ有《ある》候。然者《しかれば》、五月廿《（二十）》四日、いき《（一揆）》おこり《（起）》、其《その》まま前田又左衛門尉《じょう》殿、いき《（一揆）》千人はかり、いけとりさせられ候《そうろう》也《なり》。御せいはい《（成敗）》ハ、はっつけ《（磔）》、かま《（釜）》にいられ、あふられ候哉《や》。如《かくのごとく》レ此候。一ふて《（筆）》、書きとめ《（留）》候。

〔越前一向一揆文字瓦〕

❸**根本中堂**　延暦寺の本堂。現在のものは一六四〇（寛永一七）年に再建された。

史料注

信長公記　祐筆太田牛一《おおたぎゅういち》資房の著。編年体で一五六八（永禄一一）年から一五八二（天正一〇）年までの信長の動静およびその時代の出来事を記している。

探究3　信長が寺院に対して、破壊的行動をとったのはなぜか。

⬅越前一向一揆文字瓦
越前市味真野史跡保存会蔵

要点ナビ　織田信長が近江安土城下の町へ発令。

❸ 楽市令　★★★☆☆

定　安土《あづち》山下《さんか》町中《ちょうじゅう》❶

通釈　安土城下の町中に対して定める

❶**安土山下町中**　安土山に築

かれた安土城下の町々。

[2]**楽市**　市での自由な商いを認め、市に関する制限や諸税をなくした。

[3]**諸座・諸役・諸公事**　座に関する規制・役務《えきむ》・雑税など。

[4]**免許**　免除。

[5]**上海道**　中山道。

[6]**上下**　京への上りと下り。

[7]**普請**　土木工事への徴発の負担のこと。普請役。

[8]**伝馬**　運搬用の馬を出す徴発の負担のこと。伝馬役。

[9]**徳政**　債権・債務の破棄をいう。徳政令。

[10]**有り付き**　住みつくこと。

[11]**課役**　この場合は、租税一般をさす。

[12]**国質・所質**　債権者が債務者に対して自己の返済要求に応じない場合、債務者と同じ集団（国や郷などが同一というだけでも同一集団とみなされる）で、実際には債務者と同国人の財産を私的に差し押さえる行為を国質という。所質は国質よ

一　当所《とうしょ》中楽市《らくいち》[2]として仰《おお》せ付けらるるの上は、諸座・諸役・諸公事《くじ》[3]等、悉《ことごと》く免許[4]の事。

一　往還《おうかん》の商人、上海道《かみかいどう》[5]はこれを相留《あいとど》め、上下《のぼりくだり》[6]共に当町に至りて寄宿すべし。但し荷物以下の付け下しに於《おい》ては、荷主《にしゅ》次第の事。

一　普請《ふしん》[7]免除の事。……

一　伝馬《てんま》[8]免除の事。

一　分国中徳政《とくせい》[9]、これを行ふと雖《いえど》も、当所中は免除の事。

一　他国幷《なら》びに他所の族《やから》、当所に罷《まか》り越し有り付き[10]候《そうら》はゞ、先々より居住《きょじゅう》の者と同前に、誰々の家来《けらい》たりと雖も、異儀《いぎ》有るべからず。若《も》し給人《きゅうにん》と号し、臨時課役[11]停止《ちょうじ》の事。

一　喧嘩《けんか》口論、幷びに国質《くにじち》・所質《ところじち》[12]・押買《おしかい》・押売《おしうり》・宿の押借《おしかり》以下、一切《いっさい》停止の事。

一　博労《ばくろう》[13]の儀、国中の馬の売買、悉く当所に於《おい》て仕《つかまつ》るべきの事。

右の条々、若し違背《いはい》の族《やから》有らば、速《すみ》やかに厳科《げんか》に処せらるべき者なり。

一　当地一帯に楽市を布告した以上は、さまざまな座の規制・座役《ざやく》などの役務・公事等の諸税、すべて免除する。

一　往来の商人は、上海道（中山道）の通行をやめ（下海道（朝鮮人街道）を通行させ）て、都へ上る場合も下る場合もこの町に宿泊すること。ただし、諸荷物の輸送に関しては荷主の思い通りとする。

一　普請役は免除する。……

一　伝馬役は免除する。

一　（信長の）領国内で徳政を施行することがあっても、当地一帯ではこれを実施しない。

一　他国や他の地の者が、当地にやってきて住みついた場合は、以前から住んでいた者と同様の取り扱いをする。誰の家臣であっても異議を唱えてはならない。もし（信長の）家臣と称しても、（臨時の課役を賦課しようとする者がいても）臨時の課役を賦課するようなことは禁止する。

一　喧嘩口論、また国質・所質・押し買い・押し売り・宿の押し借りなど、すべて禁止する。

一　博労に関しては、領国内の馬の売買はすべて当地において行うこと。

右の各条文に違反する者があれば、ただちに厳罰に処せられる。

天正五（一五七七）年六月　日

りも限定された地域の場合。

13 博労 馬を売買する商人。

14 天正五年六月　日 一五七七年六月。

史料注
八幡町共有文書 滋賀県近江八幡市が所有する文書。

探究4 楽市・楽座の目的およびその歴史的意義を述べよ。

1 分国 信長が直轄支配する領国。

2 諸関 関所のこと。

3 諸役 関銭のこと。

4 この記事は、一五六八（永禄一一）年一〇月のもの。

史料注
信長公記 一九三頁参照。

探究5 信長の革新的な面をあげよ。

天正五年六月　日14　『八幡町《はちまんちょう》共有文書《きょうゆうもんじょ》』

解説 これは織田信長の楽市楽座《らくいちらくざ》政策、すなわち市場において一切の特権を認めず、権威や武力による強制を排して自由な商取り引きを行わせる政策を実施したなかの一例で、近江安土《あづち》の市場に下した**楽市令**である（その他の例としては、一五六六年今川氏真が駿河大宮に楽市を、一五六七年信長が美濃加納に楽市を、一五七六年柴田勝家が越前北庄に楽市を設けている）。楽市の目的は、領国の経済的繁栄、特に城下町の振興のため商人の往来を活発化させるところにあったから、この法令でも課役の免除と自由商売の二つが強調されている。楽市楽座の歴史的意義は、①城下町の繁栄をもたらし、それによって城下に集中させた家臣団の消費生活を維持し、兵農分離を完遂すること、②同時に、農村から商業的要素を除き去り、農民に現物貢租を負担する自給自足的生活を固定すること、③座・市などに寄生していた公家・社寺などの荘園領主の基盤を根底からくずし、商工業を大名の支配下に繰り込むこと、などがあった。

　ただし、この安土への法令には楽座令は併記されておらず、信長が座という特権的商人を利用しようとしていたのではないかとの考え方もある。

4 関所の撤廃　★☆☆☆

要点ナビ
太田牛一《おおたぎゅういち》が記述。信長が関銭の徴収を停止。

且《かつ》は天下の御為《おんため》、且は往還《おうかん》の旅人御憐愍《ごれんびん》の儀を思《おぼ》しめされ、御分国《ごぶんこく》1中に数多《あまた》これある諸関《しょせき》2諸役《しょやく》3上《あげ》させられ、都鄙《とひ》の貴賤《きせん》一同に忝《かたじけなし》と拝《はい》し申《もう》し、満足仕《つかまつ》り候ひ訖《おわ》んぬ。4

『信長《のぶなが》公記《しんちょうこうき》』

一つには天下のため、一つには行き来する旅人を御あわれんで
停止させられ、
都会と田舎

解説 中世以来、各地の寺社・荘園領主・在地領主・土豪《どごう》らは、交通量が多い街道に関所《せきしょ》を設け、減少しつつある荘園年貢等の代替財源として関銭《せきせん》を徴収していた。関銭は、通行人・船・物資等に賦課されており、それにより利益を受ける寺社・荘園領主・在地領主らの勢力維持につながっていた。例えば、室町中期には伊勢一国で一二〇もの関所があった。

　これらの関所は、交通・商品流通の妨げになるばかりでなく関銭賦課による物価騰貴《とうき》をも引き起こしていた。在地領主層の勢力維持につながっていた関所に対し、戦国大名は、領国内の市場発展のために関所を撤廃していた。統一政権としての信長の関所撤廃は、こうした戦国大名の政策をさらに進め、商品流通の発展と政権の軍事的統一をめざしたという点で意義があった。

3 秀吉の統一政策

❶ 太閤検地 ★☆☆☆☆

要点ナビ 豊臣（羽柴）秀吉が検地を担当した浅野長政に命令。

一　其許《そこもと》検地《けんち》の儀《ぎ》、一昨日仰《おお》せ出《いだ》され候《そうろう》如《ごと》く、斗代《とだい》[1]等の儀、御朱印《ごしゅいん》[2]の旨《むね》に任せ、何《いず》れも所々、いかにも入念に申付くべく候。若《も》しそさう(粗相)に仕《つかまつ》り候《そうら》はば、各《おのおの》越度《おちど》たるべく候事。……

一　仰せ出され候趣《おもむき》、国人《こくじん》[3]幷《なら》びに百姓共に合点《がてん》行《ゆ》き候様に、能々《よくよく》申《もうし》聞かすべく候。自然《じねん》[4]、相届かざる覚《かく》悟《ご》の輩《ともがら》これあるに於《おい》ては、城主にて候はば、其《その》もの城へ追入れ、各相談、一人も残し置かず、なできり(撫斬)に申付くべく候。百姓以下に至るまで、相届かざるに付ては、一郷《ごう》も二郷も悉《ことごと》くなでぎり仕るべく候。六十余州堅《かた》く仰せ付けられ、出羽奥州《でわおうしゅう》迄《まで》そさうにはさせらる間敷《まじく》候。たとへ亡所《ぼうしょ》[5]に成《なり》候ても苦しからず候間、其意《そのい》を得《う》べく候。山のおく、海はろかい(櫓櫂)のつづき候迄、念を入るべき事専一《せんいつ》に候。自然各退屈《たいくつ》に於ては、関白《かんぱく》殿[6]御自身御座《ござ》成され候ても仰せ付けらるべく候。……

（天正十八年）[7]八月十二日　秀吉朱印

通釈

一　その所（浅野長政担当）の検地に関しては、一昨日仰せ出されたように、段当たり石高等のことについては（秀吉公の命令である）朱印状の趣旨に従って、いずれの地域に対しても十分に念を入れて行うよう申しつけるものである。もし手ぬかりがあれば、その方たち検地担当者の過失である（ので、十分心しなさい）。……

一　仰せ出された検地命令の趣旨については、国人・百姓たちが納得できるように、よく申し聞かせなさい。もし、命令に従わない者たちがあった場合には、城主であればその者を城へ追い入れ、検地責任者らが相談の上、一人残らず斬りすてるよう命令しなさい。百姓以下の者たちまでが、命令を聞こうとしないようであれば、一郷でも二郷でもことごとく斬りすててしまいなさい。日本全国六〇余州全域にわたって仰せつけられた（検地命令である）ので出羽・陸奥に至るまで手ぬかりがあってはならない。たとえ耕作者がいなくなり、荒廃した土地になってしまってもかまわぬから、その旨を十分承知しておきなさい。山の奥まで、また海は櫓や櫂の続く限り、念を入れて実施することが肝心である。もし、（検地責任者であるその方たちが）怠けるようなことがあれば、関白（秀吉）殿御自身が出向かれてでも仰せつ

※色文字は重要語

[1] **斗代**　一段（反）当たりの標準収穫量。石盛と同義。

[2] **朱印**　秀吉の朱印状。

[3] **国人**　在地領主や土豪。

[4] **自然**　もしも、仮にの意味。

[5] **亡所**　耕作者がいなくなり、荒廃して住む者のいない所。

[6] **関白殿**　豊臣秀吉のこと。秀吉は、一五八二（天正一〇）年に従五位下・左近衛権少将に任ぜられて以来、急速に昇進し、一五八五（天正一三）年には従一位・関白、一五八六（天正一四）年には太政大臣の位についている。また、姓も木下・羽柴姓から関白任官時には藤原姓と改め、その後勅許をもって豊臣姓を許された。この後、秀吉は一五九一（天正一九）年に関白職を甥の秀次に譲るが、自らは太閤（関白を辞した人の意）と称し実権は握ったままであった。

けられるところである。……

八月一二日　秀吉朱印

浅野弾正少弼殿へ

浅野弾正《だんじょう》少弼《しょうひつ》どの8へ

『浅野家文書《あさのけもんじょ》』

7天正十八年　一五九〇年。
8浅野弾正少弼　浅野長政。のちの五奉行のひとり。

史料注
浅野家文書　広島（安芸）の旧藩主浅野家に伝来した文書。天正年間から江戸時代末期までの文書であるが、浅野長政が秀吉子飼いの武将であったことから、小田原征伐、文禄《ぶんろく》・慶長《けいちょう》の役《えき》などの重要文書が多い。

探究6
① 信長と秀吉の検地の相違点をあげよ。
② 石盛・石高を説明せよ。
③ 太閤検地によって、土地制度はどのように変わったか。

解説　**太閤《たいこう》検地**は、秀吉が全国的規模で実施した検地のことで、明智光秀を山崎の戦いに破り、信長の統一事業の後継者として歩み出した一五八二（天正一〇）年七月、山城で実施した検地がその初めである。

この史料は、小田原平定後の奥州総検地に際し、浅野長政にあてたもので、非常に厳しい方針をもって臨むよう命じている。太閤検地により、田畑一筆ごとにひとりの耕作者を確定して**検地帳**に記し、耕作権を保証すると同時に年貢納入の義務を負わせて（**一地一作人《いっちいっさくにん》**の原則）、兵農分離を徹底し、また長《おとな》百姓が小百姓から小作料を徴収したり、夫役《ぶやく》を課すことを禁止して中間搾取《さくしゅ》を否定した。その結果、従来の荘園制に見られる重層的な土地の所有関係は、完全に消滅していく。

参考として示した史料は具体的な検地の様子がわかるものである。面積の単位も統一され、六尺三寸（約一九一センチメートル）四方を一歩《ぶ》、三〇歩を一畝《せ》、一〇畝を一段《たん》、一〇段を一町とし、また、枡《ます》は京枡に定め統一し、田畑屋敷に等級を定めて石盛《こくもり》（上田一段は一石五斗《と》、中田一段は一石三斗のように）を行った。

このように、これまでの貫高《かんだか》制と異なり、土地の生産力を米の標準収穫高（**石高《こくだか》**）で表示するようになった（天正の石直し）。この石高は、百姓の年貢負担の基準となったばかりでなく、武士階級の家格や軍事動員（**軍役**）の基準ともなり、近世社会体制の大きな柱となった。この石高制は、一八七三（明治六）年の地租改正に至るまで継続する。

⬆検地の実施（絵は江戸時代のもの）　松本市立博物館蔵

史料注　**西福寺文書**　福井県敦賀市にある浄土宗西福寺に伝わる文書。鎌倉時代から江戸時代までおよそ四百点の史料がある。

要点ナビ　豊臣秀吉が発令。一揆を防ぐことが真の目的。

❶**刀**　刃渡《はわた》りが二尺（約六〇センチメートル）以上のものをさす。

❷**脇指**　刃渡りが一～二尺未満のものをさす。

❸**年貢所当**　年貢及びその他の雑税。

❹**給人**　大名の下に服属し、家臣化した在地の支配者。江戸時代には、実際に領地を与えられている大名家臣をいう。

❺**今度大仏建立**　京都の六波羅の地において建立された方広寺の大仏をさす。一五

参考　**太閤検地の方法**　★☆☆☆☆

右今度御検地を以《もっ》て相定むる条々

一　六尺三寸の棹《さお》を以て、五間六十間、三百歩《ぶ》壱反《いったん》ニ相極《き》むる事

一　田畠幷《ならび》ニ在所の上中下能々《よくよく》見届け、斗代《とだい》相定むる事

一　京升《ます》を以て年貢納所《なっしょ》を致す可《べ》く候、売買も同じ升為《た》る可《べ》き事

一　年貢米五里、百姓として持ち届く可し、其外《そのほか》ハ代官給人として持ち届く可き事

慶長三（一五九八）年七月十八日　　木村宗左衛門尉《じょう》（花押）

はら村次郎右衛門方　惣百姓中

『西福寺文書《さいふくじもんじょ》』

❷ 刀狩令　★★★★☆

一　諸国百姓、刀❶、脇指《わきざし》❷、弓、やり、てつぱう其外《そのほか》武具のたぐひ所持候《そうろう》事、堅《かた》く御停止《ちょうじ》候。其子細《しさい》は、入らざる道具をあひたくはへ、年貢所当《ねんぐしょとう》❸を難渋《なんじゅう》せしめ、自然一揆《じねんいっき》を企《くわだ》て、給人《きゅうにん》❹にたいし非儀《ひぎ》の動《はたらき》をなすやから《(族)》、勿論御成敗《もちろんごせいばい》あるべし。然《しか》れ者《ば》、其所の田畠不作せしめ、知行《ちぎょう》ついえになり候の間、其国主、給人、代官として、右武具悉《ことごと》く取あつめ、進上《しんじょう》致すべき事。

一　右取をかるべき刀、脇指、ついえにさせらるべき儀《ぎ》にあらず候の間、今度《このたび》大仏建立《こんりゅう》❺の釘《くぎ》かすがひに仰《おお》せ付けらるべし。然れ者、今生《こんじょう》❻の儀は申すに及ばず、

通釈

一　諸国の百姓たちが、刀、短刀、弓、槍、鉄砲その他の武器武具の類を所持することを、堅く禁止する。そのわけは、不必要な武具類を百姓たちが手もとにたくわえていると、年貢やその他の雑税の納入をしぶったり、万一一揆を企てて領主に不法な行為をする者たちがあれば、当然処罰しなければならない。そうなれば、その所の田畑は耕作がなされず、年貢地でなくなってしまう。このようなわけだから、その土地の領主、給人、代官は、各々の責任で右のような百姓所持の武具類をすべて没収し、差し出すようにしなさい。

一　右のように取り上げた刀、脇指等は、無駄にしてしまうのではなく、今度の（京都方広寺）大仏造営に際し、その建立用の釘、かすがいの材料にするよう命ずるものである。そうすれば、現世のことは言うまでもなく、来世においても百姓の救いとなるで

八八（天正一六）年五月に着工し、一五九五（文禄四）年九月完成。一説には文禄二年完成。

6今生　現世。

7唐堯　中国古代の伝説上の名君で、陶唐（山西省）より起こった堯帝。

8天正十六年　一五八八年。

史料注

小早川家文書　安芸国の豪族・大名であった小早川家に伝来した文書。小早川家は、秀秋の時、一六〇二（慶長七）年備前・美作五〇万石を領していたが、嗣《し》子がいないため改易《かいえき》。他家に伝えられた小早川家文書が『大日本古文書』に所収される。室町期の文書が多く、それらは惣領《そうりょう》制の解体と大名領国の展開を知るに便である。次いで天正・文禄年間は、豊臣氏の書

来世までも百姓たすかる儀に候事。

一　百姓は農具さへもち、耕作専《もっぱ》らに仕り候へば、子《し》々孫々《そんそん》まで長久《ちょうきゅう》に候。百姓御あはれみをもって、此《かく》の如《ごと》く仰せ出《いだ》され候。誠に国土安全万民快楽《けらく》の基《もとい》也《なり》。異国にては唐堯《ぎょう》7のそのかみ、天下を鎮撫《ちんぶ》せしめ、宝剣、利刀を農器にもちひると也。本朝《ほんちょう》にてはためしあるべからず。此旨《むね》を守り、其趣《そのおもむき》を存知《ぞんち》し、百姓は農桑《のうそう》に精を入《いる》べき事。

右道具急度《きっと》取集め、進上あるべく候也。

天正十六年8　七月八日　　秀吉朱印

『小早川家文書《こばやかわけもんじょ》』

あろう。

一　百姓は、農具だけをもって耕作に専念していれば、子々孫々に至るまで幸せに暮らしていけるであろう。百姓に対するいつくしみの御心から、このように命令されたものである。誠にこの命令は、国土の安全をはかり、万民が幸福に暮らすための基本である。外国の例を見れば、中国の堯帝がその昔、天下を鎮め、宝剣、利刀を作り変えて農具に用いたということである。我が国においてはその先例はないが、この旨を守り、その意向を十分に承知して、百姓は農耕や養蚕に精を出すべきである。右の武器武具の類を必ず取り集めて、差し出すようにしなさい。

天正一六（一五八八）年　七月八日　　秀吉朱印

解説

刀狩《かたながり》は、一五八五（天正一三）年に紀伊の雑賀《さいが》・根来《ねごろ》征伐の際に、高野山僧徒から武器没収をしたことが初めとされる。寺社勢力や土豪・百姓が大量の武器を所有して一揆を起こしていた状況に対し、武器を没収し、頻発《ひんぱつ》する一揆を鎮圧することに刀狩令の主要な目的があった。

この史料で秀吉は、諸国の百姓の刀、脇差、弓、槍、鉄砲の所持を禁止し、大名らに対しその没収を命じ、没収された武具は造営中の方広寺《ほうこうじ》の大仏殿の釘・かすがいに用いるとしている。この大仏殿造営によって、武具を没収された百姓たちにも来世までも恩典があるとし、かつ、百姓は農業に専念すべきとする。

この刀狩令の真の目的は、参考に示した史料で奈良興福寺の僧多聞院英俊《たもんいんえいしゅん》が「大仏をつくる釘・かすがいに用いるので、現世のみならず来世においても百姓は助かるというのは方便《ほうべん》で、真意は一揆を禁ずるためである」と記しているように当時の人々によっても見抜かれていた。

刀狩の実際は、加賀江沼郡の例によれば、刀一〇七三腰、脇差一五四〇腰、槍一六〇本などが没収されており、かなりの武具が実際に没収されていたようである。刀狩令の目的は、一揆防止であろうが、「百姓は農業に専念すべき」とあるように、年貢負担者である百姓と武士の身分を明確にし、兵農分離を促進することももう一つの目的と考えられる。

刀狩令で武具没収の理由とされた大仏を安置した方広寺は、

状・朱印状などが多くこの期の政権の動向をみることができる。

探究7 刀狩令の歴史的意義を述べよ。

史料注 多聞院日記　一八七頁参照。

要点ナビ 豊臣秀吉が発令。武家奉公人が町人や百姓になることを禁止。

❶侍 武士一般ではなく、武家奉公人の最上位にある「若党」であるとする説が最近では有力。
❷中間 侍と小者の中間に位置する召使い。
❸小者 平時は雑役に従事し、戦時には従者として仕える武家奉公人。
❹あらし子 武家奉公人の最下級のもの。戦場では土木や炊事を行う。
❺去七月奥州え御出勢 一五九〇（天正一八）年の小田原攻めと奥州出征。
❻地下人 百姓。
❼天正十九年 一五九一年。

一五九六（慶長元）年の大地震ですべて破壊される。その後、豊臣秀頼は亡父秀吉追善供養のため、一六一〇（慶長一五）年に方広寺を再建した。その再建の最後に鋳造された巨大な鐘（高さ三メートル余）の鐘銘がきっかけとなって大坂の役（陣）が勃発することになるのである。

参考 **興福寺僧侶の刀狩観** ★☆☆☆☆

一　天下ノ百姓ノ刀ヲ悉《ことごと》ク取ル、大仏ノ釘《くぎ》ニ遣《つか》フベシ、現《うつつ》ニハ刀故闘諍《ゆえとうじょう》ニ及ビ身命相果《しんめいあいは》ツルヲ助ケンガタメ、後生《ごしょう》ハ釘ニ遣ヒ、万民利益《りやく》、現当ノ方便《ほうべん》ト仰付ケラレ了《おわ》ンヌト云々《うんぬん》。内証ハ一揆停止《いっきちょうじ》ノ為《ため》ナリト沙汰《さた》アリ、種々ノ計略ナリ。　『多聞院日記《たもんいんにっき》』

❸ 人掃令《ひとばらいれい》(1)（身分統制令） ★★☆☆☆

一　奉公人・侍❶・中間《ちゅうげん》❷・小者《こもの》❸・あらし子❹に至る迄《まで》、去《さる》七月奥州《おうしゅう》え御出勢《ごしゅっせい》❺より以後、新儀《しんぎ》ニ町人百姓ニ成り候《そうろう》者これあらば、其《その》町中・地下人《じげにん》❻として相改《あいあらため》、一切《いっさい》をくへからす。若《もし》かくし置ニ付《つい》ては、其一町・一在《ざい》所御成敗《しょごせいばい》を加えらるべきこと。

一　在々《ざいざい》百姓等《ら》、田畠を打捨《うちすて》、或《あるい》はあきない（商）、或は賃《ちん》仕事ニ罷出《まかりいづ》る輩《ともがら》これ有らば、そのものの事は申すに及ばず、地下中《じげじゅう》御成敗たるべし。幷《ならび》に奉公をも仕《つかまつ》らず、田畠をもつくらさるもの、代官給人《きゅうにん》としてかたく相改、をくへからす。……

天正十九年❼八月廿（二十）一日　秀吉朱印

『小早川家文書《こばやかわけもんじょ》』

通釈

一　奉公人・侍・中間・小者・あらし子に至るまで、去年七月の奥州出征よりあとで、新たに町人や百姓になったものがあれば、その町や百姓が責任をもって調べ、そのような者をひとりも置いてはならない。もし隠し置くようなことがあれば、その町あるいは村全体の過失として処罰を行う。

一　村々の百姓たちで、田畑の耕作をせず、商売を営んだり、賃仕事に出る者がいたら、本人は申すまでもなく、村中全体を処罰する。また、（武家）奉公もせず、田畑の耕作もしていない者は、代官や給人がその責任においてきびしく取り締まり、（その者を村に）置いてはならない。……

天正一九（一五九一）年　八月二一日　秀吉朱印

史料注 **小早川家文書**　一九九頁参照。

探究8 身分統制令の目的を述べよ。

解説 これは、一五九一（天正一九）年に秀吉が発布した全三か条の**人掃令《ひとばらいれい》**（身分統制令）の一部である。内容は、①奉公人・若党・中間・小者・あらし子に至るまでの武家奉公人が新たに町人・百姓になることの禁止、②百姓が耕作を放棄して商業や賃仕事に従事することの禁止、③武家奉公人が無断で主人を変更することの禁止の三点である。

この背景には翌年実行される朝鮮出兵計画に際し、武家奉公人が奉公先を変更したり身分を転じることで役を逃れることを防ぎ、出征人員を確保するねらいがあった。また同時に百姓の転業も禁じ農村に縛りつけることによって、年貢生産の確保も意図している。

翌年、朝鮮出兵が開始されると、さらに踏み込んだ内容の人掃令が豊臣秀次の命で発令されることになる（人掃令⑵参照）。また、この法令は一五八八（天正一六）年の刀狩令のあとを受け、「兵」と「農」の分離（**兵農分離**）、さらに「農」と「工商」の分離によって、結果的に身分の固定化を促進し、江戸時代の士農工商へと発展していった。

4 人掃令⑵ ★☆☆☆

要点ナビ 豊臣秀次が全国の大名に命じた。家数・人数などの一斉調査を指示。

急度《きっと》申《もうし》候《そうろう》

一　当関白《かんぱく》様[1]より六十六ケ国《日本全国》へ人掃《ひとばらい》の儀《ぎ》仰《おお》せ出《いだ》され候《そうろう》の事。……

一　家数・人数・男女・老若《ろうにゃく》共ニ一村《一村ごと》切りニ書付《かきつ》けらるべき事。

付《つけたり》、奉公人ハ奉公人、町人ハ町人、百姓者《は》百姓、一所ニ書出すべき事。

但《ただ》し書立案文《かきたてあんもん》[2]別紙これを遣《つか》し候。

天正一九年[3]三月六日

『吉川家文書《きっかわけもんじょ》』

[1] **当関白**　豊臣秀次。秀吉の姉の子。一五九一（天正一九）年秀吉から関白を譲られる。のち、秀吉との関係が悪化し、一五九五年高野山で自殺。

[2] **書立案文**　書式のひな型。

[3] **天正十九年**　天正二〇（一五九二）年の誤りと考えられる。

史料注 **吉川家文書**　周防の岩国藩主であった吉川家に伝来する一四九〇通の文書。鎌倉時代から江戸時代中期まで及ぶ。

解説 これは、秀吉によって朝鮮出陣の命令が出され、各大名が戦陣での人夫として百姓らを徴発しているさなか、関白豊臣秀次が村ごとの家数・人数・老若・男女などの一斉調査を命じた人掃令《ひとばらいれい》である。史料は、毛利氏が領内に伝達したものの一部であるが、既に人夫などとして徴発された人数と、いまだ徴発可能な人数を区別して調査している点に特徴がある。既に太閤検地によって各地の石高を掌握し、土地の生産力を確認した豊臣政権が、**朝鮮侵略**を契機に民衆の動員可能な実態をとらえ、政権基盤を強化しようとしたものと考えられている。

4 秀吉の対外政策

❶ バテレン（宣教師）追放令 ★★★★☆

要点ナビ 豊臣秀吉が発令。貿易は奨励。

覚（抄）

一　伴天連《ばてれん》[1]門徒《もんと》の儀《ぎ》は、其《その》者の心次第《しだい》たるべき事。

一　弐（二）百町二三千貫《かん》[2]より上の者伴天連に成 候《なりそうろう》においては、公儀《こうぎ》の御意《ぎょい》[3]を得 奉《えたてまつ》り次第に成り申すべき事。

一　右の知行《ちぎょう》より下を取《とり》候者は、八宗九宗[4]の儀候間、其主一人宛《ずつ》は心次第成るべき事。

一　大唐《だいとう》[5]、南蛮《なんばん》[6]、高麗《こうらい》[7]え日本仁（人）を売 遣《うりつかわし》候事曲事《くせごと》。付《つけたり》、日本におゐて人の売買 停止《ちょうじ》の事。

一　牛馬を売買ころし食事《くうこと》[8]、是又《これまた》曲事たるべき事。

右の条々、堅《かた》く停止せられおはんぬ、若違犯《もしいはん》の族《やから》これあらば、忽《たちまち》厳科に処せらるべき者也《なり》。

天正十五年[9]六月十八日　御朱印

『伊勢神宮文庫《いせじんぐうぶんこ》所蔵　御朱印師職古格《ごしゅいんししきこきゃく》』

定（抄）

一　日本は神国たる処《ところ》、きりしたん国[10]より邪法《じゃほう》[11]を授《さず》け候儀、太 以《はなはだもっ》て然《しか》るべからず候事。

通釈

覚

一　キリシタン信徒の件に関しては、その者の心のままにすべきである。

一　二〇〇町、二、三〇〇〇貫以上の知行を持つ者が、キリシタンになる場合には、公儀（秀吉）の意向をうかがい、許可を得た上で、信徒となるべきである。

一　知行高が右の高に達しない者に関しては、仏教宗派にも種々の宗派があることでもあり、その本人ひとりについては心のままにしてよい。

一　中国、南蛮、朝鮮へ日本人を（奴隷として）売り渡すことは、もってのほかのことであり処罰を行う。なお、日本では人身売買を禁止する。

一　牛馬を売買し、殺して食用にすることは、いけないことであり処罰する。

右のことどもをきびしく禁止する。もし、違反する者どもがいたならば、きびしく罰する。

天正一五（一五八七）年　六月一八日　（秀吉）御朱印

定

一　日本は神国であるのに、キリスト教国から邪法（キリスト教）を授け広めるということは、まったくけしからぬことである。

※色文字は重要語

1 伴天連　ポルトガル語パードレのあて字。宣教師またはキリスト教の意。

2 弐百町二三千貫　知行地二〇〇町または知行高二、三〇〇〇貫の意。

3 公儀の御意　秀吉の許可。

4 八宗九宗　八宗は南都六宗及び天台、真言宗を加えた八宗、それに禅宗を加えて九宗と称す。

5 大唐　明。

6 南蛮　ポルトガル、イスパニアなど南欧のこと。

7 高麗　朝鮮。

8 牛馬を売買ころし食事　ポルトガルの影響によって、京都など西国では牛肉を食べる風習も普及した。

9 天正十五年　一五八七年。

10 きりしたん国　キリスト教国。

一　其国郡《こくぐん》の者を近付け、門徒になし、神社仏閣《ぶっかく》を打破《うちやぶ》るの由《よし》、前代未聞《ぜんだいみもん》に候。国郡在所《ざいしょ》知行等、給人《きゅうにん》に下され候儀は当座の事に候⑫。天下⑬よりの御法度《ごはっと》を相守《あいまも》り諸事其意を得《う》べき処、下々《しもじも》として猥《みだり》の義⑭曲事の事。

一　伴天連其知恵の法を以て、心ざし次第に檀那《だんな》⑮を持ち候と思召《おぼしめ》され候へば、右の如《ごと》く日域《にちいき》⑯の仏法《ぶっぽう》を相破《あいやぶ》る事曲事に候条、伴天連儀日本の地にはおかせられ間敷《まじく》候間、今日より廿《（二十）》日の間に用意仕《つかまつ》り、帰国すべく候。其中に下々伴天連に謂《い》はれざる族《やから》申し懸《か》くるものこれ在《あ》らば、曲事たるべき事。

一　黒船⑰の儀は商売の事に候間、各別《かくべつ》に候の条、年月を経《へ》、諸事売買いたすべき事。

一　自今《じこん》以後、仏法のさまたげを成さざる輩《ともがら》は、商人の儀は申すに及ばず、いづれにてもきりしたん国より往還《おうかん》くるしからず候条、其意を成すべき事。

已上《いじょう》

天正十五年⑱　六月十九日　『松浦家文書《まつらけもんじょ》』

一　（諸大名が）自分の領地の者を（キリスト教の教えに）導き、信者とし、神社仏閣を破壊しているとのこと、前代未聞のことである。国、郡、村などの知行地を、（秀吉の）家臣（である大名）に与えたのは一時的な処置である。秀吉から出される法令を守り、すべてその趣旨に従うべきであるのに、家臣としての勝手なふるまいは処罰する。

一　宣教師がその教えを広め、信者はその者の心のままに信者になると（秀吉は）考えていたが、右のように日本の仏教を破壊しているのは不届きであって、宣教師を日本の地に留めておくことはできない。よって、今日から二〇日間のうちに用意を整えて帰国しなさい。その期間中に、家臣たちが宣教師に対して非道な行為をなした場合は処罰する。

一　南蛮船の渡来は商売のためで、（キリスト教の問題とは別の）特別のことであるから、今後とも諸商売は行うがよい。

一　今後、仏教の妨害をしない者であれば、商人は言うまでもなく、誰であってもキリスト教国との往来は差しつかえないので、その意向を心得ておきなさい。

以上

天正一五（一五八七）年　六月一九日

解説　キリスト教は、伝来後三〇余年の間に北九州をはじめ中国、畿内などの各地に広まり、特にフロイスが信長によって布教を許可され、京都や安土《あづち》城下に教会堂（南蛮寺《なんばんじ》）やセミナリオを建設するなど、のちのヴァリニャーニとと

⑪邪法　ここではキリスト教の教えをさす。

⑫当座の事　一時的な処置として行っているだけであるとの意味。

⑬天下　ここでは秀吉のこと。

⑭下々として猥の義　具体的には、領地の一部をイエズス会に寄進した（一五八〇年、大村純忠は領国内の長崎をイエズス会に寄進した）ことなどをさしている。なお、長崎は一五八八（天正一六）年から秀吉の直轄地となっている。

⑮檀那　信者。

⑯日域　日本の領域、すなわち日本国内の意味。

⑰黒船　ポルトガル、イスパニアなどの南蛮船のこと。外装を腐食防止のため黒色塗料で塗っていたので黒船と呼ばれた。幕末のペリー艦隊等も黒船と呼ばれる。

⑱天正十五年　一五八七年。

※この法令では、宣教師の追放を命じているが、宗教と貿易を分離し、貿易はこれを推奨しているため、十分な効果を上げ得なかった。

史料注　**松浦家文書**　肥前の平戸藩

主であった松浦家に伝えられる文書。元弘期から慶長期までの九七通で、南北朝期の軍忠状や秀吉の印判物がある。

探究9 秀吉がバテレン追放令を発した理由は何か。また、その結果はどうであったか。

もにその活躍はめざましかった。その結果、キリスト教は九州の大村純忠《すみただ》、大友義鎮《よししげ》、有馬晴信や摂津《せっつ》の高山右近《うこん》のようなキリシタン大名をはじめ、貧苦にあえぐ農民層まで広い階層に異常なほど広まり、一五八二（天正一〇）年には信徒総数が約一五万人にのぼるほどの教線の拡大をみた。

信長がキリスト教を保護したのは、第一に彼が遠来の異邦人や西欧に関心を持ち、その新知識を取り入れようとする積極性を示したこと、第二に、ポルトガルとの貿易による富国強兵、特に鉄砲・火薬などの輸入の必要を認めたこと、第三に、キリスト教を比叡《ひえい》山や本願寺に対抗させ全国統一に利用しようとしたことなどの理由によると思われる。

秀吉は政権を握ると、信長の例にならってキリスト教に好意を示したが、一五八七（天正一五）年、突然宣教師の国外退去を布告するとともに、各地の教会堂の破壊を命じ、翌年教会領となっていた長崎を没収して直轄《ちょっかつ》領とした。

この史料は、秀吉による**バテレン**（宣教師）**追放令**で、前者は国内向けの、後者は国外向けのもので島津征圧の帰途、博多で発令されたものである。前者は一般民衆の信仰の自由を認め、上層の大名・武士は許可を受けることが定められ、合わせて人身売買・牛馬肉の食用を禁じている。後者では、キリスト教が神仏信仰を破壊することを理由に、邪教《じゃきょう》とみなし布教することを禁じ、宣教師の国外退去を命じている。秀吉が宣教師追放令を出した直接のきっかけは、大村純忠が長崎をイエズス会に寄進したことや、ポルトガル船が日本人を奴隷《どれい》として買い取っていたことなどで、それらのことが、秀吉の全国支配権を侵すものと考えたのであろう。ただし、秀吉は、史料中にもあるように貿易は奨励している。一五八八（天正一六）年に直轄領とした長崎の代官に鍋島直茂を任命し、生糸貿易の独占をはかろうとするなど積極的に貿易を行っているのである。

このように、秀吉のバテレン追放令は、布教の厳禁に対して、貿易の奨励という分離策であったため、結果的には不十分なものであったが、大名の思想統制の意図も明らかにみられ、政治統制の政策と合わせて秀吉政権の確立に重要な役割を果たしたと考えられる。なお、秀吉の晩年にはキリスト教への弾圧も厳しくなり、一五九六（慶長元）年のサン=フェリペ号事件に伴うキリスト教徒二六聖人殉教《じゅんきょう》も起こった。

❷ 秀吉の侵略計画 ★☆☆☆

それから（以下のように）語った。❶予《よ》も（伴天連《ばてれん》らが一つのことに専心しているように、）すでに（最高の）地位に達し、日本全国を帰服せしめたうえは、もはや領国も金も銀もこれ以上獲得しようとは思わぬし、その他何ものも欲しくない。ただ予の名声と権勢を死後に伝えしめることを望むのみである。日本国内を無事安穏《あんおん》に統治《とうち》したく、それが実現したうえは、この（日本）国を弟の美濃《みの》殿（羽柴《はしば》秀長）❷に譲《ゆず》り、予自らは専心して朝鮮とシナ❸を征服することに従事したい。それゆえその準備として大軍を渡海《とかい》させるために（目下《もっか》）二千隻《そう》の船舶を建造するために木材を伐採《ばっさい》せしめている。なお予としては、伴天連❹らに対して、十分に艤装《ぎそう》した二隻の大型ナウ❺を斡旋《あっせん》してもらいたい（と願う）

❶**それから……語った**　秀吉が、一五八六（天正一四）年にイエズス会のガスパル=コエリョらに大坂城で語った言葉である。

❷**羽柴秀長**　豊臣秀吉の異父弟。常に秀吉の片腕となって活躍する。一五九一（天正一九）年正月没。

③シナ　中国。
④伴天連　宣教師。
⑤ナウ　ポルトガルの三本マストの帆船。

史料注 **フロイス日本史**　一五六三（永禄六）年に来日したポルトガルの宣教師ルイス＝フロイスが著した。

史料注 **小早川家文書**　一九九頁参照。

外《ほか》、援助を求めるつもりはない。

『フロイス日本史《にほんし》』

解説　秀吉は、朝鮮・中国への侵略を遅くとも一五八五（天正一三）年には考え始めたという。この史料は、一五八六（天正一四）年にイエズス会のガスパル＝コエリョらの一行が大坂城を訪ねた時の秀吉の言葉である。これによれば、秀吉は自己の名声を後世に伝えるために日本を弟の秀長に任せ、自らは朝鮮・中国の征服に専心するという。また、そのために二〇〇〇隻の船舶の建造を準備しているとし、イエズス会の宣教師に二艘の「ナウ」船（三本マストの帆船）の周旋《しゅうせん》を依頼しているのである。

しかし、朝鮮・中国への侵略が、秀吉個人の名誉欲、征服欲のみから発しているとは考えにくい。四国・九州の征圧、小田原征伐と、この前後には戦争が打ち続いており、また、各地の土豪・百姓にとってきびしいものであったに違いない太閤《たいこう》検地の過程では、例えば肥後や陸奥・出羽の国（人）一揆など民衆の激しい抵抗があった。それゆえにこそ刀狩《かたながり》令や身分統制令が発布されたのである。つまり、秀吉は強力な軍事力で全国統一を果たしつつあるのであり、常に戦争という緊張状態によって領主階級の結束をはかり得たのである。全国統一完了後、このような軍事的統一政権にとって、朝鮮・中国侵略という新たな戦争が必要だったのである。

参考として示した史料は、一五八七（天正一五）年、肥後国の領主であった佐々《さっさ》成政の領内一揆について、増田長盛らが佐々成政の罪を安国寺恵瓊《えけい》らに示したものの一部であるが、この中にも九州平定後の目標とした「唐・南蛮国までも仰せ付けらるべし」と、侵略戦争によって領主階級が結束する有様が示されている。

参考　**安国寺恵瓊《えけい》ら宛増田長盛らの報告書**（一五八七年）★☆☆☆

一　唐・南蛮《なんばん》国迄《まで》も仰《おお》せ付けらるべしと思《おぼし》召し候の条、九州の儀《ぎ》は、五畿内《きない》同前ニ仰せ付けられ候はて叶《かな》はざる儀ニ候間、早速《さっそく》御人数遣《つか》わさるべく候へ共……

十月十四日（天正十五年＝一五八七年）

増田右衛門尉《じょう》長盛（花押）
石田治部少輔《じぶしょうすけ》三成（花押）
浅野弾正少弼《だんじょうしょうひつ》長吉（花押）

安国寺
小早川藤四郎殿

『小早川《こばやかわ》家文書《けもんじょ》』

防戦する朝鮮軍と民衆

③ 秀吉の国割構想 ★☆☆☆

大唐都《だいとうと》[1]へ叡慮《えいりょ》[2]うつし申すべく候《そうろう》。其《その》御用意有るべく候。明後年[3]行幸《ぎょうこう》[4]たるべく候。然者《しかれば》都廻《まわり》の国（北京周辺の国）十ヶ国これを進上《しんじょう》（天皇にさしあげる）すべく候、其内にて諸公家衆、何《いずれ》も知行《ちぎょう》仰《おお》せ付けらるべく候。下ノ衆、十増

①大唐都　北京。
②叡慮　日本の天皇。
③明後年　二年後の一五九四

（文禄三）年のこと。

4行幸　天皇が外出すること。

史料注

前田家文書　加賀藩主前田家に伝来した文書。中世から江戸時代に至る文書。

史料注

毛利家文書　長州藩主毛利家に伝来した文書。一二世紀から江戸時代に至る文書。豊臣政権の国内統一や文禄・慶長の役の史料も豊富。

探究10　なぜ、秀吉は朝鮮侵略を行ったか。

倍たるべく候。……

『前田家文書《まえだけもんじょ》』

解説　一五九二（天正二〇）年三月、秀吉は肥前名護屋《なごや》に結集させた諸大名の軍勢を朝鮮へ渡海させた（**文禄《ぶんろく》の役《えき》**）。朝鮮側の権力が集中していなかったことや、鉄砲の使用などによって緒戦では日本軍が勝利し、朝鮮の都漢城《かんじょう》は一か月もたたないうちに陥落した。この史料は、秀吉がその報告を受け、関白の秀次にあてた征服後の国割《くにわり》方針である。天皇を北京へ遷《うつ》し、秀次を明の関白とし北京周辺の一〇〇か国を与え、さらに公家や武士の知行地を一〇倍にするなどとしている。

日本軍は、この後朝鮮民衆の義兵闘争や明の援軍によって苦戦し、明との一応の講和をみ、一五九三（文禄二）年五月までに名護屋に帰った。しかし、この講和は正式なものとはならず、一五九七（慶長二）年二月秀吉は再び朝鮮出兵を命じた（**慶《けい》長《ちょう》の役**）。日本軍は苦戦し、戦争が泥沼状態に陥った翌年の八月に秀吉は死去した。この年のうちに日本軍は帰陣したのである。朝鮮侵略という無謀な企ては、**Spot**に示したように朝鮮民衆へ多大な損害を与えたのみならず、軍事動員された大名・武士・百姓らの不満を引き起こし、豊臣政権の没落を早めることになるのである。

参考に示した秀吉の遺言《ゆいごん》は、六歳とまだ幼い嗣子《しし》秀頼を心配する気持ちがよく表れている。秀吉死後は、徳川家康らの五大老と石田三成らの五奉行によって政権は運営されてゆく。しかし、多大な犠牲を伴った朝鮮侵略の政策を進めた石田三成らへの諸大名の不満は強く、五大老・五奉行体制は不安定なものとなり、やがて一六〇〇（慶長五）年の関ケ原の戦いが起こるのである。

参考　**五大老への秀吉の遺言状**　★☆☆☆

返々《かえすがえす》秀より《(頼)》事たのミ申候。五人のしゆ《(衆)》たのミ《(頼)》申候。いさい《(委細)》五人の物《(者)》ニ申わたし候。なごりおしく候。

以上。

秀より《(頼)》事、此《この》かきつけしゆ《(衆)》として、たのミ申候。なに事も此ほかにわおもひのこす事なく候。かしこ。

八月五日（一五九八年）　秀吉御判

いへやす（徳川家康）

ちくせん（前田利家）

てるもと（毛利輝元）

かけかつ（上杉景勝）

秀いへ（宇喜多秀家）

『毛利家文書《もうりけもんじょ》』

Spot

鼻の請取状――秀吉の朝鮮侵略

昨今の首代鼻九拾《(九十)》、慥《たしか》に請取り申候。恐々謹言。

八月廿一日《(二十)》（一五九七年）

この史料は、鍋島《なべしま》家文書中の慶長の役の際の鼻の請取状の一部である。秀吉は、首の代わりに鼻を切って送ることを命じ、判明する限り吉川《きっかわ》氏一万八三五〇、鍋島氏一万九〇一に及んでいる。また、日本に連行された捕虜《ほりょ》も二万から三万に及び、特に陶工の連行により有田焼や薩摩焼が始まった。朝鮮の建造物や文化財の破壊・略奪も著しく、朝鮮民族にとってこの侵略は「壬辰《じんしん》の悪夢」として深く心の傷となり残っていくのである。

5 桃山文化

1 北野の大茶会 ★☆☆☆☆

一 北野《きたの》[1]の森ニ於《おい》て、十月朔日《ついたち》より十日[2]の間、天気次第、大茶湯《おおちゃのゆ》成《な》さらる御沙汰《さた》ニ付《つい》て、御名物共《秀吉所持の名物の》残《茶道具を》らず相揃《あいそろ》えられ、数寄執心《すきしゅうしん》《茶道、茶器を愛好するもの》の者に見せなさるべきため、御催《おんもよおし》なさる事。

一 茶湯執心においては、また若党《わかとう》[3]・町人・百姓によらず、釜一《かまひとつ》、つるべ《(釣瓶)》[4]一、呑物《のみもの》一、茶なきものは、こがし[5]にても苦しからず候間、提《さ》げ来《きた》り仕《つかまつ》るべき事。

一 座鋪《ざしき》の儀《ぎ》は、松原[6]にて候《そうろう》間《かまわないから、》、畳《たたみ》二畳《じょう》、但《ただ》し、侘《わび》者[7]は、とち付[8]にても、いなはき《(稲掃)》[9]にても苦しかるまじく事。……

一 日本の儀は申すに及ばず、数寄心懸《こころがけ》これ有るものは、唐国の者までも罷出《まかりい》づべき事。……

一 斯《か》くのごとく仰《おお》せ出《いだ》さるるは、侘者不便《ふびん》に思召《おぼしめ》す義に候所に、今度罷出でざれば、向後《きょうこう》《今後は（代用品である）》において、こがしをもたて候事無用《こがしもたててもならない》との御意見の事に候。……

一 侘者においては、誰々遠国の者ニよらず、御手前《おてまえ》[10]にて御茶下さるべき旨《むね》、仰せ出され候事。

右 以上

『北野大茶湯記《きたのおおちゃのゆのき》』

※色文字は重要語

1 北野 京都北野天満宮。

2 十月朔日より十日 一五八七（天正一五）年一〇月一日から一〇月一〇日。

3 若党 武士の従者。

4 つるべ 井戸の水をくみ上げる桶。

5 こがし 米や麦を煎《い》って湯に入れて飲む茶の代用品。

6 松原 北野天満宮の森。

7 侘者 茶の湯の愛好者。

8 とち付 つぎのあたったボロ畳の意。

9 いなはき 稲掃筵《むしろ》。農事に使う粗末な筵。

10 御手前 秀吉自身がお茶をたてること。

史料注

北野大茶湯記 豊臣秀吉が一五八七（天正一五）年に催した北野大茶湯の記録。全一冊。

解説

桃山文化は、大名と豪商の文化であり**城郭《じょうかく》建築**・**障壁画《しょうへき》**・**南蛮《なんばん》文化**等に特色を持つが、もう一つの特色は**町衆**の文化という点である。なかでも堺《さかい》の町衆は、鉄砲製造・海外貿易等によって大きな権力を持っていた。それゆえに、織田信長も堺の今井宗久《そうきゅう》らを茶頭とし密接なつながりを保った。また、豊臣秀吉も千利休《せんのりきゅう》を重任し、利休はやがて政治上の権力をも持つようになる。ここに示したのは九州平定後に京都の北野天満宮周辺で秀吉が権力を誇示して催した北野大茶湯《おおちゃのゆ》の際の高札である。北野天満宮の周辺には八〇〇を超える茶席が設けられたという。

❷ 利休と侘茶《わびちゃ》　★☆☆☆

サテ又、侘《わび》ノ本意ハ、清浄無垢《せいじょうむく》ノ仏世界❶ヲ表《あらわ》シテ、コノ露地草庵《ろじそうあん》❷ニ至《いたり》テハ、塵芥《じんかい》（世俗の）ちりやごみを打ち払い、ヲ払却《ふっきゃく》シ、主客トモニ直心《じきしん》ノ交《まじわり》ナレバ、規矩寸尺式法《きくすんしゃくしきほう》（こまかい規則や作法を必要以上に言い立てない。）等、アナガチニ云《い》ウベカラズ。火ヲヲコシ、湯ヲワカシ、茶ヲ喫《きっ》スルマデノコト也《なり》。他事《たじ》アルベカラズ。コレ則《すなわち》仏心ノ露出《ろしゅつ》スル所也《ところなり》。

『南方録《なんぼうろく》』

❶**仏世界**　仏教、特に臨済禅の教え。

❷**露地草庵**　茶庭、茶室のこと。

史料注

南方録　利休の高弟南坊宗《なんぼうそう》啓《けい》の著書をもとに福岡藩士立花実山《たちばなじつざん》が著した。利休の言を克明に伝え、茶道の本旨を伝える。

解説　**侘茶《わびちゃ》**は、一五世紀後半に村田珠光《じゅこう》によって始められ、堺《さかい》の武野紹鷗《たけのじょうおう》を経、**千利休《せんのりきゅう》**（宗易《そうえき》）によって大成された。利休は、一五二二（大永《たいえい》二）年堺に生まれ、茶を紹鷗に学び、のちに織田信長の茶頭となった。信長没後は、秀吉に仕え、秀吉の側近政治にも関与し、政治・軍事上の機密にも通じていたという。

利休の侘茶は、この史料のように、禅を背景として小座敷・草庵《そうあん》での客との「直心《じきしん》の交《まじわ》り」を求めるもので、秀吉の黄金の茶室に代表される権力と富を誇示する方向とは、相《あい》対立するものであった。一五九一（天正《てんしょう》一九）年、利休がかつて寄進をした大徳寺山門の利休木像が秀吉の怒りに触れ、切腹させられた。

❸ 阿国《おくに》歌舞伎《かぶき》　★☆☆☆

このごろ❶かぶき躍《おどり》と云《いう》事有り。是《これ》は、出雲《いずも》国神子女《みこ》❷（名は国、但し、好女《こうじょ》に非《あら》ず）仕《つかまつ》り出《だ》し、京都へ上《のぼ》る。縦《たとえ》ば異風なる男のまねをして、刀脇指衣装《わきざしいしょう》以下殊《こと》に異相《いそう》、彼《か》の男茶屋の女と戯《たわむ》る（演じ始め、）体有難《ていありがたく》したり。京中の上下（京中の身分の高い人も、庶民ももてはやすこと、はなはだしい。）賞翫《しょうがん》する事、斜《なな》めならず。伏見《ふしみ》城へも参上《さんじょう》し度々躍《たびたびおど》る。

『当代記《とうだいき》』

❶**このごろ**　一六〇三（慶長八）年頃のこと。

❷**出雲国神子女**　出雲出身の巫女という意か。

史料注

当代記　一六世紀中頃～一七世紀の政治・社会を記録したもの。

解説　阿国《おくに》の生没年は不詳であるが、一五八二（天正《てんしょう》一〇）年春日大社《かすがたいしゃ》の拝殿で「ややこ踊り」をした一一歳の「国」が阿国ではないかと推定されている。出雲《いずも》出身の巫《み》女《こ》を名乗った阿国は、男装をし、念仏《ねんぶつ》踊りに歌をまじえて歌舞《かぶ》伎《き》踊りを生み出した。そもそも「かぶき」とは「傾《かたぶ》く」の意であり一七世紀初頭には、異様な行動や風俗をした「かぶき者」が徳川家臣の中からも登場し、反社会的な行動を行う。**阿国歌舞伎**は、こうした、幕藩体制による支配の成立への抵抗の先駆ともいえよう。

探究11　桃山文化の特色を述べよ。

6 幕藩体制

1 武家諸法度《ぶけしょはっと》 ★★★★★

要点ナビ
元和令：幕府（徳川家康の指示。将軍秀忠の名で）から諸大名へ。
寛永令：幕府（将軍徳川家光）から諸大名へ。

(1)元和令《げんな》

一 文武弓馬《ぶんぶきゅうば》の道[1]、専《もっぱ》ら相嗜《あいたしな》むべき事。……（第一条）

一 群飲佚遊《ぐんいんいつゆう》[2]を制すべき事。……（第二条）

一 法度に背《そむ》くの輩《ともがら》、国々に隠し置くべからざる事。……（第三条）

一 国々の大名小名幷《だいみょうしょうみょうならび》に諸給人《きゅうにん》[3]、各々《おのおの》相抱《かか》ゆるの士卒《しそつ》[4]、叛逆《はんぎゃく》殺害人たるを告《つ》ぐる有らば、速《すみ》やかに追い出すべき事。……（第四条）

一 諸国の居城《きょじょう》、修補《しゅうほ》をなすといへども必ず言上《ごんじょう》すべし。況《いわ》んや新儀《しんぎ》の構営《こうえい》[5]堅《かた》く停止《ちょうじ》せしむる事。……（第六条）

一 隣国《りんごく》において新儀を企《くわだ》て[6]、徒党《ととう》を結ぶ者これあらば、早く言上致すべき事。……（第七条）

一 私《わたくし》に婚姻を締《むす》ぶ[7]べからざる事。……（第八条）

一 諸大名参勤作法《さんきんさほう》の事[8]。……（第九条）

通釈

一 学問・武術の修業にひたすら心がけて励むこと。……

一 群れをなして飲食したり、好色やばくち等のきまま な遊びをしてはならない。……

一 （幕府の）法令に違反した者どもを、領内に隠し置いてはならない。……

一 大小の大名、またその家臣たちが召し抱える侍や足軽などのうちに、（前の主人に対する）反逆者や殺害を犯した者がいたならば、ただちに追放しなさい。……

一 諸国の居城を修繕する場合であっても、必ず届け出なければならない。まして、新規の築城は厳禁する。……

一 隣国（近隣の大名のなか）において徒党を結び、新たな企てをなす者があれば、速やかに届け出ること。……

一 （幕府に届け出ないで）ひそかに婚姻の縁組をしてはならない。……

一 諸大名が出仕する方法についてのこと。……

一 各領の武士たちは、倹約をしなければならない。……

一 （領地を支配する大名である）国主は、政治的才

※色文字は重要語

1 文武弓馬の道 学問武術の意味。

2 佚遊 好色、ばくち等のきままな遊び。

3 給人 本来は知行地（領地）を持つ大名家臣のことであるが、江戸時代には蔵米《くらまい》取のものも多い。

4 士卒 士はいわゆる武士、卒は足軽などの下級武士。

5 新儀の構営 新たに城を構えること。のち、広島城無断修築のかどで福島正則が改易された。

6 新儀を企て 先例のない新しい企ての意味で、ここでは幕府への反抗等のことをさす。

7 私に婚姻を締ぶ 諸大名が婚姻政策により同盟、連合を結ぶことを警戒したために規定された。

8 参勤作法の事 出仕の方法

の意味。参勤交代の規定は「寛永令」以降。

9慶長廿年　この年の七月一三日に元和と改元。発布の日は七月七日。

10在　在藩、在国など各大名の国元の意味。

11交替　参勤交代。

12夏四月　陰暦の夏は四・五・六月。

13向後　今後。

14相応　大名の格式、家格に応じての意味。

15津留　港などで他領への米などの移出を禁止すること。

16五百石以上の船　幕府は、一六〇九（慶長一四）年西国の大名に対し、五〇〇石積以上の大船の所有を禁止している。一六三八（寛永一五）年幕府は、荷船（商船）に限り五〇〇石積以上の大船建造を許可した。

17江戸の法度　幕府の制定した法令。

18当家先制の旨　元和の武家諸法度をさす。

19寛永一二年　一六三五年。

20御朱印　将軍の印。

史料注　**御触書寛保集成**　八代将軍徳川吉宗の命令で、一六一

一　諸国諸侍《さむらい》、倹約《けんやく》を用ひらるべき事。……（第一二条）

一　国主は政務《せいむ》の器用《きよう》を撰《えら》ぶべき事。……（第一三条）

慶長《けいちょう》廿《(二十)》年9卯《う》七月　日

(2) 寛永令

一　大名小名《だいみょうしょうみょう》、在《ざい》10江戸交替《こうたい》11相《あい》定むる所なり。毎歳《とし》夏四月12中参勤《さんきん》致すべし。従者《じゅうしゃ》の員数《いんずう》近来甚《はなは》だ多し。且《かつ》は国郡《こくぐん》の費《ついえ》、且は人民の労《つかれ》なり。向後《きょうこう》13其《そ》の相《そう》応《おう》14を以《もっ》て之《これ》を減少すべし。……（第二条）

一　知行所清廉《ちぎょうしょせいれん》にこれを沙汰《さた》し、非法致さず国郡衰弊《すいへい》せしむるべからざる事。……（第一四条）

一　私《わたくし》の関所、新法《しんぽう》の津留《つどめ》15制禁《せいきん》の事。……（第一六条）

一　五百石以上の船16停止《ちょうじ》の事。……（第一七条）

一　万事《ばんじ》江戸の法度《はっと》17の如《ごと》く、国々所々に於《おい》て、これを遵行《じゅんこう》すべき事。（第一九条）

右の条々、当家先制《せんせい》の旨《むね》18に准《じゅん》じ、今度潤色《このたびじゅんしょく》してこれを定め訖《おわんぬ》。堅《かた》く相守るべきなり。

寛永十二年19六月廿《(二十)》一日　御朱印20

能のある者を（幕府が）選ぶべきである。……

慶長二〇（一六一五）年卯七月　日

一　大小の大名は、国元と江戸に交代で居住するように定める。毎年夏の四月中に出仕し、（将軍に）拝謁《はいえつ》しなければならない。その際のお供の者の人数が最近非常に多い。これは国元の出費、また領民の疲弊《へいひ》となる。今後は（各大名の家格）相応に減少しなさい。……

一　（各大名の）領地の支配は私欲なく公平に行い、領地の領民が疲弊しないようにしなさい。……

一　（幕府に無断で）ひそかに関所を設けたり、新たに法を作って港などで米などの移出を禁止することをしてはならない。……

一　五〇〇石積以上の船の建造を禁止する。……

一　すべて江戸（幕府）の制定した法令を領内各所において守り行うようにしなさい。

右の条々を徳川家が先に示した元和の（武家諸法度の）例に準じて今度作り直して定めた。厳守しなさい。

寛永一二（一六三五）年六月二一日

五年から一二九年間の幕府の法令を評定所で編纂した重要史料。一七四四（延享元）年完成。

探究12
① 武家諸法度のなかで大名の反乱防止策として重要な箇条はどれか。
② 武家諸法度の元和令と寛永令の相違点をあげよ。

『御触書寛保集成《おふれがきかんぽうしゅうせい》』

解説 一六一一（慶長一六）年四月、**徳川家康《とくがわいえやす》**は西国の大名から、翌年一月には東国の大名から三か条の誓紙をとり、源頼朝《みなもとのよりとも》以来の武家の法式を守ること、幕府の法令に服すること、謀叛人《むほんにん》・殺害人を抱え隠し置かぬことを誓わせた。さらに、一六一五（慶長二〇・元和元）年七月、諸大名を伏見城に集め起草者金地院崇伝《こんちいんすうでん》に読ませる形で、二代将軍徳川秀忠《ひでただ》の名で**武家諸法度《ぶけしょはっと》**（元和令《げんな》）一三か条を発布した。一六三五（寛永一二）年の三代将軍**徳川家光《いえみつ》**の「**寛永令《かんえい》**」は、第二条に**参勤交代**の具体的方法を規定した。以後、ほとんどの大名は隔年での参勤交代を義務づけられ、それが大名の財政窮乏の一因ともなってゆくのである。また、鎖国体制強化を反映して、第一七条に五〇〇石積以上の大船の建造禁止などの新しい箇条を追加して全文一九か条となり、ここに大名統制の根本法典としての武家諸法度は一応完成した。

武家諸法度は、これ以後（七代将軍家継《いえつぐ》と一五代将軍慶喜《よしのぶ》を除く）将軍の代替りごとに、諸大名を江戸城内に集めて申し渡すことになったが、若干の改定がされつつ繰り返し公布されていく。

2 禁中並公家諸法度《きんちゅうならびにくげしょはっと》 ★★★★★

一 天子諸芸能《てんししょげいのう》の事、第一御学問也《なり》。……（第一条）

一 摂家《せっけ》❶たりといへども、其《そ》の器用《きよう》❷無《な》き者、三公《さんこう》❸摂《せっ》関《かん》❹に任ぜらるべからず、況《いわ》んや其《そ》の外《ほか》をや。（第四条）

一 武家の官位《かんい》は公家当官《くげとうかん》の外❺たるべき事。（第七条）

一 改元《かいげん》❻、漢朝《かんちょう》の年号の内、吉例《きつれい》を以《もっ》て相《あい》定むべし。但《ただ》し、重《かさね》て習礼相熟《しゅうれいあいじゅく》すにおいては、本朝先規《ほんちょうせんき》の作法たるべき事。（第八条）

一 紫衣《しえ》❼の寺《てら》、住持職《じゅうじしょく》、先規希有《けう》の事なり。近年猥《みだ》り

要点ナビ 幕府（将軍徳川秀忠）から朝廷・公家へ。

❶**摂家** 摂政・関白に任命される家柄。五摂家としての一条・二条・九条・近衛《このえ》・鷹司《たかつかさ》の五家をさす。
❷**器用** 能力、学識。
❸**三公** 太政大臣・左大臣・右大臣のこと。
❹**摂関** 摂政と関白。
❺**公家当官の外** 官位令に規定される公家の官位とは別扱い。
❻**改元** 年（元）号を改めること。天皇一代に一年号（一世一元制）となるのは一八六八（明治元）年以降。

通釈

一 天子が身につけるべきことは、学問をもって第一とすべきである。……

一 摂関家の者であっても、能力や才能のない者が太政大臣・左大臣・右大臣、摂政・関白に任命されることがあってはならない。ましてその他の家柄の者については言うまでもない。

一 武家に与える官位は、公家の官位とは別枠（定員外）のものとする。

一 年（元）号を改めることは、中国の（歴代の）年号のうちめでたい例を参考に定めるべきである。ただし、よくよく慣れてきたならば、我が国（日本）のこれまでのしきたりに従うこと。

一 紫衣を許された寺の住持職は、かつては極めてま

[7]**紫衣**　勅許によって着用を許される紫色の法衣《ほうえ》・袈裟《けさ》のこと。

[8]**﨟次**　僧侶が受戒《じゅかい》後、修行を積んだ年数により決められる序列。

[9]**戒﨟**　受戒後の修行。

[10]**入院**　僧侶が住職となること。

史料注

御当家令条　私撰の江戸幕府法令集。一五九七（慶長二）～一六九六（元禄九）年までの法令を収める。

に勅許《ちょっきょ》の事、且《かつう(かつ)》は﨟次《ろうじ》[8]を乱し且は官寺《かんじ》を汚《けが》す。甚《はなは》だ然《しか》るべからず。向後《きょうこう(こうご)》においては、その器用を撰《えら》び、戒﨟《かいろう》[9]相積み、智者の聞こえあらば入院《にゅういん》[10]の儀《ぎ》申《もうし》沙汰《さた》あるべき事。（第一六条）

慶長廿年《(二〇)》乙卯《きのとう》七月日

『御当家令条《ごとうけれいじょう》』

れにしかなかった。近頃、頻繁《ひんぱん》に紫衣が授けられている。これは、一方では僧の序列の秩序を乱し、他方では官寺の名を傷つけるものであり、極めてよろしくないことである。今後は、その能力や人徳を吟味し、十分な修業を積み、学識の高い僧があったら寺の住職を許可するようにしなさい。

慶長二〇（一六一五）乙卯年七月日

解説　朝廷は政権を武家に奪われ、政治上ほとんど無力であったが、なお伝統的な権威を持ち、ともすれば反幕勢力の中心に利用される恐れがあった。このような朝廷に対し抑圧の機構とその政策がはっきりと成文化されたのが、一六一五（元和元〔七月一三日に慶長二〇年から元和元年に改元された〕）年七月一七日二条城で制定された（武家諸法度に遅れることわずか一〇日）**禁中《きんちゅう》並《ならびに》公家《くげ》諸法度《しょはっと》**である。禁中方御《きんちゅうがたご》条目《じょうもく》ともいう。これも金地院崇伝《こんちいんすうでん》の起草になり、全一七条。その一条は、当時の伝統にのっとり天皇を政治から遠ざけて天皇という職務をわきまえるための学問に専念させようとしており、ほかに宮中席次、年（元）号の制定、公家の服装などについて定め、さらに三公摂関の任命はまず幕府の同意を要することとし、かつ朝廷がみだりに僧位・僧官を与えることを抑制している。また、武家の官位については、すでに一六〇六（慶長一一）年に幕府の推挙によって叙任されるべきものとなり、一六一一（慶長一六）年には定員外となっていたが、この禁中並公家諸法度で改めて確認され、まったく朝廷の権限外のものとなってしまった。

このような法制による干渉は「本朝代々の将軍家において前代未聞のこと」と世人を驚かしたほど厳しいものであり、朝廷方の強い不満となってのちの**紫衣《しえ》事件**にもつながってゆく。

要点ナビ　幕府（将軍徳川家綱）からすべての寺院へ。

[1]**諸宗寺院法度**　宗派を越えたすべての寺院を対象に、一六六五（寛文五）年に四代将軍家綱によって発布された全九条の法度。

[2]**法式**　僧侶の守るべき事項等を定めた規約。

3 諸宗寺院法度[1]　★☆☆☆

定

一　諸宗法式《しょしゅうほうしき》[2]相乱《あいみだ》すべからず。若《も》し不行儀《ふぎょうぎ》の輩《ともがら》これあらば、急度《きっと》沙汰《さた》に及ぶべき事。（第一条）

一　一宗の法式を存ぜざる僧侶《そうりょ》は、寺院住持《じゅうじ》となすべからざる事。附《つけたり》、新儀《しんぎ》を立て奇怪《きかい》の法を説くべから

通釈

定

一　諸宗派が定めた規則を乱してはならない。もしこの規則に従わない者があれば、必ず処罰すること。

一　宗派の規則を知らない僧侶を、寺の住職にしてはならない。並びに、新たな教義をもって、怪《あや》しげな

教えを説いてはならない。

一 宗派の本山（本寺）・末寺に関する規則を乱してはならない。たとえ本寺（本山）であっても、末寺に対し道理に反する命令を下してはならない。

ざること。（第二条）

一 本末《ほんまつ》③の規式《きしき》はこれを乱すべからず。縦《たと》へ本寺たりといへども、末寺に対し理不尽《りふじん》の沙汰《さた》あるべからざる事。（第三条）

『徳川禁令考《とくがわきんれいこう》』

解説 仏教教団の統制については、一六一五（慶長二〇・元和元）年までに各宗派の本山・本寺や奈良、京都の大寺に**寺院法度**が出されていた。これによって各宗派の中世的特権を奪い取り、また、すべての寺が本山・本寺に従属するという**本末《ほんまつ》制度**が成立したのである。すべての宗派に共通する法令が出されたのは、ここに示した四代将軍家綱が一六六五（寛文五）年七月一一日に発布した**諸《しょ》宗寺院法度《しゅうじいんはっと》**が初めてである。本末制度の確立によって、幕府の本山を通じた寺院統制は確立したのである。また、この法令は以後の幕府の寺院統制の基本となってゆくのである。また、同年七月（一六六五年七月）、神社統制についても各神社共通の法度として「**諸社禰宜神主《ねぎかんぬし》法度**」が発布されている。

Spot

紫衣《しえ》事件

後水尾天皇はかねがね幕府の干渉に強い不満を持っていた。幕府が朝廷と婚姻《こんいん》関係を結ぼうとして、一六二〇（元和六）年秀忠の末子和子を天皇の女御として強引に入内《じゅだい》させた時、天皇は怒って譲位を決意したほどであった。

事件は一六二七（寛永四）年に起こった。朝廷はかねてから収入源の一つとして紫衣勅許を行っていたが、天皇の時公家諸法度・寺院諸法度の規定を破って幕府の許可なく僧侶十数人に紫衣着用の勅許を与えた。たまたま一六二六（寛永三）年前将軍秀忠上洛《じょうらく》の時それが明らかになり、遂に翌年これらの紫衣や上人号を無効とし所司代に再選考を命じた。怒った天皇の抗議や、大徳寺の沢庵《たくあん》らの訴状も一切無視し、一六二九（寛永六）年沢庵は紫衣をはがれて出羽へ流され、七〇余人の上人号と紫衣が剥奪《はくだつ》された。続いて家光の乳母春日局《かすがのつぼね》が無位無官の身ながら朝廷に参内したことは幕府の横暴を一層明らかにし、遂に天皇は譲位して興子内親王がわずか七歳で皇位についた（明正天皇）。「葦原よしげらばしげれおのがまま、とても道ある世にあらばこそ」天皇は幕府に対する憤りをこの歌に託したのである。

③**本末** 本山・末寺のこと。宗派ごとの本山にすべての末寺を従属させる。本山は本寺ともされる。家康によって一六一五（元和元）年までには各宗派の本末関係に関する法度が公布された。

史料注 **徳川禁令考** 一八九四（明治二七）年、明治政府の司法省編纂になる江戸幕府の法令集。政治、経済などの重要史料。

探究13 禁中並公家諸法度・諸宗寺院法度の目的は何か。

7 幕府の農民統制と女性の地位

❶ 為政者の農民観　★☆☆☆

百姓は天下の根本也《こんぽんなり》。是《これ》を治《おさ》めるに法❶あり、先《ま》ず一人一人の田地の境目《さかいめ》❷をよく立て、さて一年の入用作食《にゅうようさくじき》《耕作に必要な種籾や食料を計算させ、》をつもらせ、其余《そのよ》を年貢《ねんぐ》に収《おさ》むべし。百姓は財《ざい》の余らぬように、不足なきやうに、治むること道なり。毎年立毛《たちげ》❸の上を以《もっ》て納《おさ》むること、古《いにしえ》の聖人《せいじん》の法なり。斯《かく》の如《ごと》く収める時は過不及《かふきゅう》《過不足がない。》なし。又《また》九月十月の間に、国の中の道橋《みちはし》を造営《ぞうえい》して、往還《おうかん》の煩《わずらい》《従来の不自由》なき様《よう》にすべし。入用は公儀《こうぎ》《必要な経費は幕府が支給する。》より扶助《ふじょ》すべし。此外《このほか》に少しも民をつかふべからず。又田地になき米をとり、横役《よこやく》❹に懸《かかり》て、百姓つかるゝ時は、田にこえをする《肥料をまく》力なく、田畠をかへす《耕作する》事も半作成《はんさくなり》に依《より》て、物成《ものなり》❺あしく、此故《これゆえ》に国つかれ民亡《ほろ》び、天下国家の費《ついえ》一倍二倍にあらず。　『本佐録《ほんさろく》』

百姓は飢寒《きかん》に困窮《こんきゅう》せぬ程《ほど》に養《やしな》ふべし。豊《ゆたか》なるに過れば《生活が楽過ぎると、》、農事を厭《いと》ひ、業《ぎょう》を易《かう》る《仕事を変える》者多し、困窮すれば離散《りさん》す。東照宮❻上意《じょうい》《家康公のお考え》に、郷村《ごうそん》の百姓共は死なぬ様に、生きぬ様にと合点《がてん》致し、収納申付様《しゅうのうもうしつくよう》にとの上意は、毎年御代官《おだいかん》❼衆《しゅう》、支配所へ御暇《おいとま》《任地におもむく時、》賜《たまわ》る節、仰《おお》せ出《いだ》されしと云《い》へり。　『昇平夜話《しょうへいやわ》』

家中士共《さむらいども》、百姓計《ばかり》ヲ大切ニ仕《つかまつり》、士共ヲハ有《あり》なしに仕候《そうろう》《きわめて軽く扱う》と申由《もうすゆえ》ニ候。扨々《さてさて》愚知千万《ぐちせんばん》なる義《ぎ》ニ候。去年当年士共迷惑《めいわく》仕候ハ百姓のならさる《成り立たない》故《ゆえ》とハ不レ知《しらず》候哉《や》。米ノ出来て君臣《くんしん》町人ともニ《(養)》やしなハるゝハ、民《たみ》か蔵《くら》《(過)》なる事を不レ存《ぞんぜず》候哉《百姓こそが米を生産するということをわきまえないのだろうか。》。此の如《かく》く《ごと》民ニ力ヲ尽《つく》スハ、当暮《とうくれ》❽より士共ニ物成能《よく》とらせ、町人もうり物をしてすき、飢《うえ》ふち《ひもじくないようにするため、》をやめ申すべくためニて候。　『池田光政日記《いけだみつまさにっき》』

※色文字は重要語

❶法　治めるこつ。
❷田地の境目　検地で決定された各人の所持田畑の境界。
❸立毛　生育中の稲のことであるが、ここでは収穫量を調べる検見《けみ》をさす。
❹横役　無理な課役。
❺物成　作物の収穫。年貢。
❻東照宮　徳川家康を祀《まつ》った神社のことであるが、ここでは家康のこと。
❼代官　直轄地（幕府領）に派遣され、年貢収納等の支配を行う役人。
❽当暮　その年の暮れ。

史料注

本佐録　家康に仕え、秀忠に近仕した本多佐渡守正信の著と伝えられ、書名もそれに基づくが、正信の著かどうか不明。将軍に政事のあり方を、現実の武士社会に即しつつ示した教訓書。
昇平夜話　越後長岡藩の儒者高野常道が一七九六（寛政八）年頃に書いたもので、江戸時代の制度、儀礼、慣習及び政治社会の諸問題について諸侯、武士の心得となるべきことを書き集めたもの。

池田光政日記 岡山藩主池田光政の日記。一六三七（寛永一四）年～六九（寛文九）年までの約三一年間の日記。

探究14
① 史料「為政者の農民観」から農民観を最もよく示している部分をあげ、その意図を説明せよ。
② 最もきびしい束縛をうけた農民が、身分上武士の次にランクされているのはなぜか。

1 身上 財産のこと。
2 身体 身代に同じか。身上と同意語。
3 沽却 売却すること。
4 向後 今後。
5 御仕置 処罰すること。
6 牢舎 牢獄に入れること。

解説 為政者《いせいしゃ》の農民観として有名なものに、ここにあげた『本佐録《ほんさろく》』の「百姓は財の余らぬように、不足なきやうに、治むること道なり」と、家康の言葉として伝えられる「百姓共は死なぬ様に、生きぬ様に」して年貢を納めさせよの二つがある。農民の生産物を最大限に収奪するためにそのような発言が出たことは十分考えられる。

しかし、武士たちが農民を単なる年貢収奪の対象としてのみみていたと考えるのは間違いであろう。本佐録にある百姓経営についてのこと細かな気配りや農民を不法に使役することへの警告は注目に値する。また、岡山藩主池田光政の日記は、大水害に対しての民政優先策について一六五五（承応四）年に全家臣に説明したものであるが、百姓経営が成り立たなければ、武士や町人（工商）の生活も成り立たないことを諭《さと》している。このように、武士階級のなかから、農民を初め庶民の生活を守り成り立たせるのが武士身分の任務であるという考え方もでてきているのである。武士の恣《し》意的な収奪をおさえる意識が武士内部にもあったことが、近世幕藩社会のそれ以前の社会との大きな違いといえよう。

❷ 田畑永代売買《でんぱたえいたいばいばい》の禁止令 ★★★☆☆

要点ナビ 幕府（将軍徳川家光）から農民に発令。一八七二年に法令を撤回。

(1)田畑永代売買の禁止令

一 身上《しんしょう》1 能《よ》き百姓は田地を買い取り、弥《いよいよ》宜《よろし》く成り、身体《しんだい》2成らざる者は田畑沽却《こきゃく》3せしめ、猶々《なおなお》身上成るべからざるの間、向後《きょうこう》4田畑売買停止《ちょうじ》たるべき事。

『御触書寛保集成《おふれがきかんぽうしゅうせい》』

(2)田畑永代売御仕置5

一 売主牢舎《うりぬしろうしゃ》6の上追放。7 本人死候《しにそうろう》時は子同罪《どうざい》。

通釈

一 財産を持っている百姓は田地を買い取り、ますます財産持ちになっていく。財産のない百姓は、（困窮により）田畑を売却してしまい、ますます貧窮になってしまう。それゆえ、今後は田畑の売買は禁止する。

一 売り主は牢獄に入れた上追放。本人死亡の際は子

一　買主過怠牢《かいぬしかたい》。8 本人死候時は子同罪。但《ただ》し、買候田畑は売主の御代官又《おだいかんまた》は地頭《じとう》9 え之《これ》を取上《とりあ》ぐ。

一　証人《しょうにん》過怠牢。本人死候時は子に構《かまい》なし。

一　質《しち》に取《とり》候者、作り取りにして、質に置《おき》候ものより年《ねん》貢相勤《ぐあいつと》め候《そうら》得《え》ば、永代売同前《えいたいばいどうぜん》の御仕置《おしおき》。但《ただ》し、頼《たの》納買《みおさめがい》10 といふ。

右の通り、田畑永代売停止《ちょうじ》の旨仰《むねおお》せ出《いだ》され候。

『徳川禁令考《とくがわきんれいこう》』

一　買い主は入牢とし、本人死亡の際は子供を同罪とする。ただし、買った田畑は売り主の代官あるいは領主が没収する。

一　（売買の際の）証人となったものは入牢とし、本人死亡の際、子供は処罰しない。

一　田畑を質に取った者が、その田畑を耕作したすべてを収入とし、質入れした者がその田畑に課される年貢を負担する場合は、永代売りと同様の処罰とする。（このような質入れを）頼納買という。

右のように、田畑永代売りの禁止をお命じになられた。

7 **追放**　居住地から追放される刑罰。田畑、屋敷、家財なども没収された。

8 **過怠牢**　牢に数日間入牢させられる禁固《きんこ》刑。

9 **地頭**　江戸時代には、知行所（領地）を持つ旗本をさす。

10 **頼納買**　頼納（らいのう）ともいう。質入人が質入地の田畑にかかる年貢を負担する質入れの形式。質取人は無年貢地を持つことになる。頼納買では、質入人は通常より多くの金を借りることができた。

史料注

御触書寛保集成　二一〇頁参照。

徳川禁令考　二一三頁参照。

探究15

田畑永代売買の禁止令の目的と田畑売買の実態について述べよ。

解説　この二つの法令は、一六四三（寛永二〇）年三月に発令された**田畑永代売買《でんぱたえいたいばいばい》の禁止令**とその罰則規定である。当時、田畑の売買方法には年季売《ねんきうり》・本物返《ほんものがえし》（本銭返《ほんせん》）・永代売の三種があった。前二種は売り主が土地の所有権を留保している売買方法であり、一定の条件で土地を再び取り戻すことができるものである。この法令によって永代売買は禁止されたが、これは土地の売買により農民層の貧富が広がり、零細農が多くなって百姓経営が成り立たなくなり、ひいては年貢収入の減少につながることを防ごうとしたものである。

田畑売買に関するこの厳しい罰則にもかかわらず、現実には質入れや質流れによる実質的な土地の永代売買は行われていた。幕府もこの傾向を認めざるを得なくなり、一七四四（延享元）年には罰則規定を大幅に緩和し、売り主・買い主にはともに過《か》料《りょう》（罰金刑）、証人は叱《しかり》（叱責《しっせき》）のみとなって、事実上は田畑永代売買の禁止令は撤回されたとみてよい。ただし、正式に撤回されるのは一八七二（明治五）年になってからである。

3 分地《ぶんち》制限令　★★☆☆☆

(1)寛文一三（一六七三）年令

一　名主《なぬし》百姓、田畑持《もち》候大積《おおづも》り、1 名主弐拾《（二十）》石《こく》以上、百姓

通釈

一　名主や百姓が所有する田畑は、おおよそ名主は二

1 **大積り**　おおよその見積も

り。概算。

2御公儀　幕府。

3自今以後　今後。

4曲事　処罰。

5高拾石　石高一〇石。

6地面壱町　面積一町。

7厄介人　相続者以外の次男、三男らをさすか。

8在所　在方、農村のこと。

9渡世　稼業、生計を営むこと。

10奉公人　武家や商家、または裕福な農家などに住み込みで勤める人。

史料注

憲教類典　慶長から寛政期にかけての幕府の法令を幕臣の近藤重蔵《こんどうじゅうぞう》（守重）がまとめた私撰の法令集。一七八九（寛政元）年着手し、一七九八（寛政一〇）年完成。一七九八年若年寄堀田正敦《まさあつ》の命令により、幕府に献上された。近藤はこの後、

は拾《(十)》石以上、それより内に持候者は石高猥《こくだかみだ》りに分け申《もうす》間敷《まじき》旨《むね》御公儀《ごこうぎ》様2より仰渡《おおせわた》され候間《そうろうあいだ》、自今《じこん》以後3其旨《そのむね》堅《かたく》相守《あいまもり》申すべき旨仰付けられかしこみ奉《たてまつ》り候。若《もし》相背《あいそむき》申《もうし》候はば、何様《なによう》の曲事《くせごと》4も仰付けらるべく候事。

『憲教類典《けんきょうるいてん》』

(2)正徳三（一七一三）年令

田畑配分《はいぶん》の御書付《おんかきつけ》

高拾石5　地面壱《(一)》町6

右の定《さだめ》より少《すくな》く分候儀停止《わけそうろうぎちょうじ》たり。尤《もっとも》分方《わけかた》に限らず、残高《のこりだか》も此定《このさだめ》より少《すこ》し残《のこす》べからず。然《しか》る上《うえ》は弐拾石地面弐町より少き田地持《もち》て、子供《こども》を初《はじめ》、諸親類の内《うち》え田地配分相成らず候間、厄介人《やっかいにん》7これある者は在所《ざいしょ》8にて耕作の働《はたらき》にて渡世《とせい》9いたさせ、或《あるい》は相応《そうおう》の奉公人《ほうこうにん》10差《さし》出《だ》すべき事。

正徳三巳七月

『新選憲法秘録《しんせんけんぽうひろく》』

(3)享保七（一七二二）年令

一百姓田畑配分定《さだめ》の事、高は拾石、反別は壱町歩より内《うち》所持のものは割分《わりわかつ》べからず。前々より拾石の内田地持《もち》ものは、配分御制禁《せいきん》たりといへども、近来密々《みつみつ》

〇石以上、（名主以外の）百姓は一〇石以上であり、それより少ない田畑を持っている者は、みだりに土地を分けてはいけないと幕府から命令が出されました。今後はその旨を堅く守るようにとのことつつしんで承知しました。もし、この命令に背くことがあればどのような処罰もお受けします。

田畑配分の規定

石高一〇石・土地の面積一町歩

右の規定を下回る土地（面積）の分割は禁止である。ただし、どのような分割の方法をとったにしても、（分割後の）残った高もこの定めを下回ってはならない。それゆえ、所持高二〇石、所持面積二町歩より少ない田地の所持者は、子供や親類の者に田地を分配してはならないので、面倒を見ている者がいたら、居住する村で耕作に従事させて生計を立てさせたり、あるいはしかるべき奉公に出しなさい。

正徳三（一七一三）年巳七月

一百姓が持つ田畑の配分について、石高は一〇石、面積は一町歩より少なく持っている者は分配してはならない。前々から一〇石より少ない田地を持つ者は幕府が分配を禁じているが、近年秘密裏にみだり

猥《みだり》に相分《あいわ》け候由相聞候《そうろうよしあいきこえ》。自今《じこん》拾石壱町歩の外に余分を配分すべし。此《この》定より少し残すべからず。是《これ》より内所持のものは配分御停止《ちょうじ》に候間、厄介人《やっかいにん》有のものは、同所にて耕作の働《はたらき》仕《つかまつ》り、渡世《とせい》いたさせ、又は相応の奉公に差し出すべき事。

享保七年寅十一月　『徳川禁令考』

に土地を分配していると聞く。今後は石高一〇石、土地の面積が一町歩を超えた分を分配しなさい。（元の百姓の土地は）この定めより少なくなってはならない。これより少ない所有者は分配を禁じているので、面倒を見ている者がいたら、居住する村で耕作に従事させて生計を立てさせたり、あるいはしかるべき奉公に出しなさい。

享保七（一七二二）年寅十一月

最上徳内《もがみとくない》らと択捉島《えとろふとう》の探検を行う。

新選憲法秘録　幕府の法令を集めた編さん物。子《ね》の巻から亥《い》の巻までの一二巻で構成される。

徳川禁令考　二一三頁参照。

探究16　分地を制限した理由を述べよ。

※近年「田畑勝手作りの禁」がそもそも存在しなかったことが提起されている。

1田畑勝手作りの禁　ここでは幕府の一六四三（寛永二〇）年の郷村への触れから一部を示す。

解説　分地制限令は一六七三（寛文一三）年に出されたとされるが、本文の後半に「かしこみ奉り候」「曲事も仰付けらるべく候事」という表現があるところから、幕府の法令に対して支配を受けている農民側が出す請書《うけしょ》の内容となっている。本文前半で幕府は、名主が二〇石、名主以外の一般の百姓は一〇石以上の田畑を持っているのが標準で、それより少ない田畑を持つ者はみだりに土地を分配することを禁じている。内閣文庫本（国立公文書館蔵）を底本としたが、年月は「延宝元丑年六月」と記載されている。一六七三年は九月に寛文一三年から延宝元年に改元されたので、本来は「寛文十三丑年六月」と記載されるべきものである。持高一〇石以下の百姓の分地が制限されているのは、年貢を負担することが可能で、百姓が経営を維持できる一応の基準とされたのであろう。しかし、この規定だけでは分地後の持高が一〇石以下になることもあり得る。そこで一七一三（正徳三）年に、所持高二〇石、面積で二町歩より少ない田地の所持者は分地ができないとし、分配した残りも石高一〇石以上で、面積は一町歩以上の余りが必要である点を加えた。一七二二（享保七）年には一〇石一町歩以上の土地所有者はその超えた分の土地を分配してよいとし、規制を緩和している。

この分地制限令は、相続等の際の分地によって耕地が分割され、百姓の経営が成り立たなくなること、さらには零細農民の増加によって年貢負担ができなくなることを防止するためのものであった。

参考　※田畑《でんばた》勝手《かって》作《づく》りの禁1　★☆☆☆☆

一　来年より御料《ごりょう》私領共（幕府領・大名領）ニ、本田畑にたはこ作《つくり》申間敷旨《もうすまじきむね》、仰《おお》せ出《いだ》され候《そうろう》、若《も》し作候ものハ、自今《じこん》以後新《しん》（今よりのち、新田（畑））地《ち》（を開墾して）を開き作るべき事。

一　田方《たかた》ニ木綿《もめん》作申間敷事。

一　田畑《でんばた》共ニ油の用として菜種《なたね》作申間敷事。

『徳川禁令考《とくがわきんれいこう》』

史料注

徳川禁令考　二二三頁参照。

※「慶安の触書」は近年、存在が疑問視されている。

❶**公儀御法度**　公儀は江戸幕府、御法度は法令のこと。

❷**地頭**　江戸時代には知行地を持つ旗本をさす。

❸**代官**　直轄地（幕府領）に派遣された役人。

❹**組頭**　名主の補佐役人。

❺**おはた**　苧機《おはた》か。青苧《あおそ》からとった糸で機を織り衣料を作ること。

❻**物まいり**　「物詣《ものもう》で」のこと。寺社等に参拝すること。

❼**遊山すき**　遊山好き。遊山とは桜狩り、紅葉狩り、きのこ狩りなどの行楽。

❽**身持をかせき**　働いて家計を助け、財産を作ること。

解説　右に示した条文は、一六四三（寛永二〇）年八月二六日に出された「郷村御触」二三条のうちの三条である。たばこの本田畑への作付けを禁止するが、新たに開墾した土地への作付けは可能であること、水田への木綿の作付けは禁止、田畑へ油を絞る目的で菜種を作付けすることを禁じている。これは寛永の大飢饉《ききん》という緊急事態に際して、食料増産と年貢確保のために出されたものである。

この三条は長らく「田畑勝手作《かってづく》りの禁」の法令として取り上げられてきたが、近年「田畑勝手作りの禁」はそもそも存在しなかったことが提起されている。

最近の研究から、江戸幕府は商品作物一般に対する継続的かつ体系的な作付制限令を出したことはないこと、「勝手作」という言葉も作付制限をするために使用していないこと、商品作物を田畑に勝手に作ることに対して制限を加えるという領主側の意図も確認されていないことが明らかにされた。

参考　**※慶安の触書**　★★☆☆☆

一　公儀御法度《こうぎごはっと》❶を怠《おこた》り、地頭《じとう》❷代官《だいかん》❸の事をおろそかに存《ぞん》ぜず、さて又名主組頭《またなぬしくみがしら》❹をは真《まこと》の親とおもふべき事。

一　朝起《あさおき》をいたし朝草を苅《か》り、昼は田畑耕作にかゝり、晩には縄《なわ》をなひたはら《（俵）》をあみ、何にてもそれ〲の仕事、油断《ゆだん》なく仕《つかまつ》るべき事。

一　酒茶を買ひ、のみ《（飲）》申間敷《もうすまじく》候《そうろう》、妻子同前《さいしどうぜん》の事。

一　百姓ハこへ《（肥）》はい《（灰）》調《ととのい》置《おき》候儀《ぎ》専一《せんいつ》ニ候間、せっちん《（雪隠）》をひろく作り、雨降り候時分《じぶん》水入れざる様《よう》ニ仕るべし。

……

一　百姓は分別《ふんべつ》もなく末《すえ》の考《かんがえ》もなきものに候故《ゆえ》、秋になり候へば、米雑穀《こめざっこく》をむさと妻子にもくはせ候。いつも正月、二月、三月時分の心をもち、食物を大切に仕るべく候には、雑穀専一に候間、麦・粟《あわ》・稗《ひえ》・菜《な》・大根、其《そ》の外《ほか》何にても雑穀を作り、米を多く喰《くい》つふし候はぬ様に仕るべく候。……

一　男は作《さく》をかせき、女房《にょうぼう》ハおはた❺をかせき夕なべを仕り、夫婦ともにかせき申すべし。然《しかれ》は、みめかたちよき女房なりとも、夫のことをおろかに存じ、大茶《おおちゃ》をのみ、物まいり❻、遊山《ゆさん》すき❼する女房を離別《りべつ》すべし。

……

一　百姓は衣類の儀、布《ぬの》・木綿《もめん》より外《ほか》は、帯《おび》・衣裏《きぬうら》にも仕る間敷事。

一　多葉粉《たばこ》のみ申間敷候。是《これ》は食にもならず、結句《けっく》、以来煩《わずらい》に成《なる》ものに候。其の上、隙《ひま》もかけ代物《だいもつ》も入り、火の用心もあしく候。万事《ばんじ》に損成《そんなる》ものに候事。

右の如《ごと》くに物毎念《ものごとねん》を入れ、身持《みもち》をかせき❽申すべく候。……年貢《ねんぐ》さへすまし候へば、百姓ほど心易《やす》きものはこれなく、能々此趣《よくよくこのおもむき》を心がけ、子々孫々《ししそんそん》まで申伝へ、よくよく身持をかせき申すべきもの也《なり》。

慶安二年9丑《うし》二月廿《（二十）》六日　『徳川禁令考《とくがわきんれいこう》』

解説　一六四二（寛永一九）年と翌年の全国的な大飢饉《ききん》を経て、幕府は、年貢収奪から農業経営維持へと農民政策の重心を移していったが、その集大成がこの「慶安の触書」とされている。農民生活全般にわたって、こと細かに干渉する内容となっているが、一六四九（慶安二）年に、幕府法としてこの形の触書が出されたことは、ほぼ否定されている。近年の研究によれば、甲斐《かい》（山梨県）から信濃《しなの》（長野県）にかけて流布していた地域的教諭書をもとに、甲府藩で一七世紀に触書が発令された。それが一九世紀になってから「慶安の触書」として美濃《みの》国岩村藩で木版印刷され、全国に広まったとされる。さらに、明治時代になって活字印刷の『徳川禁令考』に収録されたことが、「慶安の触書」の知名度を高め、全国的な幕府法という認識の定着を促したと考えられている。

❹ 五人組帳前書　★☆☆☆

一　兼《かね》て仰《おお》せ出《いだ》され候《そうろう》通り、大小の百姓五人組を究置《きめお》き、何事によらず、五人組内にて、御法度《ごはっと》相背《あいそむ》き候儀《ぎ》は申すに及ばず、悪事仕《つかまつ》り候者これ有り候はば、其《そ》の組より早速申上《さっそくもうしあ》ぐべく候。もし隠《かく》しおき、脇《わき》より申出《もうしいで》候はば、（五人組以外の者から訴え出ると、）其者《そのもの》には品《しな》により1御褒美《ごほうび》下され、五人組の者、名主《なぬし》共に曲事《くせごと》2に仰せ付けるべき旨《むね》、畏《かしこ》み奉《たてまつ》り候。

9慶安二年　一六四九年。

史料注　徳川禁令考　二一三頁参照。

探究17　封建支配者が、農民の日常生活の細部にまで干渉・統制したのはなぜか。

1品により　密告したことの軽重の程度に応じての意。

2曲事　正しくないこととし

一 ……壱人身《ひとりみ》の百姓、煩《わずらい》《病気であることが確かで、》に紛《まぎ》れなく、耕作罷《まか》りなり候はざる時は、五人組は申すに及ばず、一村の者共寄合《よりあ》い田畑仕付《しつ》け3、収納仕り候様に相互に助合い申すべき事。

『徳川禁令考《とくがわきんれいこう》』

解説 五人組は江戸時代における庶民統制（なかでも年貢負担者である農民を対象）のために設けられた末端機構で、制度として整備をみたのは寛永年間（一六二四〜四四）のことであった。五人組としての責務は、相互検察・連帯責任制にあった。この史料は五人組帳前書で、普通五〇カ条前後からなり、領主が庶民の日常生活万般にわたり微細に規定したものである。毎月または年数回、町・村役人が五人組寄合で読み聞かせて周知徹底を期し、また寺子屋の教材として儒教《じゅきょう》精神の浸透に利用されたのである。江戸幕府の農民支配の本質を理解する上で重要な史料である。

て刑罰を加えるの意。

3仕付け 田植、植え付け。

史料注 **徳川禁令考** 二一三頁参照。

探究18 五人組制度について述べよ。

5 女大学《おんなだいがく》 ★☆☆☆

一 夫《それ》、女子《にょし》は成長して他人の家へ行き、舅《しゅうと》・姑《しゅうとめ》1に仕《つかゆ》るものなれば、男子よりも、親の教《おしえ》ゆるがせにすべからず《おろそかにしてはいけない。》。父母寵愛《ちょうあい》して恣《ほしいまま》に育てぬれば、夫の家に行《ゆき》て必《かならず》気随《きずい》2にて、夫に疎《うと》まれ、又は舅の誨《おしえ》正しければ、堪《た》え難《がた》く思ひ、舅を恨《うら》み誹《そし》り、中悪《なかあし》くなりて、終《つい》には追出《おいいだ》され、恥を曝《さら》す。

二 婦人《ふじん》は別に主君なし。3 夫を主人と思ひ、敬《うやま》ひ慎《つつしみ》て事《つかう》べし《仕えるべきである。》。軽しめ侮《あなど》るべからず。惣《そう》じて婦人の道は、人に従うにあり。4

『女大学《おんなだいがく》』

解説 女大学はこれまでの漢文調の女子教訓書とは違い、分かりやすい仮名文字の和文で書かれ、広く普及した。女大学は、貝原益軒《かいばらえきけん》の著書を下じきにしたが、益軒の例えば男性・女性ともに教育を受ける権利があるといった人間の価値平等観を捨象し、男尊女卑《だんそんじょひ》的な男性本位の立場をとっている点にその特徴がある。女は親・夫・子に従うべしという、いわゆる「三従の教え」に代表される近世の女性差別は、被差別部落の人々への差別や農民らへの厳しい規制等と並び、支配のための差別といえる。また、特に武士の嫡子《ちゃくし》単独相続制度も、家父長に隷属《れいぞく》するものとして女性の地位を低下させた。

この女大学は、明治維新後の近代社会に入っても読み継がれていく。明治以降の日本の国家主義のなかで、国家を支える家制度を補強するための良妻賢母の女子教育政策に引き継がれていくのである。

1舅・姑 夫の父と母。

2気随 わがまま。

3婦人は別に主君なし 近世の特に武家社会では、原則嫡子単独相続となり、女性の相続は制限され、女性の地位も著しく低いものとなっていた。

4婦人の……にあり いわゆる三従の教え。

史料注 **女大学** 貝原益軒の『和俗童子訓《わぞくどうじくん》』のなかの「女子を教ゆるの法」を下じきとした女子教訓書。一八世紀の前半から出版され始め、多くの版を重ねた。著者不詳。

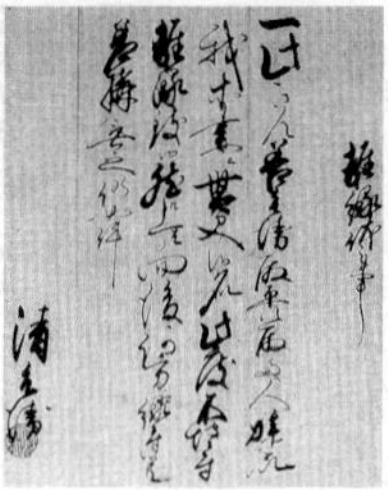
国文学研究資料館蔵

6 離縁状《りえんじょう》

★☆☆☆☆

離縁状《りえんじょう》之《の》事《こと》
一此《この》きん善兵衛殿《ぜんべえどの》平八殿《へいはちどの》両人　媒《なかだち》を以《もって》
我等《われら》妻《つま》ニ貰受《もらいうけ》候《そうろう》処《ところ》此度《このたび》不埒《ふらち》ニ付《つき》離縁《りえん》致《いたし》候《そうろう》然《しか》ル上《うえ》者《は》向《きょう》
後《こう》何方《いずかた》江《へ》縁付《えんづき》候《そうろう》共《とも》
差構《さしかまえ》無之《これなく》仍《よって》如件《くだんのごとし》
清兵衛《せいべえ》㊞

通釈

離縁状の事

一つ　現在、善兵衛殿と平八殿の両名の媒酌《ばいしゃく》によって妻をもらい受けておりますが、今度不届きな事態がありましたので、妻とは離縁いたします。つきましては、今後妻がどなたと縁組みしても一向に構わないことを明確にいたします。

清兵衛㊞

解説

離縁状は、「三行半《みくだりはん》」とも言われるが、江戸時代のみ、二四か月勤めることでしか離婚が成立しなかった。しかし、離婚は、原則的には夫の専権事項であった。妻の側からは、例えば縁切寺《えんきりでら》（駆込寺《かけこみでら》）である鎌倉東慶寺《とうけいじ》等へ駆け込み、離縁状は建前であり、実際は、妻の側が家を出てしまったり、協議によって離婚が成立していた。

Spot

年貢は重かったか?!

重い年貢に苦しみ、ついに百姓一揆に立ちあがる農民たち。こんなイメージでみられる江戸時代の農民たち。でも、本当に年貢は重かったのであろうか。次に示すのは一八世紀後半の長野県松本市近郊のある村の一筆の土地の石高である。

(1)一　外川原下々田七畝《せ》二一（歩《ぶ》）　高**一石一合**
(2)一　**二石**　外川原田

(1)は領主の把握した（検地以来の）石高で、(2)は農民の私的な経営簿に記された石高である。(2)の方が実際の生産量に近い数値であることは言うまでもない。このように、江戸時代の中期以降になると、収穫量は増大し、かつ領主側には増加した分を把握できないことが多くなる。年貢も中期以降はほぼ固定された額となり、享保《きょうほう》改革等の政策も年貢を微増させたにとどまる。こういった生産の上昇を庶民が自分たちの側につかむなかで庶民文化が発展し、また新たな社会構造を必要とさせたのである。

8 宗門改《しゅうもんあらた》めと寺請《てらうけ》制度

❶ 宗門改帳 ★☆☆☆

差上申一札之事《さしあげもうすいっさつのこと》❶

一 耶蘇《やそ》宗門《しゅうもん》❷今以《もっ》て密々《みつみつ》にこれ在《あ》る間、処々《しょしょ》より捕来《とらえきた》り候《そうろう》に付《つき》、不審成《ふしんなる》ものこれ在らざる様、面々領内えも申し付けられるべき事。

右御書付《おんかきつけ》の通り、御改《おんあらため》の郷中《ごうちゅう》御穿鑿《ごせんさく》仰《おお》せ付《つ》けられ候に付（村々をどこまでも調べる）、名主・百姓・妻子・下人《げにん》は申すに及ばず、寺社方同宿《どうしゅく》・沙弥《しゃみ》❸・幷《ならびに》道心者《どうしんじゃ》❹・虚無僧《こむそう》❺・山伏《やまぶし》❻・浪人等まで地借《じかり》❼・店借《たながり》❽残らず相改め候処《ところ》、疑敷《うたがわしき》もの御座《ござ》なく（疑わしい者はおりません）、若《も》し吟味《ぎんみ》致さず耶蘇宗門の訴人《そにん》脇《わき》より罷《まか》り出《いで》候はゞ（訴え出る者がおりましたら）、名主・五人組如何様《いかよう》の曲事《くせごと》❾にても仰せ付けらるべく候。……（以下、村方三役の署名あり）

一 浄土宗桂林寺旦那《じょうどしゅうけいりんじだんな》

名主	半左衛門	三十八歳
女房	たよ	三十六歳
悴	藤五郎	十六歳
母	たみ	五十八歳
弟	虎吉	弐十九歳

〆《しめて》五人内男三人
女弐（二）人

一 浄土宗桂林寺旦那

組頭	要八	六十九歳
女房	たつ	五十四歳

※色文字は重要語

❶**差上申一札之事** これは一八二二（文政五）年の相模国大住郡堀斎藤村宗門改帳である。最初に村方三役の誓詞があり、次に旦那寺の宗派・寺院別に各家族の人別に名前、年齢等が記され、最後にキリシタンでないことを確認して、村方三役が署名し、代官所に提出した。

❷**耶蘇宗門** キリスト教。

❸**沙弥** 仏門に入ったばかりで比丘《びく》の資格を得ていない少年僧。

❹**道心者** 在家で仏道を行う者。

❺**虚無僧** 普化《ふけ》宗の有髪の僧で尺八を吹き、諸国を行脚《あんぎゃ》した。

❻**山伏** 修験道の修験者で、山中に起居して修行したので、山伏と呼ばれた。江戸時代には天台宗系の本山派と真言宗系の当山派に分かれ、村人の日常的な宗教生

〆四人内男二人　　悴　松五郎　三十弐歳
女二人　　嫁　もと　弐十七歳
（以下一三軒省略）
『東大史料編纂所所蔵史料《とうだいしりょうへんさんじょしょぞうしりょう》』

活に大きく寄与した。

7地借　地所を借りている人。

8店借　借家人のこと。

9曲事　正しくない事柄のことであるが、ここでは処罰するの意。

❷ 寺請一札　★☆☆☆

一　越後宮川宿《じゅく》弥之七・儀中次・太七右三人の者、代々《だいだい》浄土真宗《じょうどしんしゅう》当寺旦那《だんな》**1**ニ紛《まぎれ》なく候。右三人は大工《だいく》職家業《かぎょう》として其《そ》の御地へ罷越申候《まかりこしもうしそうろう》。若《も》し病死等これ有り候ハバ御作法《ごさほう》の通《とおり》御取斗《とりはから》ひ下さるべく候。後日の為《ため》、一札件《いっさつくだん》の如《ごと》し。（証文は前文に書いた通りです。）

文化十二**2**亥《い》正月　　越後柏崎浄土真宗浄願寺㊞

松(代)城御領分**3**羽尾村御役人御衆中

『長野県千曲市戸倉塚田清志氏所蔵文書《ながのけんちくましとぐらつかだきよししょぞうもんじょ》』

1旦那　施主、仏家が財物を施与する信者を呼ぶ称。檀《だん》家に同じ。

2文化十二　一八一五年。

3松城御領分　長野県更級《さらしな》・水内《みのち》郡を中心とした松代藩領のこと。

探究19
① 寺請制度の当初の目的を述べよ。
② 寺請制度は仏教界にどのような影響を及ぼしたか。

解説　キリスト教禁圧政策の一環としてとらえられた政策の一つに、**宗門改《しゅうもんあらため》め**がある。宗門改めは、すべての武士、農民、町人らが禁制のキリシタンでないことを確認させるため幕府、諸藩ともに宗門改役を置いて取り締まりにあたった。宗門改めの時に宗門改帳（宗旨人別帳《しゅうしにんべつちょう》）を作成する。宗門改帳は、すべての武士、農民、町人らが必ず所定の檀那《だんな》寺に所属してその檀家《だんか》となり、一人別に登録されたものである。これは村別に作られ、また一村内においては宗旨別に作られた。宗門改帳は寺院によって管理され、人別に作られているから詳細な戸籍といえる。本来、宗門改帳とは別に人別帳が作られたのであるが、次第に一冊になった。また、宗門改帳は寛永期頃から整えられ、一六六五（寛文五）年に幕府が諸藩に命じ、全国的に作成されるようになった。宗門改帳は村の人口や出生・死亡・移転・奉公人などがわかる重要な史料である。

ここに示した寺請一札《てらうけいっさつ》は、出稼人に関する「寺請証文」で、柏崎（新潟県）の浄願寺が松代《まつしろ》領（長野県）に働きに出た三人の大工が檀家であることを証明した一種の身分証明書である。

この**寺請制度**は、一八七一（明治四）年に廃止されるまで続き、同年に宗門人別帳は戸籍へと引き継がれた。

9 江戸初期の外交

1 糸割符《いとわっぷ》制度の成立 ★★☆☆☆

要点ナビ
幕府が中国産生糸の取引を統制。

一　慶長《けいちょう》八癸卯《みずのとう》年[1]、南蛮《なんばん》船[2]に諸色《しょしき》[3]の荷物数多《すうた》積渡《つみわた》り、就中《なかんずく》白糸《しらいと》[4]大分《だいぶ》に持渡る。早速《さっそく》、商売せしむべきの処《ところ》、其《そ》の此《ころ》までは世上《せじょう》しつぼく[5]にして、糸の類《たぐい》わづか宛《ずつ》用い候。沢山《たくさん》に持渡るに付《つき》、曽《かつ》て白糸買う人これ無く二年滞留《たいりゅう》す。其の節奉行《せつぶぎょう》小笠原一庵《おがさわらいちあん》[6]方え、異国人共より此度《このたび》持渡り候《そうろう》白糸、買う人共に相応《そうおう》の直段《ねだん》に是非《ぜひ》はらひ度《た》きの由《よし》願申す。一庵方より右の旨《むね》江戸え窺《うかが》ひ、時に御意《ぎょい》[7]として仰《おお》せ付《つ》けられ候は、異国人積渡す所の白糸、商売仕《つかまつ》らず其のまゝ積返し候はゞ、以来《今後は絶》しかと持渡る間敷《まじく》《対に持ってこないであろう。》候。諸国の商人共え相触《あいふ》れ、夫々《それぞれ》の分限[8]に応し買い取るべき由仰せ出《いだ》され、これに依《よ》り京・堺《さかい》・或《あるい》は近国の商人長崎にありあふ《たまたまそこにいる》者共に、分限に応し割り付け買い取らせられ、異国人商売致し帰帆《きはん》せしむ。……

一　権現様《ごんげんさま》[9]御代《みよ》、慶長九甲辰《きのえたつ》年[10]五月、京、堺、長崎三ヶ所へ、始て唐船《とうせん》[11]白糸割符《わっぷ》仰せ付けられ候割《わり》賦《ふ》、

顕糸《けんし》百丸《がん》[12]、京、同百二十丸　堺、同百丸長崎

右の節、本多上野介《ほんだこうずけのすけ》[13]、板倉伊賀守《いたくらいがのかみ》[14]判在《はんあ》り、左の通り、黒船[15]着岸《ちゃくがん》の時、定め置年寄共《おくとしよりども》、糸ノ直《ね》いたさゝる以前《生糸の価格を決定する前》に、諸商人長崎へ入るべからず候。いと《(糸)》の直相定め候上は、万《よろず》望み次第《しだい》商売致すへき者也《なり》。

慶長九年五月三日

『通航一覧《つうこういちらん》』

※色文字は重要語

1 慶長八癸卯年　一六〇三年。
2 南蛮船　南蛮とはポルトガル、イスパニア、イタリアをさすが、おもに来航したのはポルトガル船。
3 諸色　様々な。
4 白糸　生糸。
5 しつぼく　質朴か。一六〇〇（慶長五）年関ヶ原の戦い以来の政情不安と不作をさすのであろう。
6 奉行小笠原一庵　一六〇三（慶長八）年長崎奉行就任。
7 御意　家康の指示のこと。
8 分限　ここでは資産。財産。
9 権現様　家康。
10 慶長九甲辰年　一六〇四年。
11 唐船　中国船。
12 顕糸百丸　絹糸百丸。一丸は五〇斤《きん》（三〇キログラム）。
13 本多上野介　本多正純。
14 板倉伊賀守　板倉勝重。
15 黒船　黒色塗装した欧米船。

史料注
通航一覧　幕末に、幕府が

編纂した対外交渉関係の史料集成。一五六六（永禄九）年〜一八二五（文政八）年の異国船打払令《いこくせんうちはらいれい》までの異国との交渉史料を登載。

探究20 幕府が糸割符制度を設けたのはなぜか。

要点ナビ 徳川家康が海外への渡航を承認。

1 東京 中国と国境を接するベトナム北部地方の名称。
2 慶長第十乙巳年 一六〇五年。
3 忠恕 真心と思いやりがあること。
4 末次平蔵 江戸初期の朱印状を受け、朱印船貿易で巨富を築いた末次平蔵の同名の子息。
5 こたび 一六三一（寛永八）年六月二〇日付の『徳川実

2 朱印船《しゅいんせん》貿易 ★☆☆☆

(1)朱印状

自日本到
東京《トンキン》[1]商船也
右
慶長第十乙巳《きのとみ》年[2]九月十日
源　家康（朱印）
弘　忠恕《ちゅうじょ》[3]

『前田家文書《まえだけもんじょ》』

(2)奉書船の制

長崎の末次平蔵《すえつぐへいぞう》[4]某、こたび[5]東京《トンキン》へ商船を渡海《とかい》せしむ。よて其《その》地の奉行《ぶぎょう》（長崎奉行）竹中采女正重次《うねめのしょうしげつぐ》[6]に奉書《ほうしょ》を差《さし》下さる。これより先御朱印（渡航許可の朱印状）たまはり、異国へ通商せし者、今より後渡海せば采女正重次へ奉書を差《さし》添《そ》えらるべき旨《むね》、兼《かね》て治定《ちじょう》（定められた）せらるる所なり。

『徳川実紀《とくがわじっき》』

解説 糸割符《いとわっぷ》とは、江戸時代における輸入生糸の専売特権の証札のこと。特定の特権商人が持っていたので、その団体を糸割符仲間と呼んだ。当時最大の輸入品であった生《き》糸《いと》（白糸《しらいと》と呼んだ）はマカオのポルトガル商人によって長崎へ運ばれ莫大な利潤が吸い取られていた。一六〇四（慶長九）年、江戸幕府は糸割符仲間が輸入生糸の価格を決定し、その価格で全輸入生糸を一括購入し、それからこれを仲間の成員に分割配布するような制度を定めた。仲間の成員は初め堺《さかい》、長崎、京都の大商人に限られていたが、一六三一（寛永八）年江戸と大坂が参加し、また呉服所商人及び各地の商人も加わるようになった。幕府はこれにより輸入生糸の価格を掌握し、ポルトガル商人の利益独占を排除した。また、国内においても、ポルトガル貿易に関する商人の保護と統制も強めていくことになる。

紀』の記事の一部である。

⑥竹中采女正重次　長崎奉行竹中重義のこと。過酷《かこく》なキリシタン弾圧を実施した奉行として有名。

史料注

前田家文書　二〇六頁参照。

徳川実紀　幕府が編纂した初代将軍家康～一〇代家治までの将軍家の歴史書。一八四九（嘉永二）年成立。

解説　**朱印船貿易**《しゅいんせん》は、中国との交通貿易が断絶する中で、東南アジア各地での中国密貿易船との出会貿易のために**豊臣秀吉**《とよとみひでよし》が創始し、**徳川家康**が受け継いだ貿易である。渡航先で密貿易船と峻別《しゅんべつ》し保護を受けるために、渡航証明書である朱印状を発給したので朱印船貿易と呼ぶ。家康の貿易積極策と国内の政治的統一に伴う経済の発展、金銀銅などの鉱山開発などの進展が江戸時代初期の海外貿易を発展させた。

　朱印状は、その航海証明書で渡航先と発行者家康の朱印が捺《お》されている。これは一六〇四（慶長九）年から一六三五（寛永一二）年の三十余年間に三五〇通余発行された。朱印船の渡航先は、インドシナ半島各地が多く、続いてシャム、ルソン、台湾などほぼ東南アジア全域にわたっている。朱印状を受け、朱印船を派遣した者は、島津、鍋島《なべしま》、有馬などの九州大名や角倉了以《すみのくらりょうい》、茶屋四郎次郎《ちゃやしろうじろう》、末次平蔵《すえつぐへいぞう》らの豪商、在留外国人などであった。朱印船は日本から銀・銅・硫黄《いおう》などの鉱産物や米穀・陶器等を輸出し、生糸・絹織物・綿布・鉛などを輸入した。利益は莫大で、一〇割以上の純益をあげたという。

　このように日本人の海外発展が著しくなると、東南アジア各地に日本人が移民し**日本町**が成立した。マニラ郊外のディラオ、シャム国（現、タイ国）のチャオプラヤ川中流のアユタヤ、交趾国《コーチ》（現、ベトナム中部）のツーラン等にあった。ディラオには最盛期三〇〇〇名が、またアユタヤには一五〇〇～一六〇〇名の日本人がいたという。その中には日本から追放されたキリシタンも少なくなかった。またアユタヤの長には山田長政が任命された。

　その後、幕府は貿易統制を強めるため一六三一（寛永八）年より、老中《ろうじゅう》の奉書《ほうしょ》をその都度長崎奉行あてに出させるようにした。そして、一六三三年以降、海外渡航を行うためには朱印状と老中奉書（老中発給の渡航許可書）が必要となり奉書船制度が始まったのである。

③ 鎖国令 ★★★★★

(1) 寛永十年令①

一　異国《いこく》え奉書船《ほうしょせん》②の外《ほか》、舟遣《つかわ》し候儀《そうろうぎ》、堅《かた》く停止《ちょうじ》の事。

（第一条）

一　奉書船の外に、日本人異国え遣し申すまじく候。若《も》し忍《しの》び候て乗りまいり候者これあるにおいては、其《その》者は死罪、其船幷《ならびに》船主共に留《とど》め置《お》き言上《ごんじょう》③仕《つかまつ》るべ

通釈

一　海外へ、奉書船以外の船を派遣することを厳禁する。

一　奉書船以外の船で、日本人を外国へ派遣してはならない。もし密《ひそ》かに渡航する者がいた場合は、その者は死罪とし、その船と船主はともにとどめておいて報告するべきである。

一　外国に渡り居住していた日本人が帰ってきたら、

要点ナビ　幕府（将軍徳川家光）から発令。

①寛永十年　一六三三年。

②奉書船　将軍の朱印状に加え、渡航を許可する老中奉書を与えられた貿易船。

③言上　上申すること。ここ

では、上申（報告）の上、その処置についての指示を得ること。

4住宅これある　居住しているの意味。

5仕合　事の成り行き、理由。

6穿鑿　調査、取り調べ。

7とまり　とどまる。

8御免　容赦する、許す。

9伴天連宗旨　キリシタン門徒の意味。

10両人　当時（寛永一〇年二月）の長崎奉行である曾我古祐《ひさすけ》と今村正長の両名のこと。曾我と今村はこの年二月一四日付で目付から長崎奉行に任命された。

11上の訴人　地位の高い宣教師を訴えた者の意味。

12銀百枚　銀一枚は銀四三匁《もんめ》。

13それより下　地位の低い下級の宣教師を訴えた者の意味。

14白糸　輸入された（中国産の）生糸。

15五ケ所　長崎・京都・堺・大坂・江戸の糸割符《いとわっぷ》商人。糸割符制度は、一六〇四年ポルトガル商人による中国産生糸の独占的利益を排除するために設けられた制度

き事。（第二条）

一　異国え渡り住宅これある**4**日本人来《きた》り候はば、死罪申し付くべく候。但《ただ》し、是非《ぜひ》に及ばざる仕合《しあわせ》**5**これありて、異国に逗留《とうりゅう》いたし五年より内に罷《まか》り帰り候者は穿鑿《せんさく》**6**をとげ、日本にとまり**7**申すべきにつきては御免《ごめん》**8**、併《しか》し異国えまた立帰るべきにおゐては死罪申し付くべく候。（第三条）

一　伴天連宗旨《バテレンしゅうし》**9**これある所えは、両人**10**より申し遣すべき事。（第四条）

一　伴天連訴人《そにん》ほうびの事。附《つけたり》、上の訴人**11**には銀百枚**12**、それより下**13**は、其忠《ちゅう》にしたがひ相計《あいはから》ふべきの事。（第五条）

一　異国船につみ来り候白糸《しらいと》**14**、直段《ねだん》を立て候て、残らず五ケ所**15**へ割符《わっぷ》仕るべきの事。（第一二条）

(2)寛永十二年令**16**

一　異国え日本の船これを遣すの儀、堅く停止の事。（第一条）

一　日本人異国え遣し申すまじく候。若し忍び候て乗渡《のりわた》る者これあるにおいては、其者は死罪、其船其船主共

その者に死罪を命ずる。しかし、やむを得ない事情があって外国にとどまり、五年以内に帰ってきたものは、取り調べをした上で、以後日本にとどまることを願う場合は、無罪とする。しかし、外国へ戻る場合は死罪を命じる。

一　キリシタンのいる所へは、両人が役人を派遣して調べなければならない。

一　バテレン（宣教師）を訴え出た者へのほうびのこと。付則、高い地位の宣教師を訴え出た者には銀一〇〇枚、それより低い下級の宣教師を訴え出た者には、その功績によりほうびを与える。

一　外国船に積んできた（中国産の）生糸は、値段を決めて残らず五か所（の糸割符商人）へ分配しなさい。

一　外国へ、日本の船を派遣することを厳禁する。

一　日本人を外国へ派遣してはならない。もし密かに渡航する者がいた場合は、本人は死罪、その船と船主はともにとどめておいて報告すべきである。

一　外国に渡り居住していた日本人が帰ってきたら、

で、長崎・京都・堺の三か所の商人に糸割符仲間を結成させ、生糸の一括購入、値段の決定、分配割合を定めた。その後、一六三一年大坂・江戸の商人もこれに加わった。これを五ヶ所商人という。

16寛永十二年　一六三五年。

17寛永十三年令　一六三六年。寛永一二年令にここに示した三か条を追加・改正して発布された。『徳川実紀』には「改正」、「増加」としてこの三か条が掲載されている。

18其品　訴え出た伴天連（宣教師）の階級等に応じての意味。

19或は三百枚、或は弐百枚　ほうびとして銀を三〇〇枚から二〇〇枚支給するとの意味。

20南蛮人　ポルトガル人、イスパニア人、イタリア人のことをさす。

21一類の者　一族のもの。

22寛永十六年　一六三九年。

23彼の宗を弘むる者　キリスト教禁止後も朱印船等に乗船した宣教師の渡航は続いていた。

に留め置き言上仕るべき事。（第二条）

一　異国え渡り住宅仕りこれある日本人来り候はば、死罪申し付くべき事。（第三条）

(3)寛永十三年令17

一（改正）伴天連の訴人は、其品18に寄り、或《あるい》は三百枚、或は弐《（二）》百枚たるべし。19……

一（増加）南蛮人《なんばんじん》20子孫《しそん》残し置かず、詳《つまびらか》に堅く申し付くべき事。若し違背《いはい》せしめ、残し置く族《やから》これ有《ある》におゐては、其者は死罪、一類の者21は科《とが》の軽重《けいちょう》により申し付くべき事。

一（増加）南蛮人、長崎にて持ち候子幷《ならびに》右の子供の内養子《ようし》に仕る族の父母ら、悉《ことごとく》死罪に為《な》すと雖《いえど》も、身命を助け南蛮人え遣され候間、自然《じねん》彼《か》の者共の内、重《かさね》て日本え来るか、又《また》は文通これ有るにおゐては、本人は勿《もち》論《ろん》死罪、親類以下迄《まで》科の軽重に随《したが》ひ申し付くべき事。

(4)寛永十六年令22

一　日本国御制禁《ごせいきん》成《な》され候切支丹宗門《キリシタンしゅうもん》の儀、其趣《おもむき》を存《ぞん》じ乍《なが》ら彼の宗を弘《ひろ》むる者23、今に密々差渡《みつみつさしわた》るの事。（第一条）

死罪を命じる。

一　バテレン（宣教師）を訴え出た者には、その訴え出た内容（宣教師の階級の上下等）により銀三〇〇枚から二〇〇枚のほうびを与える。

一　南蛮人の子孫を（日本に）残し置いてはいけないということを詳細かつ厳しく命じる。もし、違反して残し置くような者がいたら、本人は死罪、（残し置いた）一族の者は罪の軽重によって処罰する。

一　南蛮人が長崎でもうけた子、及びその子供を養子にもらった父母は、（本来ならば）すべて死罪に処すべきであるが、（今回は）命を助け（その子を）南蛮人に送り返すことにする。もし、彼らの内、再び日本に来るか文通する者があれば、本人はもちろん死罪、親類以下は罪の軽重によって処罰を命じる。

一　日本国にて禁止されているキリスト教に関して、禁教の趣旨を知りながら、布教のため密航してくる者がいる。

一 宗門の族、徒党《ととう》を結び邪儀《じゃぎ》を企《くわだ》つれば、則《すなわ》ち御誅罰《ちゅうばつ》の事。24（第二条）

一 伴天連同宗旨の者、かくれ居《お》る所え彼の国よりつけ届物《とどけもの》送りあたふる事。（第三条）

右茲《ここ》に因《よ》り自今《じこん》以後、かれうた25渡海《とかい》の儀、これを停止せられ畢《おわ》んぬ。此上《このうえ》若し差渡るにおいては其船を破却《はきゃく》し、并《なら》びに乗来《のりきた》る者速《すみやか》に斬罪《ざんざい》に処《しょ》せらるべきの旨《むね》、仰《おお》せ出《いだ》さるる所也《なり》。仍《よってしったつ》執達26件《くだん》の如《ごと》し。

『徳川禁令考《とくがわきんれいこう》』

一 キリシタン宗門の者が徒党を組み、悪事を企てれば、（島原の乱のように）ただちに処罰する。

一 バテレン（宣教師）や信徒の者が隠れ住む所へ、本国（ポルトガル）から送り物が届けられることがある。

右のような理由により、今後ポルトガル船の来航は禁止された。この上、来航してくる者があればその船を破壊し、また来航してきた者はただちに斬罪に処するべきことを命じられた。よって以上のように通達する。

24 宗門の族、徒党を結び…… 一六三七（寛永一四）年～三八（寛永一五）年の島原の乱をさす。

25 かれうた ガレウタ。一六世紀後半～一七世紀のヨーロッパの大型帆船の代表であるガレオン船の小型版（三〇〇トン前後）の船。ここではポルトガルのガレウタ船をさす。

26 執達 （将軍など）上位者の命令を下に通達すること。

史料注

徳川禁令考 二一三頁参照。

探究21

① 鎖国令を発した理由は何か。

② オランダが貿易を公許された理由を述べよ。

解説

キリスト教の禁止、日本人の海外渡航の制限及び禁止、貿易統制を目的としてなされた一連の対外政策を**鎖国**《さこく》という。鎖国は幕府権力の確立、幕藩体制維持といった点からも重要な役割を担《にな》うことになる。既に幕府は一六一二（慶長一七）年、幕府領に禁教令を実施し、翌（一六一三）年にはこれを全国に拡大した。一六一四（慶長一九）年には高山右近《うこん》らがマニラに追放され、一六二二（元和八）年には長崎において、宣教師ら五五人を火あぶりにした元和《げんな》の大殉教《だいじゅんきょう》も行われた。また、貿易の面でも一六三一（寛永八）年には朱印船に対し、朱印《しゅいん》状に加え**老中奉書**《ろうじゅうほうしょ》を交付するようになり、同年糸割符《いとわっぷ》仲間は、江戸・大坂の商人が加わり五か所商人となって糸割符制度が強化された。

このようなキリスト教禁止の強化、貿易統制の強化を前提にして三代将軍徳川家光の時にいわゆる**鎖国令**が出された。寛永十年令では**奉書船**以外の海外渡航と五年以上の海外滞在者の帰国を禁止し、また伴天連《バテレン》の訴人については懸賞金を付けてこれを奨励した。寛永十二年令では日本人の海外渡航を全面禁止し、寛永十三年令で伴天連の訴人の懸賞金の額を引き上げ、南蛮人《なんばん》の子孫の日本滞在を禁止した。寛永一四（一六三七）年から翌年にかけての肥前《ひぜん》島原・肥後《ひご》天草《あまくさ》地方のキリシタン信徒を中心とした**島原の乱**は、領主の苛政《かせい》への反抗という農民闘争の性格も持っていたが、幕府には衝撃となり、寛永十六年令でポルトガル船の来航が全面禁止となった。さらに、一六四一年に長崎の出島《でじま》にオランダ商館が移され、鎖国の完成に至った。なお、参考史料として島原の乱の際の史料を掲載した。

史料注 **徳川禁令考** 二一三頁参照。

参考 **島原の乱** ★☆☆☆

租税を支払うことの出来ない人々には、領主（松倉重政・勝家）の命によって、葉が長くて広い藁《わら》で作った粗末な外衣（蓑《みの》のこと）を着せ……両手は綱で背後に堅く縛《しば》られる。ついで、この藁の外套《とう》に火を放つ……この悲劇は蓑《みの》踊りと呼ばれた。……さらに命じて婦女を裸にして両腕をくくり、これを倒《さかさま》に吊《つる》したり、いろいろな手段で辱《はずか》しめた。

……その息子である現在の領主（松倉勝家）が、……農夫たちに到底堪《た》えられない程の多額の租税を強いることを計るに及んで、……一同揃《そろ》って死に就《つ》こうではないか、こう決心がついた。……この衝突がおこってから数日の後、有馬のキリスト教徒が農民の仲間に加わった。農民たちは親しくこれを迎えた。……彼等は、勝利を得るのも、敗北に終るのも、偏《ひとえ》に神の栄光のためであり、また神への奉仕であるといった。彼等は国中に呼びかけ、多くのキリスト教徒や宣教師たちが流した無辜《こ》の血潮に酬《むく》いる時が到来した、彼等には信仰のために死に就く覚悟が出来ていると説いたのである。彼等に加担《かたん》する人数は日を追うて殖《ふ》えていった。……

〔寛永《かんえい》十四年十一月二十五日付和蘭甲比丹《おらんだかびたん》（オランダ商館長）のインド総督宛書簡《そうとくあてしょかん》〕

参考 **全国への禁教令** ★☆☆☆

夫《そ》れ日本は、元是《もとこ》れ神国なり。……ここに吉利支丹《キリシタン》の徒党《ととう》、たまたま日本に来《きた》り、ただ商船を渡し資材を通じるにあらず、みだりに邪法《*じゃほう》を弘《ひろ》めて正宗をまどわし、*キリスト教を広めることによって正しい教えをまどわし日本の政治に大変をもたらそうとしており、以《もっ》て域中《いきちゅう》の政《まつりごと》を改め、己《おのれ》が有《ゆう》と作《なさ》んと号《ごう》して欲《ほっ》す。これ大禍《たいか》の萌《きざし》なり。制せずんば、あるべからず。……彼《か》の伴天《バテ》連《レン》徒党は、みなくだんの政令に反《はん》し、神道を嫌疑《けんぎ》し、*正法を誹謗《ひぼう》し、義を残《ざん》し、*正義を破り善を損い、善を損《そん》じ、刑人あるを見れば欣《よろ》こびかけつけ、みずから拝《はい》しみずから礼し、是《こ》れを以て宗の本懐《ほんかい》となす。邪法《じゃほう》にあらずして何ぞや、実《じつ》に神敵・仏敵なり。急《いそ》いで禁止せざれば、後世《こうせい》かならず国家の患《うれい》あり。

『徳川禁令考《とくがわきんれいこう》』

解説 家康の側近本多正純《まさずみ》の家臣岡本大八《だいはち》と、有馬晴信《ありまはるのぶ》との贈賄《ぞうわい》事件は、大八と晴信がともにキリスト教信者であることを発覚させた。また、家康の側近の中にも信者がいることが露見していった。この事件を契機に、家康は、一六一二（慶長《けいちょう》一七）年幕府の直轄領にキリスト教禁令を発布した。翌一六一三年に至り、家康は金地院崇伝《こんちいんすうでん》に全文六百数十字の漢文の「伴天連《バテレン》追放文」を起草させ、秀忠の朱印を押して全国に発布した。このなかで、日本は神国であるとし、「キリシタンの徒党」・「伴天連の徒党」が、貿易による利益を得ているばかりでなく、日本国に政変をもたらすとして、秀吉の禁令をさらに進め、キリスト教と貿易の利益の問題を指摘し、実質的に全国にキリスト教禁止を命じたのである。

10 文治《ぶんち》政治への転換

1 武家諸法度・天和令《てんな》——末期養子《まつごようし》の緩和・殉死の禁 ★★★★★

要点ナビ 幕府（将軍徳川綱吉）から諸大名へ。牢人《ろうにん》の増加を防ぐ目的も。

一 文武《ぶんぶ》忠孝《ちゅうこう》を励《はげ》まし、礼儀を正《ただ》すべき事。

一 養子《ようし》は同姓相応《そうおう》の者《同族で家格のふさわしい者》を撰び、若《も》しこれ無きにおゐては、由緒《ゆいしょ》を正し《由緒正しい者を選び、》、存生《ぞんしょう》の内に言上《ごんじょう》致すべし《生きているうちに幕府に届け出なさい。》。五拾《(十)》以上拾七以下《五〇歳以上一七歳以下》の輩《ともがら》、末期《まつご》❶に及び養子を致すといへども、吟味《ぎんみ》の上これを立つべし《養子を認めることができる。》。縦《たと》へ実子といへども、筋目《すじめ》❷違ひたる儀《ぎ》これを立つべからざる事。

附《つけたり》、殉死《じゅんし》❸の儀、弥《いよい》よ制禁《せいきん》❹せしむ事。（第一二条）

天和三年❺七月廿《(二十)》五日

『御触書寛保集成《おふれがきかんぽうしゅうせい》』

※色文字は重要語

❶**末期**　臨終。
❷**筋目**　家柄、家格のこと。
❸**殉死**　主君の死に殉じて自《じ》尽《じん》（自殺）すること。
❹**弥よ制禁**　一六六三（寛文三）年殉死の禁が口頭で布達されたが、成文化されるのは天和令から。
❺**天和三年**　一六八三年。

史料注
御触書寛保集成　二一〇頁参照。

解説　三代将軍家光《いえみつ》が死去し、四代将軍家綱《いえつな》が将軍に就任した矢先の一六五一（慶安《けいあん》四）年、**慶安の変**が起こった。これは兵学者由井《ゆい》（比《ひ》）正雪《しょうせつ》ら牢人による幕府転覆未遂《てんぷくみすい》事件である。江戸時代の初期より、大名や旗本の当主が、生前に跡継《あとつ》ぎとして養子を幕府に届け出していなければ、当主の死の直前（末期《まつご》）に申請しても認められなかった。このため改易《かいえき》になる大名や旗本が増大し、主家を離れ俸禄《ほうろく》を失った牢人は社会問題化していた。幕府は、これをきっかけに五〇歳以下ならば**末期養子**が許されるように決まりを改正し、牢人増大の原因となる大名取り潰《つぶ》しを防ぐよう改めた。また家綱は、寛文《かんぶん》の武家諸法度を公布の際に、口頭で**殉死《じゅんし》**を禁止した。

史料は五代将軍綱吉《つなよし》が出した武家諸法度・天和令である。第一条は従来の「弓馬の道」から「忠孝を励まし」と、方針の大転換が図られた。また、末期養子は五〇歳以上の者でも認められることが可能になり、殉死の禁もここに条文化されたのである。このように、戦国の遺風が残る威圧的な「武断政治」から、平和な世の中に合う儒教的な徳や儀礼を重んじる「文治政治」へと政策方針が転換していった。

2 生類憐《しょうるいあわれ》みの令 ★☆☆☆☆

要点ナビ 幕府（将軍徳川綱吉）が発令。極端な生類愛護令。

一 捨子《すてご》これ有《あ》り候《そうら》はば、早速《さっそく》届くるに及ばず、其《そ》の所の者《もの》いたはり置き、直《ただち》に養《やしな》ひ候か《直接この子を養うか、》、又は望《のぞみ》の者《養子を希望する者があれば、》これ有り候はば、遣《つか》はすべく候。急度《きっと》❶付《つ》け届《とどけ》❷に及ばず候事。

❶**急度**　すぐに、速やかに。
❷**付け届**　訴え、届け出ること。

一 主《あるじ》無き犬、❸頃日《けいじつ》❹は食物給《あたえ》させ申さず候様《よう》に相聞《あいきこ》へ候。畢竟《ひっきょう》❺食物給させ候えば、其の人の犬の様に罷《まか》り成り、その人の飼い犬のようになってしまい、以後迄六ケ敷《までむつかしき》事と存じ、今後面倒なことになると思って、いたはり申さずと相聞へ、不届《ふとどき》❻に候。向後《きょうこう》❼左様《さよう》これ無き様相心得《あいこころう》べき事。

一 犬計《ばかり》に限らず、惣《そう》じて生類《しょうるい》❽人々慈悲《じひ》の心を本《もと》といたし、あはれみ候儀肝要《ぎかんよう》の事。

卯四月日❾

『御当家令条《ごとうけれいじょう》』

解説 五代将軍**徳川綱吉《つなよし》**の時代における**生類憐《しょうるいあわれ》みの令**は、幕府政治が武断《ぶだん》政治から文治《ぶんち》主義へ転換してゆく時代の典型的な施策とみることができる。本来この法令は、人心教化策として生類に対する慈悲《じひ》・憐みの心を養い、将励することにあったが、一六八七（貞享《じょうきょう》四）年以降次第に極端な愛護《あいご》令としての側面を持ちつつ、この法を犯す者に対して死罪・遠島を含む厳罰をもって処するようになり、民衆からは天下の悪法との怨嗟《えんさ》の声も聞かれるようになった。一七〇九年綱吉は死に臨《のぞ》みこの法の存続を遺言《ゆいごん》したが、六代将軍徳川家宣《いえのぶ》になるとただちにこの法は廃止された。

❸**主無き犬** 飼い主のいない犬。
❹**頃日** このごろ、日頃。
❺**畢竟** 結局。
❻**不届** 不埒《ふらち》、心得違い。
❼**向後** 今後。
❽**生類** 生き物。
❾**卯四月** 一六八七年四月。

史料注
御当家令条 二一二頁参照。

要点ナビ 幕府の窮乏を改善させるため、荻原重秀が貨幣改鋳を提案。

❶**重秀** 荻原《おぎわら》重秀（一六五八～一七一三）。一六八七（貞享四）年勘定吟味役《かんじょうぎんみ》に任命され、元禄の貨幣改《かい》鋳《ちゅう》を実行、のち、勘定奉行となる。
❷**御料** 幕府直轄地、天領。
❸**長崎の運上** 長崎の対清・オランダ貿易における規定された扱い量を超える積荷の取り引きに関する運上金。
❹**酒運上** 造り酒屋に対し課一六九五（元禄八）年から実施された。

③ 貨幣改鋳 ★★★☆☆

今、重秀《しげひで》❶が議《はか》り申す所は、御料《ごりょう》❷すべて四百万石、歳々《とし どし》に納《おさめ》らるゝ所の金は凡《およ》そ七十六、七万両余、此内《このうち》長崎の運上《うんじょう》❸といふもの六万両、酒運上❹といふもの六千両、これら近江守《おうみのかみ》❺申し行ひし所なり。此内夏冬御給金《おんきゅうきん》の料三十万両余を除く外《ほか》、余る所は四十六、七万両なり。……しかるに只今《ただいま》、御蔵《おくら》にある所の金、わづかに三十七万両にすぎず。……元禄《げんろく》八年の九月より金銀の製《せい》を改め造《つく》らる。これより此かた、歳々に収められし所の公利《こうり》、❻総計金凡《およそ》五百万両、これを以《もっ》てつ

通釈 このたび、荻原重秀が提案したことは次のようなことである。幕府直轄地（天領）は全部合わせて四〇〇万石で、毎年納められる金は約七六、七万両余りであり、（このうち長崎の運上金が六万両、酒運上が六〇〇〇両、これらは荻原重秀が申告し処理してきたものである。）このうち夏冬の二期に分けて支給される金額の三〇万両余りを差し引くと、余りは四六、七万両ほどである。……しかしながら現在、御金蔵にある金は、わずか三七万両に過ぎない。……一六九五（元禄八）年九月より金銀貨の改鋳が実施された。これにより以後、毎年幕府に納められた差益金は、総計金五〇〇万両ほどとなり、これにより幕府財政の不足をいつ

ねにその足らざる所を補《おぎな》ひしに、おなじき十六年の冬、大地震によりて傾き壊《こわ》れし所々を修治《しゅうじ》せらる、に至《いたり》て、彼《かの》歳々に収められし所の公利も忽《たちまち》につきぬ。

『折《おり》たく柴《しば》の記《き》』

も補っていたが、同（元禄）一六（一七〇三）年の冬、大地震により傾いたり壊れたりした所などを修理なされるに及んで、貨幣改鋳以後毎年納められていた差益金をたちまち使い尽くしてしまった。

された運上金。一六九七（元禄一〇）年から実施。

5近江守　荻原重秀のこと。一六九六（元禄九）年従五位下近江守に叙任《じょにん》された。

6公利　この場合は、貨幣改鋳による差益金。

史料注

折たく柴の記　新井白石の自叙伝。一七一六（享保元）年以後に成立。

解説　幕府財政は、初期においては四〇〇万石の幕府直《ちょっ》轄《かつ》地（天領《てんりょう》）に加え、佐渡《さど》を初めとする金・銀山の存在もあり安定していた。四代将軍**徳川家綱**の代までは、江戸城や大坂城に貯蔵してあった金銀もあったが、**明暦《めいれき》の大火**（一六五七年）による江戸城本丸の再建等で次々に支出が増大し、五代**徳川綱吉**の代になると幕府財政は完全に窮乏化してしまった。こうしたなか、勘定吟味役《かんじょうぎんみ》**荻原重秀《おぎわらしげひで》**によって、金の含有率を減らした貨幣改鋳《かへいかいちゅう》が実行された。この結果、幕府はおよそ五〇〇万両の差益金をあげたという。重秀はその後、ここに登載した史料の著者**新井白石**によって弾劾《だんがい》され、六代徳川家宣《いえのぶ》時代に罷免《ひめん》された。重秀の貨幣改鋳政策は、単なる幕府財政立て直し策ではなく、貨幣経済や全国的市場の発展に伴う貨幣量確保のための政策であったとも考えられる。

4 海舶互市新例《かいはくごししんれい》（正徳新令・長崎新令）　★☆☆☆

一　長崎表廻銅《おもてかいどう》**1**、凡《およそ》一年の定数《じょうすう》四百万斤《きん》**2**より四百五拾（十）万斤迄《まで》の間を以《もっ》て、其限《そのかぎり》とすべき事。……

一　唐人方《とうじんかた》商売の法、凡一年の船数、口船《くちぶね》**3**、奥船《おくぶね》**4**合せて三拾艘《そう》、すべて銀高六千貫目《かんめ》に限り、其内銅三百万斤**5**を相《あい》渡すべき事。……

一　阿蘭陀《オランダ》人商売の法、凡一年の船数弐（二）艘、凡《すべ》て銀高三千貫目限り、其内銅百五拾万斤を渡すべき事。……

正徳《しょうとく》五年正月十一日

『徳川禁令考《とくがわきんれいこう》』

通釈

一　長崎に廻送する銅は、およそ一年の定められた額として、四〇〇万斤から四五〇万斤までの間を限度とする。……

一　中国人との間の取り引きについては、およそ一年間の船数を口船、奥船合わせて三〇艘とし、総額を銀高にして六〇〇〇貫目を限度として、そのうち銅は三〇〇万斤を支払いなさい。……

一　オランダ人との間の取り引きについては、およそ一年間の船数は二艘とし、（貿易額は）総額を銀高にして三〇〇〇貫目を限度として、そのうち銅は一五〇万斤を支払いなさい。……

1廻銅　当時の唯一の外国貿易港長崎へ送る輸出銅。

2四百万斤　一斤＝六〇〇グラム。

3口船　南京《ナンキン》、寧波《ニンポー》、厦門《アモイ》など日本に近い港を発航地とする船。

4奥船　広東《カントン》以南を発航地とする船。

5其内銅三百万斤　取り引き総額銀六〇〇〇貫目に対する支払いとして、銅三〇〇万斤や海産物をもってあてることを定めた。

史料注 徳川禁令考 二一三頁参照。

探究22 海舶互市新例のねらいを述べよ。

解説 経済の発展と都市の繁栄による輸入品の増加により、鎖国《さこく》後オランダ、中国を中心とする長崎貿易は輸入超過（金銀流出）の連続であった。さらに金銀の生産額は一七世紀初めの最盛期を過ぎ、減産の一途をたどり、これらが幕府財政の悪化を招く一因となったため、幕府は一七世紀末には、長崎貿易制限に転じたが、抜荷《ぬけに》（密貿易）はあとを断たなかった。

かくて、新井白石は貿易の沿革を調べ、慶長以来、銀の流出は国内保有量の四分の三、金の流出は四分の一に達したとし、「我国に産する万代の宝貨となるべきものを傾けて、遠方より来れる一時の奇玩となすべきものに易《かえ》られ」るのは不可と断じた**海舶互市新例**を発した。この史料は銀と銅との流出防止、清国人及びオランダ人への支払い方法を述べたものであり、もし清国人・オランダ人がこの法令に従わなければ通商を禁ずると申し渡した。白石の貿易対策は消極的に金銀の流出を防止するに止まり、国内産業の開発により輸出貿易を振興する政策は講じられなかった。その後、享保《きょうほう》の改革でもこの令が適用され、田沼時代には、俵物《たわらもの》を輸出して、金、銀を輸入する積極策をとった。寛政の改革では、清国船一〇、銀二七四〇貫《かん》（うち銅一〇〇万斤《きん》）、オランダ船一、銀七〇〇貫（うち銅六〇万斤）と再び貿易全体が大幅に縮減されている。

正徳五（一七一五）年正月一一日

Spot

朝鮮人参《にんじん》と大工の日当

鎖国下においても、長崎の中国船や対馬《つしま》の宗《そう》氏を通じての朝鮮貿易では大量の朝鮮人参が輸入された。朝鮮人参は古来、強壮剤の秘薬、霊薬とされ、万病に効くと宣伝されてその値も非常に高価であった。江戸時代には朝鮮人参を専売する商店が江戸駿河町にあり、人参座といわれていた。朝鮮人参の値段がどのくらいであったかを知るのに最も簡便な資料は、豪商三井家の大坂店が蒐集して、本店で記録した『諸相庭（相場）之控』七冊を資料として作られた『享和二年より明治四年に至る大阪主要商品相場表』所掲の朝鮮人参の欄である。それによると、最高値は、一八三六（天保七）年七、八、九の三か月で、一斤《きん》（六〇〇グラム）につき銀三八貫、最低値は、一八六一（文久元）年一二月で銀三貫八〇〇匁《もんめ》であった。

次にこの六五年間毎月の値段の変化のうち、どの値段が一番多かったか、各値段と月数を調べ出してみると、一斤につき銀一六貫台が三八七回と最も多い。出現回数の多い金額（値段）が人々の記憶には強いはずであるから、朝鮮人参の値段はといえば、回数の多い金額（一斤銀一六貫）が思い出されるはずであった。また、一般庶民の感覚からすれば、一斤の値段の重みがどのくらいであったかは、身近な物の値段と比較、想像して感じるのであろう。そこで京都の大工の日当（銀三匁）で一斤の代価（銀一六貫）を割ると、五三三三日分にあたる。この日数は、一四年以上にあたる。一四、五年間飲まず食わずでのべつに働いて、やっと一斤の人参が買えるというわけである。

11 経済・商業の発達

1 町人の豪富——三井の商法　★☆☆☆

（江戸）駿河町《するがちょう》、1 三井八郎右衛門《みついはちろうえもん》といふは日本一の商人《あきんど》といふ。是《これ》が先祖《せんぞ》は寛永《かんえい》の頃、2 勢州《せいしゅう》松坂より江戸へ奉公《ほうこう》に出、少しの元手金《もとできん》をこしらへて在所《ざいしょ》へ帰り、相手を一人語《かた》らひて《仲間をひとり誘って、》、木綿《もめん》を一駄《だ》づつ《一駄ずつ馬で交代》3 隔番《かくばん》に江戸に持出して《で江戸に持ってゆき》商《あきない》をせしと云《いう》。夫《それ》が段々増長して日本一の大豪福《だいごうふく》となり、大店《おおたな》三ケ所ありて千余人の手代《てだい》4 を遣《つか》ひ、一日に金弐《（二）》千両の商《あきな》ひあれば祝《いわ》ひをすると云。弐千両の金は米五千俵《ぴょう》の価《あたい》なり。五千俵の米は五千人の百姓が一ケ年苦みて納むる所なり。五千人が一ケ年苦みて納むべきものを畳《たたみ》の上に居《い》て楽々《らくらく》と一日に取事《とる》なり。又地面より取上る所 5 が二万両に及ぶといふ。是れ五万石の大名の所務《しょむ》なり。6 ……江戸の外《ほか》、京・大坂・堺・伊賀・伊勢に出店《でみせ》あり。其外《そのほか》、諸国に仕入店《しいれみせ》といふものありて、何方《いずかた》にても其土地の一番に唱《となえ》らるると云。

『世事見聞録《せじけんもんろく》』

解説　幕政の安定と貨幣経済の発展は、商人に新たな転機をもたらした。元禄時代には従来の後藤縫殿助《ぬいのすけ》や茶屋四郎次郎《しろうじろう》のような特権商人とは違う、三井・鴻池《こうのいけ》・住友などの新興商人が登場した。従来の大商人がお得意様を対象に掛け値による付け払いで商いを行っていたのに対し、『現金掛け値なし』という「三井の商法」は不特定多数の大衆相手に薄利多売を行う画期的な新商法だった。三井成功の背景には、一般町民や農民が着実に購買力を持ち始めていたことがあり、同時期から深刻化する武士の窮乏と対比して押さえてほしい。

※色文字は重要語

1 駿河町　現在の東京都中央区日本橋室町二丁目。

2 寛永の頃　一六二四〜四四年。

3 一駄　馬一頭に負わす重量。標準は三六貫目、約一三五キログラム。

4 手代　江戸時代の商家の使用人の一種。番頭の指図を受けて仕入れや販売にあたる。

5 地面より取上る所　地代。

6 所務　ここでは収入の意。

史料注

世事見聞録　武陽隠士《ぶよういんし》某《なにがし》が一八一六（文化一三）年に著わした書。

探究23

① 江戸時代の豪商を三つのタイプに分類せよ。

② 蔵元・掛屋・札差について説明せよ。また、蔵物と納屋物の違いを述べよ。

❶上糞 上肥。上等の肥料。
❷木綿ざね 綿の実。
❸人糞 人間の糞尿。都市近郊の農家は、武家屋敷や町屋などに代金を支払って定期的に肥料としての人糞尿を入手した。江戸等の長屋便所の糞尿代金は家主のものとなった。
❹水糞 風呂の水等、一度使用した水を肥桶にためておいて腐熟させたもの。

史料注
農業全書 一六九七（元禄一〇）年刊行の農書。著者は元福岡藩の藩士の宮崎安貞。内容は、各種作物の特徴、栽培方式、土壌、施肥の問題から農具、農民の心得にまで及んでいる。

❶国 この場合は、大名の支配する領国のこと。

❷ 金肥《きんぴ》の普及 ★☆☆☆☆

又上糞《じょうこえ》❶といふハ、胡麻《ごま》や蕪菁《かぶな》の油糟《かす》、木綿《きわた》ざね❷の油糟、又ハ干鰯《ほしいわし》、鯨《くじら》の煎《せんじ》糟、同じく骨の油糟、人糞《じんぷん》❸等の色々、力の及び貯《たくわ》へ、《できるだけいろいろと手に入れてたくわえ、》或《あるい》は粉にし、或は水糞《みずこえ》❹と入合《いりあわ》せて、くさらかし《(腐)》をき、それぐ\の土地と、作り物によりて用《もち》ゆべし。黒土、赤土の類《たぐい》にハ、油糟を専《もっぱら》にすべし。砂地ハ鰯よし。湿気《しっけ》《湿ってねばり気味の土には、》埴《ねば》り心なるにハ、木綿ざねの油糟よし。上糞の分ハ田畠にかぎらず、何《いず》れの物に用ひてもよくきく物なり。されども土の性《しょう》によりて、少づゝの用捨《ようしゃ》ハ有べし。《多少の取捨選択はしてよい。》了簡指引《りょうけんさしひき》して用ゆべし。《よくよく考えて配合を工夫し用いなさい。》

『農業全書《のうぎょうぜんしょ》』

解説 **金肥《きんぴ》**とは、刈敷《かりしき》、草木灰《そうもくばい》、廐肥《きゅうひ》等の自給肥料に対して、金銭をもって購入する肥料のことをいう。主に干鰯《ほしか》などの魚肥や油粕《あぶらかす》類が中心であった。干鰯は九州や四国、さらには九十九里浜、三陸海岸で生産された。また、油粕としては鯨や鰊《にしん》、鰯《いわし》、菜種、胡麻、綿実などがあった。従来の自給的肥料では生産ができなかった土地も、金肥の使用によって地味を変えることにより開発可能となり、**商品作物**の栽培も発展させた。しかし、これらの肥料は金銭で購入するものなので商品化できる作物でなければ引き合わないものであった。

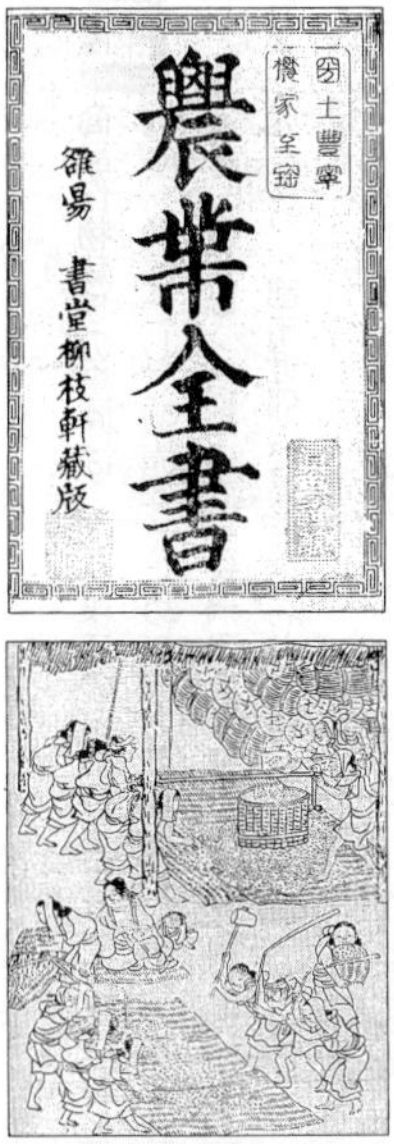

⬆農業全書
国立公文書館蔵

❸ 商品作物の栽培 ★☆☆☆☆

夫《そ》れ国❶を富ましむるの経済は、まづ下民《げみん》を賑《にぎ》はし、《しもじもの町人・農民を豊かにして、》而《しかり》て後に領主の益《えき》となるべき事をはかる成《な》るべし。第一成すは下《しも》にあり、教ふるは上にありて、定まれる作物の外《ほか》に余分に得ることを教えさとしめば、一国潤《うるお》ふべし。此《この》教ふるといふは、桑《くわ》を植え養蚕《ようさん》の道を教え、あるひは楮《こうぞ》[2]を植えて紙を漉《す》かしめ、或《あるい》は路傍塘堤《ろぼうとうてい》[3]丘陵原野《きゅうりょうげんや》に櫨樹《はぜのき》[4]を植えて蠟《ろう》を搾《しぼ》り、不毛《ふもう》の地に杉檜《ひのき》を植えしむる事ども也《なり》。

『広益国産考《こうえきこくさんこう》』

解説 **商品作物**栽培の意味は、これまでの自給自足経済に対し、商品として販売するために作物を栽培・生産することである。近世中・後期の商品経済の発展に対応した商業的農業生産であり、都市近郊の蔬菜《そさい》栽培や、衣料原料の木綿・養蚕、灯火のための菜種《なたね》栽培等が広く行われた。こうした商品作物の栽培の普及は、農村を貨幣経済に引き入れ、幕藩体制崩壊の大きな原因となった。

[2] **楮**　クワ科の木。樹皮の繊維が紙の原料となる。

[3] **路傍塘堤**　道端や堤。

[4] **櫨樹**　ウルシ科の木。実が蠟の原料となる。

史料注

広益国産考　一八四四（弘化元）年に刊行された大蔵永常によって著された農学書。

探究24 江戸時代の農業生産の発展を、金肥の普及と関連させて述べよ。

4 大坂の繁栄 ★★☆☆

要点ナビ 井原西鶴が大坂の商売の繁栄について記す。

惣《そう》じて北浜《きたはま》の米市《こめいち》[1]は、日本《にっぽん》第一の津《つ》[2]なればこそ、一刻《いっこく》[3]の間に、五万貫目《がんめ》[4]のたてり商《あきない》《立ち会い商いによる米の相場取り引き》も有事《ある》なり。その米は、蔵々《くらぐら》にやまをかさね、夕《ゆうべ》の嵐・朝《あした》の雨、日和《ひより》を見合《みあわせ》、雲の立所《たちところ》をかんがへ、夜のうちの思ひ入《いれ》にて、売《うる》人有《あり》、買《かう》人有。……諸国をめぐりけるに、今もまだ、かせいで《稼いで》見るべき所は大坂《おおさか》北浜《大坂の北浜》、流れありく《歩く》銀《かね》もありといへり。

『日本《にほん》永代蔵《にっぽんえいたいぐら》』

解説 大坂は、豊臣秀吉の城下町として栄えたが、一七世紀後半の河村瑞賢《かわむらずいけん》による淀川《よどがわ》の改修工事、西廻《まわ》り航路の開拓によって、奥羽・松前（北海道）の物資が市中まで達することが可能となり多くの物資の流通・取り引きの場となり「天下の台所」と呼ばれた。米市場周辺には大名の蔵屋敷《くらやしき》が建ち、蔵物《くらもの》を扱う蔵元《くらもと》や代金を扱う掛屋《かけや》は、大名の財政をも運用するなど、大坂の商人は金融の面でも重要な位置にあった。

[1] **北浜の米市**　現大阪市中央区船場《せんば》の北部。米市場は一六九七（元禄一〇）年に堂島《どうじま》に移った。

[2] **津**　港。

[3] **一刻**　およそ二時間。

[4] **五万貫目**　銀高。金にすると約八三万両余。

史料注

日本永代蔵　一六八八（元禄元）年に刊行された浮世草子《うきよぞうし》。著者は井原西鶴《いはらさいかく》。一七世紀後半の町人精神を伝える。

⑫ 元禄文化

1 読史余論《とくしよろん》 ★★☆☆☆

要点ナビ
新井白石が将軍徳川家宣に行った日本史の講義案。

本朝《ほんちょう》天下の大勢《たいせい》、九変《へん》して武家の代となり、武家の代また五変して、当代に及ぶ総論の事。……

五十六代清和幼主《せいわようしゅ》にて外祖良房摂政《がいそよしふさせっしょう》す。[1] 是外戚《これがいせき》[2]専権の始《はじめ》〈一変〉。基経外舅《もとつねがいきゅう》《母方の兄弟なので、》の親《しん》によりて、陽成《ようぜい》を廃《はい》し光孝《こうこう》を建しかば天下の権藤氏《とうし》に帰《き》す。そののち関白《かんぱく》[3]を置き或《あるい》は置《お》ざる代ありしかど、藤氏の権おのづから日々盛也《さかんなり》〈二変〉。六十三代冷泉《れいぜい》より円融《えんゆう》・花山《かざん》・一条《いちじょう》・三条《さんじょう》・後一条《ごいちじょう》・後朱雀《ごすざく》・後冷泉凡《ごれいぜいおよそ》八代百三年の間は外戚権を専《もっぱら》にす〈三変〉[4]。後三条《ごさんじょう》、白河《しらかわ》両朝は政《まつりごと》天子に出《い》ず〈四変〉[5]。堀河《ほりかわ》・鳥羽《とば》・崇徳《すとく》・近衛《このえ》・後白河《ごしらかわ》・二条《にじょう》・六条《ろくじょう》・高倉《たかくら》・安徳《あんとく》凡九代九十七年の間は、政上皇《じょうこう》に出ず〈五変〉[6]。後鳥羽《ごとば》・土御門《つちみかど》・順徳《じゅんとく》三世凡三十八年の間は、鎌倉殿天下兵馬《ひょうば》の権を分掌《ぶんしょう》せる〈六変〉[7]。後堀河《ごほりかわ》・四条《しじょう》・後嵯峨《ごさが》・後深草《ごふかくさ》・亀山《かめやま》・後宇多《ごうだ》・伏見《ふしみ》・後伏見《ごふしみ》・後二条《ごにじょう》・花園《はなぞの》・後醍《ごだい》醐《ご》・光厳《こうごん》十二代凡百十二年の間は、北条陪臣《ばいしん》[8]にて国命を執《と》る〈七変〉[9]。後醍醐重祚《ちょうそ》す。天下朝家に帰する事纔《わずか》に三年〈八変〉[10]。そののち天子蒙塵《もうじん》《天皇は難を避けて逃げのび、》、源尊氏光明《みなもとのたかうじこうみょう》を立て共主となしてより、天下ながく武家の代となる〈九変〉[11]。

武家は、源頼朝《よりとも》、幕府を開《ひらき》て、父子三代天下兵馬の権を司《つかさ》どれり。凡三十三年〈一変〉[12]。平義時《たいらのよしとき》、[13]承久《じょうきゅう》の乱後、天下の権を執る。そののち七代凡百十二年、高時《たかとき》[14]が代に至《いたり》て滅《ほろ》ぶ〈二変〉[15]。〈此《この》時に、摂家《せっけ》将軍二代、親王《しんのう》将軍四代ありき。〉（頼経《よりつね》・頼嗣《よりつぐ》・宗尊《むねたか》・惟康《これやす》・久明《ひさあき》・守邦《もりくに》）後醍醐中興《ちゅうこう》ののち、源尊氏反《はん》《足利尊氏が反乱して、》して、天子蒙塵、尊氏、光明院を北朝の主となして、みづから幕府を開く。子孫相継《しそんあいつぎ》て十二代におよぶ。凡二百卌《（三十）》八年〈三変〉[16]。〈こののち南北戦争[17]五十四年、応仁乱後

※色文字は重要語

[1] **良房摂政す** 藤原良房が清和天皇の摂政となった。

[2] **外戚** 母方の親戚をいうが、特に天皇の外祖父（母方の祖父）をさす。

[3] **関白** 天皇を補佐し、あらゆることに関与する令外《りょうげの》官《かん》。

[4] **三変** 藤原実頼～頼通まで摂関が常置され、藤原氏による摂関政治の全盛期を迎えたことをさす。

[5] **四変** 後三条天皇による親政をさす。

[6] **五変** 白河上皇による院政の開始をさす。

[7] **六変** 鎌倉幕府の成立をさす。

[8] **陪臣** 臣下の臣。源氏の家臣である北条氏のこと。

[9] **七変** 北条氏の台頭をさす。

[10] **八変** 後醍醐天皇の建武の新政をさす。

[11] **九変** 足利尊氏による室町幕府の創設をさす。

[12] **一変** 鎌倉幕府の成立をさ

す。

13平義時　北条義時のこと。

14高時　北条高時のこと。

15二変　北条氏の台頭、執権政治をさす。

16三変　後醍醐天皇による建武の中興を経て、室町幕府が成立したことをさす。

17南北戦争　いわゆる南北朝の動乱のこと。

18織田家勃興して将軍を廃し　一五七三（天正元）年の織田信長による足利義昭の京都追放（室町幕府の滅亡）をさす。また、このことを「四変」とした。

史料注

読史余論　白石が将軍家宣に進講した際の日本史の講義案で三巻よりなる。将軍に対する政治指導書たるべき性質上、武家政治の興亡を中心に論じ、歴史を発展段階的に述べたものである。『愚管抄』、『神皇正統記』とともに特色のある史論書である。

探究25

① 朱子学はなぜ官学とされたか。
② 新井白石の時代区分の特色を述べよ。

百七年の間、天下大《おおい》に乱る。実に七十七年が間、武威《ぶい》あるがごとくなれども（足利将軍の武力の威勢はあったとはいえ、）、東国は皆鎌倉に属せし也《なり》。〉

足利《あしかが》殿の末、織田《おだ》家勃興《ぼっこう》して将軍を廃し、18 天子を挟《はさ》みて天下に令《れい》せんと謀《はか》りしかど（天皇を擁立して天下に号令しようとしたが）、事未《ことい》まだ成らずして、凡十年がほど、其臣光秀《そのしんみつひで》に弑《しい》せらる（家臣である明智光秀に暗殺された）。豊臣《とよとみ》家、其故智《こち》を用ひ（古人の智略を用いて、）、みづから関白となりて天下の権を恣《ほしいまま》にせしこと、凡十五年〈四変〉。

そののち終《つい》に当代の世となる（現在の徳川家の時代となった）〈五変〉。

『読史余論《とくしよろん》』

解説

新井白石《あらいはくせき》は江戸中期の朱子学者・政治家であるとともに歴史学者としても著名である。彼の歴史研究の特色は、第一に史実に対する精密な批判であり、第二に合理主義的な実証法の活用であり、第三に歴史の流れに対する鋭い洞察力に富んでいることである。これらの特色は、読史余論にもよくあらわれている。すなわち**読史余論《とくしよろん》**の第一の特色は、公家の世が九変して武家の世となり、さらに武家の世が五変して徳川政権に至る歴史の流れを客観的に発展段階として把握していることである。第二の特色は、重要人物・事件について儒教倫理を尺度として批判を加え、王朝の衰退の責任はその主権者にありと断じていること、さらに**源頼朝**を初め**足利尊氏**、**織田信長**、**豊臣秀吉**などに至るまでを覇者《はしゃ》とみなして批判を加える一方、この覇者たちを王朝の支配者たちより勝るとしてその政権獲得を是認していることである。しかしながらこの批判精神も、ひとたび覇者の一人である**徳川家康**に及ぶとき「家康は中世以来の世の乱れを治めた王者であり神君である」という矛盾した評価を下している。彼が幕臣であり、この書が将軍への進講であるという事情を考慮しても、この家康を神格化し徳川政権の正当性を主張した迎合的な部分は、彼の合理主義の限界を示したものといわれている。要するに白石の史書の史観を貫くものは、批判精神と合理主義とであった。

●儒学者の系統

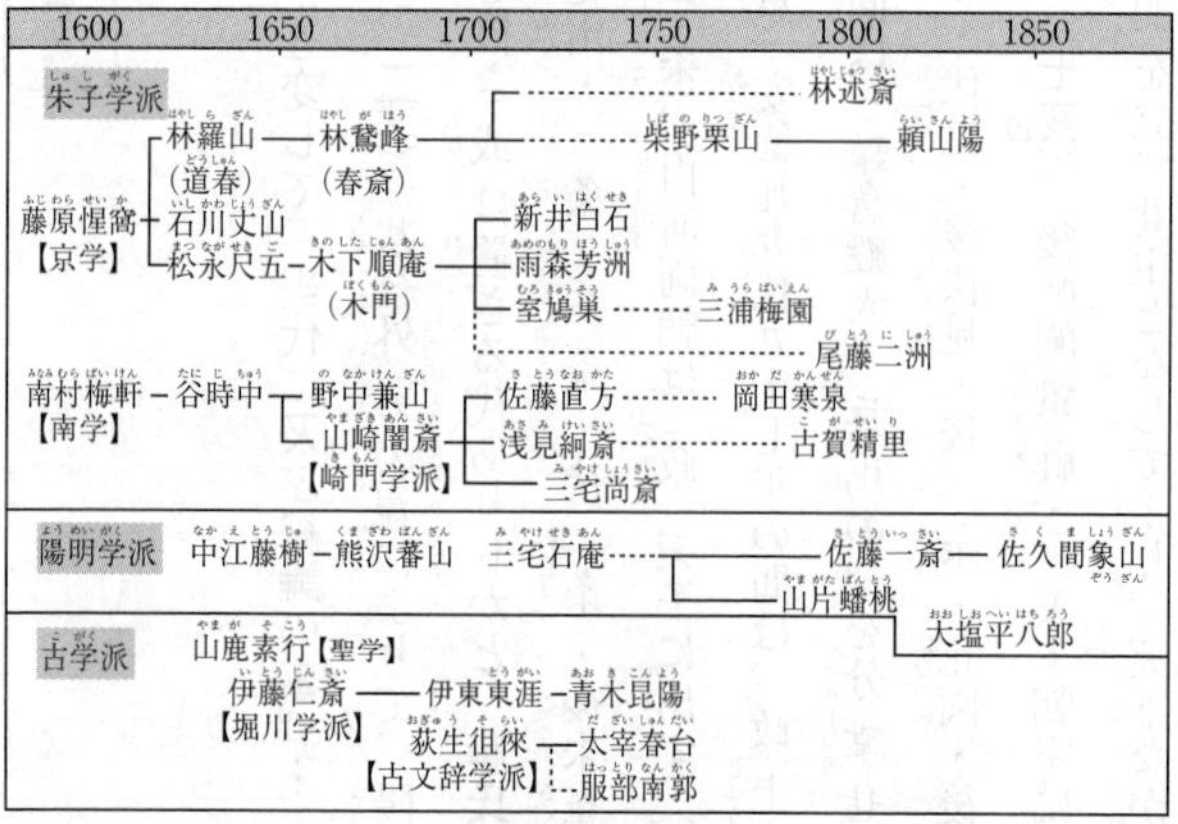

13 幕藩体制の動揺

要点ナビ
儒学者太宰春台が大名の財政難について記す。

1 大名の財政難 ★☆☆☆☆

今ノ世ノ諸侯《しょこう》ハ大モ小モ皆首《こうべ》ヲタレテ町人ニ無心《むしん》1ヲイヒ、江戸・京都・大坂其外《そのほか》、処々《しょしょ》ノ富商《ふしょう》ヲ憑《たのん》デ、其続《つづ》ケ計《ばかり》ニテ世ヲ渡ル《その援助だけを頼りに生活している。》。邑入《ゆうにゅう》2ヲバ悉《ことごと》ク其方3ニ振向《ふりむ》ケ置《おき》テ、収納《しゅうのう》ノ時節《じせつ》ニハ、子銭家《しせんか》ヨリ債《さい》4ヲ責《せめ》ラレテ、倉ヲ封《ふう》ズル《高利貸が米倉を差し押さえる》類《たぐいなり》也。子銭家トハ金銭ヲ借ス者ヲ云《い》フ。邑入ニテ償《つぐな》ヒテモ猶足《なおた》ラズ、常ニ其罪ヲ謝《しゃ》スルニ安キ心モナク《言い訳をするために心が安まる時がなく、》、子銭家ヲ見テハ鬼神《きじん》ヲ畏《おそ》ルル如《ごと》ク、士《し》ヲ忘レテ町人ニ俯伏《ふふく》5シ、或《あるい》ハ重代《じゅうだい》ノ宝器《ほうき》ヲ典当《てんとう》6シテ時ノ急ヲ免《まぬ》ガレ、家人《けにん》ヲバ飢《うえさ》シテ子銭家ヲバ珍膳《ちんぜん》ニテ饗《きょう》シ、或ハ子銭家トテ故《ゆえ》モナキ商賈《こ》ノ輩《ともがら》ニ《子銭家という身分の低い商人たちに》俸禄《ほうろく》ヲ与ヘテ家臣ノ列ニ入レ、或ハ貰《おぎの》リタル7物ノ直《あたい》ヲ償《つぐな》ハズ、工人役夫《こうじんえきふ》8等ノ賃銭《ちんせん》ヲ償《つぐな》ハズシテ、其人ヲ困窮《こんきゅう》セシムル類、凡《およ》ソ廉恥《れんち》ヲ忘レテ不仁不義《ふじんふぎ》ヲ行フ人、比々《ひひ》9トシテ皆是《これ》ナリ。諸侯スラ然《しか》ルナリ。況《いわん》ヤ、薄禄《はくろく》ノ士大夫《したいふ》10ヲヤ。風俗ノ敗《やぶ》レ、悲シムニ余レリ。『経済録《けいざいろく》』

※色文字は重要語

1 無心 ものをねだり、金を借りること。

2 邑入 自分の領地からの年貢収入。

3 其方 富商をさす。

4 債 借金・負債。

5 俯伏 武士の身分を忘れて町人に頭を下げ。

6 典当 質入れ。

7 貰リタル 代金のあと払いで品物を買うこと。

8 工人役夫 大工や職人。

9 比々 どれもこれも。

10 士大夫 ここでは家老や一般武士をいう。

2 武士の困窮 ★☆☆☆☆

なべて武家は大家《たいけ》も小家も困窮《こんきゅう》し、別《わけ》て小禄《しょうろく》なるは身体甚《しんだいはなはだ》見苦しく、或《あるい》は父祖《ふそ》より持伝《もちつた》へたる武具、及び或《あるい》は先祖《せんぞ》の懸命《けんめい》の地に入りし時の武器、其外《そのほか》家に取りて大切の品をも心なく売払ひ、又拝領《またはいりょう》の品をも厭《いと》はず質物《しちもつ》に入れ、……御番《ごばん》1の往返《ゆきかえり》、他行《よそゆき》の節馬に乗りし

通釈

概して武家は、大家・小家を問わず困窮しており、特に禄高の低い者はその暮らし向きも誠に苦しく、ある時は父祖伝来の武具、ある時は先祖が大切な領地を獲得した折の武器、その他各家にとって大切な品々までも無情に売払い、また、主君から拝領の品であっても構わず質屋に入れている。……また、出仕の往復や他所へ出かける際なども、馬に乗っていたのをやめ、

1 御番 当番で出仕する。

『世事見聞録』のほかの部分には、小禄《しょうろく》の武士や足軽などは、主君への奉公の合間に内職として傘《かさ》張り、提燈《ちょうちん》張り、下駄《げた》や足駄《あしだ》の鼻緒《はなお》細工などをして、生計

も止め、鑓《やり》を持たせしを略し、侍《さむらい》若党《わかとう》連れたるも省《はぶ》き、……又其甚敷《はなはだしき》に至《いた》りては、御番に出る時は質屋より偽《いつわ》りて取寄せ着用いたし、帰りたる時は、直《ただち》に元の質屋へ帰すなり。下人《げにん》どもこれを嘲《あざけ》りて、上《あ》げ下《さ》げの上《かみ》下《しも》を着て御番の上《あが》り下《さが》りを致すとて主人を侮《あなど》る。

『世事見聞録《せじけんもんろく》』

鑓持ちを伴っていたのも省略し、侍・若党を連れるのも省《はぶ》くような状態である。……また、その甚だしい場合には、出仕の時は偽って質屋から衣類を取り寄せて着用し（任務を果たし）、帰り次第すぐさまもとの質屋へ返すこともある。召使いの者たちもこれをあざ笑って、「（質屋から）上げ下げの裃《かみしも》を着て、任務の上り下りをしている」と言っては、主人を侮るほどである。

を立てている有様が描かれている。妻や子もともに働き、仕事をまわす町人のおかげで生活ができるといった状況もあったのである。

史料注

経済録　太宰春台の著。江戸時代の政治経済社会論。その経済論は農本主義の立場に立ったが、貨幣経済の発展は無視できないとして諸藩の財政窮乏救済のため積極的な藩営専売の断行を説く。

世事見聞録　二三六頁参照。

探究26

① 武士階級の窮乏の原因を述べよ。

② 武士階級の窮乏は、身分制度上、どのように影響したか。

解説

強固な幕藩体制も、一八世紀に入ると矛盾が目立つようになった。その一つは武士階級の窮乏である。その窮乏の原因の第一は、貨幣経済の浸透によって農村に新しい階層分化が進行し始め、幕藩体制の基盤である本百姓を中心とする村落組織の分解が一層進み、新たに富農・問屋、商業資本家・高利貸などが成長してきたことである。したがって領主が農民の余剰生産物のすべてを収奪することは不可能となり、しかも領主・武士階級自身が商品経済に巻き込まれて、年貢物資の販売面でも生活必需品でも御用商人に利を取られる状態で、彼らの収入は減少こそすれ増加はしなかった。第二は、農民に対する収奪を強めたことや、天災・凶作による農村人口の停滞・減少によって、農業生産力の低下を引き起こしたことである。この農村の現実は、中期以降の百姓一揆の激発の背景となり、これはそのまま支配者たる武士の窮乏につながっていった。第三に、都市生活による急激な支出の増大によって財政収支の均衡を失ったことなどがあげられる。

その他、特に幕府の場合は、将軍家の奢侈《しゃし》、不用の土木事業に加えて金銀産出額の減少、長崎貿易における正貨の流出及び災害の際の天領・諸藩への救済費支出などが、これらへ拍車を加えた。諸藩においては、参勤交代、お手伝普請、御用金などの出費もこれに輪をかけた。したがって諸藩は、このような財政危機を乗り切るために、倹約令の施行、年貢の増徴、家臣からの俸禄の借上げ、さらには『経済録』に見られるように豪商に「首ヲタレテ」借金を頼みこむ有様であった。蒲生君平《がもうくんぺい》の言という「大坂の豪商一度《ひとたび》怒って天下の諸侯懼《おそ》る」という言葉もここから生まれたのである。旗本・御家人、藩士らは俸禄が代々据置《すえお》かれた上に、藩財政窮乏のしわ寄せとしての半知・借上げなどによって、さらに家計が困難となった。『世事見聞録』の記事は幕藩体制が崩壊期に入る一九世紀初頭の武士の生活である。こうした武士の生活の有様は、支配階級としての威信を失墜させることとなり、幕藩体制崩壊の一因となったのである。

③ 商品経済の浸透　★★★★☆

その上昔は在々《ざいざい》に銭殊《こと》の外《ほか》に払底《ふってい》（貨幣が流通せず、）にて、一切《いっさい》の物を銭にては買わず。皆、米麦にて買いたること、某《それがし》❶、田舎《いなか》❷（村々）にて覚えたることなり。近年の様子を聞合《ききあわ》するに、元禄《げんろく》の頃より田舎へも銭行渡《いきわた》りて、銭にて物を買うことになりたり。……

この五、六十年前（一七世紀中頃）は、伽羅《きゃら》（香料の入ったびん付油）の油付くる事もなし。元結《もとゆい》❸は手前にてより、あるいは主人の下を用ゆる。きざみ烟草《たばこ》世間《せけん》になく、葉たばこを調《ととの》える故《ゆえ》に、あたい《(値)》半《なかば》より内也《うちなり》（値段は半額以下であった。）。判銭《はんせん》❹もわずかの事也。口入銭《くちいれ》❺という事はなし。……これらを考え見れば、下々の一人の身の上にても物入り多き世界になりたり。それより段々よき人ほど、一人の身の上に物入りの多くなりたり。……

当時❻は旅宿《りょしゅく》の境界《きょうがい》❼なる故、金なくてはならぬ故に、米を売りて金にして、商人より物を買うて日月を送る事なれば商人主《しゅ》となりて武家は客《きゃく》也。故に諸色《しょしき》（諸物価）の直段《ねだん》、武家の心儘《こころのまま》（思うようにはならない）にはならぬ也。武家みな知行所《ちぎょうしょ》（自分の領地に住んでいる時は、）に住する時は、米を売らずに事済む（米を売らなくてもやり繰りできるから、）故に、商人米をほしがる事なれば、武家主となりて商人は客也。されば諸色の直段も武家の気ままになる事也。『政談《せいだん》』

近年より他領商人罷越《まかりこ》し候処《そうろうところ》、其《その》内近年甚《はなは》だ盛んに商売仕《つかまつ》り、頗《すこぶ》る民間の痛み候者は、江《ごう》州辺《しゅうあたり》より❽、罷越し候商人どもに御座《ご ざ》候。合薬《あわせぐすり》❾、小間物《こまもの》と取合せ、木綿、絹帛《けんぱく》❿の類《たぐい》持参仕り、……御領内在々大かた残らず、貸売《かしうり》⓫仕候。……近年、右の貸売大いに盛んに相成り、……夥《おびただ》しく金高相《あい》かさみ、頗《すこぶ》る相痛み申すことに御座候。『蘆東山上書《ろとうざんじょうしょ》』

❶某 著者である荻生徂徠《おぎゅうそらい》。
❷田舎 徂徠は青年時代を上総の本納村で過ごした。
❸元結 髻《もとどり》を結び束ねるもの。
❹判銭 保証人に支払う礼金。
❺口入銭 奉公人周旋《しゅうせん》業者に支払う礼金。
❻当時 現代の意。したがって『政談』が著された享《きょう》保《ほう》年間ごろ。
❼旅宿の境界 領地から切り離され、旅の宿にいるような不安定な状態。
❽江州辺より いわゆる近江商人で、彼らは全国的に行商して商圏を広めた。
❾合薬 調合した薬。
❿絹帛 絹布。
⓫貸売 現金取引ではない、掛《かけ》売のこと。

史料注

政談 古学派の代表的学者荻生徂徠が将軍吉宗の求めに応じ、政治・社会・経済・文化などに関して提出した意見書。
蘆東山上書 仙台藩に仕えた儒者蘆東山が、一七五四（宝暦四）年に藩政改革の資料にと藩主に呈したものである。

解説

幕藩体制は、本百姓に農業生産を担わせ、農民が生活、生産に必要なもの以外のすべてを貢租（年貢）として徴収すること（「百姓は生かさぬよう死なぬように……」）を基本的な原則としていた。それゆえにこそ特に村々では、一七世紀中頃までは荻生徂徠《おぎゅうそらい》の説《と》くごとく、自給自足に近い「米麦」を中心とした状態にあった。ところが、生産力が次第に上昇し、かつ貢租として生産力上昇分を収取できなくなり（百姓一揆等による農民の抵抗による）、農民側に剰余が生じるようになる。そしてその剰余分は商品化され、社会全体に貨幣経済が浸透するようになった。一八世紀以降は急速に商品生産・流通が発展し、ここに示した史料のように庶民にも商品経済が着実に浸透しているのである。こういった庶民の豊かさの一方、年貢を増徴できなくなった領主階級は相対的に困窮してゆくのである。**藩専売**によって商品経済の利益を独占しようとする試みも多くの藩で展開されるが、ほとんどは失敗に終わる。

④ 百姓一揆――本居宣長の一揆観　★☆☆☆

百姓町人大勢徒党《ととう》[1]して、強訴《ごうそ》[2]濫放《らんぼう》する事は、昔は治平《ちへい》の世には、をさをさ《ほとんど聞いたことがなかった》承《うけたまわ》り及ばぬ事也。近世に成りても、先年はいと稀《まれ》なる事なりしに、近年は所々にこれ有《あり》て、めづらしからぬ事になれり。……抑《そもそもこの》此事の起《おこ》るを考るに、後にいづれも下《しも》の非《ひ》はなくして、皆上《かみ》の非なるより起れり。今の世、百姓町人の心もあしく成りたりとはいへども、能々堪《よくよくた》へがたきに至《いた》らざれば此事はおこる物にあらず。

『秘本玉《ひほんたま》くしげ』

参考　百姓一揆への対策――百姓一揆訴人《そにん》への褒賞高札《ほうしょうこうさつ》　★☆☆☆

定

何事《なにごと》によらず、よろしかざる事に百姓大勢申合候《おおぜいもうしあわせそうろう》を、ととう《（徒党）》ととなへ《（唱）》、ごうそ《（強訴）》としひ《（強）》てねがい《（願）》事企《くわだて》るを強訴《ごうそ》といひ、或《あるい》は申合せ村方立退《たちのき》候をてうさん《（逃散）》と申し、前々より御法度《ごはっと》に候条《そうろうじょう》、右の類《たぐい》の儀《ぎ》これあらば、居村他村《いむらたそん》にかぎらず、早々其《そうそうそ》の筋《すじ》の役所へ申出るべし、御褒美《ごほうび》として

　ととう（徒党）の訴人　　銀百枚

　こうその訴人　　同　断

　てうさんの訴人　　同　断

右の通り下され、*其《そ》の品により*（その程度、状況によって）帯刀苗字《たいとうみょうじ》も御免《ごめん》あるべく…

明和《めいわ》七（一七七〇）年四月

『徳川禁令考《とくがわきんれいこう》』

解説　江戸時代の百姓一揆《いっき》は、一七世紀には村役人クラスの二、三人が代表となり、領主へ要求を訴え出る**代表越訴型一揆**《おっそ》が一般的であった。一七世紀後半から一八世紀にかけては、多くの農民が参加し強訴《ごうそ》を行う**惣百姓一揆**《そうびゃくしょう》（藩域のほとんどの地域で起きる場合は全藩《ぜんぱん》一揆という）となった。また、領主が専売制や流通過程への関与を行うようになる一八

---

[1] **徒党**　ある事を企んで集まった集団、仲間のこと。

[2] **強訴**　百姓が徒党して領主に要求を示し、訴え出る直接行動のこと。一七世紀の代表越訴《おっそ》に代わり、一八世紀には一般農民を含めての強訴がたびたび起こった。幕府の規定では、強訴の主謀者は死罪であった。

史料注

秘本玉くしげ　紀州藩主徳川治貞の下問に応じて、一七八七（天明七）年に本居《もとおり》宣長《のりなが》が提出した意見書。理論的内容の『玉くしげ』と現実の政治問題に触れる『秘本玉くしげ』の二部からなる。『秘本玉くしげ』は政治問題に触れた内容ゆえに公表されなかった。

史料注

徳川禁令考　二一三頁参照。

世紀後半には、領城を越えた広域型一揆も起こるようになる。さらには領主と結託した豪農、豪商への打ちこわしも多くなる。幕末にかけては、世直《よなお》しを求める**世直し一揆**も、打ちこわしを伴いつつ頻発《ひんぱつ》する。

ここに示した『秘本玉くしげ』で**本居宣長**《もとおりのりなが》は、百姓一揆の原因を「下の非」ではなく「上の非」として為政者の側の責任を指摘し、「民をいたはる」政治を行う責任が「上」たる領主にあるとしている。

探究27
① 百姓一揆の原因と推移を述べよ。
② 百姓一揆の歴史的意義を述べよ。

5 藩専売制 ★☆☆☆☆

要点ナビ
儒学者太宰春台が藩による専売制を提案。

金銀を手に入《い》るる術《すべ》は、売買より近きことなし、当代《とうだい》にも、昔より売買にて国用《こくよう》（領国経営の費用として俸禄などにあてている）を足《た》し禄食《ろくしょく》に代ふる国**1**あり。……松前君《まつまえぎみ》は松前**2**を領して、七千石の禄なるが、国の土産《どさん》**3**と、蝦夷《えぞ》の貨物を占《し》めて、貴《たか》く売る故《ゆえ》に五万石の諸侯《しょこう》も及ばざる程の富なり。石州《せきしゅう》の津和野侯《つわのこう》**4**は四万石余の禄なるが、板紙《いたがみ》を製出して、是《これ》を占めて売る故に十五万石の禄に比す。……薩摩《さつま》**5**は本《もと》より大国《たいこく》なれども、琉球《りゅうきゅう》の貨物を占めて売り出す故に、其《そ》の富有海内《ふゆうかいだい》（豊かなこと国内では抜きん出ている）に勝《すぐ》れたり。……大小諸侯の国に、何といふことなく土産なきは非《あら》ず。……土産少き所は、其民《そのたみ》を教導《きょうどう》し、督責《とくせき》して、土地の宜《よろ》しきに従《したが》ひて、百穀《ひゃっこく》の外《ほか》、木にても草にても、用に立つべきものを植えて、土物《どぶつ》**6**の多く出るやうにすべし。

『経済録拾遺《けいざいろくしゅうい》』

解説 **藩専売制**は、近世初期の金沢藩・仙台藩による塩専売などのように早くから行われていた。本格的に展開するのは、商品作物の生産・流通が発展した近世中期からで、各藩の殖産興業《しょくさんこうぎょう》策とあいまって広がった。この史料の津和野藩による石州紙《せきしゅうし》の専売制と同様に、萩藩・岩国藩・松江藩などでも紙の専売制が行われた。また、松前藩では、一六六九（寛文《かんぶん》九）年のシャクシャインの蜂起を鎮圧してから、アイヌとの独占的交易である商場知行制《あきないばちぎょうせい》、さらには商人による場所請負制《ばしょうけおいせい》による運上金《うんじょうきん》上納によって一八世紀前半には藩財政が安定した。そのほか薩摩《さつま》藩では、琉球《りゅうきゅう》を通じての中国との密貿易（抜荷《ぬけに》）によって利益をあげると同時に、奄美《あまみ》諸島で黒糖《こくとう》を生産させ、それを独占的に納入させ大坂市場に高く売ることによって利益をあげていた。

1国 この場合は、大名の領国（藩）のこと。
2松前 松前氏が藩主の松前藩。蝦夷地《えぞち》（北海道）松前に藩庁。福山藩ともいう。
3土産 その土地の産物のこと。
4津和野侯 石見国《いわみのくに》（島根県）津和野に藩庁を置いた津和野藩のこと。
5薩摩 島津《しまづ》氏が藩主で、薩摩国鹿児島に藩庁を置いた藩。鹿児島藩、島津藩ともいう。
6土物 土産と同じく産物のこと。

史料注
経済録拾遺 太宰春台《だざいしゅんだい》が著した『経済録』のうちの藩専売制などの記事を問答風に記したもの。一八世紀中頃成立。

14 享保の改革

1 相対済《あいたいすま》し令

★★☆☆☆

要点ナビ　幕府（将軍徳川吉宗）から発令。金銭トラブルは受け付けない。

一　近年金銀出入《でいり》[1]段々《だんだん》多く成り、評定所《ひょうじょうしょ》[2]寄合《よりあい》の節も此《この》儀を専《もっぱ》ら取扱ひ、公事訴訟《くじそしょう》は末《すえ》に罷《まか》り成り、評定の本旨《ほんし》を失ひ候《そうろう》。借金銀《かりきんぎん》・買懸《かいがか》り[3]等の儀は、人々相対《あいたい》[4]の上の事に候《そうら》得《え》ば、自今《じこん》は三奉行所《ぶぎょうしょ》[5]にて済口《すみくち》[6]の取扱ひ致す間敷《まじく》候。併《しか》し欲心《よくしん》を以《もっ》て事を巧《たく》み候出入《でいり》は不届《ふとどき》を糺明《きゅうめい》いたし、御仕置《おしおき》申し付《つ》くべく候事。

但《ただし》、不届とこれあり候は、身体《しんだい》かぎり[7]申付候類《たぐい》の儀候事。

一　只今迄《ただいままで》奉行にて取上げ、日切《ひぎり》[8]に申し付け、段々済《すまし》寄《よ》り候金銀の出入も、向後《きょうこう》罷《まか》り出《い》で間敷《まじ》き由《よし》申し付くべく候事。以上。

十一月[9]

『御触書寛保集成《おふれがきかんぽうしゅうせい》』

通釈

一　近年、金銭貸借の訴訟が次第に多くなり、評定所での評議もこの訴訟ばかりを扱い、一般の訴訟や出願の審理もおろそかになり、評定所が本来の役割を失っている。借金銀や買掛けなどのことは当事者相互の合意によるものであるから、今後は三奉行所では和解の取り扱いをしないことにする。しかし、欲深い悪巧みによる争いは、その不正を糾明《きゅうめい》して処罰する。

ただし、不正が判明した場合は、財産を没収して返済にあてる処分などを行う。

一　現在まで奉行所で取り上げ、指定期間内の債務決済を申し渡し、次第に両者が和解しつつある金銭貸借の訴訟も、今後は訴え出てはならない旨を申し渡す。以上。

一一月

※色文字は重要語

[1] **出入**　もめごとの意味。原告・被告双方の対審《たいしん》により判決を下す裁判、もしくは手続きを意味し、訴えをもって審理を開始。

[2] **評定所**　三奉行及び老中から原告側のにより構成される幕府の訴訟裁決の最高機関。

[3] **買懸り**　売掛《か》け、買掛けなど取引上の問題。

[4] **人々相対**　原告と被告の当事者相互。

[5] **三奉行所**　寺社・勘定・江戸町奉行の三奉行所。

[6] **済口**　内済《ないさい》（和解）の意味。

[7] **身体かぎり**　身体限り。債務者の財産を没収して債務返済を行う強制執行。

[8] **日切**　日限を限って。

[9] **十一月**　一七一九（享保四）年一一月。

史料注　**御触書寛保集成**　二一〇頁参照。

解説　**相対済《あいたいすま》し令**は、金銭貸借・代金後払いの売掛《うりか》け等に関する訴訟の不受理を命じたものである。**享保《きょうほう》の改革**以前においてもこの法令は発布されたことがあるが、その最初のものは一六六一（寛文《かんぶん》元）年で、これ以後享保の改革に至るまでしばしば発令されている。この法令が発令されるようになった背景には、江戸中期以降に商業と貨幣経済がめざましく発達したことがあげられる。それに伴って、金銭貸借の争い（金公事《かねくじ》）による訴訟が激増した。そこで、奉行所における一般行政事務・政策の実施等に支障が出てきたのを改善するために発令されたようである。

探究28 相対済し令の目的は何か。

要点ナビ　幕府（将軍徳川吉宗）から諸大名へ。

❶御蔵入高　幕府領（天領）からの年貢収納高。

❷御切米御扶持方　知行地を持たない家臣に給付する米で、石・俵単位で与えたものを切米、何人扶持という形で与えたのを扶持米という。一人扶持は蔵米一日五合の割合。

❸今年　一七二二（享保七）年。

❹御沙汰　この場合は将軍の命令、指示、決定等の意味。

❺八木　米の異称。「米」の字形が八と木に分けられることによるという。

❻在江戸半年充御免成され候　参勤交代は、江戸と国元一年交代を原則としていた。

史料注

御触書寛保集成　二一〇頁参照。

探究29 上げ米の令の目的は何か。

一七一九（享保四）年の相対済し令では、金銭貸借や売掛等による訴訟はすべて受理しないとして、当事者間の話し合い、すなわち「相対」での解決を命じている。しかしこれにより新たな貸借トラブルも生じ、この法令は一七二九（享保一四）年に廃止となった。

❷ 上《あ》げ米《まい》の令　★★☆☆☆

御旗本《おはたもと》に召《め》し置かれ候《そうろう》御家人《ごけにん》、御《おん》代々段々相増《あいま》し候。御蔵入高《おくらいりだか》❶も先規《せんき》よりは多く候得共《そうらえども》、御切米御扶持方《おきりまいおふちかた》❷、其外《そのほか》表立ち候御用筋渡方《ごようすじわたしかた》に引合《ひきあい》候ては、畢竟《ひっきょう》年々不足の事に候。……今年❸に至《いたり》て御切米等も相渡し難《がた》く、御《お》仕置筋《しおきすじ》の御用《ごよう》も御手支《おてつかえ》の事に候。それに付《つき》御代々御沙汰《おんさた》❹もこれなき事に候得共、万石以上の面々《めんめん》より八木《はちぼく》❺差し上げ候様《よう》に仰《おお》せ付《つ》けらるべしと思《おぼ》し召《め》し、左《さ》候はねば、御家人の内数百人、御扶持を召し放さるべきより外《ほか》はこれ無く候故《ゆえ》、御恥辱《おんちじょく》をも顧《かえり》みられず仰せ出《いだ》され候。高《たか》一万石につき八木百石積《つも》り差し上げらるべく候。……これに依《よ》り在江戸半年充御免成《あてごめんな》され候❻間《あいだ》、緩々《ゆるゆる》休息いたし候様《よう》にと仰せ出され候。

『御触書寛保集成《おふれがきかんぽうしゅうせい》』

通釈

御旗本として登用される御家人の数は、代々次第に増加する傾向にある。幕府領からの年貢収入も、以前と比べれば多くなってはいるものの、（御家人・旗本の）切米・扶持米といった俸禄、その他表立った御用向に対する支払いと引き比べてみると、結局は年を追って不足となっている。……今年に至って、御切米等の支給さえもおぼつかなく、行政関係の諸経費も差しつかえる有様である。それについて、代々の先例にもないことであるが、一万石以上の（大名の）面々から米を幕府へ差し出させるように命じるべきであるとのお考えである。そうしなければ、御家人の内の数百人の俸禄を取り上げる以外に方法がないので、（幕府にとって）恥辱ながら、それをも顧みず、お命じになられた。高一万石につき、米一〇〇石ずつを差し出すようにしなさい。……これによって（参勤交代制の）江戸在府期間を半年ずつ免除するので、ゆっくり（国元で）休息するようにとの命令である。

解説

享保《きょうほう》の改革において、財政再建の緊急措置として、一七二二（享保七）年に発布されたのが上《あ》げ米《まい》の令である。大名に石高一万石につき米一〇〇石を年々献上させ、代わりに参勤交代の在府（江戸）期間を半減した。つまり、一年交代で江戸・国元を参勤交代する大名は、江戸在府六か月、在国元一年六か月となったのである。その結果、上げ米の令による年間収入高は一八万七〇〇〇石余に及び、切米・扶持米支給総額の約半分、また幕府領からの年貢収入の一割に相当したといわれる。参勤交代の在府期間の半減は、大名統制策の大幅な後退であり幕府の権威に動揺をもたらすため、年貢増徴政策や**新田開発**の効果により財政の一応の好転をみた一七三〇（享保一五）年には、「上げ米の令は来年度から廃止する。」という命令が出され、翌（一七三一）年廃止された。

3 足高《たしだか》の制❶ ★☆☆☆

要点ナビ 幕府（将軍徳川吉宗）が幕政の役職就任中に、不足する俸禄分を支給。

諸役人、役柄《やくがら》に応ぜざる小身《しょうしん》の面々《めんめん》❷、前々より御役《おんやく》料《りょう》定め置かれ下《くだ》され候処《そうろうところ》❸、知行《ちぎょう》❹の高下《こうげ》これ有る故《ゆえ》、今迄《まで》定め置かれ候御役料にては、小身の者御奉公続兼《ごほうこうつづきかね》申すべく候。これに依《よっ》て、今度《このたび》御吟味《ぎんみ》これ有り、役柄により其《その》場不相応《ふそうおう》に小身にて御役勤《つと》め候者は、御役勤め候内御足高《おんたしだか》❺仰《おお》せ付《つ》けられ、御役料増減これ有り、別紙の通り相極《あいき》め候。　『御触書寛保集成《おふれがきかんぽうしゅうせい》』

通釈　幕府の諸役人のうち、役職に応じた家禄に達していない者たちには、以前から一定の役料が下されていたが、禄高の高い者や低い者がいるので、今までにお定めになった役料では、禄高の低い者は勤務を続けていくことができなくなってきている。このため、今回調査が行われ、役職によりその役職に不相応な小禄者でありながら勤務している者には、在職期間中足高をお命じになられ、別紙にあるように役料の増減を定められた。

解説　幕府は、一六六六（寛文六）年に役付の者に役料を支給することにした。留守居二〇〇〇俵以下、役職によって役料の額が定められた。小身の者が、その身分より上の役をつとめる場合に、その役にふさわしい禄を与えるという趣旨である。ところが、一度役料を加えられて俸禄を増すと、退職後もそのままであったので、幕府は次第に俸禄の増加に苦しむようになった。将軍**徳川吉宗**《よしむね》の時、**一七二三（享保八）年**に以前の制を改め、小身の者が身分より上の役職についた場合は、その役職に応じた禄高まで増額し、役をやめればもとに復す足高《たしだか》の制を定めた。たとえば、将軍側近の秘書官たる御側《おそば》衆に任ぜられたものは、もし知行五〇〇石であれば四五〇〇石を足されて、五〇〇〇石支給されるのである。そして、役をやめれば家禄の五〇〇石に復するのである。

このように、支出削減と人材登用を目的に、役職ごとに基準家禄を定め、任用に際し基準家禄との差額を、在職中加給する制度が足高の制である。これにより家禄を基準とした役職任用にかかわり、官僚的能力に優れた小禄者でも幕政の要職に任用することが可能となり、幕府役人の官僚化を促《うなが》す制度としても機能してゆくこととなった。

❶**足高の制**　一七二三（享保八）年に施行。
❷**小身の面々**　家禄、禄高の低い者。
❸**前々より……下され候処**　元禄年間に定められた役料規定では、支給役料が一定であったので、小禄の者ほど負担の軽減に結びつかなかった。
❹**知行**　家禄、禄高の意味。
❺**御足高**　具体的には役職ごとに基準家禄を設け、これに満たない小禄の者に、基準家禄との差額を在職期間中支給した。

史料注　**御触書寛保集成**　二一〇頁参照。

4 公事方御定書《くじかたおさだめがき》 ★★☆☆☆

要点ナビ
幕府（将軍徳川吉宗）が大岡忠相ら三奉行に作らせた。刑法に関する基本法典。

二十六　賄賂差出《わいろさしだ》し候《そうろう》者御仕置《おしおき》❶の事
一　公事《くじ》❷諸願其外請負事《そのほかうけおいごと》等に付《つい》て
　賄賂差出し候者並《ならび》に、取持《とりもち》致し候者（その仲介をした者）　軽追放❸
　但《ただ》し賄賂請《う》け候者、其品相返し、申し出《い》づるにおゐては、賄賂差出し候者並に取持致し候者ともに、村役人に候はば役儀取上《やくぎとりあ》げ、平《ひら》百姓に候はば過料《かりょう》❹申し付くべき事。
五十六　盗人《ぬすびと》御仕置の事
一　人を殺し盗《ぬすみ》いたし候者　引廻《ひきまわし》の上獄門《ごくもん》❺
一　追剝《おいは》ぎいたし候者　獄門
一　手元にこれある品をふと盗み取り候類《たぐい》
　金子《きんす》は拾《(十)》両より以上、雑物《ぞうもつ》（品物は金銭に見積って）は代金につもり拾両位より以上は　死罪❻
　金子は拾両より以下、雑物は代金につもり拾両位より以下は　入墨《いれずみ》❼　敲《たたき》❽
七十一　人殺並に疵付《きずつけ》等御仕置の事
一　主殺《しゅごろし》❾　二日さらし❿　一日引廻、鋸挽《のこぎりびき》⓫の上、磔《はりつけ》⓬
一　主人に手負《てお》わせ候者　さらしの上、磔
一　獄門　浅草、品川⓭におゐて、獄門にかける。……
一　火罪《かざい》　引廻の上、浅草、品川におゐて、火罪申し付《つけ》る。……

『徳川禁令考《とくがわきんれいこう》』

❶**御仕置**　罰すること。
❷**公事**　ここでは訴訟の意。
❸**軽追放**　江戸十里四方・京・大坂等への立入禁止と、田畑の没収処分をされた。
❹**過料**　罰金刑。
❺**獄門**　いわゆるさらし首。
❻**死罪**　首を刎《は》ねる斬首《ざんしゅ》の刑。
❼**入墨**　左腕の肘《ひじ》の下に幅三分（約一センチメートル）程度の輪状の入墨を二筋つける。
❽**敲**　牢屋敷の門前において鞭《むち》で五〇もしくは一〇〇回打たれる刑。
❾**主殺**　主人殺し。
❿**さらし**　民衆に見せる。
⓫**鋸挽**　罪人の両肩を刀で傷つけ、竹鋸に血をつけそのそばに置き、鋸で罪人の身体を引きたい者に引かせる。
⓬**磔**　十字形に組んだ木材に罪人を縛り、左右両側より脇腹から肩口へ鑓《やり》で刺し貫く処刑。
⓭**浅草、品川**　小塚原《こづかっぱら》、鈴ヶ森の刑場。

史料注 **徳川禁令考**　二一三頁参照。

探究30 公事方御定書の特徴を述べよ。

史料注 **徳川実紀**　二二七頁参照。

解説 **公事《くじ》方《かた》御《お》定書《さだめがき》**は一七四〇（元文五）年寺社奉行大岡忠相以下三奉行らをして、それまでの幕府判決例を調査して成文法を作らせ、一七四二（寛保二）年に完成した。

上巻には司法警察関係の、下巻には刑法・訴訟法などに関する規定を収めている。特に下巻は御定書百箇条と呼ばれている。この法令の特色は重罪を除き、連座をやめ、追放を減じて罰金に変え、さらに翌年には重罪でも証拠不十分な場合に拷問を廃止するなど刑の軽減をはかったことである。ただし主人に対する罪は極めて重刑に処せられたところに、主従関係を重視する封建社会の考えがよくあらわれている。幕府はこの法令を裁判や刑罰の基準とし、不公平な判決を防止し、激増する訴訟や犯罪に対処したのである。これは目安箱の設置とともに、激化する民衆の反抗を和らげる意図から出たものであった。

Spot

象を呼んだ将軍

廿《(二十)》七日（一七二九―享保一四―年五月）大広間に（吉宗が）出《い》でたまひ、象を御覧《ごらん》あり。……これは去年六月鄭大《ていたい》成《せい》といへる唐商が、広南（現在のベトナム・ホーチミン市）より象の牝牡《めすおす》船にのせて長崎の港に来りしを、江戸にひきまいらすべき旨《むね》、伝へられしが、其《そ》の九月牝は斃《たお》れぬ。よて《(依て)》ことし三月かしこ（長崎）を出て、一日五里または三里をあゆみて、やうやく京（京都）に入る。……此《この》月廿五日府（江戸）に入り、浜園（現、浜離宮《はまりきゅう》庭園）の内につながれしを、けふ《(今日)》召《め》して御覧じ給《たま》ふなり。　　『徳川実紀《とくがわじっき》』

一七二八（享保一三）年六月、八代将軍吉宗の象への興味にこたえ、中国船が長崎に牡牝《おすめす》二頭の象を運んできた。牝象は長崎で死んだが、牡象はなんと自分の足で山陽道、東海道を経《へ》て、途中京都で天皇に拝謁し、江戸まで歩いてきたのである。象は、浜御殿（現、浜離宮庭園）で飼われ、この史料にあるように、一七二九（享保一四）年五月二七日に江戸城で吉宗に拝謁したのである。

吉宗は、殖産興業政策のために、象への関心にもみられるように実学《じつがく》を重視した。そのために、キリスト教関係以外の漢訳洋書の輸入禁止をゆるめ、青木昆陽《こんよう》らに蘭学《らんがく》の研究を始めさせた。昆陽の甘藷《かんしょ》栽培の研究は、『蕃薯考《ばんしょこう》』として結実し、その後の飢饉《ききん》の際の救荒《きゅうこう》食物として多くの人々の生命を救うことになる。また、こうした吉宗の政策はのちの平賀源内（エレキテルの製作など）や杉田玄白（翻訳《ほんやく》書『解体新書』の発刊など）らにつながるものであり、蘭学勃興のきっかけとなったのである。

吉宗が呼んだ象は、その後飼育費の膨大なことから浜御殿出入の百姓に払い下げられ見世物《みせもの》ともなったが、十分な食料を与えられず一七四二（寛保《かんぽう》二）年に死んでしまったという。

⑮ 田沼時代

❶ 田沼政治への批判——松平定信 ★☆☆☆

要点ナビ 松平定信が田沼政治を批判。

また老中《ろうじゅう》[1]へ賄賂《わいろ》銅臭《どうしゅう》《贈物をして成功すること》おびたゞしさ、これまたいふ計《ばかり》なかりけり《言葉に言い表しようがない（ほどすさまじい）。》。その賄賂といふは、まことに公行《こうこう》《おおっぴらに行われている》したる事にて、金子《きんす》など袖《そで》にしておくるなど[2]はむかしの事なり。近来は小たんす、又は火鉢《ひばち》、又は三所物《みところもの》[3]などといひて、みな黄金をおくるなり。その外田沼《ほかたぬま》の別業《べつぎょう》《別荘》つくるときけば、争ひて木石をおくり、月見などいへば、万石已上已下《まんごくいじょういか》《大名旗本》とも、台の物[4]などさまざまに工夫しておくる也。いづれも金銀をちりばめぬ。『宇下人言《うげのひとこと》』

❷ 田沼の積極政策——工藤平助による蝦夷地開発策建言 ★☆☆☆

父様[1]をば田沼時代[2]の人は大智者《ちしゃ》と思えてありしとぞ。ある時公用人《こうようにん》《田沼の家来である用人》と差向《さしむか》いにて用談《ようだん》終って咄《はな》しのうち用人言う、「我が主人[3]は富にも禄《ろく》にも官位にも不足なし。この上の願いには田沼老中の時仕《し》おきたることとて、長き世に人のためになることをしおきたき願いなり、何わざをしたらよからんか《どのようなことをしたらよいであろうか》」と問合《といあわ》せしに、父様御答えに「それはいかにもよき御心《おこころ》付《づ》きなり、さあらば国を広くする工夫《くふう》よろしかるべし」。問い「それはいかがしたることぞ」。答え「それ蝦夷《えぞ》国は松前《まつまえ》より地つづきにて日本へ世《よ》々随《したが》いいる国なり、これをひらきて貢物《みつぎもの》をとる工面《くめん》をなされかし。日本を広くせしは田沼様のわざとて、永々人の仰《あお》ぐべきことよ」と仰《おお》せられし……「恐《おそ》れ入りし了簡《りょうけん》なり、いざさらばそのあらまし主人へ申し上げたし、一書にして出《い》だされよ」といいし故《ゆえ》、父様書いて出されし[4]を、随分《ずいぶん》受けもよく感心ありて、その奉行《ぶぎょう》[5]に父様をなさんと言いしとぞ。『むかしばなし』

※色文字は重要語

[1]老中 田沼意次《おきつぐ》。

[2]金子など袖にしておくる この頃の川柳に「袖の下たびかさなるにほころびる」とある。

[3]三所物 刀剣の付属具たる目貫《めぬき》・笄《こうがい》・小柄《こづか》の三種。

[4]台の物 台の上にのせた進物。

[1]父様 『赤蝦夷風説考』の著者、仙台藩医工藤平助。

[2]田沼時代 田沼意次の全盛期は、老中に任ぜられた一七七二（安永元）年から失脚する一七八六（天明六）年。

[3]主人 田沼意次のこと。

[4]書いて出されし 『赤蝦夷風説考』のこと。上巻には一七八三（天明三）年、下巻には一七八一（天明元）年とあるので、この間の成立と考えられている。

参考　田沼意次への蝦夷地開発のすすめ　★★☆☆☆

扨《さて》日本の力を増《ます》には蝦夷地《えぞち》の金山をひらき、並其出産物《ならびにそのしゅっさんぶつ》を多くするにしくはなし。蝦夷の金山を開く事、昔より山師共《やましども》の云《いい》ふらす所なるが、入用と出高と相当せず、これに依《よ》りすたれ有所《あるところ》なり。然《しかる》に先に云《いう》所の「ヲロシヤ」と交易《こうえき》の事おこらば、この力を以《もっ》て開発有度《ありたき》事なり。此《この》開発と交易の力をかりて、蝦夷の一国を伏従《ふくじゅう》せしめば、金、銀、銅に限らず一切の産物皆《みな》我国の用を助くべし。右交易の場所あながち蝦夷にも限るまじ。長崎をはじめ惣《すべ》て要害よき湊《みなと》に引請《ひきうけ》て宜《よろしき》事なり。右に申す通り日本の力を増《ます》事蝦夷にしく事なし。

『赤蝦夷風説考《あかえぞふうせつこう》』

解説

享保《きょうほう》の改革における財政再建の根本策は、倹約令を出して支出をおさえ、**定免法《じょうめん》**の施行や、租率の引き上げによって貢租の確保と増徴をはかったことである。同時に町人資本の利用による**新田開発**、殖産興業政策を実施して収入の増大につとめたことである。このように徳川吉宗の改革には貢租を重視して幕藩体制を維持せんとする政策と、商品経済の発展という社会情勢の上に立脚した政策の二面性がみられるが、後者の政策をより積極的におし進めたのが**田沼意次《たぬまおきつぐ》**であった。すなわち座の設置や**株仲間《かぶなかま》**の公認により運上《うんじょう》や冥加《みょうが》などの税金を納入させ、俵物《たわらもの》を輸出して金銀を輸入する政策を行った。さらに大坂や江戸の豪商の出資による印旛沼《いんば》・手賀沼《てが》の干拓、蝦夷地《えぞち》の開発、ロシアとの貿易を開く計画をすすめるなどを行ったほか、商品経済の発達に即応して現実的な政策を積極的に実施したのである。特に、蝦夷地開発については、❷の史料にあるように仙台藩医工藤平助《くどうへいすけ》が老中田沼意次に献言した『赤蝦夷風説考《あかえぞふうせつこう》』が大きな影響を及ぼした。平助は、帝政ロシアの南下政策への注意が必要だとし、蝦夷地の開発とロシアとの通商を主張している。幕府は、平助の建策《けんさく》を契機として八〇〇石積の船二隻を新造し、**最上徳内《もがみとくない》**らに千島・樺太《からふと》の調査をさせたが田沼意次の失脚に伴い、これらの調査事業は中止となった。

田沼の政治は商業資本を利用する実利主義的政策において新しさがあった。そのため利益を奪われた農民の反抗が起こり、また利を求める一般的風潮から賄賂《わいろ》が流行し政治の規律が乱れた。しかも天明の飢饉《ききん》のような災害が続いたため、物価の騰貴《とうき》・百姓一揆の頻発など社会の動揺が一層激しくなった。かくて田沼は世論の非難を受けて失脚した。

❸ 天明《てんめい》の飢饉《ききん》　★☆☆☆

要点ナビ
杉田玄白が出羽・陸奥両国の惨状を記す。

出羽《でわ》、❶陸奥《むつ》❷の両国は、常は豊饒《ほうじょう》の国なりしが、此年《この》はそれに引かへて取わけの不熟《ふじゅく》にて、南部《なんぶ》、❸津軽《つがる》❹に至《いた》りては、余所《よそ》よりは甚《はなはだ》しく……食ふべきものの限りは食ひたれど、後には尽果《つきは》て、先に死

---

❺**奉行**　一八〇二（享和二）年になって蝦夷地奉行が設けられた（その後、松前奉行と改称）。

史料注

宇下人言　松平定信の自叙伝。自らの生い立ちや学問、寛政の改革等についての叙述がある。表題は「定信」を分解してつけている。

むかしばなし　著者の只野《ただの》真葛《まくず》は、『赤蝦夷風説考』の著者工藤平助の娘。『むかしばなし』には父平助の生涯や当時の社会状況、世間《せけん》ばなし等が描かれている。

赤蝦夷風説考　工藤平助著。蝦夷地の沿革・見聞雑記や蝦夷地開発の必要と方途を説いたもの。一七八三（天明三）年、老中田沼意次に献ぜられた。

探究31　田沼政治の積極的な新しい面とマイナス面とを述べよ。

❶**出羽**　東山道の一国で、現在の山形県全域と秋田県の

たる屍《しかばね》を切取ては食ひし由《よし》、或《あるい》は小児の首を切、頭面《とうめん》の皮を剝去《はぎ》りて焼火《たきび》の中にて焙《あぶ》り焼《やき》、頭蓋《ずがい》のわれめに篦《へら》さし入《いれ》、脳味噌《のうみそ》を引出し、草木の根葉《こんよう》をまぜたきて食ひし人も有《あり》しと也《なり》。又或《またある》人の語りしは、其《その》ころ陸奥にて何がしとかいへる橋打通《うちとお》り侍《はべ》りしに、其下に餓《うえ》たる人の死骸《しがい》あり、是《これ》を切割《きりわり》、股《もも》の肉、籃《かご》に盛行人《もりゆくひと》《陸奥のある橋を渡っていると、》有し故《ゆえ》、何になすぞと問侍《といはべ》れば、是を草木の葉に交《まぜ》て犬の肉と欺《あざむき》て商《あきな》ふなりと答へし由《よし》、かく浅ましき年なれば、国々の大小名皆心をいたましめ饑《き》《飢え》を救はせ給《たま》へども、天災《てんさい》の致す所、人力にて及《および》かたく、凡《およそ》、去年今年[5]の間、五畿七道《ごきしちどう》にて餓死《がし》せし者何万人といふ数しれず、おそろしかりし年なりし。

『後見草《のちみぐさ》』

一部を除いた地域。

2 陸奥 東山道の北端の国で時代とともに北に拡張したが、最終的には現在の福島・宮城・岩手・青森県と秋田県の一部の地域。

3 南部 現在の青森・岩手・秋田県にまたがる地域。特に、盛岡をさす場合が多い。

4 津軽 現在の青森県の西部。

5 去年今年 一七八三年と一七八四年。

史料注

後見草 杉田玄白の書で上・中・下の三巻がある。上巻は亀岡宗山が明暦の大火について書いた記述を再録したもの。中・下巻は、宝暦から天明期にかけての一八世紀中後半の天変地異（浅間山の噴火等）と、当時の政治、社会、風俗の有様を記録したもの。

解説 天明年間（一七八一〜八九年）は、日本全国で凶《きょう》作《さく》が続いた。特に悲惨《ひさん》だったのは東北地方で、一七八二（天明二）年には収穫が半分以下になり、翌一七八三（天明三）年には浅間山の大噴火による大降灰の影響もあって冷害が加わり、さらに農作物は大凶作となった。津軽藩では一三万人の死者が出る大飢饉《ききん》となった。この**天明の飢饉**は享保《きょうほう》・天《てん》保《ぽう》の飢饉と並び江戸時代の三大飢饉と呼ばれている。悲惨な飢饉の原因は、自然災害という面もあるが、例えば杉田玄白《げんぱく》が史料の『後見草《のちみぐさ》』のなかで触れている上杉鷹山《ようざん》の米沢藩や松平定信の白河藩では、一連の藩政改革や飢饉時の緊急食料を領外からすばやく輸送する等の手段をとり、一人の死者も出さなかったと伝えられる。これに対し、大量の餓死《がし》者の出た津軽藩では、米四〇万俵を飢饉前に江戸、大坂に廻米してしまっていたのである。飢饉は気候不順などの天災にのみよるのではなく、年貢の過重な収奪、前納強制、冷水害や虫害に対する予防策の欠如等、為政者の政策に由来するところも大きかったのである。

4 天明の打ちこわし ★☆☆☆

今は餓死《がし》なんよりはとて、遂《つい》に同月二十日[1]の夜、赤坂といふ所にて、雑人原徒党《ぞうにんばらととう》《下々の人々が》をなし、同じ所に住居する雑穀商《ざっこくあきな》ふ家々を打破《うちやぶ》り、打こぼてり《打ちこわした。》。是《これ》を騒《さわ》ぎの始《はじめ》として、南は品川、北は千住《せんじゅ》、凡御《およそご》府内《ふない》[2]四里四方の内、誰頭取《だれとうどり》といふことなく、此《この》所に三百、彼《かの》所に五百、思ひ〳〵に集りて、鉦《かね》、太鼓《たいこ》を打ならし、更《さら》に昼夜の分《わか》ちなく、穀物商ふ家々を片端《かたっぱし》より打潰《つぶ》し、いちむじん《（一無心）》《ひたすら何の考えもなしに乱れ入り、》に乱れ入り、有合《ありあわせ》

1 同月二十日 一七八七（天明七）年五月二〇日。この年は前年の大凶作に引き続き、正月の焼失町屋六万軒という江戸大火により、江戸の人々も困窮していた。

また、いつもなら銭一〇〇文で一升は購入できた米が、この五月にはわずか三合しか購入できず江戸は不穏《ふおん》な空気に満ちていた。

2府内　江戸市中のこと。

3町奉行　江戸町奉行のこと。

4盗賊奉行　火付《ひつけ》盗賊改《あらため》のこと。江戸町奉行に協力し、江戸の治安を維持する役。

史料注

後見草　二五三頁参照。

探究32

① 農村疲弊の原因を述べよ。

② 近世の三大飢饉をあげよ。

限りの穀物を大道へ引出し、切破り、奪《うば》ひ取り、八方へ持退《もちしりぞい》たり。初《はじめ》の程は穀物斗《ばかり》奪ひしが、後《のち》には盗賊《とうぞく》加《くわわ》りて、金銀、衣服の類《たぐ》ひまで同じ様《よう》に奪ひ取りぬ。斯《かく》ありし事、既《すで》に三日に及びしかば、公にも聞《きこ》し召《めし》、安からずや思《おぼ》しけん。（将軍の耳にも入り、容易ならざることと、思われたであろう。）御町奉《ぶ》行《ぎょう》3盗賊奉行4の方々に仰《おお》せつゝ、是《これ》しづめよとありければ、各組子《くみこ》を召連《めしつれ》て、馬に跨《またが》り、鐙《あぶみ》を合せ、縦横《じゅうおう》に乗廻《のりまわ》り、厳敷召捕《きびしくめしとら》へ給《たま》へども、元来烏合《がんらいうごう》の雑人なれば、こゝかしこに逃散《にげちり》て、捕《とら》へらるゝは数少し。『後見草《のちみぐさ》』

解説　一七八七（天明三）年五月二〇日、江戸深川や赤坂地区の多くの米屋が打ち壊された。その後、江戸全域にわたって米屋への襲撃は続き、同月二四日まで大騒動は続いた。打ちこわしの原因は、前年来の凶作と米価急騰《きゅうとう》にあった。打ちこわしに参加したものは多くは江戸の長屋住いの下層民であったが、史料にもあるように当初は盗みもなく規律のある打ちこわしであった。それに対し取《と》り締《し》まりにあたった江戸町奉行や火付盗賊改《ひつけとうぞくあらため》の鎮圧行動は、逆に打ちこわし勢に圧倒されるほどであった。ようやく二四日に幕府の警備体制も整い、また困窮民《こんきゅうみん》への米穀支給も行われ、騒ぎもおさまったのである。

この天明の打ちこわしは、江戸だけでなく大坂、石巻、甲府、堺、広島等々、全国各地の主要都市でも起こっていた。五月下旬になって、幕閣《ばっかく》（幕政の中心）にいた前老中**田沼意次《おきつぐ》**派の将軍側近が解任された背景には、これら打ちこわしのすさまじさがあったともいえる。そして、これ以後**松平定信《まつだいらさだのぶ》**による寛政の改革が始まるのである。

Spot

菅江真澄《すがえますみ》の見た天明の飢饉《ききん》

過《す》ぎつる卯《う》のとし（天明三年）の冬より辰《たつ》の春までは、雪の中にたふれ死《しに》たるも、いまだ息かよふも数しらず、いやかさなりふし（伏）て路《みち》をふたぎ（ふさぎ）、行《ゆき》かふものは、ふみこへふみこへて通《かよ》ひしかで、あやまちては、夜みち夕ぐれに死むくろの骨をふみ折、くち（朽）たゞれたる腹などに足ふみ入《いれ》たり。……いき（生き）馬をとらへ、くびに綱《なわ》をつけて、うつばり（はり）に曳《ひき》あげ、わきざし（脇指）、或《あるい》は小刀をはらにさし、さき（殺）ころし、血のしたゝるをとりて、なにくれ（あれこれ）の草の根をに（煮）てくらひたり。……死行侍《しにゆきはべ》らんとするともが（輩）らあまたあるを（死にそうになった人々がたくさんいるが）、いまだいき（息）のをたえ（絶）さなるを、わきざしをたて、又はむねのあたりくひ（食）やぶりて、うへ（飢）をしのぎぬ。『外が浜風』

菅江真澄《すがえますみ》は、一八世紀後半に郷里三河（愛知県）を出発し、およそ三〇年間近くも東北、北海道までも旅をした文人である。真澄は、旅の道中で観察した様々なことを、絵図を交えた詳細な日記によって記録した。史料は、一七八三（天明三）年の大飢饉から二年後に現地（津軽地方）を訪れた真澄が飢饉を体験した人から直接聞いたもので、死骸《がい》が散らばり、馬、さらには人をも殺さねばならなかった悲惨な状況がわかる。

16 寛政の改革

❶ 倹約令 ★☆☆☆☆

御代官え申渡《もうしわたし》

百姓の儀《ぎ》は麁服《そふく》を着し、髪等も藁《わら》を以《もっ》てつかね《そまつな服を着て、髪等もわらで束ね》候《そうろう》事、古来の風儀《ふうぎ》に候処《ところ》、近来いつとなく奢《おごり》に長じ、身分の程を忘れ、不相応《ふそうおう》の品着用等いたし候もののもこれ有り。髪は油・元結《もとゆい》[1]を用ひ、其外《そのほか》雨具は蓑笠《みのがさ》のみを用ひ候事に候処、当時《現在では》は傘合羽《かさかっぱ》を用ひ、右に随《したが》ひ候ては次第に費《ついえ》の入用多くなり候間、村柄《むらがら》[2]も衰《おとろ》へ《無用な支出も多くなって、村の活気もなくなり、》、離散《りさん》いたし候様に成行《なりゆ》き、壱《(一)》人離散いたし候へば、右のもの御年貢《ねんぐ》・返納物《へんのうぶつ》[3]など弁納《べんのう》[4]に相《あい》成り、村方難儀《なんぎ》も相重《かさな》る《村の苦難も加重となる》事に候。右の示し手本のため、御代官・手代《てだい》[5]ども衣服の儀も、厳《きび》しく申渡し候事にて、[6]手代すら右の通り候上は、百姓ども猶更《なおさら》少々たりとも奢《おご》り候事これ無く、古代の儀忘却《ぼうきゃく》致すまじく候。百姓にて余業《よぎょう》の商《あきな》ひ等いたし候類《たぐい》、又は村々に髪結床《かみゆいどこ》等これ有る儀も不埒《ふらち》の儀に候。以来奢《おごり》がましき儀相改め、随分質素《ずいぶんしっそ》にいたし、農業相励《はげ》み申すべく候。

右の趣《おもむき》、村々小前《こまえ》のもの[7]迄も行届き、自然《じねん》と教諭《きょうゆ》に感じ、百姓の風俗相改め候様、厚く申含めらるべく候。

(天明八年)[8]申《さる》十二月 『御触書天保集成《おふれがきてんぽうしゅうせい》』

※色文字は重要語

[1]**元結** 髪を結ぶのに用いた細い紙ひも。
[2]**村柄** 村の様子、村の富や人の気持ちなど。
[3]**返納物** 凶作などの時、代官から借り受けた食料や種もみなどをさす。
[4]**弁納** 弁償しておさめる。肩代わりしておさめる。貢租や課役等は村単位に課されていた。
[5]**手代** ここでは、代官所の下役人をさす。
[6]**御代官……事にて** 別に代官・手代らの衣服その他についての倹約令が出されている。
[7]**小前のもの** 小前百姓。本百姓のことで平百姓ともいう。ここでは村役人以外の一般百姓をさしている。
[8]**天明八年** 一七八八年。

史料注
御触書天保集成 一七八八(天明八)年から一八三七(天保八)年までの五〇年

解説 倹約令《けんやくれい》は、江戸幕府・諸大名のもとで、享保《きょうほう》・寛《かん》政《せい》・天保《てんぽう》の三大改革を初め、江戸中期以降にはたびたび発布された。これらの倹約令は、武士、百姓、町人とその対象の違いによってそれぞれ目的を異にしている。

武士の場合については幕府・藩の財政緊縮をはかるためであり、為政者自ら範を示し、家臣にも厳しく倹約令を施行した。

百姓の場合には自給自足経済を強制して出費を制限し、全余剰生産物を年貢として確保するためであった。

町人の場合にはその営利活動と奢侈《しゃし》行為は自給自足経済を崩し、封建的身分制度を崩壊に導くものと考え、その防止のため食事、衣服などにつき、ぜいたく品の売買、使用を厳禁し、商業資本の抑制など一層厳しくしたのである。

間に発布された幕府の法令約六六〇〇通余を、九〇項目に分類して編纂《へんさん》、一八四一（天保一二）年に完成した幕府の法令集。

探究33　倹約令の目的を述べよ。

1寛政元酉年　一七八九年。

2大目付　老中のもとで諸大名を監察する役。文書の伝達役ともなった。

3御蔵米取　蔵米給与のこと。当初は、直接旗本・御家人に給与されていたが、その後札差《ふださし》が旗本・御家人の委《い》託《たく》を受けて、受け取りや売却を代行するようになった。

4勝手向　暮らし向き、生計、家計のこと。

5蔵宿　札差の別称。

6金壱両に付銀六分宛　一か月についての利息。一年間では一二%となる。

7利下げ　利息の引き下げ。

8相対　貸し主と借り主との話し合い。

9六ヶ年以前辰年　一七八四（天明四）年のこと。

❷ 棄捐令《きえん》　★★☆☆☆

要点ナビ
幕府（将軍徳川家斉、老中松平定信）から旗本・御家人へ。六年以前の借金を破棄。

寛政《かんせい》元酉年《とり》1九月　大目付《おおめつけ》え2

此度《このたび》御蔵米取《おくらまいどり》3　御旗本《おはたもと》御家人《ごけにん》勝手向《かってむき》4　御救《おすくい》のため、蔵宿《くらやど》5借金仕法《しほう》御改正仰《おお》せ出《いだ》され候《そうろう》事。

一　御旗本御家人蔵宿共《ども》より借入金《かりいれきん》利足《（息）》の儀《ぎ》は、向後《きょうこう》金壱《（一）》両に付《つき》銀六分宛《ろくぶんあて》6の積《つも》り、利下《りさ》げ7申し渡し候間《あいだ》、借り方《かた》の儀は是迄《これまで》の通《とお》り蔵宿と相対《あいたい》8に致すべき事。……

一　旧来《きゅうらい》の借金は勿論《もちろん》、六ヶ年以前辰年《たつ》9までに借請《かりうけ》候金子《きんす》は、古借新借《こがりしんがり》の差別無く、棄捐《きえん》10の積り相心得《あいこころう》べき事。……

右ヶ條《じょう》の趣《おもむき》、向後堅《かた》く相守り、御旗本、御家人とも成丈《なるたけ》借金高相増さざるべき様心掛《が》け申すべく候。前條の通、借金棄捐利下げ等仰せ出され候上は、一統《いっとう》11猶更《なおさら》厚

通釈

寛政元（一七八九）年九月　大目付へ

このたび蔵米を支給されている旗本・御家人の生計を救うため、札差からの借金方法についての改正をご命じになられた。

一　旗本・御家人が札差たちから借り入れた金の利息は、今後は金一両につき銀六分とし、利息の引き下げを申し渡したが、借金の方法については今までの通り、札差と相談の上決定するがよい。……

一　古くからの借金は勿論のこと、六年以前の辰年（一七八四年）までに借りた金は、古い借金、新しい借金の区別なく債務《さいむ》を破棄《はき》するのでそのように心得なさい。……

右の条文の趣旨を、今後かたく守り、旗本・御家人ともにできるだけ借金が増えないように心がけるべきである。前の条文のように借金の破棄、利息の引き下げ等をお命じになられたからには、一同の者（旗本・御家人）はさらに慎んで、倹約などについてとりわけ心がけるようにすべきである。……

く相慎《つつし》み、倹約等別《わけ》て心掛け申すべく候。……右之《の》趣万石以下之面々《めんめん》え相触《ふ》れらるべく候。

『御触書天保集成《おふれがきてんぽうしゅうせい》』

右の趣旨を一万石以下の（旗本・御家人）人々へ触れるようにしなさい。

10棄捐　債権者（札差）に債権を放棄させること。

11一統　一同、皆。

史料注

御触書天保集成　二五五頁参照。

探究34

① 棄捐令と相対済し令の違いを述べよ。

② 棄捐令の実施はどのような結果をもたらしたか。

解説

この**棄捐《きえん》令**は、一七八九（寛政元）年に発せられたもので、旗本・御家人の窮乏《きゅうぼう》を救うためのものである。その内容は、旗本・御家人に対する札差《ふださし》の債権について、六年以前（一七八四年より前）のものは放棄《ほうき》させ、一七八五（天明五）年以後は利息を年利六%に引き下げて返済すること、また一七八九（寛政元）年以降は年利一二%とすることを定めている。これは、当時の札差の借金利息が年利一八%と高かったためであった。これによって札差が被《こうむ》った損害は、一一八万両余にのぼった。しかし、この後金融界は混乱し、旗本・御家人の困窮は増大した。幕府は、札差への救済策として札差に数万両を低利で貸し付ける一方、猿屋町《さるやちょう》に貸金会所《かしきんかいしょ》を設置し、この会所から資金の不足をきたした札差に融資《ゆうし》するなどの対応策を講じた。

ところで、老中松平定信は、田沼時代の専売制を廃止し、公認した株仲間を整理するかたわら、江戸在住の豪商一〇名を勘定所御用達に登用し、低金利金融・米価調節・幕府財政援助など、彼らの資本力や商業知識を利用しての多様な役割を担《にな》わせている。寛政の棄捐令も貸金会所の出資と運営を委《ゆだ》ねられた勘定所御用達の存在なくしては実行不可能だったのである。その意味では、寛政の改革期においても田沼時代と同様に商業資本との結び付きがあったのであり、田沼時代の経済政策を継承した面があったといえる。

3 寛政異学の禁 ★★★☆☆

寛政《かんせい》二庚戌《かのえいぬ》年1五月廿《（二十）》四日

学派《がくは》維持《いじ》の儀《ぎ》に付申達《つきもうしたっ》す　林大学頭《だいがくのかみ》え2

朱学《しゅがく》の儀は、慶長《けいちょう》以来御代々《おんだいだい》御信用の御事《おんこと》にて、已《すで》に其方《そなた》家代々3右学風維持の事仰《おお》せ付《つ》け置かれ候得《そうらえ》ば、油断《ゆだん》無く正学《せいがく》4相励《あいはげ》み、門人共取立《とりたて》申すべき筈《はず》に候。然《しか》る処《ところ》、近来《ちかごろ》世上《せじょう》種々新規《しゅしゅしんき》の説をなし5、異学《いがく》6流行し、風

通釈

寛政二（一七九〇）年五月二四日

学派維持のことについて申し渡す　林大学頭へ

朱子学については、慶長年間以降代々の将軍が信頼を寄せており、以前からお前の家（林家）に代々朱子学の学風維持のことをお言いつけになられているのだから、気をゆるめず正学（朱子学）の教授に励み、門人たちを育成すべきはずである。ところが、近年世間ではさまざまな新しい学説を説くなど朱子学と異なる学説が流行し、従来のしきたりを乱すようなことがみ

要点ナビ

幕府（将軍徳川家斉、老中松平定信）から林大学頭へ。朱子学以外の学派の禁止。

1寛政二庚戌　一七九〇年。

2林大学頭　林信敬《のぶたか》。

3其方家代々　徳川家康以来、代々の将軍に仕えた林羅山《らざん》（道春《どうしゅん》）以降の林家《りんけ》をさす。

4正学　朱子学をさす。

5世上種々新規の説　朱子学以外に古義《こぎ》学派、蘐園《けんえん》学派などの儒《じゅ》学の諸派が並存している状況を示す。

俗を破り候類《たぐい》これ有り、全《まった》く正学衰微《すいび》の故《ゆえ》に候哉《や》、甚《はなは》だ相済《す》まざる事にて候。其方門人共の内にも右体《みぎてい》学術純正ならざるもの、折節《おりふし》はこれ有る様《よう》にも相聞《きこ》え、如何《いかが》に候。此度《このたび》聖堂❼御取締《おとりしまり》厳重に仰せ付けられ、柴野《しばの》彦助《ひこすけ》・岡田清助《おかだせいすけ》❽儀も右御用仰せ付けられ候事に候得ば、能々《よくよく》此旨《むね》申し談じ、急度《きっと》門人共異学相禁じ、猶又自門《なおまたじもん》に限らず他門《たもん》❾に申し合せ、正学講窮《こうきゅう》致し人材取立て候様相心掛《こころが》け申すべく候事。

『徳川禁令考《とくがわきんれいこう》』

られるが、（その原因は）すべて朱子学が衰えたためであろうか。とても容認できることではない。お前の門人たちのうちにも右のような（異学を学び）学問が純正でないものが時折あるとのことで、あり得るはずのない（けしからん）ことである。このたび聖堂学問所の取り締まりを厳重にするようにお命じになられ、柴野彦助・岡田清助にも右の用務をお言いつけになられたからには、よくよくこの趣旨を伝え相談し、必ず門人たちには朱子学以外の学説を禁じ、さらにまた自分の門下だけでなく他の門下の者とも相談し、朱子学の講義や研究に励み、学才のある人物を育成するよう心がけるべきである。

❻**異学**　朱子学以外の儒学の諸派をさす。

❼**聖堂**　この場合は聖堂学問所のこと。本来聖堂とは孔《こう》子廟《しびょう》をさす。一六九〇（元禄三）年上野忍《しのぶ》ヶ岡《おか》の林羅山の家塾にあったものが、湯島昌平坂《ゆしましょうへいざか》に移転された。

❽**柴野彦助・岡田清助**　それぞれ柴野栗山《りつざん》・岡田寒泉《かんせん》のことで、尾藤二洲《びとうにしゅう》とともに「寛政の三博士」と呼ばれた。

❾**他門**　林家の朱子学以外の朱子学を修めた者。

史料注

徳川禁令考　二一三頁参照。

解説

寛政異学の禁《かんせい》は、老中松平定信による寛政の改革の一環として一七九〇（寛政二）年に行われたものである。幕府は開幕以来、朱子学を封建制度維持の教学として奨励してきたが、江戸中期幕藩体制の動揺のなかで、朱子学派は振るわず、古学派や折衷《せっちゅう》学派などが盛んであった。定信は柴野栗山《りつざん》の建議を取り上げ、「異学の禁」に踏み切ったのである。

すなわち林家の私塾であった聖堂学問所を官立の昌平坂《しょうへいざか》学問所とし、そこでの朱子学以外の儒学の講義を禁ずるとともに、朱子学による官吏登用試験を実施することにした。これは、幕府が初めて学問の目的とその内容とを規定し、特定の学派を支持し、他の学派を間接的に排斥《はいせき》する結果となった。これに対して在野の他の学派から反対論が起こったのは当然であったが、幕府は最後まで黙殺したのである。

この異学の禁は、幕府の再建に、学問・思想の統制が極めて重要であるとの考えに基づくが、この場合の朱子学の復興が、その思想的権威によるのではなく、主として政治的権力による強制的復活であり、その効果にはおのずから限界があった。

４　旧里帰農令《きゅうりきのう》　★★☆☆☆

要点ナビ

幕府（将軍徳川家斉、老中松平定信）から江戸に出ていた農民へ。強制力なし。

寛政《かんせい》二戌《いぬ》年❶十一月

大目付《おおめつけ》え❷

在方《ざいかた》❸より当地❹え出で居《い》り《お》候《そうろう》者、（村々から当地（江戸）へ出てきて暮らしている者（の内で）、）故郷え立ち帰り度存《たくぞん》じ候得共《そうらえども》、路用金《ろようきん》❺調《ととの》い難《がた》く候か、（調達できそうもなく）立ち帰（故郷へ帰って）

❶**寛政二戌年**　一七九〇年。

❷**大目付**　老中のもとで大名を監察する役。文書の伝達も行った。

り候ても夫食《ぶじき》6（も、食料や農具代に困る者）農具代など差し支《つか》え候ものは、町役人差し添《そ》え願い出るべく候。吟味《ぎんみ》の上夫々《それぞれ》御手当《おてあて》下さるべく候。若《も》し村方に故障の儀《ぎ》これ有《ある》か（もし（故郷の）村に差し支えがあるか、）、身寄《みより》の者これ無く、田畑も所持致さず、故郷の外《ほか》にても百姓に成り申し度存じ候者は、前文の御手当下《くだ》され、手余地《てあまりち》7等これ有る国々え差し遣《つか》はし、相応の田畑下さるべく候。妻子召《め》し連《つ》れ度旨《たきむね》相願い候はゞ、其《その》意に任《まか》すべく候。……『御触書天保集成《おふれがきてんぽうしゅうせい》』

3在方 村々のこと。
4当地 江戸のこと。
5路用金 旅費のこと。
6夫食 食料とする米穀のこと。
7手余地 その地で余っている耕地。

史料注 **御触書天保集成** 二五五頁参照。

解説 寛政《かんせい》の改革による農村政策の基本は、農村人口の回復・増加と荒廃《こうはい》している田畑を復旧し、耕地面積を増加させることによって、崩壊《ほうかい》しつつある本百姓《ほんびゃくしょう》経営を回復することにあった。その本百姓経営回復のための中心政策が、一七九〇（寛政二）年を初めとして寛政の改革中に三度発令された**旧里帰農令**《きゅうりきのうれい》であった。その内容は、江戸へ流入した農民のうち、故郷へ帰りたい者に旅費や食料、農具代までも与えるというものである。その目的は、帰農させることによる本百姓経営の回復であるが、それとともに天明の打ちこわしで打ちこわしの主役となった江戸下層市民を、帰農させることによって江戸の治安維持をはかるということもあった。また、寛政の改革では、飢饉《ききん》の際の食料対策として、各村々に米穀を貯蔵させる**囲米**《かこいまい》の制《せい》も実施された。

5 囲米《かこいまい》 ★★☆☆☆

要点ナビ 幕府（将軍徳川家斉、老中松平定信）から諸大名へ。飢饉対策。

近年、御物《おんもの》入り1相重り候上《そうろううえ》、凶作《きょうさく》2等打ち続き、御手当御救《おてあておすく》い筋莫大《すじばくだい》（備えや救済のための金銭が膨大なものとなり）に及び候に付《つ》き、追々御倹《おいおいごけん》約《やく》3の儀《ぎ》、仰《おお》せ出《いだ》され候得共《そうらえども》、天下の御備《おんそな》え御手薄《おてうす》にこれ有《あ》り候《そうらい》ては相済《あいす》まざる儀に思《おぼ》し召《め》し候、……然《しか》りながら、広大《こうだい》の御備えの儀に候得ば、当時4の御倹約のみ（倹約のみでは、備えとして十分であるはずはないから、）を以《もっ》て、其《そ》の手当に仰せ付けらるべき様《よう》もこれ無《な》く候間、高《たか》一万石に付き五十石の割合を以て、来《きた》る戌《いぬ》年5より寅《とら》年6まで五か年の間、面々領《めんめんりょう》（大名がそれぞれの領地に囲米するよう）邑《ゆう》に囲穀《かこいこく》いたし候様《よう》に仰せ出され候。『御触書天保集成《おふれがきてんぽうしゅうせい》』

1御物入り 幕府財政の支出。
2凶作 天明の飢饉。特に、一七八三（天明三）年と翌年は大飢饉となった。
3御倹約 一七八八（天明八）年の寛政の倹約令。
4当時 現在、今。
5戌年 一七九〇（寛政二）年。
6寅年 一七九四（寛政六）年。

史料注 **御触書天保集成** 二五五頁

参照。

史料注 **御触書天保集成**　二五五頁参照。

史料注 **宇下人言**　二五二頁参照。

解説 **松平定信**《まつだいらさだのぶ》が、白河藩主《しらかわ》となった一七八三（天明三《てんめい》）年はまさに天明の飢饉のさなかであった。白河藩においても、その被害は甚大であったが、定信は海草や干魚などの食料を江戸から購入するなど、領内の飢饉対策・農業政策に力を注《そそ》いでいた。

寛政《かんせい》の改革が始まった直後の一七八八（天明八）年四月には、幕府領に対し、凶作《きょうさく》に備え穀物を貯えよという囲穀令《かこいこくれい》が既に出されていたが、この史料は、一七八九（寛政元）年九月諸大名に対し、石高一万石当たり五〇石の割合で**囲米**《かこいまい》（史料では囲穀《かこいこく》。長期保存のために、米を籾《もみ》のまま貯蔵することが多かった。）を命じたものである。囲米令《かこいまいれい》は、これまでの軍事的性格を持つ城米備蓄的な囲米令とは性格が異なるもので、まさに、天明の飢饉を体験した幕府が、飢饉対策として備荒貯蓄《びこうちょちく》をさせるための囲米（穀）令であった。また幕府は、米（籾）を貯蔵するための郷倉《ごうぐら》を建設することをも別に命じている。これらは、本百姓体制を維持し、農業労働力を確保するための政策であった。

参考 **七分積金**《しちぶつみきん》**の制**　★★☆☆☆

当地《とうち》の儀《ぎ》は、万物《ばんぶつ》諸国より入《い》り来《きた》り候《そうらい》て、*自由をたし候《そうろう》*思いどおりの（豊かな）生活ができる事にて候得共《そうらえども》、天明《てんめい》午未《うまひつじ》*六・七年米直段《ねだん》甚《はなは》だ引き上げ候節《せつ》、弐拾《二十》万両の御金御下《さ》げ下《くだ》され、買米相渡《かいまいあい》し候ても、末々《すえずえ》は困窮《こんきゅう》に及《およ》び候程の事にて候。都《すべ》て国々には諸大名囲穀《かこいこく》を始《はじめ》として、京、大坂其《そ》の外《ほか》とも夫々《それぞれ》に凶年《きょうねん》の備《そなえ》これ有《あ》りといへとも、江戸表《おもて》には其の備もこれ無きに付《つ》き、此度町《このたびちょう》法《ほう》改正の上、町入用《まちいりよう》の費用を省《はぶ》き、右を以《もっ》て非常の備囲籾《かこいもみ》ならびに積金致し置くべく候。

一、*町入用減金の七分《しちぶ》*町費節約分の七割通《どおり》を以て、町々永続の囲籾且積《かこいもみかつ》金致し……

『御触書天保集成《おふれがきてんぽうしゅうせい》』

参考 **宇下人言**《うげのひとごと》　★☆☆☆☆

さて又《また》*その比《ころ》*天明七年の勘定奉行《かんじょうぶぎょう》にあひて御国用のことを尋《たず》ねしに、*午未の凶年《きょうねん》*天明六・七年御凶事《ごきょうじ》等にて御入用《ごいりよう》多く、来年に至《いた》りては百万両も不足すべし。このうへは天下の豪富《ごうふ》のものより御用金をとり立てその御不足をつぐのふほかはなしといふ。

『宇下人言』

17 支配体制の変容

1 農民の階層分化 ★☆☆☆☆

都《すべ》て村内にても、上田《じょうでん》といへるよき地所《じしょ》は皆福有《ふくもち》[1]等が所持となり、(貧農は)下田《げでん》にして実入《みいり》[2]悪《あし》き地所のみ所持いたし、……又其《その》悪田をも取失ひし族《やから》は小作《こさく》のみを致し、高持百姓《たかもちびゃくしょう》[3]の下に付《つき》て稼尽《かせぎつく》し、作りたる米は皆地主《じぬし》へ納《おさ》むれば、其身は粃籾《しいなもみ》[4]、糟糠《かすぬか》[5]、藁《わら》のみを得て、年中頭の上《あが》る瀬《せ》なく、息《いき》を継《つ》ぐ間《ま》さへ得ざるなり。……百姓の一揆徒党《いっきととう》などおこる場所は、極《きわ》めて右体《みぎてい》の福《ふく》有人《もちにん》と困窮《こんきゅう》人と偏《かたよ》りたるなり。百姓の騒動するは、領主地頭の責誣《せめしい》ることのみにあるべからず。必ず其土地に有余《ありあま》りのものあつて、大勢の小前《こまえ》[6]を貪《むさぼ》るゆえ、苦痛に迫《せま》りて一揆など企《くわだ》つるなり。『世事見聞録《せじけんもんろく》』

※色文字は重要語

[1] **福有**　金持ちな豪農。

[2] **実入**　収穫。

[3] **高持百姓**　耕地、家屋敷を所有する本百姓のことであるが、ここでは石高所持の多い者をさす。

[4] **粃籾**　実のないもみ。

[5] **糟糠**　こぬか。

[6] **小前**　小農民の意だが、ここでは高持百姓に対するものとして弱小の農民をさす。

史料注

世事見聞録　二三六頁参照。

通釈

総じて村内において上田といえるような土地柄の良いところは、皆、裕福な人々の所持するところとなり、貧農は、下田と称する収穫量の低いところばかりを所持している。……また、その土地柄の悪い田さえも失った者たちは小作をするよりほかに手だてなく、石高所持の多い地主の下にあって稼ぎ尽くしたあげく、作った米はすべて地主へ納めてしまうので、自分自身は粃籾、糟糠、藁以外は得るものもなくて、年中頭の上がる機会もなく、息をつぐいとまさえもないほどである。……百姓の一揆や徒党の企てなどが起こる地域は、きまって右のような富裕な者と困窮人との両極端にかたよった場所である。百姓が騒動を起こすのは、その土地を支配する領主や地頭が、農民を責めたてて搾取《さくしゅ》することばかりに原因があるのではない。必ずその土地に裕福な者がいて、大勢の弱小農民を収奪しているために、彼らが苦痛に耐えきれず、一揆などを企てるのである。

解説

一八世紀に入ると商品経済の浸透によって、農民の農業経営、日常生活にも貨幣経済は着実に広まっていった。貨幣経済の広まりは、本百姓のなかにも土地を失って水呑《みずのみ》百姓や小作人となる貧農を増加させる一方、土地を集積して子供たちに土地を分け与え分家を起こすことができるほどの地主を生み出した。史料にあるように、こうした農民の上下への階層分化は、「領主階級の責誣《せめしい》ること」(年貢の重課など)とも相まって村内の秩序を大きく変化させた。その最も激しい表れが村内の村役人など村の上層農民と一般農民が対立する**村方《むらかた》騒動《そうどう》**である。村方騒動の代表的なものは、村政を担当する村役人の選出方法をめぐってのものであった。年貢や村政費用の割り付け、徴収《ちょうしゅう》の際の不正《ふせい》をめぐる問題がその背景にあったが、旧来は特定の家柄しか担当できなかった村役人選出への一般農民の参加という点からは、「村政民主化」の動きともいえる。

一九世紀に入ると、こうした村方騒動とともに地主に対する小《こ》作騒動《さくそうどう》も増加する。そして、村内外で特権を持つ人々に対する打ちこわしが激化する幕末・維新期へとつながってゆくのである。

❷ マニュファクチュアの形成 ★☆☆☆

近年次第《しだい》に繁昌《はんじょう》仕《つかまつ》り候《そうろう》に随《したが》ひ、蚕飼《こがい》等は相止《あいや》め、近辺《きんぺん》は申すに及ばず、他国よりも糸買入《かいいれ》、糸問屋《どんや》多分出来《たぶんしゅったい》❶致《いたし》、機屋共《はたやども》は銘々機織《めいめいはたおり》女幷糸繰紋引《ならびにいとくりもんびき》❷等大勢召抱《めしかかえ》、渡世《とせい》仕り、尚又追々《なおまたおいおい》他国の者共数多入込《あまたいりこみ》、新町辺《あたり》は申すに及ばず、在々《ざいざい》村々迄《まで》借家致し、夫々渡世《それぞれとせい》❸仕り候者、多分にて、段々土地賑《にぎわい》候に随ひ《にぎやかになるに従い、》、風俗自然と花麗《かれい》に相成《あいなり》、辛労《しんろう》を厭《いと》ひ、安逸《あんいつ》を歓《よろこ》び候人情故《ゆえ》、自ら農等閑《とうかん》に成行《なりゆき》《農業はいい加減になってしまい、》、次第に作徳《さくとく》❹薄《うす》く成行《ゆき》、猶々《なおなお》農業を疎《うとみ》、唯々商《ただただあきな》ひ糸機等の渡世のみ専一《せんいつ》に心懸《がけ》候。

『桐生織物史《きりゅうおりものし》』

解説　商品経済の発達とともに、工業も発達し、農民が副業的に行う農村家内工業から、商人が農家に原料や資金を前貸しして製品を安く買い集める**問屋制家内工業**《といやせいかないこうぎょう》が広まっていった。そのなかで一部の地主や問屋商人たちは、資本家として工場を設け、賃労働者を雇い入れて、分業による協同作業を行うようになった。これを**工場制手工業（マニュファクチュア）**という。江戸時代前期においても、摂津《せっつ》の伊丹《いたみ》、池田、灘《なだ》の酒造業ではマニュファクチュアの経営が行われていたが、桐生《きりゅう》地方では、一八世紀の初めの享保頃、製糸と機織《はたおり》に分化し、一九世紀の天保頃には、本史料のように、養蚕・製糸・機織と分業化し、さらに機織工程では、機織・糸繰《いとくり》・紋引《もんびき》が機屋に雇われて働いていたように、マニュファクチュアの形態がより進展した。このほか江戸後期には、大坂周辺や尾張の綿織物、足利の絹織物、川口の鋳物業にもマニュファクチュアがみられた。開港後は、輸出の増大につれて、マニュファクチュア経営が増加した。

マニュファクチュアによる資本主義への発展は、封建社会に大きな動揺を与えた。土地を離れた農民すなわち賃労働者が出現し、農村を荒廃させて年貢の減少をきたしたこと、また市場生産のため、商品経済が進展し、武士階級に収支のアンバランスをさらに増大させたことであった。

❶**多分出来**　たくさんできること。
❷**紋引**　糸染をする職人。
❸**渡世**　世渡りをする。
❹**作徳**　農産。

史料注　**桐生織物史**　桐生織物集の沿革史。一九四〇（昭和一五）年刊行。

探究35
① 江戸後期のマニュファクチュアの主な業種とその所在地をあげよ。
② 我が国のマニュファクチュアの発展の限界を述べよ。
③ マニュファクチュアの発展は、封建社会にどのような影響を与えたか。

3 斉昭《なりあき》の戊戌《ぼじゅつ》封事《ふうじ》

★☆☆☆☆

要点ナビ
水戸藩主徳川斉昭が幕府に意見書を提出。幕政の刷新を迫る。

当時[1]太平《たいへい》の御世《みよ》には御座《ござ》候《そうら》へ共《ども》、人の身にたとへ候《そうら》得《え》ば甚《はなはだ》不養生《ふようじょう》にて、種々さまざまの病《びょう》症《しょう》きざし居《おり》候《そうろう》間《あいだ》……右の病症委細《いさい》は筆紙《ひっし》に尽《つく》し兼《かね》候得共《詳しくは、著しく尽くすことができないが、》、大筋《おおすじ》は内憂《ないゆう》[2]と外患《がいかん》[3]との二つに御座候、内憂は海内《かいだい》の憂《うれい》にて、外患は海外の患《わずらい》に御座候……内憂起り候て外患を来し候事もこれ有り、外患来り候て内憂を引出し候事もこれ有り……近年参州《さんしゅう》・甲州《こうしゅう》の百姓一揆《いっき》[4]徒党《ととう》を結び又は大坂の奸《かん》賊《ぞく》[5]容易ならざる企《たくらみ》仕《つかまつり》、猶《なお》当年も佐渡《さど》の一揆[6]御座候は、畢竟下々《ひっきょうしもじも》にて上を怨《うら》み候と上を恐れざるより起《おこ》り申《もうし》候、島原騒動[7]の後《のち》二百年程弓・鉄砲等相用《あいもちい》候儀《ぎ》御座無く候処《ところ》、近頃はややもすれば弓砲を用ひ候様罷成《ようまかりなり》候儀御役人共一と通りに心得《こころえ》候ては相済《す》まざる事に御座候……外患とは海外の夷《い》賊《ぞく》日本をねらひ候患に御座候。……

天保《てんぽう》（一八三八）九年戊戌《ぼじゅつ》八月朔日《ついたち》　源《みなもとの》斉昭《なりあき》謹上《きんじょう》

『水戸藩史料《みとはんしりょう》』

[1] 当時　いま、現在。この意見書が出されたのは一八三九（天保一〇）年。

[2] 内憂　国内の心配事、憂い。

[3] 外患　国際上あるいは対外的な危機。

[4] 参州・甲州の百姓一揆　一八三六（天保七）年八月の甲斐の郡内《ぐんない》騒動と、同年九月の三河の加茂《かも》一揆。

[5] 大坂の奸賊　大塩平八郎。

[6] 佐渡の一揆　佐渡での打ちこわしを伴う百姓一揆。

[7] 島原騒動　一六三七（寛永一四）年島原の乱のこと。

史料注
水戸藩史料　天保期から幕末期までの水戸藩関係史料。

解説

水戸藩の徳川斉昭《なりあき》は、一八二九（文政《ぶんせい》一二）年三〇歳にして水戸藩九代藩主となると、藩政改革（水戸藩天保《てんぽう》改革）を行い、倹約令《けんやくれい》・特産品奨励・文武の奨励等を行った。また、のちの藩校弘道館《こうどうかん》の設置を準備した。その弘道館に代表される後期水戸学は、神道と儒教を中心とする反西欧主義の**尊王攘夷思想**《そんのうじょうい》であり、斉昭も特に強烈な攘夷思想を唱えていた。

斉昭は、一八三九（天保一〇）年、前年八月に著した意見書「戊戌封事《ぼじゅつふうじ》」を一二代将軍家慶《いえよし》へ提出した。斉昭は、そのなかで現地情報を直接家臣を派遣して入手したという**大塩の乱**や、それぞれ打ちこわしを伴う三河加茂《みかわかも》一揆・甲斐郡内《かいぐんない》騒動・佐渡《さど》一国騒動を「内憂《ないゆう》」として恐れ、また、「外患《がいかん》」として**島原の乱**を想起して外夷《がいい》の武力的な侵略と、キリスト教を問題とした。また、この史料の続きには、唯一西欧へ開かれていたオランダへの窓すらも閉ざすべきであるとし、世界のなかで「日本と清国・朝鮮・琉球」以外はすべて邪宗《じゃしゅう》（キリスト教）の国であるとするなど、徹底した鎖国論を主張した。

御三家のうちの水戸藩という、いわば支配層の中核にも、百姓一揆等の国内的危機を「内憂」とし、相次ぐ外国船の来航に象徴される欧米列強による世界資本主義体制の波及を対外的危機（「外患」）として把え、体制変革の必要性が意識されたことに、「戊戌封事」の意味があるといえよう。

18 天保の改革

要点ナビ 陽明学者大塩平八郎からの檄。大坂とその周辺の農民へ。

1 大塩の乱——大塩平八郎の檄文《げきぶん》 ★★☆☆☆

此節《このせつ》は米価《べいか》弥々《いよいよ》高値《たかね》に相成《あいな》り、大坂の奉行《ぶぎょう》并《ならびに》諸役人共《ども》、万物一体《ばんぶついったい》の仁《じん》[1]を忘れ得手勝手《えてかって》[2]の政道を致し、江戸へは廻米《かいまい》[3]の世話致《いた》し、天子御在所《てんしございしょ》の京都へは、廻米の世話いたさざるのみならず、五升《しょう》一斗位《とぐらい》の米を買《かい》に下《くだ》り候《そうろう》者共を召捕抔《めしとりなど》致し……其《その》上勝手我儘《わがまま》の触書《ふれがき》等を度々《たびたび》差出し、大坂市中遊民《ゆうみん》[4]計《ばかり》を大切《たいせつ》に心得《こころえ》候は、前にも申通《もうすとおり》、仁義《じんぎ》道徳も存《ぞん》ぜざる拙《つたな》き身故《ゆえ》にして、甚《はなは》だ以《もっ》て厚《あつ》か間敷《ましく》、不届《ふとどき》の至《いた》り、……是《ここ》に於《おい》て蟄居《ちっきょ》[5]の我等《われら》最《も》早堪忍成難《はやかんにんなりがた》く湯武《とうぶ》の勢ひ[6]孔孟《こうもう》の徳ハなけれども、拠《よ》んどころ無く、天下の為《ため》と存じ、血族の禍《わざわ》ひを侵《おか》し、此度《このたび》有志の者と申合せ、下民《げみん》を悩《なや》し苦しめ候役人共を先《ま》づ誅伐《ちゅうばつ》いたし、引続き驕《おごり》に長じ居《おり》候大坂市中金持の町人共を誅戮《ちゅうりく》に及び申すべく候間、右の者共の穴蔵《あなぐら》に貯《たくわ》へ置き候金銀銭等、諸蔵屋敷《くらやしき》[7]に隠し置き候俵米《たわらまい》、夫々《それぞれ》分散配当致し遣《つかわ》し候間、摂《せっ》・河《か》・泉《せん》・播《ばん》[8]の内、田畑所持致さざる者、縦令《たとい》、所持候共、父母妻子家内の養方《やしない》出来《でき》

通釈

このごろは、米価は増々高騰しているが、大坂の町奉行や諸役人たちは、万物一体の仁を忘れて、勝手しほうだいの政治を行っており、江戸へは米を輸送する手はずを整えながらも、天子のおられる京都に対しては、廻米の方策を立てないばかりか、五升、一斗程度のわずかな米を買い求めにやってきた者たちを召し捕るようなことをする有様である。……その上（役人らは）勝手な命令などを度々出して、大坂市中の大商人、高利貸し等ばかりを大切に扱っているが、このことは、先にも述べた通り、仁義道徳もわきまえないおろかな身であるがゆえであり、何とも厚かましく、不届き千万である。……ここに至り、隠居中の身ながら我々は、もはや忍耐しきれず、湯王・武王の勢いもなく、孔子・孟子の徳もない身ではあるが、ほかに頼りもないので、天下のためと思い、血族の者に累が及ぶことも覚悟の上で、この度有志の者と申し合わせて、下民を悩まし苦しめる役人どもをまず誅伐し、それに続いておごりにひたりきっている大坂市中の金持ちの町人どもを誅戮することを敢行する。そこで、右の者たちが穴蔵に蓄えている金銀銭など、また各所の蔵屋敷に隠しおいている俵米をそれぞれ分配し、分け与えるつもりであるので、摂津・河内・和泉・播磨諸国の内にて田畑を所持していない者、あるいはたとえ土地を持っている

※色文字は重要語

[1] **万物一体の仁**　仁は儒教の考え方の基本。この仁の実践が可能ならば万物がすべて調和し、発展するという考え方に基づく。

[2] **得手勝手**　でたらめ。

[3] **廻米**　米の廻送。

[4] **遊民**　大塩が遊民と目したのは、飢饉を利用してもうけている商人、高利貸等である。

[5] **蟄居**　家にこもっていること。ここでは、政治上の役職を退いたことをさす。

[6] **湯武の勢ひ**　中国古代の王朝夏を倒した殷《いん》の湯王《とうおう》や殷を滅ぼした周《しゅう》の武王《ぶおう》のような勢力。

[7] **蔵屋敷**　諸大名が米や国産物を売りさばくため設けられた倉庫施設。

[8] **摂・河・泉・播**　摂津《せっつ》・河内《かわち》・和泉《いずみ》・播磨《はりま》。いずれも現在の大阪市及びその周辺。

難《がた》き程の難渋《なんじゅう》者へは、右金米等取らせ遣し候間、何日にても、大坂市中に騒動《そうどう》起り候と聞伝へ候はば、里数《りすう》を厭《いとわ》ず一刻《いっこく》も早く大坂へ向け馳《は》せ参ずべく候。面々へ右米金分遣《まいきんわけつかわし》申すべく候。

天保《てんぽう》八❾丁酉《ひのととり》年月日

摂河泉播村々庄屋年寄《しょうやとしより》百姓幷小百姓共え

『大塩平八郎檄文《げきぶん》』❿

にせよ、父母妻子等家の者を養えないほどの苦しい生活を送っている者たちには、右の金・米等を与えるので、何日であろうと、大坂市中に騒動が起こったというわさを伝え聞いたならば、どんなに遠くても、一刻も早く大坂へ向けてかけつけてくるようにせよ。各々に右の米・金を分け与える所存である。

天保八丁酉（一八三七）年月日

摂津・河内・和泉・播磨村々の庄屋、年寄、百姓並びに小百姓どもへ

解説 一八三二（天保三）年頃から各地に凶作飢饉《きょうさくききん》が起こり、それが深刻化して一八三六（天保七）年には空前の全国的大飢饉となり米価は騰貴《とうき》した。これは経済の中心である大坂も例外ではなく、下層民は非常な困窮に陥った。これに対して大坂町奉行所の政策は消極的で、なんらの対策もとらないのみならず、米不足のなかで江戸への廻米《かいまい》を行うという、まったく大坂市民の状況を考えない行動をとっていた。また、奉行所の役人は特権商人と結び付き、私欲に走っていた。こうした状況のなかで陽明学者《ようめいがくしゃ》**大塩平八郎**《おおしおへいはちろう》は蔵書を売った金六二〇両を貧民救済にあて、かつ檄文《げきぶん》を作って大坂やその周辺の農民の決起《けっき》を促《うなが》し、一八三七（天保八）年の二月に反乱を起こした。乱は一日で鎮圧《ちんあつ》されたが、平八郎はかつて大坂町奉行所の与力《よりき》であり、もと幕臣の身でありながら幕府の無策を批判、攻撃し反省させようとしたところに特色がある。なお、天下の台所である大坂で起こったこの乱の影響は大きく、一八三七（天保八）年六月には越後（新潟県）柏崎《かしわざき》で**生田万《いくたよろず》の乱**が起こっている。

❾**天保八** 一八三七年。

❿**檄文** 自分の信義を衆人にふれる文書。ふれぶみ。

探究36

① 大塩平八郎が行動を起こそうとした背景に、前年どのような事象があったか。

② 大塩平八郎の乱が幕府に大きなショックを与えたのはなぜか。

❷ 株仲間解散令 ★★★★☆

要点ナビ 幕府（将軍徳川家慶、老中水野忠邦）が江戸の十組問屋（株仲間）を解散。

仲間株札《なかまかぶふだ》❶は勿論此外都て《もちろんこのほかすべて》問屋《といや》仲間幷《ならびに》組合抔《など》と唱《となえ》候《そうろう》儀相成《ぎあいな》らざる旨《むね》、十組《とくみ》問屋❷共《ども》え申渡書《もうしわたしがき》

菱垣廻船《ひがきかいせん》❸積《つみ》問屋❹ 十組問屋共

通釈 株仲間の鑑札は無論のこと、このほかすべて問屋仲間や問屋組合などと称してはならない旨、十組問屋たちへ申し渡す書付

菱垣廻船積問屋 十組問屋たちへ

❶**仲間株札** 株仲間の鑑札《かんさつ》。

❷**十組問屋** 一六九四（元禄七）年成立。大坂からの下《くだ》り荷物を扱う問屋仲間として発足した。

3菱垣廻船　江戸・大坂間の定期的廻船だが、樽《たる》廻船におされていた。

4積問屋　発送先と発送する商品が固定化している事業問屋。

5冥加上納　一八一三（文化一〇）年以降、菱垣廻船積問屋六五組は、合計一万二〇〇〇両の冥加金を毎年幕府に納め、その代わりに問屋仲間による流通独占が認められていた。

6直売買　一般商人の直接取り引き。

7諸家国産　諸藩の特産品。

8天保十二丑年　一八四一年。

史料注

徳川禁令考　二二三頁参照。

探究37

① 株仲間を解散した理由を述べよ。

② 江戸幕府の株仲間対策の経過を調べよ。

其方共《そなたども》儀、是迄《これまで》年々金壱(一)万弐(二)百両冥加上納《みょうがじょうのう》5致来《いたしきた》り候処《ところ》、問屋共不正の趣《おもむき》に相聞《あいきこえ》候に付《つき》、以来《いらい》上納に及ばず候。尤《もっと》も、向後《きょうこう》仲間株札は勿論、此外《このほか》共都《すべ》て問屋仲間幷組合抔と唱候儀は、相成らず候。

一　右に付ては、是迄右船に積来《つみきたり》候諸品は勿論、都て何国《いずくに》より出《いで》候何品《なにしな》にても素人直《しろうとじき》売買6勝手次第《かってしだい》たるべく候。且又《かつまた》諸家国産類7其外惣《そのほかそう》じて江戸表《おもて》え相廻《あいまわ》し候品々も、問屋に限らず銘々出入《めいめいでいり》の者共引受売捌《ひきうけうりさばき》候儀も是又勝手次第に候間《あいだ》、其旨存《ぞん》ずべし。……

天保《てんぽう》十二丑《うし》年8十二月十三日　『徳川禁令考《とくがわきんれいこう》』

お前たちは、これまで毎年一万二〇〇両の冥加金を上納してきたが、問屋たちが不正をはたらいているとの風聞《ふうぶん》があるので、以後は上納する必要はない。ただし、今後は株仲間の鑑札は勿論のこと、このほかすべて問屋仲間や問屋組合などと称してはならない。

一　右のことについて、これまで右（問屋）の船に積み輸送していた品物は勿論のこと、（そのほかの）どこの国のどのような品物であっても、素人が直接に取り引きを自由に行ってよい。また諸藩の特産品その他すべて江戸へまわした品々は、問屋に限らず、めいめいの出入《でいり》の者らが引き受けて売りさばくのも自由であるので、この旨を承知しなさい。

天保一二丑（一八四一）年一二月一三日

解説　老中**水野忠邦《みずのただくに》**は一八四一年**株仲間を解散**した。その理由は「問屋共の不正」にあった。その「不正」とは不当な値段の引き上げであり、従って廃止のねらいは、武士階級を含む消費者生活の安定のための物価引き下げにあった。さらに、それまで幕府が大都市の特権的な株仲間商人を通して行ってきた間接的統制を直接的な統制へ切りかえようとしたものと考えられる。幕府は株仲間の解散によって中央市場への入荷数が急激に増加し、それにつれて物価も下落するものと考えたのである。

ところが当時の社会情勢は、仲間外の商人や農村での商品流通の発展を背景に成長してきた在郷商人によって自由な流通機構が樹立されており、さらに諸藩では財政建直しのため専売制の実施を始めていた。その結果株仲間の機能は低下しつつあったのである。忠邦はこの情勢判断を誤り、株仲間の解散を実施した結果、流通市場は混乱をきたし、ひいては、品薄・値上がりという幕府の期待に反したものになった。物価高は株仲間の存在のみによるものでなく、奢侈《しゃし》、粗悪な通貨の流通、脇売買などがその要因であったのである。

3 人返しの法（人別改改正令）★★☆☆☆

要点ナビ 幕府（将軍徳川家慶、老中水野忠邦）が発令。帰農を強制。

諸国人別改《にんべつあらため》**1** 改正

諸国人別改方《あらためかた》の儀《ぎ》、此度仰《このたびおお》せ出《いだ》され候《そうろう》に付《つい》ては、自今《じこん》以後（今後、）、在方《ざいかた》**2**のもの身上相仕舞《しんしょうあいしまい》**3**江戸人別（江戸の住人となる）に入《いり》候儀決《けっし》て相成《あいな》らず候間《あいだ》（ことを厳禁する。）、……

一　近年御府内《ごふない》**4**へ入込《いりこみ》、妻子等もこれ無く、裏店《うらだな》**5**借受《かりうけ》候ものの内には、一期住《いちごずみ》同様（一年契約の奉公人と同様の者）のものもこれ有るべく、左様《さよう》の類者《たぐいのもの》、呼戻《よびもど》し、在方人別相減らざる様取計《とりはから》ひ（農村の人口が減らないよう取りはからい）申すべき事。『徳川禁令考《とくがわきんれいこう》』

1 人別改 人口調査。
2 在方 農村。
3 身上相仕舞 身上＝身代《しんだい》、財産。財産をなくす、家屋敷や家財を売り払って家を引き払う。ここでは、後者の意味。
4 御府内 江戸。
5 裏店 裏通りや路地《ろじ》にある小家。

史料注
徳川禁令考 二一三頁参照。

解説 寛政《かんせい》の改革の旧里帰農令《きゅうりきのうれい》は、江戸の下層市民のうちで帰農を希望する者には、帰農するための費用まで幕府が負担することを打ち出したものであるが、強制力もなくほとんど効果はあがらなかった。天保期に入ると、飢饉による江戸への人口流入と農村の荒廃はますます進行していった。こうした状況のもとで、天保の改革では人別改《にんべつあらた》めを強化することによって、江戸への移住をチェックし帰農を促進させようという目的で一八四三（天保一四）年に人別改めの改正（**人返《ひとがえ》しの法**）を行った。これは、毎年人別改を実施して人別帳を作成し、江戸への人口流入を阻止《そし》しつつ農村人口を維持し、農村復興《ふっこう》につなげようとするものであった。

要点ナビ 幕府（将軍徳川家慶、老中水野忠邦）が発令。忠邦の失脚へ。

4 上知《じょうち》《あげち》令 ★☆☆☆☆

御料所《ごりょうしょ》**1**の内、薄地《はくち》**2**多く、御収納免合《ごしゅうのうめんあい》**3**相劣《あいおと》り、……当時御料所より私領《しりょう》の方高免《かたたかめん》の土地多く之《これ》有り候《そうろう》は、不都合《ふつごう》の儀《ぎ》と存《ぞん》じ奉《たてまつ》り候。……殊《こと》に銘々《めいめい》数代御鴻恩《ごこうおん》を蒙《こうむ》り居《お》り、御勝手向《ごかってむき》の儀は毫髪顧《ごうはつかえり》みず、収納多分之有り候を、一己《いっこ》の余潤《よじゅん》とのみ心得《こころえ》候筋《すじ》はあるまじき事に候。……幸い此度《このたび》江戸大坂最寄《もより》御取締《おとりしま》りのため上知仰《あげちおお》せ

1 御料所 幕府領（天領）のこと。
2 薄地 地味が悪く収穫の少ない土地。
3 免合 租率をいう。
4 其の余飛地 大名領地のうち、一円的な城付きの領地に対し、遠隔地に分散している知行地。特に譜代大名

通釈 幕府の直轄領のうちには、土地柄が悪くて収穫の少ない土地が多くあり、……このような折に、幕府領よりも、大名の私領の方に年貢率の高い良い土地が多くあるということは、大変不都合に思われる。……特にそれぞれの者が数代にわたって幕府の御恩を蒙っていながら、幕府の財政に関してはいっこうに顧みず、収納が多いということを自分ひとりの余潤とばかり考えるのは、もってのほかのことである。……幸いにも、

に多くみられる。

5代知　代替の知行地。

6三つ五分　租率のことで、免一つは石高一石に対する地租米一斗を意味する。三つ五分というと、土地の石高一〇〇石であれば三五石の租米を納める。幕領では五つを普通とし（五公五民という）、私領では高低いろいろあり、これと比較して高率を高免《たかめん》、低率を下免《げめん》といった。

7天保十四年　一八四三年。

史料注

徳川禁令考　二一三頁参照。

探究38

① 上知令のねらいを述べよ。

② 上知令に大名や旗本が反対した理由を述べよ。

③ 宝暦・寛政期と天保期の藩政改革の違いを述べよ。

④ 西南雄藩の藩政改革の成功は、幕末の政治情勢にどのような影響を与えたか。

付《つ》けられ候、右領分其《そ》の余飛地《あまりとびち》4の領分にも、高免の場所も之有り、御沙汰《ごさた》次第差上げ、代知《かえち》5の儀いか様にも苦しからず候得共《そうらえども》、三つ五分《ぶ》6より宜敷《よろし》き場所にては折角《せっかく》上知相願い候詮《せん》も之無く候間、御定《おさだめ》の通り三つ五分に過ぎざる土地下され候得ば有難《ありがた》く安心仕《つかまつ》るべく候。……

天保十四年7八月十八日　『徳川禁令考《とくがわきんれいこう》』

今度江戸・大坂近辺の所領を、御取り締まりのために幕府へ知行を返すようにとの仰せが出された。右の領分は勿論、その他飛地の領分についても、免率の高い土地があるので、御命令次第に幕府へ返上し、これに代わる代地の件はどのようであっても構わないところであるが、もし免率が三割五分よりも高い場所であれば、折角上知を願ってもその甲斐《かい》がないので、お定めの通り三割五分に達しない土地を下さればありがたいことと思い安心しなさい。……

天保一四（一八四三）年八月一八日

解説

一八四三年、老中**水野忠邦《みずのただくに》**が発した**上知令《じょうち》《あげち》**は、第一段階として江戸・大坂周辺地域にある大名の飛地《とびち》領及び旗本領などを幕府の直轄地とし、その代わりに大名たちにはその居城付近に替地《かえち》を給し、旗本には江戸・大坂周辺以外の知行地を給し、第二段階として江戸、大坂の周辺のみならず全国的に飛地を整理し、一まとめにしようとする意図を持っていた。

そのねらいの第一は、替地を断行することによって中央集権的権力の行使者たることを諸大名に再確認させること、第二は領地の錯綜《さくそう》からくる支配体制のゆるみを阻止すること、第三は租率の低い幕領を年貢収納率の高い土地と取り替えて、幕府の財政収入を増大させ、さらに対外危機に対応する防備体制の強化をはかろうとしたものである。上知令の対象となった大名、旗本にとって薄地《はくち》への替地は極めて不利であったので反対が激しかった。また大名、旗本らに年貢を先納《せんのう》したり、金を貸し付けていた農民や町人らの強い反対運動も起こった。そのためこの令は発令から一か月も経ないうちに撤回され、この失敗が水野の命取りとなったのである。

幕府の創業期には簡単に行えた大名の領地替えが、天保期には譜代大名に対してさえ容易にできなくなったのである。このことは幕府の全国支配者としての実力が減退し、将軍と大名との主従関係が崩れ始めたことを物語っている。

19 江戸時代中・後期の文化

1 国学の発達 ★☆☆☆

(1) 賀茂真淵《かものまぶち》

或人《あるひと》、此国《このくに》[1]の古《いにし》へに、仁義礼智《じんぎれいち》[2]とふこと[3]なければ、さる和語《わご》[4]もなしとて、いといやしきこと、せるは、まだしかりけり。先唐国《まずからのくに》に、此五のこと[5]を立て、それに違《ちが》ふをわろしとしあへりけむ。凡《およそ》天が下に[6]、此五つのものは、おのづから有《ある》こと、四時《し(い)じ》[7]をなすがごとし。天が下のいづこにかさる心なからむや。……凡天が下のものには、かの四時のわかち有《ある》ごとく、いつくしみも、いかりも、理《ことわ》りも、さとりも、おのづから有こと、四時の有限《あるかぎ》りは絶《たえ》じ。それを人として、別に仁義礼智など、名《な》付《づけ》るゆゑに、とること、せばきやうには、成《なる》ぞかし。たゞさる名もなくて、天地の心のまゝなるこそよけれ。さる故《ゆえ》に、此国は、久《ひさ》しく治《おさむ》るをしらずや。『国意考《こくいこう》』

(2) 本居宣長《もとおりのりなが》

がくもんして道[8]をしらむとならば、まづ漢意《からごころ》[9]をきよくのぞきさるべし。から意《こころ》の清くのぞこらぬほどは[10]、

※色文字は重要語

[1] **此国** 日本。
[2] **仁義礼智** 儒教の五常《ごじょう》の徳目《とくもく》。なおこの部分では五常の徳目のうち、「信」が欠落している。
[3] **とふこと** ということ。
[4] **和語** 日本語。
[5] **此五のこと** 五常の徳目。
[6] **天が下に** 世の中に。
[7] **四時** 春夏秋冬の四季。

賀茂真淵《かものまぶち》は、万葉集のなかに、古代の人々の「高く直き心」を見出し、これが古道にも通じるとした。『万葉考』は、彼の著した万葉集の注釈書で、一七六〇（宝暦《ほうれき》一〇）年頃の成立と考えられている。

[8] **道** 古道《こどう》（いにしえのみち）。
[9] **漢意** 主として儒教的な価値観や規範をさす。
[10] **のぞこらぬほどは** 取り除かないうちは。

通釈

ある人の、昔この国（日本）には、仁・義・礼・智という徳目がなかったので、このような日本語もないといって、（中国に比べ日本の方が）非常に劣っているとした見方は、今でもそのままである。最初に中国でこの五つ（信を加え、仁・義・礼・智・信の五常）の徳目を立て、これに反することは悪いことであるとしているからであろう。そもそも世の中に、五つのもの（五常の徳目）がもともと存在しているのは、一年に春夏秋冬の四季があるのと同様である。世の中でどこに五常の徳目のないところがあろうか。……もともと世の中に一年の四季があるように、慈《いつく》しみも、怒りも、道理（礼儀）も、悟《さと》りも元来あることは、この世のある限り絶えることがない。そうであるのに人為的に、仁・義・礼・智などと区別して名称をつけているため、考えが狭くなるのだ。このような名称を用いず素直に自然のままであることがよいのだ。そのために、この国（日本）が長い間平穏無事《へいおんぶじ》に治まっていなかったであろうか（そんなことはない）。

学問で道を知ろうとすれば、最初に漢意をすべて取り除かねばならない。漢意をすべて取り除かないうち

いかに古書《こしょ》をよみても考へても、古《いにしえ》の意はしりがたく、古のこゝろをしらでは、道はしりがたきわざになむ有《あり》ける。そもゝゝ道は、もと[11]学問をして知ることにはあらず、**生《うま》れながらの真心《まごころ》[12]なるぞ。道には有ける、真心とは、よくもあしくも、うまれつきたるまゝの心をいふ。**然《しか》るに後《のち》の世《よ》の人は、おしなべてかの漢意にのみうつりて、真心をばうしなひはてたれば、今は学問《がくもん》せざれば、道をえしらざるにこそあれ。

『玉勝間《たまがつま》』

は、どんなに古書を読んだり考えても、古代の精神は理解しがたく、古代の精神を知らなくては、道は理解しがたいものである。そもそも道というものは、本来学問によって理解し得るものではない。生まれたままの真心（人為を排し自然の感情のままに生きようとする心）こそが大切である。古道（いにしへのみち）の核心である真心とは、好むと好まざるとにかかわらず生まれついたままの自然の心のことである。しかしながら後世の人は、一様にこの漢意にのみ心を奪われ、真心をすっかり失ってしまっているので、現在では学問を修めなければ、道を理解することができない（と考えてしまっている）。

[11] **もと**　本来、元来の意味。
[12] **真心**　素直でおおらかな、人間の自然な感情。

史料注

国意考　賀茂真淵著。一七六五（明和六）年頃の成立と考えられている。契沖により深められた古典（特に『万葉集』）研究の文献学的方法による成果と、古道（いにしえのみち）を神道のうちに見出そうとした荷田春満の神道論を継承・融合し、儒学による規範を退け、古道を明らかにしようとした。

玉勝間　「たまかつま」ともいう。本居宣長の随筆集、全一五巻。『玉勝間』という書名には、さまざまな内容の文章を収録したものという意味が込められているという。宣長の国学の集大成ともいうべき著書で、一七九三（寛政五）年頃から執筆し、刊行が完結したのは一八一二（文化九）年であり、宣長の没（一八〇一年）後であった。

探究39

① 国学の歴史的意義は

解説

国学は、日本の古代の人々の精神を理想とし、古典研究による文献学的方法により古道《こどう》（いにしえのみち）を明らかにしようとした学問である。まず実証的な古典研究による国学研究の祖として登場したのが契沖《けいちゅう》である。彼は万葉集研究の中でその方法論を確立した。万葉集の注釈書である『万葉代匠記《まんようだいしょうき》』は、契沖の代表的な著書である。歌学の革新運動を起点とする国学の発達は、**荷田春満《かだのあずままろ》**（一六六九～一七三六）・**賀茂真淵《かものまぶち》**（一六九七～一七六九）を経て、**本居宣長《もとおりのりなが》**（一七三〇～一八〇一）に至って大成される。

賀茂真淵は、遠江《とおとうみ》浜松の神職の家に生まれ、三七歳の時上京して荷田春満の門に学んだが、春満が没してからは江戸に下り、一七四六年から和学をもって御三卿《ごさんきょう》の一つである田安家（田安宗武《むねたけ》）に出仕するようになった。真淵の学風は、荷田春満の神道《しんとう》論と契沖の文献学的方法とを継承し、特に万葉集研究を通じて日本の古代精神をとらえようとした。『国意考《こくいこう》』は真淵の古道研究に関する代表的な著作であり、古代の精神とは、「天地の心のままなる」素直な心、作為のない自然のままの心であると説いた。

国学の大成者といわれる本居宣長は、伊勢松阪の木綿問屋の家に生まれたが、宣長の母は彼に家を継がせようとはせず、宣長二二歳の時京都に遊学させ医学を学ばせた。京都での宣長は、朱子学者の堀景山《ほりけいざん》の門に学んだが、景山は荻生徂徠《おぎゅうそらい》とも親交があり、景山を通じて徂徠の古文辞学《こぶんじがく》の考え方を学んでいったといわれる。

また師である景山は、契沖の孫弟子にあたることから、宣長は契沖の著作を読み、契沖の文献学的研究方法と和歌について学んだという。松阪に帰り、医業のかたわら国学研究を続けていた宣長は、三四歳の時（一七六三年）、松阪に滞留していた真淵を訪問し、真淵から直接教示を受けて古事記の研究にも取り組んでゆくこととなる。宣長の考えた古道は、神の道（かん

何か。
② 国学の研究態度および研究の対象は何か。
③ 国学の発展上、契沖・春満・真淵・宣長・篤胤の果たした役割を調べよ。

ながらのみち）である。すなわち記紀に登場する神々の素直でおおらかな生き方そのものが、古代の人々が理想とした道であったと考えた。また〝もののあはれ〟論を展開している『源氏物語玉の小櫛《おぐし》』などすぐれた文学研究書のほか、『玉くしげ』のような経世論に関する著作も残している。また『古事記伝《こじきでん》』は、四〇年余の歳月を要して完成した古事記の注釈書である。

❷ 蘭学事始——蘭学の研究 ★★☆☆☆

要点ナビ 杉田玄白の回想記。『解体新書』の翻訳の苦労などを記す。

其翌日《そのよくじつ》[1]良沢《りょうたく》が宅[2]に集まり、前日のことを語り合ひ、先《ま》づ彼《か》のターヘル＝アナトミア[3]の書にうち向ひしに、誠に艫舵《ろかじ》なき船の大海に乗り出だせしが如《ごと》く、茫洋《ぼうよう》として寄るべきかたなく、只《ただ》あきれにあきれて居《い》たる迄《まで》なり。……其ころはデ[4]のヘット[5]の又《また》アルス、ウェルケ[6]等の助語《じょご》の類《たぐい》も、何《いず》れが何れやら心に落付《おちつ》きて弁《わきま》へぬ事ゆゑ（正確には理解できないので、）、少しづつは記憶《きおく》せし語ありても、前後一向《いっこう》にわからぬ事ばかりなり。……或《あ》る日、鼻の所にてフルヘッヘンド[7]せしものなりとあるに至《いた》りしに、此《この》語わからず。これは如何《いか》なる事にてあるべきと考へ合ひしに如何《いかに》ともせんやうなし。其頃ウヲールデンブック[8]といふものなし。ようやく長崎より良沢求め帰りし簡略《かんりゃく》なる一小冊《しょうさつ》ありしを見合せたるに、フルヘッヘンドの釈註《しゃくちゅう》に、木の枝を断《た》ち去れば、其跡フルヘッヘンドをなし、又庭を掃除《そうじ》すれば其塵土《じんど》聚《あつ》まりフルヘッヘンドすといふやうによみ出《い》だせり。これは如何なる意味なるべしと、又例の如くにこじつけ考へ合ふに、弁《わきま》へかねたり。時に翁《おきな》[9]思ふに、木の枝を断《き》りたる跡《あと》癒《い》ゆれば、堆《うずたか》くなり、又掃除して塵土聚まれば、これも堆くなるなり。鼻は面中《めんちゅう》にありて堆起《たいき》せるものなれば（鼻は顔面において高く盛り上がっている部分であるから）フルヘッヘンドは堆しといふことなるべし。然《しか》れば此語は堆と訳しては如何《いかん》といひければ、各々之《おのおのこれ》を聞きて甚《はなは》だ尤《もっと》もなり、堆と

[1] **其翌日** 一七七一（明和八）年三月四日に小塚原の刑場で、良沢、玄白らがターヘル＝アナトミアと対照して死体解剖をした翌五日。
[2] **良沢が宅** 中津藩医前野良沢の家は築地鉄砲洲の藩邸にあった。集まったのは良沢、玄白ら。
[3] **ターヘル＝アナトミア** ドイツ人クルムスの『解剖図譜』のオランダ語訳本。解剖医書。
[4] **デ** de（英語の the）
[5] **ヘット** het（the, it）
[6] **アルス、ウェルケ** als welk（as which）
[7] **フルヘッヘンド** verheff-ende（lifted up raised）

8ウォールデンブック　Woordenboek (dictionary) 辞書。

9翁　杉田玄白の自称、当時八三歳。

史料注　**蘭学事始**　杉田玄白が一八一五（文化一二）年八三歳の高齢で蘭学草創の当時を回想して記したものである。

探究40
① 蘭学はどのように展開したかを調べよ。
② 幕府は蘭学を奨励しつつも蘭学者を弾圧したのはなぜか。
③ 解体新書翻訳の意義を述べよ。

1四民　士農工商。

2君　君主。

3禄　俸給、俸禄、扶持のこと。

4作間　耕作による利益。

5買利　利益。

史料注　**都鄙問答**　一七三九（元文四）年成立。石田梅岩が、弟子たちの要望に応じ著した。心学の教えを問答形式で平易に説いている。

訳さば正当すべしと決定せり。

『蘭学事始《らんがくことはじめ》』

解説　八代将軍徳川吉宗は、享保《きょうほう》期に実学《じつがく》奨励の立場から**漢訳洋書輸入の禁をゆるめ**、宗教・思想以外の書の輸入を認めた。これによって、医学・天文・暦学・地理学等の学問が飛躍的に発展してゆくのである。

『解体新書』の刊行は、蘭書《らんしょ》の翻訳、オランダ医学の普及といった点からも、蘭学興隆の出発点ということができる。『解体新書』は、**杉田玄白《すぎたげんぱく》**、**前野良沢《まえのりょうたく》**、桂川甫周《かつらがわほしゅう》、中川淳庵《なかがわじゅんあん》らによって完成し、一七七四（安永三）年に刊行された。以後彼らの下に多くの門弟が輩出《はいしゅつ》し、玄白の弟子のひとり大槻玄沢《おおつきげんたく》は江戸に蘭学塾芝蘭堂《しらんどう》を開いて門人を養成した。玄沢はまた蘭学の入門書として『蘭学階梯《らんがくかいてい》』を著し、玄沢の門人稲村三伯《いなむらさんぱく》も日本で最初の蘭和辞書『ハルマ和解《わげ》』を一七九六（寛政八）年に刊行した。『解体新書』翻訳の苦労は、この『蘭学事始』に生々しく記されている（ただし、本史料中の「フルヘッヘンド」の語はターヘル=アナトミアにはなく、玄白の思い違いかと思われる）。

こうした蘭学（洋学）の実証的・合理的な考え方は、自然科学の分野に生かされただけではなく、封建社会への批判にもつながってゆく。**渡辺華山《わたなべかざん》**の『慎機論《しんきろん》』はその典型であった。

3 心学　★☆☆☆

要点ナビ　京都の思想家石田梅岩が商人の社会的役割を強調。

士農工商《しのうこうしょう》ハ天下ノ治《おさま》ル相《たすけ》トナル（治まるのに役に立つ。）。四民1カケテハ助《たす》ケ無カルベシ（どうしようもなくなってしまう。）。四民ヲ治メ玉《たま》フハ君2ノ職ナリ。君ヲ相《たすけ》ルハ四民ノ職分ナリ。……商人ノ売買スルハ天下ノ相《たすけ》ナリ。細工人《さいくにん》ニ作料《さくりょう》ヲ給《たまわ》ルハ（細工をする人に手間賃を払うのは）工《こう》ノ禄《ろく》3ナリ。農人ニ作間《さくあい》4ヲ下サルルコトハ、是《これ》モ士ノ禄ニ同ジ。天下万民産業ナクシテ、何ヲ以《もっ》テ立ツベキヤ。商人ノ買利《ばいり》5モ天下御免《おんゆる》シノ禄ナリ。夫《それ》ヲ汝独《なんじひとり》、売買ノ利バカリヲ欲心《よくしん》ニテ道ナシト云《い》ヒ、商人ヲ悪《にく》ンデ断絶《だんぜつ》セントス。何以テ商人計《ばか》リヲ賤《いやし》メ嫌《きら》フコトゾヤ。

『都鄙問答《とひもんどう》』

解説 **心学**《しんがく》は、一八世紀前半に**石田梅岩**《いしだばいがん》が京都で始めた正直・倹約・勤勉を説く社会教化運動である。梅岩は、二〇歳代前半から二〇年間、京都の商家に奉公しつつその合間に儒教・老荘・仏教・神道と独学に励み、人生の道を説く心学を生み出した。その教えは、決して観念的ではなく、具体的に平易に道を説いている。この史料のように、士・農・工・商の立場の平等性を説き、特に、封建的身分制度のなかで下位に置かれた商（町）人・商の道の重要性を説き、商（町）人の社会的意義の重要性を唱えた。

心学の教えは、梅岩の弟子の手島堵庵《てしまとあん》や中沢道二《どうに》らによって近世中期から幕末にかけて全国的に普及・流行するに至った。一七九〇（寛政《かんせい》二）年、老中松平定信《まつだいらさだのぶ》が設けた石川島の人足《にんそく》寄場《よせば》に中沢道二が講師として出席し、教化に当たったこともあり、教えの範囲も、一般の町人・農民のみならず、松平定信をはじめとする大名・武士にも広がっていった。

Spot

旅人と地方文化

漂泊の俳人、井月《せいげつ》の日記

（明治）**十七**（一八八四）**年申元日**　初日春色（略）

向山氏の初孫を寿《ことほ》く、

元日やきのふ目見えの年男

屠蘇《とそ》の香や自慢はせねど鉢の梅

昼後喜撰楼出《いず》、喜楽亭投じ、茶。夫れより中上手、桂花亭へ年始、馳走、泊り。

二日　晴。午刻雪荒。昼朝ともとろろ、午後、昼とろろ汁佳《よし》。午後ふく島板屋へ越し湯殿開《ゆどのびらき》佳、馳走泊。

『井月全集』

江戸時代末期は、経済や交通の発達とともに商人の往来や庶民の旅行も容易になり、江戸の化政文化が地方へ伝播するきっかけになった。また、寺子屋教育の普及により識字率が上昇し、俳諧・川柳などの文芸も庶民に大流行するようになった。

井月《せいげつ》は、そのような幕末に長野県伊那地方へやってきた放浪の俳人である。井月とは俳号で、本名も出自も不詳。俳諧趣味の家々を回り歩き、酒食や宿の供与にあずかり、明治二十年に六十六歳の生涯を閉じるまで漂泊人生を貫いた。晩年はその風体から『乞食井月《こじき》』『虱《しらみ》井月』などと蔑まれたらしいが、俳句はもちろん書道にも優れ、戯作、古典、漢籍にも明るく、句会を開いたり招かれて撰者になったり、寺社の奉納額に書を揮毫《きごう》したり、寺子屋で教えたりと、伊那地方の文化と文芸の発展に大きく寄与した。後年彼の書を見た芥川龍之介は、『入神と称するをも妨げない』と句集の跋文で述べている。

この資料は、井月の晩年に近い日記の一部で、明治十七年の元旦より、逗留している知人の家から他の知人宅へ泊まり歩いている。そこで出される食べ物や酒、風呂などが気に入ると「佳《よし》」、気に入らないと「風情なし」などと批評している。井月の天真爛漫ぶりと、この地方の習俗や温かな人情までもが伝わってきて興味が尽きない。

20 政治思想の発達

1 階級社会の否定——安藤昌益《しょうえき》の思想　★☆☆☆

上《かみ》ニ立《たち》テ不耕貪食《ふこうたんじき》シ、天道《てんどう》ヲ盗《ぬす》ム❶、是《こ》レ盗根《とうこん》ナリ。此《こ》ノ根《ね》従《よ》リ枝葉《しよう》ノ賊下《ぞくしも》ニ生《は》ユ。盗《ぬすみ》ハ万悪《ばんあく》❷ノ根ナリ。故《ゆえ》ニ天下ノ万悪・妄惑《もうわく》❸ハ、上ノ不耕・貪食ニ出《い》ヅ。……上ノ欲侈《よくし》❹ハ、下民《かみん》ノ直耕《ちょくこう》❺責《せめ》取ルニ有リ。故ニ民窮《たみきゅう》ス。窮スル則《すなわ》チ必ズ賊心《ぞくしん》❻起ル。故ニ上ノ法度《はっと》、信伏《しんぷく》スルコト無《な》シ。上之《これ》ヲ憎《にく》ム。信伏セザルハ乃《すなわ》チ上侈欲《しよく》ノ罪ナリ。……上、下ヲ慈《いつくしま》ザル則チ、下、上ノ恩《おん》ニ亢《ほこ》ル❼コト無シ。下、上ヲ貴《とうとば》ザル則チ、上、下ノ敬《うやまい》ニ侈《おご》ルコト無シ。上侈リ無ク、下亢ルコト無キ則チ、上下有テ、上下ノ分境《ぶんきょう》❽無シ。此《ここ》ニ於《おい》テ無欲・無盗・無乱・無賊・無悪・無病・無患《むかん》ニシテ活真《かっしん》ノ世❾ナリ。

『自然真営道《しぜんしんえいどう》』

通釈

人の上に立ち耕作することなく貪《むさぼ》り、天の道理に反するのは、盗みの根本である。この根から枝葉の賊が下の者たちの間に生ずる。盗みはすべての悪事や乱れは、である。それゆえ、世の中のすべての悪事の源人の上に立つ者が耕作せず貪ることをしているためである。……上の者の奢侈《しゃし》の欲は、民衆が直接耕作して得た生産物を責め取ることに存している。このために民衆は困窮する。困窮すれば必ず悪事をなそうとする心が起こる。だから為政者の法規に人々が信服《しんぷく》することはない。為政者はこのことを憎むけれど、民衆が心服しないのは為政者が奢侈の罪を犯しているからである。……為政者が民衆を慈しむことがなければ、民衆は為政者の恩を誇ることはない。民衆が為政者を貴ばなければ、為政者が民衆の敬意に驕《おご》ることがない。為政者に驕りがなく、民衆に誇ることがなければ、為政者と民衆の区別はあっても、上下の身分の差別はない。このようにして貪る心がなく、盗みがなく、世の中の乱れがなく、害もなく、悪もなく、病気もなく、患いもない天の摂理にかなった世の中になる。

※色文字は重要語

❶天道ヲ盗ム　天の道理、自然の法則に反すること。
❷万悪　すべての悪事。
❸妄惑　世の乱れ。
❹欲侈　奢侈《しゃし》（過度のぜいたく）の欲。
❺直耕　直接に農業生産に従事すること。昌益の思想の中心となる語。
❻賊心　悪事をなそうとする心。
❼亢ル　たかぶる、自慢するの意味。
❽上下ノ分境　上下の身分に基づく差別。
❾活真ノ世　天の摂理、自然の法則にかなった世の中。

史料注

自然真営道　安藤昌益の著。一〇〇巻九二冊あったといわれるが、一九二三（大正一二）年の関東大震災により大部分は焼失してしまい、現存するのは一五巻一五冊のみである。この著書が明

解説

昌益《しょうえき》の伝記はあまり明らかでない。秋田で生まれ、八戸で医者を職業とした。その思想を体系的に述べたものが、『自然真営道《しぜんしんえいどう》』『統道真伝《とうどうしんでん》』であり、一七四〇（元文五）年頃から一〇年余もかかって完成した。これらの著書によれば、昌益の最も尊敬したのは自ら耕し食う「直耕直食の真人」である百姓であり、すべての支配階級はこれに寄生する「不耕

治時代に狩野亨吉《かのうこうきち》により発見、紹介されたことにより、江戸時代にはあまり著名でなかった昌益（「忘れられた思想家」）の存在が広く世に伝えられた。

探究41
① 昌益は封建支配者である武士をどうみていたか。
② 昌益の思想の限界を述べよ。

1俗習 風習、習慣。
2入津 入港。
3太平に鼓腹する 鼓腹とは、腹つづみを打って楽しむこと。つまり、太平の世に慣れてしまっている様子。
4曾て 決して。
5石火矢台 砲台。
6当時 現在。
7安房 東海道の一国で、現在の千葉県。房総半島の南端地域。
8相模 東海道の一国で、現在の神奈川県のほぼ全域。安房国とともに江戸（東京）湾の出入口にあたる浦賀水道の沿岸地。

貪《どん》食の徒」であるとしている。現実社会の問題はすべて生産者（直耕直食の真人）と搾取者《さくしゅ》（不耕貪食の徒）との関係において理解される。彼が理想とした自然世は階級のない絶対平等の平和社会であった。この理想社会はかつて存在したが、聖人が出て王となったため、兵乱災難の絶えない現在、すなわち法世（法＝こしらえる）となり、階級支配と搾取が始まったと主張している。昌益はこの立場に立って封建社会の四民制度、儒仏神の封建教学、文化すべてが支配階級のための存在であるとし、近代的思想の表れをなすものと高く評価されている。勿論その理論は儒教的教養の上に立った復古論・農業一元論・商業否定論という限界はあるが、当時としては驚くべき先駆者であったのである。なお彼とは少し遅れて、司馬江漢《しばこうかん》は「上天子将軍より下士農工商非人乞食に至るまで皆以て人間なり」（春波楼筆記）と主張して、人間の平等観に立脚し、山片蟠桃《やまがたばんとう》は「神代ノ巻ニテ見レバ、君アリテ後ニ臣民ヲ造リタルヤウナレドモ、左ニアラズ、庶民アリテ後ニ君ヲ立タナリ」（夢ノ代。二七八頁参照）として、君主の先天的神秘的権威を否定するなど、各人の立場は異なりながらも、近世後期には、こういった近代的思想の芽ばえが表れ始めるのである。

2 海国兵談《かいこくへいだん》——林子平の海防論 ★★★☆☆

当世《とうせい》の俗習《ぞくしゅう》**1**にて、異国船の入津《にゅうしん》**2**は長崎に限《かぎり》たる事にて、別の浦《うら》え船を寄《よす》る事は決して成らざる事と思へり。実に太平《たいへい》に鼓腹《こふく》する**3**人と云《いう》べし。……海国なるゆへ何国《いずくに》の浦えも心に任《まか》せて船を寄せらるゝことなれば、東国なりとて曾《かつ》て**4**油断《ゆだん》は致されざる事也《なり》。是《これ》に因《より》て思へば、当世、長崎の港口《みなとくち》に石火矢台《いしびやだい》**5**を設けて備《そなえ》を張《は》るが如《ごと》く、日本国中東西南北を論ぜず、悉《ことごと》く長崎の港の如くに備置きたき事、海国武備《ぶび》の大主意《しゅい》なるべし。……当時**6**長崎に厳重に石火矢の備有て、却《かえっ》て、安房《あわ》**7**・相模《さがみ》**8**の海港に其《その》備なし。此事《このこと》甚《はなは》だ不審《いぶかし》。細《こま》かに思へば、江戸の日本

通釈
現在の習慣として、外国船の入港は長崎に限定しており、ほかの港に入港することは決してないことだと思っている。（このように考えている人は）実に太平の世に慣れてしまっている人というべきである。……（我が国は）海に囲まれている国であるから、どこの港にも思いのままに船を入港させることができるのだから、東国であるからといって決して油断することはできない。このことから考えれば、現在長崎港入口に砲台を設けて備えを固めているように、日本国中東西南北を論ずることなく、すべて長崎港のように防備を固めておきたいということは、海に囲まれた国にとって、防備の大目標となるべきことである。……現在、長崎には大砲による堅固な備えがあり、一方では（江戸の入口にあたる）安房・相模の港に同様な備えがな

橋**9**より唐《から》、阿蘭陀《おらんだ》まで境《さかい》なしの水路《すいろ》也。然《しか》るを此《ここ》に備へずして、長崎にのみ備《そなう》るは何ぞや。

『海国兵談《かいこくへいだん》』

いのは、はなはだ不思議なことである。綿密に考えてみれば、江戸の日本橋から中国（清）・オランダまで境界がない水路でつながっている。しかしながらここ（安房・相模）に備えを設けずして、長崎にだけ備えを設けているのはどうしたことであろうか。

解説 林子平《はやししへい》は、仙台藩に仕えた武士であったが、『赤蝦夷《あかえぞ》風説考』の著者として知られる工藤平助や、蘭学者の桂川甫周《かつらがわほしゅう》や大槻玄沢《おおつきげんたく》らと交わり新知識を学んだ。一七九一（寛政三）年に出版された『海国兵談』では、周囲を海に囲まれた日本の防備のあり方を説き、特に江戸湾の防備の強化を主張し、沿岸警備の必要性を指摘した。しかし、このような幕政に対する主張が幕府の忌避《きひ》に触れ、一七九一年に子平は著書の版木《はんぎ》没収・蟄居《ちっきょ》処分を受けることとなる。だがその後半年もたたないうちにロシア使節ラクスマンが根室《ねむろ》に来航し通商を求めてきたのである。なお、子平は不遇のうちに一七九三（寛政五）年病死した。

❸ 経世秘策《けいせいひさく》——本多利明の開国論　★★★☆☆

都《すべ》テ大造《おおづくり》ナル国務《こくむ》**1**モ威儀《いぎ》**2**城郭《じょうかく》モ、我国ノ力ノミヲ以《もっ》テスレバ、国民疲レテ大業《たいぎょう》ナシガタシ。外国《とつくに》ノ力ヲ合テスル**3**ヲ以テ、其《その》事如何《いか》ナル大業ニテモ成就《じょうじゅ》セズト云《い》フコトナシ。……日本ハ海国ナレバ、渡海《とかい》運送交易ハ固《もと》ヨリ国君《こくくん》**4**ノ天職最第一《てんしょくさいだいいち》ノ国務ナレバ、万国《ばんこく》へ船舶《せんぱく》ヲ遣《や》リテ、国用《こくよう》ノ要用《ようよう》タル産物及ビ金銀銅ヲ抜《ぬ》キ取《とり》テ日本へ入レ、国力ヲ厚クスベキハ海国具足《ぐそく》ノ仕方《しかた》ナリ。**5** 自国

通釈 政治上の施策を拡大し、儀式典礼を定め、城郭を築くことも、そのすべてを我が国の国力のみをもってなそうとすれば、民衆は疲弊し大事業を成し遂げることはできない。外国との交易により得られる成果を加えてこれを実施すれば、いかなる大事業も成就しないことはない。……日本は海に囲まれた国なのだから、海外へ渡り、海運を行い、貿易を行うことは、本来将軍の仕事のなかで最も重要な政務であり、万国に船を派遣し、我が国に必要な産物及び金銀銅などを選んで日本に輸入し、国力を盛んにすることは海国にとって当

9日本橋　諸街道の一里塚の起点ともなった江戸下町の中心にかかる橋。現在の東京都中央区にある。

史料注

海国兵談　林子平の著、一七九一（寛政三）年刊行。しかし、同年一二月子平は幕府に召喚され、翌年五月には蟄居処分となり、出版本、版木ともに没収された。一八四一（天保一二）年に至り発禁解除となり、一八五一（嘉永四）年再刻された。

探究42 幕府が林子平を処罰した理由を述べよ。

1大造ナル国務　政治の施策（国務）を拡大すること、あるいは拡大した施策のこと。

2威儀　儀式典礼。

3外国ノ力ヲ合テスル　具体的には外国との貿易による利益を合わせること。

4国君　将軍。

5海国具足ノ仕方ナリ　海国であれば当然の（行うべき）

方法である。

6其弱リ 経済的な疲弊。

7農民ニ当リ 年貢の増徴など農民の負担となること。

8耗減 衰え減少すること。

史料注 **経世秘策** 本多利明の代表的著作の一つで、一七八九年から一八〇〇年頃の作。上・下二巻で富国策を論じている。四大急務として、国内開発、金銀採掘、商業貿易の掌握、属島の開発などを説いている。

探究43
① 利明の思想の特色を述べよ。
② 利明のほかに積極的交易論を主張したのはだれか。

ノ力ヲ以テ治《おさむ》ル計《ばか》リニテハ国力次第ニ弱リ、其弱リ6皆農民ニ当《あた》リ7農民連年耗減《れんねんもうげん》8スルハ自然ノ勢《いきお》ヒナリ。

『経世秘策《けいせいひさく》』

然の方法である。自国の力だけで国を治めていても国力は次第に弱まり、その衰えは皆農民の負担となり、その結果農民が年々衰え減少してしまうのは、当然の成り行きである。

解説 『経世秘策《けいせいひさく》』は本多利明《ほんだとしあき》の著で、富国策として外国との活発な交易と鉱山開発や蝦夷《えぞ》地開発が必要であると説くとともに、また当時においては、一般に諸藩の領地や天領など「国許《くにもと》」を「国」と表現しているのに対し、本史料では日本全国を「国」と表現している点が注目される。このような国富論を彼が展開した背景には、飢饉《ききん》や農民層の分解に伴い農村の疲弊した現状を立て直す必要があることを強く意識していたためと考えられている。なお、本多利明とほぼ同時代の人で丹後宮津《たんごみやづ》藩家老の家に生まれ、のちに各地を歴訪した海保青陵《かいほせいりょう》は、『稽古談《けいこだん》』（一八一〇年代の著）において当時の商品経済の発展を肯定した上で、商業活動の営利の正当性を主張した。本多利明、海保青陵の経世論《けいせいろん》には、古文辞学派《こぶんじがくは》の経世論が大きな影響を与えているといわれる。

④ 無神（無鬼）論 ★☆☆☆☆

要点ナビ 大坂の町人学者山片蟠桃が霊魂不滅の思想を否定。

神代《じんだい》ノ巻《かん》1ニテミレバ、君《きみ》2アリテ後ニ臣民《しんみん》ヲ造《つく》リタルヤウナレドモ、左《さ》ニアラズ。庶民《しょみん》アリテ後ニ君ヲ立《たて》タル也《なり》。一旦《いったん》君ト立ラレタラバ、万民《ばんみん》ハソノ君ノツカヒモノトナル也。ユヘニ万物《ばんぶつ》ノ中ニ人ノミ才徳《さいとく》スグレタルユヘ、自然ト万物ノカシラトナリタル也。……モシ万物ノ中ニ人

通釈 日本書紀の神代の巻によれば、君主が存在しその後に臣民を誕生させたようであるが、事実はそうでない。庶民が存在しそのあとで主君を擁立《ようりつ》したのである。ひとたび主君を擁立すれば、すべての民はその主君に仕えるのである。ゆえに、万物の中に人間だけが知恵や徳行にすぐれているので、自然の成り行きとして万物の長となっているのである。……もしこの世の中に人

1神代ノ巻 『日本書紀』の神代の巻。すなわち、『日本書紀』の第一、第二巻のこと。

2君 君主、天皇のこと。

3鬼神 神霊、神と霊魂。

4仙 神仙思想。

5仏 仏教。

山片蟠桃《ばんとう》は『夢《ゆめ》ノ代《しろ》』で、懐徳堂《かいとくどう》で学んだ広範な西洋学問を紹介している。その内容は、地球が球形であること、太陽中心説、さらにはニュートン力学にまで及んでいる。

史料注

夢ノ代　一八二〇（文政三）年山片蟠桃の死の前年に完成したもので、彼の経済や社会についての思想を縦横に述べた本であるとともに、天文・地理について論じ、さらに彼の得た科学的知識に基づいて、仏教・儒教・神道の非科学的宇宙観、特に国学者たちによる神代の合理化の試みを鋭く批判し、霊魂観についても徹底した合理主義的態度を貫いている。書名は幕府の弾圧をはばかって夢に託したものである。

探究44　山片蟠桃や富永仲基らの学んだ「懐徳堂」について調べよ。

ナカリセバ、虎狼猿狐《ころうえんこ》ノ類《たぐい》充満シ、互ニ相食《あいくら》ヒテ治ムル者ナカルベシ。其《その》時タレカ鬼神《きじん》❸ヲ云《い》ハン。誰カ又仙《またせん》❹・仏《ぶつ》❺ヲ修《おさま》セン。本《もと》ヨリナキ物タルコトトコ、ニ知ルベシ。……コレヲ以《もっ》テミレバ、其鬼神ト云《いう》モノナキヲシルベシ。

『夢《ゆめ》ノ《の》代《しろ》』

間がいなかったならば、虎《とら》・狼《おおかみ》・猿《さる》・狐《きつね》など獣の類だけが満《み》ちあふれ、互いに食い合いこれを止める者がいないであろう。その時誰が神霊を称《とな》えようか。また誰が神仙や仏教の修行を行うのであろうか。もともとこのようなものは存在しないことをこのことから知ることができる。……このようなことから、いわゆる神や霊魂などは存在しないことを認識すべきである。

解説　山片蟠桃《やまがたばんとう》は江戸後期の大坂の町人学者として徹底した合理主義思想を抱いていた。彼の思想は、懐徳堂で受けた儒教教育、さらに天文学を中心とする蘭学の上に、大坂町人としての経験を基盤として築かれたものと考えられる。彼の思想の大きな特色の一つは、彼のライフワークである『夢ノ代』巻の十一の「無鬼《むき》（無神《むしん》）論」に展開されている。彼はこの「無鬼論」において、人間の死とともに、当時の人々が信じていた霊魂不滅ということは存在しないとし、生命並びに精神作用を唯物《ゆいぶつ》論的に説明している。

Spot

庶民の学校「懐徳堂《かいとくどう》」と「心学舎」

庶民の教育を目的に大坂の町人の出資で設立された懐徳堂は、一七二四（享保九）年（一七二六（享保一一）年に官許）現在の大阪市東区今橋の地に設けられた。学校の名は、『論語《ろんご》』の「君子懐レ徳」の一節から「懐徳堂」と名付けられたという。学則も「急の用事が生じた時は、講義の途中でも途中の退出を認める」、「武士は上座で聴講《ちょうこう》するが、講義が始まってからは武士・町人といえども席の上下は問わない」など、当時においては、極めて自由かつ身分の違いを超越したものであった。講義内容は、朱子学を中心に、陽明学、古学も講じられ、また教授者は三宅石庵《みやけせきあん》、中井甃庵《なかいしゅうあん》、中井竹山《ちくざん》（甃庵の長男）、中井履軒《りけん》（甃庵の次男）など江戸中期〜後期を代表する儒学者たちであった。ここに学んだ富永仲基《とみながなかもと》、山片蟠桃《やまがたばんとう》は当時の代表的な町人学者であり、彼らの合理主義的な思想は、この自由闊達《かったつ》な気風に満ちた学校から生み出されていった。

一方、石田梅岩によって創唱された心学は、儒学を中心に仏教・神道を取り入れ、日常生活に即した道徳の実践を説いた。講舎は本州中心に、都市から農村まで幅広く開かれ、女子にも聴聞を許した。

5 尊王論——柳子新論《りゅうししんろん》

★☆☆☆☆

我が東方の国為《た》るや、神皇[1]、基《もとゐ》を肇《はじ》め、緝熙《しふき》、穆穆《ぼくぼく》、力《つと》めて利用厚生の道を作《おこ》し、明明たる其の徳、四表に光被する者、一千有余年なり。……保平の後に至り、朝政[2]漸《やうや》く衰へ、寿治の乱、遂《つひ》に東夷[3]に移り、万機の事、一切武断し、陪臣《ばいしん》[4]権を専らにし、廃立其の私に出《い》づ。……室町氏継いで興り、武威益〻盛んにして、名は将相と称するも、実は南面の位[5]を僭《せん》す。

『柳子新論』

1 神皇 神武天皇。

2 朝政 朝廷による政権。

3 東夷 鎌倉幕府のこと。

4 陪臣 北条得宗家のこと。

5 南面の位 天皇の地位。

史料注

柳子新論 山県大弐の代表的著作。竹内式部らが幕府批判のかどで処罰された宝暦事件を契機に、幕府の存在そのものへの批判を込めて一七五九（宝暦九）年に成立。

通釈

わが東方の日本の国がらは、神武天皇が国の基礎を始め、徳が輝きうるわしく、努めて利用厚生の政治をおこし、明らかなその徳が天下に広く行きわたることが、一千有余年である。……保元・平治ののちになって、朝廷の政治がしだいに衰え、寿永・文治の乱の結果、政権が東のえびす鎌倉幕府に移り、よろずの政務は一切武力でとり行われたが、やがて源氏が衰えると、その臣下の北条氏が権力を独占し、将軍の廃立はその思うままであった。……足利《あしかが》氏の室町幕府が続いて興ると、武威がますます盛んになり、名称は将軍・執権ではあるが、実は天皇の地位を犯しているも同然であった。

解説

尊皇論は本来天皇を王者として尊ぶ思想で、即座に幕府を否定するものではなかった。しかし幕末期には反幕府的な尊王論のためしばしば弾圧事件が起こっている。『柳子新論』では皇室をないがしろにしているものとして歴代武家政権を批判し、著者の山県大弐《やまがただいに》は一七六七年に処刑された（**明和事件**）。このような急進的な論調は実際それほど影響力を持ち得なかったが、尊王論自体はその後の政治に大きな影響力をおよぼすことになる。

●政治・社会思想

		思想家	(出身地または活躍地)	主著
経世《けいせい》論《ろん》	儒学	熊沢蕃山《くまざわばんざん》	（岡山）	『大学或問《だいがくわくもん》』
		荻生徂徠《おぎゅうそらい》	（江戸）	『政談《せいだん》』
		太宰春台《だざいしゅんだい》	（信濃・飯田）	『経済録《けいざいろく》』
	重商主義	海保青陵《かいほせいりょう》	（丹後・宮津）	『稽古談《けいこだん》』
		本多利明《ほんだとしあき》	（越後）	『西域物語《せいいきものがたり》』・『経世秘策《けいせいひさく》』
		佐藤信淵《さとうのぶひろ》	（出羽・米沢）	『経済要録《けいざいようろく》』
社会批判	封建制批判	司馬江漢《しばこうかん》	（江戸）	『春波楼筆記《しゅんぱろうひっき》』
		安藤昌益《あんどうしょうえき》	（陸奥・八戸）	『自然真営道《しぜんしんえいどう》』・『統道真伝《とうどうしんでん》』
	合理主義	富永仲基《とみながなかもと》	（大坂）	『出定後語《しゅつじょうごご》』
		山片蟠桃《やまがたばんとう》	（大坂）	『夢の代《ゆめのしろ》』
		三浦梅園《みうらばいえん》	（豊後）	『玄語《げんご》』
	海防・開国論	林子平《はやししへい》	（仙台）	『三国通覧図説《さんごくつうらんずせつ》』・『海国兵談《かいこくへいだん》』
		渡辺崋山《わたなべかざん》	（江戸）	『慎機論《しんきろん》』
		高野長英《たかのちょうえい》	（陸奥・水沢）	『戊戌夢物語《ぼじゅつゆめものがたり》』
		佐久間象山《さくましょうざん》《ぞう》	（信濃・松代）	（公武合体論主張）
尊《そん》王《のう》論《ろん》		竹内式部《たけのうちしきぶ》	（京都）	（宝暦事件）
		山県大弐《やまがただいに》	（江戸）	『柳子新論《りゅうししんろん》』
	国学	平田篤胤《ひらたあつたね》	（秋田）	『古道大意《こどうたいい》』
	水戸学	藤田東湖《ふじたとうこ》	（水戸）	『弘道館記述義《こうどうかんきじゅつぎ》』
		会沢正志斎《あいざわせいしさい》	（水戸）	『新論《しんろん》』

第4編 近・現代

史料年表

時代	西暦（元号）	政治・経済・社会・文化	関連史料	朝鮮	中国
江戸時代	1825(文政8)年	異国船打払令	p. 282	朝鮮	清
	1853(嘉永6)年	ペリーが浦賀に来航	p. 286		
	1854(安政元)年	日米和親条約締結	p. 287		
	1858(〃 5)年	日米修好通商条約締結	p. 289		
	1860(万延元)年	桜田門外の変			
	1864(元治元)年	禁門の変			
	1866(慶応2)年	薩長同盟成立			
	1867(〃 3)年	徳川慶喜、大政奉還を奏上	p. 297		
		王政復古の大号令	p. 298		
明治時代	1871(明治4)年	廃藩置県	p. 306		
	1874(〃 7)年	民撰議院設立の建白書を提出	p. 320		
	1877(〃 10)年	西南戦争			
	1884(〃 17)年	秩父事件	p. 332		
	1889(〃 22)年	大日本帝国憲法発布	p. 339		
	1894(〃 27)年	日清戦争	p. 355	大韓帝国	
	1904(〃 37)年	日露戦争	p. 365		
	1910(〃 43)年	韓国併合	p. 370	日本領	
大正時代	1913(大正2)年	第一次護憲運動			中華民国
	1914(〃 3)年	第一次世界大戦			
	1925(〃 14)年	治安維持法・普通選挙法成立	p. 412		
昭和時代	1928(昭和3)年	張作霖爆殺事件			
	1930(〃 5)年	金輸出解禁、昭和恐慌			
	1931(〃 6)年	柳条湖事件、満州事変はじまる	p. 420		
	1936(〃 11)年	二・二六事件	p. 429		
	1937(〃 12)年	盧溝橋事件、日中戦争はじまる	p. 431		
	1941(〃 16)年	太平洋戦争はじまる	p. 440		
	1942(〃 17)年	ミッドウェー海戦で日本軍大敗			
	1945(〃 20)年	日本無条件降伏	p. 447	米軍占領／ソ連軍占領	
	1946(〃 21)年	日本国憲法公布(翌年施行)	p. 462		
	1951(〃 26)年	サンフランシスコ平和条約調印	p. 471	大韓民国／朝鮮民主主義人民共和国	中華人民共和国／(台湾)
		日米安全保障条約調印	p. 472		
	1960(〃 35)年	日米新安全保障条約調印	p. 473		
	1965(〃 40)年	日韓基本条約締結	p. 477		
	1972(〃 47)年	沖縄祖国復帰実現	p. 477		
		日中共同声明	p. 479		
	1978(〃 53)年	日中平和友好条約締結	p. 480		
平成	2003(平成15)年	周辺事態法、国旗・国歌法成立	p. 488		

関連地図

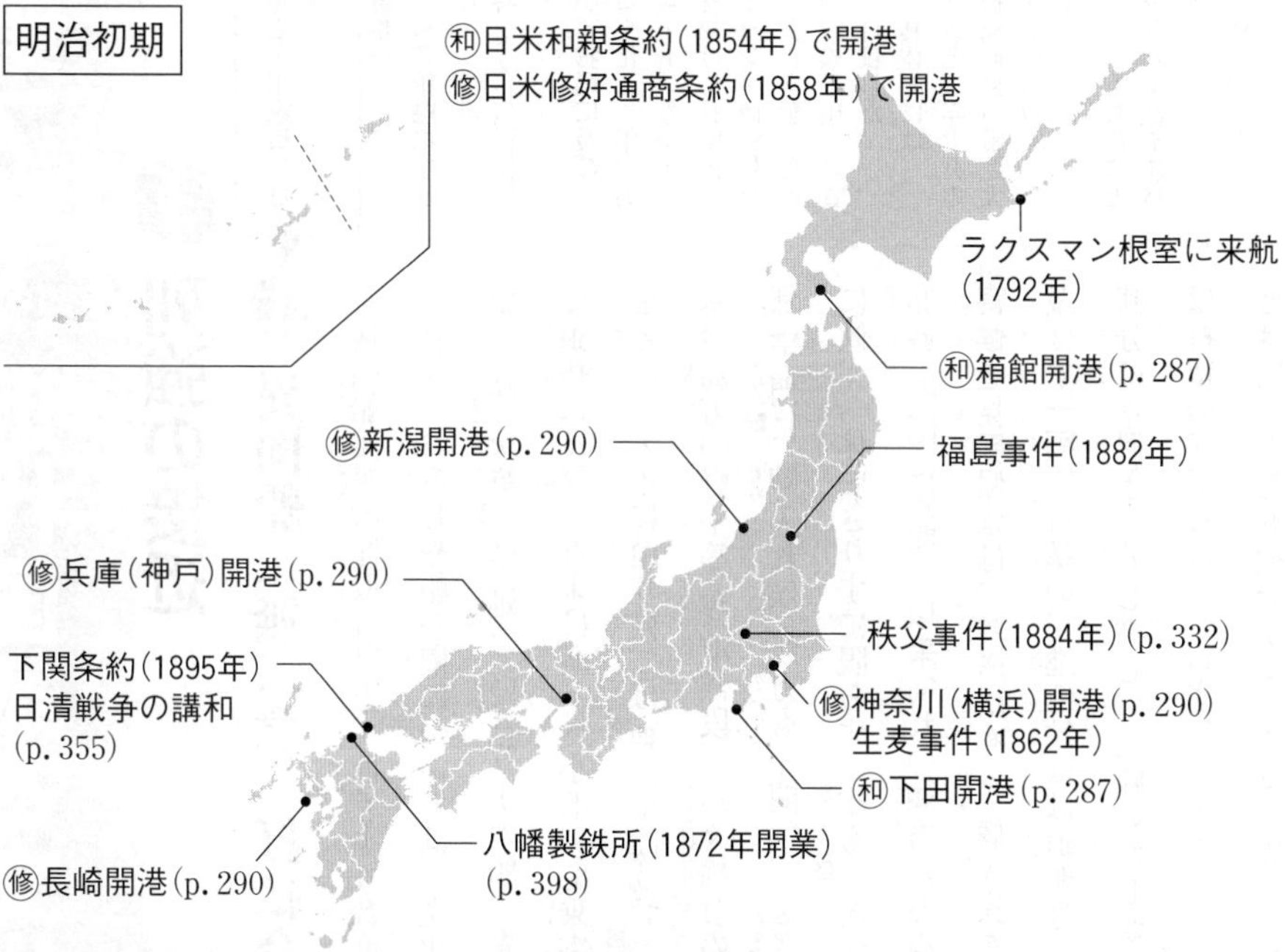

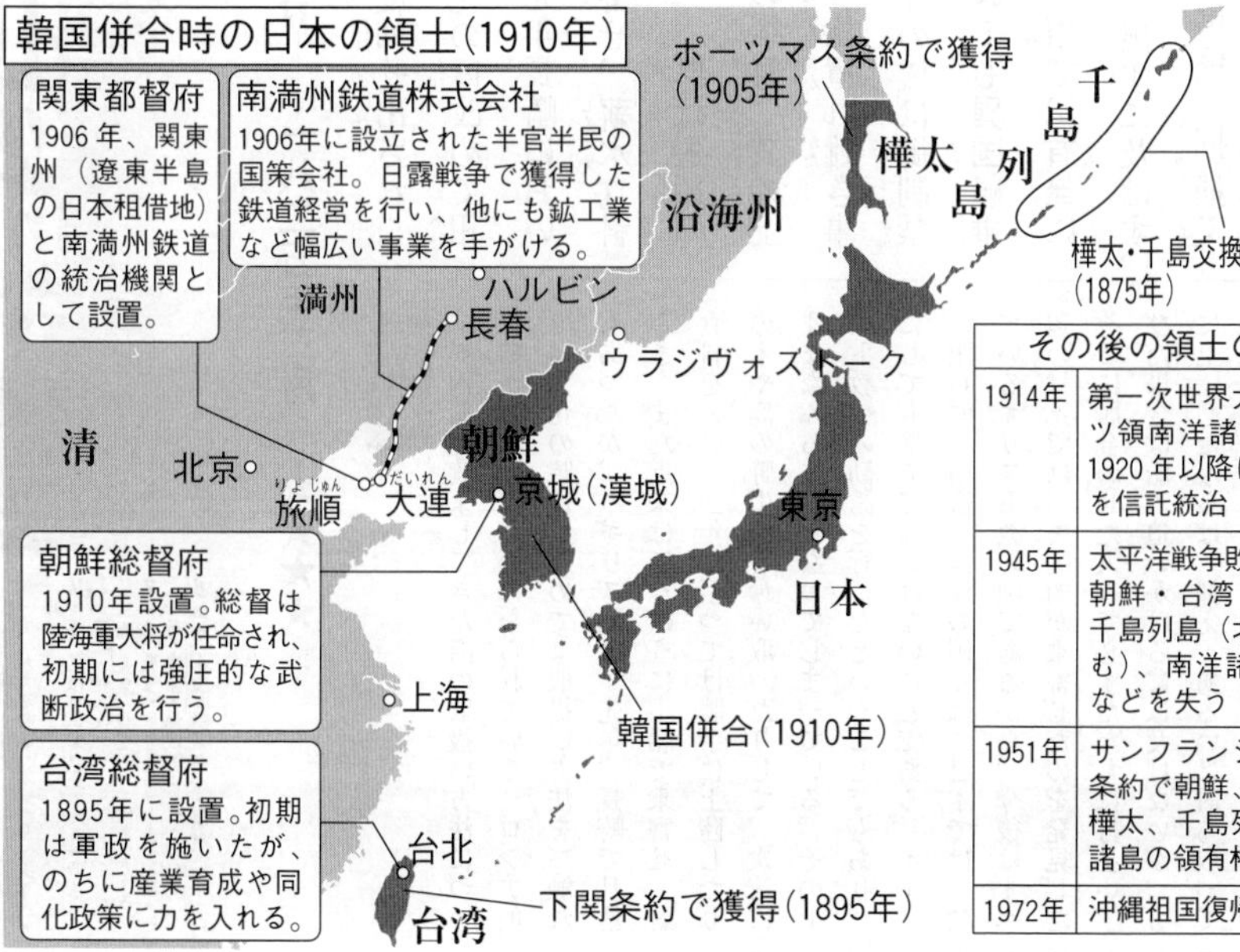
樺太・千島交換条約で獲得（1875年）

その後の領土の変遷

1914年	第一次世界大戦でドイツ領南洋諸島を占領。1920年以降は赤道以北を信託統治
1945年	太平洋戦争敗戦により、朝鮮・台湾・南樺太・千島列島（北方領土含む）、南洋諸島、沖縄などを失う
1951年	サンフランシスコ平和条約で朝鮮、台湾、南樺太、千島列島、南洋諸島の領有権を放棄
1972年	沖縄祖国復帰

第7章　近代国家と文化の成立

1 列強の接近

1 異国船（無二念）打払令――一八二五年二月　★★★★☆

要点ナビ　幕府（将軍徳川家斉）から諸藩へ。

異国船《いこくせん》渡来《とらい》の節取計方《せつとりはからいかた》、前々より数度仰《おお》せ出《いだ》されこれ有り、おろしや船の儀《ぎ》については、文化の度《たび》改めて相《あい》触《ふ》れ候次第《そうろうしだい》[1]も候処《ところ》、いきりすの船、先年長崎において狼藉《ろうぜき》に及び、[2]近来は所々へ小船にて乗寄《のりよ》せ、薪水《しんすい》食料を乞《こ》ひ、去年に至《いた》り候ては猥《みだり》に上陸致し、[3]或《あるい》は廻船《かいせん》の米穀島方《べいこくしまかた》の野牛等奪取《うばいとり》候段、追々横行《おいおいおうこう》の振舞《ふるまい》、其《そ》の上邪宗門《じゃしゅうもん》[4]に勧《すすめ》入れ候致方《いたしかた》も相聞《あいきこ》へ、旁《かたがた》捨置《すておか》れ難《がた》き事に候、一体いきりすに限らず、南蛮《なんばん》[5]・西洋の儀は御制禁《ごせいきん》邪教《じゃきょう》の国に候間、以来何《いず》れの浦方《うらかた》におゐても異国船乗《のり》寄《よせ》候を見受《みうけ》候はば、其所に有合《ありあわせ》候人夫《にんぷ》を以《もっ》て、有無に及ばず一図《ず》に打払《うちはら》い、逃延《にげのび》候はば追船《おいぶね》等差出すに及ばず、其分に差置き、若《も》し押して上陸いたし候はば、搦捕又《からめとりまた》は打留《うちとど》め候ても苦しからず候。……尤《もっとも》唐[6]朝鮮琉球《りゅうきゅう》[7]なとは船形《ふながた》人物も相分かるべく候得共《そうらえども》、阿蘭陀《おらんだ》船は見分《みわけ》

※色文字は重要語

[1] **文化の度改めて相触れ候次第**　一八〇六（文化三）年薪水給与令（文化の撫恤《ぶじゅつ》令）のこと。

[2] **長崎において狼藉に及び**　一八〇八（文化五）年、英国軍艦フェートン号がオランダ国旗を掲げて長崎港に侵入し、オランダ商館員を捕え薪水、食料を奪った事件。長崎奉行松平康英は責任をとって自殺した。

[3] **上陸致し**　具体的には、一八二四（文政七）年七月のイギリス捕鯨船員の常陸大津浜や薩摩宝島への上陸をさしている。

[4] **邪宗門**　キリスト教のこと。

[5] **南蛮**　ポルトガルとイスパニアのこと。

[6] **唐**　中国（清）のこと。

通釈　異国船が渡来してきた際の取扱い方法については、以前から数回ご命じになられている。ロシア船については文化の時代に改めて（取扱い方法を）触れた事情もあったが、イギリス船は、先年、長崎で乱暴をはたらき、また近来はほうぼうに小船で乗寄せ、薪・水・食料を乞い、去年に至っては勝手に上陸したり、廻船の米や島の野牛等を奪い取ったりして、次第に勝手気ままなふるまいとなってしまっている。その上、キリスト教への勧誘を行ったということでもあり、いずれにしても捨ててはおけないことである。イギリスだけに限らず、南蛮・西洋の国々は（日本では）禁止されているキリスト教の国であるから、今後はすべての海辺の村々では、異国船が乗寄せたのを発見したなら、そこに居合わせた人々で必ずただちに打払い、逃げ延びた場合は船で追いかけるには及ばないが、もし無理に上陸したならば、捕え、あるいは討ち取ってもさしつかえない。……もっとも、中国、朝鮮、琉球などの船は、その船の形や乗船人物から見分けも容易につくが、オランダ船は（他の西洋諸国の船との）見分けが

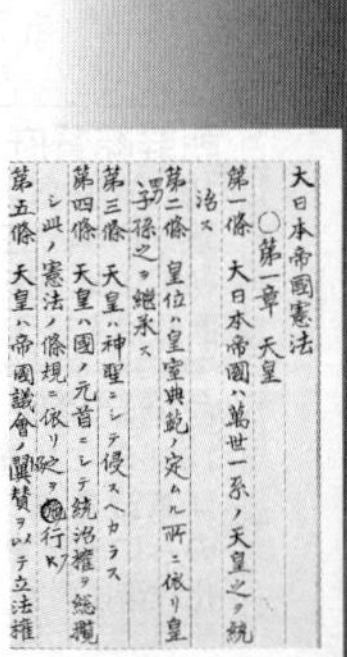

⬆伊藤博文による修正憲法原稿
國學院大学図書館蔵

も相成《あいなり》かね申すべく、右《みぎ》等の船、万一見損《みそこな》ひ、打誤《うちあやま》り候共、御察度《さつと》はこれある間敷《まじく》候間、二念無《にねんな》く、打払《うちはらい》を心掛《こころが》け、図《ず》を失はざる取計候処、専要《せんよう》の事に候条、油《ゆ》断《だん》無く中し付けらるべく候。

『御触書天保集成《おふれがきてんぽうしゅうせい》』

つかない。これらの船と万一見間違って打払っても、その責任は問わない。従って、二念なく（ためらうことなく）打払わせるように心がけ、時機を失することがないよう取扱うことが大切である。油断なく（諸大名に）申しつけられたい。

解説　これは、一八二五（文政八）年に幕府が日本沿岸に接近した外国船を、無差別に排除することを定めた**異国船打払令**である。文政の打払令、また文中の語から**無二念《むにねん》打払令**ともいう。一八世紀後半から欧米の船で日本近海に出没するものが増加したため、幕府は一七九一（寛政三）年に、外国船に関する取扱令を発し、臨検《りんけん》、抑留《よくりゅう》及び幕府の指令を受けた上での措置をすることを定めた。その後、レザノフの長崎来航を契機に、一八〇六（文化三）年に外国船の穏便な帰帆《きはん》と薪水給与《しんすいきゅうよ》を定めた文化の撫恤《ぶじゅつ》令を発した。この原則は一八〇八（文化五）年のフェートン号事件によっても変更されなかった。しかし、一九世紀になって急増した英米の捕鯨船の日本沿岸への薪水・食料を求めての接近、さらには一八二四（文政七）年のイギリス捕鯨船乗組員の常陸《ひたち》大津浜《おおつはま》や薩摩《さつま》宝島《たからじま》への上陸事件を機に、幕府はこの打払令を発した。

7 琉球　一五世紀に沖縄に成立した琉球王国のこと。一六〇九年島津氏が服属させるが、日明（のち清）両属の形をとっていた。

史料注　**御触書天保集成**　二五五頁参照。

❷ モリソン号事件——一八三七年六月　★★☆☆☆

イギリスは[1]日本に対し敵国にはこれ無く《敵国ではない》、いはば付合《つきあい》もこれ無き他人に候処《そうろうところ》、今般漂浪人《ひょうろうにん》[2]を憐《あわれ》み仁義《じんぎ》を名として態々《わざわざ》送り来り候者を、何事も取合《とりあい》申さず、直《ただち》に打払《うちはらい》[3]に相成《あいな》り候はば、日本は民を憐まざる不仁《ふじん》の国と存ずべく候。若《も》し又《また》万一その不仁不義を憤《いきどお》り候はば、日本近海にイギリス属島も夥《おびただ》しくこれ有り、始終《しじゅう》通行致し候えば、後来《こうらい》海上の寇《あだ》《将来の海上交通の妨害》と相成り候哉《や》も計《はか》り難《がた》く、左《さ》候はば自然《じねん》国家の大患《たいかん》[4]にも相成り申すべし。たとひ右等の事これ無く候とも、右打払に相成り候はば、理非《りひ》も分り申さざる暴国《ぼうこく》と存じ不義の国と申し触《ふ》らし義国の名を失ひ、是《これ》よりいかなる患害萠生《かんがいぼうせい》《どのようなわざわいが多くきざす》候やも計り難く、或《あるい》は又頻《しき》りにイギリスを恐《おそ》るる様《よう》にも考え付《つ》けられ候はば、国内衰弱《すいじゃく》仕《つかまつ》り候ようにも推察《すいさつ》仕り、恐れながら国家の御武威《ぶい》も損《そん》じ候様にも相成り候はんかと恐れ多くも考えられ候。

『戊戌夢物語《ぼじゅつゆめものがたり》』

1 イギリス　モリソン号を長英らはイギリス船と思いこむ。実際は米商人の船。

2 漂浪人　漂流民。モリソン号は、一八三七（天保八）年に将来の通商を目的にしつつ日本人漂流民の送還を行おうとした。

3 打払　一八二五（文政八）年の無二念打払令を適用し、モリソン号に砲撃を加え追い返したことを想起。

4 大患　大きなわざわい。

史料注

戊戌夢物語　高野長英一八三八年の著。モリソン号打ち払いの無謀さを、夢のなかで知識人との問答形式をとって批判する。

要点ナビ　幕府（将軍徳川家慶、老中水野忠邦）から諸藩へ。

1 二念無く打払ひ申すべき旨　一八二五（文政八）年の異国船打払令のこと。

2 享保寛政の御政事に復され　この法令が出された一八四二（天保一三）年は、享保・寛政の改革を理想とする天保の改革の過程にあった。

3 御仁政　仁政とは慈悲深い政治の意。

4 文化三年異国船……仰せ出され候趣　一八〇六（文化三）年の文化の撫恤《ぶじゅつ》令のこと。

史料注

徳川禁令考　二一三頁参照。

解説　一八三七（天保八）年日本人漂流民送還を目的にマカオを出発した米船モリソン号は、異国船打払令に基づいた浦賀での砲撃などにより、何ら交渉を持たぬままマカオへ退去した。翌年のオランダ商館長の報告により、事の真相は判明（ただし、イギリスの船と誤って報告するが）した。翌年、尚歯《しょうし》会の**渡辺崋山《かざん》**、**高野長英**はモリソン号をイギリスの東洋学者モリソンの船と誤解し、かつその再来航への風聞に対する幕府評定所の打払令適用を知った。イギリスの実力と東アジア情勢の知識を持っていた長英は、『戊戌《ぼじゅつ》夢物語』を著し、夢のなかでの知識人の会話に託しつつ、漂流民の返還を名目に渡来した船を打ち払った場合、日本は不仁・不義の国となるとして幕府の方針を批判した。幕府は、長英らを蛮社《ばんしゃ》の獄《ごく》により処罰する。長英はその後、脱獄し諸国で蘭学の普及につとめるが、一八五〇（嘉永三）年捕吏に襲われ自決した。

3 天保《てんぽう》の薪水《しんすい》給《きゅう》与《よ》令《れい》——一八四二年七月　★☆☆☆

異国船《いこくせん》渡来《とらい》の節《せつ》、二念《にねん》無く打払《うちはら》ひ申すべき旨《むね》、**1** 文政《ぶんせい》八年仰《おお》せ出《いだ》され候《そうろう》。然《しか》る処《ところ》、当時万事《ばんじ》御改正にて、享《きょう》保寛政《ほうかんせい》の御政事《ごせいじ》に復《ふく》され、**2** 何事によらず御仁政《ごじんせい》**3** を施《ほどこ》されたし度《たし》との有難《ありがた》き思召《おぼしめし》に候。右に付《つい》ては、外国のものにても、難風《なんぷう》に逢《あ》ゐ漂流《ひょうりゅう》にて食物薪水《しんすい》を乞《こ》ひ候迄《まで》に渡《わたり》来《きた》り候を、其《その》事情相分《あいわ》からざるに、一図《いちず》に打払ひ候ては、万国に対せられ候御所置《ごしょち》とも思召されず候。これにより、文化三年異国船渡来の節取計《とりはからいかた》方の儀《ぎ》に付《つ》き仰せ出され候趣《おもむき》**4** に相復《あいふく》し候様《よう》仰せ出され候間《あいだ》、異国船と見受《みうけ》候はば、得《とく》と様子《ようす》相糺《あいただ》し、食料薪水等乏《とぼ》しく、帰帆《きはん》成り難《がた》き趣候はば、望《のぞみ》の品相応《そうおう》に与へ、帰帆致すべき旨申諭《もうしさと》し、尤《もっと》も上陸は致させ間敷《まじく》候。

『徳川禁令考《とくがわきんれいこう》』

通釈　外国船が渡来した時は、迷うことなく打払うべきことを一八二五（文政八）年にご命じになられた。しかしながら、現在はすべてのことについて改革が実施され、享保・寛政の（改革）政治に戻されて、何事にも慈悲深い政治を実施されたいとのありがたいお考えである。このこと（外国船渡来時の取り扱い）については、外国のものであっても暴風雨に遭遇して漂流し、食料や薪・水を求めるために渡来して来たのに、その事情もわからないのにただちに打払うことは、すべての国に対しての（適切な）御処置とはお考えにならない。このような訳で、一八〇六（文化三）年の外国船渡来の時の対処の仕方についてご命じになられた趣旨に戻すようご命じになられたので、外国船を見かけたならばよく事情を調査し、食料や薪水が乏しいため帰国できないのであれば、希望の品物を適宜与えて帰国するよう言い聞かせるがよい。もっとも上陸はさせないようにせよ。

4 近・現代

江戸

要点ナビ オランダ国王ウィレム二世から幕府（将軍徳川家慶）への勧告。

史料注

通航一覧続輯 幕府が諸外国との外交交渉記事を文政期まで編纂した『通航一覧』に続き、安政期までを収録した続輯。

探究1 一八世紀末から一九世紀前半に開国を求めてきた諸外国に幕府はどのように対処したか。

参考 オランダ国王ウィレム二世の開国勧告書 ★★★☆☆

近来英吉利《イギリス》国王より支那《しな》国帝に対し、兵を出して、烈《はげ》しく戦争せし本末《ほんまつ》は、我国の船《ふね》、毎年長崎に到って呈《てい》する風説書《ふうせつがき》を見られて、既《すで》に知り給ふべし。…一 謹《つつしみ》て古今《ここん》の時勢を通考するに、天下の民は速《すみやか》に相親《あいしたし》む者にして、其《その》勢は人力のよく防ぐ所にあらず。蒸気船《じょうきせん》を創製《そうせい》せしよりこのかた、各国相距《へだた》ること遠きも、猶《なお》近きに異ならず。斯《かく》の如《ごと》く互に好みを通ずるの時に当り、独《ひと》り国を鎖《とざ》して万国と相親まざるは、人の好みする所にあらず。貴国歴代の法に異国人と交《まじわり》を結ぶ事を厳禁し給《たま》ひしは、欧羅巴《ヨーロッパ》洲にて遍《あまね》く知る処《ところ》なり。老子《ろうし》曰《いわく》、賢者位に在《あ》れば、特によく治《ち》平《へい》を保護す、故《ゆえ》に古法を堅《かた》く遵守《じゅんしゅ》して、反《かえっ》て乱を醸《かも》さんとせば、其禁を弛《ゆる》むるは賢者の常経《じょうけい》のみ。これ殿下に丁寧《ていねい》に忠告する所なり。今貴国《きこく》の幸福なる地にして、兵乱の為《ため》に荒廃《こうはい》せざらしめんと欲《ほっ》せば、異国人を厳禁するの法を弛め給ふべし。これ素《もと》より誠意に出る所にして、我国の利を謀《はか》るにはあらず。夫《そ》れ平和は懇《ねんごろ》に好みを通ずるに在り。懇に好みを通ずるは、交易に在り。冀《ねがわ》くは叡智《えいち》を以《もっ》て、熟計《じゅっけい》し給はん事を。

『通航一覧続輯《つうこういちらんぞくしゅう》』

解説 イギリスと清の**アヘン戦争**に関する情報は、オランダ商館長の『別段風説書』によって幕府に伝えられた。外国船の無差別打ち払いを命じた**異国船打払令**をそのままにしておいては、英・米の捕鯨船等の日本近海への来航が日常化した状況のなかで、イギリス等との戦闘の危険もあったのである。幕府は、こうしたことを踏まえ、一八四二（天保一三）年に薪水《しんすい》・食料等の乏しい外国船には給与するという天保《てんぽう》の**薪水給与令**を発し、一八〇六（文化三）年の文化の撫恤《ぶじゅつ》令に復したのである。また、アヘン戦争の結果を受けて一八四四（弘化元）年にオランダ政府は、国王ウィレム二世の開国勧告書を、特使を派遣して幕府に送った。しかし、幕府は、「祖国歴世の法」を変ずることなしとし鎖国《さこく》政策の維持を告げた。天保の薪水給与令によっても鎖国政策に変化はなかったのである。

Spot

薪水と捕鯨業

北米大陸東岸では一七世紀中頃、マッコウクジラから良質の鯨油が採れることがわかり、セミクジラと並び商業捕鯨が開始される。日本では一頭の鯨で「七つの浜が潤う」といわれるほどに全てが利用されたが、アメリカの捕鯨は主に油を採取し、肉などはほとんど捨てた。船上で皮などを煮て採油し、油は樽に保存された。薪水を補給し長ければ四年以上の航海を続けた。一九世紀中頃には英船などもあわせ太平洋での捕鯨船は五〇〇～七〇〇隻に及んだ。ペンシルベニア州で油田が発見されると灯火用鯨油の需要は減少し、カリフォルニアでのゴールドラッシュに多くの捕鯨労働者が向かうとアメリカの捕鯨業は衰退した。

2 開国

❶ フィルモアの国書 ★★☆☆

要点ナビ 米大統領フィルモアから幕府（将軍徳川家慶）への国書。

アメリカ合衆国は、太洋《たいよう》より太洋に跨《また》り、又《また》吾《わ》がオレゴン地方及びカリフォルニア州は、陛下《へいか》将軍[1]の国土と正《まさ》に相対《あいたい》して横たわる。吾が汽船《きせん》[2]は十八日にしてカリフォルニアより日本に達することを得。……余[3]は、ペルリ提督《ていとく》[4]に命じて陛下に他の事を告《つ》げしむ。吾が船舶《せんぱく》にして毎年カリフォルニアより支那《しな》[5]に赴《おもむ》くもの多く、又吾が人民にして日本沿岸に於《おい》て捕鯨《ほげい》[6]に従事するもの甚《はなは》だ多し、荒天《こうてん》の際には、吾が船舶中の一艘《いっそう》が貴国沿岸に於て難破《なんぱ》することも屢々《るいるい》なり。かかる場合には悉《ことごと》く、吾等《われら》が他の船舶を送りてその財産及び人民を運び去るまでは、吾が不幸なる人民を親切に遇《ぐう》し、その財産を保護せられんことを願ひ又期待するものなり。……吾が諸汽船が太洋を横ぎるに当《あた》りては多量の石炭を焚《た》く。又それを遥《はるか》にアメリカより持ち来《きた》るは便利ならず。願はくは、吾が汽船及びその他の船舶が日本に停船《ていせん》して、石炭、食料及び水の供給を受くることを許されよ。これ等の物に対しては金銭又は陛下の臣民《しんみん》が好む物をもって支払をなすべし。又吾が船舶がこの目的のため停船するを得るが如《ごと》き便利なる一港を、貴帝国の南部地方に指定せられんことを要求す。……余が強力なる艦隊をもってペルリ提督を派遣《はけん》し、陛下の有名なる江戸市を訪問せしめたる唯一《ゆいいつ》の目的は次の如し。即《すなわ》ち友好・通商・石炭と食料との供給及び吾が難破民の保護これなり。……

『ペルリ提督日本遠征記《ていとくにほんえんせいき》』

※色文字は重要語

1 陛下将軍　一二代将軍家慶のこと。

2 汽船　一九世紀に入って、欧米で実用化された蒸気船のこと。

3 余　アメリカ合衆国第一三代大統領F・フィルモア。

4 ペルリ提督　一七九四年生まれのアメリカ海軍軍人。この時、東インド艦隊司令長官に任命されていた。

5 支那　中国（清）のこと。

6 捕鯨　アメリカでは綿工業の発展に伴い、工場も二四時間操業の時代が始まっていた。工場の夜間照明用の灯油として鯨油への需要が高まっていたのである。

史料注 **ペルリ提督日本遠征記**　日本遠征隊の通信、ペリー及び乗組員の日誌・報告等を編集したもの。

探究2 アメリカが日本の開国を要求した理由を述べよ。

解説 一八五三（嘉永六）年六月三日、アメリカ東インド艦隊司令長官マシュウ＝カルブレイス＝**ペリー**の旗艦サスケハナ号以下四隻の外国船が江戸湾をめざしてきた。浦賀奉行との折衝の中で、ペリーは大統領国書の持参を理由に、日本政府（幕府）高官との交渉を要求した。「黒船」の軍事力を背景としたペリーは、幕府の長崎回航指示を拒否し、六月九日に久里浜にて大統領フィルモアの将軍あての国書を受け取らせることに成功した。アメリカ大統領は、親書（国書）の中で

①通信、②アメリカ捕鯨船その他難破漂流民の保護、③アメリカ船への石炭・食料・薪水《しんすい》補給のために日本の南部に一港を開くこと、を要求した。ペリーは国書の回答を求め、翌年一月に再来航するのである。

❷ 日米和親条約――一八五四年三月三日調印　★★★☆☆

要点ナビ　幕府（将軍徳川家定、林韑）と米（ペリー）との間で調印。

第一条　日本と合衆国とは、其《そ》の人民永世不朽《えいせいふきゅう》の和親《わしん》を取結《とりむす》ひ、場所・人柄《ひとがら》の差別これなき事。

第二条　伊豆下田《いずしもだ》・松前地《まつまえち》❶ 箱館《はこだて》の両港は、日本政府に於《おい》て、亜墨利加《アメリカ》船薪水《しんすい》・食料・石炭欠乏《けつぼう》の品を、日本にて調《ととの》ひ候丈《そうろうだけ》は給《きゅう》し候為《た》め、渡来《とらい》の儀差赦《ぎさしゆる》し候。尤《もっと》も、下田港は、約条書面調印の上即時《そくじ》相開《あいひら》き、箱館は来年三月より相始め候事。……

第三条　合衆国の船日本海浜漂着《かいひんひょうちゃく》の時扶助《ふじょ》いたし、其の漂民《ひょうみん》を下田又《また》は箱館に護送《ごそう》し、本国の者受取《うけとり》申すべし。所持の品物も同様に致すべく候。……

第七条　合衆国の船、右両港に渡来の時、金銀銭幷《ならびに》品物を以《もっ》て、入用の品相調ひ候を差免し候。……

第八条　薪水・食料・石炭幷欠乏の品を求る時には、其の地の役人にて取扱すべし。私に取引すべかざる事。

第九条　日本政府、外国人え当節《とうせつ》亜墨利加人え差免さず

❶松前地　蝦夷地《えぞち》の南西端。現在の北海道渡島《おしま》半島南部。

❷模様により、……下田に差置候儀　この部分は、英文に「provided that either of the two governments deem such arrangement necessary」とあり、和文との間に相違がある。のちに、この一一条の規定により、ハリスが総領事として下田に着任する時に問題となった。

通釈

第一条　日本と合衆国は、両国人民の永久不変の親睦《しんぼく》を結び、場所や人によって差別しないこと。

第二条　伊豆の下田、松前の箱館の両港については、日本政府は、アメリカ船が薪・水・食料・石炭等の欠乏の品物を日本で調達できる限りは補給できるよう（その目的に限定して）アメリカ船の渡来を許可する。ただし、下田港は条約調印後ただちに開港し、箱館は来年（一八五五年）の三月から開港するものとする。……

第三条　合衆国の船が日本の海岸に漂着した場合はこれを助け、その漂流民を下田か箱館に護送して、本国（アメリカ）の者が受け取れるようにする。彼らの所持品も同様に扱うこと。……

第七条　合衆国の船が右の二港（下田・箱館）に渡来した時、金・銀・銭や品物で、必要な品々を調達することを許可する。……

第八条　薪水・食料・石炭やその他欠乏の品々を求める際には、その土地の役人を通して取り扱わねばならない。私的に取り引きしてはならない。

第九条　日本政府が外国人に対して、今回アメリカ人

候廉《かど》相免し候節《せつ》は、亜墨利加人えも同様差免し申すべし。右に付談判猶予《つきだんぱんゆうよ》致さず候事。

第十一条　両国政府に於て拠《よんどころ》なき儀これ有り候時は、模様《もよう》により、合衆国官吏《かんり》のもの下田に差置《さしおき》候儀❷もこれ有るべし。尤も約定《やくじょう》調印《ちょういん》より十八ヶ月後にこれなく候ては其の儀に及ばず候事。

右の条日本亜墨利加両国の全権調印せしむる者也《ものなり》。

嘉永《かえい》七年三月三日　『幕末外国関係文書《ばくまつがいこくかんけいもんじょ》』

に許可しなかった事柄を許可した際には、アメリカ人へも同様の事柄を許可する。このことは、会議をせずにただちに行うこと。

第十一条　両国政府において、やむを得ない事情が生じた場合は、その様子によって合衆国の官吏を下田に駐在させることもある。もっともこのことは条約調印から十八か月を経過したあとでなければ実施しない。

右の条は日本・アメリカ両国の全権が調印したものである。

嘉永七（一八五四）年三月三日

史料注

幕末外国関係文書　東京大学史料編纂所の編集により刊行されている『大日本古文書』のうちの『幕末外国関係文書』をいう。一八五三（嘉永六）年以降の外交関係文書を収録している。

探究3

日米和親条約の第九条は、なぜ日本にとって不利なのか。

解説

一八五四（嘉永七）年七艦を率いたアメリカ東インド艦隊司令長官**ペリー**の再来航により、幕府は一六三九（寛永一六）年以来続いた鎖国政策を放棄し開国した。ペリーは、軍事力を背景とした威圧《いあつ》的な行動により横浜を応接所とさせ、条約を調印させた。この一八五四年三月に調印された**日米和親条約**では、①下田《しもだ》・箱館《はこだて》の開港（第二条）、②アメリカ船が必要とする薪水《しんすい》・食料等の供給（第二条）、③アメリカ漂流民の救助及び保護（第三条）、④アメリカの片務《へんむ》的最恵国《さいけいこく》待遇（第九条）、⑤アメリカ官吏の下田駐在（第十一条）、などを認めた。さらに、実質的にはほぼ同様の条約が英・露の二国と、続いて蘭との間にも締結された。

③ 日露和親条約——一八五四年一二月二一日調印　★★★☆☆

第一条　今より後《のち》、両国末永く真実懇《ねんごろ》にして、おのおの其《そ》の所領に於《お》いて互に保護し、人命は勿論《もちろん》、什物《じゅうもつ》❶に於ても損害なかるへし。

第二条　今より後、日本国と魯西亜《ロシア》国との境《さかい》、「エトロフ」島❷と「ウルップ」島❸との間に在《あ》るへし。「エトロフ」全島は日本に属《ぞく》し、「ウルップ」全島、夫《それ》より北の方「クリル」諸島❹は魯西亜《ロシア》に属す。「カラフト」島❺に至《いた》りては、日本国と魯西亜国との間に於て界《かい》を分たす（境界を定めずに、）、是《これ》まで仕来《しきたり》の通《とおり》たるへ

要点ナビ

幕府（将軍徳川家定、川路聖謨）と露（プチャーチン）との間で調印。

❶什物　日常用いる器具。
❷「エトロフ」島　択捉《えとろふ》島。
❸「ウルップ」島　得撫《うるっぷ》島。
❹「クリル」諸島　千島列島。
❺「カラフト」島　樺太《からふと》。一八〇八年に間宮林蔵が探検

し、島であることを確認した。

❻向後　これ以後。

史料注　**幕末外国関係文書**　二八八頁参照。

要点ナビ
幕府（将軍徳川家定、大老井伊直弼）と米（下田総領事ハリス）との間で調印。

し。

第三条　日本政府、魯西亜船の為《ため》に箱館《はこだて》、下田、長崎の三港を開く。……

第八条　魯西亜人の日本国に在《あ》る、日本人の魯西亜国に在る、是を待つ事緩優《かんゆう》にして《待遇についてはおだやかにして》禁錮《きんこ》する事なし。然《しか》れ共《ども》、若《も》し法を犯《おか》す者あらは、是を取押《とりおさ》へ処置するに、おのおの其の本国の法度《はっと》を以《もっ》てすへし。

第九条　両国近隣《きんりん》の故《ゆえ》を以て、日本国にて向後《きょうこう》❻他国へ許す処《ところ》の諸件は、同時に魯西亜人にも差免《さしゆる》すへし。

『幕末外国関係文書《ばくまつがいこくかんけいもんじょ》』

解説　これは、一八五四（安政元）年一二月に下田《しもだ》において、幕府とロシア使節プチャーチンとの間で結ばれた日露和親（日露通好）条約である。第一条で永世の和親、第二条で日露の国境に関し、択捉《エトロフ》島と得撫《ウルップ》島の間をもって両国国境と定めて択捉島以南を日本領とし、樺太《カラフト》は従来通り境界を定めないとした。また、第三条では箱館・下田・長崎の開港を定め、第八条では双務的《そうむてき》領事裁判権《りょうじさいばんけん》を規定し、第九条ではロシアへの片務的最恵国待遇《へんむてきさいけいこくたいぐう》を認めた。

Spot

黒船来航

泰平《たいへい》のねむりをさます正《じょう》（上）喜撰《きせん》　たった四はいで
夜もねられず

と、狂歌に詠《よ》まれた蒸気船は、外板を腐食防止のために黒色塗料で塗られていたために黒船とよばれた。一八五三年来航したペリー艦隊の旗艦サスケハナ号は、一八五〇年に建造された世界最大級の二、四五〇トンを有す木造外輪（三本のマストも持つ）の新鋭軍艦であった。幕府の政策により千石船《せんごくぶね》（一五〇トン程度）しかほとんど見る機会のなかった人々にとっては、たいへんな驚きであったろう。黒船来航のうわさは、幕府の秘密主義にかかわらず急速に全国に広まる。『夜明け前』（島崎藤村）には、信州の中山道の木曽馬籠《まごめ》宿（江戸から三三〇キロメートル）にもほぼ一週間で黒船来航の情報が伝わり、人々の生活も落ち着きがなくなりあわただしくなってゆく有様が描かれている。

4 日米修好通商条約——一八五八年六月一九日調印　★★★★★

第一条　向後《きょうこう》、日本大君《たいくん》と亜墨利加《アメリカ》合衆国と、世々親《よよしん》睦《ぼく》なるべし。……

通釈
第一条　今後、将軍とアメリカ合衆国は末永く親睦を

[1]**下田・箱館港**　一八五四（安政元）年の日米和親条約によって開港された。
[2]**神奈川**　現在の神奈川県横浜市神奈川区の一部にあたる。東海道の宿場として栄え、開港場に指定されたが、実際には神奈川宿の南にあたる横浜村が開港場として開かれた。
[3]**新潟**　実際に開港されるのは一八六八（明治元）年一月一九日。
[4]**兵庫**　実際には兵庫の東に接する神戸・二ツ茶屋・走水の三か村にまたがる沿岸部に、一八六七（慶応三）年一二月七日開港された（神戸港）。
[5]**江戸**　実際の開市は、一八六七（慶応三）年一一月一九日から。
[6]**大坂**　実際の開市は、一八六七（慶応三）年一二月七日から。
[7]**立合はず**　自由貿易による。
[8]**別冊**　この条約に付属する「貿易章程」のこと。

第三条　下田《しもだ》・箱館《はこだて》港[1]の外《ほか》、次にいふ所の場所を、左の期限より開くへし。

神奈川[2]　午三月より凡十五ヶ月の後より　西洋紀元千八百五十九年七月四日
長崎　同断　同断
新潟[3]　同断凡二十ヶ月の後より　千八百六十年一月一日
兵庫[4]　同断凡五十六ヶ月の後より　千八百六十三年一月一日

……神奈川港を開く後六箇《か》月にして下田港は鎖《とざ》すへし。此箇条《このかじょう》の内に載《のせ》たる各地は、亜墨利加人に居留《きょりゅう》を許すへし。……

江戸[5]　午三月より凡四十四ヶ月の後より　千八百六十二年一月一日
大坂[6]　同断凡五十六ヶ月の後より　千八百六十三年一月一日

右二箇所は、亜墨利加人、唯《ただ》商売を為《な》す間にのみ、逗《とう》留《りゅう》する事を得《う》へし。……双方《そうほう》の国人《くにびと》品物を売買《ばいばい》する事、総《すべ》て障《さわ》りなく、其《そ》の払方《はらいかた》等に付《つい》ては日本役人これに立合《たちあ》はず[7]。……

第四条　総《すべ》て国地《こくち》に輸入・輸出の品々《しなじな》、別冊《べっさつ》[8]の通り、日本役所へ、運上《うんじょう》を納《おさ》むへし。……

第五条　外国の諸貨幣《しょかへい》は、日本貨幣同種類の同量《どうりょう》を以《もっ》て、通用すへし。……

第六条　日本人に対し、法を犯《おか》せる亜墨利加人は、亜墨

結ぶ。

第三条　下田・箱館港のほか、次にいう所の場所を左の期限より開港する。

神奈川（この三月から一五か月後から　西暦一八五九年七月四日）
長崎（神奈川と同じ）
新潟（二〇か月後から　一八六〇年一月一日）
兵庫（五六か月後から　一八六三年一月一日）

神奈川港の開港後六か月を経過して下田港は閉鎖する。この箇条（第三条）に記してある各地においては、アメリカ人の居住を認める。

江戸（四四か月後から　一八六二年一月一日）
大坂（五六か月後から　一八六三年一月一日）

右の二か所は、アメリカ人が商売をする間だけ、滞在することができる。……また両国（日本と米国）の人々の商品売買に関して、何ら支障はなく、その支払いなどには日本の役人は立会わない。

第四条　すべて国内に輸入、国内から輸出する品物については、別冊の規定通りに、日本の役所へ関税を納める。

第五条　外国の諸貨幣は、日本の貨幣と同種類のものは同量をもって、通用する。

第六条　日本人に対して犯罪を犯したアメリカ人は、

利加コンシュル裁断所《さいだんじょ》にて吟味《ぎんみ》の上、亜墨利加の法度《はっと》を以て罰《ばっ》すへし。亜墨利加人へ対し、法を犯したる日本人は、日本役人糺《ただし》の上、日本の法度を以て罰すへし。……
『幕末外国関係文書《ばくまつがいこくかんけいもんじょ》』

アメリカの領事裁判所において取り調べの上、アメリカの法律をもってこれを罰する。アメリカ人に対して犯罪を犯した日本人は、日本の役人が取り調べの上、日本の法律をもってこれを罰する。

参考 **日米修好通商条約付属貿易章程**　★☆☆☆

第七則　総《すべ》て日本開港の場所へ陸揚《りくあげ》する物品にハ、左之《の》運上《うんじょう》目録に従ひ、其《その》地の運上役所に、租税を納むへし。

第一類　貨幣に造《つく》りたる金銀、幷《ならび》に造らさる金銀、当用の衣服、家財、幷に商売の為《ため》にせさる書籍、何《いず》れも、日本居留《きょりゅう》の為来る者の所持の品に限るへし、右之品々は運上なし。

第三類　都《すべ》て蒸溜《じょうりゅう》或《あるい》は醸《かも》し種々の製法にて造りたる一切《いっさい》之酒類、右は三割五分の運上を納むへし。
『幕末外国関係文書《ばくまつがいこくかんけいもんじょ》』

解説　一八五六年下田《しもだ》に着任したアメリカ総領事**ハリス**と幕府との間で、通商条約締結に向けての交渉が開始され、一八五八（安政五）年に**日米修好通商条約**が結ばれた。第三条で神奈川以下四港の開港と江戸・大坂の開市が定められ、自由貿易が規定された。第四条では、条約付属の貿易章程による関税が規定されたが、これは日本の**関税自主権を否認**した（協定関税制）もので、第六条の**治外法権《ちがいほうけん》**の規定（**片務《へんむ》的領事裁判権の承認**）とともに不平等条約の支柱をなし、その改正問題が明治期外交の最も重要な課題となる。同年ほぼ同内容の条約が、蘭・英・露・仏との間にも締結され、**安政の五カ国条約**と総称される。なお、一八六〇（万延元）年同条約批准《ひじゅん》書交換のため新見正興《しんみまさおき》一行が米艦ポーハタン号で渡米した。この時、幕府の軍艦咸臨《かんりん》丸がこれに随行して日本人による最初の太平洋横断に成功した。また、条約勅許に際して朝廷は兵庫開港を認めなかったために、列国はその代償として関税率の引き下げを要求したので、幕府は、一八六六（慶応二）年改税約書を結び、多くの輸入品に対し五%を基準とする低い関税率を定めた。

貿易章程による関税率

	品目	税率
輸入	日本居留のため来日した者の所持品	0%
	日本の港にはいる船舶の建造修理航海に必要な品物、捕鯨漁具や船員・居留民の食住に必要なもの	5%
	一切の酒類	35%
	上記以外の品物	20%
輸出	すべての日本産輸出物	5%

史料注
幕末外国関係文書　二八八頁参照。

探究4
① 日米修好通商条約が不平等といわれる点を指摘せよ。
② 改税約書により関税率を引き下げざるをえなかった理由を述べよ。

3 開国の影響

❶ 五品江戸廻送令—一八六〇年閏三月十九日発布 ★★★★☆

神奈川御開港《ごかいこう》❶、外国貿易仰《おお》せ出《いだ》され候《そうろう》に付《つき》、諸《しょ》商人共《ども》一己《いっこ》の利徳《りとく》に泥《なず》み《自分だけの利益にこだわり、》、競《きそい》て相場《そうば》糶上《せりあ》げ《商品を競って買いつけ相場を上げ、》、荷《に》元《もと》を買受《かいう》け、直《ただち》に御開港場所え相廻《あいまわ》し候に付、御府内《ごふない》❷に入津《にゅうしん》❸の荷物相減《あいへ》り、諸色払底《しょしきふってい》に相成《な》り《さまざまな物資が品不足となり、》、難《なん》儀致《ぎいた》し候趣《おもむき》相聞《きこ》へ候には、当分《とうぶん》の内左の通《とお》り仰せ出され候。

一、雑穀《ざっこく》　一、水油《みずあぶら》　一、蠟《ろう》　一、呉服《ごふく》　一、糸❹

右の品々《しなじな》に限り、貿易荷物の分は、都《すべ》て御府内より相廻し候筈《はず》に候間《あいだ》、在々《ざいざい》より決《けっし》て神奈川表え積出《つみだ》し申間敷《もうすまじく》候。……　『続徳川実紀《しょくとくがわじっき》』

解説 **五品江戸廻送令**《ごひんえどかいそうれい》は、幕府が物価抑制を理由に貿易の統制をはかろうとしたものである。貿易開始に伴う物価騰貴《とうき》の一因として、在郷商人が問屋を通さずに商品を開港地に直送したため、これまでの流通機構がくずれ、需給に不均衡が生じたことがあげられた。そこで幕府は、一八六〇（万延元）年この法令を発して、雑穀・水油・蠟《ろう》・呉服・生糸の重要五品目を江戸の問屋を経由させて横浜へ廻送させることにしたが、在郷商人や列国に反対され、ほとんど効果があがらなかった。

❷ イギリスの対日政策—大君の都 ★☆☆☆☆

……その当時、わたしの目は、たえず増大しつづける西洋の工業製品のために新しい市場を提供するらしくみえる日本にそそがれていた。まさに西洋の五大列強《れっきょう》❶は、商業・政治・宗教などの面でありとあらゆる種類の努力と宣伝《せんでん》を行なうことのできる、この再開された活動の舞台《ぶたい》に、登場せんとしていた。アメリカ合衆国は、一八五四年と一八五八年の二つの条約❷で、その先鞭《せんべん》をつけていた。イギ

※色文字は重要語

❶**神奈川御開港**　実際には一八五九（安政六）年に横浜が開港。

❷**御府内**　江戸。

❸**入津**　船が港に入ること。ここでは、入荷《にゅうか》の意。

❹**糸**　生糸。

史料注

続徳川実紀　徳川実紀（一八四九年刊行）の続編で、一一代将軍家斉《いえなり》以降の各将軍の治績を記述。

探究5　開国による物価騰貴の原因を述べよ。

❶**西洋の五大列強**　アメリカ・イギリス・フランス・ロシア・オランダのこと。

❷**二つの条約**　和親条約と修

リス、フランス、ロシアという旧世界最大の海軍国や陸軍国がこれにつづいた。……われらは、われらのたえず増加する欲望と生産力とに応ずるため、新らしいたえず拡大する市場を求める。そしてこれらの市場は、主として極東《きょくとう》に横たわっているように見える。われらはおのずとそこへ赴《おもむ》く。われらの第一歩は、条約によって彼らの提供する市場に接することである。土着《どちゃく》政権は商議《しょうぎ》を開始する意向《いこう》がないので、われらは、唯一《ゆいいつ》の効果的手段―圧迫《あっぱく》を向けて、要求されている貿易へのあらゆる権利と便宜《べんぎ》とを与えることを意味する文書を獲得《かくとく》する。

『大君《たいくん》の都《みやこ》』

好通商条約のこと。

史料注

大君の都 オールコック在日中の記録。当時の日本社会の政治、経済、社会、文化の多面にわたった記述に特徴がある。

解説 この『大君《たいくん》の都』の著者オールコックは、一八〇九年生まれのイギリスの外交官である。一八五九年駐日総領事として江戸に着任し、翌年には初代駐日公使となっている。彼は、幕府に強く自由貿易の実行を迫り、一八六四（元治元）年のイギリス・オランダ・アメリカ・フランス**四国艦隊下関砲撃事件**を主導した。この後、幕府は**五品江戸廻送令《ごひんえどかいそうれい》**（一八六〇年）以来の生糸貿易の制限を解除するのである。この『大君の都』からも、オールコックがイギリスの産業資本のための市場獲得に強い決意を持っていることがわかる。また、彼の見解はイギリスの対日政策の基調でもあった。

3 尊攘運動の展開 ★☆☆☆

……貿易の事件に手《て》慣《なれ》ぬ奸商《かんしょう》共狡黠《こうかつ》の夷等《えびすら》と洋金の価《あたい》高く1売買し物価益《ますます》騰貴《とうき》するに依《よっ》て、貧窶《ひんく》のもの仰《ぎょう》養《よう》俯《ふ》育《いく》の術《すべ》尽き、産を失ひ家を毀《こぼ》ち溝壑《こうがく》に転塡《てん》するに至る事、己《おの》が肢膚《しふ》の肉を割《さき》て虎狼《ころう》を養ふに均《ひと》し。……片時も速《すみやか》に回天《かいてん》2の宸断《しんだん》3もて攘夷《じょうい》の詔書《しょうしょ》を降《くだ》し玉はゞ、天下の志士《しし》毛髪《もうはつ》竦《しょう》起《き》感泣《かんきゅう》して襟《えり》を沾《うるお》さゞるものあらむ

1洋金の価高く 欧米と日本の金銀比価の違いにより日本の金が海外流出したことをさす。

2回天 天子の心をもとの正しさにひきもどす。

3宸断 天子の裁断。

通釈 ……貿易に慣れていなかったよこしまな商人たちは、こうかつな外人たちとぐるになり洋金の値段を実際よりも高値に換算して売買を行ったため物価はますます騰貴した。このことにより一般の貧しい人々は妻子を養い育てる方策がたたず、財産を失い、家をたたみ、ついには生活の道をなくし、命をおとすまでに至ってしまうのであり、これは自己の身体の肉をさいて、虎や狼を飼っているようなものである。……一時も早く、

や。さて攘夷の詔《みことのり》下りたらば、幕府勅《ちょく》に違《たが》はむか、大小名優柔不断《ゆうじゅうふだん》ならむか。万に一もかかる詔事に違ひたらむものは猪猿にやあらん石木にやあらむ。きため玉ひ罪なひ玉へ。……

『解腕痴言《かいわんちげん》』

天皇がもとの正しさにひきもどり御裁断されて、攘夷の詔書を出されれば、天下の志士たちで、髪の毛をさかだて、感激に涙を流さないものはないであろう。そうして攘夷の詔が下りたなら、幕府は天皇の勅に違反するであろうし、大名小名たちも優柔不断な態度をとるであろう。万一にも、このような天皇の詔勅《しょうちょく》に背《そむ》くようなものは、猪や猿あるいは石や木のようなものであろう。罰しなさいませ。罪に処しなさいませ。……

史料注

解腕痴言　久坂玄瑞が一八六二（文久二）年八月二八日に起草したもので、当時の代表的尊攘論である。彼の同様の見解は、同年八月二日の『廻瀾条議』にも見られる。

解説

尊攘運動《そんじょう》は、もともと**尊王思想《そんのう》**と**攘夷運動《じょうい》**という別個のものが結びついたものであった。尊王論それ自体は、儒学者や国学者の中において発達し、本来幕藩体制を否定するという性質のものではなく、攘夷論もまた鎖国《さこく》を武力で維持しようとする古い意識から生まれたもので、反幕的理論ではなかった。しかし、ペリー来航以後、開国の是非をめぐって論議がふっとうすると、それまでの観念的な尊王論と攘夷論とは、一つに結び付いて現実的政治運動の理論となり、尊王攘夷をスローガンとする反幕運動が展開された。開港に伴う経済的混乱が、何よりも民衆の生活を圧迫している事実をとらえて、それを自分たちの反幕運動を有利に展開するための論理の基に据《す》え、開国は亡国の途であると強く主張した。この史料に見られる久坂玄瑞《くさかげんずい》の主張でも開港に伴う経済的混乱が意識的に強調され、尊攘運動を進めるためのよりどころとなっている。もっとも攘夷論者のなかには、心からの排外主義者もあったが、一方では攘夷の不可能を知りながら、攘夷の実行が幕府を窮地に陥れ、その崩壊を早めるものとして、倒幕の旗印にこれを掲げている者もあった。やがて、**薩英戦争《さつえい》**、**四国艦隊下関砲撃事件**を契機として、尊王攘夷運動は尊王倒幕運動へと転換するのである。

探究6

① 尊王斥覇論の推移を調べよ。
② 尊王論の系譜について調べよ。
③ 尊王論と攘夷論が結びついて、現実的政治運動の理論となったのはなぜか。

4 日本をめぐる英仏の対立　★☆☆☆

此《この》事件[1]は個人的闘争に非《あら》ずして両立し難き二個の主義の争である。勝敗の決は、封建制度を一層鞏固《きょうこ》ならしむるか、将《は》た過去六年の努力空《むな》しく屈服《くっぷく》せしめらるゝかの境であつた。此二者[2]何《いず》れの勝利が外人に有利なるやは論ずる要はあるまい。……在留《ざいりゅう》外人は現時《げんじ》将軍[3]が脅威《きょうい》せられつゝあると同程度の危険を感ずる。何となれば、若《も》し幕府倒壊せば、吾等《われら》は多年条約を誤解し来たりし者[4]に、直面

[1] **此事件**　蛤《はまぐり》御門《ごもん》の変。
[2] **此二者**　幕府側と長州藩。
[3] **現時将軍**　徳川家茂。

せざるを得ざるに至《いた》る。而《し》かも三百諸侯の解放は無秩序《むちつじょ》と内乱の基《もと》と為《な》り、外人はどうして此の間に在留するを得よう。……吾人《ごじん》5は条約調印を以《もっ》て正当なる執権者と認め、其《そ》の勢力を削損《さくそん》し、これを顚《てん》覆《ぷく》せしむるような謀計《ぼうけい》には断じて与《くみ》すべきでない。これは当然の条理で、此態度の堅持《けんじ》こそ吾人の利益を擁護《ようご》する所以《ゆえん》であると確信す。

『レオン・ロッシュの本国政府宛報告書《ほんごくせいふあてほうこくしょ》』

4多年条約……来たりし者　攘夷論者。

5吾人　われわれ。われら。

史料注　**レオン・ロッシュの本国政府宛報告書**　史学雑誌四六の七及び八、大塚武松『レオン・ロッシュの政策行動について』による。

ロッシュ（Roches, Leon）は、一八六四年駐日公使として来日、幕末の混乱期にあって終始幕府を援助し、薩長に接近した英公使パークスと対抗して、幕府を中心とした統一政権を構想したが成功せず、一八六八年帰国した。

探究7

① イギリスとフランスの対日政策の違いを述べよ。

② イギリスが対日貿易の主導権を握った理由を述べよ。

解説　幕末の政治情勢は、米・英・仏などの列強の対日政策の動向によって強く左右された。先鞭《せんべん》をつけたアメリカが、南北戦争の勃発《ぼっぱつ》などで一時後退すると、イギリスが主導権を握り、フランスがこれに迫った。フランスは、この史料のロッシュの見解に示されるような立場から、幕府に経済的・軍事的援助を与え、幕府による全国統一に期待を寄せた。これに対して、幕府の弱体を見抜いたイギリスは、従来からの対日外交の方針を改めて、むしろ天皇を中心とした薩長《さっちょう》などの**雄藩連合政権**の実現を支持するようになった。イギリスの対日政策をおし進めるにあたって、初代駐日公使オールコックと、特にその後任パークスの活躍はめざましかった。

このようなイギリスとフランスの動きがあったにもかかわらず、維新の動乱が干渉戦争とならなかったことは、日本にとって幸いなことであった。

Spot

幕末インフレーション

一八五九（安政元）年の神奈川・長崎・箱館の開港は、日本と欧米の金銀比価の差から生じた大量の金貨流失と並んで、激しい物価騰貴を招いた。金流失に伴う幕府の貨幣改鋳と、生糸・茶といった輸出品の急増がインフレーションを引き起こしたのである。例えば、明かりとして使用した灯油は、それ以前の一升二八文から八四文へ、塩は一升二〇文から九二文へ、また米価は一八五七（安政四）年から一八六七（慶応三）年の一〇年の間に九倍にもなっている。こういった生活の困窮に何らの対策もなし得ない幕府に対し、尊攘・討幕運動が起こってゆくのである。

④物価の騰貴

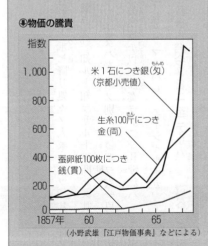

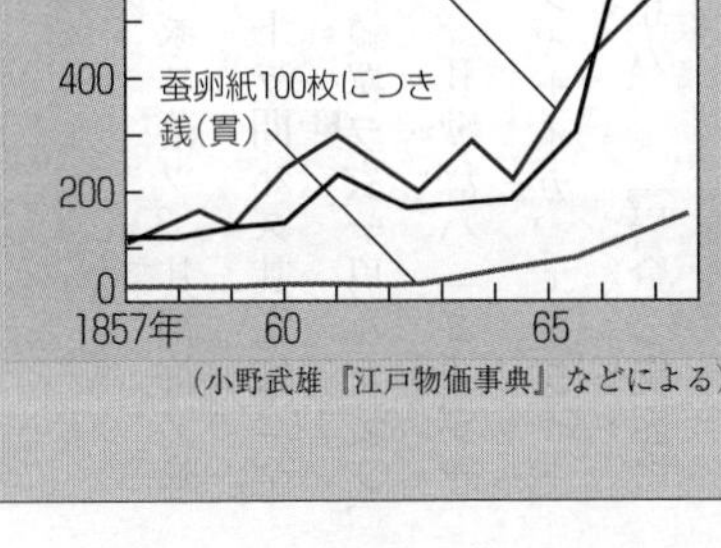

（小野武雄『江戸物価事典』などによる）

4 幕府の滅亡

❶ ええじゃないか運動 ★☆☆☆

恰《あたか》モ此時《このとき》[1]ニ当リ京師《けいし》[2]ニ一怪事《かいじ》アル（不思議なことが起きた。）。空中ヨリ神符《しんぷ》翩々《へんぺん》ト飛ヒ降リ（神社のお守り札がひらひらと舞い降り）処々《しょしょ》ノ人家ニ落ツ。其《その》神符ノ降リタル人家ハ壇《だん》ヲ設ケテ之《こ》レヲ祭リ、酒殽《さかな》ヲ壇前ニ陳《つ》ラヌ（供えた。）。知ルト知ラサルトヲ問ハス其人家ニ至《いた》ル者ノ酔飽《すいほう》ニ任《ま》カス（酒に酔い、腹一杯食べる。）。之レヲ祝シテ吉祥《きっしょう》ト為《な》ス。都下《とか》ノ士女《しじょ》ハ老少《ろうしょう》ノ別ナク綺羅《きら》[3]ヲ衣《き》テ男ハ女装《じょそう》シ、女ハ男装《だんそう》ス。群《むれ》ヲ成《な》シ隊《たい》ヲ作《な》ス。悉《ことごと》ク俚歌《りか》[4]ヲ唱《うた》ヒ太鼓《たいこ》ヲ撾《う》チ以《もっ》テ節奏《せっそう》ヲナス（太鼓を打ちならし調子をとっている。）。其歌辞《かじ》ハ「ヨイジャナイカ、エイジャナイカ、クサイモノニ紙ヲハレ、ヤブレタラマタハレ、エイジャナイカ、エイジャーナイカ」ト云《い》フ。……八月下旬[5]ニ始マリ十二月九日王政復古《おうせいふっこ》発令ノ日ニ至《いたり》テ止《や》ム。　『岩倉公実記《いわくらこうじっき》』

解説　**ええじゃないか**は、一八六七（慶応三）年七、八月から翌年春までに起こったお札降りと民衆の乱舞を伴う大衆運動である。近世の伊勢神宮へのおかげ参りとの関連も考えられる。ええじゃないかの記録上の初見は三河国に見え、関東・東海・畿内・中国・四国の各地で熱狂的に流行した。この史料中にもある男女の倒錯《とうさく》、酒食接待の強要等、封建的秩序からの民衆の解放（世直し）へのエネルギーがええじゃないかにはみられる。しかし、**大政奉還《たいせいほうかん》**・**王政復古**という政治の大変動時に起こったこの運動は、結果的には倒幕派に利用され、民衆の自己解放には直結しなかった。

※色文字は重要語

1此時　一八六七（慶応三）年。

2京師　京都。

3綺羅　綺は綾絹（あやぎぬ）、羅は薄絹（うすぎぬ）をさす。美しい衣服の意味。

4俚歌　流行歌謡。

5八月下旬　一八六七（慶応三）年八月下旬。

史料注

岩倉公実記　一九〇六（明治三九）年刊行。岩倉具視の日記・覚書・書簡等を整理したもの。

探究8　「ええじゃないか運動」が起こった当時の政治情勢を述べよ。

❷ 山内豊信の大政奉還建白書 ★☆☆☆

宇内《うだい》[1]ノ形勢古今《ここん》ノ得失ヲ鑑《てら》シ（考え、）、誠惶誠恐《せいこうせいきょう》[2]（真心から恐れかしこまること）敬首再拝《けいしゅさいはい》（首が地につくまで何度も拝む。）、伏惟《ふしておもんみるに》（慎んで考えるに、）、皇国興復之基業《こうこくこうふくのきぎょう》（我が国の衰えを回復し再興すること）ヲ建ント欲セハ、国体《こくたい》[3]ヲ一定シ、制度ヲ一新シ、王制復古《おうせいふっこ》万国万世《ばんせい》ニ恥《はじ》ザル者ヲ以《もって》、本旨《ほんし》トスヘシ、奸《かん》ヲ除キ、良ヲ挙《あ》ケ、寛恕《かんじょ》（思いやりの深い）ノ政ヲ施行《せこう》シ、朝幕《ちょうばく》諸侯斉《ひとし》ク此《この》大基本ニ注意スルヲ以、方今《ほうこん》（ただ今の）急務ニ存ジ奉《たてまつり》候《そうろう》。……

1宇内　天下、あめのした、世界の意味。

2誠惶誠恐　「誠惶」を丁重にいう語。

一　天下ノ大政ヲ議定《ぎじょう》スルノ全権ハ、朝廷ニアリ。乃《よって》我皇国ノ制度法則一切万機《いっさいばんき》必《かならず》京師《けいし》❹ノ議政所❺ヨリ出《いず》ヘシ。……

『維新史《いしんし》』

解説　一八六七（慶応三）年一〇月三日、前土佐藩主山内《やまうち》豊信《とよしげ》は後藤象二郎らをして将軍慶喜《よしのぶ》に対し大政奉還《たいせいほうかん》の建白書《けんぱくしょ》を提出させた。ここには同時に提出された後藤らの改革八カ条の一部も示した。

薩摩・長州の倒幕挙兵の盟約が結ばれ、倒幕運動がいよいよ激化したのに対し、土佐の後藤象二郎は公武合体のための大政奉還をめざし薩長の挙兵延期を説いていたが、朝廷（薩長）と幕府の激突は時間の問題であった。このような状況のなか、山内豊信の建白書（上書）が提出されたのである。この土佐藩の大政奉還論の骨子となったのは、**坂本龍馬《さかもとりょうま》**のいわゆる「船中八策《せんちゅうはっさく》」で、これは一八六七年六月、長崎から京都への船中、龍馬が八カ条からなる公議政体論を立案し、後藤象二郎に示したものである。

❸**国体**　国家体制。

❹**京師**　京都。

❺**議政所**　廷臣・諸侯から成る上院と藩士・庶民から成る下院との上下二院制の構想があった。

史料注

維新史　一九三九〜四一年刊行。文部省の編纂による明治維新の概説書。本編五巻・付録一巻。

探究9　土佐藩は、どのような政治的立場をとっていたか。

❸ 大政奉還——一八六七年一〇月一四日上表　★☆☆☆☆

臣《しん》慶喜《よしのぶ》謹《つつしみ》テ皇国時運《こうこくじうん》❶ノ沿革《えんかく》ヲ考《かんがえ》候《そうろう》ニ、昔シ王綱《おうこう》紐《ちゅう》ヲ解《と》キ❷相家《しょうか》❸権ヲ執《と》リ、保平《ほうへい》ノ乱❹政権武門《ぶもん》ニ移リテヨリ、祖宗《そそう》❺ニ至《いた》リ更ニ寵眷《ちょうけん》❻ヲ蒙《こうむ》リ、二百余年子孫相受《しそんあいうけ》、臣其《その》職❼奉《ほう》スト雖《いえど》モ、政刑《せいけい》❽当《とう》ヲ失フコト不レ少《すくなからず》。今日ノ形勢ニ至リ候モ、畢竟薄徳《ひっきょうはくとく》ノ所レ致《いたすところ》、慙懼《ざんく》ニ堪《た》ヘス候❾。況《いわん》ヤ当今《とうこん》外国ノ交際日ニ盛《さかん》ナルニヨリ、愈々朝権一《いよいよちょうけんいっ》途《と》ニ出不レ申《いでもうさず》候テハ、綱紀《こうき》❿難レ立《たちがたく》候間、従来ノ旧習ヲ改メ、政権ヲ朝廷ニ奉レ帰《かえしたてまつり》、広ク天下ノ公議《こうぎ》⓫ヲ尽《つく》シ、聖断《せいだん》⓬ヲ仰《あお》キ、同心《どうしん》協力、共ニ皇国ヲ保護仕《つかまつり》候得《そうらえ》ハ、

通釈　天皇の臣である私慶喜が、謹んで皇国の歴史的変遷を考えてみるに、昔天皇による政治がくずれ、藤原摂関家が政権を握り、保元の乱・平治の乱を経て政治の実権は武家に移り、徳川将軍家の祖家康に至り格別な待遇を朝廷から与えられて、二百余年子孫の者が（将軍職を）継承し、臣（慶喜）もこの職（将軍職）にあるけれど、政治や司法の面で適切さを失うことも少なくありません。今日の状況になりましたのも、結局私の不徳の致すところで、恥ずかしい限りであります。まして諸外国との交際が日ごとに盛んになり、いよいよ政権が統一されていなければ、国家を治める根本の

要点ナビ　将軍徳川慶喜が朝廷に政権を奉還。

❶**時運**　時のめぐり合わせ。歴史の変遷の意味。

❷**王綱紐ヲ解キ**　天皇による政治がくずれたこと。

❸**相家**　大臣の家、藤原摂関家。

❹**保平ノ乱**　保元・平治の乱。

❺**祖宗**　祖先、ここでは徳川家康をさしている。

❻**寵眷**　寵愛《ちょうあい》すること。

❼**其職**　将軍職。

❽**政刑**　政治と刑罰。

❾**慙懼ニ堪ヘス**　恥ずかしい限りである。

必ス海外万国ト並《ならび》立ツヘク候。臣 慶喜国家ニ所レ盡《つくすところ》、是《これ》ニ過《す》キスト奉レ存《ぞんじたてまつり》候。去《さ》リ乍《なが》ラ猶《なお》見込《みこみ》ノ儀《ぎ》モ之《これ》有リ候得ハ、申聞《もうしき》クヘキ旨《むね》、諸侯《しょこう》え相達《あいたっ》シ置《おき》候。之ニ依《より》テ此《この》段謹テ奏聞《そうもん》13仕候。以上

十月十四日14　　慶喜

『維新史《いしんし》』

原則が立ちにくいので、今までの古い習慣を改め、政権を朝廷に返還し、広く天下の議論を尽くし、天皇の決断を仰ぎ、心を合わせ協力し、共に皇国を守っていけば、必ず海外諸国と肩を並べることができましょう。臣慶喜が国家に尽くすことは、これ以外にないと考えます。しかしながら、なおどのようにすべきか意見があれば、申し述べるよう諸大名に知らせてあります。このようなわけで、以上のことを謹んで申し上げます。

一〇月一四日　　慶喜

10綱紀 国家の大綱、秩序。
11公議 議論、評議。
12聖断 天皇の決断、決定。
13奏聞 天子に奏上《そうじょう》すること。
14十月十四日 一八六七（慶応三）年一〇月一四日。

史料注
維新史 二九七頁参照。

探究10
慶喜が大政奉還を決意させられた内外の情勢を述べよ。

解説 一八六七（慶応三）年一〇月三日に土佐藩前藩主山《やま》内豊信《うちとよしげ》が将軍慶喜に対し大政奉還《たいせいほうかん》の建白を行い、続いて一〇月六日に広島藩が建白を行うに至り、慶喜は大政奉還の決意をした。ちょうど薩長に討幕の密勅《みっちょく》が下った一〇月一四日、**大政奉還の上表**を朝廷に提出した。慶喜が自ら大政を奉還したのは、薩長などの倒幕運動の高まりを抑え、新政権成立後も引き続き指導権を確保するには、後藤象二郎、山内豊信らの説く公議政体論が利用できると考えたからである。したがって、征夷大将軍はここに終わりを告げたけれども統一政権成立までには、まだ曲折を経なければならなかった。

4 王政復古の大号令——一八六七年一二月九日布告　★★★★☆

要点ナビ 倒幕派岩倉具視ら天皇親政を宣言。

徳川内府《ないふ》1、従前御委任《さきにごいにん》ノ大政返上《たいせいへんじょう》、将軍職辞退《じたい》ノ両条、今般断然聞《こんぱんだんぜんきこ》シ食《め》サレ候《そうろう》。抑《そもそも》癸丑《みずのとうし》2以来未曾有《みぞう》ノ国難《こくなん》、先帝《せんてい》3頻年宸襟《ひんねんしんきん》4ヲ悩マサレ候御次第《おんしだい》、衆庶《しゅうしょ》ノ知ル所ニ候。之《これ》ニ依《より》テ叡慮《えいりょ》5ヲ決セラレ、王政復古《おうせいふっこ》、国威挽回《こくいばんかい》ノ御基《おんもとい》立テサセラレ候間、自今《じこん》、摂関《せっかん》・幕府等廃絶《はいぜつ》、即今先《そっこんまず》仮ニ総裁《そうさい》6・議定《ぎじょう》7・参与《さんよ》8ノ三職ヲ置《おか》レ、万機《ばんき》行ハセラルヘシ。諸事神武創業《じんむそうぎょう》ノ始ニ原《もと》ツキ、搢紳《しんしん》9・武弁《ぶべん》10・

1内府 内大臣。慶喜のこと。
2癸丑 一八五三（嘉永六）年、ペリー来航の年。
3先帝 前天皇、孝明天皇。
4宸襟 天皇の心。
5叡慮 天皇の考え。
6総裁 すべての事項を決定する最高の官職。
7議定 政務を分掌し、議事に参加する。
8参与 議定の下で実務を担

通釈 内大臣徳川慶喜がこれまで（天皇から）委任されてきた大権を返上し、また将軍職を辞退するという二点について、このたびきっぱりとお許しになられた。そもそも癸丑の年（一八五三年）以来、いまだかつてない国難について先の（孝明）天皇が毎年お心を悩まされてきたことは、多くの人々の知るところである。そこで天皇は御決断を下され、王政復古国威回復の基本を樹立されたので、今後は摂政・関白や幕府などを廃

当する。

9搢紳 公卿。
10武弁 武士。
11堂上 殿上人《てんじょうびと》。昇殿を許された人。
12地下 昇殿を許されない人。
13休戚 喜びと悲しみ。

史料注
維新史 二九七頁参照。

探究11
① 王政復古を進めようとした勢力は何か。
② 王政復古の大号令が発せられたのち、慶喜の処遇はどうなったか。

堂上《どうじょう》[11]・地下《じげ》[12]ノ別ナク、至当《しとう》ノ公議ヲ竭《つく》シ、天下ト休戚《きゅうせき》[13]ヲ同シク遊《あそば》サルヘキ叡念《えいねん》ニ付《つき》、各《おのおの》勉励《べんれい》、旧来驕惰《きょうだ》ノ汚習《おしゅう》ヲ洗《あら》ヒ、尽忠報国《じんちゅうほうこく》ノ誠《まこと》ヲ以《もっ》テ奉公致スヘク候事。

『維新史《いしんし》』

止し、ただちにまず仮に総裁・議定・参与の三職を設置して、国の政治を行わせることにした。すべては神武天皇の建国事業の始めに基づき、公卿・武士・殿上人・庶民の区別なく、正当な議論を尽くし、人々と喜びや悲しみをともにされるお考えであるから、各々努力して今までのおごり怠ける悪い習慣を洗い流し、忠義を尽くして国に報いる忠誠心を持って奉公せよ。

解説

一八六七（慶応三）年一〇月一四日の**大政奉還**《たいせいほうかん》は、薩長への「討幕の密勅《みっちょく》」に肩すかしをくわせ、討幕派は出鼻をくじかれた。その後、諸大名は幕府側か朝廷側かのはっきりした態度を示さなかったが、公議政体派は新しい統一政権への動きをみせていた。こうした状況のなか、**岩倉具視**を中心とした薩長などの武力倒幕派は、同年一二月九日クーデターを敢行し、**王政復古の大号令**を発した。これによって新たに総裁《そうさい》・議定《ぎじょう》・参与《さんよ》の三職が設けられ、天皇親政のもとに「百事御一新」がうたわれた。次いでその夜、三職による御前《ごぜん》会議（**小御所**《こごしょ》**会議**）が開かれ、徳川慶喜に対して辞官・納地を命ずることが決定された。しかし、その後も公議政体派は力を持ち、武力倒幕派を劣勢に追い込んでいった。かくて、武力倒幕派は、一八六八年正月三日、**鳥羽**《とば》**・伏見**《ふしみ》**の戦い**を開き、武力による解決に踏み切ったのである。

Spot

倒幕の口実

小御所会議における慶喜の辞官・納地の決定により、二条城の幕府軍は激高したが、慶喜は彼らを率いて大坂城に移った。この後、公議政体派の巻き返しにより慶喜の立場は安定したものになりつつあった。そこで、武力倒幕派は幕府軍を挑発し軍事力によって決着をつけようとした。西郷隆盛の命により江戸薩摩藩邸に集められた浪士は、江戸府中において強盗、放火などを行って幕府を挑発し、江戸市中の警備にあたっていた庄内藩兵に薩摩藩邸の焼き打ちを実施させた。この報が大坂に伝えられると、大坂城の幕府軍は上洛し、薩摩を討とうと軍を京へ進めたが、これに対し薩摩の大久保利通らは「慶喜は反逆し朝敵なり」とし、上洛する幕府軍との間に鳥羽・伏見の戦端が開かれた。ここに倒幕側は慶喜追討の命を受け、倒幕の大義名分を得ることになったのである。

5 維新政府の基本方針

要点ナビ 明治天皇が天地神明に誓う形式。

① 五箇条の誓文――一八六八年三月一四日公布　★★★☆☆

一 広ク会議ヲ興シ、万機公論ニ決スヘシ（天下の政治を公平な議論によって決定すべきである）

一 上下❶心ヲ一ニシテ、盛ニ経綸❷ヲ行フヘシ

一 官武❸一途庶民ニ至ル迄、各其志ヲ遂ケ、人心ヲシテ倦マサラシメンコトヲ要ス（飽きないようにすることを願う）

一 旧来ノ陋習❹ヲ破リ、天地ノ公道《こうどう》ニ基クヘシ

一 智識ヲ世界ニ求メ、大ニ皇基ヲ振起スヘシ（国家の基礎を盛んにすべきである）

我国未曽有《みぞう》ノ変革ヲ為《な》サントシ、朕躬《み》ヲ以テ衆《しゅう》ニ先《さき》ンシ、天地神明《てんちしんめい》ニ誓《ちか》ヒ、大ニ斯国是《このこくぜ》❺ヲ定メ万民《ばんみん》保全ノ道ヲ立ントス。衆亦此旨趣《またこのししゅ》ニ基キ、協心努力セヨ。

慶応四年戊辰《つちのえたつ》三月十四日

御名

親王群臣《しんのうぐんしん》ノ奉対書《ほうたいしょ》ニ曰《いわ》ク

勅意宏遠《ちょくいこうえん》、誠《まこと》ニ以《もっ》テ感銘《かんめい》ニ不堪《たえず》、今日ノ急務永世ノ基礎此他《このほか》ニ出《いだす》ヘカラス、臣等《しんら》謹《つつしみ》テ叡旨《えいし》ヲ奉《ほう》戴《たい》シ、死ヲ誓《ちか》ヒ黽勉《びんべん》❻従事、冀《ねがわ》クハ以テ宸襟《しんきん》❼ヲ安《やすん》シ奉《たてまつ》ラン

慶応四年戊辰三月十四日

有栖川太宰帥《ありすがわだざいのそち》
三条大納言《さんじょうだいなごん》　実美《さねとみ》
岩倉右兵衛督《いわくらうひょうえのかみ》　具視《ともみ》
（以下親王公卿《くぎょう》諸侯を略す）❽

『法令全書《ほうれいぜんしょ》』

※色文字は重要語

❶上下　上の者と下の者。治める者と人民。

❷経綸　政治、治国済民の方策。

❸官武　公家と武家。

❹旧来ノ陋習　攘夷的風潮のことを意味する。

❺国是　国家の政治上の基本方針。

❻黽勉　精を出すこと。

❼宸襟　天皇の心。

❽以下親王……を略す　公卿、諸大名、帰順旗本の署名は当日に引き続き、一八七一（明治四）年五月まで及び、その数も八〇〇余名にのぼっている。

❶貢士 一八六八（慶応四）年一月一七日〜五月二七日の間置かれた明治政府初期の議事員。大藩から三、中藩から二、小藩から一名ずつ藩主の推挙により藩論の代表者となり、任期はなく下の議事所で議事にあたった。

❷徴士 徴士は王政復古の際の三職分課の官制によって、貢士など諸藩士の有才のものから選んで、参与、議事所の議事官、分課の掛《かかり》などに四〜八年の任期で任命されたもの。

❸宇内ノ通義 国際法。

史料注 **子爵由利公正伝** 由利正道著。一九四〇（昭和一五）年刊。

参考 五箇条の誓文の起草 ★☆☆☆

(1)由利《ゆり》公正《きみまさ》草案

議事《ぎじ》之《の》体《てい》大意

一 庶民志ヲ遂《と》ゲ、人心ヲシテ倦《う》マサラシムルヲ欲《ほっ》ス

一 士民心ヲ一《ひとつ》ニシテ、盛《さかん》ニ経綸《けいりん》ヲ行フヲ要ス

一 智識《ちしき》ヲ世界ニ求メ、広ク皇基《こうき》ヲ振起《しんき》スヘシ

一 貢士《こうし》❶期限ヲ以《もっ》テ賢才《けんさい》ニ譲《ゆず》ルヘシ

一 万機《ばんき》公論ニ決シ、私《わたくし》ニ論スルナカレ

『子爵《ししゃく》由利公正伝《ゆりきみまさでん》』

(2)福岡孝弟《ふくおかたかちか》草案

会盟

一 列侯《れっこう》会議ヲ興《おこ》シ万機公論ニ決スヘシ

一 官武一途《かんぶいっと》庶民《しょみん》ニ至ル迄《まで》、各《おのおの》其志《そのこころざし》ヲ遂ケ、人心ヲシテ倦マザラシムルヲ欲ス

一 上下《しょうか》心ヲ一ニシテ、盛ニ経綸ヲ行フヘシ

一 智識ヲ世界ニ求メ、大《おお》ニ皇基ヲ振起スヘシ

一 徴《ちょう》士《し》❷期限ヲ以テ賢才ニ譲ルヘシ

右等之《の》御趣意可被仰出哉《おおせいだざるべきや》、且《かつ》右会盟相立候処《あいたちそうろうところ》ニテ大赦之令《たいしゃのれい》可被仰出哉。

『子爵由利公正伝』

(3)木戸孝允《きどたかよし》草案

誓

一（第一） 列侯会議ヲ興《おこ》シ、万機公論ニ決スヘシ

一（第三） 官武一途庶民ニ至ル迄、各其志ヲ遂ケ、人心ヲシテ倦マサラシムルヲ欲ス

一（第二） 上下心ヲ一ツニシテ、盛ニ経綸ヲ行フヘシ

一（第五） 智識ヲ世界ニ求メ、大ニ皇基ヲ振起スヘシ

一（第四） 旧来ノ陋習《ろうしゅう》ヲ破リ、宇内《うだい》ノ通義❸ニ従フヘシ

右ノ条々、公平簡易《かんい》ニ基《もとづ》キ、朕《ちん》、列侯庶民協心同力、唯《ただ》我日本ヲ保全スルヲ要トシ、盟ヲ立ル事如レ斯《かくのごとし》。背《そむ》ク所アル勿《なか》レ。

『松菊木戸公伝《しょうきくきどこうでん》』

松菊木戸公伝　木戸公伝記編纂所編、上・下二巻。維新の元勲として名高い木戸孝允の伝記。一九二七（昭和二）年刊。

法令全書　内閣官報局の編纂になり、一八八八（明治二一）年から刊行が始まる。一八六七（慶応三）年から現在までの法令を公布順に集成。一八八四（明治一七）年までは各年一巻ずつ。

探究12
① 五箇条の誓文の要点をあげよ。
② 五箇条の誓文が天地神明に誓うという形式をとった理由を述べよ。

要点ナビ　政府から民衆に向けて心得を示す。

解説　**王政復古《おうせいふっこ》の大号令**によって発足した明治政府は、一八六八（慶応四）年三月一四日、五か条からなる「誓文《せいもん》」を発して、公議世論の尊重・開国和親など新政の基本方針を明らかにした。これは由利公正《ゆりきみまさ》（旧越前藩士）が起草し、福岡孝弟《たかちか》（旧土佐藩士）の修正を経て、さらに**木戸《きど》孝允《たかよし》**（旧長州藩士）が修正・加筆し、最終的に**岩倉具視《ともみ》**・**三条実美《さねとみ》**も加わって成文化されたものである。由利・福岡案では、公議政体派の列藩会議の主張が盛り込まれ、天皇と諸侯がともに盟約する形式がとられていたため、王政復古の形式を重んずる公卿などの反対を受けた。そこで木戸は、天皇が公卿・諸侯以下文武百官を率い、京都御所紫宸殿《ししんでん》において天地神明に誓うという形式で公布し、この国是《こくぜ》を権威づけることによって国内の諸勢力を新政府に結集させようとした。このことは、福岡から木戸の修正・加筆した草案にも見られた「列侯会議」が、「広ク会議」と修正されていったこととも関連があろう。

この誓文は、維新当初における極めて現実的な政治的意図を乗り越えて、明治・大正の自由主義者により、我が国立憲思想の出発点として評価された。

Spot

矢田堀景蔵と日本海軍

日本海軍の礎に幕府海軍の存在があった。一八五四年に日米和親条約が結ばれるとその翌五五年には長崎に海軍伝習所が開かれた。矢田堀景蔵や勝海舟はその一期生となった。二年後には築地に海軍教授所が設立され、日本人の手による蒸気機関を備えた軍艦の建造にも成功している。幕末の諸外国との交渉の中で、ときに緊張することはしばしばであったが、その中で幕府海軍は海防上重要な役割を果たした。清がアヘン戦争の後にも伝統にこだわり、洋式に踏み切れずにいたのと対照的であった。

昌平坂学問所では幕末、清を介して国際情勢に関する情報収集が行われ、のちここから海軍に進む者も多く出ている。幕末、海軍といえば勝海舟や榎本武揚を思い浮かべるが、昌平坂学問所のぬきんでた秀才として幕府海軍の創設とその人材育成に携わったのが矢田堀景蔵であった。政治的駆け引きにうとい矢田堀は維新後の人生は不遇であったが、幕臣にあって広く西洋に知識を求めようとした彼のもとから多くの人材が育っていった。明治という時代の礎は敗者となった幕府の中にも確かに存在したのである。

❷ 五榜の掲示——一八六八年三月一五日掲示　★★☆☆☆

同日、旧幕府の掲榜《けいぼう》❶を撤《てっ》し、更《あら》めて五条を掲示《けいじ》す。

第一榜《ぼう》

一　人タルモノ五倫《ごりん》ノ道❷ヲ正《ただ》シクスヘキ事

一　鰥寡孤独癈疾《かんかこどくはいしつ》ノ者ヲ憫《あわれ》ムヘキ事

家族をなくした人、身体障害者、病人。

❶**掲榜**　立札のこと。

❷**五倫ノ道**　君臣・父子・夫婦・長幼・朋友の間で守るべき道。

一　人ヲ殺シ家ヲ焼キ財《ざい》ヲ盗《ぬす》ム等ノ悪業《あくぎょう》アル間敷事《まじき》

第二榜　曰《いわ》ク、党ヲ樹《た》テ強訴《ごうそ》シ或《あるい》ハ相率《あいひきい》テ田里《でんり》ヲ去《さ》ル3コト勿《なか》レ

第三榜　曰ク、切支丹邪宗門《きりしたんじゃしゅうもん》4ハ旧《きゅう》ニ仍《よ》リテ之《これ》ヲ厳禁《げんきん》ス

以上三榜永世《えいせい》の定法《じょうほう》とす

第四榜　外国人ニ対シテ暴行ヲ為《な》スヲ禁ス

第五榜　逋逃《ほとう》5ヲ禁ス

以上二榜一時《いちじ》の掲示とす。

『明治政史《めいじせいし》』

解説　**五箇条の誓文《かせいもん》**の発せられた翌日、政府（太政官《だじょうかん》）は一般庶民の守るべき心得として五つの禁令を高札という形で掲示した。これは、形式・内容とも江戸時代に封建領主が庶民に与えた布告の継承であり、新政府が庶民に対して封建的新支配者として臨もうとした一端を示している。キリスト教の禁止などは、すぐさま西欧諸国の抗議・忠告を受けたが、明治六年禁制撤去まで有効であった。

3党ヲ樹テ……田里ヲ去ル　一揆・強訴・逃散。
4邪宗門　キリスト教のこと。
5逋逃　逃亡。

史料注
明治政史　大政奉還から第一回帝国議会までの編年体の史書。指原安三編。一八九二（明治二五）年～九三（明治二六）年刊。

探究13
① 五榜の掲示は新政府のどのような性格を示しているか。
② 維新当初の切支丹対策は、いかなるものであったか。

3 政体書——一八六八年閏四月二一日発表　★★★☆☆

一　大《おおい》ニ斯国是《このこくぜ》1ヲ定メ制度規律ヲ建《たつ》ルハ《定めることは》、御誓文《ごせいもん》2ヲ以《もっ》テ目的トス。……

一　天下ノ権力総《すべ》テ之《これ》ヲ太政官《だじょうかん》ニ帰ス、則《すなわち》政令二途《にと》ニ出《いず》ルノ患《うれい》《法令があちらこちらから出て混乱すること》ナカラシム、太政官ノ権力ヲ分《わか》ツテ、立法行法《ぎょうほう》3司法ノ三権トス。則偏重《すなわちへんちょう》ノ患4無カラシムルナリ

一　立法官ハ行法官ヲ兼《か》ヌルヲ得ス、行法官ハ立法官ヲ兼ヌルヲ得ス。……

一　各府各藩各県皆貢士《みなこうし》5ヲ出シ議員トス、議事ノ制ヲ立ツルハ輿論公議《よろんこうぎ》ヲ執《と》ル所以《ゆえん》《公議世論を尊重するから》ナリ

一　諸官四年ヲ以テ交代ス。公撰入札《こうせんにゅうさつ》6ノ法ヲ用フヘシ、但《ただし》今後初度交代《しょたびこうたい》ノ時其《その》一部ノ半《なかば》ヲ残シ、

要点ナビ　明治新政府の政治組織を定めた布告。

1国是　国政上の基本方針。
2御誓文　五箇条の誓文。
3行法　行政。
4偏重ノ患　一か所に権力が集中すること。
5各府各藩各県皆貢士　府・藩・県の推挙により、それぞれの意見を代表する者。
6公撰入札　選挙。ただし、

二年ヲ延《のば》シテ交代ス、断続宜《だんぞくよろし》キヲ得セシムルナリ、若《も》シ其人衆望《しゅうぼう》《人望が厚く》ノ所属アッテ難《さり》レ去《がたき》者ハ猶《なお》数年ヲ延サザルヲ得ス　『明治政史《めいじせいし》』

一八六九（明治二）年五月一四日の一回行われたのみ、しかも被選挙資格者は公卿と諸侯のみ、選挙資格者は一部高級官僚のみであった。

史料注　**明治政史**　三〇三頁参照。

探究14
① 政体書と五箇条の誓文は、どのような関連があるか。
② 政体書による官制の特色を述べよ。

解説　一八六八（慶応四）年閏《うるう》四月二一日、政府は、**五箇《か》条の誓文《せいもん》**の理想を制度上具体化した政体書を頒布《はんぷ》した。**福岡孝弟《たかちか》・副島種臣《そえじまたねおみ》**がアメリカ合衆国政府の組織、福沢諭吉《ゆきち》の『西洋事情』、平安時代の『令義解《りょうのぎげ》』を参考にして起草した。太政官のもとでの三権分立主義・議会制度・官吏《かんり》公選制を骨子としている。政体書にみられる三権分立と公議制の規定は必ずしも実効は上がらず、官吏公選制も一度行われたにすぎなかったが、維新直後の政治理念を示した意義は大きい。六九年七月八日の官制改革で中央官制は二官六省制に変更され、神祇官、太政官を中心とする官制となった。

Spot

年貢半減令のゆくえ――相楽総三《さがらそうぞう》と赤報隊《せきほう》

これまで幕領《ばくりょう》之《の》分、総《すべ》て当年租税半減仰《おお》せ付《つけ》られ候《そうろう》、昨年未納《みのう》之分も同様たるべし

これは、一八六八年正月、戊辰《ぼしん》戦争の際に官軍側の先発隊として進軍していた相楽総三率いる赤報隊《せきほう》が布告した年貢半減令である。相楽は、民心を幕府から官軍に引き付けるため、幕府領の年貢半減の布告が必要な旨を建白し許可されていたのである。ところが、年貢半減令のもと、意気揚揚と進軍していた赤報隊は、一月下旬に突然の帰洛命令を受ける。相楽はそれに従わず東征を続けるが、二月中旬に至り相楽隊は「偽《にせ》官軍」とされ、信州諸藩に鎮圧命令が出された。捕えられた相楽ら幹部八名は、三月三日に下諏訪で死刑になってしまったのである。短期間（約一〇日）で年貢半減令が取り消され、かつ布告をしていた相楽らを処刑した背景には、新政府と軍資金提供者となった特権商人との年貢をめぐる約束があった。つまり、新政府は、年貢を担保《たんぽ》として軍資金を調達したのである。そのため「年貢半減」を布告した赤報隊が邪魔な存在となったのであった。

新政府（官軍）は、相楽ら赤報隊を裏切るばかりでなく、民衆の「年貢半減」という強い期待をも裏切ったのである。それは、地租改正や徴兵令の実施によっても如実に示される。

6 中央集権体制の確立

要点ナビ 薩摩、長州、土佐、肥前の四藩主が明治天皇に土地、人民を返還。

❶ 版籍奉還 ― 一八六九年一月二三日発表 ― 薩長土肥四藩主の上表文 ★☆☆☆

薩長《さっちょう》土肥《とひ》四藩主連署《れんしょ》シ版籍《はんせき》[1]奉還《ほうかん》ノ表《ひょう》[2]ヲ上《たてまつ》ル。

……抑《そもそも》臣等居《お》ル所ハ即《すなわ》チ天子ノ土、臣等ノ牧《ぼく》スル所[3]ハ即チ天子ノ民《たみ》ナリ。安《いずく》ンソ私《わたくし》ニ有スヘケンヤ。今謹《つつしん》テ其《その》版籍ヲ収《おさ》メテ之《これ》ヲ上ル。願クハ朝廷其宜《そのよろしき》ニ処《しょ》シ、其与フ可《べ》キハ之ヲ与ヘ、其奪《うば》フ可キハコレヲ奪ヒ、凡列藩《およそれっぱん》ノ封土《ほうど》[4]、更《さら》ニ宜《よろ》シク詔命《しょうめい》ヲ下《くだ》シ、コレヲ改メ定ムヘシ。而《しか》シテ制度、典型《てんけい》[5]、軍旅《ぐんりょ》[6]ノ政《せい》ヨリ戎服《じゅうふく》[7]器械ノ制ニ至《いた》ルマテ、悉《ことごと》ク朝廷ヨリ出《い》テ、天下ノ事大《ことだい》小《しょう》トナク、皆一《みないつ》ニ帰《き》セシムヘシ。然后《しかるのち》ニ名実相得《あいえ》、始テ海外各国ト并立《ならびたつ》ヘシ。是《これ》朝廷今日《こんにち》ノ急務《きゅうむ》ニシテ、又臣子《しんし》ノ責《せめ》ナリ。

『法令全書《ほうれいぜんしょ》』

通釈 薩摩・長州・土佐・肥前の四藩主が連名で、版籍奉還の文書を差し出します。……そもそも私たち天皇の臣下の居る所は天皇の土地であり、私たちの治める民は天皇の民であります。どうしてこれらを私たちが所有することができましょうか。今、謹んでその土地と人民とを朝廷に返上致します。どうか朝廷のよいように処分し、与えるべき者には与え、没収すべき者からは没収し、諸藩の土地については今一度御命令により、これを改めて定めてください。そして制度や法律、軍政から軍服・兵器の制度に至るまで、ことごとく朝廷から命令が出され、天下のことは大小を問わずすべて朝廷によって決定されるべきであります。そうして初めて日本が海外の列強と並び立つことができましょう。このことは今日の朝廷の急務であり、同時にそうすることが私たち臣下の責任でもあります。

※色文字は重要語

1 版籍 版は版図（領土）、籍は戸籍（人民）の意味。
2 表 臣下から君主に奉る文書。
3 牧スル 治める、司《つかさど》る。
4 封土 大名の領地。
5 典型 手本、模範。転じて法令の意味。
6 軍旅 軍隊、軍勢。
7 戎服 軍服のこと。戎衣ともいう。

史料注 法令全書 三〇二頁参照。

解説 維新政府の目標は、国内を統一して中央集権体制を確立することであった。討幕後も諸大名は、藩領を統治しており、政府が直接統治できたのは、旧幕府や佐幕藩から没収して編成した府・県に過ぎなかった。そのため政府は、戊辰《ぼしん》戦争の勝利が決定的となった一八六八（明治元）年一〇月藩治職制《はんちしょくせい》を定め、藩の職制を統一するとともに、政府の命令が藩政に及ぶ措置を講じた。**木戸孝允《きどたかよし》**・**大久保利通《おおくぼとしみち》**らの間で、**版《はん》籍奉還《せきほうかん》**、すなわち諸大名自身の自発的意志によって土地人民の支配権を天皇に返還させるという方式が具体的に協議されたのはこのころからであった。姫路藩のように藩財政の困難から版籍奉還を願い出るものもあったが、翌一八六九（明治二）年正月二〇日、薩長《さっちょう》土肥《とひ》四藩主の連署でこの史料のような建白書が提出された。四藩主の上表をきっかけに、多くの藩がこれにならった。ここに政府は、同年六月、これら諸大名の版籍奉還の願いを許すとともに、まだ上表しない藩にも奉還を命じた。版籍奉還の結果、藩は中央政府の政令を執行する地方行政区となり、二七四藩主はそのまま行政区長官としての知藩事となった。知藩事は、封地実収石高の一〇分の一を家禄として支給され、身分上の名称は公卿《くぎょう》とともに華族《かぞく》と規定された。藩行政の実務に従う官吏も藩士をもって当てられた。封建的割拠体制は形式的には消滅したが、藩の実体がなくなったわけではなく、名実ともに中央集権による統一国家の形成を実現することができたのは、一八七一（明治四）年七月に断行された廃藩置県《はいはんちけん》以後である。

要点ナビ　新政府（明治天皇）が新たな統治組織を示す。

1 更始ノ時　維新の改革。
2 億兆　人民。
3 対峙　対等に付き合う。
4 聴納　聞き入れること。
5 知藩事　旧藩主を旧領地に任命。藩の石高《こくだか》の一〇分の一を家禄《かろく》として支給された。
6 冗ヲ去リ簡ニ就キ　無駄を省いて簡素化する。
7 政令……無カラシメントス　中央集権の強化をはかること。

史料注　**法令全書**　三〇二頁参照。

探究15　中央集権的統一国家の形成の上で、版籍奉還の果たした役割が十分でなかったのはなぜか。

2 廃藩置県の詔——一八七一年七月一四日公布　★★☆☆☆

朕惟《ちんおも》フニ、更始《こうし》ノ時1ニ際シ、内以《うちもっ》テ億兆《おくちょう》2ヲ保安シ、外《そと》以テ万国ト対峙《たいじ》3セント欲《ほっ》セハ、宜《よろし》ク名実相副《あいそ》ヒ、政令一《いつ》ニ帰《き》セシムヘシ。朕曩《さき》ニ諸藩版籍奉還《はんせきほうかん》ノ議ヲ聴納《ちょうのう》シ、4新《あらた》ニ知藩事《ちはんじ》5ヲ命シ、各《おのおの》其《その》職ヲ奉《ほう》セシム、然《しか》ルニ数百年因襲《いんしゅう》ノ久《ひさし》キ、或《あるい》ハ其名アリテ其実挙《じつあが》ラサル者アリ。……仍《よっ》テ今更《いまさら》ニ藩ヲ廃《はい》シ県ト為《な》ス。是務《これつとめ》テ冗《じょう》ヲ去《さ》リ簡《かん》ニ就キ6、有名無実ノ弊《へい》ヲ除キ、政令多岐《たき》ノ憂《うれい》無カラシメントス、7汝群臣其《なんじぐんしんそ》レ朕カ意ヲ体《たい》セヨ。

『法令全書』

通釈　朕が思うに、この維新にあたって、内においては国民の安全を守り、外にあっては列国と対等に渡り合おうとするならば、制度と実際とを合致させ、政府の命令を一つに統一しなければならない。朕は以前に諸藩の版籍奉還の申し出を聞き入れ、新たに知藩事を任命してそれぞれの職を勤めさせた。ところが、数百年にわたる古いしきたりのため、中にはその名目だけで実質が伴わない藩があった。……よって今、さらに藩を廃止して県とする。これはできる限り無駄をはぶいて簡素にし、有名無実の弊害を取り除き、法令が多方面から出されることを無くそうとするものである。なんじら群臣は、この朕の意図することを理解しなさい。

解説　新政府は、名実ともに中央集権体制を確立するため、一八七一年七月、薩長土三藩兵からなる約一万の御《ご》親兵《しんぺい》を東京に集め、その軍事力を背景に**廃藩置県**《はいはんちけん》を断行した。その結果、知藩事はその職を解かれて東京に居住することになり、二六一の諸藩が廃され、全国が三府三〇二県に分けられて（同年一一月三府七二県に整理される）、新たに中央政府が**府知事**、**県令**を任命した。ここに国内の政治的統一が完成された。

7 富国強兵

❶ 封建的身分制度の廃止 ★☆☆☆☆

官武《かんぶ》一途《いっと》上下《しょうか》協同❶之《の》思食《おぼしめし》ヲ以《もっ》テ自今《じこん》《お考えから今よりのち》公卿《くぎょう》諸侯《しょ》之称《しょうはい》廃サレ、改テ華族《かぞく》ト称スベキ旨《むね》仰出《おおせいだ》サレ候《そうろう》事。（行政官達　明治二年六月一七日）

更《さら》ニ知藩事《ちはんじ》ニ任《にんぜ》ラレ、随《したがっ》テ家禄《かろく》❷之制定メサセラレ、藩々《はんぱん》ニ於《おい》テモ維新之御政体《ごせいたい》ニ基《もとづ》キ追々《おいおい》改正致スベシ。就《つい》テハ中下大夫士《ちゅうげたいふし》❸以下之称廃サレ、都《すべ》テ士族及卒《しぞくおよびそつ》❹ト称シ禄制相《ろくせいあい》定メラレ候。（太政官布告　明治二年一二月二日）

自今平民苗氏差《みょうじさ》《苗字を名乗ること》シ許サレ候事。（太政官布告　明治三年九月一九日）

穢多非人《えたひにん》❺等ノ称廃サレ候《廃止されたので》条《じょう》自今身分職業共《とも》平民同様タルヘキ事。（太政官布告　明治四年八月二八日）『法令全書《ほうれいぜんしょ》』

解説 藩を解体して官僚機構を構築して中央政府による一元的支配をすすめるようになると、従来の身分制度を再編する必要が生まれた。士農工商、えた・非人《ひにん》の身分制度は改められ、公卿・諸侯は**華族**、武士は**士族**・卒族に、ほかの農工商は**平民**となった。一連の身分制の改革は「**四民平等**」の美名により推進され、職業・移転の自由、通婚の自由が認められたが、現実には族籍（皇族・華族・士族・平民）による新たな再編が行われた。特に華族はその後の明治憲法体制を作る上で皇室の藩屏《はんぺい》としての役割を担うこととなる。また厳しい差別のもとに置かれてきたえた・非人は「平民同様タルヘキ事」とされ、法的には平民と同様となったものの、一八七二（明治五）年に作られた壬申戸籍では新平民と記載され、現実的な差別はその後も残されることとなった。なお明治五年には族称が皇族、華族、士族、平民に統合されることが決定され、明治一〇年頃までには卒族、地士、旧神官、僧、尼などの身分が全廃された。なお、壬申戸籍《じんしんこせき》による一八七二（明治五）年三月の族籍別人口は皇族二九人、華族二六六六人、士族約一二八万人、卒族約六六万人、平民約三〇八四万人で、総人口は約三三一一万人であった。

※色文字は重要語

❶**官武一途上下協同**　五箇《ごか》条《じょう》の誓文《せいもん》の第二・三条に見える。

❷**家禄**　武家社会において主君が家臣に与える禄のこと。

❸**大夫士**　大夫は大名の家老、士は藩士。

❹**士族及卒**　士族と卒族。士族は旧武士身分の者。卒族は足軽など下級の武士。一八七二（明治五）年、世襲の卒族は士族に、一代限りの卒族は平民に改められ卒族の名称はなくなった。

❺**穢多非人**　ともに近世における被差別民の呼称。

史料注

法令全書　三〇二頁参照。

探究16 士族の反乱の主な原因をあげよ。

❷ 徴兵告諭 ― 一八七二年一一月二八日公布

★★☆☆☆

要点ナビ 太政官が徴兵制度の意義を示す。

我朝《わがちょう》上古《じょうこ》ノ制❶、海内挙《かいだいあげ》テ兵ナラサルハナシ、……固《もと》ヨリ後世ノ雙刀《そうとう》ヲ帯《お》ヒ、武士ト称《しょう》シ、抗顔坐食《こうがんざしょく》シ、甚《はなはだ》シキニ至《いたり》テハ、人ヲ殺シ、官其《その》罪ヲ問ハサル者ノ如《ごと》キニ非《あら》ス。……太政維新《たいせいいしん》、列藩版図《れっぱんはんと》ヲ奉還《ほうかん》シ❷、辛未《かのとひつじ》ノ歳《とし》ニ及ヒ、遠ク郡県ノ古《いにしえ》ニ復《ふく》ス❸。世襲坐食《せしゅうざしょく》ノ士《し》ハ、其禄《ろく》ヲ減《げん》シ、刀剣《とうけん》ヲ脱《だつ》スルヲ許シ❹、四民漸《ようや》ク自由ノ権ヲ得セシメントス。是《こ》レ上下ヲ平均シ、人権ヲ斉一《せいいつ》ニスル道ニシテ、即《すなわ》チ兵農ヲ合一ニスル基《もとい》ナリ。……凡《およ》ソ天地ノ間、一事一物《いちじいちぶつ》トシテ税《ぜい》アラサルハナシ、以《もっ》テ国用ニ充《あ》ツ。然《しか》ラハ則チ人タルモノ、固《もと》ヨリ心力《しんりょく》ヲ尽《つく》シ国ニ報《ほう》セサルヘカラス。西人之《せいじんこれ》ヲ称シテ血税《けつぜい》❺ト云《い》フ。其生《せい》血《けつ》ヲ以テ国ニ報スルノ謂《いい》ナリ。……西洋諸国、数百年来《らい》、研究実践《じっせん》以テ兵制ヲ定ム。……故《ゆえ》ニ今其長スル所ヲ取リ、古昔《こせき》ノ軍制ヲ補《おぎな》ヒ、海陸二軍ヲ備ヘ、全国四民男児二十歳ニ至ル者ハ、尽《ことごと》ク兵籍《へいせき》ニ編入《へんにゅう》シ、以テ緩急《かんきゅう》ノ用ニ備フヘシ。

明治五年壬申十一月二十八日　『法令全書』

❶**上古ノ制**　律令国家の時代。

❷**列藩版図ヲ奉還**　版籍奉還。

❸**遠ク郡県ノ古ニ復ス**　廃藩置県を行い、古く天皇が治めていた時代にかえる。

❹**刀剣ヲ脱スルヲ許シ**　一八七一（明治四）年八月九日、散髪と廃刀を許可した。

❺**血税**　身血を国家にささげて租税とする意味で、兵役義務のこと。これが国民の血をしぼり取ることと誤解された面もあって、徴兵反対の大規模な一揆が各地に起こり、十数万の農民が参加した。

史料注

法令全書　三〇二頁参照。

通釈

我が国の上古の制度は、全国民皆兵士であった。……本来は、後世にみられるような、二本の刀を帯び、武士と称して、いばりかえってなんの仕事もせずに暮らし、ひどい場合には人を殺してもお上はその罪を問わなかった。そのようなものではない。……明治維新で列藩は領地を天皇に返還し、辛未の年（明治四年）には古来の郡県制を復活した。代々世襲で、仕事もせずに暮らしていた武士は、その俸給を減らし、刀剣を帯びていなくてもよいことになり、士・農・工・商の四民にようやく自由な権利を得させようということになった。このことは上下の身分を平均化し、人権を平等にしようという道であり、いうなれば、武士と農民を同一にする基礎である。……そもそも、この世においては、すべてのものに関して、税金がかからないものはなく、この税金は国の必要にあてる。だから、人は本来的に心も力をも国のために尽くさなければならない。西洋人はこのことを血税といっている。自らの血によって国に報《むく》いるという意味である。……西洋の諸国は数百年にわたって研究し実践して、兵制を定めている。……従って、今その長所を取り入れ、わが国古来の軍制にそれを補って、海軍と陸軍の二軍を備え、全国の士・農・工・商のすべての人民男子で二〇歳になった者をすべて兵籍に入れておき、この兵士によって危急の場合の必要に備えなければならない。

明治五（一八七二）年壬申一一月二八日

探究17

① 徴兵令反対の農民一揆は、どうして頻発したのか。

② 徴兵令の歴史的意義を述べよ。

史料注

法令全書 三〇二頁参照。

1地券 明治政府が発行した土地所有の権利証。一八七二(明治五)年に、全国の土地についてその所有者に交付された。これを壬申地《じんしんち》券《けん》と呼ぶ。一八七三年の地租改正により壬申地券と引き換えに新地券を発行した。

解説 近代的な軍隊は、豊富な生産力に基づく軍事技術に裏付けられた鉄砲隊を主力とした歩・砲・騎三軍による市民軍であるといわれる。明治政府が西欧諸国と対抗しようとするなら、軍事力をここに求めるのは当然であろう。まず、兵部大輔《ひょうぶたゆう》(次官《すけ》)、**大村益次郎**《おおむらますじろう》が企図し、**山県有朋**《やまがたありとも》が制定したものが国民皆兵の**徴兵令**《ちょうへいれい》(明治六年一月一〇日公布)である。この告諭《こくゆ》は太政官が徴兵令の意義を説明したものである。数百年にわたって続いた封建的武士団は解体し、中央政府の強力な指揮下で天皇に忠誠を捧げる帝国軍隊が成立したのである。しかし、国民皆兵とはいうものの身分・財産による免役条項があり、兵役の義務を果たすものは、主として農村の青年たちであったので、五年から六年にかけて徴兵に反対する農民一揆が各地に頻発した。

参考 **徴兵免除の規定**(一八七三年一月一〇日徴兵令「徴兵編成並概則」) ★☆☆☆

第四条 海陸軍ノ生徒トナリ兵学寮《りょう》ニ在《あ》ル者

第五条 文部工部開拓其《その》他ノ公塾ニ学ヒタル専門生徒及ヒ洋行修行ノ者並ニ医術馬医術ヲ学フ者 但教官ノ証書並ニ何等科目ノ免許書アル者

第六条 一家ノ主人タル者

第七条 嗣子《しし》並ニ承祖《しょうそ》ノ孫

第八条 独子独孫

第十五条 本年徴兵ニ当リ自己ノ便宜《べんぎ》ニ由《よ》リ代人料二百七十円上納願出ル者ハ常備後備両軍共之ヲ免ス免役上納金ハ区長へ差出シ府県庁ニ纏《まと》メ五月中ニ陸軍省へ相納ムヘシ

『法令全書』

3 地租改正布告及条例——一八七三年七月 ★★☆☆

今般《こんぱん》地租《ちそ》改正《かいせい》ニ付《つき》、旧来田畑貢納《きゅうらいでんばたこうのう》ノ法ハ悉《ことごとく》皆相廃《あいはい》シ、更《さら》ニ地券《ちけん》1調査相済次第《すみしだい》土地ノ代価《だいか》ニ随《したが》ヒ百分ノ三ヲ以《もっ》テ地租ト相定ムヘキ旨仰《むねおお》セ出《いだ》サレ候条《そうろうじょう》、改正ノ旨趣《ししゅ》別紙条例ノ通《とおり》相心得《こころう》ヘシ。

地租改正条例

通釈 このたび地租改正について、今までの田畑の納税方法はすべて撤廃し、地券調査が済み次第、その土地の代価の一〇〇分の三をもって地租と定めることが命じられた。改正の趣旨は別紙条例にあるので、その旨心得るように。

所有者名、地目《ちもく》、反別《たんべつ》、地価が記載された。

❷違作 凶作。幕府領の場合、享保期から定免《じょうめん》制が採用されるが、その場合でも三割以上の不（凶）作ならば検見《けみ》を行い、年貢減免が実施されていた。

地租・地価の算定方法（明治６年「地方官心得」）

田１段歩	
此収穫高	１石６斗
代　　金	４円80銭、但し１石ニ付代金３円
内	「金72銭、種籾・肥代１割５分引」
残　　金	４円８銭
内	「金40銭８厘」「地租３分ノ１村入用引」
	「金１円22銭４厘」「地租」
	「小計　金１円63銭２厘」
残　　金	２円44銭８厘但仮ニ６分ノ利ト見做ス
此地価	40円80銭（此100分の３　１円22銭４厘）

〈参考：明治７年、巡査の初任給４円〉

史料注 法令全書　三〇二頁参照。

探究18
① 地租改正の準備として、どのようなことが行われたか。
② 地租改正の要点と特

第二章　地租改正施行《せこう》相成《なり》候上ハ、土地ノ原価ニ随ヒ賦《ふ》税《ぜい》致シ候ニ付、以後仮令《たとい》豊熟《ほうじゅく》ノ年ト雖《いえど》モ増税申付《もうしつ》ケサルハ勿論《もちろん》、違作《いさく》❷ノ年柄之《としがらこれ》有リ候トモ、減租《げんそ》ノ儀《ぎ》一切《いっさい》相成ラス候事。

第六章　従前《じゅうぜん》地租ノ儀ハ自《みずか》ラ物品ノ税家屋《かおく》ノ税等混淆《こんこう》致シ居《おり》候ニ付、改正ニ当《あたり》テハ判然《はんぜん》区分シ地租ハ則《すなわち》地価ノ百分ノ一ニモ相定ムへキノ処《ところ》、未《いま》タ物品等ノ諸税目興《もくおこ》ラサルニヨリ、先《ま》ツ以テ地価百分ノ三ヲ税額ニ相定《あいさだめ》候得共《そうらえども》、向後《きょうこう》茶煙草《たばこ》材木其《その》他ノ物品税追々《おいおい》発行相成、歳入相増《まし》其収入ノ額二百万円以上ニ至《いた》リ候節ハ、地租改正相成候土地ニ限リ、其地租ニ右新税ノ増額ヲ割合、地租ハ終《つい》ニ百分ノ一ニ相成候迄漸次《までぜんじ》減少致スヘキ事。

右之通《のとおり》相定候条猶詳細《なおしょうさい》ノ儀《ぎ》ハ大蔵省ヨリ相達《たっ》スヘキ事。

明治六年七月　『法令全書』

（別紙）地租改正条例

第二章　地租改正実施ののちは、土地の価格に従って課税するので、今後はたとえ豊作の年でも増税は行わないのはもちろんだが、凶作の年であっても減税は一切認めない。

第六章　以前においては地租が物品税や家屋税と入りまじっていたので、改正に当たっては、これらをはっきりと区分した。地租は地価の一〇〇分の一にでも定めるべきなのだが、まだ物品税等の課税がなされていないため、まず地価の一〇〇分の三を税額と定める。しかし今後、茶・たばこ・材木等の物品税の課税を開始し、それによる歳入が増加して二〇〇万円以上に達した際には、地租改正済みの土地に限り、そこの地租にこの新税の増額分を割り当てて、地租が最終的には地価の一〇〇分の一になるまでだんだんに減額する。

右の通りに定め、なお詳細は大蔵省から布達する。

一八七三（明治六）年七月

解説 一八七〇（明治三）年、**大久保《おおくぼ》利通《としみち》**、**井上《いのうえ》馨《かおる》**、**松《まつ》方正義《かたまさよし》**らによる地租改正意見が提出され、一八七一（明治四）年九月、「田畑勝手作」の許可、翌年の二月には「田畑永代売買の禁」が解かれ、五月には**陸奥《むつ》宗光《むねみつ》**の田租改正建議が出された。

一八七三（明治六）年に発布された地租改正条例は七章からなり、①従来は収穫に応じて物納を課していたが、以後は土地の価格に応じて金納とすること、②地租は地価の一〇〇分の三

色を述べよ。
③ 一八七七年、地租が地価の二・五%に引き下げられた理由を述べよ。

史料注
伊勢暴動顛末記 三重県内務部が伊勢暴動についての史料をまとめたもの。一九三四（昭和九）年刊行。

とし、さらに地租の額の三分の一を村入費として付加する、③豊凶にかかわらず税率は一定とする、④従来は実際の経営者から取り立てていたが、以後は土地の所有者から取り立てる、ということを骨子としていた。しかもこの一〇〇分の三の規定は旧来の年貢収入を減らさないことを前提としていたため、農民の負担は少しも変わらなかった。土地からの収益に頼らざるを得なかった明治の初年にあってはやむを得ないことではあったかもしれないが、庶民の「御一新」への期待を裏切るものであった。当時の政府歳入八五五〇万円の七一パーセント弱が農民の負担する地租によることとなった。政府は第六章に見るように今後物品税が増えれば地租は一パーセントまで下げると記していたが、これは空約束にすぎず、一八七六（明治九）年の米価低落に際して起こった三重や茨城の大一揆後に一〇〇分の二・五に減ぜられるにとどまった。一八七四（明治七）年には地租の五か年据え置きを規定する第八章が追加され、改正期にあたった一八八〇（明治一三）年にはさらにこれを五か年延期した。第六章、第八章は自由民権運動においても激しく議論されたが、一八八四（明治一七）年三月、政府は地租条例を公布し、減税や地価再改正の公約を一切破棄したのである。

地租改正は近代的な租税制度を生み出す一方、土地に値がつき市場によって売り買いがなされる商品化の道を制度的に開くこととなった。居住や職業選択の自由が与えられるなかで、人々が労働力として移動し、土地もまた商品となる中で以降の資本主義社会の本格的な展開への基礎が築かれることとなった。

参考 **地租改正反対一揆——伊勢暴動についての三重県令岩村定高の上申書（一八七六年一二月二三日）** ★☆☆☆

追々《おいおい》電報ヲ以《もっ》テ急報ニ及候《そうろう》当県管下人民暴動ノ景況《けいきょう》本月十九日ヨリ二十二日迄《まで》景況左ノ如《ごと》シ

一 暴動ノ主意ハ新定ノ貢租《こうそ》平均石代《こくだい》高価当今《とうこん》売買相場ヨリ多分ノ相違コレ有ニ付《つき》歎願《たんがん》其他《そのた》数ケ条アリ、昨《さっ》今《こん》ニ及ビ南方人民稍《やや》静マルニ付其願書ヲ差出スモノアリ、因《よっ》テ其ノ概況《がいきょう》ヲ知ルヲ得タリ 『伊勢暴動顛末記《いせぼうどうてんまつき》』

Spot

幕末維新懐古談 徴兵適齢のはなし——高村光雲

上野公園の西郷隆盛像や皇居外苑の楠公像の作者として知られる高村光雲も明治初年の徴兵逃れの一人である。江戸下谷の町人の子として生まれた中島幸吉は仏師高村東雲の徒弟となって修行に励む毎日であった。一八七四（明治七）年、子歳生まれのものが徴兵に取られるというお触れがあり、当時二三歳であった幸吉のもとにもお達しがやってきた。夜も寝られぬ大騒ぎとなった。徴兵免除の規定には①官吏②戸主とその相続者③犯罪人④代人料二七〇円を納めた者があり、幸吉はそのどれにも当てはまらない。その当時何でもない爺様婆様が思い掛けなく金持ちの息子の養子親となって仕合わせをしたなどという話もあってこれを「徴兵養子」などといった。思案のあげく師匠の姉に独身で名前を悦という人がおり、師匠はこの姉に一軒家を持たせて、幸吉を養子にとり同時に戸主とすることとした。中島幸吉は高村幸吉となり、これがのち光雲となる。「そうでなければ二七〇円を肩代わりして幸吉を兵隊に取られぬ決意をしていた」という師匠の思いを耳にした幸吉はその恩に感じ入り、一層修行に励んだという。

8 殖産興業

❶ 殖産興業《しょくさんこうぎょう》に関する建白――一八七四年建白　★☆☆☆

要点ナビ　大久保利通は、一八七八年に暗殺されるまで明治政府の最も中心的な人物。

太凡《おおよそ》国ノ強弱ハ人民ノ貧富《ひんぷ》ニ由《よ》リ、人民ノ貧富ハ物産ノ多寡《たか》❶ニ係《かかわ》ル。而《しか》シテ物産ノ多寡ハ人民ノ工業ヲ勉励《べんれい》スルト否《しから》サルトニ胚胎《はいたい》❷スト雖《いえど》モ、其源頭《そのげんとう》❸ヲ尋《たずね》ルニ未《いま》タ嘗《かつ》テ政府政官ノ誘導奨励《ゆうどうしょうれい》ノ力ニ依《よ》ラサルナシ《よらないものはない。》。……仰《あお》キ願《ねがわ》クハ……一定ノ法制ヲ設ケテ以《もっ》テ勧業《かんぎょう》殖産《しょくさん》ノ事ヲ興起《こうき》❹シ、一夫《いっぷ》モ其業ヲ怠《おこた》ル事無ク一民モ其所ヲ得《え》サル憂《うれい》ナカラシメ、且之《かつこれ》ヲシテ殷富《いんぷ》❺充足《じゅうそく》ノ域《いき》ニ進マシメン事ヲ。人民殷富充足スレハ国随《したが》ツテ富強《ふきょう》ナルハ必然ノ勢《いきおい》ニシテ、智者ヲ俟《ま》ツテ後知ラサルナリ。果《はた》シテ如《かくの》レ此《ごとく》ナレハ、諸強国ト轡《くつわ》ヲ並ヘテ馳《かけ》ル亦難《またかた》キニアラス。

『大久保利通文書《おおくぼとしみちもんじょ》』

※色文字は重要語
❶多寡　多い少ない。
❷胚胎　事の起こる原因となること。
❸源頭　根源。
❹興起　盛んになること。
❺殷富　富裕。

史料注　**大久保利通文書**　一八五一（嘉永四）年から一八七八（明治一一）年までの大久保利通の書簡、意見書を集録したもの。

探究19
① 明治政府が殖産興業政策に力をいれた理由を述べよ。
② 殖産興業を推進した中央官庁を二つあげよ。
③ 殖産興業のための財源は、どのようにして確保されたか。

解説　**富国強兵《ふこくきょうへい》**のスローガンを掲げて殖産興業《しょくさんこうぎょう》に力を入れた明治政府は、近代的諸産業を発達させるために、先進資本主義国から近代的生産の技術、経済制度を取り入れ、国家権力によってそれを急速に発達させようとした。その理由は、当時我が国の民間工業が未発達であり、資本の蓄積も不十分であったためである。

一八七〇（明治三）年、政府は工部省を設け、鉄道建設や鉱山経営、軍事工業部門に重点を置いた広範な官営事業の経営と技術の改良、導入にあたった。次いで、一八七三（明治六）年、内務省が設けられ、内務卿《きょう》に就任した大久保利通《としみち》によって、製糸・紡績・牧畜・貿易を中心とする殖産興業に力が注がれた。殖産興業を推進するにあたっての大久保の意図は、翌一八七四年に出された彼の建白書（本史料）にうかがうことができる。そのなかで彼は、政府主導による積極的な上からの工業化、近代産業の育成等を主張している。これ以降、内務省を中心に官営工場の育成と民間産業に対する保護奨励策が展開されることになる。

❷ 富岡日記　★☆☆☆

私の父は信州《しんしゅう》松代《まつしろ》の旧藩士の一人でありまして、横田数馬と申しました。明治六年頃は松代の区長❶を致して居りました。それで信州新聞にも出て居りました通り、信州は養蚕《ようさん》が最も盛んな国である

❶区長　一八七一（明治四年）の戸籍法により町村の権限を新設の区に移行。数町村

を合わせた小区と数小区を統括する大区を府県のもとに設置。大区に戸籍・徴兵などを統括する区長、小区に戸長を置いた。一八七八年、郡区町村編制法で廃止。

史料注 **富岡日記** 長野市松代出身の和田英が、明治六年、一五歳で群馬県富岡町の官営富岡製糸場に伝習工女として入場、近代日本萌芽期を活写した回想記。

史料注 **東京日日新聞** 一八七二（明治五）年三月創刊の日刊紙。一九四三（昭和一八）年に紙名を毎日新聞と改めた。

探究20 官営事業払い下げの意義を述べよ。

から、一区に付き何人（たしか一区に付き十六人）十三歳より二十五歳までの女子を富岡製糸場《とみおかせいしじょう》へ出すべしと申す県庁からの達しがありましたが、人身御供《ひとみごくう》にでも上るように思いまして一人も応じる人はありません。……やはり血をとられるのあぶらをしぼられるのと大評判になりまして、中には「区長の所に丁度《ちょうど》年頃の娘が有《あ》るに出さぬのが何よりの証拠だ」と申すようになりました。それで父も決心致しまして、私を出すことに致しました。　『富岡日記』

解説 富岡日記は和田英（旧姓・横田）（一八五七～一九二九）による回想記録。わが国近代工業の草創期にあたる明治初期に、富岡製糸場工女として働いた、長野県旧松代藩士族の娘、英が、当時（一八七三～八〇）の体験や、母から得た人生訓を五〇代になってから執筆したもの。当時の製糸場の実態や人間関係、さらには彼女自身の人生観やその母の封建的な倫理道徳観が生き生きと叙述されている。

3 工場払下げ概則——一八八〇年一一月制定 ★☆☆☆

各通　内務省　工部省　大蔵省　開拓使

工業勧誘ノ為《た》メ政府ニ於《おい》テ常置シタル諸工場ハ、其組織整備シテ最初目算ノ事業漸《ようや》ク挙《あ》ガルニ従ヒ、官庁ノ所有ヲ解《とき》テ之ヲ人民ノ営業ニ帰《き》スベキモノニ付、別紙概則《がいそく》ニ準拠《じゅんきょ》シ、其《その》省使所管諸工場漸次《ぜんじ》払下ゲノ処分ニ及ブベシ。

〔一八八〇年一一月六日『東京日日新聞』〕

解説 官営事業を中心とする「殖産興業」政策の展開は、政府に巨額な公債や紙幣の発行を促し、財政を膨張させインフレを進行させた。そこで政府は、一八八〇（明治一三）年に紙幣整理に着手し、財政緊縮の方針をとるとともに、その具体的政策として「工場《こうじょう》払《はらい》下《さ》げ概則《がいそく》」を公布し、官営事業の払い下げを実施した。この概則は採算のとれない官営工場を売って国庫収入の増加をはかるものであったが、その払い下げ条件が厳しかったため、工場払い下げが現実に進行するのは大蔵卿松方正義の緊縮財政下の一八八四（明治一七）年からである。すなわち、政府は「工場払下げ概則」を廃止し、その条件をゆるめて民間産業の育成をめざした。これによって、赤字の大きい工場ばかりでなく優良鉱山まで対象とし、ほとんど無償に近い条件で特権的政商に払い下げられた。これらの政商は、後年財閥として成長する素地を形成したわけである。

9 文明開化

要点ナビ 福沢諭吉は幕末から明治期の啓蒙思想家、教育者。慶應義塾を創始。

① 学問のすゝめ ★☆☆☆☆

天は人の上に人を造《つく》らず[1]、人の下に人を造らずと云《い》へり。されば天より人を生《しょう》ずるには、万人は万人《すべて人は平等であって、》、皆同じ位《くらい》にして、生れながら貴賤《きせん》上下の差別なく、万物の霊《れい》たる身と心との働《はたらき》を以《もっ》て、天地の間にあるよろづの物[2]を資《と》り、以て衣食住の用を達《たっ》し、自由自在、互に人の妨《さまた》げをなさずして、各《おのおの》安楽《あんらく》に此世《この》を渡《わた》らしめ給《たま》ふの趣意《しゅい》なり。されども今、広く此人間世界を見渡すに、かしこき人あり、おろかなる人あり、貧しきもあり、富《と》めるもあり、貴人《きじん》もあり、下人《げにん》もありて、其有様《そのありさま》、雲と泥《どろ》との相違[3]あるに似《に》たるは何ぞや。其次第《しだい》、甚《はなは》だ明かなり。実語教《じつごきょう》[4]に、人学ばざれば智《ち》なし、智なき者は愚人《ぐじん》なりとあり。されば賢人《けんじん》と愚人との別は、学ぶと学ばざるとに由《よ》りて出来《でき》るものなり。

『学問のすゝめ』

解説 福沢諭吉《ふくざわゆきち》は一八三四（天保五）年豊前中津藩に生まれた。長崎で蘭学を学び、次いで大坂に出て緒方洪《おがたこう》庵《あん》の適々斎塾《てきてきさいじゅく》（適塾）に学んだ。江戸鉄砲洲の藩邸に蘭学塾を開き、一八六〇年には咸臨《かんりん》丸でアメリカへ渡る。幕府翻訳方として欧米で見聞を広めるなかで、人間の自由、権利や個人の自立を説き、西洋の思想・学術・制度等についての啓蒙活動を進めた。『学問のすゝめ』は福沢が郷里に洋学校を新設するにあたり、故郷の青年に学問の重要性を説こうと書かれた。人間の平等、独立の他、封建的な因習や道徳を打破すること、一国の独立は個人の独立に基づき、個人の独立には学問が急務であると説く。新しい時代にふさわしい功利的実学的学問観を示すものであり、青年たちに大きな影響を与え、明治初期の教科書としても使用された。

※色文字は重要語

1 天は人の上に人を造らず　ルソー等の天賦《てんぷ》人権思想の影響がみられる。

2 よろづの物　すべての事、万事。

3 雲と泥との相違　雲と泥ほどの大きな差があること。

4 実語教　儒学の経典である経書のなかから、格言を抄録した児童の教訓書。学問と道徳的な実践の大切さを説いている。江戸時代には刊本として流布し、寺子屋の教科書として使われた。

史料注

学問のすゝめ　福沢諭吉の代表的著作。一八七二（明治五）～七六（明治九）年に一七冊の小冊子として刊行され、のち一冊にまとめられた。各編とも約二〇万部刊行され、偽版も多く出るなどベストセラーとなった。

2 学制の公布――学事奨励ニ関スル被仰出書《おおせいだされしょ》――一八七二年八月二日公布 ★★☆☆☆

人々自《みずか》ラ其《その》身ヲ立テ、其産《さん》ヲ治《おさ》メ、其業《ぎょう》ヲ昌《さかん》ニシテ、**1** 以《もっ》テ其生《せい》ヲ遂《とぐ》ル所以《ゆえん》ノモノハ他ナシ。身ヲ修メ智《ち》ヲ開キ才芸《さいげい》ヲ長《ちょう》スルニヨルナリ。而《しかし》テ其身ヲ修メ智ヲ開キ才芸ヲ長スルハ、学ニアラサレハ能《あた》ハス。是《これ》学校ノ設《もうけ》アル所以ニシテ、日用常行《にちようじょうこう》言語書算《しょさん》ヲ初メ、士官農商百工技芸及《および》法律政治天文医療《いりょう》等ニ至《いた》ル迄《まで》、凡《およそ》人ノ営ムトコロノ事学アラサルハナシ。人能《よ》ク其才ノアル所ニ応シ勉励《べんれい》シテ之《これ》ニ従事シ、而《しか》シテ後《のち》初テ生ヲ治メ産ヲ興《おこ》シ業ヲ昌《さかん》ニスルヲ得ヘシ。サレハ学問ハ身ヲ立《たつ》ルノ財本共云《ざいほんともいう》ヘキ者ニシテ、人タルモノ誰カ学ハスシテ可《か》ナランヤ。……之ニ依《より》テ今般《こんぱん》文部省**2**ニ於《おい》テ学制**3**ヲ定メ、追《おい》々教則《おいきょうそく》**4**ヲモ改正シ布告《ふこく》ニ及《およ》フヘキニツキ、自今以後《じこんいご》一般ノ人民華士《かし》族農工商及婦女子、必ス邑《むら》**5**ニ不学ノ戸《こ》ナク、家ニ不学ノ人ナカラシメン事ヲ期《き》ス。人ノ父兄タルモノ宜《よろし》ク此意《このい》ヲ体認《たいにん》シ、其愛育《あいいく》ノ情ヲ厚クシ、其子弟《してい》ヲシテ必ス学ニ従事セシメサルヘカラサルモノナリ。

『法令全書』

通釈

人々が自らその身を立て、生計を支え、家業を盛んにしてその人生を送ることのできる理由はほかでもない。自分の行いを正し、知識を広め、才能や技芸を伸ばすことによるものである。そして、行いを正し、知識を広め、才能・技芸を伸ばすことは、学ばなければ不可能である。これが学校を設ける理由であり、普段の行動・言葉遣い・読み書き・計算を初め、士族・官吏・農民・商人・工人・技芸及び法律・政治・天文・医療等に至るまで、およそ人の行うことで学問によらないものはない。人はよくその才能に応じて勉め励んで学問に従い、そして初めて財産を増やし家業を盛んにすることができる。だから学問は、身を立てる資本ともいうべきものであって人たるものは誰でも学ばなければいけないのである。……これによってこのたび文部省において学制を定め、段々に教則も改正して布告する予定であるので、今後一般の人民は（華族・士族・農民・工人・商人及び婦女子を問わず、）必ず村に不学の家などなく、家に不学の人などいないことを目標にしなければならない。人の父兄たるものは、よくこの趣旨を認識し、いつくしみ育てる気持ちを強く持って、その子弟を必ず学校に通わせるようにしなければならない。

1 其産ヲ治メ……昌ニシテ 生計を支え、事業を盛んにする。実学思想。

2 文部省 一八七一年設立、文部卿大木喬任《たかとう》により学制が起草される。

3 学制 近代的学校制度を定めた法令。フランスの学制を手本に、全国を八大学区、各大学区を三二中学区、各中学区を二一〇小学区に分け、全国で八大学校、二五六中学校、五三七六〇小学校を開設する計画を示しピラミッド型の学制を作った。実質的な就学率は三割程度であった。一八七九（明治一二）年の教育令により廃止。

4 教則 教育課程、教授法の基準。同年に小学校教則が、翌年には師範学校教則が出された。

5 邑 村と同義。

解説　これは、明治政府が日本の近代国家としての発展の基礎として国民教育の振興充実が急務であると考え、一八七二（明治五）年「**学制**」施行を告げ、学問の目的を説いた太政官布告で、同年八月二日付で公布された。ここに見られる立身出世主義、実学主義、四民平等主義等の開明的な色彩は、**福沢諭吉**《ふくざわゆきち》の『学問のすゝめ』の強い影響を受けて、同一の学問論に立っている。文部省は翌八月三日フランスの制度をもとにアメリカの教育を参考にして、「学制」（文部省布達第一三号別冊）を公布した。この「学制」は学区、学校、教員、生徒及び試業（試験）、海外留学生、学費などの事項にわたる総括的規程であり、また国民皆学を目的とする小学校の義務教育制などの方針を具体的に示したものであった。この両者により、我が国最初の近代学校制度の基本方針・構造が明らかにされたのである。

しかしその一方、学校経費は国民の負担で授業料は月に五〇銭ないし二五銭とられた。学校はせっかくの理想も中以下の農民にはかえって負担になり、小学校廃止の一揆なども起こった。

史料注　**法令全書**　三〇二頁参照。

探究21　学制をささえた教育観はどのようなものか。

3 神仏分離令――一八六八年閏四月四日、太政官達　★☆☆☆

要点ナビ　神仏分離令以降、各地で廃仏毀釈の嵐が吹き荒れる。

今般諸国大小之神社ニオイテ神仏混淆《こんこう》❶之儀《のぎ》ハ御廃止ニ相成リ候《そうろう》ニ付、別当社僧《べっとうしゃそう》之輩《ともがら》ハ還俗《げんぞく》之上、神主社人《しゃじん》等之称号ニ相転シ、神道ヲ以《もっ》テ勤仕《きんじ》致ス可《べ》ク候、若《も》シ亦拠《またよんどころ》無ク差支之有リ、且《かつ》ハ仏教信仰ニテ還俗之儀不得心《ふとくしん》之輩ハ神勤《しんきん》相止《や》メ、立退《たちのき》申ス可ク申候事、但《ただし》還俗之者ハ僧位僧官返上ハ勿論《もちろん》ニ候、官位之儀ハ追テ御沙汰《ごさた》有ル可ク候間、当今之処《ところ》、衣服ハ風折烏帽子《かざおりえぼし》浄衣《じょうえ》白差貫《しろさしぬき》着用勤仕仕《つかまつ》ル可ク候事。

『法令全書』

❶**神仏混淆**　日本固有の神と仏教信仰とを折衷して融合すること。

史料注　**法令全書**　三〇二頁参照。

4 文明開化の世相　★☆☆☆

近日里俗《りぞく》ノ歌ニ、半髪頭《はんぱつ》ヲタ、イテミレバ、因循姑息《いんじゅんこそく》ノ音ガスル、総髪頭《そうはつ》ヲタ、イテミレバ、王政《おうせい》復古《ふっこ》ノ音ガスル、ジャンギリ頭ヲタ、イテミレバ、文明開化ノ音ガスルト。

『新聞雑誌』

史料注　**新聞雑誌**　一八七一（明治四）年創刊、冊子体の新聞。

⑩ 明治初期の外交

❶ 岩倉使節団——ビスマルク[1]の談話 ★☆☆☆

夜外務宰相《さいしょう》ビスマルク侯《こう》ヨリ招宴《しょうえん》……方今《ほうこん》世界ノ各国、ミナ親睦《しんぼく》礼儀ヲ以テ相交《あいまじわ》ルトハイヘトモ、是全《これまった》ク表面ノ名儀《めいぎ》ニテ、其陰《かげ》ニ私ニ於《おい》テハ強弱相凌《しの》キ、大小相侮《あなど》ルノ情形ナリ……カノ所謂《いわゆ》ル公法[2]ハ、列国ノ権利ヲ保全スル典常《てんじょう》トハイヘトモ、大国ノ利ヲ争フヤ、己《おのれ》ニ利アレハ、公法ヲ執《と》ヘテ動カサス、若《も》シ不利ナレハ、翻《ひるがえ》スニ兵威《へいい》ヲ以テス、固《もと》ヨリ常守アルナシ。

『米欧回覧実記《べいおうかいらんじっき》』

※色文字は重要語

❶ビスマルク ドイツ帝国宰相。鉄血政策と呼ばれる富国強兵・対外強硬策を推進。

❷公法 国際法。

史料注 **米欧回覧実記** 岩倉使節団が回覧した米欧諸国の報告書。一八七八（明治一一）年刊行。

❷ 日清修好条規——一八七一年七月二九日調印 ★☆☆☆

要点ナビ 日本（伊達宗城）と清（李鴻章）との間で締結。初めての対等条約。

第一条　此後《このの ち》大日本国ト大清国ハ弥《いよいよ》和誼《わぎ》[1]ヲ敦《あつ》クシ、天地ト共ニ窮《きわ》マリ無《なか》ルヘシ。又両国ニ属《ぞく》シタル邦土《ほうど》[2]モ各《おのおの》礼《れい》ヲ以《もっ》テ相待チ、聊《いささか》モ侵越《しんえつ》スル事ナク、永久安全ヲ得セシムヘシ。

第二条　両国好《よしみ》ヲ通セシ上ハ必ス相関切《あいかんせつ》ス（丁重に扱う。）。若《も》シ他国ヨリ不公[3]及ヒ軽藐《けいびょう》[4]スル事有ル時、其《その》知ラセヲ為《な》サハ、何《いず》レモ互《たがい》ニ相助ケ或《あるい》ハ中ニ入リ、程《ほど》克《よ》ク取扱ヒ友誼《ゆうぎ》ヲ敦クスヘシ。

第八条　両国ノ開港場《かいこうじょう》ニハ彼此《ひし》[5]何レモ理事官[6]ヲ差置《さしお》キ、自国商民ノ取締《とりしまり》ヲナスヘシ。凡《およそ》家財《かざい》産業公事訟訴《くじしょうそ》ニ干係《かんけい》セシ事件ハ都《すべ》テ其裁判ニ帰《き》シ、何レモ自国ノ律例《りつれい》ヲ按《あん》シテ（お互いに自国の法律に従う。）糺弁《きゅうべん》スヘシ。[7]

『大日本外交文書《だいにほんがいこうもんじょ》』

❶和誼 友好。

❷邦土 国土。

❸不公 不公平。

❹軽藐 軽んずる。さげすむ。

❺彼此 日清両国をさす。

❻理事官 領事のこと。

❼按シテ糺弁スヘシ 相互に領事裁判権を持つことを意味する。

史料注 **大日本外交文書** 外務省が一八六七（慶応三）年から日露戦争頃までの外交文書を編纂したもの。第二次大戦後『日本外交文書』と改

解説 一八七一（明治四）年七月二九日、日本側全権伊達《だて》宗城《むねなり》と清国全権李鴻章《りこうしょう》との間で**日清修好条規**は調印された。内容は相互に**領事裁判権**を認め合い、税則も各々欧米諸国に強制されたものを相互に承認し合うもので、平等な立場に立つ条約であり、日清戦争までの日清間の外交の基本となった。しかし日本側は一一月には岩倉使節団を送り出すと、早速

題された。

要点ナビ 日本（黒田清隆、井上馨）と朝鮮（閔氏政権）との間で調印。日本有利の不平等条約。

❶**自主ノ邦**　現実には清国は朝鮮を属国とみなしており、このことがその後の日清両国の紛争の種となった。

❷**日本国人民……審断ニ帰スヘシ**　治外法権＝領事裁判権をさす。これがのちに日本商人の不法行為を大目にみ、その不法を助長する結果になった。たとえば、一八八一（明治一四）年下半期において、二〇〇〇人に足りない居留民のうち二四八人が刑事犯罪を犯しているが、このうち処分されたのは三六名であった。

史料注　**大日本外交文書**　三一七頁参照。

探究22
① 日朝修好条規締結の

改正に乗り出した。それは清国に領事裁判権を放棄させ、日本に対し新たに最恵国待遇を認めさせ、併せて欧米から日清間の攻守同盟と批判された第二条を削除しようとするものであった。

清国と日本の接近を警戒する欧米に対しては、単なる善隣にすぎないと弁明しながら、清国に対してはあくまで高圧的に臨もうとする姿にのちの「脱亜入欧《だつあにゅうおう》」の原形をみることができる。

❸ 日朝修好条規——一八七六年二月二六日調印　★★★☆☆

第一款《かん》　朝鮮国ハ自主ノ邦《くに》❶ニシテ日本国ト平等ノ権ヲ保有セリ。嗣後《じご》両国和親ノ実《じつ》ヲ表セント欲スルニハ彼此《ひし》互ニ同等ノ礼義ヲ以《もっ》テ相接待《あいせったい》シ、毫《ごう》モ侵越猜嫌《しんえつさいけん》スル事アルヘカラス。……

第八款　嗣後日本国政府ヨリ朝鮮国指定各口（港）ヘ時宜《じぎ》ニ随《したが》ヒ日本商民ヲ管理スルノ官ヲ設ケ置クヘシ。若《も》シ両国ニ交渉スル事件アル時ハ該《がい》官ヨリ其《その》所ノ地方長官ニ会商《かいしょう》シテ弁理《べんり》セン。

第十款　日本国人民、朝鮮国指定ノ各口ニ在留《ざいりゅう》中、若シ罪科《ざいか》ヲ犯《おか》シ朝鮮国人民ニ交渉スル事件ハ総《すべ》テ日本国官員ノ審断《しんだん》ニ帰《き》スヘシ。❷若シ朝鮮国人民罪科ヲ犯シ日本国人民ニ交渉スル事件ハ均《ひと》シク朝鮮国官員ノ査弁《さべん》ニ帰スヘシ。

『大日本外交文書』

通釈

第一款　朝鮮国は自主の国であり、日本国と平等の権利を保有する。今後両国の和親の成果を勝ち取るためには、両国が互いに同等の礼儀で応待し合い、相手を犯し踏み入ったり、憎みきらったりしてはならない。……

第八款　今後日本政府は、朝鮮国が指定した各港へは、好きな時に、日本人商人を管理するための領事を設け置くことができる。もし両国間に交渉の必要な事件があるときは、この領事がそこの地方長官と会合し相談し処理する。

第十款　日本国の人民が、朝鮮国の指定した各港に在留中において、もし罪科を犯し朝鮮国の人民と関係する事件が生じた際には、日本国の官員の審断に任せる。もし朝鮮の人民が罪科を犯し日本人民に関係する事件であれば、同様に朝鮮国官員の処理に任せる。

解説　一八七五（明治八）年九月、日本の軍艦雲揚が朝鮮の領海に侵入し、漢城の表玄関である江華島砲台を挑発し、交戦するといういわゆる江華島事件が起こった。日本政府はこれをきっかけに朝鮮に開国を迫り、一挙に長年の宿願を達しようとした。翌年一月、六隻の軍艦とともに、全権黒田清隆らを朝鮮に派遣し、朝鮮政府に修好条約の締結を迫った。朝鮮の閔氏政権はこの軍事的威圧に一定の交渉方針を持たず一八七六（明治九）年二月二六日、日朝修好条規は調印された。

契機となった事件は何か。
② 日朝修好条規の性格を述べよ。

要点ナビ
日本（榎本武揚）と露（ゴルチャコフ外相）との間で調印。国境画定の条約。

❶後胤　子孫。
❷而今而後　今後。
❸「ラペルーズ」海峡　宗谷海峡のことをさす。北海道と樺太間の海峡。フランス人ラペルーズが一七八七（天明七）年に発見したことにちなむ。
❹「クリル」群島　千島列島。

史料注
大日本外交文書　三一七頁参照。

探究23
樺太・千島交換条約締結以前の日露国境はどうなっていたか。

朝鮮が清朝の冊封から独立し、国家主権を持つ独立の国であることを明記し、さらに日本側の一方的な領事裁判権の設定や朝鮮側にとっての関税自主権の喪失など幕末日本が欧米列強との間に結んだものと同様の内容であった。また釜山・仁川・元山が開港された。その後朝鮮は似たような内容の条約を他の西洋諸国（アメリカ、イギリス、ドイツ、帝政ロシア、フランス）とも締結することとなった。

4 樺太・千島交換条約——一八七五年五月七日調印 ★☆☆☆☆

第一款《かん》　大日本国皇帝陛下《へいか》ハ其後胤《そのこういん》❶ニ至《いた》ル迄《まで》、現今《げんこん》樺太島即《すなわち》薩哈嗹島《サハリン》ノ一部ヲ所領スルノ権理及君主ニ属《ぞく》スル一切ノ権理ヲ全魯西亜《ロシア》国皇帝陛下ニ譲《ゆず》リ、而今而後《じこんじご》❷樺太《からふと》全島ハ悉《ことごと》ク魯西亜帝国ニ属シ「ラペルーズ」海峡《かいきょう》❸ヲ以《もっ》テ両国ノ境界《きょうかい》トス。

第二款　全魯西亜国皇帝陛下ハ、第一款ニ記セル樺太島即薩哈嗹島ノ権理ヲ受《うけ》シ代《かわり》トシテ、其後胤ニ至ル迄、現今所領「クリル」群島❹即チ第一「シュムシュ」島……第十八「ウルップ」島共計十八島ノ権理及ヒ君主ニ属スル一切ノ権理ヲ大日本国皇帝陛下ニ譲リ、而今而後「クリル」全島ハ日本帝国ニ属シ、東察加《カムチャツカ》地方「ラパッカ」岬《みさき》ト「シュムシュ」島ノ間ナル海峡ヲ以テ両国ノ境界トス。

『大日本外交文書』

解説　日露国境画定問題は、旧幕時代からの懸案であった。安政の日露和親条約によって、千島列島では択捉島《エトロフ》以南が日本領、得撫島《ウルップ》以北がロシア領と国境を決めたが、樺太《からふと》は従来通り境界を定めず、両国人の雑居地であった。明治初年、ロシアは国境の未画定なことに乗じ、兵力をもって積極的に樺太の南部にまで進出。一方我が国も一八六九（明治二）年、開拓使を設置して北海道及び樺太の経営にあたった。当時樺太経営については、政府部内にも積極・消極の両論があったが、政府は英・米公使の進言もあり、また、朝鮮問題を有利に解決するためロシアの協力を得たいとの政府の思惑もあって、開拓使次官（のち長官）黒田清隆の樺太放棄論を採用して、北海道の開拓に全力を傾注することにした。こうして、政府は一八七四（明治七）年、榎本武揚《えのもとたけあき》を駐露公使としてロシアに派遣、国境交渉の基本方針として樺太を放棄する代わりに得撫島以北の千島を要求するよう指示した。翌年五月、**樺太・千島交換条約**が露都ペテルスブルグで調印され、千島全島が日本領、樺太がロシア領となった。

11 自由民権運動

1 民撰議院設立の建白書——一八七四年一月一七日左院提出　★★★☆

要点ナビ 板垣退助らによって左院に提出された国会開設を求める建白。

臣等《しんら》❶伏《ふ》シテ方今《ほうこん》政権ノ帰《き》スル所ヲ察《さっ》スルニ、上帝室《かみ》ニ在《あ》ラス、下《しも》人民ニ在ラス、而《しか》シテ独有司《ひとりゆうし》❷ニ帰ス。夫《それ》有司上帝室ヲ尊《たっと》フト曰《い》ハサルニハ非《あら》ス、……下人民ヲ保ツト云《い》ハサルニハ非ス、而シテ政令百端《ひゃくたん》、朝出暮《ちょうしゅつぼ》改《かい》、政刑情実《せいけいじょうじつ》ニ成リ、賞罰愛憎《しょうばつあいぞう》ニ出《い》ツ、言路壅蔽《げんろようへい》、困《こん》苦《く》告《つぐ》ルナシ。……臣等愛国ノ情自《おのずか》ラ已《や》ム能《あた》ハス、乃《すなわ》チ之《これ》ヲ振救《しんきゅう》スルノ道ヲ講求《こうきゅう》スルニ、唯《ただ》天下ノ公議ヲ張ルニ在ル而已《のみ》。天下ノ公議ヲ張ルハ、民撰議院ヲ立ルニ在ル而已。則《すなわち》有司ノ権限《かぎ》ル所アッテ、而シテ上下《しょうか》安全其《その》幸福ヲ受《う》クル者アラン。……夫《それ》人民政府ニ対シテ租税ヲ払フノ義務アル者ハ、乃チ其政府ノ事ヲ与知可否《よちかひ》スルノ権理ヲ有ス。……今民撰議院ヲ立ルノ議ヲ拒《こば》ム者❸曰《いわく》、我民不学無智、未《いま》タ開明ノ域ニ進マス、故《ゆえ》ニ今日民撰議院ヲ立ル、尚応《なおま》サニ早カル可《べ》シト。臣等以為《おもえ》ラク、若果《もし》シテ真ニ其謂《い》フ所ノ如《ごと》キ乎《か》、則之ヲシテ学且智《まなびかつしり》、而シテ急ニ開明ノ域ニ進マシムルノ道、即《すなわち》民撰議院ヲ立ル

※色文字は重要語

❶**臣等**　建白書提出者の自称。提出者は、征韓論《せいかんろん》分裂で下野した前参議板垣退助《いたがきたいすけ》（土佐）、副島種臣《そえじまたねおみ》（肥前）、後藤象二郎《ごとうしょうじろう》（土佐）、江藤新平《えとうしんぺい》（肥前）とイギリス帰りの小室信夫《こむろのぶお》（阿波）、古沢滋《ふるさわしげる》（土佐）、前東京府知事由利公正《ゆりきみまさ》（越前）、前大蔵大丞岡本健三郎《おかもとけんざぶろう》（土佐）の八人。起草者は古沢である。

❷**有司**　政府の官僚。「有司専制」と非難された。具体的には岩倉具視や大久保利通をさしている。

❸**今民撰議院ヲ立ルノ議ヲ拒ム者**　「時期尚早」という反対論の第一声をあげたのは加藤弘之であった。

❹**之ヲシテ……立ルニ在リ**　人民が文明進化していないことを認め、それを進歩させようとしている。

史料注

日新真事誌　一八七二（明治五）年三月一七日、イギ

通釈

我々が考えてみると、近頃の政権を独占しているのは、上の天皇でも、下の人民でもなく、ひとえに政府の役人なのである。彼ら役人が天皇を尊ばないとはいわないし、……人民を維持していないともいいはしない。しかし、実際には、政令は多様であり、そのうえ朝出て夕暮には改めるほどしきりに改訂され、方針が不明確であり、政治や刑罰は私情がからんで公正さを欠き、賞与や罰則も好き嫌いによる恣意《しい》的なやり方である。それなのに言論が押さえられ、その困雑、苦しさを表明することもできない。……我々の国を愛する心情は消すことができず、そこでこのひどい状態を救う道を追求すれば、それは広範な人民が議論を行うことにしかあり得ない。そして、このような議論を行うには、民撰による議院をつくる以外にない。そうすれば役人の権力を制限する場所ができ、したがって上下ともに安全となり、民撰議院のできたことによる幸福を享受《きょうじゅ》できるだろう。……そもそも政府に対して租税を払う義務が人民にあるということは、人民はその政府の治政に対して、それを知り、可否を判断する権利を持っているということである。……今、民撰の議院創設を拒否するものは言う。「我が国の人民は無学で無知であり、まだ文明を受け入れられる状態には達していない。だから、今すぐ民撰議院創設は時期尚早である」と。しかし、もしも実際にそうであったとし

リス人ブラックが東京で創刊した邦字新聞。

探究24
① 民撰議院設立の建白書提出に際し、政府はどのような対策を講じたか。
② 自由民権運動の目的を述べよ。

ニ在リ。4 ……

『日新真事誌《にっしんしんじし》』

ても、このような人民を、学があり智に富んだものにし、急速に文明が開けた状態のもとに進歩させる方法は、まさに民撰議院をつくることにあると我々は考えるのである。……

解説 一八七三（明治六）年、**征韓論《せいかんろん》**に敗れて下野した前参議**板垣退助《いたがきたいすけ》**らは、翌年一月小室信夫《こむろのぶお》らの呼びかけに応じ、愛国公党を組織し、人民の世論を政治に反映させるため民撰議院《みんせんぎいん》を設立せよとの建白書を左院に提出した。この建白運動は士族的性格が強く、参政権も士族及び豪農・豪商層に限定しようとしたため、「上流の民権説」と呼ばれた。士族層の国政参加を保障することによって、士族の新政府に対する不満を抑えようというのが真の目的であった。
政府は、議院開設は時期尚早《しょうそう》であるとしてこの建白を却下した。しかし、この建白の影響はやがて各地における政治結社の設立を促し、民撰議院設立の要求は次第に国民各層へ広がる動きをみせ、藩閥専制を非難する声が高まっていった。

❷ 漸次《ぜんじ》立憲政体樹立の詔《みことのり》 ——一八七五年四月四日公布 ★☆☆☆

朕即位《ちんそくい》ノ初《はじめ》首《しゅ》トシテ群臣《ぐんしん》ヲ会シ《元首として多くの臣下を集め》五事《ごじ》ヲ以《もっ》テ神明《しんめい》ニ誓《ちか》ヒ、1 国是《こくぜ》ヲ定メ万民保全ノ道ヲ求ム。……朕今誓文《せいもん》ノ意ヲ拡充シ茲《ここ》ニ元老院《げんろういん》2ヲ設ケ以テ立法ノ源《みなもと》ヲ広メ、大審院《だいしんいん》3ヲ置キ以テ審判《しんぱん》ノ権ヲ鞏《かた》クシ《裁判権を固め、》、又《また》地方官ヲ召集シ以テ民情ヲ通《つう》シ公益《こうえき》ヲ図リ、漸次《ぜんじ》ニ国家立憲ノ政体ヲ立テ、汝衆庶《なんじしゅうしょ》ト倶《とも》ニ其慶《そのけい》ニ頼ラント欲《ほっ》ス。汝衆庶或《あるい》ハ旧ニ泥《なず》ミ故《こ》ニ慣《な》ル《古い慣習にこだわったりとらわれる》、コト莫《な》ク、又或ハ進ムニ軽ク為《な》スニ急ナルコト莫《な》ク、其《そ》レ能《よ》ク朕カ旨《むね》ヲ体《たい》シテ翼賛《よくさん》スル《よく理解しこれを助けよ。》所アレ。

『法令全書』

1 五事ヲ以テ神明ニ誓ヒ 五箇条の誓文のこと。

2 元老院 それまでの左院《さいん》・右院《ういん》に代わり設置された立法機関。

3 大審院 最高・最終の司法機関。

史料注 **法令全書** 三〇二頁参照。

探究25 漸次立憲政体樹立の詔によって設置された諸機関をあげよ。

解説 **征韓論《せいかんろん》**をめぐり明治六年の政変で西郷隆盛《さいごうたかもり》、副島種臣《そえじまたねおみ》、後藤象二郎《ごとうしょうじろう》、板垣退助《いたがきたいすけ》、江藤新平《えとうしんぺい》、さらに翌年には台湾出兵に反対して木戸孝允《きどたかよし》も参議を辞し、そのためわずかに大久保利通《おおくぼとしみち》を中心とした「有司専制《ゆうしせんせい》」の政府は孤立無援の状態にあった。板垣らは一八七四（明治七）年土佐に立志社《りっししゃ》を作り、その翌年には民権運動の全国組織として大阪に愛国社が結成されようとしていた。七五年一月井上馨の周旋《しゅうせん》により、大久保、木戸、板垣、伊藤博文らが大阪に会し、民権運動家への妥協と懐柔《かいじゅう》がはかられた。この会議によって漸進《ぜんしん》的立憲主義が国是《こくぜ》となり、**元老院《げんろういん》**、**地方官会議**によって他日国会開設・立憲制への準備をすることとなり、また**大審院**を置くことで一応の三権分立を打ち出すこととなった。板垣・木戸はこれによって参議に復した。

3 新聞紙条例・讒謗律《ざんぼうりつ》——一八七五年六月二八日公布 ★☆☆☆

(1) 新聞紙条例

第十二条　新聞紙若《もし》クハ雑誌雑報[1]ニ於《おい》テ人ヲ教唆《きょうさ》[2]シテ罪ヲ犯《おか》サシメタル者ハ犯ス者ト同罪。……

第十三条　政府ヲ変壊《へんかい》[3]シ国家ヲ顚覆《てんぷく》スルノ論ヲ載《の》セ騒乱《そうらん》ヲ煽起《せんき》[4]セントスル者ハ、禁獄《きんごく》一年以上三年ニ至《いた》ル迄《まで》ヲ科《か》ス。……

『法令全書』

(2) 讒謗律

第一条　凡《およ》ソ事実ノ有無ヲ論セス人ノ栄誉ヲ害スヘキノ行事《ぎょうじ》[5]ヲ摘発公布《てきはつこうふ》スル者之《これ》ヲ讒毀《ざんき》[6]トス。人ノ行事ヲ挙《あ》ルニ非《あら》スシテ悪名《あくめい》ヲ以《もっ》テ人ニ（人の悪評判を宣伝公表することを）加ヘ公布スル者之ヲ誹謗《ひぼう》[7]トス。……

第四条　官吏《かんり》ノ職務ニ関シ讒毀スル者ハ禁獄十日以上二年以下罰金十円以上五百円以下、誹謗スル者ハ禁獄五日以上一年以下罰金五円以上三百円以下。

『法令全書』

解説　**新聞紙条例**は、新聞を取り締まる法として明治年間を通じて存続した。最初の条例は一八六九（明治二）年発布の新聞紙印行条例で、許可制をとってはいたが原稿検閲は行わなかった。自由民権運動が活発化し、新聞に社説が登場し、民権運動の論壇となると、政府は七五年、本史料に見る新聞紙条例を発布し弾圧した。民衆への教唆扇動《きょうさせんどう》・国家顚覆《てんぷく》論を禁じ、初めて違反者に体刑及び罰金刑を科した。さらに翌年になると国安妨害、風俗壊乱に対し内務卿の発行禁止、停止権を認めた。この条例は一九〇九（明治四二）年新聞紙法と交代した。**讒謗律**《ざんぼうりつ》は、七五年新聞紙条例と同じ日に発布された。全八条から成る。第一条で、事実の有無を論ぜず、人の栄誉を損う行為をあばき公表すること（讒毀《ざんき》）、人の行為を論ずるのではなく、人の悪評判を宣伝すること（誹謗《ひぼう》）を厳しく禁止し、刑罰を科した。その後この法によって弾圧される者が相次ぎ、言論界は大いに混乱した。この二つの法令は大阪会議で生み出された漸次《ぜんじ》立憲政体樹立の詔《みことのり》と表裏をなしている。政府は板垣ら民権運動指導者を漸進的立憲主義で懐柔《かいじゅう》する一方、立憲制なるものもそれはあくまで有司＝官僚たちによる啓蒙と仁《じん》慈《じ》によって行われるものであって、在野からの批判や改革の運動は容赦なく抑圧したのであった。

[1] **雑報**　さまざまな報道。
[2] **教唆**　そそのかすこと。
[3] **変壊**　破壊して変えること。
[4] **煽起**　あおって引き起こすこと。
[5] **行事**　行ったことがら。事実。
[6] **讒毀**　人のことを悪く言い、名誉を傷つけること。
[7] **誹謗**　他を悪く言うこと。

史料注　**法令全書**　三〇二頁参照。

⑫ 民権運動の高揚

❶ 立志社建白——一八七七年六月九日提出 ★☆☆☆

要点ナビ 片岡健吉を代表として国会開設を要求、却下される。

健吉[1]等聞く、国の政府ある所以《ゆえん》のものは、其《そ》の国をして治且安《ちかつあん》（社会がよく治まって秩序が保たれている）ならしむる所以なり、治且安ならしむる所以の者は、斯民《しみん》の権利を暢達《ちょうたつ》し（国民の権利を伸び育て、）、以《もっ》て幸福安全の域に処《お》らしむるにありと、……夫《そ》れ然《しか》り政府たるもの漫《みだ》りに其《その》力を恃《たの》み、其威《い》を逞《たくましく》し、以て抑圧を擅《ほしいまま》にするの理あらんや、人民たる者も亦能《またよ》く之《これ》が束縛《そくばく》を受け、之が箝制《かんせい》[2]に服するものならんや、……陛下臨御《りんぎょ》[3]以来数歳ならず、施設の方、更張《こうちょう》[4]の跡《あと》、赫々《かくかく》見る可《べ》きが如《ごと》しと雖《いえ》ども（光り輝いて見えるけれども、）、却《かえっ》て、内は則《すなわち》士民の騒乱、外は則外国の凌侮《りょうぶ》[5]、憂懼《ゆうく》（憂えおそれる）すべきもの（べきもの）一にして足らず、其著名昭々乎《しょうしょうか》（明らかにしておおいかぶせるべきではない）として掩《おお》ふ可からざるものを挙《あげ》て之を論ぜん。其一に曰《いわく》、内閣大臣[6]誓約《せいやく》の叡旨《えいし》[7]を拡充せず、公議を取らずして専制を行ふ也《なり》……其三に曰く、中央政府の集権に過ぐるなり、……其六に曰く、税法煩苛《はんか》（煩しくやかましい、）に属し、人民之れに耐《た》へざるなり、……其八に曰く、外国干渉の処分を錯《あやま》る也、……今や深く専制抑圧の弊《へい》を鑑《かんが》み、偏《あまね》く公議の在《あ》る所を観《み》て、国家独立の基本を培養《ばいよう》し、人民の安寧《あんねい》を計らんとせば、民撰議院を設立し、立憲政体の基礎を確立するより善《よ》きはなし。

『自由党史《じゆうとうし》』

解説 **立志社建白《りっししゃけんぱく》**は、一八七七（明治一〇）年立志社総代片岡健吉《かたおかけんきち》の手により、京都の行在所《あんざいしょ》に提出された。起草者は植木枝盛《うえきえもり》、吉田正春とされているが定かではない。藩閥政府を批判するという点においては、先の民撰議院設立の建白書と軌《き》を一《いつ》にするが、政府批判がより具体的になってきている、中央集権への批判、財政批判、税法が煩雑であることへの批判、外交政策への批判等、八か条にわたっており、これはのちの自由民権運動のなかで三大綱領とされた国会開設・地租軽減・不平等条約廃止を先取りしているということができる。また、この建白書を契機として愛国社再興運動も推進され、それまでの士族中心の運動から国民的運動への転機を作ったものということもできよう。

※色文字は重要語

[1]**健吉** 片岡健吉。板垣退助に従って、愛国公党、立志社で活躍。一八八〇年には国会期成同盟を結成、総代となる等、民権運動の中心的人物として活躍。

[2]**箝制** 自由にさせないこと。束縛。

[3]**陛下臨御** 天子（天皇）が位につくこと。

[4]**更張** ゆるんでいたものを改め、盛んにすること。

[5]**凌侮** あなどりはずかしめること。

[6]**内閣大臣** 藩閥政府を構成する官僚。

[7]**叡旨** 天子のお考え。

史料注

自由党史 一九一〇（明治四三）年刊行。板垣退助の監修により基本史料、当時者談話などで構成されており、民撰議院設立の建白書から憲法発布までの民権運動を、自由党の立場から叙述している。

② 民権自由論——植木枝盛　★☆☆☆

要点ナビ　平易な口語体。「自由の権」は命より重い。

第一、人民自由の権を得ざるべからざる事《獲得しなければならないこと》ルーソー❶と云《い》ふ人の説に、人の生《うま》るるや自由なりとありて、人は自由の動物と申すべきものであります。されば人民の自由は縦令《たとえ》社会の法律を以《もっ》て之《これ》を全《まっと》うし得るとは申せ、本《もと》と天の賜《たまもの》《もともと天から与えられたもの》にて人たるものの必ずなくてならぬものでござろう。……畢竟《ひっきょう》❷自由と申すものは箇様《かよう》に尊いが故《ゆえ》、十分万全に之《これ》を保ち之を守り行かんと思ひ、仍《よっ》て国を建て政府など云ふ会所❸を置き又《また》法律を設け役人を雇《やと》って愈々《いよいよ》この人民の自由権利を護《まも》らしめ、仲間中にて不公平の事あらば之を正して公平に直し、その悪《あし》き所業あるものは之を罰しその損失を蒙《こうむ》るものは之を救ひ以て幸福安楽を得る様にする訳《わけ》じゃ。……皆さん卑屈《ひくつ》することはない、自由は天から与へたのじゃ。とんと民権を張り自由をお展《の》べなさいよ。若し又自由が得られずとならば、寧《いっ》そ死んでおしまひなさい。自由がなければ生きても詮《せん》❹はありません。

『民権自由論《みんけんじゆうろん》』

❶**ルーソー**　フランスの思想家ルソーのこと（一七一二～一七七八）。ロックの社会契約説を発展させ、人民主権の立場を明らかにし、フランス革命の精神的原動力となった。植木枝盛、中江兆民ら自由民権運動家に多大な影響を与えた。

❷**畢竟**　つまるところ。結局。

❸**会所**　事務所。

❹**詮**　きわめ。かい。しるし。

史料注

民権自由論　植木枝盛の著作。一八七九（明治一二）年に出版された。庶民にわかりやすく説明した民権自由論。

解説　民権自由論は自由民権の何たるかをもっぱら民衆に対してわかりやすく説明し、そして彼らにこの政治運動への関心を持たせ、立ち上がらせようとねらった、**植木枝《うえきえ》盛《もり》**の著作である。人民が政治に関心を持たねばならぬこと、天《てん》賦《ぶ》人権論、国の本《もと》は人民であること、富国の要《かなめ》は人民の自主自由と憲法政治であることを説き、歴史的事例を踏まえながらわかりやすく述べている。最後に「民権田舎歌」を添え、民衆の日常生活にまで民権思想を植え付けようとしている。民権運動の理論的軌道を敷いたものとして重要な意味を持っている。

3 集会条例——一八八〇年四月五日公布 ★☆☆☆

第一条　政治ニ関スル事項ヲ講談論議《こうだんろんぎ》スル為《た》メ公衆ヲ集ムル者ハ、開会三日前ニ講談論議ノ事項、講談論議スル人ノ姓名住所、会同《かいどう》1ノ場所、年月日ヲ詳記《しょうき》シ、其《その》会主又《また》ハ会長幹事等ヨリ管轄《かんかつ》警察署ニ届出テ、其認可《にんか》ヲ受ク可《べ》シ。

第六条　派出《はしゅつ》ノ警察官ハ認可ノ証ヲ開示《かいじ》2セサルトキ、講談論議ノ届書ニ掲《かか》ケサル事項ニ亘《わた》ルトキ、又ハ人ヲ罪戻《ざいれい》3ニ教唆《きょうさ》4シ誘導《ゆうどう》スルノ意ヲ含ミ、又ハ公衆ノ安寧《あんねい》ニ妨害アリト認ムルトキ、及ヒ集会ニ臨《のぞ》ムヲ得サル者ニ退去ヲ命シテ之《これ》ニ従ハサルトキハ、全会ヲ解散セシムヘシ。

第七条　政治ニ関スル事項ヲ講談論議スル集会ニ、陸海軍人常備《じょうび》5予備《よび》6後備《こうび》7ノ名籍ニ在《あ》ル者、警察官、官立公立私立学校ノ教員生徒、農業工芸ノ見習生ハ之ニ臨会シ又ハ其社ニ加入スルコトヲ得ス。

第九条　政治ニ関スル事項ヲ講談論議スル為メ、屋外《おくがい》ニ於《おい》テ公衆ノ集会ヲ催《もよお》スコトヲ得ス。

『法令全書』

1会同　寄り集まること。会合。集会。
2開示　明らかにし示すこと。
3罪戻　罪、とが。罪過。
4教唆　そそのかすこと。
5常備　現役軍人。兵役は三年間。
6予備　予備役の軍人。現役終了後三年間在籍。
7後備　後備役の軍人。予備役終了後四年間在籍。

史料注
法令全書　三〇二頁参照。

解説　**集会条例**は、**新聞紙条例**、**讒謗律**《ざんぼうりつ》とともに、政府批判の言論・運動を封ずることを目的とする明治三大悪条例の一つ。一八七七（明治一〇）年西南戦争が終わると、板垣退助らはいち早く愛国社を再興して国会開設要求を本格的に開始した。政府は既に、七八年太政官布告をもって政治結社の取り締まりを指令していたが、民権運動が全国的規模の運動として展開し始め、愛国社が国会期成同盟へと発展していくなかで、本条例を発布することとなった。政治結社、集会を届け出制とし、政治結社間の連絡や屋外での集会の禁止、また制服警察官を会場に派遣して退去・解散を命じることを認めた。さらに、軍人、警官、教員、生徒の集会への参加を禁止して自由民権運動への弾圧をはかっていった。一八八二（明治一五）年には改正追加を行い取り締まりを強化するとともに、中央政党が地方に支社、支部を置くことを禁じて民権派政党の活動に打撃を与えた。

4 明治十四年の政変 ★☆☆☆☆

即《すなわ》ち時期を定めて国会を開設するを約し、之《これ》と同時に官有物払下《かんゆうぶつはらいさげ》❶を撤廃《てっぱい》して、降旗《こうき》を牙壘《がるい》に樹《た》て《降参の意思を表す白旗を立てるか、》ん乎《か》、将《は》た頑然《がんぜん》死守、閣中の異議を排撥《はいしゅん》し、暴圧蛮断《ぼうあつばんだん》して飽《あ》くまで民論を屈服《くっぷく》せしめん乎、最後の一決を下すべき機は、刻一刻《こくいっこく》に迫《せま》れり。……（山田顕義《あきよし》）❷曰《いわ》く、官有物の処分に関する物議《ぶつぎ》は枝葉《しよう》なり。今日は憲法編成に従事し国会開設の時期を予定するを以《もっ》て根幹《こんかん》と為《な》す。因《より》て車駕還幸《しゃがかんこう》の日を俟《まち》て《天皇がお帰りになるのを待って》速《すみや》かに其《その》議を決せん。而《しか》して其時に於て若《も》し大隈《おおくま》の意見を採用するに至らば、内閣各員はただ辞表を捧呈《ほうてい》し、袖《そで》を連《つら》ねて去らんのみ。之に反して内閣各員の意見採用せらるゝに至らば、大隈を免黜《めんちゅつ》❸し其党与《とうよ》の官吏《かんり》は一切排斥《はいせき》せざる可《べ》からず。……是《この》日岩倉は井上毅《こわし》を召見《しょうけん》し、伊藤の詔勅案《しょうちょくあん》を示して意見を問ふ。井上書を以て答へて曰く、……第三　此《こ》の人心動揺の際此勅諭《このちょくゆ》あるにあらざれば挽回無覚束《ばんかいおぼつかなく》、更に明言すれば人心の多数を政府に牢絡《ろうらく》すること無覚束《おぼつかなし》。第四　此勅諭は仮令《たとい》急進党を鎮定《ちんてい》せしむること能《あた》はずとも、優《ゆう》に中立党を順服せしむべし。全国の士族猶《なお》中立党多し。今此挙《このきょ》あらざれば彼らも変じて急進党となること疑《うたがい》なし。

『自由党史《じゆうとうし》』

❶官有物払下　北海道官有物払い下げ事件のこと。

❷山田顕義　参議山田顕義。法典の編纂に力を尽くす。日本法律学校（日本大学の前身）を創立。

❸免黜　官職をやめさせて、地位を下すこと。

史料注

自由党史　三二三頁参照。

探究26　明治十四年の政変を説明せよ。

解説　**北海道開拓使官有物払い下げ事件**以降、藩閥政府への批判は一層激しいものとなった。一方政府部内では**山県有朋《やまがたありとも》**、**山田顕義《やまだあきよし》**、**井上馨《いのうえかおる》**、**伊藤博文《いとうひろぶみ》**、**大隈重信《おおくましげのぶ》**らが憲法に関する意見書を提出し将来の方向を模索していた。大隈の案はこのなかで欽定《きんてい》憲法公布の上で明治一六年の初めには国会を開設するという際立って急進的なもので、伊藤・井上らと対立した。また、官有物払い下げ事件への批判が高まると、大隈が民権派と通じているとの説も生まれた。史料は一四年九月、京都に滞在していた岩倉具視《ともみ》を山田顕義が訪ね大隈の罷免《ひめん》を迫り、併せて政府部内が伊藤の提唱する路線に収斂《しゅうれん》する様子を伝えている。かくて大隈罷免の翌日に国会開設の詔勅《しょうちょく》が公布され、また土佐、肥前の有力者の抜けた薩長藩閥政府のなかで、伊藤を中心とする体制ができあがっていくのである。

要点ナビ　明治天皇が明治二三年の国会開設を明示。

5 国会開設の勅諭——一八八一年一〇月一二日公布　★★☆☆☆

朕《ちん》、祖宗《そそう》二千五百有余年ノ鴻緒《こうちょ》ヲ嗣《つ》キ《皇統を受け継ぎ、》、中古紐《ちゅう》ヲ解《と》クノ乾綱《けんこう》ヲ振張《しんちょう》シ《平安中期以降ゆるんだ天皇の大権をふるい起こし、》、大政ノ統一ヲ総攬《そうらん》シ又夙《またつと》ニ立憲ノ政体ヲ建テ、後世子孫《しそん》継《つ》クヘキノ業ヲ為《な》サンコトヲ期ス。嚮《さき》ニ明治八年ニ元老院❶ヲ設ケ、十一年ニ府県会❷ヲ開カシム。此《こ》レ皆漸次《ぜんじ》基《もとい》ヲ創《はじ》メ、序《ついで》ニ循《したがい》テ歩ヲ進ムルノ道ニ由《よ》ルニ非《あら》サルハ莫《な》シ。爾有衆《なんじゆうしゅう》❸亦朕カ心ヲ諒《りょう》トセン《朕の考えていることがわかるであろう。》。顧《かえり》ミルニ立国ノ体《てい》❹、国各《おのおの》宜《よろし》キヲ殊《こと》ニス。非常ノ事業実ニ軽挙《けいきょ》ニ便ナラス《このような大事業は決して軽々しく行われるべきではない。》。我祖我宗《わがそわがそう》照臨《しょうりん》シテ上ニ在《あ》リ《(国土人民を統治し) 今は上にあって国を見守っている。》。遺烈《いれつ》❺ヲ揚《あ》ケ、洪謨《こうぼ》❻ヲ弘メ、古今ヲ変通シ《時勢に応じて対応し、》、断シテ之《これ》ヲ行フ責《せめ》朕カ躬《み》ニ在リ《責任は私にある。》。……将《まさ》ニ明治二十三年ヲ期シ、議員ヲ召《め》シ国会ヲ開キ、以《もっ》テ朕カ初志ヲ成サントス。……朕惟《おも》フニ人心進ムニ偏《へん》シテ時会《じかい》速《すみやか》ナルヲ競《きそ》フ《進むことしか考えないで国会開設の時期》。浮言《ふげん》相動カシ《無責任な言論をかわし》竟《つい》ニ大計ヲ遺《ゆす》ル、是《こ》レ宜《よろ》シク今ニ及《および》テ謨訓《ぼくん》ヲ明徴《めいちょう》ニシ《国家の大計を明らかにし、》、以テ朝野臣民《ちょうやしんみん》ニ公示スヘシ。若シ仍《な》ホ故《こと》サラニ躁急《そうきゅう》ヲ争ヒ事変ヲ煽《せん》シ《あせり急いで、おだてて事件を起こし、》、国安ヲ害スル者アラハ、処スルニ国典ヲ以テスヘシ《法律によって処罰する。》。特ニ茲《ここ》ニ言明シ、爾有衆ニ諭《さと》ス。　『法令全書』

解説　一八八〇（明治一三）年三月に設立された**国会期成同盟**を中心として、全国的に国会開設運動が展開されると、政府は同年四月集会条例を定めて、集会・結社の活動を厳しく拘束した。一方、政府内部でも大隈重信《おおくましげのぶ》のように、国会の早期開設と政党内閣制の実施を説くものが現れ、漸進《ぜんしん》論を唱える伊藤博文、山県有朋《やまがたありとも》らと対立した。このような時、一八八一年七月、たまたま開拓使官有物払い下げ事件が起こると、世論は硬化し、民権運動は一段と激しさを加えた。そこで政府は同年一〇月、一八九〇（明治二三）年を期して**国会開設の勅諭《ちょくゆ》**を発布し、民権運動の高まりを抑えようとした。同時に、大隈は政府攻撃の世論と関係あるとみなされ、政府から追放された。この明治十四年の政変によって、伊藤を中心とする薩長閥が政権を握った。

国会開設の時期が定まると、民権運動は政党の組織へと進み、同年国会期成同盟を中心に新たに自由党が結成され、次いで翌年には立憲改進党が結成された。これに対して、政府側は福地《ふくち》源一郎《げんいちろう》らを中心として立憲帝政党を組織した。

❶元老院　一八七五（明治八）年大阪会議の結果、立法権確立のため左院の後身として設置。実際には政府の諮問機関。一八九〇（明治二三）年廃止。

❷府県会　一八七八（明治一一）年府県会規則によって定められた地方議会。民権運動のなかの地方民会設立の要求を形式的容認。議員は民選であったが権限は弱く財政審議権だけに限られた。一八九〇（明治二三）年府県制の施行で廃止。

❸爾有衆　人民。

❹立国ノ体　国政のあり方。

❺遺烈　後世に残る功績。

❻洪謨　大きなはかりごと。

史料注

法令全書　三〇二頁参照。

探究27　政府が国会開設の時期を公約した理由を述べよ。

6 私擬憲法

要点ナビ
五日市憲法草案は一九六八年発見。草莽の学習結社によるもの。

(1)東洋大日本国国憲按[1]（植木枝盛）　★★★☆☆

第四十二条　日本人民ハ法律上ニ於《おい》テ平等トナス

第四十九条　日本人民ハ思想ノ自由ヲ有ス

第七十条　政府国憲《こっけん》[2]ニ違背《いはい》[3]スルトキハ日本人民ハ之《これ》ニ従ハサルコトヲ得《う》

第七十二条　政府　恣《ほしいまま》ニ国憲ニ背《そむ》キ　擅《ほしいまま》ニ人民ノ自由権利ヲ侵害シ建国ノ旨趣《ししゅ》[4]ヲ妨《さまた》クルトキハ日本国民ハ之ヲ覆滅《ふくめつ》[5]シテ新政府ヲ建設スルコトヲ得

第百十四条　日本聯邦《れんぽう》[6]ニ関スル立法ノ権ハ日本聯邦人民全体ニ属《ぞく》ス

『秘書類纂《ひしょるいさん》』

(2)五日市《いつかいち》憲法草案[7]（千葉卓三郎ら）　★☆☆☆

第四十七条（国民ノ権利）　凡《およ》ソ日本国民ハ、族籍《ぞくせき》[8]位階ノ別ヲ問ハズ、法律上ノ前ニ対シテハ平等ノ権利タル可《べ》シ。

第六十六条（国民ノ権利）　凡ソ日本国民ハ、法律ニ掲グル場合ヲ除クノ外《ほか》、之《これ》ヲ拿捕《だほ》[9]スルコトヲ得ズ。又《また》拿捕スル場合ニ於《おい》テハ、裁判官自ラ署名シタル文書ヲ以《もっ》テ其《その》理由ト劾告者[10]ト証人ノ名ヲ被告者ニ告知ス可シ。

第百九十七条（司法権）　法律ニ定メタル場合ヲ除クノ外ハ、何人ヲ論ゼズ、拿捕（ノ）理由ヲ掲示スル判司ノ命令ニ由《よ》ルニ非《あらざ》レバ囚捕《しゅうほ》ス可《べか》ラズ。

『東京経済大学図書館蔵　深沢家文書』

解説　明治前期に民間で作成された憲法の私案を、政府関係者が個人的に作成したものまで含めて**私擬《しぎ》憲法**という。自由民権運動が盛んになるに従って、一八七九（明治一二）年頃から憲法論議が交わされるようになり、現在までに断片的なものまで含めて五〇篇近くが発見されている。大部分は一八七九〜八三年のもので、特に一八八一（明治一四）年のも

[1] **東洋大日本国国憲按**　一八八一（明治一四）年。
[2] **国憲**　憲法。
[3] **違背**　違反。
[4] **旨趣**　本来の目的。
[5] **覆滅**　倒す。人民の革命権を規定している。
[6] **日本聯邦**　植木は別に聯邦ノ大則という一章を設け、日本を七〇の州に分けた上、地方分権を説いている。
[7] **五日市憲法草案**　一八八一（明治一四）年。
[8] **族籍**　華族・士族・平民などの身分。
[9] **拿捕**　逮捕する。捕らえる。
[10] **劾告者**　訴えを起こした人。

史料注
秘書類纂　伊藤博文が数多くの書類を自ら査閲し、秘書に命じて類纂させたものである。内容はすべて国家の機密事項に関しており、他見を許さなかったものである。一九三三〜三六年刊、

二四冊。

深沢家文書 一九六八年、東京都西多摩郡五日市町の深沢家土蔵から発見された文書。草の根の民権運動を知る重要な史料である。

探究28 私擬憲法作成の意義を述べよ。

1自由党 一八八一（明治一四）年一〇月二九日結党。

史料注

自由党史 三三三頁参照。

のが最も多い。ここに示した「東洋大日本国国憲按《あん》」は自由党系のもので、一八八一年に作られ、**植木枝盛**《うえきえもり》が原案起草者と推定されている。一〇篇二二〇条から成り、一院制・抵抗権・革命権などの急進的な思想を含み、人民主権を貫いている点で、ほかに見られないものを持っている。植木は極めて民主主義的な主張をしてはいるが、共和制の主張までには進んでいない。しかし政府の目には、共和制論と映じたのであろう。

「**五日市**《いつかいち》**憲法草案**」は、東京都西多摩郡五日市町で、一八八一（明治一四）年四月から九月の間に、未完のまま浄書された憲法草案である。放浪の青年思想家千葉卓三郎を中心に、五日市町の学習結社に集う人々によって集団的に創造されたことが判明している。一九六八（昭和四三）年、色川大吉氏らのグループにより、五日市町の深沢家土蔵から発見された。五篇二〇四条から成り、三六か条の豊かな人権保障を持つ案としたところに最大の特色がある。国民の基本的権利を「国民ノ権利」「司法権」の二重規定で守っている。しかしその一方、天皇大権と国民の権利保障との矛盾や地方自治が規定されないままに終わっている点など、未完の部分も残されている。注目すべきことはこの草案にかかわった人々が、二〇代から四〇代までのこの地方の士族ではない平民の民権家であるという点である。この点土佐の立志社憲法の起草者等と比べて大きな違いである。この二つの憲法草案はともに二〇〇条以上の条文を持ち、人権規定の周到な点でも双璧をなす。その精神は現日本国憲法にも受け継がれている。

なおこのほか、改進党系のものとして代表的なものに交詢《こうじゅん》社の「私擬憲法案」（立憲君主主義の立場に立ち、二院制をとり、基本的人権の保障も条件付きという漸進《ぜんしん》主義である）、帝政党系としては福地源一郎の「国憲意見」などもあった。

⑦ 自由党盟約[1] ★☆☆☆

第一章　吾《わが》党は自由を拡充し権利を保全し幸福を増進し社会の改良を図るべし。

第二章　吾党は善良なる立憲政体を確立することに尽力《じんりょく》すべし。

第三章　吾党は日本国に於《おい》て吾党と主義を共にし目的を同くする者と一致協合して吾党の目的を達すべし。

『自由党史』

解説 一八八一（明治一四）年、いわゆる**明治一四年の政変**が起こると、自由民権運動は急速に高揚した。**自由党**は同年一〇月二九日、**板垣退助**を総理に、副総理中島信行、常議員後藤象二郎、馬場辰猪《ばばたつい》、末広重恭《すえひろしげやす》、竹内綱《たけうちつな》ほか幹部五名を置いて結成された。国会開設、地租軽減、条約改正の三つを主な要求とし、初めは農民全般の支持を得て、農村全般を地盤とした。党員は結党の時一〇一名であったが、解党の時には二五〇〇名と増え、ほかに多数の同調者があった。自由党は結成とともに国民思想の啓蒙に、また民主主義的な憲法草案の作成に活動し、機関紙として「自由新聞」（八二年六月二五日発刊）を持った。史料の盟約三章は、簡単だがフランス流の急進的な民主的立憲政治を主張している。ほかに党規一五章がある。

⑧ 立憲改進党[1]趣意書 ★☆☆☆

王室の尊栄と人民の幸福は我党の深く冀望《きぼう》する所なり。……政治の改良前進は我党の冀望して止まざる所なり。……然《しか》れども急激の変革は我党の望む所にあらず。蓋《けだし》其《その》順序を逐《お》はすして（社会発展の順序に従わず）遽《にわか》に変革を為《な》さんことを謀《はか》るは、即《すなわ》ち社会の秩序を紊乱《びんらん》[2]し、却《かえっ》て政治を妨碍《ぼうがい》[3]するものなればなり。……我党は実に順正の手段に依《より》て我政治を改良し、著実《ちゃくじつ》の方便《ほうべん》[4]を以《もっ》て之《これ》を前進するあらんことを冀望す。……

第一章　我党は名《なづ》けて立憲改進党と称《しょう》す

第二章　我党は帝国の臣民《しんみん》にして左の冀望を有するものを以て之を団結す

一　王室の尊栄を保ち人民の幸福を全《まっと》ふする事

二　内治の改良を主とし国権の拡張に及ぼす事

三　中央干渉の政略を省《はぶ》き地方自治の基礎を建つる事

四　社会進歩の度に随《したが》ひ選挙権を伸濶《しんかつ》する事

五　外国に対し勉《つと》めて政略上の交渉を薄くし通商の関係を厚くする事……

『自由党史』

1 立憲改進党　一八八二（明治一五）年三月一四日結党。

2 紊乱　秩序、道徳を乱すこと。

3 妨碍　妨げること。

4 方便　目的を達するための手段、手だて。

史料注

自由党史　三二三頁参照。

解説　一八八一（明治一四）年一〇月に政府を追われた**大《おお》隈重信《くましげのぶ》**を総理とし、八二年三月一四日に**立憲改進党**は結成された。結党に参加したのは、矢野文雄、尾崎行雄らの三田派、鷗渡《おうと》会の高田早苗《たかださなえ》、櫻鳴《おうめい》社の沼間《ぬま》守一、大隈直系の小野梓《あずさ》らであった。前年できた自由党、一八八二年三月、福地源一郎らによって結成された立憲帝政党（政府の御用政党）の両党に対し、その中間をゆく漸進《ぜんしん》的改革を基本方針とし、議会二院制や、立憲君主制を主張した。イギリス流の立憲政治を模範としたのである。支持者は、三菱などの大ブルジョアジー、地方都市の商人資本家や産業資本家、知識層などであった。改進党は当初より、政党は政策を掲げて政権の獲得をめざすべきである、という「施政党」の理念を持っており、前出の「自由

探究29
自由党・立憲改進党の性格および主張を述べよ。

党の盟約」に比べて、第二章以下極めて具体的になっている点が注目される。自由党解党期には有名無実となったが、議会開設とともに勢いを盛り返し、再組織された自由党より鋭く政府を批判した。その後一八九六年進歩党と改め、一八九八年自由党と合流して**憲政党**となった。

Spot

「自由を、しからずんば死を」

代表的な民権論者である植木枝盛は、その著書『民権自由論』のなかで「自由権利は仲々命よりも重きものにて、自由がなければ、生きても詮《せん》ないと申す程の者」と、自由の尊さを説いている。また『自由党史』には、板垣退助が岐阜の演説会で暴漢に襲われ、胸を刺《さ》されながらも「板垣死すとも自由は死せず」と叫んだと記されている。真偽《しんぎ》のほどはさておき、かように「自由」の二文字はこの時代を特徴づける言葉であり、一つの流行語でさえあった。ところが自由という語は一八七一（明治四）年に中村正直がミルの『自由論』を『自由之理』として翻訳して以来、「リバティー」「フリーダム」の訳語として定着したもので、日本人にとってまったく新しい概念であった。

13 民権運動の激化

1 秩父事件[1]──田代栄助訊問調書[2]　★☆☆☆☆

要点ナビ　秩父事件は最大の激化事件。

問　今般ノ暴挙ヲ企テシ目的及ヒ最初ノ計画方法ヲ　詳《つまびらか》ニ申立ヨ

答　一、高利貸ノ為《た》メ身代《みのしろ》ヲ傾ケ目下《もっか》生計ニ苦シムモノ多シ、因《よっ》テ債主ニ迫《せま》リ十ケ年据置《すえお》キ四十ケ年賦《ふ》ト延期ヲ乞《こ》フ事、一、学校費ヲ省《はぶ》ク為メ三ケ年休校ヲ県庁へ迫ル事、一、雑収税ノ減少ヲ内務省ニ請願スル事、一、村費ノ減少ヲ村吏《そんり》へ迫ル事……大宮郷警察署へ債主へ御説諭《せつゆ》相成度《あいなりたく》再度願出タレトモ是又《これまた》採用無之《これなき》ニ付、此上《このうえ》ハ無是非《ぜひなき》次第ニ付我々一命ヲ抛《かけ》テ腕力ニ訴へ高利貸ノ家屋ヲ破壊又ハ焼燬《しょうき》シ[3]、証書類ハ　悉《ことごとく》皆焼棄シ法衙《ほうが》[4]ニ訴フルノ証拠物ヲ尽滅《じんめつ》スヘキ事ニ決定シタリ。

『秩父《ちちぶ》事件関係史料集』

※**色文字は重要語**

1 秩父事件　一八八四（明治一七）年一〇月三一日～一一月一一日。

2 田代栄助訊問調書　同年一一月一八日。

3 焼燬　焼く。焼き捨てる。

4 法衙　役所。

史料注

秩父事件関係史料集　一九七一年埼玉新聞出版局の刊。

解説　一八八一（明治一四）年の松方デフレ政策（**松方財政**）以降、農産物価格の下落で農村は困窮を極めた。一八八四年、生糸・繭《まゆ》の暴落を期に六〇件余の農民騒擾《そうじょう》が関東養蚕業地帯に集中して起こった。秩父《ちちぶ》事件はその最大のものであり、無告の窮民（誰にも救いを求めることのできない者）が立ち上がったものである。一一月一日下吉田神社に白だすきの農民が集結し、高利貸、戸長役場、警察署などを次々と襲撃した。その数一万、郡役所に「革命本部」が設置され、「自由自治元年」が宣言される。私怨《しえん》や金品の略奪を厳しく禁じる軍律五か条のもとで農民たちは激しく戦った。しかし四日、軍隊、警察が鎮圧体制を整えると組織は解体し始め、戦闘を繰り返しつつ一部は群馬、長野両県に入ったが、一一日には壊滅した。この事件の中心人物には自由党に加盟している人も多かった。大井憲太郎らの演説会を機に困民党も結成されていたが、当時この地方の名望家であり、博徒《ばくと》の親分でもあった田代栄助をリーダーとしながら、独自の運動として進められた。これ以後飯田・名古屋・静岡事件と各蜂起計画への政府の弾圧が続くが、この時既に、一〇月自由党は方向を見失い解党していたのである。

探究30　松方デフレ政策が当時の農村社会に及ぼした影響について、自由民権運動とも関連させて述べよ。

2 三大事件建白書──一八八七年一〇月元老院提出　★☆☆☆☆

第一　某《それがし》等が❶政府に要《もと》むべき者は、租税徴収を軽減するに在《あ》るなり。……

第二　某等が政府に要むべき者は、言論集会を自由にするに在るなり。……

第三　某等が政府に要むべき者は、外交失策を挽回《ばんかい》するに在るなり。……抑《そもそ》も条約改正を為《な》すは治《ち》外《がい》法権を破り、海関《かいかん》税権を収めんが❷為《ため》なり。既《すで》に然《しか》せんと欲すれば、内地雑居❸を許さゞるを得ず。而《しか》して其《その》利害相償《あいつぐな》はざる而已《のみ》ならず、単に害ありて利なきを見るなり。国家栄辱《えいじょく》の繫《かか》る所は果《はた》して如《い》何《か》なるべき乎《か》、或《あるい》は外国裁判官の多数を以《もっ》て成る。……其実之《じつこれ》を日本の裁判所なりと謂《い》ふを得べき耶《や》。夫《そ》れ裁判権は国家三大権の一なり。……外国政府をして此《この》法典の制定は果して泰西の元則《げんそく》に基くや否《いな》や❹を鑑査する権を行はしめんが為めにして、今後法律を変更することあるも亦《ま》た同く然せざるを得ざるなり。若《も》し一たび之を許さば立法権も亦た外人の手に帰し、日本帝国独立の主権は果して何《いず》くに在る乎。　『自由党史』

❶**某等**　片岡健吉を代表とする高知県有志。
❷**海関税権を収めん**　関税自主権の獲得。
❸**内地雑居**　外国人に国内居住、営業、動産・不動産取得を認めること。
❹**泰西の元則に基くや否や**　立法権まで失うことになると批判している。

史料注
自由党史　三二三頁参照。

解説　井上馨《いのうえかおる》の改正案が伝わると、折しも前年（一八八六年）一〇月の**ノルマントン号事件**（紀州沖で英貨物船ノルマントン号が沈没。船長以下二六名のイギリス人はボートで脱出したが、日本人二三名は水死。英領事裁判所は当初船長に無罪判決。日本側の告訴で禁固《きんこ》刑となったが、賠償金はなしという事件）を受けて、世情は騒然となった。この動きをみて民権運動家たちも全国で反対運動に立ち、代表者が東京に集まった。八七年一〇月高知県代表片岡健吉らは地租軽減・言論集会の自由・外交失策の挽回《ばんかい》を掲げて「**三大事件建白書**《さんだいじけんけんぱくしょ》」を元《げん》老院《ろういん》に提出した。これに先立ち井上は九月に辞任する。しかし政府は一二月、**保安条例**を施行し、数百名の活動家は東京から退去させられ、運動も終息した。

要点ナビ　伊藤博文内閣による反政府活動取締法。

3 保安条例――一八八七年一二月二五日公布　★☆☆☆

第一条　凡《およ》ソ秘密ノ結社《けっしゃ》又《また》ハ集会ハ、之《これ》ヲ禁ス。犯《おか》ス者ハ一月以上二年以下ノ軽禁錮《けいきんこ》ニ処《しょ》シ、十円以上百円以下ノ罰金ヲ附加《ふか》ス。……

第四条　皇居《こうきょ》又《また》ハ行在所《あんざいしょ》❶ヲ距《へだ》タル三里以内ノ地ニ住居又ハ寄宿スル者ニシテ、内乱ヲ陰謀《いんぼう》シ又ハ教《きょう》唆《さ》シ又ハ治安ヲ妨害スルノ虞《おそれ》アリト認ムルトキハ、警視総監《けいしそうかん》又ハ地方長官ハ内務大臣❷ノ認可ヲ経、期日又ハ時間ヲ限リ退去ヲ命シ、三年以内同一ノ距離内ニ出入《でいり》寄宿又ハ住居ヲ禁スルコトヲ得《う》。

『法令全書』

❶行在所　天皇が地方巡幸した際の仮の住まい。

❷内務大臣　内務省は民衆行政一般を担当。特にこの時期には警察行政を中心に社会運動への取り締まりに力を発揮した。時の内務大臣は山県有朋。

史料注

法令全書　三〇二頁参照。

解説　一八八七（明治二〇）年、**井上馨《いのうえかおる》**外相の**条約改正交渉案**が民間に漏《も》れるや、自由民権派は国権を傷つけるものとして激しい反対運動を起こした。片岡健吉を代表として高知県有志の三大事件の建白（地租軽減・言論集会の自由・外交失策の挽回《ばんかい》）を初め、各県有志の総代が続々と上京し建白を行った。民権運動はこれを機に、前年星亨《ほしとおる》、中江兆民《ちょうみん》によって唱えられた大同団結を、後藤象二郎を中心に一層推進することとなった。条約改正案反対には谷干城《たてき》ら国家主義者や鳥尾小《こ》弥太《やた》ら元老院《げんろういん》議官の賛同も得て優勢であった。井上は辞職し、政府も交渉を中止したが、国会開設を控え運動は高揚していった。政府は、内務大臣山県有朋《やまがたありとも》が中心となって自由民権運動の弾圧を策し、同年一二月二六日保安条例を発布した。内乱を陰《いん》謀《ぼう》・教唆《きょうさ》し、または治安を妨害する恐れありと認める者に対して、皇居または行在所《あんざいしょ》を隔てる三里外に追放し、三年以内この中に入ることを禁ずることが中心であった。この条例公布によって、二八日までに星亨、中島信行、尾崎行雄、片岡健吉ら五七〇名が退去させられた。一方、政府は指導者の懐柔《かいじゅう》も行い、後藤を突如黒田清隆内閣に入閣させるに至って運動は崩壊した。

Spot

保安条例

三大事件建白運動が高揚する中で保安条例は出された。第四条に皇居をまたは行在所を隔てること三里の内にと書かれている。三里は約一二キロメートル、皇居は動きようはないが、行在所は天皇が行幸した際の仮の住まいだから、「三里以内の地」は転々とすることとなる。なんともやっかいな話だ。また三年というのも明治二三年の国会開設は約束されているから、この保安条例が出された一八八七（明治二〇）年一二月から数えれば、少なくとも憲法発布までは東京に戻れないということになり、まさに憲法発布に向けての口封じということになる。なんとも都合よく編まれた条例であった。そして、尾崎行雄・片岡健吉・中江兆民・星亨ら五七〇名が、皇居から三里以遠への退去を命じられた。しかし、片岡ら一一名が拒否して投獄される。この条例が廃止されるのは、一八九八年になってである。

14 憲法の制定と皇室の藩屏《はんぺい》

1 岩倉具視憲法意見書――一八八一年七月五日提出　★☆☆☆☆

綱　領

一　欽定《きんてい》憲法[1]ノ体裁《ていさい》ヲ用ヒラルル事

一　漸進《ぜんしん》[2]ノ主義ヲ失ハサル事

附《つけたり》、欧州各国ノ成法ヲ取捨《しゅしゃ》スルニ付《つき》テハ孛国《プロシア》ノ憲法尤《もっとも》漸進ノ主義ニ適スル事……

一　聖上《せいじょう》[3]親《みずか》ラ陸海軍ヲ統率《とうそつ》シ、外国ニ対シ、宣戦講和《せんせんこうわ》シ、外国ト条約ヲ結ヒ、貨幣ヲ鋳造《ちゅうぞう》シ、勲位《くんい》ヲ授与《じゅよ》シ、恩赦《おんしゃ》ノ典《てん》ヲ行ハセラルル等ノ事……

一　立法ノ権ヲ分《わか》タルル為《ため》ニ元老院《げんろういん》[4]・民撰議院[5]ヲ設ケラルル事

一　元老院ハ特撰議員ト華士族《かしぞく》中ノ公撰議員トヲ以《もっ》テ組織スル事

一　民撰議員ノ撰挙法ハ財産制限ヲ用フヘシ……

『岩倉公実記《いわくらこうじっき》』

※色文字は重要語

1 欽定憲法　君主の単独の意志によって制定される憲法。民約（民定）憲法の対語。

2 漸進　順を追って少しずつ進むこと。

3 聖上　天皇の尊称。

4 元老院　のちの貴族院。

5 民撰議院　のちの衆議院。

史料注

岩倉公実記　二九六頁参照。

探究31　君主権の強い欽定憲法制定を方向づけたのはだれか。

解説　岩倉具視《いわくらともみ》憲法意見書は一八八一（明治一四）年七月、太政大臣三条実美《さねとみ》、左大臣有栖川宮熾仁《ありすがわのみやたるひと》親王に提出された。八三年の国会開設を主張する大隈意見書に対抗して、井上毅《こわし》が起草したとされる。**欽定《きんてい》憲法**の体裁を採用し、プロシア憲法を最適とすること、陸海軍の統帥《とうすい》・宣戦・講和・条約締結・文武官の任免等を天皇大権とし、議院内閣制の不採用、元老院、民撰議院の二院制議会の設置、政府の議案提出権・前年度予算執行権等々が盛られている。この意見書は、明治一四年の政変以後の政府の方針と翌年の伊藤博文の憲法調査に重要な役割を果たした。

要点ナビ ウィーンの伊藤博文から東京の岩倉具視へ。

② 伊藤博文書簡1「大権を墜さざる大眼目」 ★☆☆☆

博文来欧以来……独逸《ドイツ》にて有名なるグナイスト2、スタイン3の両師に就《つ》き、国家組織の大体を了解《りょうかい》する事を得て、皇室の基礎を固定し、大権4を不墜《おとさざる》の大眼目《がんもく》は充分相立候間《あいたちそうろうあいだ》、追《おっ》て御報道可申上《もうしあぐべく》候。実に英、米、仏の過激論者の著述而已《のみ》を金科玉条《きんかぎょくじょう》の如《ごと》く誤信し、殆《ほと》んど国家を傾けんとするの勢《いきおい》は、今日我国の現情に御座候《ござそうろう》へ共、之《これ》を挽回《ばんかい》するの道理と手段とを得候。……両師の主説とする所は、邦国組織の大体に於《おい》て、必竟《ひっきょう》5君主立憲体と協和《共和》体の二種を以《もっ》て大別と為《な》し、此中《このなか》に種々分派有之《これあり》候へ共、小差別なり、譬《たと》へば立君にして協和体あり、無君にして協和体あり、立君専政あり、君主立憲にして議会を有するある等。君主立憲政体なれば、君位君権は立法の上に居《お》らざる可《べ》からずと云《いう》の意なり。故《ゆえ》に、憲法を立て立法行政の両権を並立せしめ、立法議政府、行政宰相府《さいしょうふ》恰《あたか》も人体にして意想《いそう》6と行為あるが如くならしめざる可からずと云。

『伊藤博文伝《いとうひろぶみでん》』

解説 自由民権運動の高揚と政府内部の対立を、明治一四年の政変によって切り抜けた政府は、これを契機に、憲法体制の早急な確立をめざすこととなった。一八八二（明治一五）年伊藤博文は、伊東巳代治《いとうみよじ》、平田東助らを伴い、欧州へ憲法調査に向かった。伊藤は五月から翌八三年八月まで主としてベルリンとウィーンに滞在し、公法学者のグナイスト、スタインらについて、プロシア憲法を学んだ。この書簡はウィーンから岩倉具視に送られたもので、民権派の憲法案を「殆んど国家を傾けんとする」ものと決め付け、我が国の憲法はプロシア流の君主権主義を手本とし、立法府としての議会の権限をできるだけ制限し、「皇室の基礎を固定」して強大な君主権を中心とするものにすべきだ、と主張している。伊藤を送り出した岩倉は八三年の七月に病没し、ここに伊藤を中心とした極秘の憲法制定作業が始まるのである。

1 **伊藤博文書簡** 一八八二（明治一五）年八月一一日付。

2 **グナイスト** ドイツ公法学者、ベルリン大学教授。大日本帝国憲法起草上の秘密主義や欽定主義は彼の影響によるところが大きい。

3 **スタイン** ドイツの公法学者、社会学者。ウィーン大学教授。

4 **大権** 天皇の統治権。

5 **必竟** つまるところ。結局。畢竟の誤り。

6 **意想** 思い。考え。

史料注

伊藤博文伝 伊藤博文の伝記をまとめたもの。春畝《しゅんぽ》公追頌《ついしょう》会編。一九四〇（昭和一五）年刊行。

③ 軍人勅諭《ちょくゆ》——一八八二年一月四日公布 ★☆☆☆

夫《それ》兵馬の大権1は朕《ちん》が統《す》ふる所なれば其司々《そのつかさつかさ》《その個々の役目だけは》をこそ臣下《しんか》に任《まか》すなれ、其大綱《たいこう》は朕親《みずから》之《これ》を攬《と》り肯《あえ》て

1 **兵馬の大権** 統帥権。

臣下に委《ゆだ》ぬへきものにあらす、……朕は汝《なんじ》帝国軍人の大元帥《げんすい》なるそ、されは朕は汝等を股肱《ここう》**2**と頼み汝等は朕を頭首《とうしゅ》と仰《あお》きてそ其親《したしみ》は特に深かるへき、朕か国家を保護して上天《じょうてん》の恵に応し祖宗《そそう》**3**の恩に報《むく》いまゐらする事を得《う》るも得《え》さるも《お報いすることができるのもできないのも》汝等軍人か其職を尽《つく》さゝるとに由《よ》るそかし、《尽くすか尽くさないかにかかっている、》……

一、軍人は忠節を尽すを本分とすへし……

一、軍人は礼儀を正くすへし……

一、軍人は武勇を尚《たっと》ふへし……

一、軍人は信義を重んすへし……

一、軍人は質素を旨《むね》とすへし……

『法令全書』

2股肱 もももとひじ。手足となって働く、君主が最も頼りとすべき家臣。
3祖宗 代々の君主（天皇）。

史料注 **法令全書** 三〇二頁参照。

解説 近代的な常備軍を創設していくなかで明治政府は、軍人精神の涵養《かんよう》に意を注ぎ、一八七一（明治四）年には「読法」を出しているが、一八七八（明治一一）年八月の竹橋《たけはし》事件（近衛《このえ》砲兵二六〇余人が西南戦争の恩賞を不公平や俸給削減を不満として、皇居竹橋で起こした反乱）は折からの自由民権運動の高揚と相まって政府を驚愕《きょうがく》させた。政府は一〇月山県有朋《やまがたありとも》による「軍人訓誡《くんかい》」を頒布《はんぷ》して、忠実・勇敢・服従を軍人の三大精神とし、軍人の政治批判を全面的に禁止するとともに、反乱軍を厳罰に処した。次いで一八八二（明治一五）年一月、この**軍人勅諭**《ちょくゆ》を出して軍人精神の規範を示した。これは太政大臣奉勅《ほうちょく》にせずに、天皇自ら署名して直接軍人に下《げ》賜《し》する特別の形式をとったものであり、忠節・礼儀・武勇・信義・質素の五か条を説き、天皇の軍隊としての絶対服従の精神を植え付けようとするものであった。この勅諭は、兵権は政権とは区別された天皇に直結する特別なものであることを人々に印象付け、憲法制定後においても絶大な力を持った。

参考 **華族授爵《かぞくじゅしゃく》の詔勅《しょうちょく》——一八八四年七月七日公布** ★☆☆☆

朕惟《ちんおも》フニ、華族勲冑《かぞくくんちゅう》**1**ハ国ノ瞻望《せんぼう》**2**ナリ。宜《よろ》シク授《さず》クルニ栄爵《えいしゃく》ヲ以《もっ》テシ、用《もっ》テ寵光《ちょうこう》**3**ヲ示スベシ。文武諸臣、中興《ちゅうこう》ノ偉業《いぎょう》**4**ヲ翼賛《よくさん》シ、国ニ大労アル者、宜シク均《ひと》シク優列ニ陞《のぼ》シ、用テ殊典《しゅてん》**5**ヲ昭《あきらか》ニスベシ。……

『法令全書』

1勲冑 勲功のあった家柄。
2瞻望 仰ぎ望むこと。
3寵光 君主（天皇）の恵み。
4中興ノ偉業 王政復古のこと。
5殊典 特別の礼式。

参考 **華族令——一八八四年宮内省達《たっし》** ★☆☆☆

第一条 凡《およ》ソ爵ヲ授クルハ、勅旨《ちょくし》ヲ以テシ、宮内卿之《きょうこれ》ヲ奉行《ほうこう》ス。

第二条　爵ヲ分《わか》テ、公侯伯子男《こうこうはくしなん》ノ五等トス。

『法令全書』

史料注　法令全書　三〇二頁参照。

解説　明治政府は一八六九（明治二）年の**版籍奉還**《はんせきほうかん》の際、士族、平民の上位の身分として**華族**《かぞく》を設定し、旧公卿、諸侯をこれにあてた（旧華族）。伊藤博文は欧に渡って憲法調査を進め、立憲君主制を支える貴族層の役割を再認識する。帰国後この華族制度を改革、強化し、議会の上院（貴族院）設置に着手した。一八八四（明治一七）年華族令を定め、従来の華族及び維新前後の功労者またはその嗣子《しし》に、公・侯・伯・子・男の五爵《しゃく》を授けた（新華族・勲功華族）。帝国憲法発布により天皇大権の一つとして授爵を定め、貴族院令によって満三〇歳以上の公・侯爵の全員、同伯・子・男爵は同爵の互選によって貴族院議員となり、皇族とともに皇室の藩屏《はんぺい》として衆議院を制圧する役割を果たした。授爵者の多くは軍人、官吏、政治家であったが、のち実業家にも授けられた。爵位は世襲《せしゅう》であり、世襲財産も設定された。華族制度は一九四七（昭和二二）年まで存続した。

4 学校令　★☆☆☆☆

要点ナビ　初代文部大臣森有礼。国家主義的教育理念を示す。

(1)帝国大学令――一八八六年三月一日公布

第一条　帝国大学ハ国家ノ須要《すよう》❶ニ応スル学術技芸ヲ教授シ及其蘊奥《およびそのうんおう》❷ヲ攷究《こうきゅう》スルヲ以《もっ》テ目的トス

(2)師範学校令――一八八六年四月九日公布

第一条　師範《しはん》学校ハ教員トナルヘキモノヲ養成スル所トス。但《ただ》シ生徒ヲシテ順良信愛威重《いちょう》❸ノ気質ヲ備ヘシムルコトニ注目スヘキモノトス

『法令全書』

❶**須要**　なくてはならぬこと。

❷**蘊奥**　学術、技芸等の奥深いところ。奥義。極意。

❸**順良信愛威重**　森有礼は教員の備えるべき三資質を明記し、国家への自発的な忠誠心を持ち気力ある臣民であることを強調した。

史料注　法令全書　三〇二頁参照。

探究32　学校令では、どのような教育方針がとられたか。

解説　**学校令**は、一八八六（明治一九）年以降制定された帝国大学令・師範学校令・中学校令・小学校令等一連の学校教育制度を定めた法令の総称である。初代文部大臣**森有礼**《ありのり》によって定められた。森は帝国大学令のなかで、大学は国家のための教育をなす場という考えを明確に打ち出し、直轄学校の目的について行われた演説でも、「帝国大学ニ於《おい》テ教務ヲ挙《あ》クル学術ノ為《た》メト、国家ノ為メトニ関スルコトアラハ、国家ノ為メノコトヲ最モ先ニ重セサル可《べか》ラサル」ものであると述べている。この国家主義的教育理念は、森の教育政策全体を貫く根本理念であり、帝国大学以下の諸学校もこの目的に沿うものとして位置付けられた。また一連の学校令の制定は、その前年に発足した内閣制度に伴う官僚制度改革に対応したものでもあった。つまり、文官の採用が「文官試験試補及見習規則」に基づく試験によって、帝国大学卒業生が薩長下級藩士に代わり、政府の枢要を形成してゆくのである。森はこの帝国大学を頂点としたピラミッドをなす教育制度によって、「国家ノ須要《すよう》ニ応ズル」忠良なる臣民の育成に意を注いでいった。これらの理念や制度は自由な思想や創造性を青年から奪い、教育勅語《ちょくご》と合わせ戦前の教育政策の基本となるのである。

⑮ 明治憲法

❶ 大日本帝国憲法――一八八九年二月一一日発布 ★★★★★

要点ナビ 明治天皇が定めて国民に与える憲法。黒田清隆内閣。

第一条　大日本帝国ハ万世一系《ばんせいいっけい》[1]ノ天皇之《これ》ヲ統治《とうち》ス

第三条　天皇ハ神聖《しんせい》ニシテ侵《おか》スヘカラス[2]

第四条　天皇ハ国ノ元首《げんしゅ》ニシテ統治権ヲ総攬《そうらん》[3]シ此《こ》ノ憲法ノ条規ニ依《よ》リ之ヲ行フ

第五条　天皇ハ帝国議会ノ協賛《きょうさん》[4]ヲ以《もっ》テ立法権ヲ行フ

第八条　天皇ハ公共ノ安全ヲ保持シ又《また》ハ其《そ》ノ災厄《さいやく》ヲ避《さ》クル為《ため》緊急ノ必要ニ由《よ》リ帝国議会閉会ノ場合ニ於《おい》テ法律ニ代《かわ》ルヘキ勅令《ちょくれい》[5]ヲ発《はっ》ス……

第十条　天皇ハ行政各部ノ官制及《および》文武官ノ俸給《ほうきゅう》ヲ定メ及文武官ヲ任免《にんめん》ス……

第十一条　天皇ハ陸海軍ヲ統帥《とうすい》[6]ス

第十二条　天皇ハ陸海軍ノ編制及常備兵額ヲ定ム

第十三条　天皇ハ戦ヲ宣《せん》シ和ヲ講シ及諸般ノ条約ヲ締結《ていけつ》ス

第十四条　天皇ハ戒厳《かいげん》[7]ヲ宣告ス

第二十条　日本臣民《しんみん》ハ法律ノ定ムル所ニ従ヒ兵役ノ義務[8]ヲ有ス

第二十八条　日本臣民ハ安寧《あんねい》秩序ヲ妨《さまた》ケス及臣民タルノ義務ニ背《そむ》カサル限ニ於テ信教ノ自由ヲ有ス

第二十九条　日本臣民ハ法律ノ範囲内ニ於テ言論著作印行《いんこう》[9]集会及結社ノ自由ヲ有ス

第三十三条　帝国議会ハ貴族院[10]衆議院ノ両院ヲ以テ成立ス

第五十五条　国務各大臣ハ天皇ヲ輔弼《ほひつ》[11]シ其ノ責ニ任ス

※色文字は重要語

[1]万世一系　天照大神《あまてらすおおみかみ》以来、連綿《れんめん》として変わることのない皇室の系統。

[2]神聖ニシテ侵スヘカラス　（神聖）不可侵とは君主無答責を意味する。つまり君主は法律・政治上の責任を負わず、刑事の訴追を受けることはない。

[3]総攬　一手に掌握すること。

[4]協賛　力を合わせて協力すること。

[5]法律ニ代ルヘキ勅令　緊急勅令。天皇大権の一つ。

[6]統帥　軍隊をまとめ率いること。軍隊の最高指揮権。天皇大権の一つ。統帥権は内閣から独立した権限とされたため、解釈をめぐり軍部と内閣の対立も多く、軍部による政治支配を生んだ。

[7]戒厳　戦争、内乱に際し法律を停止し、軍の権力下に置くこと。関東大震災、二・二六事件において施行。

8兵役ノ義務　ほかに納税の義務も規定（第二一条）。

9印行　図書の印刷、発行。

10貴族院　皇族・華族、勅選多額納税者、帝国学士院会員から成る。衆議院と対抗。

11輔弼　天皇を補佐すること。

史料注　**法令全書**　三〇二頁参照。

探究33　大日本帝国憲法の特質を述べよ。

第五十七条　司法権《しほうけん》ハ天皇ノ名ニ於テ法律ニ依リ裁判所之ヲ行フ

第七十三条　将来此ノ憲法ノ条項ヲ改正スルノ必要アルトキハ勅令ヲ以テ議案ヲ帝国議会ノ議ニ付スベシ。此ノ場合ニ於テ両議院ハ各々其ノ総員三分ノ二以上出席スルニ非サレハ議事ヲ開クコトヲ得ス　出席議員三分ノ二以上ノ多数ヲ得ルニ非サレバ改正ノ議決ヲ為《な》スコトヲ得ス　『法令全書』

解説　一八八二（明治一五）年、**岩倉具視**《いわくらともみ》の訓令によって、**伊藤博文**は憲法調査のため渡欧した。伊藤は岩倉の構想どおり、ドイツ、オーストリアで強大な君主権を中心とする憲法を学んで帰朝し、ドイツ人法学者ロエスレルやモッセの助言を得て、井上毅《いのうえこわし》、伊東巳代治《いとうみよじ》、金子堅太郎《かねこけんたろう》を助手として極秘裡《ごくひり》に憲法草案の起草に着手したのである。一八八四年の**華**《か》**族**《ぞく》**令**、八五年の**内閣制度**など憲法発布、国会開設の準備が進められた。憲法草案は、一八八八年四月、天皇の諮問《しもん》機関として新設された枢密院《すうみついん》で天皇臨席のもとに審議されたのち、翌年二月一一日、紀元節の日を選んで**欽定**《きんてい》**憲法**として発布された。

帝国憲法には非常に多くの天皇大権が存在する。法律の裁可、公布、執行の命令、議会の召集、衆議院の解散、緊急勅令の発布、文武官の任免、陸海軍の統帥《とうすい》・編成、常備兵額の決定、宣戦・講和条約の締結、戒厳《かいげん》の宣言等々。それに対し議会には協賛する機能しか与えられず、国民は臣民《しんみん》として位置付けられ、その権利は法律の範囲内とされ大きな制約がなされていた。

※帝国憲法における自己拘束《こうそく》論、天皇が超憲法的な存在か、憲法に代表される法秩序によって拘束される存在かについては、いろいろな考え方が対立した。起草者である伊藤博文自身は立憲政治の重要な意義は君権の制限にあるとして、天皇を国民統合の根軸にすえながらも後者の立場をとっていた。その論拠は憲法発布の式典のなかで、天皇が「此ノ憲法ノ条章ニ循《したが》ヒ之《これ》ヲ行フコトヲ愆《あやま》ラサルヘシ」と憲法を守る約束をその上諭《じょうゆ》でしていること、第四条後段で「此ノ憲法ノ条規ニ依《よ》リ之ヲ行フ」と明記していること等である。こうした理解は明治末から昭和初期には学界、政界、官界などでの常識となっていたが、満州事変以降軍部の台頭のなかで、天皇の絶対性を説く議論が支配的となり、自己拘束論は影を潜めてしまうのである。**天皇機関説問題**と絡《から》み合わせながら考えていきたい問題である。

❷ 憲法の発布――『ベルツの日記』　★★☆☆☆

二月九日（東京）　東京全市は、十一日の憲法発布をひかえてその準備のため、言語に絶した騒ぎ

❶**悲憤慷慨** 社会の不義・不正を憤って、悲しみ嘆くこと。

史料注 **ベルツの日記** ドイツ人医学者で、外国人教師であったベルツの日記。日本社会や政治に関し、鋭い批判を加えている。

史料注 **兆民先生** 幸徳秋水の著作。民権指導者の兆民の素顔や考え方をよく伝えている。

要点ナビ 市制・町村制公布、第一次伊藤博文内閣。

❶**市制・町村制** 一八八八（明治二一）年四月二五日公布。

❷**郡区町村** 一八七八年の郡区町村編成法のもとでの地方行政制度。府県の下に行

を演じている。到《いた》るところ、奉祝門《ほうしゅくもん》、照明《イルミネーション》、行列の計画。だが、滑稽《こっけい》なことには、誰も憲法の内容をご存じないのだ。

二月十六日（東京） 日本憲法が発布された。もともと国民に委《ゆだ》ねられた自由なるものは、ほんの僅《わず》かである。しかしながら、不思議なことにも、以前は「奴隷《どれい》化された」ドイツの国民以上の自由を与えようとしないといって悲憤慷慨《ひふんこうがい》❶したあの新聞が、すべて満足を表しているのだ。

『ベルツの日記』

解説 一八八九（明治二二）年二月一一日、**大日本帝国憲法**の発布と祝典が行われた。これに対し、国民は一般的に憲法礼讃《らいさん》に沸《わ》き、日本全土が、興奮のるつぼと化した。しかしその憲法の内容を理解しているものはほんのわずかの人々であった。「憲法の発布」を「天皇から絹布《けんぷ》の法被《はっぴ》が下される」と誤ったエピソードも残されている。ベルツは一八七六年から一九〇五年まで二九年間にわたって滞日し、東京大学医科教授、宮内省御用掛《ごようがかり》を務め、日本人を妻とした親日家。この鋭い批判の目は、明治憲法の本質を鋭くとらえている。

参考 **「愚にして狂なる」国民—中江兆民の憲法観** ★☆☆☆

明治二十二年春、憲法発布せらるゝ、全国の民歓呼沸《かんこわ》くが如《ごと》し。先生嘆《たん》じて曰《いわ》く、吾人賜与《ごじんしよ》せらるゝの憲法果して如何《いか》の物乎《ものか》、玉耶《か》将《は》た瓦《かわら》耶、未《いま》だ其《その》実を見るに及ばずして、先《ま》づ其名に酔《よ》ふ、我国民の愚《ぐ》にして狂なる、何ぞ如此《かくのごと》くなるやと。憲法の全文到達するに及んで、先生通読一遍唯《た》だ苦笑する耳《のみ》。

『兆民先生』

❸ 市制・町村制❶の実施—市制町村制理由 ★☆☆☆

現今ノ制ハ府県ノ下郡区町村アリ❷、区町村ハ稍《ようやく》自治ノ体ヲ存スト雖《いえど》モ未《いま》タ完全ナル自治ノ制アルヲ見ス、郡ノ如《ごと》キハ全《まった》ク行政ノ区画タルニ過キス、府県ハ素《もと》ト行政ノ区画ニシテ、幾分カ自治ノ制ヲ兼《か》ネ有セルカ如シト雖モ、是亦《これまた》全ク自治ノ制アリト謂《い》フ可《べ》カラス、……即《すなわち》府県郡市町村ヲ以《もっ》テ三階級ノ自治体ト為《な》サントス、……蓋《けだし》自治区ニハ其《その》自治体共同ノ事務ヲ任《まか》ス可キノミナラス、一般

ノ行政ニ属スル事ト雖モ全国ノ統治ニ必要ニシテ官府自ラ処理スヘキモノヲ除クノ外《ほか》、之《これ》ヲ地方ニ分任❸スルヲ得策ナリトス、故《ゆえ》ニ其町村ノ力ニ堪《たえ》フル者ハ之ヲ其負担トシ……郡ノ力ニ及ハサル者ハ之ヲ府県ノ負担トス可シ。

『法令全書』

❹ 府県制・郡制——一八九〇年五月一七日公布　★☆☆☆

(1)府県制

第二条　府県会ハ府県内郡市ニ於《おい》テ選挙シタル議員ヲ以《もっ》テ之《これ》ヲ組織ス

第三条　府県会議員ノ選挙ハ市ニ在《あり》テハ市会及《および》市参事会会同シ市長ヲ会長トシ郡ニ在テハ郡会及郡参事会会同シ郡長ヲ会長トシ左ノ規定ニ依《よ》リ之ヲ行フヘシ

第四条　府県内市町村ノ公民中選挙権ヲ有シ❶其《その》府県ニ於テ一年以来直接国税十円以上ヲ納ムル者ハ府県会ノ被選挙権ヲ有ス

第八十一条　府県ノ行政ハ内務大臣之ヲ監督ス

(2)郡制

第四条　郡会ハ町村内ニ於テ選挙シタル議員及大地主ニ於テ選挙シタル議員ヲ以テ之ヲ組織ス

第八条　大地主ハ町村ニ於テ選挙スヘキ議員定数ノ外《ほか》定数ノ三分ノ一ヲ互選スルモノトス

第九条　大地主トハ郡内ニ於テ町村税ノ賦課《ふか》ヲ受クル所有地ニシテ地価総計一万円以上ヲ有スル地主ヲ云《い》フ

第七十二条　郡ノ行政ハ第一次ニ於テ府県知事之ヲ監督シ第二次ニ於テ内務大臣之ヲ監督ス

『法令全書』

政区画であるいくつかの郡を設定、さらにその下に自治体である区（都市部に置かれた）、町村を置いた。

❸官府自ラ……地方ニ分任　地方自治体に委任された国の事務、衛生施設の設置等。

要点ナビ　第一次山県有朋内閣。

❶市町村ノ公民中選挙権ヲ有シ　当時市・町村会の選挙人の資格は二五歳以上、直接国税二円以上の納入者であった。

史料注
法令全書　三〇二頁参照。

解説 明治政府は立憲政治の基礎固めとして地方制度の整備に意を注ぎ、山県有朋《やまがたありとも》を中心としてプロシアの制度を参考に、一八八八（明治二一）年に**市制・町村制**、翌々年に**府県制・郡制**を定めた。この制度を作り出した狙いは次の二つであった。一つは市制・町村制の公布に先立って町村合併を進め（町村は一八八八年末七万四三五から一万三三四七に減少）、財政規模の小さい町村を合わせて、経費のかかる国政委任事務に耐え得るような町村を作り、行政の基礎とすること、一つは、市・町村会議員を制限選挙（選挙権は満二五歳以上の男子、直接国税二円以上の納入者）や等級選挙（選挙人をその納税額の多少によって等級に分け、名等級がそれぞれ独自に議員を選挙する制度。市は三級、町村は二級選挙制が行われた。各等級が同数の議員を選挙するから、経済力の大きい少数の者の投票に大きな価値を与えることになる）によって選ぶことで、地方名望家層を体制のなかに取り込むことであった。市長や町村長は、市・町村会が選出し、官選の府県知事や郡長は大きな権限を持っていた。市制・町村制は中央集権化の大きな一歩であった。

5 教育勅語❶——一八九〇年一〇月三〇日発布

★☆☆☆

要点ナビ
明治天皇が示す教育理念指針。
山県有朋内閣。

朕惟《ちんおも》フニ我《わ》カ皇祖皇宗《こうそこうそう》❷、国ヲ肇《はじ》ムルコト宏遠《こうえん》ニ徳ヲ樹《た》ツルコト深厚《しんこう》ナリ。我カ臣民《しんみん》克《よ》ク忠《ちゅう》ニ克ク孝《こう》ニ億兆《おくちょう》心ヲ一《いつ》ニシテ、世々《よよ》厥《そ》ノ美ヲ済《な》セルハ、此《こ》レ我カ国体《こくたい》ノ精《せい》華《か》❸ニシテ、教育ノ淵源《えんげん》亦《また》実《じつ》ニ此《ここ》ニ存ス。爾《なんじ》臣民、父母ニ孝ニ、兄弟《けいてい》ニ友《ゆう》ニ、夫婦相和《あいわ》シ、朋友《ほうゆう》相信シ、恭倹《きょうけん》己《おの》レヲ持《じ》シ❹博愛衆《はくあいしゅう》ニ及《およ》ホシ、学ヲ修《おさ》メ業《ぎょう》ヲ習ヒ以《もっ》テ智《ち》能《のう》ヲ啓発《けいはつ》シ徳器《とくき》❺ヲ成就《じょうじゅ》シ、進《すすみ》テ公益《こうえき》ヲ広メ世務《せいむ》ヲ開キ、常ニ国憲《こっけん》ヲ重《おもん》シ国法ニ遵《したが》ヒ、一旦緩急《いったんかんきゅう》❻アレハ義勇公《ぎゆうこう》ニ奉《ほう》シ、以テ天壌無窮《てんじょうむきゅう》❼ノ皇運《こううん》ヲ扶翼《ふよく》スヘシ❽。是《かく》ノ如《ごと》キハ、独《ひと》リ朕カ忠良ノ臣民タルノミナラス又《また》以テ爾祖先《そせん》ノ

❶**教育勅語** 明治憲法下で天皇が国務大臣の副署を要せず臣民に示した意志表示。
❷**皇祖皇宗** 天照大神に始まる歴代の天皇。
❸**精華** すぐれてうるわしいこと。
❹**恭倹己レヲ持シ** 人に対してうやうやしく慎み深いこと。
❺**徳器** 徳行と才能。
❻**緩急** 危急の場合。
❼**天壌無窮** 天地とともにきわまりのないこと。
❽**皇運ヲ扶翼スヘシ** 皇室の発展を助けるようにしなけ

通釈 朕（明治天皇）が考えるに、我が祖先の天照大神と、その子孫である歴代天皇が国づくりを始めたのははるか昔のことで、その恩徳は深く厚いものであった。我が臣民もよく忠孝に励み、心を一つにして代々その美徳をなしてきたのは我が国のすぐれた点であり、教育の根本精神もまたここにある。お前たち臣民も、父母に孝行を尽くし、兄弟は仲良く、夫婦はむつまじく、友は信じ合い、自分を慎み深くし、広く人々を愛し、学業を修得し知能を高めて道徳心を養い、進んで公共の利益を広めて世の務めに励み、常に憲法を重んじて法律に従い、ひとたび国の非常時ともなれば義勇を持って国のために働き、天地のようにきわまりない皇室の運命を守り助けなければならない。このことは、朕の忠実で善良な臣民であるということにとどまらず、祖

ればならない。

❾**悖ラス**　道理に反しない。
❿**拳々服膺**　慎んで常に忘れず、心を尽くして守り行うこと。
⓫**御名御璽**　天皇の名前と印。

史料注
官報　三五八頁参照。

探究34　教育勅語に示された教育の理念を述べよ。

遺風《いふう》ヲ顕彰《けんしょう》スルニ足《た》ラン。斯《こ》ノ道ハ、実ニ我カ皇祖皇宗ノ遺訓《いくん》ニシテ子孫《しそん》臣民ノ倶《とも》ニ遵守《じゅんしゅ》スヘキ所、之《これ》ヲ古《こ》今《こん》ニ通シテ謬《あやま》ラス之ヲ中外《ちゅうがい》ニ施《ほどこ》シテ悖《もと》ラス。❾朕爾臣民ト倶《とも》ニ拳々服膺《けんけんふくよう》❿シテ、咸其《みなその》徳ヲ一ニセンコトヲ庶幾《こいねが》フ。

明治二十三年十月三十日

御名御璽《ぎょめいぎょじ》⓫

『官報』

先の残した美風を今に伝えることでもある。これらのことは我祖先の天照大神とその子孫である歴代の天皇の遺訓であり、子孫である朕とお前たち臣民とがともに守っていくべきものである。これは昔より今に至るまで間違いのないものであり、国の内外に行っても道理に反するものではない。朕はお前たち臣民とともに、慎んで常に忘れず、その恩徳を第一のものとすることを願っている。

明治二三（一八九〇）年一〇月三〇日

御名御璽

解説　憲法発布の翌年、一八九〇（明治二三）年一〇月に**教育勅語《ちょくご》**が発布された。その直接の動機は、同年二月に開かれた**地方官会議**において、知事たちが文部省に対し、青年の思想対策のために徳育の方針を一定にすべきことを要望したことにある。勅語の起草に関係したのは、先に幼学綱要《ようがくこうよう》（一八八二年）の編纂に力をふるった天皇側近の儒学者元田永孚《もとだえいふ》、井上毅《いのうえこわし》（法制局長官）及び文部大臣芳川顕正《よしかわあきまさ》であったといわれる。

当時は国会開設が迫り、自由民権運動が再び頭をもたげ出したという情勢だったので、政府内部に異論や心配がなかったわけではないが（「常ニ国憲ヲ重シ国法ニ遵ヒ」という一句についてなど）、思想統制手段として強行された。

これは、ちょうど明治二〇年代から高まってきた国家主義思潮に乗り、翌年から学校のさまざまな儀式には必ず奉読されることになった。またそれと同時に、天皇、皇后の写真が、大学から小学校に至るまで下賜《かし》され、礼拝が行われるようになった。

勅語の内容は、その冒頭に水戸学的国体観を掲げ、中間には極めて普遍的な徳目を列挙してあるが、語句そのものは、むしろ難解で一般国民に理解できないものであったが、そのことがかえって呪文《じゅもん》的効果を帯び、重々しい儀式を通じて、従順な民心を形成するのに役立った。なおこの勅語は、敗戦に伴い、一九四八（昭和二三）年六月衆・参両院でその排除、失効確認が可決された。

❻ 明治民法――一八九八年七月一六日施行　★☆☆☆

第十四条　妻カ左ニ掲《かか》ケタル行為ヲ為《な》スニハ夫ノ許可ヲ受クルコトヲ要ス❶

第七百四十九条　家族ハ戸主《こしゅ》❷ノ意ニ反シテ其居所《そのいどころ》ヲ定ムルコトヲ得ス

❶**妻カ……要ス**　明治民法においては妻は法律上無能力者と規定され、借財、財産

第七百五十条　家族カ婚姻《こんいん》又《また》ハ養子縁組《ようしえんぐみ》ヲ為スニハ戸主ノ同意ヲ得ルコトヲ要ス

第七百七十二条　子カ婚姻ヲ為スニハ其家ニ在《あ》ル父母ノ同意ヲ得ルコトヲ要ス

第八百十三条　夫婦ノ一方ハ左ノ場合ニ限リ離婚ノ訴《うったえ》ヲ提起《ていき》スルコトヲ得《う》

一　配偶者《はいぐうしゃ》カ重婚《じゅうこん》ヲ為シタルトキ

二　妻カ姦通《かんつう》❸ヲ為シタルトキ

三　夫カ姦淫罪《かんいんざい》❹ニ因《よ》リテ刑ニ処セラレタルトキ

第九百八十六条　家督《かとく》相続人ハ相続開始ノ時ヨリ前戸主ノ有セシ権利義務ヲ承継《しょうけい》ス

『法令全書』

解説　明治政府にとって国家的独立を達成し、欧米列強と対等な地位を占めようという目標を達成するためには、西欧にならう諸法典の整備は立憲国家として不可欠であったし、また条約改正交渉を進める上でも急務の課題であった。民法については、初めフランス人法学者ボアソナードの指導のもとにフランス民法を模範として編纂が進められ、一八九〇（明治二三）年に公布された。しかし公布と同時に、この民法は天賦《てんぷ》人権説に基づいており、社会の倫常（人としての道、人倫）を破壊するもの、日本固有の家族制度を無視するものとの批判が法曹会、政界の保守派から一斉に起こった。なかでも穂積八束《ほづみやつか》は一八九一年「民法出デテ忠孝亡ブ」との論文を発表して、キリスト教的思想に基づくヨーロッパの家族関係をそのまま取り入れようとするこの民法は、日本の美風を損なうものとして激しい攻撃を加えた。これに対し断行派の梅謙次郎《うめけんじろう》は、家長権を封建の遺物と論じて激しい論争を展開した（**民法典論争**）。そこで民法の施行は延期され、改めてドイツ民法を模範とする、家族制度の維持に重点が置かれた民法が起草され、一八九六〜九八年に公布・施行された。絶対的な**戸主権**を規定し、強い夫権や親権のなかで家族の居住や婚姻には戸主の同意が必要とされ、妻は法律上無能力者とされた。戸主権は世代を越えて相続されるものであった。それはまさに国民を天皇の赤子と位置付ける家族国家観を体現するものであり、戦前の日本社会のあり方を大きく規定するものでもあった。

の売買、訴訟、贈与等夫の許可を必要とした。

❷戸主　一家の首長。

❸姦通　有夫の婦人と夫以外の男子とが私通し、関係を持つこと。

❹姦淫罪　強制猥褻《わいせつ》罪・強姦《ごうかん》罪・淫行《いんこう》勧誘罪の総称。

史料注

法令全書　三〇二頁参照。

⑦ 北海道旧土人保護法❶ ——一八九九年三月一日公布　★☆☆☆

第一条　北海道旧土人《どじん》❷ニシテ農業ニ従事スル者又《また》ハ従事セムト欲スル者ニハ一戸ニ付《つき》土地一万五千坪《つぼ》以内ヲ限リ無償下付《むしょうかふ》スルコトヲ得《う》

❶北海道旧土人保護法　一九九七（平成九）年五月一四日、アイヌ文化振興法の成立により廃止。（四八七頁

第四条　北海道旧土人ニシテ貧困《ひんこん》ナル者ニハ農具及《および》ビ種子ヲ給スルコトヲ得
第五条　北海道旧土人ニシテ疾病《しっぺい》ニ罹《かか》リ自費治療スルコト能《あた》ハサル者ニハ薬価ヲ給スルコトヲ得
第七条　北海道旧土人ノ貧困ナル者ノ子弟ニシテ就学《しゅうがく》スル者ニハ授業料ヲ給スルコトヲ得
第九条　北海道旧土人ノ部落ヲ為《な》シタル場所ニハ国庫ノ費用ヲ以《もっ》テ小学校ヲ設クルコトヲ得
第十条　北海道庁長官ハ北海道旧土人共有財産ヲ管理スルコトヲ得……

『法令全書』

参照）

❷旧土人　アイヌ民族のこと。土人はその差別的な呼び方。

史料注　**法令全書**　三〇二頁参照。

解説　北海道旧土人《どじん》保護法は、一八九九（明治三二）年三月一日に公布された。日清戦争後の資本主義的発展のなかで国力の充実がより一層めざされた時代であった。旧土人という呼称は一八七八（明治一一）年、開拓使がそれまで土人、アイヌ、蝦夷《えみし》等様々に呼ばれていた名称を官庁用語に関しては「旧土人」とする布達を出したことによるものである。維新後の急激な和人化、近代化のなかでアイヌの人々は次々と生活の基盤を奪われていった。一八七二（明治五）年の戸籍法はアイヌにも和人的な姓名を必要とさせた。アイヌの生業である鹿猟について開拓使はある程度の保護政策をとったが和人の密猟者はあとを絶たず、十勝《とかち》では七八年の大雪で鹿は激減した。三県時代に入って鮭《さけ》保護のため十勝川中・上流域が禁漁になると鹿の減少と合わせ、アイヌの困窮は極度になった。アイヌの鮭鱒《ます》漁場・昆布《こんぶ》干場も多く和人の手に渡っていった。八四年には餓死が相次ぎ、アイヌの困窮は全道的な問題となった。政府よりの下付《かふ》金を受けての授産指導となったが、それは狩猟から開墾農業への転換であった。北海道旧土人保護法はアイヌの農民化と教育をその内容の中心としながら、一戸一万五〇〇〇坪（＝五ヘクタール）以内の土地を供与し、その生活を保障しようとするものであるが、それはまたアイヌ固有の文化の否定でもあった。アイヌの人々の多くの生活は和人と掛け離れて貧しく、差別感がいつも付きまとっていた。北海道の開拓の歴史は一方においてはアイヌの人々の生活の破壊の歴史でもあった。
　一九九七（平成九）年五月一四日、アイヌ文化振興法が公布され、北海道旧土人保護法は廃止された。

Spot

アイヌとは人間ということ

　二〇〇八年六月六日、国会で「アイヌ民族を先住民族とすることを求める決議」が採択された。前年の九月、国連総会で「国連先住民族権利宣言」が決議され、条約ではないため国際法的な力はないものの、先住民族の固有の権利の保障がうたわれた。一九九六年に人種差別撤廃条約を批准したことをうけて、明治以来百年続いた「北海道旧土人保護法」は廃され、「土人」の名称はなくなったが、「アイヌ文化振興法」においては、アイヌを先住民族と認めるものとはなっていなかった。「北海道ウタリ協会」によれば、生活保護世帯の比率や大学進学率などをみても、アイヌ民族の人たちの苦しみは続いている。アイヌは「人間」を意味し、ウタリは「同胞」という意味である。

16 初期議会

要点ナビ 黒田清隆首相が示す帝国議会開始にあたっての政府の姿勢。

❶ 黒田首相の超然主義演説——一八八九年二月一二日 ★☆☆☆

今般憲法発布式ヲ挙行《きょこう》アリテ、大日本帝国憲法及之《およびこれ》ニ附随《ふずい》スル諸法令ヲ公布セラレタリ。……憲法ハ敢《あえ》テ臣《しん》民《みん》ノ一辞《いちじ》ヲ容《い》ルヽ❶所ニ非《あらざ》ルハ勿論《もちろん》ナリ。唯《ただ》施政上《しせいじょう》ノ意見ハ人々其《その》所説ヲ異ニシ、其合同スル者相投《あいとう》シテ団結ヲナシ、所謂《いわゆる》政党ナル者ノ社会ニ存立スルハ亦《また》情勢ノ免《まぬが》レサル所ナリ。然《しか》レトモ政府ハ常ニ一定ノ方向ヲ取リ、超然❷トシテ政党ノ外《そと》ニ立チ、至公至正《しこうしせい》❸ノ道ニ居《お》ラサル可《べか》ラス。各員❹宜《よろし》ク意ヲ此《ここ》ニ留《とど》メ、不偏不党《ふへんふとう》❺ノ心ヲ以《もっ》テ人民ニ臨《のぞ》ミ、撫馭《ぶぎょ》❻宜《よろし》キヲ得《え》、以テ国家隆盛《りゅうせい》ノ治《ち》ヲ助ケンコトヲ勉ムヘキナリ。『明治政史《めいじせいし》』

※色文字は重要語

❶**一辞ヲ容ルヽ** 口をさしはさむ。

❷**超然** ある物事に関係せず、その外にいて行う主義。

❸**至公至正** この上なく公正な。

❹**各員** 各人。ここでは地方長官たち。

❺**不偏不党** 一党一派に偏《へん》しない。

❻**撫馭** 情けをかけ、いたわりつつ統治すること。

史料注 **明治政史** 三〇三頁参照。

探究35
① 超然主義とは何か。
② 初期議会における民党の主張は何か。

通釈 このたび憲法発布式がとり行われ、大日本帝国憲法とこれに付随するいろいろな法令が公布された。……（欽定の）憲法について、臣民がとやかく口をはさむものでないことは勿論である。ただ政治の内容について人々の意見は分かれるところであり、同じ意見の者同士が団結し、いわゆる政党というものが社会にできるのは社会情勢からいってやむを得ないことである。しかしながら、政府はいつも一定の主義を守り、政党の動きにとらわれることなく政党の外に立ち、この上なく公正な立場にいなければならない。各人はよろしくこの点に留意し、一党一派にかたよらない公平な心で人民に対し情けある統治を行い、国家を盛んにする政治を助けるように努力するべきである。

解説 史料は、憲法発布の翌日（一八八九年二月一二日）、当時の首相であった**黒田清隆**《くろだきよたか》が、鹿鳴館《ろくめいかん》での地方長官会議の席上演説したものである。数日後**伊藤博文**（当時枢密《すうみつ》院《いん》議長）が府県会議長を召集して行った演説においても同様の趣旨の演説がなされた。来たるべき帝国議会の開設にあたり、政府は議会、政党の動向に左右されることなく、超然《ちょうぜん》として独自の政策実現をはかることを宣言したものである。**超然主義**は、それ以後の藩閥政府の政党に対する基本的な姿勢として堅持された。特に、藩閥勢力の中心人物となる**山県有朋**《やまがたありとも》は大正時代までこの姿勢を貫き、政党勢力の伸長を抑制しようとした。

2 樺山資紀《かばやますけのり》海相の蛮勇《ばんゆう》演説――一八九一年一二月二二日　★☆☆☆☆

此《この》何回の役[1]を経過して来た海軍であって、今日迄《まで》此国権の名誉を施《ほどこ》した事は幾度かあるだらう。四千万の人民も此位の事は御記憶であるだらう。先日井上角五郎君が四千万の人民は八千万の眼があると云《い》ふた。四千万の人民で今日幾分か不具《ふぐ》の人があると見ても千万人の眼はあるだらう。其《その》眼を以《もっ》て見たなれば今日海軍を今の如《ごと》き事に見て居《お》る人があるであらうか。[2]此《かく》の如く今日此海軍のみならず即《すなわ》ち現政府である。現政府は此の如く内外国家の艱難《かんなん》[3]を切抜けて今日迄来た政府である。薩長《さっちょう》政府とか何政府とか云っても今日、国の此安寧《あんねい》を保ち四千万の生霊《せいれい》[4]に関係せず安全を保ったと云ふことは誰の功《こう》である。(笑声大に起る)御笑《おわらい》に成る様な事ではございますまい。

『大日本憲政史《だいにほんけんせいし》』

参考　島田三郎[5]の反対演説　★☆☆☆☆

海軍大臣は明治以来あれ丈《だけ》の仕事を遣《や》ったのは、薩長内閣の功であると言はれれば、我々は斯《かく》の如きことを遣ったのは蓋《けだ》し[6]薩長内閣の過《あやまち》であると明言するを憚《はばか》らぬのである。海軍大臣が議会に向って争いを挑《いど》めば、此議会は決して聞逃《ききのが》すことは出来ないと思ふ。

解説　いわゆる蛮勇《ばんゆう》演説は第二回帝国議会(一八九一年一一月二一日)における予算審議のなかで飛び出した。海軍省は大規模な軍艦建造費と製鋼所設立費を要求、第一次松方内閣は政治的配慮もあってその規模を縮小して予算委員会に提出したが、「民力休養・経費節減」を主張する**民党**はこれを削除してしまうのである。それに際し、海相であった樺山資紀《かばやますけのり》が史料に見るような演説を行い、これに激怒した民党は予算案大削減案を可決、松方内閣は二五日衆議院を解散して民党と対決することとなった。

参考　無血虫の陳列場――兆民《ちょうみん》の目にうつる初期議会　★☆☆☆☆

認め得たり、蠢《しゅん》々たる三百の無血虫、無腸男児の中、一の有血虫、有腸男児を、此《こ》の人是《こ》れ誰ぞ、姓氏如何《いかん》、速《すみやか》に聞かまほし、速に教へよかし、我れ言ふを俟《ま》たず、君既《すで》に知らん、曰《いわ》く、

1此何回の役　台湾出兵、西南戦争、壬午《じんご》事変、甲申《こうしん》事変などをさす。

2今日海軍を……あるであらうか　衆議院の予算委員会で軍艦建造費と製鋼所設立費を削除されたことに憤激しているのである。

3艱難　困難にあい苦しむこと。難儀。

4生霊　民。人民。

5島田三郎　自由民権家。大隈重信に近く、立憲改進党の結成に参加。

6蓋し　思うに。あるいは。

史料注

大日本憲政史　大津淳一郎の著。一九二七(昭和二)～二八年刊行、全一〇巻。幕末から一八九〇(明治二三)年の教育勅語までを扱う。諸家の記録、日記、公私文書等を根本資料とし、憲政会の歴史を中心に憲政史上のほとんどの問題を網羅的に記述している。

史料注

あづま新聞　一八九〇（明治二三）年一二月創刊。大井憲太郎らの立憲自由党内左派の機関紙。労働者、細民にも呼びかけ、発行部数三万部といわれた。この急進的立場を恐れた政府は長期発行停止を続けたので、一八九一年末に廃刊となったらしい。

兆民居士中江《なかえ》翁篤介《おきなとくすけ》先生

真個《しんこ》、此の居士《こじ》、此の翁、此の先生、万緑叢中《ばんりょくそうちゅう》一点の紅《あか》なるものよ、請《こ》ふ君、此《これ》を仰《あお》げ、我れ豈《あ》に夙《つと》に此を崇《あが》めざらんや、彼《か》の若円案*代議士天野若円の提出した動議の一たび議場を通過するや、此の居士、此の翁、此の先生は、忽《たちま》ち、アルコール中毒の為《た》め表決の数に加はり兼《か》ね候《そうろう》に付《つき》辞職仕《つかまつり》候との届書を中島議長に呈し、袂《そで》を払ふて、衆（醜か臭か）議院の議場を去れり、嗚呼《ああ》、居士の居士たる所以《ゆえん》、翁の翁たる所以、先生の先生たる所以、此《ここ》に於《おい》て乎《か》有り、頃日《このごろ》、居士は、或《ある》人に語《つ》げらく、衆議院に居ること一日永ふする丈《だ》けそれ丈け、汚垢《おこう》に染《そ》むの感あり、為《ため》に居堪《いたま》らずと、仙骨《せんこつ》、塵垢《じんこう》に染む、豈《あ》に其《そ》れ堪《た》ゆる所ならんや、宜《む》べなる哉《かな》、居士の此言を為せる、ア、仙か仙か、居士豈に仙人的の仙ならんや、ア、俗か俗か、居士豈に凡俗的の俗ならんや、仙か尋常《じんじょう》の仙に非《あら》ず、俗か尋常の俗に非ず、此の仙、此の俗、居士以外還《ま》た求むべからず、蓋《けだ》し居士這般《しゃはん》このたびの挙止《きょし》は、彼の無血虫の殺虫剤たるべし、知らず尚《な》ほ此の無血虫は恬然《てんぜん》として、蠢動《しゅんどう》せんとする乎、人有り曰く、既に無血虫たり豈に恥《はじ》を知らんやと、於是吾生《ああこれわれわれ》は筆毛の先を喰《くら》ひ占《し》めて、満面朱《しゅ》を灑《そそ》ぐこと多事。

〔一八九一年二月二七日「あづま新聞」〕

解説　一八九〇（明治二三）年一一月に始まった第一回帝国議会において圧倒的多数を占めた民党は、民力休養（地租軽減）、経費節減（軍事予算反対）を叫び政府と対決した。予算委員会は、政府提出の予算案を査定し、歳出八三三二万円の一割の削減を要求した。政府は自由党の土佐派を買収し、その脱落で予算案を修正し、六五一万円の削減で予算案を可決した。このなかには竹内綱《つな》（吉田茂の父）や**植木枝盛**《うえきえもり》らがいた。中江兆民《なかえちょうみん》は「衆議院は無血虫の陳列場」とこれを怒り、議員を辞めてしまうのである。

Spot

初めての総選挙

当時の選挙人資格は選挙権も被選挙権も直接国税一五円以上を納める者で、米一石八円九四銭、盛りそば一銭（東京）というなかで、それは大変な額であった。有権者は大半が大地主であり、全人口の約一・一％に過ぎなかった。その一方、有権者になるということは大変名誉なことであったから選挙戦は真剣そのものであった。横浜では運動員が日本刀を背中にくくりつけて長いこん棒を持って張り合った。戸別訪問や食事の接待も大目にみられていたから、私財を投げ売っての戦いは言論戦よりも顔と情実によるものであった。日本のルソーと呼ばれた中江兆民は、立候補の意志も金もなかったが「東雲新聞」を発行し、未解放部落の解放に努力していたので、兆民を慕う大阪の活動家たちが自分たちの土地を兆民の名義に書きかえて登録をしてしまった。兆民は大阪四区から二〇四一票のうち一三五二票を獲得して当選した。

17 条約改正

要点ナビ 鹿鳴館時代。第一次伊藤博文内閣。

❶ 井上馨外相条約改正案——一八八七年四月二二日議了 ★☆☆☆☆

第一条　日本帝国政府ハ、本条約締結《ていけつ》後二ケ年ノ中《うち》ニ於《おい》テ、全《まった》ク国内ヲ開放シ、永久外人ヲシテ雑居セシムヘシ。[1]

第四条　日本帝国政府ハ泰西《たいせい》主義[2]ニ則《よ》リ、本条約ノ定款《ていかん》ニ遵《したが》ヒ、司法上ノ組織及《および》成法ヲ確定ス可《べ》シ。之《これ》ヲ類別スレハ、（第一）刑法、（第二）刑事訴訟法、……（第五）民事訴訟法、……

第七条　其《その》原告タル被告タルヲ問ハス、凡《すべ》テ一人若《も》クハ数人ノ諸外国人カ与《あずか》リタル民事訴訟ヲ、日本裁判所ニ於テ裁判スルニ当リテハ、左ニ列記シタル条々ニ遵ハサルヘカラス。

（一）始審《ししん》裁判所[3]、控訴《こうそ》院[4]及大審《だいしん》院[5]ノ判事ハ、外国裁判官其多数ニ居《お》ルヘキ事。……

（十）刑事ノ予審《よしん》ハ、外国裁判官之ニ当ルヘシ。

『明治文化全集』

解説　不平等条約の撤廃は、新政府にとって最大の課題であった。副島《そえじま》外務卿《きょう》期の**岩倉使節**による予備的会談、**関税自主権の回復**を優先させた寺島宗則《むねのり》の交渉が失敗に終わると、英人アヘン密輸事件、ドイツ商船検疫《けんえき》拒否事件を機に**治外法権の撤廃**が一層強く叫ばれた。一八七九（明治一二）年外務卿となった**井上馨《かおる》**（八五年内閣制度発足以降、第一次伊藤内閣の外務大臣）は、いわゆる「鹿鳴館《ろくめいかん》時代」と呼ばれる欧化政策を進め、文明開化を欧米に印象付ける一方、一八八二（明治一五）年、東京で列国公使合同の予議会を行ったのち、八六年から条約改正会議を行い、英独案を基礎に八七年四月、治外法権の撤廃、一部関税自主権の回復をめざした改正案を得た。この案は「泰西《たいせい》主義」、すなわち西洋に範をとった法典を編纂し、英訳を示し承認を受けること・外国人判事を任用すること・外国人に内地を開放し（内地雑居）、動産、不動産所有を認めること等を盛り込み、対等条約とはほど遠いものであった。ボアソナードは現行条約より劣るとし、農商務大臣谷干城《たてき》は亡国条約と反対して辞職する等、政府内部からも批判され、九月井上は辞任した。

※色文字は重要語

1 雑居セシムヘシ　内地雑居。外国人の内地居住、旅行、営業、不動産取得を認めること。

2 泰西主義　ヨーロッパにならって法律を制定すること。

3 始審裁判所　第一審の裁判所。

4 控訴院　第二審裁判所。

5 大審院　旧司法制度における最高最終の裁判所。

史料注

明治文化全集　明治前期の基本史料集。一八九〇年頃までの文献を収録。一九二七年から皇室編、自由民権編等全二四冊を刊行した。

探究36　井上案は、自由民権運動にどのような影響を与えたか。

❷ 榎本《えのもと》外相の外交意見書——一八九一年一〇月閣議提出 ★★☆☆☆

[1] **現行条約**　安政の五カ国条約。
[2] **岩倉大使……時ニ起リ**　岩倉遣欧使節。
[3] **爾後十一年間……見ル能ハス**　寺島宗則による税権回復をめざした改正交渉。
[4] **各国公使……者ヲ開キ**　一八八二年列国公使を会しての条約改正の予議会。
[5] **同十九年……改正談判**　一八八六（明治一九）年五月より条約改正会議が開催。
[6] **生面**　新しい方面。新生面。
[7] **内地全開**　内地雑居の許可。
[8] **国権**　治外法権のこと。
[9] **不完全ノ条項アリト**　外国人判事の任用のこと。
[10] **一層ノ歩ヲ進メ**　大審院に限り外国人判事を任用。
[11] **欧州一二ノ大国政府**　ドイツは調印、イギリスは同意。
[12] **青木子**　外務大臣青木周蔵。
[13] **贅言**　無駄な言葉。

史料注
大日本外交文書　三一七頁参照。

現行条約[1]ノ我ニ有害ナルコト概《おおむ》ネ如是《かくのごとき》ヲ以《もっ》テ、之《これ》カ改正ヲ加ヘントノ冀望《きぼう》ハ既《すで》ニ岩倉大使欧米行ノ時ニ起リ、[2]彼地《かのち》ニ於《おい》テ談判《だんぱん》ノ端《たん》ヲ試タルモ実際何等《なんら》ノ結果ヲ見ルヲ得《え》サリキ。爾後《じご》十一箇《か》年間時ノ政府専《もっぱ》ラ海関《かいかん》税増加ノ談判ニ従事シタリシモ亦其《またその》効ヲ見ル能《あた》ハス。[3]明治十五年ニ至《いたり》テ外務卿《きょう》井上伯《はく》ハ、各国公使ト条約改正予議会ナル者ヲ開キ、[4]我国権回復ノ緒《しょ》ヲ開キ以テ大《おおい》ニ改正談判ノ歩ヲ進メ、同十九年二十年間同伯ハ改正談判[5]ノ基礎ニ向テ全《まった》ク一個ノ生面《せいめん》[6]ヲ開ケリ。即《すなわ》チ領事裁判権ノ廃棄ヲ以テ内地全開[7]ノ交換物ト為《な》セルコト是《これ》ナリ。……然《しか》レトモ税額ノ増加即チ我国益《こくえき》上ノ談判ニ至テハ著《いちじる》シク歩ヲ進メタリシカ、国権[8]上ニ対シ不完全ノ条項アリト[9]云《い》フヲ以テ談判中止トナリ、同二十二年大隈伯ノ談判ニ至テハ裁判権竝《ならび》ニ其《その》他ノ条件ニ於テモ前案ニ比スレハ更ニ一層ノ歩ヲ進メ、[10]既ニ欧州一二ノ大国政府[11]ハ其成案ニ記名シ、若《もし》クハ批准《ひじゅん》スルニ至リシモ、猶《なお》我国権上ニ対シ不完全ノ条項アルヲ免《まぬか》レスト云フヲ以テ是《こ》レ亦其成績ヲ見ルニ及ハスシテ我ヨリ端ヲ開キ、我ヨリ之ヲ閉《とじ》ルノ姿トナリテ止メリ。青木子[12]、大隈伯ノ後ヲ承《うけ》テ談判ヲ続クニ至テ、遂《つい》ニ能《よ》ク殆《ほと》ント対等条約ニ近キ立案ヲ提出シ、而《しか》シテ英政府ヲシテ一二条項ヲ除ク外《ほか》ハ其重要ノ部分ヲ承諾セシムルニ至リタルハ、殆ント意想《いそう》外ノ結果ト謂《い》ハサル可《べか》ラス。……抑《そもそ》モ亦一ハ井上大隈二伯ノ苦心焦慮《しょうりょ》ヨリ生セシ結果ト、一ハ亜洲全局ノ近況英政府ヲシテ深省《しんせい》ヲ発《ほっ》セシメシニアラスヤ。亜洲全局ノ近況トハ西伯里《シベリア》鉄道ノ起《き》工《こう》是ナリ、蓋《けだ》シ西伯里鉄道ハ英国ノ東洋ニ於《お》ケル特権ヲ剝奪《りゃくだつ》スルノ利器タルハ本官ノ贅言《ぜいげん》[13]ヲ待タス。故《ゆえ》ニ青木子ハ自家有為ノ器ヲ以テ目下乗ス可《べ》キノ機ニ会ヒタリト謂フモ不可ナキカ如《ごと》シ。

日本にとってまたとない外交上の好機を得たというのも、まさにその通りである。

『大日本外交文書』

解説　本史料は青木周蔵が**大津事件**で引責辞職したあと外相となった榎本武揚《えのもとたけあき》が、一八九一（明治二四）年閣議に提出した意見書である。榎本はこのなかで、不平等条約の内容の骨子と改正交渉の経緯をまとめ、今後の方針として青木案を断固として進めることを説いている。ロシアのシベリア鉄道起工・東進南下策がイギリスにとって脅威となり、そのことが青木の条約改正案を有利に導いていることに注意したい。

要点ナビ
日本（青木周蔵駐英公使）と英（キンバレー外相）との間で調印。
第二次伊藤博文内閣。

❸ 日英通商航海条約——一八九四年七月一六日調印　★★☆☆☆

第二十条　本条約ハ……大不列顛《ブリテン》国❶カ日本帝国ニ於《おい》テ執行《しっこう》シタル裁判権及該《およびがい》権ニ属シ、又《また》ハ其《そ》ノ一部トシテ大不列顛国臣民《しんみん》カ享有《きょうゆう》セシ所ノ特典、特権及免除❷ハ本条約実施ノ日ヨリ別ニ通知ヲナサス全然消滅ニ帰シタルモノトス。而《しか》シテ此等《これら》ノ裁判管轄《かんかつ》権ハ本条約実施後ニ於テハ日本帝国裁判所ニ於テ之《これ》ヲ施行スヘシ。

『日本外交年表竝《ならびに》主要文書』

史料注

❶大不列顛国　イギリス。大英帝国。

❷特典、特権及免除　領事裁判権のこと。

史料注

日本外交年表竝主要文書　一九五五（昭和三〇）年、外務省が『日本外交文書』の別冊として編纂、刊行。一八五四（安政元）〜一九四五（昭和二〇）年の主要文書を収録。

探究37　一八九四年、改正条約が最初にイギリスとの間に調印された理由を述べよ。

解説　**日英通商航海条約**は、一八九四（明治二七）年七月一六日ロンドンで、青木周蔵駐英公使（駐独公使兼任）とキンバレー英外相との間で調印された。時の外務大臣は陸奥宗光《むつむねみつ》である。条約の骨子は、日本内地の開放と領事裁判権の撤廃、関税自主権の部分的な回復であった。一八九四年六月二日、朝鮮半島では東学党を中心とする農民反乱が起こり、朝鮮全土へ広がろうとしていた（**甲午《こうご》農民戦争**）。清国は朝鮮政府の要請を受けて出兵し、日本も朝鮮半島へ出兵した。一方、東アジアをめぐっては、ロシアのシベリア鉄道起工以来、英露の利害対立が顕在化しつつあった。朝鮮半島を清国との宗属関係から切り離したいとする日本の思惑と、日本に接近することが対露をめぐる極東政府を有利にするとのイギリスの思惑とのなかで本条約は成立した。調印後、日本は清国との戦争に突入するのである。本条約は最恵国《さいけいこく》待遇も相互的に改めたが、重要輸入品については片務《へんむ》的協定関税を認め、関税自主権回復は不完全であった。完全回復は一九一一（明治四四）年小村寿太郎《じゅたろう》外相のもとでの日米新通商航海条約の調印まで待たねばならなかった。

参考　陸奥宗光の回想　★☆☆☆☆

明治二十七年七月十三日付を以《もっ》て、青木公使は余に電稟《でんりん》*して*（電報で報告して）曰《いわ》く、本使は明日を以て新条約*（日英通商航海条約）に調印することを得べしと。而《しか》して余が此《この》電信に接したるは、抑《そもそ》も如何《いか》なる日ぞ。*鶏林八道《けいりんはちどう》（朝鮮のこと）の危機方《まさ》に旦夕《たんせき》*に迫り、*（切迫して）（一八九四年七月二五日に日清戦争が始まる）余が大鳥公使*（大鳥圭介。駐朝鮮公使兼駐清公使）に向ひ、今は断然たる処置を施すの必要あり、何等《なんら》の口実を使用するも差支《さしつかえ》なし、実際の運動を始むべしと、訣別類似《けつべつるいじ》の電訓を発したる後、僅《わず》かに二日を隔《へだ》つるのみ。余が此間の苦心惨憺《さんたん》、経営の太忙《たぼう》なりしは、実に名状すべからず。然《しか》れども、今此喜ぶべき佳報《かほう》に接するや、頓《とみ》に余をして積日《せきじつ》の苦労を忘れしめたり。

『蹇々録《けんけんろく》』

史料注

蹇々録　「カミソリ陸奥」とあだ名された陸奥宗光が自ら執筆した外交記録。東学党の乱から三国干渉等陸奥外交の全貌を伝える。蹇々とは悩み、苦しむという意味。

18 日清戦争

① 脱亜論《だつあろん》——一八八五年三月一六日掲載 ★★★☆☆

我日本の国土は亜細亜《アジア》の東辺に在《あ》りと雖《いえ》ども、其《その》国民の精神は既《すで》に亜細亜の固陋《ころう》❶を脱して西洋の文明に移りたり。然《しか》るに爰《ここ》に不幸なるは近隣に国あり、一を支那《しな》と云《い》ひ、一を朝鮮と云ふ。……これを喩《たと》へば比隣《ひりん》❷軒《のき》を並べたる一村一町内の者共が、愚《ぐ》にして無法にして然《し》かも残忍無情なるときは、稀《まれ》に其町村内の一家人が正当の人事に注意するも、他の醜《しゅう》に掩《おお》はれて堙没《いんぼつ》❸するものに異ならず、……左《さ》れば今日の謀《はかりごと》を為《な》すに、我国は隣国の開明を待て共に亜細亜を興《おこ》すの猶予《ゆうよ》ある可《べか》らず、寧《むし》ろ其伍《ご》❹を脱して西洋の文明国と進退を共にし、其支那朝鮮に接するの法も隣国なるが故《ゆえ》にとて特別の会《え》釈《しゃく》に及ばず、正に西洋人が之《これ》に接するの風に従《したが》て処分すべきのみ。悪友を親しむ者は共に悪名を免《まぬ》かる可らず。我れは心に於《おい》て亜細亜東方の悪友を謝絶《しゃぜつ》❺するものなり。　『時事新報《じじしんぽう》』

※色文字は重要語

❶**固陋**　見聞が狭くてかたくななこと。古いことに頑固に執着して、新しいものを嫌うこと。

❷**比隣**　軒を並べる隣。近隣。

❸**堙没**　跡形もなく消滅すること。

❹**伍**　仲間。

❺**謝絶**　断わること。拒絶すること。

史料注

時事新報　一八八二（明治一五）年三月一日福沢諭吉により創刊。「不偏不党」「独立不羈《ふき》」を標榜し、福沢自身論説を執筆。世論や政府の政策にも大きな影響を与えた。

解説

脱亜論は、対アジア政策の基本姿勢について書かれた**福沢諭吉**《ふくざわゆきち》の評論である。一八八五（明治一八）年三月一六日の時事新報の社説として発表された。欧米諸国のアジアへの勢力拡大のうねりのなかで、西欧化、文明開化を一つの歴史的事実として受け止め、西洋文明を取り入れての国内の政治改革を進めない限り、国家の独立は維持できないと主張した。さらに西洋文明と隔絶し、古風旧慣のなかに生きようとする朝鮮や清国を見捨てても日本は独自に近代化を進め、西洋諸国の仲間入りをし、西洋流の方法で朝鮮・清国に接するほかはないと述べ、典型的な脱亜論とされる。福沢が脱亜論を掲げてゆく背景には、朝鮮の改革に期待をかけ改革派を支援していた福沢が、一八八四（明治一七）年一二月の甲申《こうしん》事変で独立党（改革派）が一掃され、閔妃《びんひ》を中心にした事大党政権（保守派）がより強固なものとなったことに失望したことが考えられている。自由民権運動を文明のスタイルとしてとらえ、激化事件を機に国権論が台頭、大阪事件を引き起こしてゆく民権各派とつながるとらえ方をみることができる。脱亜論はその後の日本の外交政策の一つの底流となった。

② 天津条約──一八八五年四月一八日調印　★☆☆☆

一、将来朝鮮国若《も》シ変乱《へんらん》[1]重大ノ事件アリテ日中両国或《あるい》ハ一国兵ヲ派《は》スルヲ要スルトキハ応《まさ》ニ先《ま》ツ互ニ行文知照《こうぶんちしょう》スヘシ。其《そ》ノ事定マルニ及《および》テハ仍《よって》即《すなわ》チ撤回《てっかい》[2]シ再タヒ留防《りゅうぼう》[3]セス。

互いに文書で通告する。

『日本外交年表竝《ならびに》主要文書』

要点ナビ　日本（伊藤博文）と清国（李鴻章）との間で調印。

1変乱　事変や騒乱。
2撤回　撤兵。
3留防　軍隊を留め置くこと。

史料注　**日本外交年表竝主要文書**　三五二頁参照。

解説　**日朝修好条規**締結以降日本商人が朝鮮半島に進出し、また朝鮮修信使等の留学生も来日するなど、軍制改革を初め政治、経済、文化の面で朝鮮と日本との交渉が進展すると、宗主国《そうしゅこく》清と日本とは対立した。当時朝鮮では国王（高宗）の父である大院君《たいいんくん》と妃である閔妃《びんひ》とが対立し、閔妃は一族とともに日本にならう政治路線を進めていたが、一八八二（明治一五）年兵制改革に反対する軍人の反乱に端を発する反日的な**壬午軍乱**《じんごぐんらん》が起こった。閔妃は自分と対立し、この反乱を支持した大院君が清国に抑留されることでこの軍乱が収まると、今度は清国に依存する姿勢に転じ、守旧派（事大党《じだいとう》）となって政権を掌握した。一方、親日的な路線を歩もうとする金玉均《きんぎょくきん》、朴泳孝《ぼくえいこう》らの独立党は、清仏戦争（一八八三〜八五）を機に朝鮮公使竹添進一郎らを後盾《うしろだて》として一八八四（明治一七）年事大党政権打倒のクーデターを起こした（**甲申事変**《こうしんじへん》）。しかしこれは、事大党の要請で袁世凱《えんせいがい》の率いる清軍によって制圧され、朝鮮国内での清国の力は一層強いものとなった。そこで、日本政府は伊藤博文を全権大使として天津《てんしん》に送り李鴻章《りこうしょう》との間に天津条約を結んだ。両国軍隊の撤兵、そしてさらに今後朝鮮での兵乱に際し、両国または一国が出兵する際には互いに通告し、平定後は即時撤兵すること等が定められた。この後日本国内では対清主戦論が唱えられ、軍備増強が企図されるとともに、民権派は朝鮮の内政改革を求めた大阪事件を起こし、国権論が台頭した。この天津条約はのちに日清開戦時の出兵の根拠とされ、朝鮮半島をめぐり日清間の対立は次第に激しさを増していった。

③ 主権線と利益線　★★☆☆

(1)山県有朋の外交政略論──一八九〇（明治二三）年三月

我邦利益線ノ焦点《しょうてん》ハ実ニ朝鮮ニ在《あ》リ、西伯利《シベリア》鉄道[1]ハ已《すで》ニ中央亜細亜《アジア》ニ進ミ其《その》数年ヲ出スシテ竣《しゅん》功《こう》[2]スルニ及テハ、露都ヲ発シ十数日ニシテ馬ニ黒龍江《こくりゅうこう》ニ飲《みずか》フヘシ……他ノ一方ニ於《おい》テハ加奈陀《カナダ》鉄道[3]新線成ルヲ告《つ》ケ、英国ヨリ東洋ニ達スル距離ヲ短縮シ……東洋ノ遺利《いり》[4]財源ハ方《まさ》ニ肉ノ群虎ノ間ニ在ル

1西伯利鉄道　フランス資本を背景とし、一八九一年着工、一九〇五年までに東清鉄道を結ぶ線が完成。全線完成は一九一六年。

カ如《ごと》シ。……利益線ヲ保護スルノ外政ニ対シ、必要欠ク可《べか》ラサルモノハ第一兵備、第二教育是《これ》ナリ。『山県有朋《やまがたありとも》意見書』

(2)第一議会山県首相施政方針演説——一八九〇年一二月六日

予算帳ニ就《つ》キマシテ 最《もっと》モ歳出ノ大部分ヲ占《し》メルモノハ即《すなは》チ陸海軍ノ経費デ御座《ござ》イマス。……蓋《けだ》シ国家独立自衛ノ道ニ二途《にと》アリ、第一ニ主権線ヲ守護《しゅご》スルコト、第二ニハ利益線ヲ保護スルコトデアル。其《そ》ノ主権線トハ国ノ疆域《きょういき》[5]ヲ謂《い》ヒ、利益線トハ其ノ主権線ノ安危《あんき》ニ密着ノ関係アル区域ヲ申シタノデアル。凡《およ》ソ国トシテ主権線及利益線ヲ保《たも》タヌ国ハ御座リマセヌ。……一国ノ独立ヲ維持スルニハ、独《ひと》リ主権線ヲ守禦《しゅぎょ》スルノミニテハ決シテ十分トハ申サレマセヌ。『第一回帝国議会衆議院速記録』

解説 日本の陸軍の生みの親ともいえる**山県有朋《やまがたありとも》**は、**甲申《こうしん》事変《じへん》**後の朝鮮半島において清国の影響力が強まっていくなかで、軍制改革、軍備拡大に腐心した。一八八九（明治二二）年には徴兵令《ちょうへいれい》を大改正し、戸主の徴兵猶予《ゆうよ》等の免役規定や代人制度を廃止し、また中等学校・師範《しはん》学校卒業者に対しても志願制度や短期現役制度を採用し、国民皆兵をより徹底させていった。九〇年には海軍の倍増計画も出され、対外戦争を意識した軍備拡張が進められた。対外攻略論は一八九〇（明治二三）年、山県首相が閣僚に回覧した意見書に「国家独立自衛の道に二つあり」として「**主権線の守禦《しゅぎょ》**」と「**利益線の防禦《ぼうぎょ》**」を挙げ、完全な防禦のためには利益線の確保は不可欠で、日本にとってそれは朝鮮であることをはっきりと述べている。さらにシベリア鉄道完成の際にはそれが英露の対立の焦点になろうと予測している。シベリア鉄道はロシア国内を東西に横断する世界一長い鉄道で、全線開通は日露戦争中の一九〇四年九月であるが、朝鮮半島から中国東北部へとつらなる北東アジアにおいてロシアの南下は脅威であった。かくて今日の重要なる課題は軍備の増強と教育であり、愛国心に基づいた国民教化の上に、将来にわたって朝鮮半島を利益線として確保することが必要であることを強調した。

4 下関《しものせき》条約——一八九五年四月一七日調印 ★★★☆☆

第一条 清国ハ朝鮮国ノ完全無欠ナル独立自主ノ国タルコトヲ確認ス。因《よっ》テ右独立自主ヲ損害スヘキ朝鮮国ヨリ清国ニ対スル貢献典礼《こうけんてんれい》[1]等ハ将来全《まった》ク之《これ》ヲ廃止スヘシ。

2竣功 工事ができあがること。

3加奈陀 一七六三年のパリ平和条約でカナダは英の支配下に入る。一八六七年カナダ連邦成立、一九〇六年自主権付与。

4遺利 取り残された利益。

5疆域 境界。国境。

史料注

山県有朋意見書 山県有朋の提出した意見書等八二点を収録、内容は主に政治、外交、軍事にわたる。附録として陸軍省沿革史を収録、大山梓編。

第一回帝国議会衆議院速記録 官報号外として一般に頒布され、衆議院での議事を知る基本史料。

要点ナビ 日本（伊藤博文首相、陸奥宗光外相）と清国（李鴻章、李経方）との間で調印。

1貢献典礼 属国（朝鮮）と

第二条　清国ハ左記ノ土地ノ主権並《ならび》ニ該《がい》地方ニ在《あ》ル城塁《るい》、兵器製造所及《および》官有物ヲ永遠日本国ニ割与《かつよ》ス。（譲り渡す。）

一　左ノ経界《けいかい》内ニ在《あ》ル奉天《ほうてん》省南部ノ地**2**（その地方にある）……

二　台湾全島及其《そ》ノ附属諸島嶼《しょ》

三　澎湖《ほうこ》《ポンフー》列島……

第四条　清国ハ軍費賠償《ばいしょう》金**3**トシテ庫平《こへい》銀二億両《テール》**4**ヲ日本国ニ支払フヘキコトヲ約ス、……

『大日本外交文書』

解説　**下関条約**は、戦勝国の日本が下関で清と結んだ講和条約で、日本全権は伊藤博文と陸奥《むつ》宗光、清国全権は李鴻章《りこうしょう》と李経方《りけいほう》であった。一八九五（明治二八）年四月一七日に調印、同年五月八日批准《ひじゅん》書が交換された。内容は清国が朝鮮国の独立を認め、遼東《りょうとう》《リャオトン》半島、台湾全島、澎湖《ほうこ》《ポンフー》諸島の割《かつ》譲《じょう》、軍事賠償金として庫平《こへい》銀二億両《テール》（三億円）の支払い、清国が列国に開いている開市・開港場のほかに、新たに沙市、重慶、蘇州、杭州を開いての日本国汽船の内陸航路延長、清国内地での商品購買の自由や開市・開港場での居住、製造業従事の自由等を認めるというものであった。この条約によって、日本は清国に対して欧米列強と肩を並べ得る治外法権などの不平等条約を獲得し、（日清通商航海条約―一八九六（明治二九）年七月調印。日本の治外法権、最恵国待遇を記し、関税等は当面清と西欧諸国との間に取り決められたものを準用するとした。）得たる償金は金本位制の確立、陸海軍の軍備強化に役立ち、本格的な産業革命の起動力となった。なお、日本の勝利は「眠れる獅子《しし》」といわれた清国の弱体ぶりを露顕させることとなり、欧米列強は競って中国分割に乗り出すこととなった。

5 三国干渉――一八九五年四月二三日　★☆☆☆

露国《ろこく》皇帝陛下《へいか》**1**ノ政府ハ日本ヨリ清国ニ向《むかっ》テ求メタル媾和条件**2**ヲ査閲《さえつ》**3**スルニ、其《その》要求ニ係《かか》ル遼東《りょうとう》《リャオトン》半島ヲ日本ニテ所有スルコトハ、常ニ清国ノ都**4**ヲ危《あやう》フスルノミナラス、之《これ》ト同時ニ朝鮮国ノ独立ヲ有名無実トナスモノニシテ、右ハ将来永ク極東《きょくとう》永久ノ平和ニ対シ障害ヲ与フルモノト認ム。随《したがっ》テ露国政府ハ日本国皇帝陛下ノ政府ニ向テ重テ其《その》誠実ナル友誼《ゆうぎ》**5**ヲ表《ひょう》センカ為《た》メ、茲《ここ》ニ日本国政府ニ勧告《かんこく》

して（中国に）行う貢物や儀礼。

2南部ノ地　いわゆる遼東半島。

3賠償金　日清戦争の日本の戦費は二億四七万円であり清国から得た賠償金は三億六〇〇〇万円以上であったから損失を補ってはるかに上まわるものであった。

4庫平銀二億両　庫平は清朝の標準の「はかり」。当時の邦貨にして約三億円。

史料注

大日本外交文書　三一七頁参照。

探究38　下関条約が日本の資本主義の発達に果たした役割を述べよ。

要点ナビ　露、独、仏から日本（第二次伊藤博文内閣）への勧告。

1露国皇帝陛下　ニコライ二世。

2媾和条件　媾和は講和に同じ。ここでは下関条約をさす。

スルニ、遼東半島ヲ確然《かくぜん》領有スルコトヲ放棄《ほうき》スヘキコトヲ以《もっ》テス。

『日本外交年表竝《ならびに》主要文書』

解説 一八九五（明治二八）年の**下関条約**調印から六日後の四月二三日、露仏独の駐日公使は日本に対して、遼東《りょうとう》《リャオトン》半島の清国への返還を求める勧告を行った。その理由は本史料にも見るように、日本が遼東半島を所有するということは常に清国の都を危うくするのみならず、同時に朝鮮国の独立を有名無実とし、極東の永久の平和の障害となるというものであった。ロシアはシベリアを含む東方の安全確保や南下政策推進のためには日本の優位を認められず、ドイツは露仏同盟の成立によって欧州で孤立してしまう危険を避け、合わせて将来の中国分割への手掛かりを求めるため、またフランスもロシアに同調する方針をとったのである。ロシアはイギリスに対しても同調を求めたが、ロシアの中国進出を警戒するイギリスは、対ロシア勢力である日本と敵対することを望まず、米とともに局外中立の立場をとった。日本は英米諸国等を動かして対抗しようとしたが、開戦を招きかねない状況のなかで、五月五日ついに勧告に従うこととなった。一一月に還付条約に調印し、代わりに報償金として庫平銀三〇〇〇万両を得たが、政府はこれを契機に「**臥薪嘗胆**《がしんしょうたん》」をスローガンに国民の反ロシア感情をあおり、ロシアとの戦争が準備されてゆくこととなる。

3査閲 調査すること、吟味すること。
4清国ノ都 北京《ペキン》。
5友誼 友情。友好。
史料注 **日本外交年表竝主要文書** 三五二頁参照。

6 三国干渉とその背景1 ★☆☆☆

露国外務大臣は、露国政府においては我が覚書に対し満足する能《あた》はずと言明し……露国は徹頭徹尾《てっとうてつび》日本国が旅順口《りょじゅんこう》《リュイシュン》を領有するを障害なりと認むる……かつ四月二十九日、露京2発同公使3の別電にも露国の底意は一旦《いったん》日本が遼東《りょうとう》《リャオトン》半島において軍港を領有すれば、その勢力同半島内に局限《きょくげん》せずして、将来遂《つい》に朝鮮全国并びに満州北部豊饒《ほうじょう》の地方をも併呑《へいどん》し、海に陸に露国の領土を危《あやう》くすべしとの鬼胎《きたい》4を懐《いだ》き居《お》る模様《もよう》ありといい来りたることあれば、露国政府は猜眼以《さいがんもっ》て我が国を視《み》、その憶測《おくそく》すこぶる過大に失するが如《ごと》くなれども、ともかくもその内心の日本をして清国大陸において寸土尺壌《すんどせきじょう》たりとも侵略せしめざるにあるは炳然《へいぜん》5火を観《み》るが如《ごと》し。これ以上は我において砲火《ほうか》以てその曲直《きょくちょく》を決するの覚悟なくして、徒《いたずら》に尊俎《そんそ》の間に折衝《せっしょう》する《外交談判する》はすこぶる無益の事に属し、かつこの頃清国は既《すで》に三国干渉の事を口実とし、批准《ひじゅん》6交換の期限を延引《えんいん》せんことを提議し来れり。

『蹇々録《けんけんろく》』

1三国干渉とその背景 一八九五（明治二八）年四月から五月にかけての記述。
2露京 ロシアの首都ペテルスブルグのこと（現在サンクトペテルブルグ）。
3同公使 西公使のこと。
4鬼胎 おそれ。
5炳然 あきらかに。
6批准 条約を国家の主権者が承認すること。条約の最終的確認。
史料注 **蹇々録** 三五二頁参照。

探究39 三国干渉の理由を述べよ。

解説 蹇々録《けんけんろく》は日清戦争の時の日本外交の全容を述べた当時の外務大臣陸奥宗光《むつむねみつ》の回想録である。遼東半島《りょうとう　リャオトン》の清国への還付《かんぷ》を勧告する**三国干渉**は極東への南下政策を強めるロシアと朝鮮半島から更なる内陸へと膨張策を抱く日本とのせめぎあいであり、それは一〇年後の日露戦争において現実のものとなるのである。

❶かねて伊藤内閣とは外交問題で戦ったが　徳富蘇峰は一八九四（明治二七）年、対外硬六派に接近し第二次伊藤内閣と対立していたことをさす。

❷御用船　政府の使用に供する船舶。

史料注

蘇峰自伝　徳富蘇峰自身の手による自伝。蘇峰の思想上の変遷を窺い知ることができる。一九三五（昭和一〇）年中央公論社刊。

官報　国の公示事項を掲載し、周知させるための政府機関紙。一八八三（明治一六）年発刊。

参考　三国干渉と徳富蘇峰《とくとみそほう》　★☆☆☆

帰って見れば、出発当時の形勢とは打って変り、恰《あたか》も火の消えたる状態で、これは何事である乎《か》と聞けば、愈々遼東還付《いよいよりょうとうかんぷ》であると云《い》ふ事にて、予《よ》は実に涙さへも出ない程口惜《くや》しく覚えた。予は露西亜《ロシア》や独逸《ドイツ》や仏蘭西《フランス》が憎くは無かった。彼等《かれら》の干渉《かんしょう》に腰を折った、吾《わ》が外交当局者が憎かった。一口に云えば、伊藤公及び伊藤内閣が憎かった。

かねて伊藤内閣とは外交問題で戦ったが❶今更《いまさら》ながら眼前《がんぜん》に遼東還付を見せつけられたには、開《あ》いた口が塞《ふさが》らないと云ふばかりでは無かった。此《こ》の遼東還付が、予の殆《ほとん》ど一生に於《お》ける運命を支配したと云っても差支へあるまい。此事《このこと》を聞いて以来、予は精神的に殆ど別人となった。而《しか》してこれと云ふも畢竟《ひっきょう》すれば、力が足らぬ故《ゆゑ》である。力が足らなければ、如何《いか》なる正義公道《こうどう》も、半文《はんもん》の価値も無いと確信するに至《いた》った。

そこで予は一刻も他国に返還したる土地に居《い》るを屑《いさぎよ》しとせず、最近の御用船《ごようせん》❷を見附《つ》けて帰へる事とした。而して土産《みやげ》には旅順《りょじゅん》口の波打際《なみうちぎわ》から、小石や砂利《じゃり》を一握《にぎ》り手巾《ハンカチ》に包んで持ち帰った。せめてこれが一度は日本の領土となった記念として。

『蘇峰自伝』

参考　日清戦争開戦詔書　★☆☆☆

天佑《てんゆう》ヲ保全シ万世《ばんせい》一系ノ皇祚《こうそ》ヲ践《ふ》メル大日本帝国皇帝ハ忠実ナル勇武ナル汝有衆《なんじゆうしゅう》ニ示ス。朕茲《ちんここ》ニ清国ニ対シテ戦ヲ宣ス。朕カ百僚有司《ひゃくりょうゆうし》ハ宜《よろし》ク朕カ意ヲ体《てい》シ陸上ニ海面ニ清国ニ対シテ交戦ノ事ニ従ヒ、以《もっ》テ国家ノ目的ヲ達スルニ努力スヘシ。……朝鮮ハ帝国カ其《そ》ノ始ニ啓誘《けいゆう》シテ列国ノ伍伴《ごはん》ニ就《つ》カシメタル独立ノ一国タリ。而《しか》シテ清国ハ毎《つね》ニ自ラ朝鮮ヲ以テ属邦ト称シ、陰ニ陽ニ其ノ内政ニ干渉シ、*其ノ内乱*東学党の乱のことアルニ於《おい》テ口ヲ属邦ノ*拯難《じょうなん》ニ籍《し》キ*難を救うことを口実として兵ヲ朝鮮ニ出シタリ。朕ハ*明治十五年ノ条約*済物浦条約をさすニ依《よ》リ兵ヲ出シテ変ニ備ヘシメ、更ニ朝鮮ヲシテ禍乱《からん》ヲ永遠ニ免レ治安ヲ将来ニ保タシメ以テ東洋全局ノ平和ヲ維持セムト欲シ、先《ま》ツ清国ニ告クルニ*協同事ニ従ハムコトヲ以テシタルニ*朝鮮に関する日清共同内政改革案を提案してきたが清国ハ翻《ひるがえっ》テ種々ノ辞柄《じへい》ヲ設ケ之《これ》ヲ拒《こば》ミタリ。……更ニ大兵ヲ韓土ニ派シ我艦ヲ韓海ニ要撃シ殆《ほとん》ト亡状《ぼうじょう》ヲ極《きわ》メタリ。則《すなわ》チ清国ノ計図《けいと》タル、明ニ朝鮮国治安ノ責ヲシテ帰スル所アラサラシメ、帝国カ率先《そっせん》シテ之ヲ独立国ノ列ニ伍《ご》セシメタル朝鮮ノ地位ハ之ヲ表示スルノ条約ト共ニ之ヲ*蒙晦《もうかい》ニ付シ*見えないように隠してしまい、以テ帝国ノ権利利益ヲ損傷シ、以テ東洋ノ平和ヲシテ永ク担保ナカラシムルニ存スルヤ疑フヘカラス。

『官報』

19 日清戦後経営

要点ナビ 第二次山県有朋内閣。

1 立憲政友会宣言 ―― 一九〇〇年八月二五日発表 ★☆☆☆

帝国憲法の施設既《すで》に十年を経《へ》て其《その》効果見るべきものありと雖《いえど》も輿論《よろん》を指導して善《よ》く国政の進行に貢献《こうけん》せしむる所以《ゆえん》に至《いた》りては、其道未《いま》だ全《まった》く備らざるものあり、即《すなわ》ち各政党の言動或《あるい》は憲法の既に定めたる原則と相扞格《かんかく》[1]するの病に陥《おちい》り、或は国務を以《もっ》て党派の私に殉《じゅん》ずる[2]の弊《へい》を致し、或は宇《う》内《だい》[3]の大勢に対する維新《いしん》の宏謨《こうぼ》[4]と相容《い》れざるの陋《ろう》[5]を形し、外帝国の光輝《こうき》を掲《かか》げ内国民の倚信《いしん》[6]を繋《つな》ぐに於《おい》て多く遺憾《いかん》あるを免《まぬが》れざるは、博文の久しく以て憂としたる所なり。……

抑《そもそも》閣臣《かくしん》の任免《にんめん》は憲法上の大権に属し、其簡抜択用《かんばつたくよう》[7]或は政党員よりし或は党外の士を以てす。皆元首の自由意志に存す。而《しか》して其已《すで》に挙《あ》げられて輔弼《ほひつ》の職に就《つ》き献替《けんたい》[8]のことを行ふや党員政友と雖も決して外より之《これ》に容喙《ようかい》[9]するを許さず。苟《いやしく》もこの本義を明らかにせざらむ乎《か》、或は政機の運用を誤り、或は権力の争奪《そうだつ》に流れ、其害言ふべからざるものあらんとす、予《よ》は同志を集むるに於て全く此《こ》の弊竇《へいとう》[10]の外に超立せしむることを期す。

『立憲政友会史《りっけんせいゆうかいし》』

2 自由党を祭る文（幸徳秋水《こうとくしゅうすい》）―― 一九〇〇年八月三〇日掲載 ★☆☆☆

歳《とし》は庚子《かのえね》[1]に在《あ》り八月某夜《ぼうや》、金風淅瀝《きんぷうせきれき》（秋風がもの寂しく吹き）として露《つゆ》白く天高きの時、一星忽焉《いっせいこつえん》[2]として墜《お》ちて声あり。嗚《あ》呼《あ》自由党死す矣《か》。而《しか》して其《その》光栄ある歴史は全《まった》く抹殺《まっさつ》されぬ。……汝《なんじ》自由党が自由平等の為《ため》に戦ひ、文明進歩の為《た》め闘《たたか》ふや、義を見て進み正《せい》を踏《ふん》で懼《おそ》れず、千挫《せんざ》屈せず百折撓《ひゃくせつたゆ》まず（何度挫折しても屈することなく、）、凛乎《りんこ》[3]たる意気精神、

※色文字は重要語

1 扞格 衝突して互いに相容れないこと。
2 私に殉ずる 私利私欲に走る。
3 宇内 天下。世界。
4 宏謨 広大な計画。
5 陋 劣り醜いこと。
6 倚信 信用して頼ること。
7 簡抜択用 選び抜くこと。
8 献替 主君を補佐し、可否を言上すること。
9 容喙 余計な口出し。
10 弊竇 弊害のある点。

史料注
立憲政友会史 一九二五（大正一四）年刊。原敬の提案により同党の歴史をまとめたもの。

1 庚子 一九〇〇（明治三三）年。
2 忽焉 突然。たちまち。
3 凛乎 勇気の盛んな様子。

真《まこと》に秋霜烈日《しゅうそうれつじつ》[4]の慨《がい》ありき。而して今安《いず》くに在る哉《や》。……見よ、今や諸君は退去令[5]発布の総理伊藤侯《こう》、退去令発布の内相山県《ないしょうやまがた》侯の忠実なる政友として、汝自由党の死を視《み》る路人《ろじん》の如《ごと》く、吾人《ごじん》は独《ひと》り朝報《ちょうほう》の孤塁《こるい》に拠《よ》って尚《な》ほ自由平等文明進歩の為めに奮闘しつつあることを。

『万朝報《よろずちょうほう》』

4 秋霜烈日　秋の冷たい霜と、夏のはげ（烈）しい日光から、おごそかで厳しい様子。

5 退去令　一八八七（明治二〇）年の保安条例のこと。この条例で自由民権運動に参加していた幸徳秋水は退去を命じられた。

史料注

万朝報　黒岩涙香《るいこう》の経営、編集した日刊新聞。一八九二（明治二五）年創刊。社会主義的主張を支持した最も進歩的な新聞となり、一九〇三年一〇月まで反戦論を戦わせた。一九四〇年「東京毎夕新聞」に併合。

探究40　立憲政友会成立の歴史的意義を述べよ。

解説　**立憲政友会**は、一九〇〇（明治三三）年八月二五日伊藤博文らによって創立された。戦前における日本の代表的政党である。西園寺公望《さいおんじきんもち》、金子堅太郎、林有造、尾崎行雄、星亨《とおる》らを創立委員とし、憲政党（旧自由党）代議士をほぼ全面的に吸収、当初一五二名の会員を擁して衆議院の過半数を制した。またこれは日清戦争後の資本主義の発展のなかで、三井、安田、渋沢、大倉等の大財閥《ざいばつ》を初め、全国の実業家、地方名望家層を糾合《きゅうごう》したものでもあった。

日清戦後経営は、陸軍師団増設、製鉄所創設等を清国からの賠償金で賄《まかな》いつつも、産業育成のため大幅な財政の膨張を招いていた。政府一般歳出は一八九三年には八四五八万円であったが、戦後の九七年には二億二三六七万円に達していった。このため酒税等の間接税の増税、次いで地租増徴が不可避となり、衆議院で多数の賛成を得ることが是非とも必要となっていた。

伊藤は帝国議会開会後、衆議院に与党を持たずに議会を乗り切ることの困難さを理解し、政党の改良と国民政党の組織に着手していた。九八年五月第三次山県《やまがた》内閣との連携を断った憲政党は自ら政権をめざすなかでこの伊藤擁立に乗り出し、これがのちに立憲政友会成立につながってゆく。伊藤の国民政党論は、醜い政争を排し一党一派に偏することなく〝春雨の霑《うるお》う如き〟政治を行うとするものであった。それゆえ伊藤は党という文字を嫌い政友会という名称を用いるのであるが、それはまた本史料に見るように天皇の意を受けての総裁独裁制による勅許政党にほかならなかった。伊藤にとって国家とは常に弱肉強食のなかで万国対峙《たいじ》してゆかねばならぬ国家であり、そのためには構成員である国民は進んで犠牲を忍ぶべきものとして、それが国民の義務と考えられた。しかし実際において政友会の成立は、政党が藩閥の領袖《りょうしゅう》と提携し、その基本政策を受け入れることによって政権の座につくこと、そして政権党であることを生かして地方的利益実現を公約し、党勢の拡張をはかる「政党政治」の始まりとなった。議会における対立のみでは政権獲得維持が不可能であることが明確になった日清戦後経営のなかでの政党も藩閥も、互いに当初予想しなかった形で明治憲法体制は動き始めていた。幸徳秋水は政友会の成立を自由党の死ととらえ、「自由党を祭る文」を発表して反政府勢力としての政党の消滅を嘆いたのである。

③ 貨幣法提案理由書――一八九七年二月二五日　★★☆☆☆

金本位実施ノ必要モハヤ疑ヲ容《い》レス。依《より》テ爾来《じらい》[1] 専《もっぱ》ラ金吸収ノ方策ヲ求メタリ。恰《あたか》モ好《よ》シ、下関条約ニ依《よ》リ清国ハ償金弐《（二）》億両《テール》ヲ支払フコトヲ約セリ。然《しか》ルニ清国ハ償金支払ノ為《た》メ公債ヲ欧洲《おうしゅう》ニ於《お》

1 爾来　その時以降。

テ募集スルノ必要アルヲ以《もっ》テ、彼我《ひが》ノ便益《べんえき》ヲ計《はか》リ償金ハ英京**2**ニ於テ金貨ヲ以テ受取ルコトニ追約セリ。茲《ここ》ニ於テ金ノ吸収ニハ非常ノ便益ヲ得タリ。……金本位ノ実施ハ欧米諸国貨幣市場ノ中心ト我国市場トヲ連絡セシメ、相互ノ間気脈《きみゃく》ヲ通スル《相互に密接なつながりを作ることができ》ノ便ヲ開キ貿易ノ発達期シテ俟《ま》ツヘキナリ。而《しか》シテ支那《シナ》朝鮮等ノ銀国ニ対シ金貨国ト競争ヲ為ス上ニ於テ、我ハ地形ノ接近其《その》他生産上必要ナル事項ニ富メルヲ以テ深ク憂《うれ》フルニ足ラサルヘシ。之《これ》ニ反シテ他日若《も》シ銀価ノ下落一層甚《はなは》タシキニ至ルトキハ、支那朝鮮等ノ銀国ハ金貨国ニ対スル輸出貿易上多少競争ノ利ヲ占《し》ムル所アルハ免《まぬか》レサルヘキモ、之レ亦《また》一時ニ止《とま》リ、幣制改革ニ依テ生スル利益ト比較スルニ足ラサルナリ。之ヲ要スルニ貨幣ノ基礎今日ノ如《ごと》ク動揺常ナクシテハ、決シテ経済ノ確実ト貿易ノ発達トハ望ムヘキニアラス。

『日本金融史資料《にほんきんゆうしりょう》』

解説 日本は清国から清国通貨で下関条約による支払い、三国干渉による遼東《りょうとう》《リャオトン》半島返還の代償合わせて二億三〇〇〇万両《テール》（日本円で三億六〇〇〇万円）を英国ポンドで受け取った。イギリスは**金本位制**を採っており、このことで日本の金本位制への移行が可能となった。本史料は松方正義《まつかたまさよし》首相が閣議で金本位制採用に向けての貨幣法制定の提案理由を述べたものである。金本位制が国際的大勢となるなかで、為替相場の安定と外資導入を利点に、日本は日清戦後経営に向け金本位制の国となった。

参考 **北清事変出兵に関する閣議決定** ★☆☆☆☆

英仏独ハ皆遠ク師*ヲ出スヲ以《もっ》テ 到底《とうてい》多数ノ兵ヲ遣《や》ル能《あた》ハス。露ハ其《そ》ノ境ヲ接スト雖《いえど》モ西伯利亜《しべりあ》ヲ隔《へだ》テ急ニ大兵ヲ送ル能ハス。北清地方ニ大軍ヲ行ルノ便アル者ハ独《ひと》リ我邦《わがくに》アルノミ……今《いま》ヤ列国ノ援兵未タ到ラス。天津《テンシン》大沽《ターク－》ノ軍敵ニ苦シムノ時ニ方《あたり》テ急ニ大兵ヲ以テ之《これ》ニ赴《おもむ》カハ、以テ彼ノ地ノ重囲ヲ解キ進テ北京《ペキン》ノ乱ヲ平クルコトヲ得ヘク。撥乱《はつらん》**1**ノ功概《おおむ》ネ我ニ帰シ而《しか》シテ各国ハ永ク我ヲ徳トセン。且《かつ》北清ノ禍乱《からん》ニシテ久ク治ラス南清亦其《またそ》ノ禍《わざわい》ヲ被《こうむ》ルニ至ラハ我国民経済ハ過半敗亡《はいもう》ニ帰シ財政亦遂《つい》ニ其ノ累《るい》ヲ免《まぬか》ルルコトヲ得ス。

*軍隊を出すので

『日本外交年表竝《ならびに》主要文書』

2英京 ロンドンのこと。

史料注 **日本金融史資料** 日本金融史に関する資料の集大成で、日本銀行調査局編集刊行。明治大正編全二五冊。一九六一（昭和三六）年完結。

1撥乱 義和団の乱のこと。

史料注 **日本外交年表竝主要文書** 三五二頁参照。

20 日露戦争

1 日英同盟協約[1] ――一九〇二年一月三〇日調印　★★★☆☆

要点ナビ　義和団の乱後のロシアの満州占領継続に対抗。日英の利害一致。第一次桂太郎内閣。

第一条　両締約《ていやく》国ハ相互ニ清国及韓国[2]ノ独立ヲ承認シタルヲ以《もっ》テ、該《がい》二国孰《いず》レニ於《おい》テモ全然侵略的趨《すう》向《こう》ニ制セラルルコトナキ《侵略的傾向に左右されないことを》ヲ声明ス。然《しか》レトモ両締約国ノ特別ナル利益ニ鑑《かんが》ミ、即《すなわ》チ其《その》利益タル大不列顛《ブリテン》国[3]ニ取リテハ主トシテ清国ニ関シ、又《また》日本国ニ取リテハ、其清国ニ於テ有スル利益ニ加フルニ、韓国ニ於テ政治上並《ならび》ニ商業上及《および》工業上格段ニ利益ヲ有スルヲ以テ、両締約国ハ若《も》シ右等利益ニシテ、列国ノ侵略的行動ニ因《よ》リ、若《も》クハ清国又ハ韓国ニ於テ両締約国孰レカ其臣民ノ生命及財産ヲ保護スル為《た》メ干渉《かんしょう》ヲ要スヘキ騒動ノ発生ニ因リテ侵迫《しんぱく》セラレタル場合ニハ、両締約国孰レモ該《がい》利益《りえき》ヲ擁護《ようご》スル為メ必要欠クヘカラサル措置《そち》ヲ執《と》リ得ヘキコトヲ承認ス。[4]

第二条　若シ日本国又ハ大不列顛国ノ一方カ、上記各自ノ利益ヲ防護スル上ニ於テ、別国ト戦端《せんたん》ヲ開クニ至《いた》リタル時ハ、他ノ一方ノ締約国ハ厳正中立ヲ守リ、併《あわ》セテ其同盟国ニ対シテ、他国カ交戦ニ加ハルヲ妨《さまた》クルコトニ努《つと》ムヘシ。[5]

第三条　上記ノ場合ニ於テ、若シ他ノ一国又ハ数国カ該同盟国ニ対シテ交戦ニ加ハル時ハ、他ノ締約国ハ来リテ援助ヲ与ヘ《戦地に来て同盟国に援助を与え、》、協同戦闘ニ当ルヘシ。講和《こうわ》モ亦《また》該同盟国ト相互合意ノ上ニ於テ、之《これ》ヲ為《な》スヘシ。[6]

『日本外交文書』

※色文字は重要語

[1]日英同盟協約　一九〇五年に改訂され、同盟の範囲をインドまで拡大した第二次協約が結ばれた。さらに一九一一年に再改訂され、ドイツを仮想敵国とする第三次協約を締結した。一九二一年のワシントン会議での四カ国条約締結に伴い終了が同意された。

[2]韓国　朝鮮は一八九七年より韓国と称した。

[3]大不列顛国　イギリスのこと。

[4]第一条……承認ス。　日英両国が清国に持っている利益を相互に確認し、合わせて日本が韓国において持つ特殊権益を確認する。

[5]第二条……努ムヘシ。　両国の一方が他国と開戦した場合は、厳正中立を守ること。

[6]第三条……為スヘシ。　同盟国に対して、第三国が交

解説　朝鮮をめぐる日露の対立が深刻になると、その南進に対する策として政府部内に二つの意見があらわれた。一つは伊藤博文《いとうひろぶみ》、井上馨《いのうえかおる》等の主張で親露政策をとり露との妥協に基づく朝鮮権益の防衛であり、ほかは桂太郎《かつらたろう》、山県《やまがた》有朋《ありとも》、小村寿太郎《こむらじゅたろう》等の親英政策により露を満州・朝鮮より駆逐《くちく》する策であった。政府部内では後者をとり一九〇二（明治三

五）年日英同盟協約が締結された。一方、英は東アジアにおける露の進出を恐れたので両国の利害は一致したわけである。……

参考 **小村寿太郎の日英同盟締結意見書（一九〇一年一二月七日）** ★☆☆☆

清韓両国ハ我邦ト頗《すこぶ》ル緊切ナル関係ヲ有シ、就中《なかんずく》韓国ノ運命ハ我邦ノ死活問題ニシテ、＊頃刻《けいこく》＊少しの間ト雖《いえど》モ＊等閑《とうかん》ニ附《ふ》ス＊物事をいい加減にすることヘカラス。……露ハ韓国ト境ヲ接シ、且《かつ》満州経営ノ関係アルカ故《ゆえ》ニ、常ニ我希望ニ反対シ、為《た》メニ今日ニ至ル迄未《いま》タ韓国問題ノ満足ナル解決ヲ見サルヲ遺憾《いかん》トス。

蓋《けだ》シ……露ヲシテ我希望ノ如ク韓国問題ノ解決ニ応セシムルハ……方法唯《ただ》二アルノミ。即《すなわ》チ一ハ我希望ヲ貫徹スルカ為メニハ交戦ヲモ辞《じ》セサルノ決心ヲ示スコトト、二ハ第三国ト結ヒ、其《そ》ノ結果ニ依《よ》リテ露ヲシテ已《や》ムヲ得ス我希望ヲ容《い》レシムルコトナリ。

仮リニ純然タル外交談判ヲ以《もっ》テ露ト協約ヲ結ヒ、＊彼我《ひが》ノ交誼《こうぎ》＊ロシアと日本の友好ヲシテ大ニ親密ナラシメ得ルトスルモ、其ノ得失如何《いかん》ヲ稽《かんが》フレハ実ニ左ノ如クナルヘシ。一、東洋ノ平和ヲ維持スルモ単ニ一時ニ止マルヘキコト。……露ノ侵略ハ到底之《とうていこれ》ニ満足セス。四、英ト海軍力ノ平衡《へいこう》ヲ保ツ必要ヲ生スヘキコト。

之ニ反シテ若《も》シ英ト協約ヲ結フニ於《お》テハ左ノ如キ利益アルヘシ。一、東洋ノ平和ヲ比較的恒久《こうきゅう》ニ維持シ得ルコト。英ハ東洋ニ於テ領土上ノ責任ヲ増スコトヲ好マス、彼ノ希望ハ寧《むし》ロ現状ヲ維持シ、而《しか》シテ専《もっぱ》ラ通商ノ利益ヲ図ルニアルモノノ如シ。四、韓国問題ノ解決ヲ資スルコト。……結局第三国ト結ヒ、露ヲシテ已ムヲ得ス我希望ニ応セシムルノ外ナキコト。七、露国ト海軍力ノ＊権衡《けんこう》＊つりあいヲ保《たもち》テハ可ナルコト。……以上述フルカ如クナルヲ以テ、日英協約ハ日露協約ニ比シ大ニ我邦ノ利益タルコト疑ヲ容《い》レス。

『日本外交年表竝主要文書』

❷ 東大七博士満州問題意見書——一九〇三年六月二四日公表 ★☆☆☆

東京帝国大学教授富井、戸水、寺尾、高橋、中村、金井、小野塚の七博士が、桂首相に提出したる満州問題の意見書は左の如《ごと》し。……

蓋《けだ》し露国は問題を朝鮮によりて起さんと欲すが如し。何となれば争議の中心を朝鮮におくときは、満州を当然露国の勢力内に帰したるものと解釈し得るの便宜《べんぎ》あればなり。故《ゆえ》に極東現時の問題は、必

戦に参加した場合は、他の一方が共同戦闘にあたることを確約。

史料注 **日本外交文書** 三一七頁参照。

探究41
① 日英同盟協約締結に際しての、政府部内における対立する意見を述べよ。
② 日英同盟協約の推移をまとめよ。

史料注 **日本外交年表竝主要文書** 三五二頁参照。

1 姑息の策 一時のがれの手段。

2 曠日弥久 日をむなしくして長引くこと。

史料注 **東京朝日新聞** 朝日新聞は、

ず満州の保全に就《つい》て之《これ》を決せざるべからず。……噫《ああ》、我邦人は千歳《せんざい》の好機を失はゞ、遂《つい》に我邦の存立を危《あや》うすることを自覚せざるべからず。姑息《こそく》の策❶に甘んじて曠日弥久《こうじつびきゅう》❷するの弊《へい》は、結局自屈の運命を待つものに外《ほか》ならず。故《ゆえ》に曰《いわ》く、今日の時機に於《おい》て最後の決心を以て此《この》大問題を解決せよと。

『東京朝日新聞』

解説　東大教授戸水寛人《とみずひろんど》ら七博士は、一九〇三（明治三六）年六月桂首相を訪問、対露強硬外交を要求した。八月対露同志会を結成、近衛篤麿《このえあつまろ》を会長にして、新聞雑誌・遊説などを通じて開戦世論をあおった。三国干渉以来の屈辱感とロシア帝国の南下に対する不安は日本人の心を強く刺激し、さらに、強行的な産業革命は国民の生活を圧迫し、「小農は益々貧しくして食に飢え寒に凍へんとして、最も中堅たるべき中等地主は自作上に於て収穫の減少に遇ひ、納税上に於て益益誅求《ちゅうきゅう》せられんとす……」（実業之日本）有様であった。政府首脳は最初から積極的な開戦論者ではなかったが、国民は新聞雑誌などの好戦論に乗じて社会的矛盾の解決を国内に求めるよりは、国外に求め戦争が景気一新の最良策だと信じるものが多かった。人民の開戦熱は対露同志会を沈黙させるほど上昇し、「ロシアでもドシアでも槍《やり》でも鉄砲でも持って来い」という熱狂ぶりであった。

❸ 反戦・非戦の思想 ★★★☆☆

(1) 内村鑑三《うちむらかんぞう》の非戦論――一九〇三年六月三〇日掲載

余《よ》は日露非開戦論者である許《ばか》りでない。戦争絶対的反対論者である。戦争は人を殺すことである。爾《しこ》うして人を殺すことは大罪悪である。爾うして大罪悪を犯して個人も国家も永久に利益を収め得よう筈《はず》はない。……勿論サーベル❶が政権を握《にぎ》る今日の日本に於《おい》て、余の戦争廃止論が直《ただち》に行はれようとは、余と雖《いえど》も望まない。

『万朝報《よろずちょうほう》』

(2) 幸徳秋水《こうとくしゅうすい》（平民社）の反戦論――一九〇四年二月一四日掲載

戦争は遂《つい》に来れり。平和の攪乱《かくらん》❷は来れり。罪悪の横行は来れり。日本の政府は曰《いわ》く、其責《そのせき》、露国政府に在《あ》りと。露国の政府は曰く、其責日本政府に在りと。

一八七九（明治一二）年大阪で創刊された日刊新聞。その後東京に進出し、一八八八年からは東京朝日、大阪朝日に分かれて発行された。

探究42　日露の対立激化の中で、国内世論の大勢はどうであったか。

❶**サーベル**　陸軍大将桂太郎をさす。

❷**攪乱**　かき乱すこと。

是に由《よっ》て之《これ》を観《み》る。両国政府も亦《また》戦争の忌《い》むべく平和の重んずべきを知る者の如《ごと》し。少くとも平和攪乱の責任を免《のが》れんことを欲する者の如し。其心や多《た》とすべし。而《しか》も平和攪乱の責は、両国の政府、若《も》くは其一国の政府遂に之《これ》に任ぜざるべからず。然《しか》り其責政府に在り、吾人《ごじん》[3]平民（我々国民にはない。）は之に与《あず》からざる也《なり》。然れども平和攪乱より生ずる災禍《さいか》に至《いた》りては、吾人平民は其全部を負担せしめらるべし。彼等平和を攪乱せるの人は毫《ごう》[4]も其罰を受くることなくして、其責は常に吾人平民の肩上《けんじょう》に嫁《か》せらるる也。是《ここに》於乎《おいてか》吾人平民は飽《あく》まで戦争を非認せざるべからず。速《すみやか》に平和の恢復《かいふく》[5]を祈《いの》らざるべからず。之が為《ため》には、言論に文章に、あらゆる平和適法の手段運動に出でざるべからず。故《ゆえ》に吾人は戦争既《すで》に来るの今日以後と雖も、吾人の口あり、吾人の筆あり紙ある限りは、戦争反対を絶叫すべし。而して露国に於《お》ける吾人同胞《どうほう》平民も必ずや亦同一の態度方法に出るを信ず。否《いな》英米独仏の平民、殊《こと》に吾人の同志は益々競《ますますきそ》ふて吾人の事業を援助すべきを信ずる也。

『平民新聞《へいみんしんぶん》』

3吾人 我ら。私たち。
4毫 極めてわずかなこと。
5恢復 回復。

二月一四日号掲載の「平民新聞」の反戦論は「戦争来」「兵士を送る」「戦争の結果」の三部分から成り、抄録部分は「戦争来」である。「兵士を送る」では、戦争の残虐さと戦争を起こす悪制度廃止に尽力することを訴えている。「戦争の結果」では、この戦争が増税など国民負担の増大をもたらし、軍国主義の台頭や風俗退廃などの悪結果をもたらすことを指摘し、戦争に酔う国民に警鐘を鳴らしている。

史料注

万朝報 三六〇頁参照。

平民新聞 平民社の機関紙。開戦論に転じた万朝報を退社した幸徳秋水、堺利彦らが一九〇三（明治三六）年に創刊し、日露戦争に反対する論陣を張った。一九〇五年廃刊。

解説 日露戦争において、主戦論的潮流が国民の世論を支配しているなかで、万朝報《よろずちょうほう》は内村鑑三《うちむらかんぞう》、幸徳秋水《こうとくしゅうすい》、堺利彦《さかいとしひこ》らを擁して非戦論・反戦論を展開した。これは社主黒岩涙香《くろいわるいこう》が「理想団」を組織し、あらゆる社会悪に筆誅《ひっちゅう》を加えようとしたからであるが、一九〇三（明治三六）年一〇月黒岩が主戦論に転向するに至り、内村、幸徳、堺は万朝報を退社し、非戦・反戦の立場を守った。まず、幸徳、堺は片山潜《かたやません》、安部磯雄、木下尚江らとともに、週刊「平民新聞」によって、非戦論・反戦論を主張し続けた。平民新聞は、結党とともに禁止された社会民主党の立場を継承するとともに、フランス的自由民権思想による自由・平等・博愛を人生至上のモットーとし、平民主義・社会主義・平和主義の線を一貫して通し、政府の相次ぐ弾圧、生活の困窮にも屈せず、最後まで果敢な闘争を続けた。また幸徳らは第二インターナショナル（国際社会主義者大会）に堺利彦を送り、社説に「与露国社会党書」を載せ、日本とロシアの労働者が協力してこの戦争に反対してゆくことを訴え、内村鑑三は『聖書之研究』（一九〇〇年創刊）誌上で、キリスト教徒の立場から廃戦論とでもいうべき非戦論を展開した。

参考 **日露戦争開戦の詔書** ★☆☆☆

天佑《てんゆう》ヲ保有シ、万世一系《ばんせいいっけい》ノ皇祚《こうそ》ヲ践《ふ》メル大日本国皇帝ハ、忠実勇武ナル汝有衆《なんじゆうしゅう》ニ示ス。朕茲《ちんここ》ニ露国《ろこく》ニ対シテ戦ヲ宣ス。朕カ陸海軍ハ、宜《よろ》ク全力ヲ極メテ露国ト交戦ノ事ニ従《したが》フヘク、朕カ百僚《ひゃくりょう》有司《ゆうし》ハ宜ク各々《おのおの》其《そ》ノ職務ニ率《ひき》ヒ、其ノ権能ニ応シテ国家ノ目的ヲ達スルニ努力スヘシ。凡《およ》ソ国際条規ノ範囲ニ於《おい》テ、一切ノ手段ヲ尽《つく》シ、遺算《いさん》ナカラムコトヲ期《き》セヨ。……

*帝国ノ重《おもき》ヲ韓国ノ保全ニ置クヤ、一日ノ故《ゆえ》ニ非《あら》ス、*韓国の保全が帝国の重要な要になったのは、一日や二日のことではない。是レ両国累世《るいせ》ノ関係ニ因《よ》ルノミナラス、韓国ノ存亡ハ帝国安危《あんき》ノ繋《かか》ル所タレハナリ。然《しか》ルニ露国ハ、其ノ清国トノ盟約及列国ニ対スル累次《るいじ》ノ宣言ニ拘《かか》ハラス依然《いぜん》満洲《まんしゅう》ニ占拠《せんきょ》シ、益々《ますます》其ノ地歩ヲ鞏固《きょうこ》ニシテ、終《つい》ニ之《これ》ヲ併呑《へいどん》セムトス。若《も》シ満洲ニシテ露国ノ領有ニ帰セン乎《か》、韓国ノ保全ハ支持スルニ由ナク*維持できなくなり、極東ノ平和亦素《またもと》ヨリ望ムヘカラス。……

『官報』

❹ 君死にたまふことなかれ❶ ——与謝野晶子

★★★☆☆

あゝをとうと❷よ君を泣く
君死にたまふことなかれ
末に生れし君なれば
親のなさけはまさりしも
親は刃《やいば》をにぎらせて
人を殺せとをしへしや
人を殺して死ねよとて
二十四までをそだてしや

堺《さかい》の街《まち》のあきびと❸の
旧家をほこるあるじにて
親の名を継《つ》ぐ君なれば↘
君死にたまふことなかれ
旅順❹の城はほろぶとも
ほろびずとても何事ぞ
君知るべきやあきびとの
家のおきてに無かりけり

君死にたまふことなかれ
すめらみこと❺は戦ひに
おほみづからは出でまさね
かたみに人の血を流し
獣《けもの》の道に死ねよとは
死ぬるを人のほまれとは↘
大みこゝろ❻の深ければ
もとよりいかで思されむ

あゝをとうとよ戦ひに
君死にたまふことなかれ
すぎにし秋を父ぎみに
おくれたまへる母ぎみは
なげきの中にいたましく
わが子を召《め》され家を守《も》り
安《やす》しと聞ける大御代も
母のしら髪《が》はまさりぬる↖

❶**君死にたまふことなかれ**　一九〇四（明治三七）年『明星』九月号に掲載。

❷**をとうと**　晶子の弟、籌三郎。日露戦争に出兵。この詩は旅順港包囲網の激戦のなかにいる弟の無事を祈りうたったもの。籌三郎は無事帰還している。

❸**堺の街のあきびと**　晶子の家は駿河《するが》屋という羊羹《ようかん》の老舗《しにせ》であった。

❹**旅順**　ロシア東洋艦隊の基地。乃木希典《のぎまれすけ》の第三軍により一九〇四年六月から攻撃され、一九〇五年一月陥落。大激戦が行われた。

❺**すめらみこと**　天皇。

❻**大みこゝろ**　天皇の心。

史料注

明星　一九〇〇（明治三三）年四月創刊され、一九〇八年一一月第一〇〇号まで続いた、与謝野鉄幹を中心とする新詩社の機関紙。晶子、鉄幹のほか、高村光太郎、北原白秋、石川啄木らが主なメンバーで、短歌革新、新体詩運動に役割を果たした。

探究43　反戦を唱えたのは、どのような立場の人びとか。

要点ナビ　日本（小村寿太郎外相）と露（ウィッテ）との間で調印。米ローズヴェルト大統領が仲介。桂太郎内閣。

1卓絶　他に例がないほど抜きん出てすぐれていること。

2阻礙　隔てさえぎる。

3干渉セサルコトヲ約ス　韓国に対する日本の特殊権益はロシアによっても承認され、やがて日韓併合によって、韓国は日本に吸収合併

暖簾《のれん》のかげに伏《ふ》して泣く
あえかにわかき新妻を
君わするるや思へるや↘
十月《とつき》も添はでわかれたる
少女《おとめ》ごころを思ひみよ
この世ひとりの君ならで↘
あゝまた誰をたのむべき
君死にたまふことなかれ

『明星《みょうじょう》』

参考　お百度詣　★☆☆☆☆

「ひとあしふみて夫《つま》思い　ふたあし国を思へども　三足ふたたび夫思ふ　女心に咎《とが》ありや」

〔大塚楠緒子《おおつかくすおこ》《なおこ》「お百度詣」〕

解説　与謝野晶子《よさのあきこ》は旧姓を鳳《ほう》といい、大阪・堺《さかい》の人。一九〇〇（明治三三）年に与謝野鉄幹《てっかん》と知り合い、一九〇一年上京して『みだれ髪』を刊行、また鉄幹と結婚。鉄幹主宰の新詩社に加わり『明星』誌上で活躍した。大胆奔放な内容で、人間の解放をうたった。「君死にたまふことなかれ」は、一九〇四（明治三七）年九月、日露戦争下で『明星』に発表されたもの。「堺の街のあきびと」の娘の立場から、すでに夫を失いひとり家を守る母や、「暖簾《のれん》のかげに伏して泣く　あえかにわかき新妻」に代わって、切実な庶民的女性の私情と戦争への疑問を詩に託したものである。自然な女の気持ちからうたった点では、大塚楠緒子《おおつかくすおこ》《なおこ》の「お百度詣」と同じである。当時大町桂月《けいげつ》はこの詩に対し、「乱臣なり賊子なり国家の刑罰を加ふべき罪人なり」と激しく論難を加えたが、晶子はこれに対し、「少女と申す者誰も戦争ぎらいに候」と答えている。

5 ポーツマス条約——一九〇五年九月五日調印　★★★☆☆

第二条　露西亜《ロシア》帝国政府ハ、日本国カ韓国ニ於《おい》テ政事上、軍事上及《および》経済上ノ卓絶《たくぜつ》[1]ナル利益ヲ有スルコトヲ承認シ、日本帝国政府カ韓国ニ於テ必要ト認ムル指導、保護及監理ノ措置《そち》ヲ執《と》ルニ方《あた》リ之《これ》ヲ阻礙《そがい》[2]シ又《また》ハ之ニ干渉《かんしょう》セサルコトヲ約ス[3]……

第三条　日本国及露西亜国ハ互ニ左ノ事ヲ約ス。

一、本条約ニ附属スル追加約款《やっかん》第一ノ規定ニ従ヒ遼東《りょうとう》《リャオトン》半島租借権《そしゃくけん》カ其《そ》ノ効力ヲ及ホス地域以外ノ

された。

[4]**領水**　領海のこと。

[5]**譲渡ス**　関東州の租借権（ある国が他の国の領土の一部を借りて一定期間統治すること）が日本側に譲渡された。

[6]**第六条**　この六条の規定によって、南満州鉄道及びそれに付帯する地方の特殊権益が日本に譲渡された。

[7]**第九条**　南樺太の日本への割譲が規定された。

[8]**薩哈嗹島**　樺太のこと。

[9]**瀕スル**　のぞむ。沿っている。

日露戦争の損害と戦費

損害	人	12万人 うち捕虜2,000人
損害	馬	38,350頭
損害	艦船	軍艦 12隻 水雷艦・砲艦等 25隻 運送船等 54隻
戦費	計	15億2,321万4,100円
戦費	内	陸12億8,328万1,900円 海 2億3,993万2,200円

史料注　**日本外交年表竝主要文書**　三五二頁参照。

満州ヨリ全然且《かつ》同時ニ撤兵《てっぺい》スルコト。

第五条　露西亜帝国政府ハ清国政府ノ承諾《しょうだく》ヲ以《もっ》テ、旅順口《りょじゅんこう》《リュイシュン》、大連《だいれん》《ターリエン》並《ならびに》其ノ附近ノ領土及領水《りょうすい》[4]ノ租借権及該《がい》租借権ニ関連シ又ハ其ノ一部ヲ組成《そせい》スル一切ノ権利、特権及譲与《じょうよ》ヲ日本帝国政府ニ移転譲渡《じょうと》ス[5]……

第六条[6]　露西亜帝国政府ハ長春《ちょうしゅん》《チャンチュン》（寛城子《かんじょうし》）旅順口間ノ鉄道及其ノ一切ノ支線並同地方ニ於テ之ニ附属スル一切ノ権利、特権及財産及同地方ニ於テ該鉄道ニ属シ又ハ其ノ利益ノ為《た》メニ経営セラルル一切ノ炭坑《たんこう》ヲ、補償《ほしょう》ヲ受クルコトナク且清国政府ノ承諾ヲ以テ日本帝国政府ニ移転譲渡スヘキコトヲ約ス……

第九条[7]　露西亜帝国政府ハ薩哈嗹《サハリン》島[8]南部及其ノ附近《ふきん》ニ於《お》ケル一切ノ島嶼《とうしょ》並該地方ニ於ケル一切ノ公共営造物及財産ヲ完全ナル主権ト共ニ永遠日本帝国政府ニ譲与ス、其ノ譲与地域ノ北方境界ハ北緯五十度ト定ム……

第十一条　露西亜国ハ日本海「オホーツク」海及「ベーリング」海ニ瀕《ひん》スル[9]露西亜国領地ノ沿岸ニ於ケル漁業権ヲ日本国臣民ニ許与セムカ為《ため》日本国ト協定ヲナスヘキコトヲ約ス……

『日本外交年表並《ならびに》主要文書』

解説　**日露戦争**は日本海海戦、奉天《ほうてん》会戦の大勝利にもかかわらずロシア軍に決定的な打撃を与えることができず、日本軍の最も望まない長期戦の様相を帯びてきた。日本の生産力は長期戦に耐えるだけの深さがなく、諸外国の支援にも限界があった。しかし、一方ロシアでは敗戦とインフレによる人民の不満から、第一次革命が勃発《ぼっぱつ》したので、アメリカ大統領セオドア=ローズヴェルトが戦争終結の潮時とみて調停に入り、ポーツマスで、ロシア全権ウィッテ、日本全権小村寿太郎《じゅたろう》との間に一九〇五（明治三八）年九月五日講和条約が成立した（**ポーツマス条約**）。賠償金問題などで交渉は難航したが、これによりロシアは日本に、韓国に対する支配権、旅順《りょじゅん》《リュイシュン》・大連《だいれん》《ターリエン》の租借《しゃく》権と長春《ちょうしゅん》《チャンチュン》・旅順間の鉄道権益の譲渡、北緯五〇度以南の樺太《からふと》の割譲、沿海州《えんかいしゅう》の漁業権などを認めた。レーニンは日露戦争を帝国主義戦争ではあるが、「進歩的な、すすんだアジア」

探究44
① ポーツマス条約で領土に関してどのような取り決めがなされたか。
② ポーツマス条約締結を調停したアメリカとの関係が、急速に悪化した理由を述べよ。
③ 日露戦争の性格を調べよ。

史料注
東京日日新聞　三一三頁参照。

と「おくれた、反動的なヨーロッパ」の戦いであると規定した。日露戦争での日本の勝利は、当時ロシアやイギリスの圧力に直面していたトルコやインドの国民にも影響を与え、この結果日本は世界一流の帝国主義国家＝世界の一等国として自他ともに許す存在となった。

　しかしこの戦争は日清戦争と比較しても、はるかに大きな犠牲を国民に強いる戦争であった。日本がこの戦争に動員した兵力は約一一〇万、そのうち約一二万が戦死している。東京府下の現、青梅市でみると、日清戦争戦死者一二名であるのに対し日露戦争一〇〇名であり、このような状況は各町村で見出すことができる。また戦中、戦後を通じての増税は国民の重い負担となった。条約締結後、講和内容を不満（賠償金がないことなど）とした反政府派や新聞は講和反対、戦争継続を主張し、一九〇五（明治三八）年九月五日、日比谷公園で開かれた国民大会では群衆が街頭に出て、政府高官邸、警察署、交番、講和支持の政府系新聞社、キリスト教会等を襲撃、放火した。政府は戒厳令《かいげんれい》を発布し、軍隊を出動させようやく鎮圧する有様であった（死者一七名。**日比谷焼き打ち事件**）。日露戦争の勝利は世界の一等国という光をもたらすとともに、その背後には膨大な犠牲と負担という影を民衆に投げかけていった。

参考 日比谷焼き打ち事件 ★☆☆☆

（日比谷正門の突撃）

　斯《か》くて警官と会衆との衝突は忽《たちま》ち公園正面（内務大臣官邸外）に於《おい》て開始せられたり。同正門は平素最も多く出入する処《ところ》のこととして、閉塞《へいそく》の丸太構ひも他の各門よりは一層の厳重を加えられ、配備の警官も他に比して最も多かるが、会衆の一団約二千名計《ばか》りが、同門に押し寄せ、警戒の警部、巡査を入れる入れぬの押問答を始めたるは午後零時廿《（二十）》分頃なりしか。警察がかかる無法の弾圧を試みんとする有様を見て、多々益々激動せる人民は、刻々に雲霞《うんか》の如《ごと》くに参集し来り。押問答の語調愈々《いよいよ》激烈に渡ると同時に、団体中の何《いず》れよりと無く、或《あるい》は石を抛《な》げ、或は砂礫《されき》に下駄《げた》、木片の類を打ち付くるもの続出し警察の之《これ》に打たれて負傷する毎《ごと》に拍手喝采《かっさい》の声湧《わ》くが如《ごとし》。石礫《せきれき》の飛ぶものは弾圧にも比すべく、砂塵《さじん》の揚《あ》がるものは硝煙《しょうえん》とも見るべく、拍手喝采の声は鯨波の声と聞くべし。斯くして刻一刻と激烈の歩を進めゆきて、終には会衆口々に突貫《とっかん》〳〵と絶叫《ぜっきょう》するに方《あた》り、石礫の掩護《えんご》の下に丸太構ひの破壊を始め、先其《そ》の一本を引き奪ひ尚《な》ほ進んで、竹梯子《はしご》を抜き、茲《ここ》に全《まった》く其閉塞の要材を打破するや。有繋《さすが》に警官も防圧の力竭《つ》き、殊《こと》に多くは負傷者となりて如何《いかん》とも為《な》すが儘《まま》に任じたれば、此《この》時既《すで》に三・四万を以て数ふるに足れる会衆は一度にドッと鯨波の声を揚げつゝ、洪水《こうずい》の決する如き勢を以て園内運動場に押し入りたり。

〔一九〇五年九月六日『東京日日新聞』〕

21 韓国併合 ★★★★☆

(1)日韓議定書——一九〇四年二月二三日調印

第四条　第三国❶ノ侵害《しんがい》ニ依《よ》リ若《もし》クハ内乱ノ為《た》メ、大韓《だいかん》帝国ノ皇室ノ安寧《あんねい》或《あるい》ハ領土ノ保全ニ危険アル場合ハ、大日本帝国政府ハ速《すみやか》ニ臨機《りんき》必要ノ措置《そち》ヲ取ルヘシ。而《しか》シテ大韓帝国政府ハ右大日本帝国政府ノ行動ヲ容易ナラシムル為メ、十分便宜《べんぎ》ヲ与《あた》フル事。

大日本帝国政府ハ前項ノ目的ヲ達スル為メ、軍略上必要ノ地点ヲ臨機収用スルコトヲ得ル事。

『日本外交年表竝《ならびに》主要文書』

(2)第一次日韓協約——一九〇四年八月二二日調印

一　韓国《かんこく》❷政府ハ日本政府ノ推薦《すいせん》スル日本人一名ヲ財務顧問《こもん》トシテ韓国政府ニ傭聘《ようへい》（礼をつくして迎え雇い、）シ、財務ニ関スル事項ハ総《すべ》テ其《その》意見ヲ詢《と》ヒ施行《せこう》スヘシ（その意見に従って行うこと。）。❸

一　韓国政府ハ日本政府ノ推薦スル外国人一名ヲ外交顧問トシテ外部《がいぶ》❹ニ傭聘シ、外交ニ関スル要務《ようむ》ハ総テ其意見ヲ詢ヒ施行スヘシ。

一　韓国政府ハ外国トノ条約締結《ていけつ》其他重要ナル外交案件、即《すなわち》外国人ニ対スル特権譲与《じょうよ》若《もし》クハ契約等ノ処理ニ関シテハ、予《あらかじ》メ日本政府ト協議スヘシ。❺

『日本外交年表竝主要文書』

(3)第二次日韓協約(韓国保護条約)——一九〇五年一一月一七日調印

第一条　日本国政府ハ在《ざい》東京外務省ニ由《よ》リ今後《こんご》韓国《かんこく》ノ外国ニ対スル関係及《および》事務ヲ監理《かんり》指揮《しき》スヘク、日本国ノ外交代表者及領事《りょうじ》ハ外国ニ於《お》ケル韓国ノ臣民《しんみん》及利益ヲ保護スヘシ。

第二条　韓国政府ハ今後日本国政府ノ仲介《ちゅうかい》（仲介がない限り、）ニ由ラスシテ、国際的性質ヲ有スル何等《なんら》ノ条約若クハ約束ヲナササルコトヲ約ス（結ばないことを約束する。）。❻

※色文字は重要語

❶**第三国**　ロシアのこと。

❷**韓国**　朝鮮は一八九七年に大韓《だいかん》と改称し、この国号は一九一〇年の韓国併合まで続いた。

❸**財務ニ関スル……施行スヘシ**　この条により韓国政府の財政権が事実上日本政府の監督下に入った。

❹**外部**　韓国の外務省。

❺**予メ日本政府ト協議スヘシ**　この条により韓国の外交権が制限された。

❻**日本国政府ノ……コトヲ約**

第三条　日本国政府ハ其《その》代表者トシテ韓国皇帝陛下《へいか》ノ闕下《けっか》ニ[7]一名ノ統監《とうかん》[8]（レヂデントゼネラル）ヲ置ク。統監ハ専《もっぱ》ラ外交ニ関スル事項ヲ管理スル為《た》メ京城《けいじょう》《ソウル》ニ駐在《ちゅうざい》シ、親《した》シク韓国皇帝陛下ニ内謁《ないえつ》[9]スルノ権利ヲ有ス。……

『日本外交年表竝主要文書』

(4)第三次日韓協約――一九〇七年七月二四日調印

第一条　韓国政府ハ施政《しせい》[10]改善《かいぜん》ニ関シ統監《とうかん》ノ指導《しどう》ヲ受クルコト。

第二条　韓国政府ノ法令ノ制定及ビ重要ナル行政上ノ処分ハ予《あらかじ》メ統監ノ承認ヲ経《へ》ルコト。

第四条　韓国高等官吏《かんり》ノ任免《にんめん》ハ統監ノ同意ヲ以《もっ》テ之《これ》ヲ行フコト。

第五条　韓国政府ハ統監ノ推薦スル日本人ヲ韓国官吏ニ任命スルコト。

『日本外交年表竝主要文書』

(5)韓国併合ニ関スル条約[11]――一九一〇年八月二二日調印

第一条　韓国皇帝陛下[12]ハ韓国全部ニ関スル一切ノ統治権ヲ完全且《かつ》永久ニ日本国皇帝陛下ニ譲与ス。

第二条　日本国皇帝陛下ハ前条ニ掲《かか》ケタル譲与ヲ受諾《じゅだく》シ、且全然《韓国全部》韓国ヲ日本帝国ニ併合《へいごう》スルコトヲ承諾《しょうだく》ス。

第六条　日本国政府ハ前記併合ノ結果トシテ全然韓国ノ施政ヲ担任《たんにん》シ、同地ニ施行スル法規ヲ遵守《じゅんしゅ》[13]スル韓人《かんじん》ノ身体及財産ニ対シ十分ナル保護ヲ与《あた》ヘ、且其福利ノ増進ヲ図ルヘシ。

『日本外交年表竝主要文書』

参考　**桂・タフト協定**[1]――一九〇五年七月二九日　★☆☆☆

……七月二七日午前、桂首相とタフト長官は極秘の長時間にわたる会談を行った……

第一に、タフト長官は、アメリカの親露派の一部の間で、日本の今度の勝利が間違いなくフィリピン侵略の前兆となると憂慮していることにふれた上で、彼の見解は、日本のフィリピンに対する最大の関心は、フィリピンがアメリカのような強力かつ友好的な国に統治されていることだと述べた。……桂首相は彼の意図するそのきびしい条件を認め、日本はフィリピンに対して何ら侵略の意図を持たないことを明確に表明した。……

ス　これにより第一条と合わせて韓国の外交権は完全に奪われた。

7 闕下　天子の前。

8 統監　韓国の外交権を接収した日本が京城（ソウル）に設置した機関。初代統監には伊藤博文《いとうひろぶみ》が任命。

9 内謁　内々に皇帝などの貴人に面会すること。

10 施政　政治を行うこと。このか条により韓国の内政権が日本の指導下に入った。

11 韓国併合ニ関スル条約　この条約に基づき日本政府は朝鮮総督府《ちょうせんそうとくふ》を設置。初代総督には寺内正毅が任命された。

12 韓国皇帝　第二七代皇帝李《り》拓《たく》。第三条・四条において、皇帝及びその一族はその地位、名誉を保障され経済的にも十分な歳費を支給された。

13 遵守　法律や規則などに従い、それをよく守ること。

史料注　**日本外交年表竝主要文書**　三五二頁参照。

1 桂・タフト協定　日本国外務大臣桂伯爵と、セオドア・ローズヴェルト大統領の日本での非公式の代理人、ウィリアム・ハワード・タフトとの会談についての「合意に関する覚え書き」。タフトは、後に、合意に関する大統領の全面的な追認を与えられた。

探究45 日露戦争後、韓国併合に関する条約が締結されるまでの経過をまとめよ。

第二に、桂首相は、極東の全般的平和の維持が、日本の外交政策の基本原則を形成するのであり……最良の唯一の方法、つまりその目的を達成することは、日・米・英三国間の友好的理解が必要であると述べた。……

第三に、桂首相は、対露戦の直接の原因である朝鮮問題について、朝鮮半島問題の全面的な解決は、今戦争の論理的帰結とされることは、日本にとって重大な問題であると述べた。もし、戦後日本が朝鮮から引き揚げたら、朝鮮は再び、無思慮に他の勢力と協定や条約を結び、戦前の複雑な関係に引き戻されるだろう。このような状況から日本は、朝鮮が戦前の状態に戻る可能性と、他国との参戦のために再び日本軍を配置する必然性とを回避するために、ある種の絶対的な手段を取るべき事態を感じた。タフト長官は桂首相の報告の公正さを全面的に認め、次のような彼の個人的な所見を述べた。朝鮮に対する宗主権者としての日本の軍隊の駐留は、日本の同意なしに他国との協定を結べないという要求にまで及ぶことは、今戦争の論理的帰結であり、このことは必ず極東の恒久平和のために貢献するだろうと述べた。この点に関しての判断はルーズベルト大統領の同意を得ることができるだろうが、このような言明をする権限は与えられていないと述べた。

……

『米国国務省収録公式文書』

解説　第一議会で山県有朋首相が「利益線」と位置づけた朝鮮半島の植民地化は日露戦争で日本が勝利する中で本格化した。日露開戦直後の一九〇四年二月、日韓議定書で韓国内での日本の軍事行動の自由を承認させ、同年八月には第一次日韓協約を締結して日本人の財政・外交顧問を置き、その後警察・軍事顧問も認めさせて支配を強めた。（朝鮮は一八九七年に国号を大韓帝国と改称）欧米諸国との関係において日本は桂・タフト協定（一九〇五年）でアメリカから、第二次日英同盟（同年）でイギリスから、さらにポーツマス条約によってロシアからも日本の韓国支配の承認を取り付けることとなった。一九〇五年十一月の第二次日韓協約（韓国保護条約）では外交権も接収した。同時に韓国統監府が設置され、伊藤博文が初代の統監に就任した。一九〇七年にオランダのハーグで開催された万国平和会議に韓国は密使を派遣して韓国の独立を訴えようとしたが（**ハーグ密使事件**）、列国はこれを無視し、逆に日本は皇帝の退位を迫り、第三次日韓協約を締結した。日本は韓国の内政権を掌握し、韓国の軍隊を解散させた。韓国の民衆の間には反日義兵闘争とよばれる激しい抵抗運動が起こった。一九〇九年、伊藤博文が韓国青年、安重根によって暗殺されると統監となった寺内正毅は一九一〇年韓国併合に関する条約を認めさせ、韓国は日本の植民地となった。韓国は再び朝鮮と改称され、統治機関として朝鮮総督府が置かれた。以降一九四五年の太平洋戦争の終結まで朝鮮半島は三十五年間日本の支配下に置かれることとなる。

参考　**朝鮮総督府の土地調査の目的**　★☆☆☆

土地調査ハ地税ノ負担ヲ公平ニシ地籍ヲ明ニシテ其《そ》ノ所有権ヲ保護シ、其ノ売買譲渡ヲ簡捷《かんしょう》確実ニシ、以《もっ》テ土地ノ改良及利用ヲ自由ニシ、且《かつ》其ノ生産力ヲ増進セシメムトスルモノニシテ、其ノ朝鮮ニ於《お》ケル緊要《きんよう》ノ施設タルハ言ヲ俟《ま》タス。朝鮮ノ地税制度ハ今尚《なお》数百年前ノ結制度ヲ襲用《しゅうよう》シ啻《ただ》ニ現今ノ経済状態ニ適応セサルノミナラス、其ノ制度ノ不完全ナル結果、所謂《いわゆる》隠結ナルモノヲ生シ、往往脱税ヲ企ツル者アリ。又耕地面積ノ称呼《しょうこ》ハ今尚従来ノ一斗落（一斗ノ種籾《たねもみ》ヲ播《は》下《か》スル面積）、或《あるい》ハ一日耕（人一人牛一頭ニテ一日間ニ耕ス面積）ノ単位ヲ用ヰ、其ノ実際ノ面積ハ到底之《とうていこれ》ヲ知ルニ由《よし》ナク、又《また》土地ニ関スル権利証明ノ如《ごと》キモ、当事者間ニ於《おい》テ作成シタル不完全ナル文記ニ依《よ》ルカ否ラ《しか》サレハ、頗《すこぶ》ル不整備ナル書類帳簿ニ基ケル郡守ノ証明ニ依ルノ外《ほか》ナク、為《ため》ニ詐欺《さぎ》或ハ不法利得ノ売買抵当《ていとう》等行ハルルコトアリ、……自然、農事ノ改善ヲ緩慢《かんまん》ニシ、土地ノ生産力ヲ阻礙《そがい》セシ事態アリ、故《ゆえ》ニ商工業未《いま》タ発達セス土地ヲ以テ殆《ほとんど》唯一ノ生産ノ根源トスル朝鮮ニ於テハ、土地ノ権利ヲ確実ニシテ、地税ノ負担ヲ公平ニシ以テ、土地ノ生産力ヲ増進スルノ必要特ニ緊切《きんせつ》ナルモノアリ、而《しか》シテ此《こ》ノ目的ヲ達セムニハ須《すべから》ク之ヲ完全ナル大規模ノ土地調査ニ俟タサルヘカラス。

『朝鮮総督府施政年報』

史料注

朝鮮総督府施政年報　朝鮮総督府、一九一二（明治四五）年刊、日本の朝鮮支配政策を知る上での重要な史料。

解説

土地調査事業は朝鮮総督府によって統治体制確立のために実施された事業である。要点は①土地の所有権の確定、②土地価格の調査・確定、③地形・地貌の調査・測量の三点である。韓国併合前から着手され、一九一〇〜一八年に経費二〇四〇万円、朝鮮人五六〇〇余人を含む職員約七〇〇〇人を投入して行われた。土地所有権調査では一定期間内の申告制が採用され、その結果四八〇余万町の土地、一八七万余人の所有権者が確認された。しかしこの過程で、多くの韓国政府・王室所有（駅屯土・宮庄土）を含む公田一〇〇万余町が日本の国有地に編入され、また複雑な申告制によって農民の土地占有権、耕作権が否定され、土地を失う農民が多く現れた。地税収入の増加は総督府財政の基礎を固め、全国的な測地は統治の基盤となった。

Spot

朝鮮農民の窮乏

朝鮮を市場として確保し開拓すること、それが欧米にはるかに遅れて資本主義国として出発した日本の課題であった。近代的土地所有権を確立し、まずは農業投資を行うこと。その第一歩として土地調査事業は進められた。しかし、国王、貴族の下で土地を占有し耕作にあたってきた農民たちに土地の所有権は認められなかった。国王の所有地は国有地となり、やがて貴族、官僚、日本人企業家に払い下げられ、農民は小作人となって生きねばならなかった。しかも小作料も収穫の五〇パーセントにはね上がった。このような状況を背景とし、初代韓国統監伊藤博文はハルビン駅頭に倒れた。伊藤を殺した安重根《アンジュングン》は救国の英雄としてその後ひそかに尊敬され、今日その銅像がソウルに建てられている。詩人石川啄木はこの時、「地図の上朝鮮国にくろぐろと墨をぬりつつ秋風を聞く」と詠んでその時代を見詰めた。

22 社会問題の発生

❶ 高島炭坑[1]の惨状 ★☆☆☆☆

坑夫《こうふ》中過度の労力に堪へずして休憩《きゅうけい》を請《こ》ひ、或《あるい》は納屋頭《なやがしら》人繰《ひとくり》[2]の意に逆《さから》ふ者ある時は、見懲《みせしめ》と称し其《その》坑夫を後手に縛《ばく》し梁上《りょうじょう》に釣《つ》り揚《あ》げ、足と地と咫尺《しせき》[3]するに於《おい》て打撃を加へ、他の衆坑夫をして之《これ》を観視《かんし》せしむ。……宜《うべ》なる哉《や》、高島に三回の暴動起りしこと。其一回の如《ごと》きは竹槍蓆《やりむしろ》旗以《もっ》て炭礦舎《たんこうしゃ》を焼尽し、機関を破壊し、将《まさ》に由々敷《ゆゆしき》大事に至らんとせしが、早くも其警報長崎に達し、警部巡査及び分営軍人の出張ありて纔《わずか》に鎮撫《ちんぶ》せし《辛うじて反乱をしずめた》と雖《いえど》も、舎員の死傷は尠《すく》なからざりしと。斯《こ》の暴動にや恐れけん、爾来《じらい》[4]炭礦舎は撃剣《げきけん》に熟達せる者を傭《やと》ひ入れ、坑内坑外の取締を甚《はなは》だ厳にせり。『日本人』

※色文字は重要語

[1]高島炭坑　日本最初の洋式技術による炭坑。江戸後期の文化年間佐賀藩営となり、明治政府の官有から後藤象二郎に払い下げられ、一八八一（明治一四）年三菱所有となる。

[2]人繰　人夫頭。

[3]咫尺　近い距離。

[4]爾来　それより以後。

史料注

日本人　一八八八（明治二一）年、政教社より発行された半月刊雑誌。三宅雪嶺、井上円了、島地黙雷らが同人。政府の上からの欧化主義・殖産興業政策に反対して国粋主義を唱えた。

解説　高島炭坑《たんこう》は長崎県西彼杵《そのぎ》郡高島町にある。佐賀藩により採掘され、一八七三（明治六）年官営となり、のち後藤象二郎に五五万円で払い下げられ、さらに一八八一（明治一四）年に岩崎弥太郎が譲り受け、以降三菱の経営となった。鉱山、炭鉱、製鉄業などの産業には男子の労働力が動員されていたが、そこでは納屋《なや》制、飯場《はんば》制、囚人《しゅうじん》労働、監獄部屋等の制度の下で、苛酷《かこく》な労働が強いられた。高島炭坑にも納屋制があった。納屋頭は坑夫を直接管理し、彼らは鉱山会社から坑夫の調達と管理を請け負い、各地からほとんど誘拐同様に坑夫を集め、納屋に入れて働かせた。賃金は採掘高によって定められたが、大部分を納屋頭がピンハネした。坑内には摂氏《せっし》三五度を超える灼熱《しゃくねつ》の場所もあったが、満足な食事も与えられないままに、日に一二時間の労働を強いられた。本史料は一八八八（明治二一）年、松岡好一が雑誌『日本人』にルポルタージュとして発表したものである。彼はまた、一八八四（明治一七）年この島にコレラが侵入した際、坑夫三〇〇〇人のうち半数が死亡するというなかで、まだ息をしている者までも焼いてしまう事実を明らかにし、人々にその惨状《さんじょう》を訴えた。高島炭坑では一八七〇（明治三）年から一〇年間に六回もの暴動が起きている。納屋制は北海道の炭坑でも多くみられ、飯場制、監獄部屋も同じような仕組みであった。

❷ 女工たちの生活

(1)製糸女工の実態 ★★★☆☆

余《よ》嘗《かつ》て桐生《きりゅう》、足利《あしかが》の機業地《きぎょうち》[1]に遊び、聞いて極楽観《ごくらくみ》て地獄、職工自身が然《し》かく口にせる〔職工自身が口にしているように、〕と同じく、余も亦《ま》たその境遇《きょうぐう》の甚《はなは》だしきを見て之《これ》を案外《あんがい》なりとせり〔これは予想外だと感じた。〕。而《し》かも足利、桐生を辞《じ》して前橋に至り、製糸職工に接し、更に織物職工より甚しきに驚ける也《なり》。労働時間の如《ごと》き忙しき時は、朝床《とこ》を出《い》でゝ直《ただち》に業に服し、夜業十二時に及ぶこと稀《まれ》ならず。[2] 食物はワリ麦[3]六分に米四分、寝室は豚小屋に類《るい》して醜陋《しゅうろう》[4]見るべからず。特に驚くべきは其地方の如き業務の閑《ひま》なる時は復《ま》た期を定めて奉公に出だし、収得は雇主之《やといぬしこれ》を取る。而《しか》して一ケ年支払ふ賃金は多きも二十円を出でざるなり。[5] 而して渠等《かれら》工女の製糸地方に来たる機業地若《も》しくは紡績工場に見ると等しく募集人の手より来たるは多く来りて二、三年なるも隣町の名さへ知らざるもあり。その地方の者は身を工女の群《むれ》に入るゝを以《もっ》て茶屋《ちゃや》女[6]と一般堕落《だらく》の境に陥《おちい》る者と為《な》す。若《も》し各種労働に就《つ》き、その職工の境遇にして憐《あわれ》むべき者を挙《あ》ぐれば製糸職工第一たるべし。

『日本之下層社会《にほんのかそうしゃかい》』

(2)紡績女工の状態 ★☆☆☆☆

今回会社ヲ解雇《かいこ》サレタルハ自分ヨリ泣イテ頼ンダコトニシテ仕事殊《こと》ニ夜業ガ苦シク、……十日目ヨリ十四銭トナレリ子供ハ十二銭ナリ、……食費ハ姉ハ一日七銭妹ハ一日六銭五厘ナリ、食物ハ朝汁香物《こうのもの》一切、昼香物二切或《あるい》ハ梅干二ツ……夕ハ青菜《あおな》ニ醤油《しょうゆ》ヲカケタルモノヲ普通トス、……自分等ノ居《お》ツタ室ハ十畳敷《じょうじき》ニシテ二十六人居リ蒲団《ふとん》一枚夜具一枚ニシテ二人宛《あて》一所に寝ム、夜具蒲団《ふとん》ハ昼夜交替《こうたい》者代々使用スレバ不潔《ふけつ》ナリ。……

『職工事情《しょっこうじじょう》』

解説 日本の資本主義は欧米に遥かに遅れて出発した。それゆえ欧米で高度に発達した機械・技術を一挙に導入することができた。それは少ない労働力で効率よく製品を生み出せるということであり、工場での働き手が少なくてすむと

[1]**機業地** 機織《はたお》りの盛んな所。ここでは絹織物。
[2]**夜業十二時に及ぶこと稀ならず** 当時製糸女工の労働時間は一八時間にも及んだ。
[3]**ワリ麦** 粗《あら》くひいた大麦。
[4]**醜陋** みにくく、いやしい。
[5]**一ケ年支払ふ……出でざるなり** これは日に計算すると六銭弱。横山は該地方において、「一日一人七銭有らざれば生活する能はず」と述べている。
[6]**茶屋女** 料理屋等に奉公し、客の酌《しゃく》または給仕などをする女。

史料注
日本之下層社会 横山源之助の著、一八九九（明治三二）年刊。「東京の貧民・職人社会・手工業・機械工場・小作人の生活」の五部から構成される。著者は毎日新聞の記者で、社会問題に関心を持ち、三年間の実態調査を経てこの著書をまとめた。
職工事情 農商務省が一九〇〇（明治三三）年より綿

糸紡績職工、生糸職工、織物職工、鉄工その他各種の職工の労働条件、生活、衛生、疾病、風紀などについて調査し、一九〇三（明治三六）年完成したもの。

探究46
① 日本の近代産業発展の特質を述べよ。
② 労働者が資本主義発展期に劣悪な労働条件下に置かれた理由を述べよ。

要点ナビ
集会結社、社会運動、労働運動を取り締まる法律。第二次山県有朋内閣。

❶**政事**　政治に同じ。
❷**公権**　公法上認められた権利。この場合は参政権、国務要求権（裁判を受ける権

いうことは労働力の供給源である農村に過剰人口を生み出すことになった。このことは労働力をより安価なものにした。また一八八一年の松方デフレ政策以降、寄生地主制が展開し、高率の現物小作料にあえぐ貧しい小作人が多数生み出されていった軽工業、特に繊維産業にかり出される女子労働は貧困な農家の家計補充のため、また口減らしのため、一定期間前借制度などに縛られ、過酷な状況におかれた。女工は拘禁的な寄宿制度のもとに、無権利状態で酷使されたのである。本史料は横山源之助の『日本之下層社会』のうちの製糸女工に関するものである。当時の女工がいかに非人間的な扱いを受けながら、劣悪な条件のもとで労働に従事させられたかを伺い知ることができる。このような後発的な資本主義発展の特性から生み出される低賃金、長時間労働、劣悪な労働環境は近代の日本の産業発展の特質のひとつであり、また疲弊した農村は市場として工業発展の受け皿とはならず、国内市場を狭め暴力的な対外侵略を生み出す原因となった。

Spot

野麦峠《のむぎとうげ》

岡谷（長野県岡谷市）には、天竜川の水と桑畑という好条件が揃《そろ》い、全国の七割の製糸工場が集中した。生糸は八王子に運ばれ、横浜で取り引きされた。これが日本のシルクロードである。「横浜日報」の糸価は商人たちを一喜一憂させていた。

岐阜県飛騨《ひだ》地方から岡谷に来た工女たちは野麦峠を越えた。乗鞍岳の南、標高一六七二メートルの峠である。野麦とは熊笹のことで、凶作《きょうさく》の時には人々はこの笹の根元から伸びる稲穂のような実から粉をとってダンゴにした。「笹に小金がなりさがる」（福島県民謡会津磐梯山《あいづばんだい》）である。工女たちは全行程七〜八日で行き来した。工女たちが帰る年の暮れには一面の雪で、吹雪の日にはどんな強い男でも通れるものではなかったが、工女たちは家に帰りたい一心で必死に歩いた。野麦峠は近代日本を支えた糸ひきの群れが通った道であった。

3 治安警察法——一九〇〇年三月一〇日公布　★☆☆☆

1 第五条　左ニ掲《かか》クル者ハ政事❶上ノ結社ニ加入スルコトヲ得ス

一、現役及《および》招集中ノ予備後備ノ陸海軍軍人。二、警察官。三、神官神職僧侶其ノ他諸宗教師。四、官立公立私立学校ノ教員学生生徒。五、女子。六、未成年者。七、公権❷剥奪《はくだつ》及停止中ノ者。

女子❸及《および》未成年者ハ公衆《大衆の集まる》ヲ会同《かいどう》スル政談集会ニ会同シ、若《もし》ハ其《そ》ノ発起人《ほっきにん》タルコトヲ得ス

公権剥奪及停止中ノ者ハ公衆ヲ会同スル政談集会ノ発起人《ほっきにん》タルコトヲ得ス

第八条　安寧《あんねい》秩序ヲ保持スル為《ため》必要ナル場合ニ於《おい》テハ、警察官ハ屋外ノ集会又《また》ハ多衆ノ運動若ハ群衆ヲ制限、禁止若ハ解散シ又ハ屋内ノ集会ヲ解散スルコトヲ得

第一〇条　集会ニ於《お》ケル講談論議ニシテ前条ノ規定ニ違背《いはい》シ其ノ他安寧秩序ヲ紊《みだ》シ若ハ風俗ヲ害スルノ虞《おそれ》アリト認ムル場合ニ於テハ警察官ハ其ノ人ノ講談論議ヲ中止スルコトヲ得

第一二条　集会又ハ多衆運動ノ場合ニ於テ故《ことさら》ニ喧擾《けんじょう》**4**シ又ハ狂暴《きょうぼう》ニ渉《わた》ル者アルトキハ警察官ハ之《これ》ヲ制止シ其ノ命《めい》ニ従ハサルトキハ現場ヨリ退去セシムルコトヲ得

第一三条　集会及多衆ノ運動ニ於テハ戎《じゅう》器**5**又ハ兇器《きょうき》ヲ携帯《けいたい》スルコトヲ得ス……

第一四条　秘密ノ結社ハ之ヲ禁ス

第一七条　左ノ各号ノ目的ヲ以《もっ》テ他人ニ対シテ暴行、脅迫《きょうはく》シ若ハ公然誹毀《こうぜんひき》**6**シ又ハ第二号ノ目的ヲ以テ他人ヲ誘惑《ゆうわく》若ハ煽動《せんどう》スルコトヲ得ス

一　労務ノ条件又ハ報酬《ほうしゅう》ニ関シ協同ノ行動ヲ為《な》スヘキ団結**7**ニ加入セシメ又ハ其ノ加入ヲ妨《さまた》クルコト

二　同盟解雇《かいこ》**8**若ハ同盟罷業《ひぎょう》**9**ヲ遂行《すいこう》スルカ為使用者ヲシテ労務者ヲ解雇セシメ若ハ労務ニ従事スルノ申込ヲ拒絶《きょぜつ》セシメ又ハ労務者ヲシテ労務ヲ停廃《ていはい》セシメ若ハ労務者トシテ雇傭《こよう》スル（仕事をやめさせたり、あるいは労働者として雇う）ノ申込ヲ拒絶セシムルコト

三　労務ノ条件又ハ報酬《ほうしゅう》ニ関シ相手方ノ承諾《しょうだく》ヲ強《し》ユルコト

耕作ノ目的ニ出《い》ツル土地賃貸借《ちんたいしゃく》ノ条件ニ関シ承諾ヲ強ユルカ**10**為相手方ニ対シ暴行、脅迫シ若ハ公然誹毀スルコトヲ得ス　『法令全書』

利等）及び自由権等、個人の国家に対する権利。

3 女子　女子の政治集会への参加を禁止した条項。この撤廃が女性解放運動の一つの目標となり、新婦人協会（一九二〇年結成）は運動を展開、一九二二年に撤廃された。女性の結社への加入を禁止した一項は残されたため、第五条全廃を求める運動がその後も続いた。

4 喧擾　騒ぎ乱れること。

5 戎器　武器。兵器。

6 誹毀　そしること。名誉を傷つけること。

7 労務ノ条件……為スヘキ団結　労働組合。

8 同盟解雇　集団解雇。

9 同盟罷業　ストライキ。

10 耕作ノ目的……承諾ヲ強ユル　小作争議。

史料注　**法令全書**　三〇二頁参照。

解説　この法は一九〇〇（明治三三）年第二次山県《やまがた》内閣が公布したものである。隈板《わいはん》内閣のあとを受け継いだ山県内閣は、政党の力が政府に浸透するのを防止し、政府を強化するため、前年に文官任用令を改め、分限令を出して官僚強化をはかる一方、資本主義を保護奨励し、世界市場に雄飛せんとした。したがって、その進展のブレーキと考えられる労働運動の盛り上がりは抑圧しなければならなかった。台頭してきた労働運動を取り締まるために、第一四議会で成立させたこの法律には、①政治的集会結社の届出制、②軍人、警察官、女子、未成年者の政治結社加入禁止、③警察官の集会解散権、内相の結社禁止権、④ストライキの煽《せん》動《どう》禁止、労働組合運動の制限、⑤警察官の集会への臨席の承認、などが規定されていた。これによって明治の社会運動を抑え、さらにこの法律は第一次大戦後再び活発になってきた労働運動、小作争議等を取り締まるため一九二二（大正一一）年と一九二六（大正一五）年に改正し、治安維持法とともに昭和時代の社会運動取り締まりの柱となっていたが、一九四五年一〇月廃止された。

4 足尾鉱毒事件[1]　★☆☆☆☆

伏《ふし》テ惟《おもんみ》ルニ、政府当局ヲシテ能《よ》ク其責《そのせき》ヲ竭《つく》サシメ（その責務をまっとうさせ、）、以《もっ》テ陛下《へいか》ノ赤子《せきし》[2]ヲシテ日月ノ恩ニ光被《こうひ》セシムルノ途《みち》（自然の恩沢を享受させるみちは）他ナシ。渡良瀬《わたらせ》川ノ水源ヲ清ムル其一ナリ。河身ヲ修築シテ其天然ノ旧ニ復スル其二ナリ。激《げき》甚ノ毒土ヲ除去スル其三ナリ。沿岸無量ノ天産ヲ復活スル（渡良瀬川の天然の恵みを復活させる。）其四ナリ。多数町村ノ頽廃《たいはい》セルモノヲ恢復《かいふく》スル其五ナリ。加毒ノ鉱業ヲ止メ毒水毒屑《せつ》[3]ノ流出ヲ根絶スル其六ナリ。……

臣《しん》年六十一、而《しか》シテ老病日ニ迫《せま》ル、念《おも》フニ余命幾《いくば》クモナシ。唯《ただ》万一報効《ほうこう》[4]ヲ期シテ、敢《あえ》テ一身ヲ以テ利害ヲ計ラズ、故《ゆえ》ニ斧鉞《ふえつ》ノ誅《ちゅう》[5]ヲ冒《おか》シテ以テ聞《ぶん》ス、情切ニ事急ニシテ涕泣《ていきゅう》[6]言フ所ヲ知ラズ。伏テ望ムラクハ聖明《せいめい》[7]矜察《きょうさつ》[8]ヲ垂《た》レ給《たま》ハン事ヲ。臣痛絶呼号《つうぜつこごう》ノ至リニ任《た》フルナシ（私は心からの叫びをもってもはや涙に絶えません。）。

明治三十四年十二月

草莽《そうもう》ノ微臣《びしん》田中正造誠恐誠惶頓首頓首《せいきょうせいこうとんしゅ》[9]

『田中正造全集《たなかしょうぞうぜんしゅう》』

探究47

① 労働運動が組織的に行われるようになったのはいつ頃か。また、その事情を述べよ。

② 治安警察法を公布した第二次山県内閣の主な政策を調べよ。

要点ナビ　田中正造から明治天皇への直訴。

[1]足尾鉱毒事件　一九〇一（明治三四）年一二月一〇日田中正造、天皇に直訴。

[2]赤子　人民。天皇を親とみたて、人民を子《こ》とした言葉。

[3]毒屑　有毒な屑。

[4]報効　恩に報いて力を尽くすこと。

[5]斧鉞ノ誅　重い刑罰。

[6]涕泣　涙を流して泣くこと。

[7]聖明　天子のすぐれた徳行。

[8]矜察　思いやり。哀れみ。

[9]誠恐誠惶頓首頓首　誠恐誠惶は恐れ慎むこと。頓首は頭を地につけて敬意を表すこと。ともに文の終尾に書いて敬意を表す言葉。

史料注

田中正造全集 田中正造全集編纂会編。一九七七（昭和五二）～八〇（昭和五五）年刊、岩波書店。足尾鉱毒反対運動の指導者、田中正造（一八四一～一九一三）の文章、記録類を網羅。自伝、論稿、栃木県会記録、衆議院演説集、日記、書簡に分けて収録。全一九冊、別巻一冊。

1 社会民主党 一九〇一（明治三四）年五月一八日結成、二〇日結社禁止。宣言は『労働世界』五月二〇日号に掲載。

2 懸隔 隔たり。

3 軍備を全廃 日清戦争後、政府はさらに軍備増強を行い、一九〇〇年一般会計歳出に占める陸海軍歳出額は全体の四五%に達していた。

4 鉄道、船舶……公有とすること 当時鉄道の七〇%は民営。一九〇六年鉄道国有

解説 日本資本主義は政府の保護育成政策によって急速な発展をみせ始めたが、一方で多くの「公害」を生み出していった。その代表的なものが**足尾鉱毒《あしおこうどく》事件**である。

江戸時代に幕府直轄であった足尾銅山は一八七七（明治一〇）年古河市兵衛《いちべえ》が買収して以後、近代産業発達による需要増と近代的な採掘法、精錬法の採用によって生産量の急増をみ、明治後半期に全国産銅の三分の一を占めるに至った。しかし、鉱毒かすの沈澱池不整備や、その毒物の流入により渡良瀬《わたらせ》川流域一帯の農耕地は、一八八七（明治二〇）年頃から洪水のたびごとに多大の被害を受け始め、その範囲は栃木県以下の一府五県にまで及んだ。たまりかねた農民は一八九七（明治三〇）年を第一回として操業停止を求める数千人の上京請願運動を繰り返したが、この大衆行動は警察や憲兵の妨害を受け、一九〇〇（明治三三）年には主だった者が逮捕、起訴されるに至った。栃木県選出の代議士田中正造《しょうぞう》は、一八九一年以降この問題の解決、鉱毒被害民の救済に全生涯をかけ国会で政府に対し激しく追及を繰り返したが、鉱山業の発展を農民の生活に優先させる政府は適切な対策をとろうとせず、田中正造は一九〇一年議員を辞職し、明治天皇直訴《じきそ》という非常手段に及んだ。右の史料はその直訴文の一部であるが、彼の依頼によって幸徳秋水が起草したものといわれている。この事件で世論は高まり、政府も実質的な対策をとり始め、事件は鎮静に向かったが、鉱毒自体の解決はなおあとに残された。

5 社会民主党宣言[1] ★☆☆☆

如何《いか》にして貧富の懸隔《けんかく》[2]を打破すべきかは実に二十世紀に於《お》ける大問題なりとす。彼《か》の十八世紀の末に当り仏国を中心として欧米諸国に伝播《でんぱ》したる自由民権の思想は、政治上の平等主義を実現するに於《おい》て大なる効力ありしと雖《いえど》も、爾来《じらい》物質的の進歩著《いちじる》しく、昔時《せきじ》の貴族平民てふ階級制度に代ゆるに富者貧者てふ更に忌《い》むべき恐るべきものを以《もっ》てするに至《いた》れり。抑《そもそ》も経済上の平等は本《もと》にして政治上の平等は末なり。故《ゆえ》に立憲の政治を行ひて政権を公平に分配したりとするも、経済上の不公平にして除去せられざる限りは人民多数の不幸は依然《いぜん》として存すべし。是《こ》れ我党が政治問題を解するに当り全力を経済問題に傾注《けいちゅう》せんとする所以なりとす。……我党は世界の大勢に鑑《かんが》み、経済の趨勢《すうせい》を察し、純然たる社会主義と民主主義に依《よ》り、貧富の懸隔を打破して全世界に平和主義の勝利を得せしめんこ

とを欲するなり。故に我党は左に掲《かか》ぐる理想に向つて着々進まんことを期す。

一、人種の差別、政治の異同《いどう》に拘《かかわ》らず、人類は皆同胞《どうほう》なりとの主義を拡張すること

二、万国の平和を来《きた》す為《ため》には先《ま》づ軍備を全廃すること**3**

三、階級制度を全廃すること

四、生産機関として必要なる土地及資本を悉《ことごと》く公有とすること

五、鉄道、船舶、運河、橋梁《きょうりょう》の如《ごと》き交通機関は悉く之を公有とすること**4**

六、財富の分配を公平にすること

七、人民をして平等に政権を得せしむること**5**

八、人民をして平等に教育を受けしむる為に国家は全《まった》く教育の費用を負担すべきこと**6**……

『労働世界《ろうどうせかい》』

法で経済上、軍事上の目的から鉄道は国有となる。

5人民をして……得せしむること　普通選挙の実施をめざす。

6人民をして……負担すべきこと　尋常小学校四年までの義務教育を、高等小学校（一～四年）までにすることを主張。一九〇七年義務教育は六年まで延長された。

以下二八項目に渡る実際の運動の綱領を掲げる。八時間労働制、労働組合の公認、小作人保護法の制定、普通選挙法実施、死刑全廃、貴族院廃止、治安警察法廃止等。

史料注

労働世界　一八九七（明治三〇）年一二月、労働組合期成会・鉄工組合共同の我が国最初の労働組合機関紙として創刊された。一九〇一（明治三四）年一二月の一〇〇号まで発行。編集長、片山潜。

探究48　社会民主党が即日解散させられた理由を述べよ。

解説　一九〇一（明治三四）年五月、社会主義協会に集まっていた安部磯雄、片山潜《せん》、木下尚江、西川光二郎、幸徳秋水、河上清ら六名によって、我が国最初の社会主義政党である社会民主党が結成された。結党の背景には労働運動や普通選挙運動の展開があったが、その直接の意図は、前年の治安警察法の制定により、一八九七（明治三〇）年から一八九九（明治三二）年にかけて次々に組織された労働組合の活動に困難をきたし、労働運動が行き詰まったので、政治活動によってそれを打開しようとするものであった。

社会民主党は、宣言文に見られるように、人類の平和・軍備全廃・階級制度全廃・資本及び土地の国有など八か条を理想として掲げ、実際運動の綱領として、八時間労働の実施・労働組合法の制定と団結権の保障・普通選挙の実施・貴族院の廃止・軍備の縮小・治安警察法の廃止など二八か条を定め、社会主義と民主主義の実現をめざした。しかし、「貴族院の廃止」と「軍備縮小」を運動綱領のなかにうたったことが主な理由となって、この政党は即日解散を命ぜられた。さらに結党宣言を発表した『労働世界』を初め、「万朝報《よろずちょうほう》」「大阪毎日新聞」なども発禁処分を受けた。

23 桂園時代

要点ナビ 第二次桂太郎内閣。

1 戊申詔書――一九〇八年一〇月一三日発布 ★★☆☆☆

朕《ちん》[1]惟《おも》フニ方今《いま》人文《じんぶん》[2]日ニ就《な》リ月ニ将《すす》ミ、東西[3]相倚《あいよ》リ彼《かれ》此《これ》相済《すま》シ以《もっ》テ其《そ》ノ福利ヲ共ニス。朕ハ爰《ここ》ニ益々《ますます》国交ヲ修《おさ》メ友義ヲ惇《あつく》シ、列国ト与《とも》ニ永ク其ノ慶《けい》ニ頼《よ》ラムコトヲ期ス。顧《かえり》ミルニ日進ノ大勢ニ伴ヒ文明ノ恵沢《けいたく》ヲ共ニセントスル。固《もと》ヨリ内《うち》国運ノ発展ニ須《ま》ツ。戦後[4]日尚《なお》浅ク庶《しょ》政《せい》[5]益々更張《こうちょう》[6]ヲ要ス。宜《よろし》ク上下《しょうか》心ヲ一ニシ、忠実業ニ服シ、勤倹《きんけん》産ヲ治《おさ》メ、惟《こ》レ信惟レ義、醇厚《じゅんこう》[7]俗ヲ成シ、華《か》ヲ去リ実ニ就《つ》キ[8]荒怠《こうたい》[9]相誡《いまし》メ、自彊《じきょう》[10]息《や》マサルヘシ。

抑々《そもそも》我カ神聖ナル祖宗《そそう》ノ遺訓《いくん》ト、我カ光輝《こうき》アル国史ノ成跡《せいせき》[11]トハ炳《へい》トシテ[12]日星ノ如《ごと》シ。寔《まこと》ニ克《よ》ク恪守《かくしゅ》[13]シ淬礪《さいれい》[14]ノ誠ヲ輸《いた》サハ、国運発展ノ本《もと》近ク斯《これ》ニ在《あ》リ。朕ハ方今ノ世局ニ処シ、我カ忠良ナル臣民《しんみん》ノ協翼《きょうよく》ニ倚藉《きせき》[15]シテ維新《いしん》ノ皇猷《こうゆう》[16]ヲ恢弘《かいこう》[17]シ、祖宗ノ威徳《いとく》ヲ対揚《たいよう》[18]セムコトヲ庶幾《こいねが》フ。爾《なんじ》臣民其レ克《よ》ク朕カ旨《むね》ヲ体《たい》セヨ。

『官報』

※色文字は重要語

[1] 朕 明治天皇。
[2] 人文 人類の文化、文明。
[3] 東西 東洋と西洋。
[4] 戦後 日露戦争後のこと。
[5] 庶政 各方面の政治、政務。
[6] 更張 今までゆるんでいたことを改め盛んにすること。
[7] 醇厚 人情の厚いこと。
[8] 華ヲ去リ実ニ就キ ぜいたくを戒め、質素な生活をする。
[9] 荒怠 すさみ怠ること。なすべきことを怠ること。
[10] 自彊 自ら勉めて励むこと。
[11] 成跡 成就した結果。
[12] 炳トシテ 明らかな様子。
[13] 恪守 慎んで守ること。
[14] 淬礪 刃物を研ぎ磨く。
[15] 倚藉 頼りにする。
[16] 皇猷 天子のはかりごと。
[17] 恢弘 押し広めること。
[18] 対揚 釣り合うこと。匹敵すること。

通釈

朕が思うには、現在人類の文明は日進月歩で進み、東洋と西洋とは互いに協同して、互いの幸福と利益を享受《きょうじゅ》している。朕はここにますます外国との交わりを深め、列国とともに末永くその友好の喜びを持ち続けてゆきたいと思う。振り返ってみると、日々進歩する世界のなかで文明の恵みを享受してきているが、そのことはもとより、国運の発展によるものである。日露戦争後なお日はまだ浅く、各方面の政治情勢は厳しく、一層手綱を引き締めていかねばならない。すべての国民が心を一つにして、誠心誠意仕事に励み、勤勉に倹約をして生活を立て、ひたすら信義を守り、人情厚く、質素ななかに怠惰《たいだ》を戒め、自ら励み勉め続けねばならない。

そもそも我が神聖なる代々の天皇の教えと、我が国の輝かしい歴史の成果とは、太陽や星のように燦然《さんぜん》として今に伝えられている。慎んでこれを守り、さらに誠を尽くして盛んにしていく努力を続けるならば、国運発展の基をここに見いだすことができよう。朕は今世界の情勢のなかで、忠義の心厚い我が臣民の協力に頼って明治維新以来の自らの政治を押し広め、代々の天皇の威徳と匹敵《ひってき》することを心から願う。お前たち臣民は朕の思いを心に刻むように。

解説

日露戦争と戦後の経営強行は地方の農村を荒廃させ、地主、小作の対立関係を激増させた。日露戦争中からの増税は国民の負担を一層高め、土木工事の増加や一九〇七(明治四〇)年からの義務教育二年延長等、戦後経営のための

史料注　**官報**　三五八頁参照。

探究49　**日露戦争後の社会で戊申詔書が出されてくる背景についてまとめよ。**

地方の負担も高じていった。こうした動きを背景に一九〇八（明治四一）年一〇月**戊申《ぼしん》詔書**は発布された。「上下心ヲ一ニシ、忠実業ニ服シ、勤倹産ヲ治メ」、「醇厚俗ヲ成シ、華ヲ去リ実ニ就キ荒怠相誡メ、自彊息マサルヘシ」として、全国民が一致共同して勤労に励むことにより、国富の増強をめざすものであった。戊申詔書の発布を契機に、全国的に地方改良運動が進められた。地方改良運動においては、具体的には「国家の細胞」としての町村の基盤強化がめざされ、従来の部落共有林野の統合による村落共有財産の形成、市制・町村制以来の町村合併により〝江戸のムラ〟から〝明治の行政村〟となった農民の村の生活に、共同体としての一体感をもたらすための一村一神社政策、一村一小学校政策、町村を単位とした青年会設立運動、町村吏の育成等が内務省、文部省などの指導により行われることとなった。そして今後の指針を示すための「町村是《ぜ》」も作られ、村の生産力の向上をはかる目的では、農会等による農事改良、産業組合等が設立された。こうした諸政策を思想的に裏付けるものとして、江戸後期小田原藩を初め、各地の農村復興に努力し、功績をあげた二宮尊徳にならう報徳仕法が推進され、倹約、勤勉、創意工夫が重視された。これらの実現のため、内務省は一九〇九（明治四二）年以降、府県、都市、町村の吏員を集めて地方改良事業講習会を開いた。町村内での近世以来の部落対立・結合を無くし、中小地主や自作農を町村内部における活動の主体に位置付け、富村構想を実践し、大地主、小作間の対立の解消もめざされた。町村内部のあり方にまで国家が介入して改良をはかる点で、工場内部の労使関係に介入する工場法と合わせて、この時期国家が民衆生活に深くかかわり、役割を増長させていったことは、影の部分が顕在化するなか、日露戦争後の政府の危機意識を示すものであった。

❷ それから——一等国の光と影　★☆☆☆

何故《なぜ》働かないって、そりゃ僕が悪いんじゃない。つまり世の中が悪いのだ。もっと大袈裟《おおげさ》に云《い》うと、日本対西洋の関係が駄目《だめ》だから働かないのだ。第一、日本程借金❶を拵《こしら》えて、貧乏震《ぶる》いをしている国はありゃしない。この借金が君、何時になったら返せると思うか。そりゃ外債《がいさい》位は返せるだろう。けれども、そればかりが借金じゃありゃしない。日本は西洋から借金でもしなければ、到底《とうてい》立ち行《ゆ》かない国だ。それでいて、一等国を以《もっ》て任じている。そうして、無理にも一等国の仲間入りをしようとする。だから、あらゆる方面に向って、奥行《おくゆき》を削《けず》って、一等国だけの間口《まぐち》を張っちまった❷。なまじい張れるから、なお悲惨《ひさん》なものだ。牛と競争する蛙《かえる》と同じ事で、もう君、腹が裂《さ》けるよ。その影響はみな我々個人の上に反射しているから見給《たま》え。こう西洋の圧迫《あっぱく》を受けている国民は、頭に余裕がないか

❶借金　日清戦争後の外債は、イギリスで発行された二億円だけであったが、日露戦争時の外債は八億円、一九〇四～一四年に発行された外債は二一億円に上り、日本の財政、経済は外債への依存を深めた。

❷一等国だけの間口を張っちまった　日露戦争に勝利したことをさす。

ら、碌《ろく》な仕事は出来ない。悉《ことごと》く切り詰《つ》めた教育で、そうして目の廻《まわ》る程こき使われるから、揃《そろ》って神経衰弱《すいじゃく》になっちまう。話をして見給え大抵《たいてい》は馬鹿だから。自分の事と、自分の今日の、只今《ただいま》の事より外《ほか》に、何も考えてやしない。考えられない程疲労しているんだから仕方がない。精神の困憊《こんぱい》❸と、身体の衰弱とは不幸にして伴っている。のみならず道徳の敗退も一所《いっしょ》に来ている。日本国中何所《どこ》を見渡したって、輝いてる断面は一寸四方も無いじゃないか。悉く暗黒だ。その間に立って僕一人が、何と云ったって、何を為《な》したって、仕様《しよう》がないさ。僕は元来怠《なま》けものだ。　『それから』

③ 時代閉塞の現状 ★☆☆☆

「国家は強大でなければならぬ。我々は夫《それ》を阻害《そがい》すべき何等《なんら》の理由も有《も》っていない。但《ただ》し我々だけはそれにお手伝いするのは御免《ごめん》だ！」これ実に今日比較的教養ある殆《ほとん》ど総《すべ》ての青年が国家と他人たる境遇《きょうぐう》に於《お》て有ち得る愛国心の全体ではないか。そうして此《この》結論は、特に実業界などに志す一部の青年の間には、更に一層明晰《めいせき》になっている。曰《いわ》く「国家は帝国主義❶で以《もっ》て日増し強大になって行く。誠に結構な事だ。だから我々もよろしくその真似《まね》をしなければならぬ。正義だの、人道だのという事にはお構いなしに一生懸命儲《もう》けなければならぬ。国の為《ため》なんて考える暇《ひま》があるものか！」

彼の早くから我々の間に竄《ざん》入している哲学的虚無主義❷の如《ごと》きも、亦《また》此愛国心の一歩だけ進歩したものである事は言うまでもない。それは一見彼の強権❸を敵としているようであるけれども、そうではない。寧《むし》ろ当然敵とすべき者に服従した結果なのである。彼等は実に一切の人間の活動を白眼を見る如く、強権の存在に対しても亦全く没《ぼっ》交渉なのである。――それだけ絶望的なのである。　『時代閉塞《へいそく》の現状』

❸困憊　苦しみ疲れること。

史料注
それから　夏目漱石の著。一九〇九（明治四二）年刊。『三四郎』『それから』『門』の三部作の一つ。

❶帝国主義　他の国を侵略する大国主義的傾向の意。
❷虚無主義　ニヒリズム。実在、価値、権威など既にある一切を否定し個人を解放しようとする考え、立場。
❸強権　国家権力。

史料注
時代閉塞の現状　石川啄木の評論。一九一〇（明治四三）年発表、「強権、純粋自然主義の最後及び明日の考察」の副題がある。

解説 日露戦争は、世界の大国ロシアに極東の小さな島国日本が勝ったことで、日本を自他ともに許す世界の「一等国」にのし上げることとなった。それは明治維新以来富国強兵、殖産興業を国是《こくぜ》とし、あらゆるものを国家の犠牲にささげて勝ち得た明治国家の光であった。しかし、日露戦争後の社会はその一方で、暗い大きな影を民衆に投げかけることにもなった。それは一つには、戦中戦後を通じての増税による国民への重い負担、日清戦争とは比べものにならないほどの膨大な戦死傷者の群れとそのなきがらを待つ農村の荒廃であった。また一方、日清・日露の戦争をはさんでの日本の資本主義的発展は労働者の低賃金、劣悪な労働環境、谷中《やなか》村一村を壊滅させての足尾鉱毒事件等を生み出したことであった。資本主義的発展、生産力の向上は多くの貧しい労働者を礎《いしずえ》にして成り立つものであり、そのような状況のなかで、知識人、学生、青年層の間には国家主義への疑問を投げかけるものが数多く現れるようになった。「一等国になるとは如何《いか》なることか」それは内務省を初めとする政府が「思想の悪化」と呼ぶ混迷の状況を表している。日露戦争後の社会の持つ矛盾や暗部を凝視《ぎょうし》しての絶望であり、また国家の大目標が達成されるなか、その後の社会で自らの身のよりどころを失い、煩悶《はんもん》する姿であった。青年層の一部には実利に走り、自らの出世や成功にのみ価値を見い出す個人主義に傾倒していくものがあり、一方に自らの人生の価値に煩悶し、華厳《けごん》の滝から身を投じていく、第一高等学校生徒藤村操の姿もあった。夏目漱石《そうせき》は『それから』のなかで、明治の軌跡が西洋の模倣《もほう》の上に成り立つ皮相なものであることを述べ、「悉《ことごと》く暗黒」と日露戦争後の社会を評している。明星派の詩人として出発し、貧しい生活のなかから社会を見つめた石川啄木《たくぼく》は、文壇の中心であった自然主義文学への批判として『時代閉塞《へいそく》の現状』を書き、理想を失った青年たちの自滅的傾向を悲しんで現状を乗り越える道を模索し、強権との対立のなかで自我を確立していくことを説いた。明治国家の光と影が交錯するなか、一九一〇（明治四三）年日韓併合が行われ、翌一一年には大逆《たいぎゃく》事件が引き起こされた。

要点ナビ 第二次桂太郎内閣。

❶**幸徳伝次郎**　幸徳秋水。
❷**夙ニ**　若い時からの意。
❸**無政府共産主義**　幸徳秋水が主張したのは、労働組合の直接行動によって資本主義を打倒し、労働組合が生産と分配の担い手となる新しい社会の建設であった。
❹**聖体**　天皇。

4 大逆事件――一九一一年一月一八日判決　★☆☆☆

判決理由

被告幸徳伝次郎❶ハ夙《つと》ニ❷社会主義ヲ研究シテ明治三十八年北米合衆国ニ遊ビ、深ク其《その》地ノ同主義者ト交《まじわ》リ、遂《つい》ニ無政府共産主義❸ヲ奉《ほう》スルニ至《いた》ル。其帰朝スルヤ専《もっぱ》ラ力ヲ同主義ノ伝播《でんぱ》ニ致シ、頗《すこぶる》同主義者ノ間ニ重セラレテ隠然《いんぜん》其首領タル観アリ。被告管野スガハ数年前ヨリ社会主義ヲ奉シ一転シテ無政府共産主義ニ帰スルヤ漸《ようや》ク革命思想ヲ懐《いだ》キ、……一夜其心事ヲ伝次郎ニ告《つ》ケ、伝次郎ハ協力事ヲ挙《あ》ケンコトヲ約シ、且《かつ》夫婦ノ契《ちぎり》ヲ結フニ至ル。其他ノ被告人モ亦概《またおおむ》ネ無政府共産主義ヲ其信条ト為《な》

史料注 **近代日本政治裁判史録** 我妻栄を代表とする近代政治裁判史研究会の編で、一九六九（昭和四四）年刊行。

探究50 **大逆事件にみられる政府の意図は何か。**

史料注 **石川啄木日記** 一九〇二（明治三五）年から一九一二（大正元）年までの啄木の日記。『啄木全集』一九五四（昭和二九）年刊、所収。

ス者若《もし》クハ之《これ》ヲ信条ト為スニ至ラサルモ其臭味《しゅうみ》ヲ帯《お》フル者ニシテ、其中伝次郎ヲ崇拝《すうはい》シ若クハ之ト親交ヲ結フ者多キニ居《お》ル。……是《ここ》ニ於《おい》テ被告人共ノ中深ク無政府共産主義ニ心酔《しんすい》スル者国家ノ権力ヲ破壊セント欲セハ先ツ元首ヲ除クニ若《し》ク無シト為シ……畏《おそれ》多クモ神聖侵《おか》スヘカラサル聖体4ニ対シ、前古未曽有《ぜんこみぞう》ノ兇逆《きょうぎゃく》ヲ逞《たくまし》クセント欲シ（前代未聞の凶悪な天皇に対する反逆を企て）、中道ニシテ（その途中にて）兇謀《きょうぼう》発覚シタル顛末《てんまつ》ハ左ノ如《ごと》シ。……

『近代日本政治裁判史録《きんだいにほんせいじさいばんしろく》』

5 大逆事件と文化人の態度 ★☆☆☆

一月十八日（一九一一＝明治四四年）

今日は幸徳らの特別裁判宣告の日であった。……今日程予《よ》の頭の昂奮《こうふん》してゐた日はなかった。さうして今日ほど昂奮の後の疲労を感じた日はなかった。二時半過ぎた頃でもあったろうか。「二人だけ生きる生きる」「あとは皆死刑だ」「ああ二四人！」さういふ声が耳に入った。……予はそのまま何も考えなかった。ただ家へ帰って寝たいと思った。それでも定刻に帰った。帰って話をしたら母の眼に涙があった。「日本はダメだ」そんな事を漠然《ばくぜん》と考え乍《なが》ら丸谷君を訪ねて十時まで話した。夕刊の一新聞には幸徳が法廷で微笑《びしょう》した顔を「悪魔の顔」とかいてあった。

『石川啄木日記《いしかわたくぼくにっき》』

解説 一九〇八（明治四一）年の赤旗事件を契機に、第二次桂《かつら》内閣は社会主義者への弾圧を強化し、社会主義者は合法的な活動の自由を奪われていった。このような情勢のなかで、社会主義運動は、幸徳秋水を中心として、無政府主義を前提とする直接行動派と、片山潜《せん》を中心として、労働者大衆の団結をはかり、普通選挙運動を重視した議会政策派の二つに分かれる傾向を示したが、政府の弾圧の激しさは、社会主義者の言動に無政府主義の傾向を強めさせた。一九一〇年五月宮下太吉、新村忠雄、古川力作、管野スガの四名による天皇暗殺の陰謀が発覚して、四名は検挙された。彼らは天皇に対する国民の迷信を破らなければ社会主義は実現できないと信じ、暗殺を計画したのであった。しかし時の桂内閣はこれを機会に社会主義運動を徹底的に抑圧しようとした。一二月、大逆《たいぎゃく》罪の容疑で二六名が起訴され、幸徳秋水はその首謀者に仕立てあげられ、翌年一月の判決で幸徳ら一二名が死刑、一二名が無期懲役に処せられた。幸徳は労働者の直接行動を唱えてはきたが、個人的テロにはむしろ反対であり、この事件に直接関係を持っていなかった。他の大部分の者も同様であり、大逆事件は社会運動絶滅の意図をもって政府の仕組んだ卑劣な捏造《ねつぞう》事件であった。判決に対し、英、米、仏、蘭などの社会主義者の抗議もあったが、刑は執行された。さらに政府は、警視庁内に特別高等課を設けるなど、社会主義者に対する取り締まりと弾圧を一層強化した。その結果、社会主義運動は停滞を余儀なくされた。また、この事件は、史料❺に見られるように、石川啄木のような知識人の考え方や生き方にも深刻な影響を与えることになった。

Spot

白い手紙

二〇一〇年一月、千葉県我孫子市で一〇〇年前の一つの手紙が旧宅の書棚の奥から取り出された。何も書かれていない白い一枚の手紙。光にかざすと針で開けた細かい穴が文字を浮かび上がらせる。

京橋区瀧山町　朝日新聞社　　杉村縦横様

管野須賀子

爆弾事件ニテ私外三名　近日死刑ノ宣告ヲ受クベシ　御精探ヲ乞フ　尚幸徳ノ為メニ弁ゴ士ノ御世話ヲ切ニ願フ

六月九日

彼ハ何ニモ知ラヌノデス　　※「縦横」は楚人冠の筆名

手紙の差出人は大逆事件の獄中にあった管野スガ、幸徳秋水の救済を求め、密かに朝日新聞の記者杉村楚人冠（そじんかん）（一八七二～一九四五）に送った手紙である。検閲を恐れての必死の訴えである。スガは秋水の同志で、同居していたこともある女性である。「自分たちは近く死刑宣告を受けるので、よく調べてほしい。秋水に弁護士をつけてほしい」と訴える内容。末尾で「彼は何も知らぬのです。」と秋水の無罪を訴えている。日付は六月九日、書簡はきれいに十六折にされ、封筒に入っていた。「六月一一日東京・牛込局」の消印で差出人は書かれていないが、「私外（ほか）三名」といった文面からスガ自身がつづった可能性が高い。楚人冠は秋水の古い友人で、スガとも知り合いだった。事件後も欧州特派員などとして活躍したが、書簡については生涯沈黙した。明治天皇を爆裂弾で暗殺しようとした計画が発覚、これをきっかけに多くの社会主義者、アナキストが検挙され弾圧された。戦後に関係資料が発見されて事件の全容が明らかになった。暗殺計画にいくらかでも関与・同調したとされているのは、宮下太吉、管野スガ、森近運平、新村忠雄、古河力作の五名に過ぎなかった。大審院は一審のみの非公開公判で幸徳ら二四名の死刑判決を下し、うち一二名の死刑が執行された。

要点ナビ
第二次桂太郎内閣。

⑥ 工場法――一九一一年三月二九日公布　★★☆☆☆

第一条　本法ハ左ノ各号ノ一ニ該当スル工場ニ之《これ》ヲ適用ス
一、常時十五人以上ノ職工[1]ヲ使用スルモノ
二、事業ノ性質危険ナルモノ又《また》ハ衛生上有害ノ虞《おそれ》アルモノ
本法ノ適用ヲ必要トセサル工場ハ勅令《ちょくれい》ヲ以《もっ》テ之ヲ除外スルコトヲ得《う》
第二条　工業主ハ十二歳未満ノ者ヲシテ工場ニ於《おい》テ就業《しゅうぎょう》セシムルコトヲ得ス。但《ただ》シ本法施行ノ際十歳以上ノ者ヲ引続キ就業セシムル場合ハ此《こ》ノ限ニ在《あ》ラス
行政官庁[2]ハ軽易《けいい》ナル業務ニ付《つき》就業ニ関スル条件ヲ附《ふ》シテ十歳以上ノ者ノ就業ヲ許可スルコトヲ得
第三条　工業主ハ十五歳未満ノ者及《および》女子ヲシテ一日ニ付十二時間ヲ超エテ就業セシムルコトヲ得ス
主務大臣[3]ハ業務ノ種類ニ依《よ》リ本法施行後十五年間ヲ限リ前項ノ就業時間ヲ二時間以内延長スルコトヲ得
第四条　工業主ハ十五歳未満ノ者及女子ヲシテ午後十時ヨリ午前四時ニ至《いた》ル間ニ於《おい》テ就業セシムルコトヲ得ス

『法令全書』

1 十五人以上ノ職工　一九二三（大正一二）年には一〇人以上が対象となる。当時、労働組合期成会は五人以上を対象とするよう要求していた。

2 行政官庁　内務省のこと。

3 主務大臣　内務大臣。

史料注
法令全書　三〇二頁参照。

探究51 工場法の主な内容を調べよ。

解説　日本社会の資本主義的発展のなかで、社会問題が深刻化し、労働運動が活発化すると、政府は一つにはこうした社会・労働運動に対する妥協策、懐柔《かいじゅう》策として、また他方、労働力の保全という観点から労働者保護のための立法をめざすようになった。それが一九一一（明治四四）年に公布された工場法であり、現在の労働基準法に連なるものである。工場法は農商務省の立案で、一八九八（明治三一）年に農商工高等会議に諮問《しもん》されて以来制定がはかられ、一九一〇（明治四三）年に議会に提出されたが、女子深夜業の撤廃に反対する紡績業界の抵抗で難航し、翌一九一一年ようやく成立した。内容は一二歳未満の者の雇用禁止、一五歳未満の者と女子については労働時間を一二時間以下とし、また深夜業を禁止している。法案は成立したもののこの内容を不満とする財界により、施行は五年後、完全実施は一五年後とされたほか、適用は職工一五人以上の工場のみで多くの零細工場には規制は及ばず、成年男子労働者の労働時間には制限がなく、また数々の例外条項を含むいわばザル法であった。しかし、従来の労使関係を支えていた「主従ノ情誼《じょうぎ》・美風」が工業の発展のなかで失われてゆくとの認識のもとで、国が個々の工場の経営の内部に介入する点では、画期的な法律であった。

24 明治の文化

❶ 小説神髄 ★☆☆☆☆

小説の主脳《しゅのう》[1]は人情なり、世態《せたい》風俗これに次《つ》ぐ。人情とはいかなる者をいふや。曰《いわ》く人情とは人間の情欲にて、所謂《いわゆる》百八煩悩《ぼんのう》[2]是《これ》なり。それ人間は情欲の動物なるからいかなる賢者、善者なりとていまだ情欲を有《もた》ぬは稀《まれ》なり。……此《この》人情の奥を穿《うが》ち[3]、所謂賢人君子はさらなり。老若男女善悪正邪《せいじゃ》の心のうちの内幕をば洩《もら》す所なく描きいだして、周密精到《しゅうみつせいとう》[4]人情をば灼然《しゃくぜん》として[5]見えしむるを我小説家の努《つとめ》とするなり。よしや人情を写せばとて、其皮相《そのひそう》のみを写したるものは、いまだ之《これ》を真《まこと》の小説とはいふべからず。其骨髄《こつずい》[6]を穿つに及びて、はじめて小説の小説たるを見るなり。　『小説神髄《しんずい》』

解説　『小説神髄《しんずい》』は一八八五（明治一八）年九月から翌年四月までに九冊を刊行、同年五月合本上・下二巻として出版された。日本の近代文学の出発点とされる坪内逍遙《つぼうちしょうよう》の著作である。逍遙はこの著作において幕藩体制下、儒教道徳の支配の下にあって展開した滝沢馬琴《ばきん》流のいわゆる勧善懲悪《かんぜんちょうあく》小説を批判しつつ、道徳や政治に従属しない文学独自の意義と目的とを明らかにした。そしてその方法として、人間の人情、心理を中心にして世態風俗を描く客観主義的な写実を唱えた。不十分で不徹底な所も多いが、日本における近代文学の概念と、その方法論を提唱、確立する上で大きな足跡を残した。次いで現れた二葉亭四迷《ふたばていしめい》や硯友社《けんゆうしゃ》の写実小説を初め、その後の日本の近代文学はこの『小説神髄』の影響のもとに発展していった。

※色文字は重要語

1 **主脳**　主要な点。かなめ。
2 **百八煩悩**　仏教にいう、人間の迷いのもとになる一〇八の欲望。
3 **穿ち**　微妙な点を言い表す。
4 **周密精到**　細かい所まで注意し、心づかいが行き届いていること。
5 **灼然として**　明らかに。
6 **骨髄**　心の底。真相。眼目。

史料注
小説神髄　一八八五（明治一八）年発行。政治小説に偏重していた当時の文学界にあって、文学の独立と写実主義を主張し、明治文壇を革新する先駆《さきが》けとなった。

探究52　『小説神髄』が日本の近代文学の中で果たした役割について述べよ。

❷ 日本開化小史 ★☆☆☆☆

凡《およ》そ人心の文《すすめる》野《すすまざる》（人類が文明の段階にあるか、野蛮の段階にあるかは）は財貨を得るの難易と相俟《あいまつ》て離れざるものならん、財貨に富みて人心野なるの地なく、人心文にして財貨に乏《とぼし》きの国はなし。其《その》割合常に平均を保てる事蓋《けだ》し[1]文運の総《すべ》ての有様（文化の栄えるところすべてにわたり）に渉《わた》りて異例なかるべし。抑《そもそ》も人間の初代に当《あたり》てや器械を用うるの智未《いま》だ発すべからず（見出されてはいない。）。製作の技未だ熟《じゅく》すべからず。所謂《いわゆる》天造[2]の果実葉根を集めて其食物と為《な》し、草葉樹皮を綴《つづ》りて其衣服を造《つく》る外《ほか》

1 **蓋し**　思うに。考えてみるに。
2 **天造**　自然に造られたもの。

手段なかるべし。夫《そ》れ智は物に接して益々《ますます》広く、念[3]は事に試《こころ》みて愈《いよい》よ高し、人間初代の時に当て多く接する能《あた》はず、多く試る能はず其心豈《あ》に[4]能《よ》く長ずべけんや（多くの事や物に接することはほとんど不可能で、知恵や知識を広めることができようか）。然《しか》りと雖《いえど》も生を保ち死を避《さ》くるは、智の広狭《こうきょう》を云《い》はず念の高卑《こうひ》を論ぜず総《すべ》ての動物に通じて違《たが》はざるの天性なり。故《ゆえ》に人間の初代に於《おい》ては唯《た》だ衣食を得んとの念其全脳に満ちて、毫《ごう》[5]も其心を他事に働かしめず、祖先の事記するに暇《ひま》なく、間接の災害恐るの智なし。茫然《ぼうぜん》天地の間に立て禽獣《きんじゅう》[6]に異ならず、衣食是《こ》れ急なり。豈に死後の事憂《うれ》ふの暇あらんや。故に霊魂《れいこん》不死の説未だ発せざるなり。……斯《か》く貨財の進むに従ひ人心亦《ま》た大いに猶《ゆう》予《よ》を得て益々其想像を逞《たくまし》ふせり。是《この》時に当て人心既《すで》に霊魂の死せざる事を定め、カミの人間にあらざる事を信じ、カミの天地に照臨《しょうりん》[7]まします事を想像せしかば夫《そ》の保レ生避レ死《せいをたもちしをさくる》の天性よりして神に頼みて災害を除かんとの心起りし事をみるなり。

『日本開化小史《にほんかいかしょうし》』

[3]念 常に心のなかを往来している思い。

[4]豈に どうして。なんで。

[5]毫も いささかも。

[6]禽獣 鳥と獣。またその総称。

[7]照臨 国土、人民を統治すること。神が下界に臨むこと。

史料注

日本開化小史 田口卯吉（鼎軒《ていけん》）の著。全六巻。一八七七（明治一〇）年～八二（明治一五）年までに完成。貨財の発達と社会の進化との相関論に立って古代から江戸幕府の滅亡までを叙述したもの。

解説

田口卯吉《うきち》は一八五五（安政二）年、目白九番組に属する徳川氏の徒士《かち》の貧しい家に生まれた。幕府崩壊後、横浜で商業に従事しながら英語を習い、静岡・沼津兵学校を経て大学予備門、共立学舎に学んだ。一八七二（明治五）年に大蔵省翻訳局の生徒となりそれまでの医学志望から転じて経済学、英学を修め、翻訳に従事するかたわら経済問題を研究し、報知・横浜毎日新聞等に寄稿して時事を評論した。七九（明治一二）年に渋沢栄一らの後援で『東京経済雑誌』を創刊。一貫して自由主義であって、在野の立場から保護貿易主義と政府の独占事業に反対した。『日本開化小史《にほんかいかしょうし》』は彼のこうした経済学者としての余業として、当時の「開化史」の影響を受けながら、日本の歴史を系統的に叙述しようと試みられたものである。「開化史」はhistory of civilizationの訳語で文明史とも訳され、当時著名なバックルの『英国文明史』、ギゾーの『ヨーロッパ文明史』等が盛んに読まれていた。『日本開化小史』は、宗教、文学、世相風俗等に関する記事を中心とし、開化の歴史を任じているが、これは単なる文化史ではなく、「文化現象の生起、進歩はどのようにして行われるのか」という社会進化の理論を立て、その理論によって、日本の開化の歴史を究明しようとしたものである。問題意識がまずあって、それから日本の歴史に取り組んでいる。また元号を用いず、日本紀元によって叙述している点も西洋史書の紀年法の影響を受けながら一貫した歴史の流れを追求しようとする現れである。本史料に見る第一巻の冒頭では、人間の天性は保生避死の念であって、そういう天性から人心の発達は貨財の獲得の難易と密接な関係があると述べている。つまり貨財の集積が進むにつれて人心に余裕を生み、知情が発達して想像が豊かとなって人文が進歩する。貨財と人心の相関関係から開化上の進歩を解釈しようとするのが『日本開化小史』の理論であった。幅広く人間開化の発展と貨財の進歩との相関関係を重視したそれは、唯物史観《ゆいぶつしかん》的な生産力一元論ともまた異質なものであった。『日本開化小史』は日本の歴史研究に新しい画期を記したものとして高く評価されている。

史料注

嗟呼国民之友生れたり　一八八七（明治二〇）年、『国民之友』創刊号に掲載されたもの。

真善美日本人　一八九一（明治二四）年政教社から発行。

近時政論考　一八九一（明治二四）年刊。

参考　**平民主義——徳富蘇峰《とくとみそほう》**　★☆☆☆

泰西《たいせい》の社会は平民的にして其《そ》の文明も亦《また》平民的需用《じゅよう》より生し来れるものなることは、固《もと》より吾人《ごじん》の解説を要せずと雖《いえど》も、此《こ》の文明を我邦に輸入するや、不幸にして貴族の臭味《しゅうみ》を帯び、泰西文明の恩沢《おんたく》は僅《わず》かに一種の階級に止まり、貴族の管中《かんちゅう》により為《な》したるが故《ゆえ》に、端《はし》なく貴族的の臭味を帯び、……他の大多数の人に於《おい》ては、何の痛痒《つうよう》もなく、何の関係もなく殆《ほと》んど無頓着《むとんちゃく》の有様なりと云《い》はざる可《べか》らず。衣服の改良何かある、食物の改良何かある、金モルの大礼服は馬上の武士を装《よそ》ふて意義揚々《ようよう》たれとも普通の人民はスコット地の洋服すら穿《うが》つこと能《あた》はす、貴紳《きしん》の踏舞《とうぶ》には柳絮《りゅうじょ》の春風に舞ふか如《ごと》く、胡蝶《こちょう》の花間に飛ぶか如く、得意の才子佳人達《さいしかじんたち》は冬夜の暁《あ》け過きを恨《うら》む可《べ》しと雖も、普通の人民は日曜日に於てすら妻子と笑ひ語りて其の楽を共にする能はす。

『嗟呼国民之友生《ああこくみんのともうま》れたり』

参考　**国粋主義（国粋保存主義）——三宅雪嶺《みやけせつれい》**　★★☆☆

自然が冥々裏《めいめいり》に其《そ》の不測の勢力を応用するや、亜細亜《アジア》諸国敗亡相踵《あいつ》ぐの際《きわ》に在《あり》て、絶海の東、蕞爾《さいじ》たる島国猶《な》ほ屹然《きつぜん》として独立の日本帝国と称するを得る、是《こ》れ故《ゆえ》無くして然《しか》るべからず。意《おも》ふに将《ま》さに大に其の特色に用ゐらるゝあらんとする乎《か》。日本人が大に其の特能を伸べて白人の欠陥を補ひ、真極《きわま》り、善極り、美極る円満幸福の世界に進むべき一大任務を負担せるや疑ふべからざるなり。……東西闘乱《とうらん》の風尚《ふうしょう》一たび定まらば、寰宇《かんう》の人類に対して重大の任務あるを自ら認むるの日本人、豈《あ》に五洲の大局を其の特色ある理想中に融《ゆう》化《か》して、円満幸福の地位に進むの一警策《けいさく》を与ふる能《あた》はずといはんや。

『真善美日本人《しんぜんびにほんじん》』

参考　**国民主義——陸羯南《くがかつなん》**　★☆☆☆

国民天賦《てんぶ》の任務は世界の文明に力を致すにありとすれば、この任務を竭《つく》さんがために国民たるものその固有の勢力とその特有の能力とを勉めて保存し及び発達せ（しめ）ざるべからず。以上は国民論派の第一に抱《いだ》く所の観念にして、国政上の論旨《ろんし》はすべてこの観念より来たる。国民論派はその目的をかかる高尚《こうしょう》の点に置くが故《ゆえ》に、他の政論派の如《ごと》く政治一方の局面に向って運行するものにはあらず。国民論派は既《すで》に国民的特性即《すなわ》ち歴史上より縁起《えんぎ》する所のその能力及び勢力の保存及び発達を大旨《たいし》とす。さればある点より見れば進歩主義たるべく、また他の点より見れば保守主義たるべく、決して保守もしくは進歩の名を以《もっ》てこれに冠《かん》することを得べからず。かの立憲政体の設立を以て最終の目的となす所の諸政論派とはもとより同一視すべからず。これ即ち国民論派の特色なり。

『近時政論考《きんじせいろんこう》』

第8章 近代日本とアジア

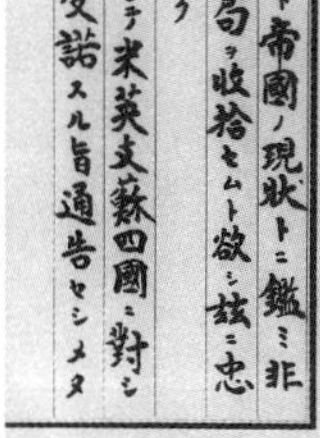
朕深ク世界ノ大勢ト帝國ノ現狀トニ鑑ミ非
常ノ措置ヲ以テ時局ヲ收拾セムト欲シ茲ニ忠
良ナル爾臣民ニ告ク
朕ハ帝國政府ヲシテ米英支蘇四國ニ對シ
其ノ共同宣言ヲ受諾スル旨通告セシメタ
リ

⬆終戦の詔書

❶ 大正政変

❶ 尾崎行雄の内閣弾劾演説——一九一三年二月五日 ★★☆☆☆

彼等《かれら》❶は常に口を開けば直《ただ》ちに忠愛を唱《とな》へ、恰《あたか》も忠君愛国は自分の一手専売の如《ごと》く唱へてありまするが、其為《そのな》すところを見れば、常に玉座《ぎょくざ》❷の蔭《かげ》に隠れて政敵を狙撃《そげき》するが如《ごと》き挙動《きょどう》を執《と》って居《お》るのである。（拍手起る）彼等は玉座を以《もっ》て胸壁《きょうへき》となし、詔勅《しょうちょく》を以て弾丸《だんがん》に代へて政敵を倒さんとするものではないか。……又、其内閣総理大臣の地位に立って、然《しか》る後、政党の組織に着手❸すると云《い》うが如きも、彼《か》の一輩《いっぱい》《彼ら一派が、》が、如何《いか》に我憲法を軽く視《み》、其精神のあるところを理解せないかの一斑《いっぱん》《一端が》が分《わか》る。

『大日本憲政史《だいにほんけんせいし》』

要点ナビ 尾崎行雄（立憲政友会）の第三次桂太郎内閣への批判。

※色文字は重要語

❶**彼等** 桂首相を筆頭とする藩閥、軍閥、官僚など。

❷**玉座** 天皇の座。

❸**政党の組織に着手** 桂は議会乗り切りのため、自らの与党を組織しようと、一九一三年立憲同志会を結党。

史料注

大日本憲政史 三四八頁参照。

探究1 大正政変の歴史的意義を述べよ。

解説 第二次西園寺《さいおんじ》内閣（政友会）は、日露戦争後の経済的不況安定のため軍拡中止、公債償還、行政・財政整理による緊縮政策をとった。内閣のこの方針は当時、韓国併合後の朝鮮に二個師団の設置を要求していた陸軍と対立し、陸相の上原勇作は山県有朋《やまがたありとも》の支持もあって、一九一二（大正元）年一二月帷幄上奏《いあくじょうそう》権を利用し、単独辞表を提出した。内閣は軍部大臣現役武官制のもと、後任の大臣を得ることができず崩壊（陸軍のスト）、後任の首相には、長州閥の寵児《ちょうじ》**桂《かつら》太郎**があてられることとなった。桂は当時内大臣兼侍従長の職にあり、政友会内閣崩壊後桂を首相にすることは、宮中と府中の別を侵すもの、また軍と藩閥の横暴であるとして民衆は激昂《げきこう》した。ここに**第一次護憲《ごけん》運動**が始まる。同年一二月一九日東京の歌舞伎座で開かれた憲政擁護《ようご》第一回大会では三〇〇〇人の聴衆が集まり、「閥族《ばつぞく》打破、憲政擁護」が決議された。第三〇議会召集とともに、運動はさらに活発となり、二七日反対党代議士、新聞記者、学者らが集まり運動の地方拡大を決め、翌一三年一月憲政擁護を叫ぶ大会が各地で開かれた。そして二一日の議会開会予定をさらに一五日間停会した桂内閣に対し運動は一段と激しいものとなり、この間政友会、国民党は提携、**尾崎行雄**、**犬養《いぬかい》毅《つよし》**らはその急先峰となって活躍し、二月五日の議会開会を待って不信任案を提出した。議会は停会され、民衆の憤激は九日の憲政擁護大会に二万人の集会となって高まった。桂は議会の解散を考えたが、大岡育造衆議院議長の「解散は内乱誘発を招く」との忠告に従い、桂内閣は五〇日余で崩壊した（**大正政変**）。

2 第一次世界大戦

1 大正新時代の天佑――井上馨書簡――一九一四年八月八日提言　★★★☆☆

一、今回欧洲《おうしゅう》ノ大禍乱《からん》[1]ハ、日本国運ノ発展ニ対スル大正新時代ノ天佑《てんゆう》[2]ニシテ、日本国ハ直《ただち》ニ挙国《きょこく》一致ノ団結ヲ以《もっ》テ、此《この》天佑ヲ享受《きょうじゅ》セザルベカラズ。

一、此天佑ヲ全《まっと》ウセンガ為《ため》ニ、内ニ於《おい》テハ比年囂々《ごうごう》タリシ廃減税等ノ党論[3]ヲ中止シ、財政ノ基礎ヲ強固ニシ、一切ノ党争ヲ排《はい》シ、国論ヲ世界ノ大勢ニ随伴《ずいはん》セシムル様指導シ、以テ外交ノ方針ヲ確立セザルベカラズ。

一、此戦局ト共ニ、英・仏・露ノ団結一致ハ更ニ強固ニナルト共ニ、日本ハ右三国ト一致団結シテ、茲《ここ》ニ東洋ニ対スル日本ノ利権ヲ確立セザルベカラズ。『世外井上公伝《せがいいのうえこうでん》』

※色文字は重要語

1欧洲ノ大禍乱　第一次世界大戦のこと。

2天佑　天の助け。

3廃減税等ノ党論　当時憲政擁護会では、営業税・織物消費税・通行税の三税廃止を要求して悪税撤廃運動を起こしていた。

史料注　**世外井上公伝**　井上馨の伝記。一九三四（昭和九）年刊行。

解説　井上馨《かおる》が「天佑《てんゆう》」と述べたのは、第一次世界大戦が欧州を戦場として戦われているこの時期に、英仏露などがアジアから手を引かざるを得ない状況下で、中国への進出をはかり、世界における日本の地位向上をねらう糸口が得られたと受け止めたことによる。そのためには、憲政擁護《ようご》会を中心にして展開されている廃税運動等を中止させ、英仏露外交を重視せよ、と述べている。時の大隈《おおくま》内閣は民衆の大きな期待を担って成立した。しかしその政策として掲げるものは、政弊刷新、国防充実、国民負担軽減であり、長閥の期待に応えて政友会を打破し、二個師団増設を実現するとともに、合わせて悪税撤廃を要求する民衆の声にも応えようとする、二枚の相反する看板であった。井上馨がこの手紙を山県有朋《やまがたありとも》及び大隈重信に書いた八月八日、元老大臣会議は第一次世界大戦への参戦を決定した。このことは大隈にとっても天佑であり、国内の政治矛盾を外征に振り向ける絶好の機会であった。

2 大戦への参加――加藤高明外相――一九一四年八月九日提言　★★★☆☆

日本は今日同盟条約[1]の義務に依《よ》って参戦せねばならぬ立場には居《い》ない。条文の規定が日本の参戦を

1同盟条約　日英同盟協約の

命令するやうな事態は今日の所では未《いま》だ発生しては居ない。たゞ一《ひとつ》は英国からの依頼に基く同盟の情誼《じょうぎ》と、一は帝国が此《この》機会に独逸《ドイツ》の根拠地を東洋から一掃《いっそう》して、国際上に一段と地位を高めるの利益と、この二点から参戦を断行するのが機宜《きぎ》の良策と信ずる。『加藤高明《かとうたかあき》』

解説 一九一四（大正三）年八月第一次世界大戦が始まった。この史料は、八月七日夜一〇時頃大隈《おおくま》首相官邸で閣議が開かれた時、外相加藤高明が参戦を主張したものである。日本の参戦の目的は、山東《シャントン》省のドイツ利権を奪って三国干渉の報復を行い、太平洋上のドイツ領諸島を手に入れることにあった。そして、さらに日本の国際的地位の向上と資本主義経済の発展、確立をはかることであった。前史料の井上馨書簡にも見るように、欧州の大禍乱《からん》を日本にとっての天佑《てんゆう》と位置付け、東洋に対する日本の利権を確立し、中国の統一者を懐柔《かいじゅう》することを国家将来の最良策とすることは、政界要人の一致した意見であった。大戦勃発の直後、イギリス政府から中国近海で起こり得るドイツ仮装巡洋艦の破壊活動に関し、その排除を求める限定的な要請があった。日本側はこれに対し、山東省ドイツ根拠地攻撃・奪取などイギリスの予想に反し、大きく踏み込んだ本格的な参戦の姿勢をみせた。イギリスは中国一帯においての混乱をさけるため、この要請を取り消すのであるが、なんとかイギリスの黙認を取り付けた日本は、一九一四年八月一五日に対独最後通牒《つうちょう》を発し、強引にも二三日参戦したのである。

❸ 二十一カ条の要求——一九一五年一月一八日提出 ★★★★

第一号　山東省《さんとうしょう》《シャントン》❶に関する件　第一条　支那《しな》国政府❷ハ独逸《ドイツ》国カ山東省ニ関シ条約其《その》他ニ依《よ》リ支那国ニ対シテ有スル一切ノ権利、利益、譲与《じょうよ》等ノ処分ニ付《つき》、日本国政府カ独逸国政府ト協定スヘキ一切ノ事項ヲ承認スヘキコトヲ約ス

第三条　支那国政府ハ芝罘《チーフー》又《また》ハ龍口《りゅうこう》《ロンコー》ト膠州《こうしゅう》《チャオチョウ》湾ヨリ済南《さいなん》《チーナン》ニ至《いた》ル鉄道トヲ連絡スヘキ鉄道ノ敷設《ふせつ》❸ヲ日本国ニ允許《いんきょ》ス❹

第二号　南満州及《およ》び東部内蒙古《うちもうこ》《モンゴル》❺に関する件　第一条　両締約《ていやく》国ハ旅順《りょじゅん》《リュイシュン》、大連《だいれん》《ターリエン》租借《そしゃく》期限❻並《ならびに》南満州及安奉《あんぽう》両鉄道❼各期限ヲ何《いず》レモ更ニ九十九ケ年ツツ延長スヘキコトヲ約ス

こと。戦争が東アジア・インドに波及した場合、日本には参戦義務があった。

史料注 **加藤高明** 伊藤正徳の著作、外務省の文書を多数引用。一九二九（昭和四）年刊行。

探究2 **第一次世界大戦参戦の目的とその結果を調べよ。**

要点ナビ 日本（第二次大隈重信内閣）から中華民国政府（袁世凱）への権益拡大要求。

❶**山東省** 当時山東半島では、ドイツが青島の租借権、鉄道敷設権、鉱山採掘権などの利権を持っていた。

❷**支那国政府** 中華民国の袁《えん》世凱《せいがい》政府。辛亥《しんがい》革命により清朝を倒して成立した中華民国であったが、当時袁世凱が大総統として孫文《そんぶん》らの革命派を弾圧、専制権力を拡大しつつあった。

第二条　日本国臣民《しんみん》ハ南満州及東部内蒙古ニ於《お》テ各種商工業上ノ建物ノ建設又耕作ノ為《ため》必要ナル土地ノ賃借《ちんしゃく》権又ハ其所有権ヲ取得スルコトヲ得

第四条　支那国政府ハ本条約附属書ニ列記セル南満州及東部内蒙古ニ於《お》ケル諸鉱山ノ採掘権ヲ日本国臣民ニ許与ス

第七条　支那国政府ハ本条約締結ノ日ヨリ九十九ケ年間日本国ニ吉長鉄道8ノ管理経営ヲ委任《いにん》ス

第三号　漢冶萍公司《かんやひょうコンス》9に関する件　第一条　両締約国ハ将来適当ノ時機ニ於テ漢冶萍公司ヲ両国ノ合《ごう》弁《べん》トナスコト並支那国政府ハ日本国政府ノ同意ナクシテ同公司ニ属スル一切ノ権利財産ヲ自ラ処分シ又ハ同公司ヲシテ処分セシメサルヘキコトヲ約ス

第四号　沿岸不割譲《えんがんふかつじょう》に関する件　支那国政府ハ支那国沿岸ノ港湾及島嶼《とうしょ》ヲ他国ニ譲与シ若《も》クハ貸与《たいよ》セサルヘキコトヲ約ス

第五号　希望条項　懸案《けんあん》その他解決に関する件

一、中央政府ニ政治財政及軍事顧問《こもん》トシテ有力ナル日本人ヲ傭聘《ようへい》セシムルコト

三、……必要ノ地方ニ於ケル警察ヲ日支合同トシ、又ハ此等地方ニ於ケル支那警察官庁ニ多数ノ日本人ヲ傭聘セシメ以テ一面支那警察機関ノ刷新《さっしん》確立ヲ図《はか》ルニ資スルコト

四、日本ヨリ一定ノ数量（例ヘハ支那政府所要兵器ノ半数）以上ノ兵器ノ供給ヲ仰《あお》キ又ハ支那ニ日支合弁ノ兵器廠《しょう》ヲ設立シ日本ヨリ技師材料ノ供給ヲ仰クコト

五、武昌《ぶしょう》《ウーチャン》ト九江南昌《きゅうこうなんしょう》《チウチャンナンチャン》線トヲ連絡スル鉄道及南昌、杭州《こうしゅう》《ハンチョウ》間南昌、潮州《ちょうしゅう》間鉄道敷設権ヲ日本ニ許与スルコト

『日本外交年表竝主要文書』

3芝罘又ハ龍口ト……鉄道ノ敷設　山東半島北部の芝罘または龍口から、半島南部の膠州湾（青島）と内陸の済南とを結んでいた鉄道に接続する鉄道を敷設する権利。

4允許　許すこと、許可。

5東部内蒙古　満州地方に接続するモンゴル高原南部を内蒙古といい、日本は満州とともに内蒙古への進出をはかった。北部の外蒙古にはロシアが進出していたが、一九一一年には独立を宣言していた。

6旅順、大連租借期限　ポーツマス条約を受けて日清間に条約が結ばれ、日本が租借、期限は一九二三年までであった。

7南満州及安奉両鉄道　南満州鉄道は長春《ちょうしゅん》《チャンチュン》～大連間、安奉鉄道は安東《あんとう》《アントン》～奉天《ほうてん》《ムクデン》間の鉄道。

8吉長鉄道　吉林《きつりん》《チーリン》～長春間の鉄道。

9漢冶萍公司　中国最大の製鉄会社。

史料注　**日本外交年表竝主要文書**　三五二頁参照。

探究3 二十一カ条の要求に対する各国の反響と、その後の国際関係に与えた影響を述べよ。

解説 一九一四（大正三）年、資本主義の極度に不均等な発展がもたらした結果として、世界再分割のための世界戦争が始まった。英国政府が日本の軍事援助に期待する旨、参戦を要請してきたのに応じて、日本政府はただちに参戦を決定した。日英同盟には参戦の義務はなかったが、同盟のよしみと、この機会にドイツ根拠地を東洋から一掃して日本の国際的地位を高めるための参戦であった。日本政府は、八月二三日宣戦を布告すると、ただちに青島《チンタオ》を攻撃し、南洋群島を占領した。済南《チーナン》占領、山東鉄道の領有宣言とともに、日本の参戦目的をいよいよ明白にしたものは一九一五（大正四）年一月一八日、中国政府（袁世凱《えんせいがい》政府）に提出した**二十一カ条の要求**である。その内容は第一号、山東ドイツ利権処理をめぐる将来の日独協定の事前承認・第二号、旅順・大連租借《そしゃく》・満鉄経営の各期限の九九か年延長・第三号、漢冶萍《かんやひょう》公司《コンス》の合弁化・第四号、他国への沿岸不割譲・第五号、希望条項として中央政府への日本人顧問傭聘《ようへい》、必要な地方の警察合同または日本人傭聘等、である。第五号の希望条項を含めて、その内容は中国の主権を著しく侵すものであった。列国の批判もあって第五号は保留したものの、日本は軍事力を背景に五月九日この要求を強引に受諾させ、中国民衆はこの日を「国恥《こくち》記念日」と呼んで激しい抗議行動を展開した。

4 石井・ランシング協定——一九一七年一一月二日締結 ★☆☆☆

要点ナビ 日本（石井菊次郎）と米（ランシング国務長官）との間で調印。中国に関する共同宣言。寺内正毅内閣。

合衆国政府ハ日本国カ支那《しな》ニ於《おい》テ特殊ノ利益❶ヲ有スルコトヲ承認ス。……尤《もっと》モ支那ノ領土主権ハ完全ニ存在スルモノニシテ、……日本国及合衆国両政府ハ毫《ごう》モ❷支那ノ独立又《また》ハ領土保全ヲ侵害スルノ目的ヲ有スルモノニ非《あら》サルコトヲ声明ス。且《かつ》右両国政府ハ常ニ支那ニ於テ所謂《いわゆる》門戸《もんこ》開放又ハ商工業ニ対スル機会均等ノ主義ヲ支持スルコトヲ声明ス。　『日本外交年表竝主要文書』

❶**特殊ノ利益**　日本は政治的権益を含むとし、アメリカは経済的権益に限ると対立。
❷**毫モ**　少しも。

史料注 **日本外交年表竝主要文書**　三五二頁参照。

解説 **石井・ランシング協定**は、一九一七（大正六）年石井菊次郎特派大使と米国務長官ランシングとの間で取り交された交換文書である。二十一カ条の要求以降、日本の中国政策に警戒感を抱くアメリカとの関係を調整するために結ばれたものである。日本が中国、ことに「日本の所領に隣接せる地方」において「特殊の利益」を有することをアメリカ側は認める、ただし領土保全・門戸開放・機会均等に反するようなものは認められないという、かなりのあいまいさを残した内容であった。結局ワシントン会議で新たに中国に関する九カ国条約が締結されたのを受け、アメリカ側からの提案で一九二三（大正一二）年四月、この協定は廃棄された。

3 大正デモクラシーと社会運動

1 民本主義——吉野作造　★★☆☆☆

民本《みんぽん》主義[1]といふ文字は、日本語としては極《きわ》めて新しい用例である。従来は民主主義といふ語を以《もっ》て普通に唱《とな》へられて居《お》つたやうだ。時としては又《また》民衆主義とか平民主義とか呼ばれたこともある。然《しか》し民主主義といへば、社会民主党[2]などといふ場合に於《お》けるが如《ごと》く、「国家の主権は人民にあり」といふ危険なる学説と混同され易い。又平民主義といへば、平民と貴族とを対立せしめ、貴族を敵にして平民に味方するの意味に誤解せらるゝの恐れがある。独《ひと》り民衆主義の文字丈《だ》けは、以上の如き欠点はないけれども、民衆を「重んずる」といふ意味があらはれない嫌《きらい》がある。我々が視《み》て以て憲政の根柢《こんてい》と為《な》すところのものは、政治上一般民衆を重んじ、其《その》間に貴賤《きせん》上下の別を立てず、而《し》かも国体[3]の君主制たると共和制たるとを問はず、普《あまね》く通用する所の主義たるが故《ゆえ》に、民本主義といふ比較的新しい用語が一番適当であるかと思ふ。

『中央公論』

※色文字は重要語

1 民本主義　デモクラシーの訳語の一つ。すでに明治期に新聞「万朝報」で使用されていたが、吉野作造により詳細に定義された。

2 社会民主党　日本初の社会主義政党。片山潜、幸徳秋水らが一九〇一（明治三四）年結成したが、政府は治安警察法違反で翌日禁止。

3 国体　主権または統治権の所在で区別した国家体制。

史料注

中央公論　月刊総合雑誌。一八八七（明治二〇）年創刊の『反省会雑誌』が改称を重ね、一八九九年に『中央公論』となった。吉野作造に活躍の場を与え、大正デモクラシーの論壇をリードした。

探究4

① 民本主義の主張を述べよ。

② 民本主義の主張はどんな運動に大きな影響を与えたか。

解説　大正デモクラシー運動の発展に寄与したのが、**吉野《よしの》作造《さくぞう》**の**民本《みんぽん》主義**の思想である。吉野作造は一九一六（大正五）年一月、『中央公論』に「憲政の本義を説いて其有終の美を済すの途を論ず」を発表、従来使用されていた「民本主義」の用語に新たな観点を持ち込んで理論化した。

民本主義とはデモクラシーの訳語であるが、主権在民の観念を持つ民主主義と区別して、主権の所在は問わずに「主権運用の方法に関する理念」と規定した。その上で①主権者は政治の目的を民衆の利福に置くべきであること、②政権運用の決定は一般民衆の意向によるべきであることを主張し、当面の具体的目標として政党内閣制、普通選挙法、貴族院の改革などを説いた。リンカーンの「人民の、人民による、人民のための政治」のうち、君主国日本という条件下で「人民の」をとったものであると考えられている。主権論を棚上げしたことで社会主義者などから批判が出たが、国体無視とのとがめを受けることなく議会中心主義を主張することができ、大正デモクラシーの指導的理念として折からの民衆運動の支柱となった。大正末年の護《ご》憲《けん》三派内閣の成立、普通選挙法の公布はその成果として認められている。吉野は東大教授を経て朝日新聞に入り、退社後『明治文化全集』の編纂に携わり、日本近代史研究の基礎を作った。

② 米騒動——一九一八年八月三日 ★☆☆☆

富山県中新川《なかにいかわ》郡西水橋《にしみずはし》町[1]町民の大部分は出稼《でかせぎ》業者なるが、本年度は出稼先なる樺太《からふと》は不漁にて帰《き》路《ろ》の路銀《ろぎん》[2]にも差支《さしつか》ふる有様にて生活頗《すこぶ》る窮迫《きゅうはく》し、加ふるに昨今の米価暴騰《ぼうとう》にて困窮愈《こんきゅういよ》々其極《そのきわみ》に達し居《お》れるが、三日午後七時漁師町一帯の女房連二百名は海岸に集合して三隊に分れ、一は浜方《はまかた》有志、一は町有志、一は浜地の米屋及び米所有者を襲《おそ》ひ、所有米は他に売らざること及び此際義俠《このさいぎきょう》的[3]に米の廉売《れんばい》[4]を歎願《たんがん》し、之《これ》を聞かざれば家を焼払ひ一家を鏖殺《おうさつ》すべし[5]と脅迫《きょうはく》し事態頗る穏《おだや》かならず、斯《か》くと聞き東水橋警察署より巡査《じゅんさ》数名を出動させ、必死となりて解散を命じたるに漸《ようや》く午後十一時頃より解散せるも、一部の女達は米屋の附近を徘徊《はいかい》[6]し米を他に売るを警戒し居れり。

〔一九一八年八月五日『東京朝日新聞』〕

要点ナビ 寺内正毅内閣。

[1]西水橋町 現、富山市。
[2]路銀 旅費。
[3]義俠的 おとこぎで。
[4]廉売 安売り。
[5]鏖殺 皆殺しにする。
[6]徘徊 うろうろと歩きまわる。

史料注
東京朝日新聞 三六三頁参照。

探究5
① 第一次世界大戦の日本経済に与えた影響を述べよ。
② 米騒動の原因と影響を述べよ。
③ シベリア出兵の目的を考えよ。

解説 第一次世界大戦の好景気により、特に米価の急騰《きゅうとう》が目立った。日本資本主義の急激な発達で米消費人口（都市人口）が急増したにもかかわらず、寄生地主制の下で米の生産が停滞して供給が需要に追いつかなかったためである。さらに騰貴《とうき》を当て込んだ地主の売り惜しみと、米商人の買い占めにより一層値上がりをしたが、**寺内正毅《まさたけ》**内閣は外米輸入関税を続けたので、米価の調節に成功しなかった上に、一九一八（大正七）年七月**シベリア出兵**方針が表面化して買い占めに拍車がかかり、米価の大暴騰が起こった。

既に同年七月より富山県魚津《うおづ》町や東水橋町で、米価の高騰を他地域への移出のためだと考えた漁民や主婦らの米移出阻止《そし》行動が始まっていたが、全国的な米騒動の発端となるのは史料の西水橋町の漁民の女房たちによる米屋や有力者に対する実際行動（八月三日以降）である。大戦景気のインフレのなかで賃金の上昇が立ち遅れて、生活が困難になっていた労働者などが呼応して、八月一〇日〜一六日を中心に二か月間ほぼ全国的な騒動へと発展した。民衆の行動には民本主義の普及や、ロシア革命成功が心理的影響を与えていたのである。参加人員は推計で七〇万人を超える。

寺内内閣は警官隊に加え軍隊を出動させて鎮圧し、米の廉売《れんばい》も命じて鎮静化をはかった。が、傍観した既成政党に代わって新聞が内閣打倒キャンペーンを張り、元老《げんろう》の信頼を失った寺内内閣は九月二一日総辞職した。

❸ 八幡製鉄所のストライキ——一九二〇年二月五日　★☆☆☆

福岡県八幡《やはた》市❶の八幡製鉄所❷にては五日❸突然大同盟罷業《ひぎょう》❹起れり、即《すなわ》ち職工全部及び人夫《にんぷ》全部約一万余名は一斉《いっせい》に業務を抛《なげう》ち大熔鉱炉《ようこうろ》の火を滅却《めっきゃく》し構内鉄道機関車の火を消し石炭の運搬を止め、五百本に近き煙突《えんとつ》の煙を絶ち斯《か》くして全員は五日午前八時製鉄所事務所前に集合を為《な》し示威《じい》運動を行ひつゝあり。

……原因は製鉄所の職工より成れる同市日本労友《ろうゆう》会❺が先般幹事会議を開き、時間短縮その他につき決議なし四日午前九時吉村・福住《ふくすみ》・鳥井の三代表者は左の如《ごと》き嘆願書《たんがんしょ》を製鉄所長官に提出せんとしたり。

一、臨時手当及び臨時加給を本俸に直し支給せられたき事
一、勤務時間を短縮せられたき事
一、住宅料を家族を有するものには四円、独身者には二円を支給されたき事

〔一九二〇年二月六日『大阪朝日新聞』〕

❶**八幡市**　現、北九州市八幡東・西区。
❷**八幡製鉄所**　一九〇一（明治三四）年創業の官営製鉄所。
❸**五日**　一九二〇（大正九）年二月。
❹**同盟罷業**　ストライキ。
❺**日本労友会**　浅原健三の指導で一九一九（大正八）年一〇月、八幡製鉄所の職工ら約一〇〇〇人で結成。

史料注
大阪朝日新聞　「朝日新聞」は「東京朝日新聞」創刊後、一八八九（明治二二）年一月より大阪発行分を「大阪朝日新聞」と題号変更した。

解説　八幡製鉄所では一九一八年秋、待遇改善を要求した一万数千人の自然発生的サボタージュが起こっていた。翌年末に製鉄所が、職工の重大な収入源であった時間外勤務を規制する職工規則の改定を発表すると、労友会は製鉄所側との対決姿勢を強め、二月五日二万数千名を率いてストに突入した。開所以来初めて「溶鉱炉の火が止められた」（操業中止）。二波にわたるストライキが行われたが、幹部の検挙、製鉄所の無期限休業発表によって労友会側は動揺し三月二日争議は終了した。争議後、製鉄所は時間短縮（一二時間二交代→九時間三交代）と約一一%の賃上げを発表した。東洋一を誇る官営製鉄所での大規模な労働争議は労働運動全体に大きな影響を与えた。

Spot

魚津町と米騒動

魚津町（現富山県魚津市）は江戸時代以来、日本海海運の中心として繁栄し、大正期には一万五千人の人口を擁した。北海道や樺太への米の積み出しで栄えた大町海岸には米倉庫が立ち並んだ。魚津港は角川の河口を利用し、大型船（蒸気船）は沖合に停泊した。蒸気船来港は米価高騰の元凶であった。七月二三日の早朝伊吹丸が入港すると、主婦らが続々と海岸に集まった。

米騒動といえば、全国的には一九一八年の出来事として知られるが、富山県では、明治以降だけでも毎年のように、米価暴騰による騒動が記録されている。しかも『富山県警察史』には、「明治八年以来、この地方の女だけで行われたこの種の行動は、これが二三回目に当たっていた」という記述がある。越中では「一揆」といえば「女一揆」のことであった。魚津が米騒動発祥の地となった。

4 水平社宣言――一九二二年三月三日全国水平社結成・宣言 ★★☆☆☆

全国に散在する吾《わ》が特殊部落民[1]よ団結せよ。

長い間虐《いじ》められて来た兄弟よ、過去半世紀間に種々《しゅじゅ》なる方法と、多くの人々とによつてなされた吾《われ》等《ら》の為《た》めの運動が、何等《なんら》の有難い効果を齎《もた》らさなかつた事実は、夫等《それら》のすべてが吾々によつて、又他《またた》の人々によつて毎《つね》に人間を冒瀆《ぼうとく》[2]されてゐた罰《ばち》であつたのだ。そしてこれ等《ら》の人間を勦《いたわ》る[3]かの如《ごと》き運動は、かえつて多くの兄弟を堕落《だらく》させた事を想《おも》へば、此際《このさい》吾等の中《うち》より人間を尊敬する事によつて自ら解放せんとする者の集団運動を起せるは、寧《むし》ろ必然である。

兄弟よ、吾々の祖先《そせん》は自由、平等の渇仰《かつごう》[4]者《しゃ》であり、実行者であつた。陋劣《ろうれつ》なる[5]階級政策の犠牲者《ぎせいしゃ》であり男らしき産業的殉教者《じゅんきょうしゃ》であつたのだ。ケモノの皮剝《かわは》ぐ報酬《ほうしゅう》として、生々《なまなま》しき人間の皮を剝ぎ取られ、ケモノの心臓を裂《さ》く代価《だいか》として、暖《あたたか》い人間の心臓を引裂《ひきさ》かれ、そこへ下《くだ》らない嘲笑《ちょうしょう》の唾《つば》まで吐《は》きかけられた呪《のろ》はれの夜《よ》の悪夢のうちにも、なほ誇《ほこ》り得《う》る人間の血は、涸《か》れずにあつた。そうだ、そして吾々は、この血を享《う》けて人間が神にかわらうとする時代にあうたのだ。犠牲者がその烙《らく》印《いん》[6]を投げ返す時が来たのだ。殉教者が、その荊冠《けいかん》[7]を祝福される時が来たのだ。

吾々がエタである事を誇り得る時が来たのだ。

1 特殊部落民　未解放部落の住民の差別的別称。
2 冒瀆　神聖なもの、清らかなものを汚すこと。
3 勦る　親切。大事に扱う。労をねぎらう。慰める。
4 渇仰　深く信仰すること。深く慕うこと。
5 陋劣なる　心が卑しい。軽べつすべき。
6 烙印　刑罰として罪人に印を付けた焼き印。
7 荊冠　荊（いばら）の冠。

吾々は、かならず卑屈《ひくつ》なる言葉と怯懦《きょうだ》[8]なる行為によつて、祖先を辱《はずか》しめ、人間を冒瀆してはならぬ。そうして人の世の冷たさが、何《ど》んなに冷たいか、人間を勦る事が何《な》んであるかをよく知つてゐる吾々は、心から人生の熱と光を願求礼讃《がんぐらいさん》するものである。

水平社は、かくして生れた。

人の世に熱あれ、人間に光あれ。

大正十一年三月三日

全国水平社創立大会

『よき日のために』

キリストが十字架にかけられた時にかぶせられた冠で、受難や殉教を意味する。

[8] **怯懦**　臆病で気の弱いこと。

史料注　**よき日のために**　水平社パンフレット。

解説　米騒動では、各地で被差別部落の人々が加わり、部落解放のための行動的エネルギーを如実に示した。これに恐怖し脅威を感じた支配階級は、同情的融和政策をもって、恩恵的な上からの改善、実は懐柔《かいじゅう》と分裂を画策した。しかし部落内部にも、自らの階級的団結力により、基本的人権と生活の安定・向上をめざした真の解放を闘いとろうとする動きが、次第に高まっていった。奈良県南葛城郡柏原部落の阪本清一郎、駒井喜作、西光万吉らは、社会主義者を訪れ部落解放の理論を求め、社会主義同盟にも加盟した。やがて彼らは、一九二一（大正一〇）年一一月、水平社《すいへいしゃ》創立事務所を設立。パンフレットを発行して全国水平社結成準備運動を開始した。水平社という名称は、阪本の考案したもので、一七世紀イギリスの民主主義革命の推進力となった農民とロンドンの労働者階級の組織"Levellers"にも通ずるものがあった。かくて、政府・支配階級の妨害・懐柔工作と闘いながら、一九二二（大正一一）年三月三日、京都市岡崎公園に全国の部落代表二〇〇〇人を集めて、全国水平社創立大会が開かれたのであった。大会宣言は「全国に散在する吾が特殊部落民よ団結せよ」という言葉に始まり、同情融和を退け、部落民大衆自らの力で解放を闘い取ろうとする悲壮な決意で貫かれていた。さらに、「われわれを侮辱したものは、徹底的に糾弾さる」という運動方針が決議され、大会後ただちに、全国各地で差別糾弾運動が開始された。水平社の旗は、黒地に赤い荊《いばら》の冠を染め抜き、旗竿《はたざお》は青竹を竹槍状に切ったものとし、そこにも殉教者の悲壮な思いが込められていたのである。水平社は全国の部落に急速に組織を拡大し、権力に対して最も激しく闘う伝統を作り上げ、翌年の大会では、農民組合・消費組合の組織、朝鮮人との提携を決議した。そして初期の「徹底的糾弾」の方針の行き詰まったあとは、プロレタリアートの指導のもとに階級闘争との結合を主張する左派の指導権が強化された。

⑤ 青鞜社――『青鞜』発刊に際して――一九一一年六月一日発刊　★★☆☆☆

元始《げんし》[1]、女性は実に太陽であった。真正《しんせい》の人であった。

[1] **元始**　もと。初め。

今、女性は月である。他に依《よ》って生き、他の光によって輝く、病人のような蒼白《あおじろ》い顔の月である。偖《さ》てこゝに「青鞜《せいとう》」は初声《うぶごえ》を上げた。

現代の日本の女性の頭脳と手によって始めて出来た「青鞜」は初声を上げた。……

私共は隠されて仕舞《しま》った我が太陽を今や取戻さねばならぬ。

「隠れたる我が太陽を、潜《ひそ》める天才を発現《はつげん》せよ、」とは私共の内に向っての不断《ふだん》の叫声《さけびごえ》、押へがたく消しがたき渇望《かつぼう》、一切の雑多な部分的本能の統一せられたる最終の全人格的の唯一《ゆいいつ》本能である。……

青鞜社規則の第一条に他日《たじつ》2女性の天才を生むを目的とすると云《い》ふ意味のことが書いてある。……

女性の自由解放と云ふ声は随分《ずいぶん》久しい以前から私共の耳辺《みみべ》にざわめいてゐる。併《しか》しそれが何だろう。思ふに自由と云ひ、解放と云ふ意味が甚《はなはだ》しく誤解されてゐはしなかっ（た）らうか。……

然《しか》らば私の希《ねが》ふ真の自由解放とは何だらう。云ふ迄《まで》もなく潜《ひそ》める天才を、偉大なる潜在《せんざい》能力を十二分に発揮《はっき》させることに他ならぬ。……私は総《すべ》ての女性と共に潜める天才を確信したい。……

最早《もはや》女性は月ではない。

其日《そのじつ》は、女性は矢張《やは》り元始の太陽である。真正の人である。

『青鞜《せいとう》』

解説　平塚らいてう（明《はる》）ら五人の日本女子大の同窓生が発起人になって、女性の文芸集団「**青鞜社**《せいとうしゃ》」がつくられたのは、一九一一（明治四四）年六月一日のことである。当初『青鞜』は文芸による啓発で、女性に潜《ひそ》む才能を伸ばし女流天才の誕生をめざした純然たる文芸雑誌であったが、やがて神近市子《かみちかいちこ》、伊藤野枝《のえ》らが加わり、女性の反響や世評の興味を受け「新しい女」として社会的注目を集めた。そのなかで次第に女性の政治的・社会的解放をめざし女性問題全般を論じるようになり、日本の女性解放運動に大きな役割を果たしていった。

2他日　将来。

史料注

青鞜　女性のみの手で、一九一一（明治四四）年九月～一九一六（大正五）年二月まで刊行された女性文芸誌。誌名はイギリスを初めヨーロッパで文学や学識ある女性を冷やかしを込めて呼んだ「ブルーストッキング」の直訳から。

探究6　文芸運動に始まる青鞜社は、女性解放運動にどのような役割を果たしたか調べよ。

6 婦選獲得同盟宣言　★☆☆☆

新日本の礎石《そせき》は置かれた。普選案1は予定の如《ごと》く第五十議会を通過した。而《しか》してここに国民半数の婦

1普選案　普通選挙法案。加

人は二十五歳以下の男子及《および》「貧困《ひんこん》に依《よ》り生活のため公私の救助を受け又は扶助《ふじょ》を受くる」小数の男子と共に政治圏外に取残された。我等女性は最早《もはや》我等が一個の人間として、一個の国民として、国家の政治に参与することの如何《いか》に当然にして必要なるかの事由《じゆう》に就《つ》いては語るまい。……多くの婦人がその感情や宗教・思想の別を措《お》いて《度外視して、》、唯《ただ》女性の名に依つて協力すると共に、目的を参政権獲得の唯一に限り、凡《すべ》ての力をこゝに集中すべきである。

『婦選獲得同盟会報《ふせんかくとくどうめいかいほう》』

解説　大正デモクラシーの潮流のなか、女性参政権運動を展開した「**新婦人協会**」が一九二〇（大正九）年、平塚らいてう（明）、市川房枝《ふさえ》、奥むめおらによって結成された。同会解散後を受け継いだ諸団体は、男子普選法が通過される見通しとなった一九二四（大正一三）年「婦人参政権獲得期成同盟会」として統一され、翌年「婦選獲得同盟」と改称された。史料はその第一回総会で採択されたものである。なお、女性参政権は第二次世界大戦後ようやく実現し、一九四六（昭和二一）年総選挙には三九名の女性代議士が生まれた。

参考　**原内閣に対する要望**――吉野作造　★☆☆☆☆

第三に、繰返していうがどこまでも民衆の勢力に根拠を置けという事である。政界の大事を一から十まで民衆に計《はか》れとはいわない。多少の秘密はどんなデモクラシーの国にも免《まぬか》れない。ただ広く計るの態度を根本において失わざらんことは吾人《ごじん》の断じて新内閣に要望するところである。大事ある毎《ごと》に一々元老《げんろう》に意見を求めるのは元勲《げんくん》尊重の意味において何ら妨げなきところなりといえども余りにこれに掣肘《せいちゅう》されて時代の要求に遠ざかるは謹《つつし》むべきことである。就中《なかんずく》元老官僚等の目前の圧迫に余りに重さを置くが如《ごと》きは国民の決して喜ぶところではない。また公平に考えても民衆の勢力などというものは普段に現われない。殊《こと》に日本の民衆は平素は極めて温順である。けれども一旦不満に燃え不平に勃発《ぼっぱつ》すれば、柔順《じゅうじゅん》なる小羊《こひつじ》も狼《おおかみ》の激しさに転じ、意外の局面を呈するの例は已《すで》に近く我々の経験したところではないか。普段は柔順《おとな》しい。小面倒な圧迫は元老や官僚や軍閥《ぐんばつ》から来るからとて、これと結んで不知不識《しらずしらず》の間に民衆の不満を醞釀《うんじょう》するのは策の得たるものでない。「のみならず政友会が実のところ今日まで広く天下の同情を繋《つな》いでいなかったのは専《もっぱ》らこれがためではないか、しかるにも拘《かかわ》らず国民は寛大にも過去を許して、政友会に先の罪を償うの好機を与えた。この好機をムザムザ利用しないのは迂愚《うぐ》不明の甚《はなは》だしきものたるのみならず、また大政党として国家に報ずるの所以《ゆえん》でもない。」民衆を友として民衆の幸福を計れ。

『中央公論』

藤高明内閣が一九二五（大正一四）年の第五十議会に提出。同法は同年三月成立。四一一頁参照。

史料注　**婦選獲得同盟会報**　婦選獲得同盟の機関誌。

史料注　**中央公論**　三九六頁参照。

7 貧乏物語 ★☆☆☆☆

夫《そ》れ貧乏は社会の大病である。之《これ》を根治せんと欲すれば、先《ま》づ深く其《その》病源を探《さぐ》ることを要す。……されば吾人《ごじん》にして若《も》し此《この》社会より貧乏を根絶せんと要するならば、是等《これら》三箇《こ》の条件に鑑《かんが》みて其方策を樹《た》つるの外《ほか》は無い。第一に、世の富者が若し自ら進んで一切の奢侈贅沢《しゃしぜいたく》を廃止するに至るならば、貧乏存在の三条件の中その一を欠くに至るべきが故《ゆえ》に、其《それ》は慥《たしか》に貧乏退治の一策である。第二に、何等かの方法を以《もっ》て貧富の懸隔《けんかく》の甚《はなはだ》しきを匡正《きょうせい》し、社会一般人の所得をして著しき等差なからしむることを得るならば、これ亦《また》貧乏存在の一条件を絶つ所以《ゆえん》なるが故に、其も貧乏退治の一策と為《な》し得る。第三に、今日の如《ごと》く各種の生産事業を私人の金儲《もうけ》仕事に一任し置くことなく、例えば軍備又は教育の如く、国家自ら之を担当するに至るならば、現時の経済組織は之が為《た》め著しく改造せらる、訳であるが、これも亦貧乏存在の一条件を無くする所であって、貧乏退治の一策として自ら人の考へ到る所である。

『貧乏物語《びんぼうものがたり》』

史料注

貧乏物語 河上肇の著作。一九一七（大正六）年刊。「大阪朝日新聞」に連載（一九一六年九～一二月）され、翌年「ロイド＝ジョージ論」を補って刊行された。

解説 貧乏物語は河上肇の代表的著作で一九一六年九月から一二月まで『大阪朝日新聞』に連載され、翌年一冊にまとめて出版されたものである。ヒューマニズムと文章の素晴らしさでベストセラーとなった。内容は三つの構成からなり、①世界最富のイギリスでも多数の貧者がいること、②分配の不公平に基づく生活必需品の生産不足がその原因であること、③貧乏対策として富者に贅沢の抑制をもとめることを説いている。資本主義の急激な発展に伴って顕在化した貧困問題を真正面から取り上げたものとして大きな反響をよんだ。しかし単なる贅沢の抑制という貧乏根治策には限界があり、社会のあり方を根本的に捕らえ直す必要に河上は迫られる。一九年河上は『貧乏物語』を絶版に付し、同じころ『社会問題研究』という個人雑誌を発行し、マルクスの理論を紹介、『賃労働と資本』『資本論』第一巻の翻訳も行っている。三〇年にはマルクス主義の立場から『第二貧乏問題』を著すことになる。『貧乏物語』は当時の日本人に社会をより科学的にとらえ、思考する大きな契機をあたえるものとなった。河上肇は東京帝国大学法科大学在学中に足尾銅山鉱毒事件の演説会で感激し、その場で外套、羽織、襟巻きを寄付して、『東京毎日新聞』に「特志な大学生」であると報ぜられた人物でもある。

Spot

十五円五十銭

一九二三（大正一二）年九月一日午前一一時五八分、ちょうど昼食の準備中に関東地方を襲ったマグニチュード七・九の大地震は京浜地方に壊滅的な被害を与えた。関東大震災である。震災による被害は死者一〇万名、行方不明四万三〇〇〇名、全壊または焼失家屋は五七万戸を数えている。しかしそれに加えて震災は様々な社会的災禍《さいか》を招くことになる。この混乱に乗じて多数の社会主義者や労働運動家が弾圧され、軍隊や警察によって殺された。九月四日には東京府下の亀戸《かめいど》で、日頃から労働争議を通じて警察と対立していた労働組合員一〇名が亀戸署に連行され虐殺《ぎゃくさつ》されるという事件が起こった（亀戸事件）。また一六日には代表的なアナーキスト大杉栄《さかえ》が妻伊藤野枝や甥《おい》の少年（六歳）とともに憲兵隊分隊長甘粕《あまかす》正彦により検束《けんそく》され絞殺された（甘粕事件）。

また一日夕刻から「朝鮮人が放火をして歩き、井戸に毒を投げ込んでいる」との流言が飛び交い、さらに「裏で社会主義者が糸を引いている」との噂《うわさ》が流れた。冷静に考えてみれば、偶然起こった震災の混乱のなかで、朝鮮人だけが連絡を取り合って共同歩調をとれるはずはないのである。しかし民衆の多くは混乱していた。新聞屋、牛乳屋や清掃会社が得意先の目印としてつけた塀《へい》のチョークを、放火の目印だと騒いだりした。警察や軍隊以上に、民衆によって組織された自警団が朝鮮人虐殺の中心となった。殺害された朝鮮人は六〇〇〇名、中国人は二〇〇名、誤認されて殺された日本人も六〇名にのぼっている。

朝鮮人の検束は執拗《しつよう》かつ卑劣な方法で行われた。大正・昭和期の詩人壺井繁治《つぼいしげじ》（妻は壺井栄）は、東京から群馬、長野を経て名古屋へ行く鉄道の旅の途中、兵士らが駅ごとに乗り込み、列車の底までも調べて朝鮮人を捜し出すのを目撃している。中央西線のある停車場では、銃剣を構えた兵士が窓から首を突っ込んで、壺井の隣にいる労働者に怒鳴った。「おい、貴様、十五円五十銭と言ってみろ。」労働者は何のことか意味も解からずドギマギしていたが、しばらくしてはっきりと、「ジュウゴエンゴジッセン」と答えた。すると「よし」と兵士はあっさり立ち去った。この奇異な尋問の意味が飲み込めなかった壺井も、あとですっかり理解する。朝鮮人か判別するのに、朝鮮人の不得意な濁《だく》音の多い「ジュウゴエンゴジッセン」という言葉を発音させたことを。同じように、仮に知っていても朝鮮人に苦手な半濁音の「ハトポッポ」の歌を歌わせたり、教育勅語を暗唱させたりということも行われた。

これらのことは、多くの日本人が朝鮮人に対し持っていた差別意識やゆがんだ優越感をあまりにも象徴的に表している。そうした意識を持っていたがために、朝鮮人の不満や反抗におびえ、流言を信じて自警団の残忍な行動につながっていったのである。また軍隊や警察もパニック状態の民衆の心理を巧みに利用していった。

関東大震災は大正デモクラシーの転機となる。排他的な国家主義傾向や、秩序と治安とを振りかざす権力者及び軍隊の立場の強化、思想統制の方向など、次の暗い時代への予感が漂ってきていた。

4 ワシントン体制

1 三・一独立宣言——一九一九（大正八）年三月一日発表 ★☆☆☆

我等《われら》[1]ハ茲《ここ》ニ、朝鮮国ノ独立タルコト及《および》朝鮮人ノ自由民タルコトヲ宣言ス。此《これ》ヲ以《もっ》テ世界万邦ニ告《つ》ケ、人類平等ノ大義ヲ克明《こくめい》[2]シ、此ヲ以テ子孫万代ニ誥《おし》ヘ、民族自存ノ正権[3]ヲ永有セシム。半万年歴史ノ権威ニ依《よ》リテ此ヲ宣言シ、二千万民衆ノ誠忠ヲ合シテ此ヲ佈明《ふめい》[4]シ民族ノ恒《こう》久《きゅう》ノ如《ごと》キ自由発展ノ為《た》メニ此ヲ主張シ、人類的良心ノ発露《はつろ》ニ基因《きいん》シタル世界改造ノ大機運[5]ニ順応併進《へいしん》センカ為《ため》此ヲ提起スルモノナリ。是《こ》レ天ノ明命、時代ノ大勢、全人類共存同生権ノ正当ナル発動ナリ。天下何物ト雖《いえど》モ此ヲ阻止《そし》抑制シ得ス。

『現代史資料』

解説 第一次世界大戦後、国際協調外交が行われたとはいっても、それはあくまでも大国間の利害関係に基づくものであった。日本の植民地支配が行われていた朝鮮でも、大戦後の民族運動の波が押し寄せ、独立運動が起こった。一九一九（大正八）年三月一日を期して、朝鮮民族代表三三名の名のもとに独立宣言を発表し、海外亡命者を通じて世界世論に訴え、パリ講和会議やアメリカ大統領ウィルソンに請願した。民族代表者は三月一日当日、日本官憲に自首したが、京城（ソウル）のパゴダ公園に集まった三〇万の民衆は、代読されたこの宣言に感激し、「朝鮮独立万歳」を叫び市内を行進した。これらの運動は日本によって徹底的に弾圧され、また頼りにしていたアメリカも日本国内の問題と片付け、この運動を支持しなかったので、独立運動は挫折《ざせつ》する。しかし、日本の植民地統治には、形式的には武断政治を廃止させるなど一定の成果もみられた。

※色文字は重要語

[1]我等 朝鮮の民族代表三三名。朝鮮の民族宗教天道教徒ソン＝ジョンヒ、キリスト教徒キル＝ソンジュ等。

[2]克明 明らかにする。

[3]正権 正当な権利。

[4]佈明 広く明らかにする。

[5]世界改造ノ大機運 第一次大戦後の世界各地の民族自決運動やロシア革命をさす。

史料注

現代史資料 一九二一（大正一〇）年～四五（昭和二〇）年の日本近・現代史の基礎資料を系統的に編集。

2 ワシントン海軍軍縮条約——一九二二年二月六日調印 ★☆☆☆

第一条　締約国《ていやく》[1]ハ本条約ノ規定ニ従ヒ各自ノ海軍軍備ヲ制限スヘキコトヲ約定《やくじょう》ス。

第四条　各締約国ノ主力艦[2]合計代換噸数《だいかんとんすう》[3]ハ基準排水《はいすい》量ニ於《おい》テ合衆国五十二万五千噸、英帝国五十二万五千噸、仏蘭西《フランス》国十七万五千噸、伊太利《イタリア》国十七万五千噸、日本国三十一万五千噸ヲ超《こ》ユルコトヲ得

要点ナビ 主力艦の保有制限。高橋是清内閣。全権加藤友三郎。

[1]締約国 米・英・仏・伊・日の五カ国。

[2]主力艦 戦艦、巡洋戦艦をさす。

ス。

第五条　基準排水量三万五千噸ヲ超ユル主力艦ハ何《いず》レノ締約国モ之《これ》ヲ取得シ又《また》ハ之ヲ建造シ、建造セシメ若《もしく》ハ其《そ》ノ法域内ニ於テ之カ建造ヲ許スコトヲ得ス。

第七条　各締約国ノ航空母艦《ぼかん》合計噸数ハ基準排水量ニ於テ合衆国十三万五千噸、英帝国十三万五千噸、仏蘭西国六万噸、伊太利国六万噸、日本国八万一千噸ヲ超ユルコトヲ得ス。

第十九条　合衆国、英帝国及《および》日本国ハ左ニ掲《かか》クル各自ノ領土及属地[4]ニ於テ要塞《ようさい》及海軍根拠地《こんきょち》ニ関シ本条約署名《しょめい》ノ時ニ於《お》ケル現状ヲ維持スヘキコトヲ約定ス。

『日本外交年表竝《ならびに》主要文書』

[3] 代換噸数　将来、老齢艦などを廃棄しそれに代わる建造をした場合の合計トン数。

[4] 属地　ここでは太平洋諸島をさす。日本は主力艦保有で対米七割を確保できなかったが、この規定でアメリカのフィリピン軍備強化を阻止した。

3 四カ国条約——一九二一年一二月一三日調印　★★☆☆☆

要点ナビ　日英同盟の終了。

第一条　締約《ていやく》国[1]ハ互《たがい》ニ太平洋方面ニ於《お》ケル其ノ島嶼《とうしょ》タル属地及《および》島嶼タル領地ニ関スル其《そ》ノ権利ヲ尊重スヘキコトヲ約ス。

『日本外交年表竝主要文書』

[1] 締約国　米・英・仏・日の四カ国。

4 九カ国条約——一九二二年二月六日調印　★★☆☆☆

要点ナビ　石井・ランシング協定の廃棄。

第一条　支那《シナ》国以外ノ締約《ていやく》国[1]ハ左ノ通約定《やくじょう》ス。

(一)支那ノ主権、独立並《ならびに》其《そ》ノ領土的及《および》行政的保全ヲ尊重スルコト

(二)支那カ自《みずか》ラ有力且安固《かつあんこ》（安定して強固な）ナル政府ヲ確立維持スル為《ため》、最《もっとも》完全ニシテ且最障礙《しょうがい》ナキ機会ヲ之《これ》ニ（支障をきたさない機会を中国に与えること）共与《きょうよ》スルコト

(三)支那ノ領土ヲ通シテ一切ノ国民ノ商業及工業ニ対スル機会均等主義《きかいきんとう》[2]ヲ有効ニ樹立《じゅりつ》維持スル為各《おのおの》尽力《じんりょく》スルコト

[1] 支那国以外ノ締約国　中国を除く、米・英・仏・伊・日・蘭・ポルトガル・ベルギーの八カ国。

[2] 機会均等主義　一八九九年アメリカのジョン＝ヘイが

第三条[3] 一切ノ国民ノ商業及工業ニ対シ、支那ニ於《お》ケル門戸《もんこ》開放又《また》ハ機会均等ノ主義ヲ一層有効ニ適用スルノ目的ヲ以《もっ》テ、支那国以外ノ締約国ハ左ヲ要求セサルヘク、又《また》各自国民ノ左ヲ要求スルコトヲ支持セサルヘキコトヲ約定ス。

『日本外交年表竝主要文書』

解説 一九二一（大正一〇）年一一月、米大統領ハーディングの提唱によって**ワシントン会議**が開催され、**ヴェルサイユ体制**のもとでの軍備縮小と、未解決だった東アジア、太平洋地域の問題が討議された。まず**四カ国条約**で太平洋諸島の勢力現状維持が約束され、この結果、アメリカが懸念する極東における日本の侵略的行為を助長しているとされた日英同盟の終了が決まった。それに続く**ワシントン海軍軍縮条約**では、各国の主力艦建造の中止や保有制限が行われ、米英各五に対し、日本は三、仏伊各一・六七と決定した。この条約は、大戦後の軍縮の風潮や、各国の戦後恐慌《きょうこう》による財政難を背景としたものだったが、日本は対米英七割という目標を確保できず、第一九条を盛り込むことでようやく妥協した。さらに、中国問題に関する**九カ国条約**はアメリカの主張する「門戸開放、機会均等」主義が採用され、日本の特殊権益は否定された。しかしこの条約では、中国の領土保全、主権尊重が唱えられてはいるが、中国自身の求めていた不平等条約の撤廃や外国軍隊の撤退は認められず、結局列強による中国侵略の構造は温存されたのである。このような**ワシントン体制**の成立は、外交上のアメリカの勝利、中国・太平洋地域での日本の後退を意味するが、不況下の国内事情と平和を求める国際世論によって、日本はしばらく**協調外交**をとることになる。

参考 **石橋湛山《いしばしたんざん》の小日本主義**――一九二一年七月二三日社説 ★☆☆☆

仮に会議[1]の主動者には、我が国際的地位低くして成り得なんだとしても、もし政府と国民に、総《すべ》てを棄てて掛《か》るの覚悟があるならば、会議そのものは、必ず我に有利に導き得るに相違《そうい》ない。たとえば満州を棄てる、山東を棄てる、その他支那が我が国から受けつつありと考うる一切の圧迫を棄てる、その結果はどうなるか。またたとえば朝鮮に、台湾に自由を許す、その結果はどうなるか。英国にせよ、米国にせよ、非常の苦境に陥《おちい》るだろう。何となれば彼らは日本にのみかくの如き自由主義を採られては、世界におけるその道徳的位地を保つに得ぬに至るからである。

『東洋経済新報《とうようけいざいしんぽう》』

提唱して以来の対中国政策におけるアメリカの主張。中国に進出したすべての国が均等な待遇を受けるべきだという考え。

[3] **第三条** この条項によって、日本の中国における特殊権益を認める石井・ランシング協定は廃棄された。

史料注 **日本外交年表竝主要文書** 三五二頁参照。

[1] **会議** ワシントン会議。

史料注 **東洋経済新報** 一八九五（明治二八）年創刊。大正デモクラシー期には、三浦《みうら》鉄太郎《てつたろう》や石橋湛山らによって小日本主義が唱えられた。現在、『週刊東洋経済』として刊行。

5 日ソ基本条約——一九二五年一月二〇日調印　★☆☆☆

第一条　両締約国ハ本条約ノ実施ト共ニ両国間ニ外交及領事関係ノ確立セラルヘキコトヲ約ス。

第二条　……千九百十七年十一月七日前[1]ニ於《お》テ日本国ト露西亜《ロシア》国トノ間ニ締結セラレタル条約、協約及《および》協定ニシテ右「ポーツマス」条約以外ノモノハ、…改訂又ハ廃棄《はいき》セラレ得ヘキコトヲ約ス。

第五条　両締約国ハ……公然又《また》ハ陰密《いんみつ》ノ何等《なんら》カノ行為ニシテ苟《いやしく》モ日本国又ハ「ソヴィエト」社会主義共和国連邦ノ何《いず》レカノ部分ニ於《お》ケル秩序及安寧《あんねい》ヲ危殆《きたい》ナラシムルコトアルヘキモノハ之《これ》ヲ為《な》サス、且《かつ》締約国ノ為《ため》何等カノ政府ノ任務ニ在《あ》ル一切ノ人及締約国ヨリ何等カノ財的援助ヲ受クル一切ノ団体ヲシテ右ノ行為ヲ為サシメサルコトノ希望及意向《いこう》ヲ厳粛《げんしゅく》ニ確認ス。

『日本外交年表竝主要文書』

解説　第一次世界大戦末期に、ロシアで社会主義革命が成功し、一九一八（大正七）年三月ソビエト政権はドイツと単独講和を締結した。革命の波及を恐れる日・米・英・仏四カ国は協定を結び、チェコ・スロバキア捕虜《ほりょ》救済を名目にロシア革命への干渉戦争を開始した。日本は協定兵力の六倍以上の七万三〇〇〇人の大軍を投入しシベリア出兵を強行したが、住民の激しい抵抗に敗れ、一九二二（大正一一）年シベリアから撤退した。このシベリア出兵のため遅れていた、日本とソビエト政権の国交樹立を決めた条約が日ソ基本条約である。この条約では外交関係を樹立し、通商条約を締結することや、帝政ロシアとの条約、協定を廃棄すること、ただしポーツマス条約の効力は認めることなどを確認し合っている。また、この第五条は、この年に日本で**普通選挙法**とともに制定された**治安維持法**との関連が深い注目すべき条項である。

[1] **千九百十七年十一月七日前**　ロシア革命以前をさす。

史料注　日本外交年表竝主要文書　三五二頁参照。

要点ナビ　中国に対する積極外交の一方、欧米に対しては協調路線を維持。田中義一内閣。

6 パリ不戦条約——一九二八年八月二七日調印　★★☆☆

第一条　締約《ていやく》国ハ、国際紛争解決ノ為《ため》戦争ニ訴《うった》フルコトヲ非《ひ》トシ、且《かつ》其《そ》ノ相互関係ニ於《お》テ国家ノ政策ノ手段トシテノ戦争ヲ抛棄《ほうき》スルコトヲ其ノ各自ノ人民ノ名ニ於テ厳粛《げんしゅく》ニ宣言ス。

『日本外交年表竝主要文書』

史料注 日本外交年表竝主要文書　三五二頁参照。

要点ナビ 全権若槻礼次郎。補助艦保有量の制限、統帥権干犯問題発生。

史料注 外交余録　石井菊次郎（一八六六～一九四五）が外交官として見聞したものを記録した著作。

探究7 統帥権干犯問題とはどういうことか。

参考 政府宣言書——一九二九年六月一七日　★☆☆☆☆

帝国政府ハ、千九百二十八年八月二十七日巴里《パリ》ニ於《おい》テ署名セラレタル戦争抛棄《ほうき》ニ関スル条約第一条中ノ「其《そ》ノ各自ノ人民ノ名ニ於テ」ナル字句ハ、帝国憲法ノ条章ヨリ観《み》テ日本国ニ限リ適用ナキモノト了解《りょうかい》スルコトヲ宣言ス。『日本外交年表竝主要文書』

7 ロンドン海軍軍縮条約——一九三〇年四月二二日調印　★☆☆☆☆

一、主力艦の代艦建造は五年間更に休止する。
二、英国は五隻《せき》、米国は三隻、日本は一隻の主力艦をそれぞれ繰《く》り上げて廃棄《はいき》する。
三、日英米三国の補助艦保有制限量を左の如《ごと》く定める。

	大型巡洋艦（八吋《インチ》）	駆逐艦	潜水艦	総噸数
英	15隻　一四六、八〇〇噸	一五〇、〇〇〇噸	五二、七〇〇噸	五四一、七〇〇噸
米	18隻　一八〇、〇〇〇〃	一五〇、〇〇〇〃	五二、七〇〇〃	五三六、二〇〇〃
日	12隻　一〇八、四〇〇〃	一〇五、〇〇〇〃	五二、七〇〇〃	三六七、〇五〇〃

四、潜水艦《せんすいかん》は軍艦噸《トン》数二千噸、備砲口径五・一吋《インチ》以内に限る。『外交余録《がいこうよろく》』

解説 一九二八（昭和三）年八月、米国務長官ケロッグと仏外相ブリアンの提唱で、一五カ国が参加してパリで不戦条約が調印された。世界最初の戦争放棄《ほうき》宣言であり、戦後の日本国憲法にも大きな影響を与えた注目すべき条約だが、これはあくまで理想に過ぎず、違反国への制裁もなく、また自衛権発動による戦争は認めていたため、現実の戦争を抑止する力に成り得なかった。また、この条約に関して日本政府は、「第一条中ノ『其ノ各自ノ人民ノ名ニ於テ』ナル字句ハ、帝国憲法ノ条章ヨリ観テ日本国ニ限リ適用ナキモノト了解スルコトヲ宣言ス」という留保事項を発表している。これは、天皇大権をないがしろにしているという軍部、右翼の批判に応えたものだったが、協調外交路線をとる当時野党の民政党も、その主張にくみしているのである。

一九三〇（昭和五）年一月、イギリスの招請でロンドン海軍軍縮会議が開かれた。前年からの世界恐慌《きょうこう》で軍縮を余儀なくされた列強が、補助艦の保有量に対する制限に乗り出した。日本の保有総量は日本の希望する対米七割をほぼ実現したものの、大型巡洋艦に関しては対米六割にとどまった。この条約が調印されると、軍部や右翼は、政府は軍備を決めるという統帥《とうすい》権を侵したとして非難したが、民政党の浜口雄幸《おさち》内閣はその反対を押し切ってこの条約に調印したのである。

5 普通選挙法の成立と治安維持法

1 原敬首相の普選に対する考え ★☆☆☆☆

漸次《ぜんじ》に選挙権を拡張する事は何等異議《なんらいぎ》なき処《ところ》にして、[1] 又《また》他年国情ここに至《いた》れば、（いつか国の情況が許すようになれば、）所謂《いわゆる》普通選挙も左《さ》まで（それほど）憂《うれ》ふべきにも非《あら》ざれども、階級制度打破[2]と云《い》ふが如《ごと》き、現在の社会組織[3]に向って打撃《だげき》を試みんとする趣旨《しゅし》（目的で、）より、納税資格を撤廃《てっぱい》すと云ふが如きは、実に危険極《きわま》る次第《しだい》にて此《こ》の民衆の強要に因《よ》り、現代組織を破壊する様《よう》の勢《いきおい》を作らば、実に国家の基礎を危《あやう》うするものなれば、寧《むし》ろ此際《このさい》、議会を解散して政界の一新を計《はか》るの外《ほか》なきかと思ふ。

『原敬日記《はらたかしにっき》』

解説 米騒動が直接の契機となって総辞職した寺内正毅《まさたけ》内閣に代わり、日本初の本格的な政党内閣として立憲政友会の原敬《たかし》内閣が、一九一八（大正七）年九月に成立した。原内閣は一九一九年衆議院議員選挙法を改正し、①納税資格を一〇円から三円に引き下げ、②選挙区を従来の大選挙区制から小選挙区制に変更した。また翌一九二〇年には野党の憲政会や立憲国民党が提出した普通選挙法案に対しては、元老院、貴族院、官僚らの意向をにらんで拒否し、史料に見えるように解散総選挙で臨んだ。その結果新選挙法の①、②が政友会に有利に働き勝利を収め、普選法は実施されなかった。

※色文字は重要語

1 漸次に……処にして 原内閣は一九一九年五月、選挙権を直接国税一〇円以上から三円以上に引き下げた。

2 階級制度打破 ここでは急進的な社会主義者の主張。

3 社会組織 資本主義国家内の階級社会。

史料注

原敬日記 原敬の日記で、記述は一八七五（明治八）年～一九二一（大正一〇）年にわたる。

探究8 平民宰相と呼ばれた原敬の政治姿勢を調べよ。

要点ナビ 治安維持法とともに成立。加藤高明内閣。

2 普通選挙法の成立 ★★☆☆☆

(1) 加藤高明の普選法提案理由——一九二五年二月二一日演説

恭《うやうや》しく按《あん》じまするに憲法御制定終極《しゅうきょく》の御趣旨《ごしゅし》は広く国民をして大政《たいせい》に参与《さんよ》せしめられ、周《あまね》く国民をして国家の進運を扶持《ふち》せしめらるゝ（進歩を助け）に在《あ》りと信じます。学制頒布《はんぷ》[1]以来実に五十余年を経《へ》ましたる今日に於《お》きましては国民の知見《ちけん》も大《おおい》に進み、国民教育の

1 学制頒布 一八七二（明治

五）年。

❷**国民皆兵の制**　徴兵令は一八七三（明治六）年。

❸**地方自治の創始**　一八七八（明治一一）年公布の三新法以後、府県や町村に議会が設けられた。

❹**鬱然**　物事の盛んなさま。

❺**この時代精神**　民本主義を中心としたデモクラシーの高揚。

❻**刻下**　目下。現在。

❼**君民同治**　日本の統治権は万世一系の天皇に存するという帝国憲法は、国民が国家の統治権の主体であるとする民主主義と天地の隔た

普及並びに程度に至《いた》りては世界列強に比して別に遜色《そんしょく》ありとも考へられないのであります。徴兵令《ちょうへいれい》による国民皆兵《かいへい》の制❷が行なはれて以来亦《また》五十年、その間数回の対外戦争をも経、広く国民は義勇奉公の誠《まこと》を致し国家防護の責を尽《つく》すの実績を挙《あ》げたと見るに十分なりと信ずるのであります。将《は》た又《また》地方自治の創始《そうし》❸以来国民が政治的試煉《しれん》を経ること是《これ》亦五十年に近いのでありまして、政治的責任の自覚及びその普及に至りましても洵《まこと》に徹底せるものありと認むるのであります。近時に至り普通選挙制の鬱然《うつぜん》❹として輿論《よろん》の大勢をなすに至りましたことは洵《まこと》に偶然でないと云《い》はねばなりません。政府はこの時代精神❺の趨勢《すうせい》に鑑《かんが》み広く国民をして国家の義務を負担せしめ、周《あまね》く国民をして政治上の責任に参せしめ、以《もっ》て国運発展の衝《しょう》に膺《あた》らしむる《重要な責任を引き受けさせる》が刻下《こっか》❻最も急務なりと認めたのであります。斯《かか》る趣旨より致しまして普通選挙制を骨子《こっし》とする衆議院議員選挙法改正案を提出致した次第であります。

『加藤高明《かとうたかあき》』

(2)普通選挙法——一九二五年五月五日公布

第五条　帝国臣民《しんみん》タル男子ニシテ年齢満二十五年以上ノ者ハ選挙権ヲ有ス。帝国臣民タル男子ニシテ年齢満三十年以上ノ者ハ被《ひ》選挙権ヲ有ス。

『官報《かんぽう》』

(3)普選法通過に関しての新聞社説

普選の実施は、何といっても我が憲政史上、画期《かっき》的な重要事である。国会開設に次《つい》での有意義な出来事で、民権発達史上、特筆大書さるべきである。不公平にして不道理な制限選挙のために、折角《せっかく》立憲の聖代に生れながら、参政権利を拒絶されて、君民同治《どうち》❼の恩沢《おんたく》に浴することの出来なかつた国民の大部分が、これによつて、いよいよその力を政治生活、社会生活の上に、合理的に合法的にのばし得ることになるのである。無産者として社会の下積みにされてゐた階級のうちから、新しい元気と精気

とが……発散され、新しい活動と創造との力を生み、国の命となり、社会の柱となつて、無限に国礎《こくそ》を固め国運を拓《ひら》いて行く❽であらう。……兎《と》に角《かく》、新しい時代の夜明けが迫《せま》らうとしてゐる。大正維新の第一歩を踏《ふ》みだしたわけである。

〔一九二五年三月三日『大阪朝日新聞』〕

りがある。「君民同治」ということは、当時の日本では、民主主義政治の許される限度であった。

❽国運を拓いて　普選法の成立に対して国民の明るい期待が読み取られる。

史料注

加藤高明　三九三頁参照。

官報　三五八頁参照。

大阪朝日新聞　三九八頁参照。

解説

普通選挙法は、一九〇三（明治三六）年第一六議会に法律案として提出されて以来しばしば提出された。一九一一年第二七議会の衆議院では大多数で可決されたが、貴族院が全会一致で否決した。普選運動は当初、議会に対する請願と大衆に対する啓蒙《けいもう》運動として行われたが、一九一八（大正七）年の米騒動後は大衆運動として闘われた。原敬《たかし》内閣、高橋是清《これきよ》内閣、加藤友三郎内閣の下では成立しなかったが、貴族院を背景とする超然内閣である清浦奎吾《けいご》内閣が一九二四（大正一三）年成立すると、普選を旗印に**第二次護憲《ごけん》運動**が盛り上がった。解散後の選挙を勝利した憲政会・政友会・革新倶楽部の**護憲三派**を基盤とした加藤高明内閣は、大衆運動の急進化を防ぐ目的もあって普選法成立をめざし、治安維持法と抱き合わせにすることで一九二五（大正一四）年成立させた。

要点ナビ　普通選挙法とともに成立。加藤高明内閣。

③ 治安維持法 ★★★★☆

(1)治安維持法——一九二五年四月二二日公布

第一条　国体《こくたい》❶ヲ変革シ又《また》ハ私有財産制度ヲ否認《ひにん》スルコトヲ目的トシテ結社ヲ組織シ又ハ情《じょう》（事情を知りながら）ヲ知リテ之《これ》ニ加入シタル者ハ十年以下ノ懲役《ちょうえき》又ハ禁錮《きんこ》❷ニ処《しょ》ス

前項ノ未遂《みすい》罪ハ之ヲ罰ス

『官報《かんぽう》』

(2)改正治安維持法——一九二八年六月二九日公布

第一条　国体ヲ変革スルコトヲ目的トシテ結社ヲ組織シタル者、又ハ結社ノ役員其《そ》ノ他指導者タル任務ニ従事シタル者ハ死刑又ハ無期若《もしく》ハ五年以上ノ懲役若ハ禁錮ニ処シ、情ヲ知リテ結社ニ加入シタル者又ハ結社ノ目的遂行《すいこう》ノ為《ため》ニスル行為ヲ為《な》シタル者ハ、二年以上ノ有期ノ懲役又ハ禁錮ニ処ス。私有財産制度ヲ否認スルコトヲ目的トシテ結社ヲ組織シタル者、結社ニ加入シタル者又ハ結社ノ目

❶国体　主権または統治権の所在により区別した国家体制。ここでは天皇を頂点とする当時の国家体制。

❷懲役又ハ禁錮　懲役は刑務所に拘置して労働に従事させ、禁錮は拘置するが労働に従事させない。

的遂行ノ為ニスル行為ヲ為シタル者ハ、十年以下ノ懲役又ハ禁錮ニ処ス。前二項ノ未遂罪ハ之ヲ罰ス。……　『官報』

(3)再改正治安維持法——一九四一年三月一〇日公布

第三十九条　第一章ニ掲《かか》グル罪ヲ犯《おか》シ刑ニ処セラレタル者、其ノ執行ヲ終リ釈放《しゃくほう》セラルベキ場合ニ於《おい》テ、釈放後ニ於テ更ニ同章ニ掲グル罪ヲ犯スノ虞《おそれ》アルコト顕著《けんちょ》ナルトキハ、裁判所ハ検事ノ請求ニ因《よ》リ本人ヲ予防拘禁《よぼうこうきん》3ニ付《ふ》スル旨《むね》ヲ命ズルコトヲ得。『官報』

3予防拘禁　治安維持法違反で刑に処せられたものを、再犯のおそれがあるという理由で拘束し続ける制度。執行猶予《ゆうよ》者にも適用された。

史料注　官報　三五八頁参照。

探究9
① 治安維持法の目的を述べよ。
② 治安維持法が改正ごとに内容をどう変更していったのか述べよ。

解説　選挙法の改正によって、納税による制限が撤廃された。労働運動、社会主義運動が活発になることを恐れて、普選法下の新たな治安対策として、この法律を成立せしめたのである。

政府は提案のとき無政府主義・共産主義を取り締まるもので、穏健な労働運動や社会運動を抑圧するものではないと説明したが、のちには次第に拡大解釈され、一切の反政府思想が抑圧された。一九二八（昭和三）年、共産党検挙の三・一五事件が起こると、緊急勅令《きんきゅうちょくれい》で改正を行い、のち議会の承認を得た。これが改正法である。その後再改正で、一九四一（昭和一六）年、予防拘禁《よぼうこうきん》制を採用し、治安維持法違反で刑罰を受けた思想犯は、その思想を変えない限り、刑期が終わっても拘禁されることになった。敗戦後、占領軍の命令でようやく廃止された。

⬇治安維持法反対デモ（1925年２月11日東京）

6 市民文化

❶ 蟹工船《かにこうせん》——小林《こばやし》多喜二《たきじ》 ★★☆☆☆

「おい地獄さ行《え》ぐんだで!」

二人はデッキの手すりに寄りかかって、蝸牛《かたつむり》が背のびをしたように延びて、海を抱え込んでいる函館の街を見ていた。——漁夫は指元まで吸いつくした煙草を唾《つば》と一緒に捨てた。巻煙草はおどけたように、色々にひっくりかえって、高い船腹をすれずれに落ちて行った。彼は身体一杯酒臭かった。

赤い太鼓腹を巾広く浮かばしている汽船や、積荷最中らしく海の中から片袖をグイと引張られてでもいるように、思いッ切り片側に傾いているのや、黄色い、太い煙突、大きな鈴のようなヴイ、南京虫のように船と船の間をせわしく縫っているランチ、寒々とざわめいている油煙やパン屑や腐った果物の浮いている何か特別な織物のような波…。風の工合で煙が波とすれずれになびいて、ムッとする石炭の匂いを送った。ウインチ❶のガラガラという音が、時々波を伝って直接《じか》に響いてきた。

この蟹工船❷博光丸のすぐ手前に、ペンキの剝げた帆船が、へさきの牛の鼻穴のようなところから、錨の鎖を下していた。甲板を、マドロス・パイプをくわえた外人が二人同じところを何度も機械人形のように、行ったり来たりしているのが見えた。ロシアの船らしかった。たしかに日本の「蟹工船」に対する監視船だった。

「俺らもう一文も無え。——糞《くそ》。こら」

そう云って、身体をずらして寄こした。そしてもう一人の漁夫の手を握って、自分の腰のところへ持って行った。袢天《はんてん》の下のコールテン❸のズボンのポケットに押しあてた。何か小さい箱らしかった。

---

❶**ウインチ** 巻き上げ機。

❷**蟹工船** カムチャッカの沖で蟹を獲り、それを缶詰に加工する船。出稼ぎ労働者を低賃金で雇っていた一方、蟹の缶詰は高価で売られたため、蟹工船のオーナーは莫大な利益を得ていた。

❸**コールテン** ビロードに似

一人は黙って、その漁夫の顔をみた。
「ヒヒヒ……」と笑って、「花札よ」と云った。……

〔『蟹工船』『戦旗』所収〕

解説 『蟹工船』は、一九二九（昭和四）年に全日本無産者芸術連盟の機関誌である雑誌『戦旗』で発表された。**プロレタリア文学**の代表作とされる。この小説には特定の主人公がおらず、蟹工船にて酷使される貧しい労働者達が群像として描かれている。蟹工船「博光丸」のモデルになった船は元病院船の博愛丸である。カムチャツカの沖で蟹を獲り、それを缶詰に加工するのが蟹工船である。北の海の閉鎖された空間の劣悪な環境の中で働く労働者、やがて労働者たちは人間的な待遇を求めて団結し、ストライキに踏み切る。

参考 **鼻――芥川龍之介** ★☆☆☆

禅智内供《ぜんちないぐ》の鼻と云えば、池の尾で知らない者はない。長さは五六寸あって上唇の上から顋《あご》の下まで下っている。形は元も先も同じように太い。云わば細長い腸詰めのような物が、ぶらりと顔のまん中からぶら下っているのである。……

内供が鼻を持てあました理由は二つある。――一つは実際的に、鼻の長いのが不便だったからである。第一飯を食う時にも独りでは食えない。独りで食えば、鼻の先が鋺《かなまり》の中の飯へとどいてしまう。そこで内供は弟子の一人を膳の向うへ坐《すわ》らせて、飯を食う間中、広さ一寸長さ二尺ばかりの板で、鼻を持上げていて貰う事にした。しかしこうして飯を食うと云う事は、持上げている弟子にとっても、持上げられている内供にとっても、決して容易な事ではない。一度この弟子の代りをした中童子が、嚏《くさめ》をした拍子に手がふるえて、鼻を粥《かゆ》の中へ落した話は、当時京都まで喧伝された。――けれどもこれは内供にとって、決して鼻を苦に病んだ重な理由ではない。内供は実にこの鼻によって傷つけられる自尊心のために苦しんだのである。……

〔「鼻」『新思潮』所収〕

解説 『鼻』は、芥川龍之介の初期の短編小説。『今昔物語』の「池尾禅珍内供鼻語」および『宇治拾遺物語』の「鼻長き僧の事」を題材としている。一九一六（大正五）年に『新思潮』の創刊号で発表された。人の不幸に同情しないものはいない、ところが人がその不幸をどうにかして切り抜けると何か物足りないような気がして、今度はその人に消極的ながら敵意さえいだくようになる。「傍観者の利己主義」をとらえた作品である。「人の幸福をねたみ、不幸を笑う」と言う人間の心理、これを芥川は傍観者の利己主義と表現している。この小説で夏目漱石から絶賛された。

た木綿のうね織物の一種。丈夫なので、作業服・足袋・椅子張りなどに使われる。

史料注

戦旗 一九二八（昭和三）年から一九三一（昭和六）年にかけて刊行されていた文芸雑誌。しばしば発禁処分を受けたが、徳永直の「太陽のない街」、小林多喜二の「蟹工船」など、プロレタリア文学の作品の発表舞台として重要な役割を果たした。

新思潮 一九〇七（明治四〇）年に小山内薫が創刊した文芸雑誌。東京帝国大学系の同人誌として後に続いた。菊池寛、芥川龍之介、久米正雄、松岡譲ら新思潮派と呼ばれる作家を育み、大正文学の一つの拠点になった。

7 経済恐慌と外交政策の転換

要点ナビ 伊東巳代治が若槻礼次郎内閣の協調外交を批判。

1 金融恐慌 ★★☆☆☆

現内閣[1]ハ一銀行一商店[2]ノ救済《きゅうさい》ニ熱心ナルモ、支那《シナ》方面ノ我ガ居留民《きょりゅうみん》及《および》対支貿易ニ付《つい》テハ何等《なんら》施《ほどこ》ス所ナク、唯々《ただただ》我等《われら》ノ耳ニ達スルモノハ、其《そ》ノ惨憺《さんたん》タル暴状《ぼうじょう》ト、而《しか》シテ政府ガ弾圧《だんあつ》手段ヲ用ヒテ、之等《これら》ノ報道ヲ新聞ニ掲載《けいさい》スルコトヲ禁止シタルコトナリ。之ヲ要スルニ、今日ノ恐慌《きょうこう》ハ現内閣ノ内外ニ対スル失政ノ結果ナリト云《い》フヲ憚《はばか》ラズ《いって構わない。》。一銀行一会社ノ救助ノ為《ため》ニ、既《すで》ニ二億七百万円、今復《ま》タ二億ノ補償義務、合計シテ四億七百万円ノ鉅額《きょがく》ヲ、人民ノ膏血《こうけつ》[3]ヨリ出《いで》タル国帑《こくど》[4]ノ負担ニ帰セシメントシ、支那ニ在留《ざいりゅう》スル数万ノ同胞《どうほう》ニ対シテハ殆《ほとん》ド顧《かえりみ》ル所ナシ。一般国民ハ之ヲ見テ果《はた》シテ如何《いか》ナル感慨《かんがい》ヲ生ズベキ乎《か》。刻下《こくか》[5]到ル処《ところ》思想ノ悪化シツツアル情勢ニ顧ミ、前途《ぜんと》ヲ慮《おもんぱか》ルトキハ転《うた》タ《ますますひどく》悚《しょう》然《ぜん》タラザル《恐れてぞっとする》ヲ得ザルナリ。

『伯爵《はくしゃく》伊東巳代治《いとうみよじ》』

※色文字は重要語

[1] **現内閣**　第一次若槻礼次郎《わかつきれいじろう》内閣（憲政会）。

[2] **一銀行一商店**　台湾銀行と鈴木商店。

[3] **膏血**　あぶらと血。税金のこと。

[4] **国帑**　国家財政。

[5] **刻下**　目下。現在。ただ今。

史料注

伯爵伊東巳代治　一九三八（昭和一三）年に刊行された伊東巳代治の伝記。伊東は大日本帝国憲法の起草に加わったひとり。

探究10

① 金融恐慌の原因と政府の対策を述べよ。

② 金融恐慌の金融界に及ぼした影響を述べよ。

解説　産業革命を経て資本主義化した日本経済は、大きな景気変動の波に呑《の》み込まれた。しかし、第一次世界大戦中の好況のあとは、戦後恐慌《きょうこう》（一九二〇）、震災恐慌（一九二三）の打撃から立ち直れず、一九二七（昭和二）年には金融恐慌が起こったのである。憲政会の第一次若槻《わかつき》内閣は、不況打開のため、その障害となっている震災手形の処理のための法案を議会に上提していたが、その審議中に片岡蔵相が東京渡辺銀行は破綻《はたん》したという失言をし、預金者の取り付け騒ぎが始まった。そして、中小銀行はこのあおりを受け経営基盤の弱体ぶりをさらけ出し、次々と休業に追い込まれた。さらに、鈴木商店の倒産によって、特殊銀行である台湾銀行もが破産に瀕《ひん》したため、政府は緊急勅令《ちょくれい》によりその救済にあたろうとした。しかし、伊東巳代治《みよじ》を中心とする枢密院《すうみついん》は、若槻内閣の幣原《しではら》外交を「軟弱外交」と決め付け、これを転換させるため、内閣崩壊をねらって否決したのである。若槻内閣は、金融恐慌に何ら手を打てないまま、一九二七（昭和二）年四月一七日総辞職に追い込まれた。その後成立した政友会の田中義一内閣は、四月二二日に**モラトリアム（支払猶予令《しはらいゆうよれい》）**を発し、ようやく金融恐慌は収束したが、この結果財閥系の大銀行に預金が集中することになり、財閥による独占が強化された。

2 対支政策綱領1 ——東方会議

★☆☆☆☆

五、此間《このかん》支那《シナ》ノ政情不安ニ乗《じょう》シ、往々《おうおう》ニシテ不逞《ふてい》分子2ノ跳梁《ちょうりょう》3ニ因《よ》リ治安ヲ紊《みだ》シ、不幸ナル国際事件ヲ惹起《じゃっき》スルノ虞《おそれ》アルハ争フヘカラサル所ナリ。帝国政府ハ……支那ニ於《お》ケル帝国ノ権利利益竝《ならびに》在留《ざいりゅう》邦人《ほうじん》ノ生命財産ニシテ不法ニ侵害セラルル虞アルニ於《おい》テハ、必要ニ応シ断乎《だんこ》トシテ自衛ノ措置《そち》ニ出テ、之《これ》ヲ擁護《ようご》スルノ外《ほか》ナシ。

六、満蒙《まんもう》殊《こと》ニ東三省4ニ関シテハ、国防上竝国民的生存ノ関係上重大ナル利害関係ヲ有スルヲ以《もっ》テ、我《わが》邦《くに》トシテ特殊ノ考量《こうりょう》ヲ要スルノミナラス、同地方ノ平和維持経済発展ニ依《よ》リ内外人安住ノ地タラシムルコトハ、接壌《せつじょう》5ノ隣邦トシテ特ニ責務ヲ感セサルヲ得ス。……

八、万一動乱満蒙ニ波及シ、治安乱レテ同地方ニ於ケル我特殊ノ地位権益ニ対スル侵害起ルノ虞アルニ於テハ、其《そ》ノ何《いず》レノ方面ヨリ来ルヲ問ハス之ヲ防護シ、且《かつ》内外人安住発展ノ地トシテ保持セラルル様、機ヲ逸《いっ》セス適当ノ措置ニ出ツルノ覚悟アルヲ要ス。

『日本外交年表竝《ならびに》主要文書』

1**対支政策綱領**　田中義一首相（外相兼任）が、一九二七（昭和二）年六～七月に政府、軍部の関係者を集め東方会議を開き、そこで決定した対中国政策の方針を七月七日に発表したもの。

2**不逞分子**　ここでは反日的な立場の人物をいう。

3**跳梁**　暴れのさばること。

4**東三省**　中国東北地方の黒竜江、吉林、奉天の三省。

5**接壌**　土地が隣接していること。

史料注

日本外交年表竝主要文書　三五二頁参照。

解説　第一次世界大戦後、軍閥相互の抗争の続いた中国では、一九二六（大正一五）年七月以来、蔣介石《しょうかいせき》を指導者とする国民革命軍（中国国民党、共産党と提携—第一次国共合作）が北伐《ほくばつ》を開始していた。日本の経済進出が著しい山東《シャントン》地方にこの北伐軍が迫ると、田中義一内閣は居留民の保護を理由に山東出兵を断行した（一九二七年五月）。そして、六月二七日から七月七日にかけて、東方会議を開催し、従来の協調外交路線を大きく転換し、中国に対し強硬な態度で臨む対支政策綱領が決定された。このなかでまず注目されるのは、満《まん》蒙《もう》を中国本土とは切り離し、日本の勢力下に置こうとしている点である。そして、中国における日本の権益が損われそうな場合や居留民に危険が及びそうな場合は、「断乎トシテ自衛の措置」に出るという現地保護主義を打ち出しているのである。この方針に基づいて、北伐を阻止《そし》するための三度にわたる山東出兵を行い、さらに一九二八（昭和三）年六月には張作霖《ちょうさくりん》爆殺事件を引き起こした。張は満州を拠点とする親日派軍閥だったが、国民党軍の中国統一から満州を切り離して支配したい日本のもくろみのなかで、関東軍によって結局排除されていったのである。野党民政党は「満州某《ぼう》重大事件」として田中内閣を攻撃し、政府はこれに対し真相究明、責任者処罰を怠ったとして内閣は総辞職に追い込まれた。

❶張作霖　一八七三〜一九二八年。中国の軍閥で一九一九年までに満州全部を支配下に置き、日本の援助を得て中央進出を企てた。二七年大元帥と称し北京政府の実権を掌握。張学良の父。
❷公爵　西園寺公望。
❸田中総理　田中義一首相。

史料注
西園寺公と政局　西園寺側近の原田熊雄が克明にメモした政治日誌。全八巻、別巻一。一九五〇（昭和二五）〜五二（昭和二七）年刊。

探究11
満州某重大事件の内政に及ぼした影響を調べよ。

❸ 張作霖❶の爆殺——満州某重大事件　★☆☆☆☆

満州某《ぼう》重大事件といつて世間に伝へられてゐるが、張作霖《ちょうさくりん》が北京《ペキン》から引上げて奉天《ほうてん》《ムクデン》に帰る途中、あの爆殺があつた時に、その報道が新聞に出ると、その日に公爵《こうしゃく》❷は自分に向つて、「どうも怪《あや》しいぞ、人には言えぬが、どうも日本の陸軍あたりが元兇《がんきょう》ぢやあるまいか。」と言つて心配してをられた。……当時、この事件に関しては、政友会の幹部のほとんど全部は、もしこれが事実日本の軍人の所為《しょい》であつたとしたら闇《やみ》から闇に葬《ほうむ》つてしまへといふ意見で、閣僚の有力者達も田中総理❸に、「……さういふことが外国に知れたならば陛下《へいか》のお顔に泥《どろ》を塗《ぬ》るやうなもので……一体西園寺《さいおんじ》公の言ふやうなことは間違つてゐる。」と言つて、……その後この事件は、陸軍側は寧《むし》ろ元兇の志を国家に対する忠誠から出たものとして、その行為や壮なりとし、心ひそかに賞揚《しょうよう》してゐる者も多くあつた。

『西園寺公《さいおんじこう》と政局《せいきょく》』

解説　一九二八（昭和三）年六月四日、**張作霖**《ちょうさくりん》が北京《ペキン》から奉天《ほうてん》《ムクデン》（現、瀋陽《しんよう》《シェンヤン》）に帰る途中、関東軍参謀河本《こうもと》大作らの陰謀により奉天郊外で爆殺された事件。当時国民革命軍の北伐が北京に迫るなか、関東軍は武力を行使して張を下野させ、満州に新政権を樹立し、中国中央政府から独立させることを企図した。しかし、**田中義一**首相はなおも張を利用する意向であったことなどから、関東軍の河本は満州制圧の機を逸することに焦り、張を謀殺して武力発動のきっかけを作ろうと画策した。結局、爆破に乗じた武力衝突は引き起こせなかったが、河本らはこの爆殺を国民革命軍の便衣隊《べんいたい》（民間人の服装をした反日ゲリラ）の仕業に見せかけ、政府・与党も真相発表を拒否した。野党民政党は「満州某《ぼう》重大事件」として田中内閣を攻撃、これにより田中内閣は総辞職となった。爆殺の真相は次第に国民の間にも広まるとともに、この事件のためあとを継いだ張作霖の子学良《がくりょう》は、中国国民政府の指揮下に入り、抗日的傾向を強めた。

[1]井上準之助 浜口雄幸内閣（民政党）の蔵相。金解禁を断行。一九三二年血盟団事件で暗殺された。

[2]財政を緊縮 浜口内閣では緊縮財政を展開した。一九三〇（昭和五）年度予算では、前年度より一億六四七九万円も圧縮した。

史料注
井上準之助論叢 一九三五（昭和一〇）年刊。井上準之助の著書・演説・日記・書簡などを収録。

4 井上準之助[1]の金解禁論 ★☆☆☆☆

金の輸出禁止の為《ため》に我財界が斯《かく》の如《ごと》く不安定になって居りますから、一日も速《すみやか》に金解禁を実行しなければならぬのであります。然《しか》しながら今日の現状の儘《まま》では今解禁は出来ないのであります。……然らばどうして金の解禁をすることが出来るかと申しますと、用意が要《い》ります。……政府は財政を緊《きん》縮《しゅく》[2]する、其《その》態度を国民が理解して国民も消費節約をなし国民も緊張《きんちょう》しますれば、茲《ここ》に物価も下る大勢が出て来る。輸入も減るだけの状態になります。さうなると為替《かわせ》相場もずっと上って参ります。……今日日本の経済は不安定であります。斯《かか》る時期に金解禁の準備として、政府は財政を緊縮し、国民一般は消費を節約したならば、物価は下落し一層不景気を持ち来《きた》すこともありませうが、然しながら今日の状態は全《まった》く先の見えぬ不景気であります。……今日の不景気を転回するには骨は折れても最も確かな道で最も近い道をとらねばならぬのであります。

『井上準之助論叢《いのうえじゅんのすけろんそう》』

解説 張作霖《ちょうさくりん》爆殺事件で倒れた田中内閣に代わり、一九二九（昭和四）年七月に民政党の**浜口雄幸《おさち》**内閣が成立した。浜口内閣は、幣原《しではら》外相のもとで協調外交路線に復し、ロンドン海軍軍縮条約（一九三〇）に調印する一方、長期化する不況の打開策として、一九一七（大正六）年以後禁止されていた**金輸出解禁**に踏み切った。金解禁に踏み切った理由としては、①金本位制をとることによって為替相場の安定をはかり、それによって輸出を振興しようという声が根強くあったこと、②金融恐慌《きょうこう》後に預金集中で資金を抱え込んだ巨大銀行が、その海外運用を望んだこと、③アメリカの金解禁（一九一九）以後、英・仏・伊・独なども追随して解禁していたこと、などがあげられる。しかし、金解禁を実施するには、この史料で井上蔵相も指摘するように大幅な緊縮財政と産業の合理化が必要となり、当然その結果国民生活にも耐乏を求めるものとなる。一九三〇（昭和五）年、解禁が断行されたが、国際信用を落としたくないという配慮から一〇〇円＝四九・八四六ドル（実勢相場は四三ドル前後）という為替相場で実施されたため、実質上の円切り上げとなり、輸出は不振となった。さらに、前年アメリカで始まった世界恐慌の波が押し寄せたこともあり、予想に反して輸出不振が続き、金の流出が激しくなった。結局、この政策はかえって日本の不況を深刻化するだけに終わり、一九三一（昭和六）年一二月、犬養《いぬかい》内閣（高橋蔵相）のもとで再禁止される。

8 満州事変

❶ 満州事変（林奉天総領事の報告）――一九三一年九月一八日勃発　★☆☆☆

第六二五号（至急極秘《しきゅうごくひ》）……各方面ノ情報ヲ綜合《そうごう》スルニ、軍ニ於《おい》テハ満鉄沿線各地ニ亘《わた》リ、一斉《いっせい》ニ積極的行動ヲ開始セムトスルノ方針❶ナルカ如《ごと》ク推察《すいさつ》セラル。本官ハ在大連《ざいたいれん》《ターリエン》内田総領事ヲ通シテ軍司令官❷ノ注意ヲ喚起《かんき》スル様措置《そち》方努力中ナルモ、政府ニ於テモ大至急軍ノ行動差止《さしと》メ方ニ付《つき》適当ナル措置❸ヲ執《と》ラレンコトヲ希望ス。

第六三〇号（至急極秘）参謀《さんぼう》本部建川《たてかわ》部長ハ十八日午後一時ノ列車ニテ当地ニ入込ミタリトノ報アリ、軍側ニテハ極秘ニ附《ふ》シ居《お》ルモ、右ハ或《あるい》ハ真実ナルヤニ思ハレ、又満鉄木村理事ノ内報ニ依《よ》レハ、支那側ニ破壊セラレタリト伝ヘラルル鉄道箇所《かしょ》❹修理ノ為《ため》、満鉄ヨリ保線工夫ヲ派遣《はけん》セルモ、軍ハ現場ニ近寄セシメサル趣《おもむき》ニテ、今次ノ事件ハ全ク軍部ノ計画的行動ニ出《い》テタルモノト想像セラル。

『日本外交年表竝《ならびに》主要文書』

※色文字は重要語

❶一斉ニ……スルノ方針　一九日には、長春、四平街、奉天など満鉄沿線諸都市を占領。

❷軍司令官　関東軍司令官。

❸適当ナル措置　一九日、若槻内閣は事変の「不拡大方針」を決定したが、関東軍や朝鮮軍の軍事行動を阻止する具体的措置はとらなかった。

❹支那側ニ……鉄道箇所　奉天郊外柳条湖付近。

史料注

日本外交年表竝主要文書　三五二頁参照。

探究12　満州事変の主な原因をまとめよ。

解説　満州事変の導火線となった、一九三一（昭和六）年九月一八日の**柳条湖事件**《りゅうじょうこ》の勃発を報告する、林久治郎奉天《ほうてん》《ムクデン》総領事の幣原《しではら》外務大臣宛《あて》暗号電信である（いずれも九月一九日発信）。当時公式には、中国兵の満鉄爆破にあったことになっていたが、この史料によって、実際には**関東軍**と中央政府の意思疎隔、関東軍の行動の計画性を明らかに知ることができる。

中国における日本の利権の最大のものは、関東州（旅順《りょじゅん》《リュイシュン》・大連《たいれん》《ターリエン》）の租借権と、南満州鉄道とその附属地などであったが、一九三〇（昭和五）年頃から満州でも排日運動が盛んとなり、また中国側が満鉄に対抗して、並行した二つの鉄道線を建設したことにより、北満の大豆がこのルートで流れるようになり、満鉄は大きな打撃を受けるに至った。このため国内では、「満州は日本の生命線」として獲得せよとの叫びがあがった。

このような情勢下にあって、関東軍を中心とする満州占領計画の「陰謀」がめぐらされていたが、それが閣議でも問題となった。陸軍は参謀本部の建川《たてかわ》少将を説得に派遣し、九月一八日夜奉天についたが、彼はもともと同調者であり、関東軍の参謀板垣征四郎大佐や石原莞爾《かんじ》中佐らの陰謀を黙認した。柳条湖の満鉄線路爆破は、その夜の一〇時三〇分、奉天独立守備隊河本末広中尉を初めとする数名の者によってなされたのである。関東軍は、これを中国側の行為であるとし、中国軍の兵舎北大営を攻撃し、ここに運命の「一五年戦争」の発端となる満州事変が起こったのである。

要点ナビ 日本（斎藤実内閣）と満州国（執政溥儀）との間で締結。

2 日満議定書――一九三二年九月一五日調印 ★☆☆☆

日本国ハ満州国《まんしゅうこく》[1]カ其《そ》ノ住民ノ意思ニ基キテ自由ニ成立シ、独立ノ一国家ヲ成スニ至《いた》リタル事実ヲ確認シタルニ因《よ》リ……日本国政府及《および》満州国政府ハ日満両国間ノ善隣《ぜんりん》[2]ノ関係ヲ永遠ニ鞏固《きょうこ》[3]ニシ、互ニ其ノ領土権ヲ尊重シ東洋ノ平和ヲ確保センカ為《ため》左ノ如《ごと》ク協定セリ

一、満州国ハ将来日満両国間ニ別段ノ約定《やくじょう》ヲ締結《ていけつ》セサル限リ、満州国領域内ニ於《おい》テ日本国又《また》ハ日本国臣民《しんみん》カ従来ノ日支間ノ条約、協定其ノ他ノ取極《とりきめ》及公私ノ契約《けいやく》ニ依《よ》リ有スル一切ノ権利利益[4]ヲ確認尊重スヘシ

二、日本国及満州国ハ締約《ていやく》国ノ一方ノ領土及治安ニ対スル一切ノ脅威《きょうい》ハ、同時ニ締約国ノ他方ノ安寧《あんねい》及存立《そんりつ》ニ対スル脅威タルノ事実ヲ確認シ、両国共同シテ国家ノ防衛ニ当《あた》ルヘキコトヲ約ス。之《これ》カ為所要ノ日本国軍ハ《そのために必要な日本軍は》満州国内ニ駐屯《ちゅうとん》スルモノトス

『日本外交年表竝主要文書』

1満州国 一九三二（昭和七）年三月一日に建国宣言発布、中国東北三省（奉天、吉林、黒竜江）と熱河省にまたがる日本の傀儡《かいらい》国家。首都は新京、執政は溥儀《ふぎ》（清朝最後の宣統帝、廃帝）。

2善隣 隣国との友好。

3鞏固 強く固いこと。

4一切ノ権利利益 日本軍の必要とする鉄道、港湾、水路、航空路の管理や路線の敷設など、満州における一切の日本特殊権益の承認をさす。

史料注 **日本外交年表竝主要文書** 三五二頁参照。

解説 **日満議定書《にちまんぎていしょ》**は一九三二（昭和七）年九月、日本と満州国執政《しっせい》（三四年皇帝となる）**溥儀《ふぎ》**との間に締結された条約である。満州国における日本の一切の権益の尊重と、日満共同防衛のための日本軍の満州駐屯《ちゅうとん》の二つの項目を主な内容とした。また本史料に見る二項目のほかに、附属の秘密協定・文書があり、日本軍が満州国領域内で軍事行動上必要な自由、保障、便益を享有することを約し、また、関東軍が任免権を持つ日本人官吏の任用、鉄道・港湾等の提供、航空会社の設立、鉱業権の設定等に関する協定が引き続き有効であることを確認している。リットン調査団による報告書の提出をひかえ、日本の「満州国」承認を既成事実化するため調印が急がれたものである。

参考 溥儀《ふぎ》の関東軍司令官宛書簡——一九三二年三月一〇日 ★☆☆☆

書簡ヲ以《もっ》テ*啓上候《けいじょうそうろう》。（*申し上げます。）此《この》次満州事変以来貴国ニ於《お》カレテハ満蒙《まんもう》全境ノ治安ヲ維持スル為《ため》ニ力ヲ竭《つく》サレ、為ニ貴国ノ軍隊及人民ニ均《ひと》シク重大ナル損害ヲ来《きた》シタルコトニ対シ、本執政《しっせい》ハ深ク感謝ノ意ヲ懐《いだ》クト共ニ、今後弊国《へいこく》ノ安全発展ハ必ス貴国ノ援助指導ニ頼ルヘキヲ確認シ、茲《ここ》ニ左ノ各項ヲ*開陳《かいちん》シ（*申し述べ）貴国ノ*允可《いんか》（*許可）ヲ求メ候。

一、弊国ハ今後ノ国防及治安維持ヲ貴国ニ委託シ、其《そ》ノ所要経費ハ総《すべ》テ満州国ニ於《お》テ之《これ》ヲ負担ス。

二、弊国ハ貴国軍隊カ国防上必要トスル限リ、既設《きせつ》ノ鉄道、港湾、水路、航空路等ノ管理並《ならびに》新路ノ敷設ハ総テ之ヲ貴国又《また》ハ貴国指定ノ機関ニ委託スヘキコトヲ承認ス。

三、弊国ハ貴国軍隊カ必要ト認ムル各種ノ施設ニ関シ極力之ヲ援助ス。

四、貴国人ニシテ達識名望アル者ヲ弊国参議ニ任シ、其ノ他中央及地方各官署ニ貴国人ヲ任用スヘク、其ノ選任ハ貴軍司令官ノ推薦ニ依《よ》リ其ノ解職ハ同司令官ノ同意ヲ要件トス。

前項ノ規定ニ依リ任命セラル、日本人参議ノ員数及ビ参議ノ総員数ヲ変更スルニ当リ、貴国ノ建議アルニ於テハ両国協議ノ上之レヲ増減スヘキモノトス。

五、右各項ノ趣旨及規定ハ将来両国間ニ正式ニ締結スヘキ条約ノ基礎タルヘキモノトス。

大同元年三月十日　溥儀

〔極東裁判法廷《きょくとうさいばんほうてい》証《しょう》〕

要点ナビ　斎藤実内閣。

❶九月十八日　一九三一（昭和六）年。

❷鉄道線路上……爆発アリシ　柳条湖事件をさす。奉天郊外の南満州鉄道の線路で小爆発があり、関東軍はこれを張学良《ちょうがくりょう》軍の仕業であるとして軍事行動を起こし、奉天を占領。次いで張軍に

❸ リットン報告書——一九三二年一〇月二日提出 ★☆☆☆

九月十八日❶午後十時ヨリ十時半ノ間ニ、鉄道線路上《ろじょう》若《もし》クハ其《その》附近ニ於《おい》テ爆発アリシハ❷疑《うたがい》ナキモ、鉄道ニ対スル損傷《そんしょう》ハ若《も》シアリトスルモ事実長春《ちょうしゅん》《チャンチュン》ヨリノ南行《なんこう》列車ノ定刻到着ヲ妨《さまた》ケサリシモノニテ、（到着の障害となるものではなく、）其《そ》レノミニテハ軍事行動ヲ正当トスルモノニ非《あら》ス。同夜ニ於《お》ケル叙上《じょじょう》日本軍ノ軍事行動ハ正当ナル自衛手段ト認ムルコトヲ得ス。……

右ノ理由ニ依《よ》リ、現在ノ政権ハ純粋且《か》ツ自発的ナル独立運動ニ依リテ出現シタルモノト思考スルコトヲ得ス。

対して全面攻撃を始め、満州事変に発展させた。

3満足ナル解決ノ条件　満州事変解決の条件として一〇か条を掲げている。

4聯盟　連盟。共同の目的を達成するために作る同盟。

5関聯　関連。

史料注

リットン報告書　雑誌『中央公論』の別冊付録。一九三二（昭和七）年一一月、中央公論でリットン報告書を全文翻訳し、別冊付録として発行した。

満足ナル解決ノ条件3

(一)日支双方ノ利益ト両立スルコト。

両国ハ聯盟《れんめい》4国ナルヲ以《もっ》テ各々聯盟ヨリ同一ノ考慮ヲ払ハルルコトヲ要求スルノ権利ヲ有ス。両国ガ利益ヲ獲得セサル解決ハ平和ノ為《ため》ノ収得トナラサルヘシ。

(四)満州ニ於ケル日本ノ利益ノ承認。

満州ニ於ケル日本ノ利益ハ無視スルヲ得サル事実ニシテ、如何《いか》ナル解決方法モ右ヲ承認シ且《かつ》日本ト満州トノ歴史的関聯5ヲ考慮ニ入レサルモノハ満足ナルモノニ非サルヘシ。

(七)満州ノ自治。

満州ニ於ケル政府ハ支那ノ主権及行政的保全ト一致シ、東三省ノ地方的状況及特徴ニ応スル様工《く》夫《ふう》セラレタル広汎《こうはん》ナル範囲ノ自治ヲ確保スル様改メラルヘシ。新文治制度ハ善良ナル政治ノ本質的要求ヲ満足スル様構成運用セラルルヲ要ス。

『リットン報告書』

解説　国際連盟日華紛争調査団は、英国のリットン卿を委員長として、仏、伊、独、オブザーバーとして米の代表五人から成っていた。一九三二（昭和七）年二月に来日して以来、精力的に現地調査を行った。報告書は九月四日に完成し、一〇月二日外務省から一般に公表された。

この調査委員団が国連に出した報告書は、極めて詳細であって、一〇章から成り、第四章に、「一九三一年九月一八日当日及其後ニ於ケル満州ニ於テ発生セル事件ノ概要」として、その一部、柳条湖事件に関する部分を載せてある。

この報告書で示された解決の条件は、イギリスの極東政策を反映し、日本の満州侵略に対して比較的宥和《ゆうわ》的であった。すなわち、「満州ノ自治」で、満州に対する中国の主権を認めながら、「満州ニ於ケル日本ノ利益ノ承認」では、日本の権益を全面的に保障し、「内部的秩序外部的侵略ニ対スル保障」では、満州を非武装の特別自治地域として、憲兵隊の手で治安維持をはかることを提案していた。しかし、一一月からの国連理事会、一二月からの国連総会など、日本代表は終始、この報告書の原則に反対し続け、次第に孤立を深めていった。

4 国際連盟脱退[1]

★★★☆☆

昭和六年九月日支事件ノ連盟付託《れんめいふたく》ヲ見ルヤ、帝国政府ハ……本年二月二十四日臨時総会ノ採択セル報告書[2]ハ、帝国カ東洋ノ平和ヲ確保セントスル外何等異図《ほかなんらいと》ナキノ精神ヲ顧《かえり》ミサル《考慮しないばかりか》ト同時ニ、事実ノ認定及之《およびこれ》ニ基ク論断《ろんだん》ニ於《お》テ甚《はなはだ》シキ誤謬《ごびゅう》ニ陥《おちい》リ《誤りを犯し》、就中《なかんずく》九月十八日事件[3]当時及其《そ》ノ後ニ於《お》ケル日本軍ノ行動ヲ以《もっ》テ自衛権ノ発動ニ非《あら》スト[4]臆断《おくだん》シ、又同事件前ノ緊張状態[5]及事件後ニ於ケル事態ノ悪化カ支那《シナ》側ノ全責任ニ属スルヲ看過《かんか》シ《見逃し》、……一方、満州国成立ノ真相ヲ無視シ、且《かつ》同国ヲ承認セル帝国ノ立場ヲ否認《ひにん》シ、東洋ニ於ケル事態安定ノ基礎ヲ破壊セントスルモノナリ。……仍《よっ》テ帝国政府ハ此《こ》ノ上連盟ト協力スルノ余地ナキヲ信シ、連盟規約第一条第三項ニ基キ帝国カ国際連盟ヨリ脱退スルコトヲ通告スルモノナリ。

『日本外交年表竝主要文書』

解説 日本の大陸進出は、満州国の独立承認、熱河省への侵入など、次第に露骨化してきた。このような日本の進出は、国際連盟を刺激し、一連の行為を侵略であるとして、対日勧告案が提出された。それが総会において四二対一で採択されると日本代表松岡洋右《ようすけ》はただちに退場して、脱退の通告文を国際連盟に提出したのである。日本の大陸進出を正当化し、これに反対する連盟諸国から離れて協調外交から孤立外交への道を歩むことになり、以後、日本のファシズムの進行は大きく戦争への道を歩む結果となった。

Spot

一五年戦争への一発の爆弾

「時刻は一〇時過ぎ、轟然《ごうぜん》たる爆発音とともに、切断されたレールと枕木《まくらぎ》が飛散した。といっても張作霖爆殺《ちょうさくりんばくさつ》の時のような大がかりなものではなかった。満鉄線を走る列車に被害を与えないようにせねばならぬ。……直線部分なら片方のレールが少々の長さにわたって切断されても、一時傾いてすぐまた走り去ってしまうことができる。その安全な長さを調べて使用爆薬量を定めた。」柳条湖の満鉄爆破にあたった花谷少佐の回顧談《かいこだん》である。周到に計画された事件であった。この一発の爆弾が、日本を一五年の長さにわたる破滅への道に駆《か》り立てた。

要点ナビ 日本全権松岡洋右。

1 国際連盟脱退 一九三三（昭和八）年三月二七日詔書発布。

2 報告書 リットン報告書。

3 九月十八日事件 柳条湖事件。

4 自衛権ノ発動ニ非ス リットン報告書第四章に「日本軍ノ軍事行動ハ正当ナル自衛手段ト認ムルコトヲ得ズ」とある。

5 緊張状態 万宝山事件、中村大尉事件、中国の満鉄並行線建設などをさす。

史料注 **日本外交年表竝主要文書** 三五二頁参照。

探究13 国際連盟脱退の理由は何か。

9 ファシズムへの道

❶ 超国家主義思想——北一輝「日本改造法案大綱」[1]　★☆☆☆☆

今ヤ大日本帝国ハ内憂外患《ないゆうがいかん》[2]並《なら》ヒ到ラントスル有史未曾有《みぞう》ノ国難ニ臨《のぞ》メリ。国民ノ大多数ハ生活ノ不安ニ襲《おそ》ハレテ一《いつ》ニ欧洲《おうしゅう》諸国破壊ノ跡《あと》[3]ヲ学ハントシ、政権軍権財権ヲ私《し》セル者ハ只竜袖《ただりゅうしゅう》ニ陰《かく》レテ（天皇の陰に隠れて恐る恐る）惶々其不義《こうこうそのふぎ》ヲ維持セントス。……如何《いか》ニ大日本帝国ヲ改造スヘキカノ大本《たいほん》ヲ確立シ、挙国一人《きょこくいちにん》（国をあげて一人の反対もない）ノ非議《ひぎ》ナキ国論ヲ定メ、全日本国民ノ大同《だいどう》団結ヲ以《もっ》テ終《つい》ニ天皇大権ノ発動ヲ奏請《そうせい》[4]シ、天皇ヲ奉《ほう》シテ速《すみや》カニ国家改造ノ根基《こんき》ヲ完《まっと》ウセサルヘカラス（基盤を完成させなければならない。）。高遠ナル亜細亜《アジア》文明ノ希臘《ギリシア》[5]ハ率先其《そっせんそ》レ自ラノ精神ニ築カレタル国家改造ヲ終ルト（完了する）共ニ、亜細亜連盟ノ義旗《ぎし》[6]ヲ飜《ひるがえ》シテ真個《しんこ》[7]到来スヘキ世界連邦ノ牛耳《ぎゅうじ》ヲ把《と》リ（指導者となり、）以テ四海同胞《しかいどうほう》皆是仏子《これぶっし》[8]ノ天道[9]ヲ宣布《せんぷ》（世界に広め）シテ東西ニ其範《はん》ヲ垂《たる》ルヘシ。

憲法停止　天皇ハ全日本国民ト共ニ国家改造ノ根基ヲ定メンガ為《ため》ニ天皇大権ノ発動ニヨリテ三年間憲法ヲ停止シ両院ヲ解散シ全国ニ戒厳令《かいげんれい》[10]ヲ布《し》ク。

普通選挙　二十五歳以上ノ男子ハ大日本国民タル権利ニ於《おい》テ平等普通ニ衆議院議員ノ被選挙権及ビ選挙権ヲ有ス。

私有財産限度　日本国民一家ノ所有シ得ベキ財産限度ヲ壱《(一)》百万円トス。

在郷軍人団会議　天皇ハ戒厳令施行中、在郷軍人団ヲ以テ改造内閣ニ直属シタル機関トシ、以テ国家改造中ノ秩序ヲ維持スルト共ニ、各地方ノ私有財産限度超過者ヲ調査シ、其ノ徴集ニ当ラシム。

『日本改造法案大綱《にほんかいぞうほうあんたいこう》』

※色文字は重要語

[1] **日本改造法案大綱**　一九一九（大正八）年上海で執筆。

[2] **内憂外患**　国内の心配ごとと外国からの攻撃のおそれ。

[3] **欧洲諸国破壊ノ跡**　社会主義革命のこと。

[4] **奏請**　天皇に申し上げて許可を得ること。

[5] **希臘**　ここでは日本のことをさす。

[6] **義旗**　正義のために戦う旗印。

[7] **真個**　誠。本当。

[8] **仏子**　仏道を修める者。仏の弟子。

[9] **天道**　自然の運行、宇宙の道理。

[10] **戒厳令**　戦時・事変に際し、立法・行政・司法権の全部または一部を、軍部にゆだねることを宣告する法令。

史料注

日本改造法案大綱　北一輝の著書。一九一九（大正八）年上海で執筆された。謄写版などで印刷して青年将校らに配布され、大きな影響を与えた。

大阪朝日新聞　三九八頁参照。

探究14
① 日本ファシズムの特色を述べよ。
② 日本改造法案大綱が、当時の青年将校に大きな影響を与えた理由を述べよ。
③ 五・一五事件の歴史的意義を述べよ。

参考　**五・一五事件報道**　★☆☆☆☆

五月十五日午後五時、恰《あたか》も台風のごとく突如《とつじょ》として帝都の数箇所に未《いま》だ曾《かつ》てなき大暴行がまき起された。手榴弾《しゅりゅうだん》及びピストルをもつて首相官邸、内大臣邸その他銀行や警視庁までも襲撃し、犬養《いぬかい》首相は遂《つい》に重傷を負ひ逝去《せいきょ》した。しかしその暴行は予《あらかじ》め計画した団体的行動らしく、而《しか》も現役又は予備役の軍人の犯行（海陸軍省発表）なりといふに至りては、言語道断、その乱暴狂態はわが固有の道徳律に照しても又軍律に照しても、立憲治下における極重悪行為と断じなければならぬ、わけて本年は明治天皇の軍人に賜《たま》はつた勅諭《ちょくゆ》五十周年にあたる。勅諭には、……凡《およ》そ七百年のあひだ武門の専断であつた大権を悉《ことごと》く奉還《ほうかん》せしめ、而して新制のもと陸海軍人となりしものの心得かたを最も懇《ねんご》ろに諭《さと》したまへる不磨《ふま》の聖勅《せいちょく》である。……軍服を着せるものが政権の移動などにつきて容喙《ようかい》しても構はぬといふが如《ごと》き事は断じてない。

〔一九三二年五月一七日『大阪朝日新聞』〕

解説　満州事変を境として、右翼の運動には、国家社会主義的傾向が強まってくる。これらの右翼団体は対外的には以前のそれと同じく、排外主義をスローガンとしていたが、対内的には激しく資本家の腐敗を攻撃して、〝国家改造〟計画を主張した点に特色があった。汚職、疑獄、贈収賄《ぞうしゅうわい》など政党政治家の腐敗に終止符を打つには、民主主義の確立のほかにはなかったが、民主主義が抑圧されている状況を利用して、右翼は強引に資本主義経済下、恐慌にあえぐ国民の不満を、議会や政党政治を否定する方向に導くことができ、幅広い影響力を持ったのである。この時期の右翼の指導者は、北一輝《きたいっき》、大川周明、井上日召らであったが、特にここに掲げた『日本改造法案大綱』に見られる超国家主義思想が、日本のファシズム思想の典型であった。

『日本改造法案大綱』は、青年時代社会主義者であった北一輝（一八八三～一九三七）が、辛亥《しんがい》革命のとき中国に渡り、革命のため奔走したが（この時、革命における軍人の役割を学んだことは、彼の思想形成に強く影響したといわれる）、次第に国家社会主義者となって、第一次大戦の直後、一九一九（大正八）年、中国の上海《シャンハイ》で書かれたものである。

内容を簡単に言えば、日本のような小領土しか持たない国は、その発展のために、大領土を占有しているイギリスやロシアと戦う権利があるということから、英・露をアジアから排除して、日本を盟主とする大アジアをつくらなければならない。そのためには、国内で天皇を奉じて国家の大改造を遂げなければならないということを説いたものであった。

彼の主張は、ファシズム運動の先駆的役割を果たしたものであるが、特に陸軍の国家主義者の聖典とされ、昭和初年から陸軍青年将校に大きな影響を与え、彼らのクーデターの理論的根拠を提供した。一九三六（昭和一一）年の二・二六事件の黒幕として逮捕され、死刑に処せられた。なお彼の活動資金や生活資金は、久原房之助（日産）、池田成彬（三井）らに頼っていたといわれる。

要点ナビ
岡田啓介内閣。

② 国防の本義と其《その》強化の提唱――一九三四年一〇月発行 ★☆☆☆☆

(1) たたかひの意義

たたかひは創造の父、文化の母である。試練の個人に於《お》ける、競争の国家に於ける、斉《ひと》しく夫々《それぞれ》の生命の生成発展、文化創造の動機であり刺戟《しげき》である。

(2) 農山漁村の更生

現在農村窮迫《きゅうはく》の原因は世上種々述べられて居るが……以上の如き諸原因は、彼此交錯して、現時の如き農村の窮迫を来して居るのであるが、此等の原因の大半は都市と農村との対立に帰納せられる。斯《しか》るが故《ゆえ》に、窮迫せる農村を救済せんが為めには、社会政策[1]的対策は、固より緊要であるが、都市と農村との相互依存と国民共存共栄の全体観とに基き経済機構の改善、人口問題の解決等根本的の対策を講ずることが必要であり、農村自身の自律的なる勤労心と創造力の強化発展と相俟《あいま》つて、農村が真底より更生するに至らんことを希望して已《や》まない。

(3) 現機構の不備

一、現機構は個人主義を基調として発達したものであるが、其反面に於て動もすれば、経済活動が、個人の利益と恣意とに放任せられんとする傾があり、従つて必ずしも国家国民全般の利益と一致しないことがある。

『国防の本義と其強化の提唱』

1 社会政策 資本主義体制を維持していくために国家が行う改良的な諸政策。工場法・社会保険・失業救済など。

史料注

『国防の本義と其強化の提唱』 陸軍省新聞班が一九三四(昭和九)年十月一日付で発行したパンフレット。陸軍の政治関与として政治問題化。

解説 『国防の本義と其強化の提唱』は一九三四年十月に陸軍省新聞班によって発行されたパンフレットであり、約六〇万部が発行された。「たたかひは創造の父、文化の母である」という書き出しで始まる。危機感を国民に訴えつつ、統制経済、公益優先主義、社会政策の重視などを「国防国策」構想として主張した。軍部が初めて思想・経済問題に言及し、しかも政治介入を公然と表明した点が注目される。立憲政友会や立憲民政党は、軍部の露骨な政治干渉として反発し問題となったが、社会大衆党の麻生久らは支持を与えた。同冊子には巻末に私製はがきが添付され、意見を書いて陸軍省に送付できるようになっていた。意見を国民に提起して民意を問うという形になっている。この後「非常時」を掛け声とする思想攻勢は、翌年の**天皇機関説問題**、**国体明徴声明**でさらに強化された。

要点ナビ　岡田啓介内閣。

1天皇機関説問題　一九三五（昭和一〇）年二月一八日、貴族院議員陸軍中将菊池武夫が、貴族院で美濃部達吉の天皇機関説を攻撃（天皇機関説問題の始まり）。
2菊池男爵　菊池武夫。
3私の著書　『憲法撮要』。

史料注
第六七回帝国議会貴族院速記録　官報号外として一般に頒布され、貴族院での議事を知る基本史料。

③ 天皇機関説問題[1]——一身上の弁明・美濃部達吉　★★☆☆☆

去る二月十九日の本会議におきまして、菊池男爵《だんしゃく》[2]その他の方から、私の著書のことにつきまして御発言がありましたにつき、ここに一言一身上の弁明《べんめい》を試むるのやむを得ざるに至りましたことは、私の深く遺憾《いかん》とするところであります。……私の著書[3]において述べております見解は、第一には、天皇の統治の大権は、法律上の観念としては権利と見るべきものではなくて、権能であるとなすものでありますし、また、第二に、それは万能無制限の権力ではなく、憲法の条規によって行わせられる権能であるとなすものであります。……所謂《いわゆる》機関説と申しまするのは、国家それ自身を一つの生命あり、それ自身に目的を有する恒久《こうきゅう》的の団体、即《すなわ》ち法律学上の言葉を以《もっ》て申せば一つの法人と観念いたしまして、天皇は此《この》法人たる国家の元首《げんしゅ》たる地位に存《ま》し、国家を代表して一切の権利を総覧《そうらん》し給《たま》ひ、天皇が憲法に従って行はせられまする行為が、即ち国家の行為たる効力を生ずると云《い》ふことを言ひ現はすものであります。……第二に……天皇が無制限なる万能の権力をもって臣民《しんみん》に命令し給うというようなことはかつてなかったことであります。……いわんや憲法第四条には「天皇ハ国ノ元首ニシテ統治権ヲ総覧シ此《こ》ノ憲法ノ条規ニ依《よ》リ之《これ》ヲ行フ」と明言されております。

『第六七回帝国議会貴族院速記録』

要点ナビ　岡田啓介内閣。

1国体明徴声明　政府が天皇機関説は国体に反すると声

④ 国体明徴声明[1]——一九三五年八月三日発表　★☆☆☆☆

大日本帝国統治《とうち》の大権は儼《げん》として天皇に存すること明かなり。若《も》し夫《そ》れ統治権が天皇に存せずして、天皇は之《これ》を行使する為《ため》の機関なりと為《な》すが如《ごと》きは、是《こ》れ全《まった》く万邦無比《ばんぽうむひ》なる我が国体の本義を愆《あやま》るも

明したもの（第一次国体明徴声明）。一〇月一五日にも再声明が出されている（第二次国体明徴声明）。

史料注
官報 三五八頁参照。

1八紘一宇 八紘は四方・四

のなり。近時憲法学説を繞《めぐ》り国体の本義に関連して兎角《とかく》の論議を見るに至れるは寔《まこと》に遺憾《いかん》に堪《た》へず。政府は愈々《いよいよ》国体の明徴に力を効《いた》し其《そ》の精華《せいか》を発揚《はつよう》せんことを期す。『官報《かんぽう》』

解説 **天皇機関説**は国家を法人ととらえ、主権は国家にあって天皇は国家統治の機関であるとする学説である。明治憲法成立と同時に登場したアカデミズム憲法学の流れの一つで、末岡精一、一木喜徳郎《いちききとくろう》、**美濃部達吉**《みのべたつきち》らによって形作られてきた。帝国議会の権限を重く解釈し、議会は立法権、予算審議権のみならず国家の政務全体に関与できると解釈した。また憲法五五条に示された天皇の統治権に対する国務大臣の輔弼《ほひつ》の任は国務全体にわたるもので、総理大臣の内閣全体への指導権を大きく解釈した。美濃部はこの点を拡大して解釈してゆくことで、憲法の精神は議院内閣制への道を開くものと理解した。これに対し、天皇の統治権は無制限なものとする**穂積八束**《ほづみやつか》、**上杉慎吉**《しんきち》らの天皇主権説との間に論争が行われ、一九二九（昭和四）年、上杉の死後の学界においては機関説が主流を占めるようになっていた。美濃部はロンドン海軍軍縮条約締結の際の統《とう》帥《すい》権干犯《かんぱん》問題に関しても、国務大臣の輔弼は天皇の行う国務全体にわたるものであるから、憲法の一二条の編成大権は勿論、一一条の統帥権をもその例外ではないとして、浜口内閣を支持した。満州事変が起こり、日本の対外侵略が活発化すると、右翼を中心とする主権説論者は機関説を攻撃する運動を展開し、美濃部の著書の発禁を政府に迫った。本史料は一九三五（昭和一〇）年二月二五日、第六七議会で貴族院議員陸軍中将菊池武夫が、美濃部の学説が日本の国体と相容れないことを主張し、美濃部が「叛逆《はんぎゃく》思想、謀反《むほん》人、学匪《がくひ》」と断言したことに対し、美濃部は理路整然と反論したものである。衆議院議員江藤源九郎は美濃部を不敬罪で告発し、院外においては特に陸軍が、在郷軍人会の名で「大日本帝国憲法の解釈に関する見解」なるパンフレット一五万部を配布し、重大な社会問題へと発展した。岡田内閣は軍部、野党政友会の激しい攻撃のなかで美濃部の『逐条《ちくじょう》憲法精義』『憲法撮要』『日本憲法の基本主義』の三著作の発禁処分を発表した。機関説問題は陸軍内部の派閥対立と相まってさらに発展した。機関説をある程度容認していた統制派が、皇道《こうどう》派の中心人物真崎教育総監の更迭《こうてつ》に成功すると、統制派に対する青年将校の不満は高まり、皇道派の相沢三郎中佐が統制派の永田鉄山軍務局長を斬殺する相沢事件が起こった。政府はこれらの強硬意見に押され、八月三日、一〇月一五日の両度にわたり、史料に見る国体明徴《めいちょう》声明を出すに至るのである。美濃部は起訴猶予《きそゆうよ》となったが貴族院議員を辞任した。日本の議会政治、政党政治はファシズム勢力の前に急速に崩壊した。

5 二・二六事件蹶起《けっき》趣意《しゅい》書——一九三六年二月二六日 ★★★☆☆

謹《つつし》んで惟《おもんみ》るに我が神洲《しんしゅう》たる所以《ゆえん》は、万世一神《ばんせいいっしん》たる天皇陛下御統率の下《もと》に、挙国《きょこく》一体生成化育《せいせいかいく》を遂《と》げ、終《つい》に八紘一宇《はっこういちう》[1]を完了するの国体《こくたい》に存す。此《こ》の国体の尊厳秀絶《しゅうぜつ》は天祖肇国《ちょうこく》[2]、神武《じんむ》建国より明治

隅、一宇は一軒の家。世界を一つの家とすること。

❷天祖肇国　天照大神《あまてらすおおみかみ》がこの国を創造したという神話。

❸外侮外患　外国から受ける侮りと被る心配事。

❹元老　ここでは西園寺公望。

❺重臣　主に首相経験者で、後継首相の選任にあたった。

史料注

蹶起趣意書　二・二六事件の蜂起部隊が各地に配布したもの。

探究15　陸軍部内の皇道派と統制派の対立について説明せよ。

維新を経《へ》て益々《ますます》体制を整へ、今や方《まさ》に万邦《ばんぽう》に向って開顕《かいけん》進展を遂ぐべきの秋《とき》なり。然《しか》るに頃来《けいらい》遂《つい》に不《ふ》逞兇悪《ていきょうあく》の徒簇出《とぞくしゅつ》して、（近頃、不届きな悪人が次々に現れ、）私心私欲を恣《ほしいまま》にし、至尊《しそん》絶対の尊厳を藐視《びょうし》し、僭上之《せんじょうこ》れ働き、（天皇陛下の絶対の尊厳を軽視して僭越な行為を行い、）万民の生成化育を阻碍《そがい》して、塗炭《とたん》の疾苦《しっく》に呻吟《しんぎん》せしめ、（非常な苦しみにうめかせ、）随《したがっ》て外侮外患《がいぶがいかん》❸日を逐《お》うて激化す。所謂《いわゆる》元老❹・重臣❺・軍閥・財閥・官僚・政党等は此の国体破壊の元兇《げんきょう》なり。

『蹶起《けっき》趣意書』

解説　一九三六（昭和一一）年二月二六日、一部陸軍の青年将校が、軍部政権の樹立を目的に千数百名の兵を率いて反乱を起こし、首相官邸その他を襲撃し、内大臣斎藤実、大蔵大臣高橋是清《これきよ》らを暗殺し、侍従長鈴木貫太郎らを傷害した、いわゆる**二・二六事件**が起こった。この『蹶起趣意書』はその時、首謀者野中四郎らが作成して各方面に配ったものである。

一九三一（昭和六）年の三月・十月事件後陸軍部内には二つの派閥が生まれた。一つは統制派で主として参謀本部、陸軍省など中央官衙《かんが》の幕僚から成り、戦争準備のための国内体制確立、高度国防国家の実現をめざしていた。その名称は荒木、真崎ら皇道《こうどう》派の派閥人事に対抗して軍の統制を唱えたことから起こっている。彼らは初め軍部内閣樹立のため三月・十月事件などのクーデターを計画したが、その失敗後は、革新官僚、新興財閥《ざいばつ》（鮎川義介ら）、宮中内の革新分子（近衛・木戸ら）に近づいていった。これに対し、尉官級の革新派青年将校は荒木、真崎などを首領とし、思想的・観念的な直接行動方式による国家改造を計画した。皇道派の名称はその精神主義的傾向によって付けられたものである。

一九三五（昭和一〇）年天皇機関説問題激化の頃、統制派は皇道派を要職から追おうとしたので両派の争いが激化し、この年八月統制派の永田軍務局長が皇道派の相沢中佐に斬殺され、さらに続いて翌年二・二六事件が起こった。しかし事件後、粛軍工作が行われ、皇道派の主要メンバーは一掃されて力を失ってしまった。

Spot

下士官兵ニ告グ

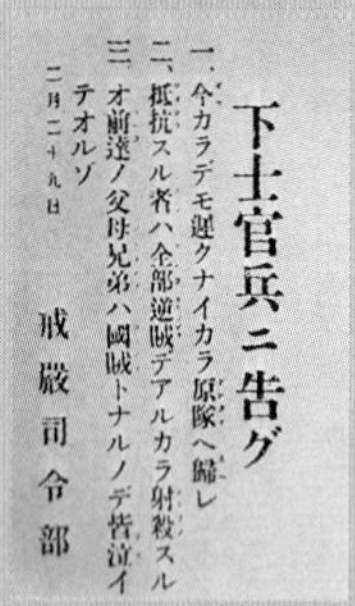

一、今カラデモ遅クナイカラ原隊ヘ帰レ
二、抵抗スル者ハ全部逆賊デアルカラ射殺スル
三、オ前達ノ父母兄弟ハ國賊トナルノデ皆泣イテオルゾ
二月二十九日
戒厳司令部

二・二六事件の反乱軍にむけて投降を呼びかけたビラである。日付は事件発生から三日後の二月二十九日である。（この年は閏年《うるうどし》）

皇道派反乱軍が望みをかけた天皇は動かず、逆に『朕ガ股《こ》肱《こう》ノ老臣ヲ殺戮《さつりく》ス、此ノ如キ凶暴ノ将校等、其精神ニ於テモ何ノ恕《ゆる》スベキモノアリヤ』と述べた。明治憲法下で天皇が国務に関わる詔勅を発するためには、輔弼《ほひつ》する国務大臣の副署を必要としたが（第五十五条）、二・二六事件は首相不在、侍従長不在、内大臣不在の中で起こったもので、天皇は自らその意志を示すこととなった。

10 日中戦争と戦時体制

要点ナビ
近衛文麿首相。
傀儡政権の樹立（第一次）。
東亜新秩序の提唱（第二次）。
近衛三原則（第三次）。

1 第一次近衛《このえ》声明——国民政府ヲ対手トセス——一九三八年一月一六日声明　★★☆☆☆

帝国政府ハ南京《ナンキン》攻略後[1]尚《な》ホ支那《シナ》国民政府[2]ノ反省ニ最後ノ機会ヲ与フルタメ今日ニ及《およ》ヘリ。然《しか》ルニ国民政府ハ帝国ノ真意ヲ解セス漫《みだ》リニ抗戦《こうせん》ヲ策《さく》シ、内民人塗炭《うちみんじんとたん》ノ苦ミヲ察セス外東亜《そととうあ》全局ノ和平ヲ顧《かえり》ミル所ナシ。仍《よっ》テ帝国政府ハ爾後《じご》国民政府ヲ対手《あいて》トセス、帝国ト真ニ提携《ていけい》スルニ足《た》ル新興支那政権[3]ノ成立発展ヲ期待シ、是《これ》ト両国国交ヲ調整シテ更生《こうせい》新支那ノ建設ニ協力セントス。……今ヤ東亜和平ニ対スル帝国ノ責任愈々《いよいよ》重シ。政府ハ国民カ此《この》重大ナル任務遂行《すいこう》ノタメ一層ノ発奮ヲ冀望《きぼう》シテ止《や》マス。

国内的には中国民衆の苦しみを、国外においては東アジア全体の平和を考慮していない。

補足的声明　爾後国民政府ヲ対手トセスト云《い》フノハ……国民政府ヲ否認スルト共ニ之《これ》ヲ抹殺《まっさつ》セントスルノテアル。又宣戦布告《またせんせんふこく》ト云《い》フコトカ流布《るふ》サレテヰルカ、帝国ハ無辜《むこ》[4]ノ支那民衆ヲ敵視スルモノテハナイ。又国民政府ヲ対手トセヌ建前カラ宣戦布告モアリ得ヌワケテアル。

『日本外交年表竝主要文書』

※色文字は重要語

[1]**南京攻撃**　一九三七年一二月一三日占領。この南京侵攻の際、日本軍は南京市民を無差別虐殺し、二〇〜三〇万人を殺害したとされる（南京大虐殺）。

[2]**支那国民政府**　蔣介石《しょうかいせき》の国民政府。

[3]**新興支那政権**　近衛声明に呼応して重慶を脱出した汪《おう》兆銘は、一九四〇年に南京政府を樹立して日本の傀儡《かいらい》となった。

[4]**無辜**　罪のないこと。

史料注
日本外交年表竝主要文書　三五二頁参照。

解説　一九三七（昭和一二）年七月七日北京《ペキン》郊外での**盧溝《ろこう》橋《きょう》事件**をきっかけに、中国国民政府との全面戦争、日中戦争が始まった。日本は宣戦布告をしないままに戦線を中国全土に拡大し、一二月には首都南京《ナンキン》まで制圧した。国民政府が一撃で屈服するであろうとの予測に反して、日中戦争が中国側の激しい抵抗により長期化すると、関東軍を中心とした軍部のなかには、中国における新政権の構想も検討され始めたが、その一方、一九三七年一〇月一日政府が決定した「支那《シナ》事変対処要綱」は国民政府の存在を前提としたものであり、政府はドイツからの中国駐在トラウトマン大使による和平交渉に期待をかけていた。しかし、南京攻略など日本にとって有利な戦況となると、政府・軍中央部にも強硬論が高まり、トラウトマン工作が失敗に終わると、翌三八年一月一六日、近衛《このえ》内閣は「**爾後国民政府ヲ対手トセス**」との声明を出し、さらに一八日には否認よりも強いものであると補足し、ここに「事変」の手掛りを完全に失ってしまうのである。一方、一九三六（昭和一一）年の**西安《せいあん》《シーアン》事件**を契機に盧溝橋事件勃発の二か月後に成立した第二次国共合作により、抗日民族統一戦線を結成した国民政府率いる**蔣介石《しょうかいせき》**は、南京から重慶《じゅうけい》《チョンチン》へと拠点を移し抗戦を続け、戦争は長期化、泥沼化していった。

史料注

極東国際軍事裁判所　検察側証拠書類　一九四六（昭和二一）年から始まった東京での極東国際軍事裁判に提出されたもの。南京事件を知る貴重な証言である。

要点ナビ
第一次近衛文麿内閣。
勅令の定むる所による委任立法。議会の「自殺行為」。

❶事変　国際間での宣戦布告のない戦争。

❷勅令　国民徴用令、船員徴

参考　南京事件の証言――許伝音《スーチュアンイン》　★☆☆☆☆

私、中華民国南京市カ・オ・ルーメン・オーメイ路七番地に住む哲学博士スー＝チュアン＝イン（許伝音）は次の認証を致します。……私は一九三七年に日本軍の南京攻撃の時南京におり、日本軍の手中に陥って後も市中に残留しました。……民衆は一人一人許可証を発給するという口実で全部並べられました。そして質問に対して、質問した兵隊を満足させる答弁をしないか、またもしもその兵隊がなんらよるべき証拠もなくてこの男は兵隊だったという決定をすれば、その人はその場で射殺されるか集団の中に入れて連れてゆかれて後に殺されました。この市内はまったくの無抵抗でありました。男子が彼らが兵隊であったという口実で一掃《いっそう》されあるいは射殺しあるいは連れ去られてから後はいよいよ市民虐殺《ぎゃくさつ》、婦女凌辱《りょうじょく》、放火掠奪《りゃくだつ》という恐るべき血の饗宴《きょうえん》が始まったのであります。一三歳以上七〇歳以下の女という女は日本兵に凌辱されました。しばしば続けざまに凌辱を受けたのであります。幾千ともしれない女達は日本兵に凌辱された揚句《あげく》に殺されて屍体《したい》までも汚されていました。……占領後第二日目、なんらの抵抗もなかった時に組織的な放火が日本兵により行われたのであります。軍用トラックは店に横付けにされすべての商品は運び去られ、兵隊は火を掛《か》けて店を焼くのが常でした。家は定期的に掠奪にあい、それから焼き払われました。個人の財産の中で持ち運べるものはすべて掠《かす》められ、兵隊に持っていかれました。……私の最善の推定によれば南京市内外で陥落《かんらく》後かつすべての抵抗が止まって後に日本兵の手によって殺戮《さつりく》された中国人一般人の総数は二〇万人内外であります。婦女子の凌辱を被《こうむ》った数や怪我《けが》をさせられた人間の数、容赦《ようしゃ》なく破壊されたり焼かれたりした建物、または兵隊達によって掠奪された財宝などは数え切れないでしょう。……陥落以来三ヶ月間続きその後次第に終息《しゅうそく》した「罪の饗宴」については絶対に、弁解の余地も理由もありませんでした。

『極東国際軍事裁判所　検察側証拠書類』

② 国家総動員法――一九三八年四月一日公布、五月五日施行　★★☆☆☆

第一条　本法ニ於《おい》テ国家総動員トハ、戦時（戦争ニ準ズベキ事変❶ノ場合ヲ含ム、以下之《これ》ニ同ジ）ニ際シ、国防目的達成ノ為《ため》、国ノ全力ヲ最モ有効ニ発揮《はっき》セシムル様《よう》、人的及物的資源ヲ統制運用スルヲ謂《い》フ。

第四条　政府ハ戦時ニ際シ国家総動員上必要アルトキハ勅令《ちょくれい》❷ノ定ムル所ニ依《よ》リ帝国臣民《しんみん》ヲ徴用《ちょうよう》シテ

用令、医療関係者徴用令などをさす。白紙召集状。

3勅令 賃金臨時措置令、工場就業時間制限令など七つの勅令が定められた。

史料注

官報 三五八頁参照。

探究16 国家総動員法の制定と憲法との関連、および同法が戦時体制下の国民に与えた影響を述べよ。

要点ナビ 第二次近衛文麿内閣。

1八紘一宇 四二九頁参照。

2物心一如 物質と精神とが一体となっていること。

3相誡 互いに戒め合う。

4大東亜共栄圏 太平洋戦争時の日本のスローガン。アジア人による共存共栄の新秩序を形成しようと唱えられた。

5翼賛 （天皇の統治を）力を合わせて助けること。

総動員業務ニ従事セシムルコトヲ得《う》。但《ただ》シ兵役法ノ適用ヲ妨《さまた》ケス

第六条　政府ハ戦時ニ際シ国家総動員上必要アルトキハ勅令3ノ定ムル所ニ依リ従業者ノ使用、雇入若《もし》ハ解雇《かいこ》、就職、従業若ハ退職又《また》ハ賃金、給料其《そ》ノ他ノ従業条件ニ付《つき》必要ナル命令ヲ為《な》スコトヲ得

『官報』

解説 **日中戦争**の長期戦化に対処するため、国力を最高度に発揮できるよう、人的・物的資源を統制運用する目的で公布されたのが**国家総動員法**である。この法律は政府に広汎《こうはん》な統制権限を委任するもので、社会経済生活のほとんど全分野にわたる政府の独裁を認めたことになる。したがって法治国の原則をまったく踏みにじったもので、日本のすべてのものは戦争遂行のために犠牲にするという考えがうかがえる。衆議院での審議中、佐藤軍務課長が「だまれ」と議員の質問を封ずるいわゆる「だまれ」事件が起こった。しかし、その後この法案はあっさり成立した。

3 大政翼賛会——一九四〇年一〇月一二日発足 ★★☆☆☆

今や世界の歴史的転換期に直面し、八紘一宇1の顕現《けんげん》を国是《こくぜ》とする《「八紘一宇」を明示し国の方針とする》皇国は、一億一心《人民が心を一つにして》全能力を挙《あ》げて天皇に帰一《きいつ》し奉《たてまつ》り、物心一如《ぶっしんいちにょ》2の国家体制を確立し、もって光輝《こうき》ある世界の道義的指導者たらんとす。ここに本会は、互助相誡《ごじょそうかい》3、皇国臣民《しんみん》たるの自覚に徹し、率先《そっせん》して国民の推進力となり、常に政府と表裏一体協力の関係に立ち、上意下達《じょういかたつ》、下情上通《かじょうじょうつう》を図《はか》り、もって高度国防国家体制の実現に努む。左にその実践要綱を提唱す。

二、大東亜共栄圏4の建設に協力す。すなはち大東亜の共栄体制を完備し、その興隆《こうりゅう》を図るとともに、進んで世界新秩序の確立に努む。

三、翼賛《よくさん》5政治体制の建設に協力す。すなはち文化、経済、生活を翼賛精神に帰一し、強力なる総合的翼賛政治体制の確立に努む。

『翼賛国民運動史《よくさんこくみんうんどうし》』

史料注　**翼賛国民運動史**　一九五四（昭和二九）年刊、翼賛運動史刊行会。

解説　日中戦争以来の国内外の政治的危機の情況下で、軍部、官僚、政党、財界の指導者層には、強力な国家体制を樹立しようとする様々な国家革新論が生まれていた。その流れのなかで、近衛文麿《このえふみまろ》は側近らとともに新党結成の運動を企図し、さらにその動きは国民全体を再組織して政治力を結集させ、強力な内閣を成立させようとする**新体制運動**へと発展していった。一九四〇（昭和一五）年、欧州でのドイツの優勢が伝えられると、国内にはドイツとの提携を強めて、中国情勢を好転させようとする動きが起こり、新体制運動は一層活発となった。この近衛の新党構想のもとに政党は「バスに乗り遅れるな」を合言葉に次々と解党し、七月に第二次近衛内閣が成立すると、翌八月には新体制準備会が発足した。しかし、この準備会は軍部、旧政党、財政等の様々な勢力の寄せ集めで、意見の対立が激しく、近衛の当初の国民の政治力の結集とは大きく隔たる形で、同年一〇月**大政翼賛会**《たいせいよくさんかい》が発足した。総裁に近衛文麿、事務総長に有馬頼寧《よりやす》が就任したが、四一年四月の第一回改組で有馬ら近衛側近グループは退陣して主導権は官僚に握られ、上意《じょうい》下達《かたつ》の行政補助機関としての性格を強めた。のち、大日本産業報国会、大日本青少年団などを合わせ、さらに町内会、部落会、隣保班を組み入れ、国民全体を組織統制する機関となっていった。

1 国体ノ本義ニ徹シ　日本は皇室を宗家とする一大家族国家であり、国民はその一人として天皇の命には絶対従うこと。

史料注　**産業報国**　大日本産業報国会機関誌。

4 大日本産業報国会綱領 ★☆☆☆

一、我等《われら》ハ国体《こくたい》ノ本義ニ徹シ[1]全産業一体報告ノ実ヲ挙《あ》ゲ以《もっ》テ皇運《こううん》ヲ扶翼《ふよく》シ奉《たてまつ》ランコトヲ期ス。

一、我等ハ産業ノ使命ヲ体シ事業一家職分奉公ノ誠ヲ致シ以テ皇国産業ノ興隆《こうりゅう》ニ総力ヲ竭《つく》サンコトヲ期ス。

一、我等ハ勤労ノ真義ニ生キ剛健明朗《ごうけんめいろう》ナル生活ヲ建設シ以テ国力ノ根底《こんてい》ニ培《つちか》ハンコトヲ期ス

『産業報国』

解説　大日本産業報国会は戦時体制に労働者を動員するために設けられた産業報国会の中央組織である。その前身は一九三八年に作られた産業報告連盟で、官僚や警察が中心となって労働者を事業所単位に組織した。会長には社長が就任した。一九四〇年、第二次近衛文麿《このえふみまろ》内閣は、新体制運動の一環として新たに大日本産業報国会を発足させた。厚生大臣を頂点とする上意下達の組織で、勤労秩序確立運動や勤労総動員運動など労働者の動員に腐心《ふしん》した。各事業所では戦況の悪化とともに、戦意高揚の掛け声のもとに職場規律と勤勉を一方的に押し付けるものとなり、労働者は離反していった。

11 太平洋戦争のはじまり

1 日独防共協定[1]——一九三六年一一月二五日調印 ★☆☆☆

要点ナビ 広田弘毅内閣。

大日本帝国政府及《および》独逸《ドイツ》国政府ハ共産「インターナショナル」(所謂《いわゆる》「コミンテルン」[2])ノ目的カ其《そ》ノ執《と》リ得《う》ル有ラユル手段ニ依《よ》ル現存国家ノ破壊及暴圧《ぼうあつ》ニ在《あ》ルコトヲ認メ、共産「インターナショナル」ノ諸国ノ国内関係ニ対スル干渉《かんしょう》ヲ看過《かんか》[3]スルコトハ其ノ国内ノ安寧《あんねい》[4]及社会ノ福祉ヲ危殆《きたい》[5]ナラシムルノミナラス、世界平和全般ヲ脅《おびやか》スモノナルコトヲ確信シ、共産主義的破壊ニ対スル防衛ノ為《ため》協力センコトヲ欲シ左ノ通リ協定セリ。

第一条　締約《ていやく》国ハ共産「インターナショナル」ノ活動ニ付《つき》相互ニ通報シ、必要ナル防衛措置《そち》ニ付協議シ且《かつ》緊密ナル協力ニ依リ右ノ措置ヲ達成スルコトヲ約ス。

秘密付属協定[6]

第一条　締約国ノ一方カ「ソヴィエト」社会主義共和国聯邦《れんぽう》ヨリ挑発《ちょうはつ》ニ因《よ》ラサル攻撃ヲ受ケ、又《また》ハ挑発ニ因ラサル攻撃ノ脅威《きょうい》ヲ受クル場合ニハ、他ノ締約国ハ「ソヴィエト」社会主義共和国聯邦ノ地位ニ付負担ヲ軽カラシムルカ如《ごと》キ効果ヲ生スル一切ノ措置ヲ講セサルコトヲ約ス。……

第二条　締約国ハ本協定ノ存続中相互ノ同意ナクシテ「ソヴィエト」社会主義共和国聯邦トノ間ニ本協定ノ精神ト両立セサル一切ノ政治的条約ヲ締結スルコトナカルヘシ。[7]

『日本外交年表 竝《ならびに》主要文書』

※色文字は重要語

1 日独防共協定　一九三七(昭和一二)年一一月にイタリアが参加し、三国の接近が強まった。

2 コミンテルン　第三インターナショナルともいう。一九一九年レーニンの指導下で結成された共産党の国際組織。

3 看過　見逃すこと。

4 安寧　社会が穏やかで平和なこと。

5 危殆　危ないこと。

6 秘密付属協定　ソ連を対象とした秘密協定であるが、実はソ連はこの存在を探知していた。

7 本協定ノ精神……ナカルヘシ　しかし、一九三九年ノモンハン事件で日本がソ連に敗れていた時、独ソ不可侵条約が結ばれ、日本の支配層は少なからぬ衝撃を受けた。

要点ナビ
第二次近衛文麿内閣。米の参戦阻止を狙う。米との関係の悪化。

② 日独伊三国同盟——一九四〇年九月二七日調印　★★☆☆☆

第一条　日本国ハ、独逸《ドイツ》国及《および》伊太利《イタリア》国ノ欧洲《おうしゅう》ニ於《お》ケル新秩序❶建設ニ関シ、指導的地位ヲ認メ且之《かつこれ》ヲ尊重ス。

第二条　独逸国及伊太利国ハ、日本国ノ大東亜《だいとうあ》ニ於ケル新秩序❷建設ニ関シ、指導的地位ヲ認メ且之ヲ尊重ス。

第三条　日本国、独逸国及伊太利国ハ、前記ノ方針ニ基ク努力ニ付《つき》相互ニ協力スヘキコトヲ約ス。更《さら》ニ三締約国中何《いず》レカノ一国カ、現ニ欧洲戦争又《また》ハ日支《にっし》紛争ニ参入シ居《お》ラサル一国❸ニ依《よ》テ攻撃セラレタルトキハ、三国ハ有ラユル政治的、経済的及軍事的方法ニ依リ相互ニ援助スヘキコトヲ約ス。

第五条　日本国、独逸国及伊太利国ハ、前記諸条項カ三締約国ノ各《おのおの》ト「ソヴィエト」連邦トノ間ニ現存スル政治的状態ニ何等《なんら》ノ影響ヲモ及ホササルモノナルコトヲ確認ス。

『日本外交年表竝主要文書』

❶**欧洲ニ於ケル新秩序**　従来の英仏主導のベルサイユ体制を打破するため、独伊がとった行動、すなわち独伊同盟、世界大戦の勃発などをさす。

❷**大東亜ニ於ケル新秩序**　日本が東アジアにおいて主導権を握ることを意味し、日中戦争の勃発、汪兆銘《おうちょうめい》の南京政府樹立などをさす。

❸**参入シ居ラサル一国**　アメリカ合衆国をさす。

史料注
日本外交年表竝主要文書　三五二頁参照。

探究17
日独伊三国同盟の成立が遅れた理由を述べよ。

解説
満州事変から**国際連盟脱退**と、国際的孤立感を深めていた日本が接近していったのはドイツとイタリアだった。国内では二・二六事件が起こり、軍部の台頭が顕著となった一九三六（昭和一一）年、ヒトラーのもとでファシズム体制を強化するドイツと**日独防共協定**を結んだ。これはソ連影響下のコミンテルンの活動に対抗するための両国の連携を約したものだが、同時に結ばれた秘密協定でソ連への対抗措置を取り決めていた。

一九三八（昭和一三）年、戦争体制強化の必要上、ドイツより軍事同盟が提議された。しかし日本は、米英両国とさほど激しい対立をみていなかったし、国内の親独・親英米派の対立が激しかったため、結局成立しなかった。翌三九年九月、ポーランド侵入に始まるドイツの進攻によって、対米英牽制《けんせい》を目的として再びドイツから同盟を提議されたが、ドイツの勝利と、第二次近衛《このえ》内閣の基本国策要綱による南進論の決定は三国軍事同盟への道を開いたことになり、一九四〇年九月成立した。これにより、日本は米・英・仏との対立を決定的なものとしたのである。

3 日ソ中立条約――一九四一年四月一三日調印 ★☆☆☆

第一条　両締約《ていやく》国ハ両国間ニ平和及《および》友好ノ関係ヲ維持シ且《かつ》相互ニ他方締約国ノ領土ノ保全及不可《ふか》侵《しん》[1]ヲ尊重スヘキコトヲ約ス。

第二条　締約国ノ一方カ一又《また》ハ二以上ノ第三国ヨリノ軍事行動ノ対象ト為《な》ル場合ニハ他方締約国ハ該《がい》紛争ノ全期間中中立ヲ守ルヘシ。

第三条　本条約ハ両締約国ニ於《お》テ其《そ》ノ批准《ひじゅん》ヲ了《りょう》《終えた》シタル日ヨリ実施セラルヘク且五年ノ期間満了ノ一年前ニ本条約ノ廃棄《はいき》ヲ通告セサルトキハ、本条約ハ次ノ五年間自動的ニ延長セラレタルモノト認メラルヘシ。

『日本外交年表竝主要文書』

解説　一九四一（昭和一六）年三月、外相松岡洋右《ようすけ》は**日独伊三国同盟**の批准書《ひじゅんしょ》交換のためドイツを訪れた。松岡は、日本が南進政策を進め米英と対決しようとしているところでソ連に背後を突かれることを恐れ、日ソ間の斡旋《あっせん》を、独ソ不可侵条約を結んでいるドイツに期待したが、ドイツでは対ソ強硬論が強まっており失敗した。しかし、その帰途モスクワに立ち寄ると、ドイツの対ソ政策の変化を察知したスターリン政権は、日本と**日ソ中立条約**を締結したのである。その後、六月には独ソ戦が始まり、日本の同盟国ドイツはソ連との全面戦争に突入し、一方日米交渉も難航し英米との緊張も高まった。日本は、ドイツとソ連の外交的戦術のなかで、最悪の二正面作戦を取らざるを得なくなったのである。

4 帝国国策遂行要領――一九四一年九月六日決定 ★★☆☆

帝国ハ現下《げんか》ノ急迫《きゅうはく》セル情勢、特ニ米・英・蘭等各国ノ執《と》レル対日攻勢[1]、「ソ」聯《れん》ノ情勢[2]及《および》帝国国力ノ弾撥性《だんぱつせい》等[3]ニ鑑《かんが》ミ、「情勢ノ推移《すいい》ニ伴フ帝国国策要綱《ようこう》」[4]中、南方ニ対スル施策《しさく》ヲ左記ニ依《よ》リ遂行《すいこう》ス。

一、帝国ハ自存自衛《じぞんじえい》ヲ全《まっと》フスル為《ため》、対米（英・蘭）戦争ヲ辞《じ》セサル決意ノ下《もと》ニ、概《おおむ》ネ十月下旬ヲ目《もく》途《と》[5]トシ戦争準備ヲ完整《かんせい》ス。

要点ナビ
日本（松岡洋右外相）とソ連（モロトフ外相）との間に締結。ソ連は独の対ソ政策の変化を察知。第二次近衛文麿内閣。

[1] **不可侵**　侵害を許さないこと。侵略しないこと。

史料注
日本外交年表竝主要文書　三五二頁参照。

[1] **対日攻勢**　米、英、中、オランダを、A・B・C・D包囲陣と称して、これを突破することをもって、日本国策遂行の目標としていた。特に米英は、通商条約

二、帝国ハ右ニ竝行《へいこう》シテ米・英ニ対シ、外交ノ手段ヲ尽《つく》シテ帝国ノ要求貫徹《かんてつ》ニ努ム。対米（英）交渉ニ於《おい》テ帝国ノ達成スヘキ最少限度ノ要求事項、竝《ならび》ニ之《これ》ニ関聯《かんれん》シ帝国ノ約諾《やくだく》シ得ル限度ハ別紙ノ如《ごと》シ。

三、前号外交交渉ニ依リ、十月上旬頃ニ至ルモ尚《なお》我要求ヲ貫徹シ得ル目途ナキ場合ニ於テハ、直《ただ》チニ対米（英・蘭）開戦ヲ決意ス。

『日本外交年表竝主要文書』

解説　一九四〇（昭和一五）年第二次近衛《このえ》内閣の成立直後、基本国策要綱を決定、南進政策を確認した。それと同時に大本営の時局処理要綱には、侵略地域にフィリピン島を除き「戦争相手を極力英国のみに局限」し対米開戦を避けるべきであるとあった。一九四〇年外相松岡が独、伊、ソを訪問している間に、近衛は悪化した対米関係を調整し、アメリカの仲介で日華事変《にっかじへん》を収拾したいと考え、駐米大使野村吉三郎に対米平和交渉を行わせていた。そのため三国同盟一本槍の松岡を外相の地位から追うために一九四一（昭和一六）年七月一日総辞職し、海軍出身の豊田貞次郎大将を後任外相に据えて第三次近衛内閣を組織した。しかし七月二五日に日本が援蔣《えんしょう》ルートを断つため、フランスのヴィシー政府に圧力をかけ日仏軍事協定を結び、南部仏印に進駐すると、アメリカは報復措置として対日石油・軍需物資の禁輸を行った。いわゆるA・B・C・D包囲陣である。これによって陸軍の対米開戦を決定的にし、海軍も石油禁輸によって戦略物資のストックがジリ貧になることを恐れ、開戦に傾いたため日米交渉も行き詰まり、九月六日の御前会議でこの帝国国策遂行要領が決まった。和戦両様の構えであった近衛は和戦決し難く一〇月一六日総辞職した。後継内閣の首班について重臣会議が開かれ、内大臣木戸幸一は開戦論の陸相東条英機に責任を持たせて、陸軍強硬派を抑えようとして東条を推薦したため、同一八日東条内閣が組閣された。ここに現役軍人を首班に陸相を兼任させるという異例の軍部内閣が出現し、開戦は不可避の状勢となった。

…の破棄、在外資産の凍結など、経済的な圧迫を加えていた。

2「ソ」聯ノ情勢　独ソの開戦により、ソ連は、独に圧迫されており、また、日ソ中立条約によって、ソ連の南進は考えられなかった。

3弾撥性　戦争に必要な物資（石油、ゴム）を獲得することによって、日本国力に弾力性を持たせるということ。

4国策要綱　一九四一（昭和一六）年七月二日、御前会議で決定されている。

5目途　目安。見込み。

史料注　**日本外交年表竝主要文書**　三五二頁参照。

探究18
① 南進政策の目的を述べよ。
② 日本の南部仏印進駐に対する米国の報復措置を述べよ。

⑤ ハル＝ノート[1] ——一九四一年一一月二六日　★★☆☆☆

要点ナビ　米国務長官ハルから日本政府へ手交《しゅこう》された交渉文書。東条英機内閣にとり受け入れ難い内容であった。

合衆国政府及《およ》ビ日本政府ハ左ノ如《ごと》キ措置《そち》ヲ採《と》ルコトヲ提案ス

1ハル＝ノート　米国務長官ハルが日本に示したアメリ

カ側の提案。

2支那　中華民国。

3如何ナル政府若クハ政権　汪兆銘《おうちょうめい》政権をさす。

4租界　革命前の中国において諸列強が設定した中国側行政権の及ばない外国人居留地。

5団匪事件　北清事変をさす。

6如何ナル協定　日独伊三国同盟をさす。

史料注　**日本外交年表竝主要文書**　三五二頁参照。

一、合衆国政府及日本国政府ハ、英帝国・支那《シナ》2・日本国・和蘭《オランダ》・蘇《ソ》聯《れん》邦・泰《タイ》国及合衆国間多辺《たへん》的不《ふ》可侵《かしん》条約ノ締結《ていけつ》ニ努ムヘシ……

三、日本国政府ハ支那及印度《インド》支那ヨリ一切ノ陸、海、空軍兵力及警察力ヲ撤収《てっしゅう》スヘシ

四、合衆国政府及日本国政府ハ臨時ニ首都ヲ重慶《じゅうけい》《チョンチン》ニ置ケル中華民国国民政府以外ノ支那ニ於《お》ケル如何《いか》ナル政府若《も》クハ政権3ヲモ軍事的・経済的ニ支持セサルヘシ

五、両国政府ハ外国租界《そかい》4及居留地内及之《これ》ニ関聯《かんれん》セル諸権益並《ならび》ニ一九〇一年ノ団匪《だんぴ》事件5議定書ニ依《よ》ル諸権利ヲモ含ム支那ニ在《あ》ル一切ノ治外法権ヲ抛棄《ほうき》スヘシ……

九、両国政府ハ其何《そのいず》レカノ一方カ第三国ト締結シオル如何ナル協定6モ、同国ニ依リ本協定ノ根本目的即《すなわ》チ太平洋地域全般ノ平和確立及保持ニ矛盾《むじゅん》スルカ如ク解釈セラレサルヘキコトヲ同意スヘシ

『日本外交年表竝主要文書』

解説　一九四一（昭和一六）年一〇月一八日、開戦派の東《とう》条英機《じょうひでき》が首相となり、日本は対米開戦への道をひた走ることとなった。同年一一月の御前《ごぜん》会議では、帝国国策遂行要領を決定した九月の会議を受けて、自存自衛及び大東亜新秩序建設のために対米英蘭戦争を行うとし、日米交渉不成立の場合はその武力発動は一二月上旬とされた。陸海軍は開戦に向けての準備に入った。その一方で野村駐米大使らによる対米交渉は継続されていた。一一月二六日、米国務長官ハルは、いわゆるハル＝ノートを日本側に提起した。ハル＝ノートは、交渉のなかであくまでも日米間の協定のベースになるものとして提出されたものであった。この時点でアメリカ側が日本の開戦を予想していたかについては議論の分かれるところである。ただ、そこに示される内容は日本側にとって受け入れ難いものであった。日米交渉は決裂、東条内閣は開戦へと向かっていく。一九四一（昭和一六）年一二月八日午前三時二〇分（現地時間一二月七日午前七時五五分）ハワイ真珠湾への奇襲攻撃が開始された。対米交渉打ち切りと宣戦の通告が、攻撃開始よりも一時間遅れたため、通告なしの奇襲はだまし討ちとして、「リメンバー＝パールハーバー」がアメリカ国民の合い言葉となった。

要点ナビ
東条英機内閣。

⑥ 太平洋戦争開戦の詔書——一九四一年一二月八日公布　★☆☆☆

天佑《てんゆう》ヲ保有シ万世《ばんせい》一系ノ皇祚《こうそ》ヲ践《ふ》メル大日本帝国天皇ハ、昭《あきらか》ニ忠誠勇武《ちゅうせいゆうぶ》ナル汝有衆《なんじゆうしゅう》ニ示ス。朕茲《ちんここ》ニ米国及英国ニ対シテ戦ヲ宣ス。朕カ陸海将兵ハ全力ヲ奮《ふるい》テ交戦ニ従事シ、朕カ百僚有司《ひゃくりょうゆうし》ハ励精《れいせい》職務ヲ奉行《ほうこう》シ、朕カ衆庶《しゅうしょ》ハ各々《おのおの》其《そ》ノ本分ヲ盡《つく》シ、億兆一心国家ノ総力ヲ挙《あ》ケテ征戦《せいせん》ノ目的ヲ達成スルニ遺算《いさん》❶ナカラムコトヲ期セヨ。……中華民国《ちゅうかみんこく》政府曩《さき》ニ帝国ノ真意ヲ解セス、濫《みだり》ニ事ヲ構ヘテ東亜ノ平和ヲ攪乱《こうらん》シ、遂ニ帝国ヲシテ干戈《かんか》ヲ執《と》ルニ至ラシメ❷、茲《ここ》ニ四年有余ヲ経タリ。幸ニ国民政府更新スルアリ❸。帝国ハ之ト善隣《ぜんりん》ノ誼《よしみ》ヲ結ヒ相提携スルニ至レルモ、重慶《じゅうけい》ニ残存スル政権❹ハ米英ノ庇《ひ》蔭《いん》❺ヲ恃《たの》ミテ、兄弟尚未《けいていなおいま》タ牆《かき》ニ相鬩《あいせめ》クヲ❻悛《あらた》メス、米英両国ハ残存政権ヲ支援シテ東亜ノ禍乱《からん》ヲ助長シ、平和ノ美名ニ匿《かく》レテ東洋制覇ノ非望ヲ逞《たくまし》ウセムトス。……斯《かく》ノ如《ごと》クニシテ推移セムカ東亜安定ニ関スル帝国積年ノ努力ハ悉《ことごと》ク水泡《すいほう》ニ帰《き》シ、帝国ノ存立亦正《またまさ》ニ危殆《きたい》❼ニ瀕《ひん》セリ。事既《ことすで》ニ此《ここ》ニ至ル。帝国ハ今ヤ自存自衛ノ為、蹶然《けつぜん》起《た》ツテ一切ノ障礙《しょうがい》ヲ破砕《はさい》スルノ外《ほか》ナキナリ。……

『官報』

❶**遺算**　見込み違い。
❷**帝国ヲシテ干戈ヲ執ルニ至ラシメ**　日中戦争のこと。
❸**国民政府更新スルアリ**　一九四〇（昭和一五）年に汪兆銘を首班とする傀儡政権を南京に樹立させたこと。
❹**重慶ニ残存スル政権**　蒋介石の国民政府。
❺**庇蔭**　助け。
❻**兄弟尚未タ牆ニ相鬩クヲ**　兄弟で相争うことを。
❼**危殆**　非常に危ないこと。

史料注
官報　三五八頁参照。

解説
一九四一（昭和一六）年一二月八日、日本は太平洋戦争に突入した。その日の号外は「大本営陸海軍部発表（一二月八日午前六時）　帝国陸海軍は、今八日未明西太平洋において米英軍と戦闘状態に入れり。」（『朝日新聞』昭和一六・一二・八）とその様子を伝えている。開戦の詔書は要点として次の四つを述べている。①日本は明治天皇以来アジアの安定と平和の為に努力をしてきた。②米英は東洋を征服しようとする非道な野望のもとに日本の生存に重大な脅威を与えている。③中国では南京政府が成立しながら、依然として重慶の蒋介石政府が米英の援助のもとに抵抗を続け、東アジアの混乱を助長している。④これゆえに日本は自存と自衛の為に、決然と立ち上がり、国民一体となって心を一つにして戦い抜かなければならない。

陸軍は、東京時間一二月八日午前二時ごろ、英領マレー半島のコタバルに上陸。連合艦隊は、東京時間一二月八日午前三時二〇分（ハワイ時間七日午前七時五五分）、ハワイの真珠湾を奇襲攻撃した。同日午前一一時四〇分、宣戦の詔書がラジオから流れた。攻撃を開始してから約八時間が経過していた。以後毎月八日は「大詔奉戴《たいしょうほうたい》日」として、各学校において教育勅語と同様にこの開戦詔書が奉読された。生徒は最敬礼の姿勢で、校長の奉読を聞いた。

⓬ 戦争と民衆

❶ 戦陣訓《せんじんくん》——一九四一年一月八日示達　★☆☆☆

第八　名を惜しむ

恥を知る者は強し。常に郷党《きょうとう》家門《かもん》の面目を思ひ、愈々《いよいよ》奮励《ふんれい》してその期待に答ふべし。生きて虜《りょ》囚《しゅう》[1]の辱《はずかしめ》を受けず、死して罪過《ざいか》[2]の汚名《おめい》を残すこと勿《なか》れ。『戦陣訓』

解説　日中戦争が長期化する中で、軍の綱紀の維持、戦地における兵士の戦意喪失が問題となっていた。この対策として、戦場で軍人の守るべき道徳、行動の規範を示した文書が教育総監部を中心に作成され、「戦陣訓」として東条英機陸軍大臣から部内に示達された。「生きて虜囚の辱を受けず」という一節が太平洋戦争末期の数多くの悲劇的な玉砕を生む一因となったと言われている。

1虜囚　捕虜。
2罪過　法律や道徳に背いた行い。

史料注
戦陣訓　東条英機陸相が軍人としてとるべき行動規範を示した訓令。

❷ 戦時下の国民生活　★☆☆☆

昭和十八年十二月一日、朝早く島中震也《しんや》君を見送りに行ったが、人混《ご》みで見えなかった。学徒《がくと》が日の丸を肩から巻いて元気よく征《い》く。その無邪気《むじゃき》さを見よ。この人が学問や知識のためではなく、鉄砲をもって起《た》つのだ。感慨《かんがい》禁じ得ず。出征《しゅっせい》する人には必ず「お目出とう」といわねばならない。また戦死した人の遺族《いぞく》にも「お目出とう」というのだそうだ。……

昭和十九年三月十日、今日は陸軍記念日ということで新聞もラジオも陸軍礼讃《らいさん》をやっている。朝井上幾太郎海軍大将のラジオの講演。近頃の講演に北条時宗の出ざることなし。……帝大の某《ぼう》教授曰《いわ》く「東条首相というのは中学生ぐらいの頭脳ですね。あれぐらいのものは中学生の中に沢山《たくさん》ありますよ」と。

日曜を三月五日から全廃した。学校でも日曜を授業し得るよう法令を改正する。余計時間をかけることが能率をあげることだと考える時代精神の現れだ。

『暗黒日記《あんこくにっき》』

史料注

暗黒日記　政治・外交評論家の清沢洌《きよし》の日記。戦時中（昭和一七年一二月～二〇年五月）の日記が、戦後『暗黒日記』として出版され、戦時下の状況を批判的な眼でとらえていると高い評価を受けた。

解説　戦争の長期化はいたるところで国民生活に影響を及ぼした。アメリカの豊かな経済力とそれによる物量的攻勢に対抗するため、日本は精神で立ち向かうべきことを強調され、軍国主義教育が徹底され、反政府的な思想や社会主義思想は勿論、自由主義的な考え方までが厳しい弾圧を受けた。また、太平洋戦争下の国民生活は、言論・文化・娯楽の自由のみならず衣食住でも苦しい生活を送るようになった。軍需生産のため、民需生産は一〇%以下となり、農業生産も肥料や農機具の減産、徴兵・徴用による壮年男子の離村によって、労働力の不足から、一九四一（昭和一六）年六六〇〇万石の米穀生産は一九四五年には三八〇〇万石（五六%）に減少し、船舶不足から外米輸入も思うにまかせなかったので、食料危機は高まり、コウリャン、トウモロコシ、サツマイモ、ジャガイモなどが配給され、ドングリまでもが主食となった。衣料も一九四〇（昭和一五）年切符制となり（一九四二年全面化する）、一九四四（昭和一九）年の供給量は一九三七（昭和一二）年の七・四%となった。政府も戦争による財政膨張によって、インフレを懸念し、一九三九（昭和一四）年物価統制令を実施したが、いわゆる闇《やみ》などの経済犯が多く、一九四〇年の犯罪指数は前年の三倍となっている。住宅も一九四四年から無差別爆撃で三〇〇万戸が焼失し、心身ともに国民はまったく生死の境をさまよう状態となった。

❸ きけわだつみのこえ　★☆☆☆

私は死刑を宣告《せんこく》せられた。誰がこれを予測《よそく》したであろう。年齢三十に至《いた》らず、且《かつ》、学半《なか》ばにして、此《こ》の世を去る運命を誰が予知し得たであろう。……私は何等《なんら》死に値《あたい》する悪をした事はない。悪を為《な》したのは他の人々である。然《しか》し今の場合弁解は成立しない。全世界から見れば彼等も私と同じ日本人である。彼等の責任を私がとって死ぬことは一見大きな不合理であるが、かかる不合理は過去日本人がいやというほど他国人に強《し》いてきたことである。日本の軍隊のために犠牲《ぎせい》になったと思えば死に切れないが、日本国民全体の罪と非難とを一身に浴《あ》びて死ぬと思えば腹も立たない。笑って死んで行ける。……苦情を云《い》うなら、敗戦と判っていながら此の戦を起した軍部に持って行くより仕方がない。

併《しか》し又《また》、更に考えを致せば、満州事変以来の軍部の行動を許して来た全日本国民に其《そ》の遠い責任があることを知らねばならない。　『きけわだつみのこえ』

史料注

きけわだつみのこえ　一九四九（昭和二四）年刊行された七五名の戦没学生の手記。「わだつみ」とは海や海神を意味する言葉で、多くは特攻隊などで海に消えていった学生たちの遺書にあたるものとなっている。

解説

太平洋戦争が激しくなると、東条内閣は大学生及び高等・専門学校生徒の徴兵猶予《ちょうへいゆうよ》を停止し（一九四三年一〇月）、多くの学生たちが学業半ばにして戦場へ送られていった。これを学徒出陣《がくとしゅつじん》と呼ぶ。この史料は、京大経済学部学生木村久夫が、戦後一九四六（昭和二一）年五月に戦犯として処刑される直前に、入手した書物の余白に記した遺書である。『きけわだつみのこえ』には、この他に特攻隊の一員として飛行機ごと軍艦に直撃していった者や人間魚雷回天《ぎょらいかいてん》の乗組員など多くの戦没学生の手記があるが、平和な時代に生きていたならばという彼らの悔しい思いを痛切に吐露《とろ》したものが多い。また、国家総動員体制のもとで彼らもやむを得ず徴兵に応じているものの、必ずしも当時の軍部や政府のやり方にまったく同調しているわけではなく、かなり多くの者がそれに対して批判的な見解を持っていたようである。

④ 日本軍「慰安婦《いあんふ》」 ★☆☆☆

軍人軍隊ノ対住民行為ニ関スル注意ノ件通牒《つうちょう》　北支那《シナ》方面参謀《さんぼう》長

日本軍人ノ強姦《ごうかん》事件カ全般ニ伝播《でんぱ》シ、深刻ナル反日感情ヲ醸成《じょうせい》セルニ在《あ》リト謂《い》フ。……成ルベク速《すみやか》ニ性的慰安《いあん》ノ設備ヲ整ヘ、設備無キタメ不本意乍《なが》ラ禁ヲ侵《おか》ス者ナカラシムルヲ緊要《きんよう》トス。

（昭和一三年七月　歩兵第四十一連隊陣中日誌）

副官宛《あて》　発信者台湾軍参謀長

本年三月……認可ニ依《よ》ル「ボルネオ」ニ派遣《はけん》セル特種慰安婦五十名ニ関スル現地著後ノ実況、人員不足シ稼業《かぎょう》ニ堪《た》ヘザル者ヲ生ズル為《ため》、慰安婦二十名増派諒承相成度《りょうしょうあいなりたし》。

（昭和一七年六月　陸亜密大日記第二二号三冊ノ二）

慰安所ヲ利用シ得ル毎日ノ時間左ノ如《ごと》シ

兵　○九〇〇ヨリ夕食一時間前迄
下士官　○九〇〇ヨリ日夕点呼《てんこ》三十分前迄
准《じゅん》士官以上ハ点呼後ヨリ利用スル事ヲ得
慰安所ノ料金ヲ当分ノ間左ノ如ク定ム
Ⅰ　兵　三十分　一円　三十分ヲ増ス毎《ごと》ニ五十銭ヲ増ス
Ⅱ　下士官　三十分一円二十銭　三十分ヲ増ス毎ニ一円ヲ増ス
Ⅲ　将校　一時間三円　一時間ヲ増ス毎ニ二円ヲ増ス　宿泊二十二時以降八円

（昭和十六年四月　独立山砲兵第三連隊陣中日誌）
〔一九九二年七月六日　政府公開文書〕

解説

長期化する中国との戦争と、さらに太平洋地域への戦線の拡大という状況のなかで、日本軍は数多くの非人道的な侵略行為を行ってきた。一九三七（昭和一二）年一二月に占領した南京《ナンキン》での殺害・略奪行為や細菌戦部隊（七三一部隊）による毒ガス兵器の実験等、中国の多くの民間人に対する残虐的行為が行われたのである。南京事件やその後も度重なって起こった中国人女性への強姦《ごうかん》事件は、強烈な反日感情を呼び起こしたため、日本軍は「慰安婦《いあんふ》」と呼ばれる女性を日本軍人の性の慰《なぐさ》みものとして大規模に動員することになった。このような慰安所は、戦線の拡大とともにアジア・太平洋地域に広がり、植民地支配下の朝鮮を始め、台湾、中国、東南アジア諸国の女性たちの心身に深い傷を負わせることになったのである。日本政府は、戦後長い間この問題を放置し、しかも多くの研究者の指摘にもかかわらず当時の軍や政府の関与を否定してきたが、ついに一九九二（平成四）年七月政府がこの問題に関する調査結果を公表し、慰安所の設置・経営・監督や関係者への身分証明書発行などの点で、政府が直接関与していたことを初めて公式に認めた。史料は、この時に公開されたものの一部である。政府は、慰安婦問題を含む日韓間の財産及び請求権の問題は、一九六五年の日韓請求権・経済協力協定で解決済みとしながらも、「アジア女性基金」の創設、韓国の「和解・癒やし財団」への資金拠出を行った。しかし、いまだ日韓間での最終的な解決には至っていない。

いずれにしても、戦争そのものが平和に対する裏切り行為であるのに加えて、日本軍の中国、朝鮮などでの行為は、民間人の殺害、人体実験、毒ガス使用、さらに「慰安婦」と、まさに凶悪な戦争犯罪としての性格を持っていたのである。

13 敗戦

1 カイロ宣言[1]（日本国に関する英、米、華三国宣言） ★★☆☆☆

要点ナビ
米、英、中。
対日問題の協議。

三大同盟国[2]ハ日本国ノ侵略ヲ制止シ且之《かつこれ》ヲ罰スル為《ため》今次ノ戦争ヲ為《な》シツツアルモノナリ。右同盟国ハ自国ノ為ニ何等《なんら》ノ利得ヲモ欲求スルモノニ非《あら》ス。又《また》領土拡張《かくちょう》ノ何等ノ念《ねん》ヲモ有スルモノニ非ス。右同盟国ノ目的ハ日本国ヨリ千九百十四年ノ第一次世界戦争ノ開始以後ニ於《お》テ日本国カ奪取《だっしゅ》シ又ハ占領《せんりょう》シタル太平洋ニ於《お》ケル一切ノ島嶼《とうしょ》[3]ヲ剝奪《はくだつ》スルコト並《ならび》ニ満州、台湾及澎湖《ほうこ》《ポンフー》島ノ如《ごと》キ日本国カ清国人ヨリ盗取《とうしゅ》シタル一切ノ地域ヲ中華民国ニ返還《へんかん》スルコトニ在《あ》リ。日本国ハ又暴力及貪欲《およびどんよく》ニ依《よ》リ日本国ノ略取《りゃくしゅ》シタル一切ノ地域ヨリ駆逐《くちく》セラルヘシ。前記三大国ハ朝鮮ノ人民ノ奴隷《どれい》状態ニ留意シ軈《やが》テ朝鮮ヲ自由且独立ノモノタラシムルノ決意ヲ有ス。

『日本外交年表竝《ならびに》主要文書』

解説 一九四三（昭和一八）年九月にイタリアが降伏した。ドイツもこの年、スターリングラード戦に敗れ、日本もガダルカナルで敗れるなどファシズム側の敗勢は濃厚となった。そんななかで、米英は対独戦で優位に立ち始めたソ連への警戒を強め、既に「冷戦」の先駆的現象すら芽ばえていた。しかし、米英、特にアメリカは、太平洋戦争の早期終結のために、対日戦にソ連の協力を得る必要から米英ソ三国の外交的協調を試みていた。そして、その協調の核にあったのが日本の処遇であった。一九四三年一一月に米・英・中三国首脳会議がカイロで開かれ、対日問題について協議されたが、このカイロ宣言では①太平洋地域の日本の植民地の剝奪《はくだつ》、②満州、台湾などの中国への返還、③朝鮮の独立などが合意され、戦後の日本の領土問題に関する最初の共同宣言となった。

※色文字は重要語

1 カイロ宣言 一九四三（昭和一八）年一一月二七日署名。ローズヴェルト、チャーチル、蔣介石《しょうかいせき》がカイロで会談し、対日戦の処理について行った宣言。

2 三大同盟国 アメリカ、イギリス、中華民国をさす。

3 太平洋ニ於ケル一切ノ島嶼 第一次世界大戦後、旧ドイツ領南洋諸島は、日本が国際連盟の委任統治領として支配していた。

史料注
日本外交年表竝主要文書 三五二頁参照。

2 ヤルタ協定[1]——一九四五年二月締結 ★★☆☆☆

要点ナビ
米、英、ソ。
ソ連の対日参戦の密約。

三大国即チ「ソヴィエト」連邦、「アメリカ」合衆国及《および》英国ノ指揮《しき》者ハ「ドイツ」国カ降伏《こうふく》シ且《かつ》

1 ヤルタ協定 一九四五（昭

和二〇）年二月、クリミア半島のヤルタで、ローズヴェルト、チャーチル、スターリンが会談した時の秘密協定。翌四六年二月一一日発表。

2日本国ノ背信的攻撃　日露戦争をさす。

3千島列島　一八七五（明治八）年、樺太・千島交換条約によって日本の領土となっていた。

4羈絆　束縛。

5条約　この条約は、その後一九四五年八月一四日調印されている。

史料注　**日本外交年表竝主要文書**　三五二頁参照。

要点ナビ　米、英、中から日本政府へ無条件降伏を要求（実際の会議は米、英、ソ）。

1ポツダム宣言　日本は八月

「ヨーロッパ」ニ於《お》ケル戦争カ終結シタル後二月又《また》ハ三月ヲ経《へ》テ「ソヴィエト」連邦カ左ノ条件ニ依《よ》リ連合国ニ与《くみ》シテ日本ニ対スル戦争ニ参加スヘキコトヲ協定セリ。

一、外蒙古《そともうこ》《モンゴル》（蒙古人民共和国）ノ現状ハ維持《いじ》セラルヘシ

二、千九百四年ノ日本国ノ背信《はいしん》的攻撃2ニ依リ侵害《しんがい》セラレタル「ロシア」国ノ旧権利ハ左ノ如ク回復セラルヘシ……

三、千島列島3ハ「ソヴィエト」連邦ニ引渡サルヘシ……

三大国ノ首班《しゅはん》ハ「ソヴィエト」連邦ノ右要求カ日本国ノ敗北シタル後ニ於《おい》テ確実ニ満足セシメラルヘキコトヲ協定セリ。

「ソヴィエト」連邦ハ中華民国ヲ日本国ノ羈絆《きはん》4ヨリ解放スル目的ヲ以《もっ》テ、自己ノ軍隊ニ依リ之《これ》ニ援助ヲ与フル為《ため》「ソヴィエト」社会主義共和国連邦中華民国間友好同盟条約5ヲ中華民国国民政府ト締結《ていけつ》スル用意アルコトヲ表明ス。

『日本外交年表竝主要文書』

解説　一九四五（昭和二〇）年二月、ソ連領クリミアのヤルタで米・英・ソ三国首脳によるヤルタ会談が開かれた。当時、ドイツ・ファシズムの崩壊はもはや決定的となり、対独戦争の終結や戦後の国際平和維持機構の問題などが協議され、合わせて対日問題とソ連の対日参戦が秘密協定として締結された。史料にあるように、ソ連は対独戦終了後二ないし三か月後対日参戦し、その代償として外蒙古《もうこ》《（モンゴル）》（ソ連勢力下）の現状維持、帝政ロシア時代の日露戦争での失地（南樺太《からふと》など）回復、千島列島領有などを認められた。戦争終結を急ぐ米英も、対日戦へのソ連の参加を望み、強引ともいえるソ連の要求を認めたのである。しかし、今日まで続く北方領土問題の根源は、この協定にあることにも注意しよう。

ソ連はこの方針に基づいて、四月に**日ソ中立条約不延長**を通告し、ドイツ降伏三か月後の八月九日対日参戦するのである。

3 ポツダム宣言1——一九四五年七月二六日発表　★★★★☆

一、吾等《われら》合衆国大統領2、中華民国政府主席3及《および》「グレート・ブリテン」国総理大臣4ハ吾等ノ数億ノ国

民ヲ代表シ協議ノ上日本国ニ対シ今次ノ戦争ヲ終結スルノ機会ヲ与フルコトニ意見一致セリ。

六、吾等ハ無責任ナル軍国主義カ世界ヨリ駆逐《くちく》セラルルニ至《いた》ル迄《まで》ハ平和、安全及正義ノ新秩序《ちつじょ》カ生《しょう》シ得《え》サルコトヲ主張スルモノナルヲ以《もっ》テ、日本国国民ヲ欺瞞《ぎまん》シ、之《これ》ヲシテ世界征服ノ挙《きょ》ニ出《い》ツルノ過誤《かご》ヲ犯《おか》サシメタル者ノ権力及勢力ハ、永久ニ除去セラレサルヘカラス。

七、右ノ如《ごと》キ新秩序カ建設セラレ、且《かつ》日本国ノ戦争遂行《すいこう》能力カ破砕《はさい》セラレタルコトノ確証アルニ至ルマテハ、連合国ノ指定スヘキ日本国領域内ノ諸地点ハ、吾等ノ茲《ここ》ニ指定スル基本的目的ノ達成ヲ確保スルタメ、占領《せんりょう》セラルヘシ。❺

八、「カイロ」宣言ノ条項ハ履行《りこう》セラルヘク、又《また》日本国ノ主権ハ本州、北海道、九州及四国並《ならび》ニ吾等ノ決定スル諸小島ニ局限《きょくげん》セラルヘシ。

九、日本国軍隊ハ、完全ニ武装ヲ解除セラレタル後、各自ノ家庭ニ復帰シ、❻平和的且生産的ノ生活ヲ営《いとな》ムノ機会ヲ得シメラルヘシ。

十、吾等ハ日本人ヲ民族トシテ奴隷《どれい》化セントシ、又ハ国民トシテ滅亡セシメントスルノ意図ヲ有スルモノニ非《あら》サルモ吾等ノ俘虜《ふりょ》❼ヲ虐待《ぎゃくたい》セル者ヲ含ム一切ノ戦争犯罪人❽ニ対シテハ、厳重ナル処罰ヲ加ヘラルヘシ。日本国政府ハ日本国国民ノ間ニ於《お》ケル民主主義的傾向ノ復活強化ニ対スル一切ノ障《しょう》礙《がい》ヲ除去スヘシ。言論、宗教及思想ノ自由並ニ基本的人権ノ尊重ハ確立セラルヘシ。

十三、吾等ハ日本国政府カ直ニ全日本国軍隊ノ無条件降伏ヲ宣言シ、且右行動ニ於ケル同政府ノ誠意ニ付適当且充分ナル保障ヲ提供センコトヲ同政府ニ対シ要求ス。右以外ノ日本国ノ選択ハ、迅速《じんそく》且完全ナル壊滅アルノミトス。

『日本外交年表竝主要文書』

一四日受諾。七月にベルリン郊外のポツダムでトルーマン、チャーチル、スターリンの会談で採択され、のち、蔣介石《しょうかいせき》の同意を得て、発表された対日戦争終結条件及び戦後処理方針に関する共同宣言。

❷大統領　トルーマン。

❸主席　蔣介石。

❹総理大臣　チャーチル。

❺占領セラルヘシ　これにより日本は一九四五年九月より五二年四月まで、連合国軍最高司令官総司令部（GHQ）の占領下に置かれた。

❻各自ノ家庭ニ復帰シ　敗戦時本土外にあった日本兵力は朝鮮に約三三万、満州を除く中国に約一一一万、台湾・南西諸島に約二二万、小笠原を除く南方に約一〇六万、その他合わせて計三三〇万余であったとされる。

❼俘虜　捕虜のこと。

❽戦争犯罪人　A級戦犯二八名に対し、一九四六年五月より裁判が行われ（東京裁判）、四八年一一月、東条以下七名が絞首刑、ほかは禁固刑となった。これとは別に通常の戦争犯罪・非戦闘要員に対する残虐行為を

訴追されたB・C級戦犯は、横浜その他で裁判が行われ、九〇〇名以上が処刑された。

⑨東京湾上　調印式は、東京湾上に停泊した米戦艦「ミズーリ号」上で行われた。

⑩重光葵　東条・小磯《こいそ》・東《ひがし》久邇宮《くにのみや》内閣の外相。東京裁判でA級戦犯とされたが一九五〇（昭和二五）年に出獄し、一九五四年に鳩山一郎内閣の外相に就任。

⑪梅津美治郎　終戦時の参謀総長。東京裁判でA級戦犯となり、服役中に病死。

⑫マックアーサー　マッカーサー。アメリカの陸軍元帥。一九四五（昭和二〇）年八月一四日に連合国軍最高司令官に就任。

史料注

日本外交年表竝主要文書　三五二頁参照。

日本外交主要文書・年表　鹿島平和研究所編。一九四一（昭和一六）年～八〇（昭和五五）年の重要外交文書を収める。

探究19　**ポツダム宣言の要点をまとめよ。**

参考　**降伏文書――一九四五年九月二日調印**　★☆☆☆☆

下名ハ茲《ここ》ニ日本帝国大本営竝《ならび》ニ何《いず》レノ位置ニ在ルヲ問ハズ一切ノ日本国軍隊及日本国ノ支配下ニ在ル一切ノ軍隊ノ連合国ニ対スル無条件降伏ヲ布告ス。……

下名ハ茲ニ「ポツダム」宣言ノ条項ヲ誠実ニ履行スルコト竝ニ右宣言ヲ実施スル為連合国最高司令官又ハ其ノ他特定ノ連合国代表者ガ要求スルコトアルベキ一切ノ命令ヲ発シ且斯《かつかか》ル一切ノ措置ヲ執《と》ルコトヲ天皇、日本国政府及其ノ後継者ノ為ニ約ス。……

天皇及日本国政府ノ国家統治ノ権限ハ本降伏条項ヲ実施スル為適当ト認ムル措置ヲ執ル連合国最高司令官ノ制限ノ下ニ置カルルモノトス。……

千九百四十五年九月二日午前九時四分日本国東京湾上⑨ニ於《おい》テ署名ス。

大日本帝国天皇陛下及日本国政府ノ命ニ依《よ》リ且其《かつそ》ノ名ニ於テ　重光葵《しげみつまもる》⑩

日本帝国大本営ノ命ニ依リ且其ノ名ニ於テ　梅津美治郎《うめづよしじろう》⑪

千九百四十五年九月二日午前九時八分東京湾上ニ於テ合衆国、中華民国、連合王国及「ソヴイエト」社会主義共和国連邦ノ為ニ竝ニ日本国ト戦争状態ニ在ル他ノ連合諸国家ノ利益ノ為ニ受諾ス。

連合国最高司令官　ダグラス、マックアーサー⑫

（以下、連合国代表者署名）

『日本外交主要文書・年表』

解説　一九四五（昭和二〇）年五月のドイツ降伏を受けて、その戦後処理と対日戦争終結に関する協議が、七月一七日からベルリン郊外のポツダム宮殿で開かれた。会談にはトルーマン（米）、チャーチル（英、のちアトリー）、スターリン（ソ連）が参加した。対日無条件降伏勧告の**ポツダム宣言**は蔣介石の同意を得て、米・英・中の三国の共同宣言として発せられた。日本に対して中立の立場をとっていたソ連は宣言に加わっていない（八月九日の対日参戦後に参加）。日本は、ソ連を仲介とする講和も模索し、当初これを黙殺《もくさつ》した。しかし、ソ連参戦を前に日本に決定的な打撃を与えようとするアメリカによる原爆投下とソ連参戦によってついに受諾するに至るのである。

ポツダム宣言は、軍国主義の除去、軍隊の武装解除、領土の限定、戦争犯罪人の処罰と民主主義・基本的人権の尊重などからなり、戦後の民主化の基本となった。指導者層が危惧した「国体の護持」（天皇制の存続）について政府は八月一〇日に中立国を通じて連合国に打診し、「日本の国体を先方が毀損する意図はない」と解釈して、八月一四日にこの無条件降伏を受諾するのである。同日午後一一時終戦の詔勅が発布され、国民は翌八月一五日正午の玉音放送でこれを知ることになる。九月二日、東京湾内に停泊する米戦艦ミズーリの甲板で、政府全権の重光葵外相と大本営（日本軍）全権の梅津美治郎参謀総長、連合国代表が降伏文書に調印した。

4 終戦の詔書——一九四五年八月一四日裁可、同一五日玉音放送 ★☆☆☆

要点ナビ 鈴木貫太郎内閣。

朕《ちん》深ク世界ノ大勢ト帝国ノ現状トニ鑑《かんが》ミ、非常ノ措置ヲ以テ時局ヲ収拾《しゅうしゅう》セムト欲シ、茲《ここ》ニ忠《ちゅう》良《りょう》ナル爾臣民《なんじしんみん》ニ告《つ》ク。朕ハ帝国政府ヲシテ米英支蘇《べいえいしそ》四国❶ニ対シ、其ノ共同宣言❷ヲ受諾スル旨通告セシメタリ。抑々《そもそも》帝国臣民ノ康寧《こうねい》ヲ図リ万邦共栄《ばんぽうきょうえい》ノ楽《たのしみ》ヲ偕《とも》ニスルハ皇祖皇宗ノ遺範ニシテ朕ノ拳々《けんけん》措《お》カサル所、曩《さき》ニ米英二国ニ宣戦スル所以《ゆえん》モ亦《また》実ニ帝国ノ自存ト東亜ノ安定トヲ庶幾《しょき》スルニ出テ、他国ノ主権ヲ排シ、領土ヲ侵《おか》スカ如《ごと》キハ固《もと》ヨリ朕カ志《こころざし》ニアラス。然ルニ交戦已《すで》ニ四歳《しさい》ヲ閲《けみ》シ、朕カ陸海将兵ノ勇戦、朕カ百僚有司《ひゃくりょうゆうし》ノ励精《れいせい》、朕カ一億衆庶《しゅうしょ》ノ奉公各々《おのおの》最善ヲ尽《つく》セルニ拘《かかわ》ラス、戦局必スシモ好転セス、世界ノ大勢亦《また》我ニ利アラス。加之《しかのみならず》敵ハ新《あらた》ニ残虐ナル爆弾❸ヲ使用シテ頻《しきり》ニ無《む》辜《こ》❹ヲ殺傷シ、惨害《さんがい》ノ及フ所真ニ測《はか》ルヘカラサルニ至ル。而《しか》モ尚《なお》交戦ヲ継続セムカ、終《つい》ニ我カ民族ノ滅亡ヲ招来スルノミナラス、延《ひい》テ人類ノ文明ヲモ破却《はきゃく》スヘシ。斯《か》クノ如クムハ朕何《いずれ》ヲ似テカ億兆ノ赤《せき》子《し》ヲ保《ほ》シ、皇祖皇宗ノ神霊ニ謝セムヤ。是レ朕カ帝国政府ヲシテ共同宣言ニ応セシムルニ至レル所以ナリ。……惟《おも》フニ今後帝国ノ受クヘキ苦難ハ固《もと》ヨリ尋常《じんじょう》ニアラス。爾《なんじ》臣民ノ衷情《ちゅうじょう》❺モ朕善《よ》ク之ヲ知ル。然レトモ朕ハ時運《じうん》ノ趨《おもむ》ク所堪《た》ヘ難キヲ堪《た》ヘ、忍《しの》ヒ難キヲ忍《しの》ヒ、以テ万世《ばんせい》ノ為ニ太平《たいへい》ヲ開カムト欲ス。

『官報』

解説 終戦の詔書は「大東亜戦争終結ノ詔書」とも呼ばれる。八月一三日から一四日にかけての御前会議をへて、天皇大権に基づいてポツダム宣言を受諾する勅旨《ちょくし》を国民に宣布するために八月一四日付けで詔書として発布された。ポツダム宣言には「全日本国軍隊の無条件降伏」という内容が盛り込まれていたから、ポツダム宣言の受諾は日本の降伏を意味する。極秘であり、緊迫した状況の中でのやりとりから生み出された詔書は最終段階まで字句の修正が行われ、現在残る詔書の正本（国立公文書館所蔵）にも紙を貼っての上書きが残るなど異例の詔書となった。一四日の深夜に、戦争継続を主張する将校らが録音盤の奪取をはかるクーデターを企《くわだ》てたが、失敗に終わっている（宮城《きゅうじょう》事件）。ポツダム宣言受諾に関しては中立国のスイス及びスウェーデン駐在の日本公使館を通じて連合国側に伝えられた。

❶米英支蘇四国 アメリカ・イギリス・中国・ソ連の四カ国。

❷其ノ共同宣言 ポツダム宣言。

❸残虐ナル爆弾 一九四五（昭和二〇）年八月六日広島市に、同九日長崎市に投下された原子爆弾のこと。日本政府は同一〇日、スイス政府を通じて「帝国政府はこゝに自らの名において、かつまた全人類および文明の名において米国政府を糾弾すると共に即時かゝる非人道的兵器の使用を放棄すべきことを厳重に要求す」と結ばれる抗議文をアメリカ政府に提出した。

❹無辜 罪のない人。ここでは非戦闘員を指す。

❺衷情 本心。ここでは戦争に負けたことに納得できない心情のこと。

史料注 **官報** 三五八頁参照。

第９章　現代の日本と世界

1 占領軍の方針

1 アメリカの初期対日方針——一九四五年九月二二日発表　★☆☆☆

本文書ノ目的

本文書ハ降伏後ノ日本国ニ対スル初期ノ全般的政策ニ関スル声明ナリ。本文書ハ大統領[1]ノ承認ヲ経《へ》タルモノニシテ連合国最高司令官[2]及《および》米国関係機関ニ対シ指針トシテ配布セラレタリ。……

第一部　究極《きゅうきょく》ノ目的

日本国ニ関スル米国ノ究極ノ目的ニシテ初期ニ於《お》ケル政策ガ従フベキモノ左ノ如《ごと》シ。

(イ)日本国ガ再ビ米国ノ脅威《きょうい》トナリ、又ハ世界ノ平和及安全ノ脅威トナラザルコトヲ確実ニスルコト。

(ロ)他国家ノ権利ヲ尊重シ、国際連合憲章[3]ノ理想ト原則ニ示サレタル米国ノ目的ヲ支持スベキ平和的且《かつ》責任アル政府ヲ究極ニ於《おい》テ樹立《じゅりつ》スルコト、……

第二部　連合国ノ権限

一、軍事占領《せんりょう》　降伏《こうふく》条項ヲ実施シ、上述ノ究極ノ目的ノ達成ヲ促進《そくしん》スル為《ため》日本国本土ハ軍事占領セラルベシ。……対日戦争ニ於テ指導的役割ヲ演ジタル他ノ諸国ノ軍隊ノ占領ヘノ参加ハ歓迎セラレ且《かつ》期待セラルルモ、占領軍ハ米国ノ任命スル最高司令官ノ指揮《しき》下ニ在《あ》ルモノトス。……主要連合国ニ意見ノ不一致ヲ生ジタル場合ニ於テハ米国ノ政策ニ従フモノトス。

二、日本国政府トノ関係　天皇及日本国政府ノ権限ハ、降伏条項ヲ実施シ且日本国ノ占領及管理ノ施

要点ナビ　米統合参謀本部がトルーマン大統領の承認を得て、マッカーサーに示した対日方針。

※色文字は重要語

[1] **大統領**　トルーマン。

[2] **連合国最高司令官**　マッカーサー。

[3] **国際連合憲章**　一九四五（昭和二〇）年六月二六日、サンフランシスコで連合国によって採択（批准後一〇月に発効）されていた。

史料注

日本外交主要文書・年表　四四八頁参照。

⬆日本国憲法の御署名原本　国立公文書館蔵

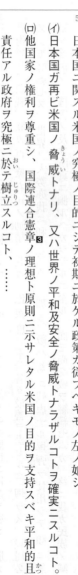

行ノ為樹立セラレタル政策ヲ実行スル為必要ナル一切ノ権力ヲ有スル最高司令官ニ従属スルモノトス。日本ノ社会ノ現在ノ性格並《ならび》ニ最少ノ兵力及資源ニ依《よ》リ目的ヲ達成セントスル米国ノ希望ニ鑑《かんが》ミ、最高司令官ハ米国ノ目的達成ヲ満足ニ促進スル限リニ於テハ、天皇ヲ含ム日本政府機構及諸機関ヲ通ジテ其《その》権限ヲ行使《こうし》スベシ。日本国政府ハ最高司令官ノ指示ノ下ニ、国内行政事項ニ関シ通常ノ政治機能ヲ行使スルコトヲ許容《きょよう》セラルベシ。

『日本外交主要文書・年表』

解説 **ポツダム宣言**を受諾し、降伏した日本は連合国軍によって占領された。連合国軍の占領・統治とはいえ、それはアメリカ軍による単独占領であり、また従来の日本政府を通じて行う間接統治であった。史料は、連合国軍最高司令官マッカーサーに指令された、アメリカの対日方針であるが、「日本国ガ再ビ米国ノ脅威《きょうい》」とならないなどの表現からも、アメリカの主導権でアメリカの国益のための占領が行われたことがわかる。また、一九四五（昭和二〇）年九月二〇日には、GHQの指令は日本の憲法や法律に拘束《こうそく》されず罰則を伴う法令となる**ポツダム勅令**《ちょくれい》（日本国憲法施行後はポツダム政令）となって、ポツダム宣言の内容――特に軍国主義除去と民主化のための様々な施策が行われた。一〇月四日には、いわゆる民主化指令が出され、政治犯の釈放、治安維持法の廃止、内務省・特高警察の廃止が断行されると、東久邇宮稔彦《ひがしくにのみやなるひこ》内閣は対応できず、総辞職した。

要点ナビ 最高司令官マッカーサー、幣原首相に口頭で伝達。

❶五大改革指令 幣原首相に対してマッカーサーが要求した改革指令。
❷余 マッカーサー。
❸貴下 幣原喜重郎（首相）。

史料注 **幣原喜重郎** 幣原平和財団編。一九五五（昭和三〇）年刊の幣原喜重郎の伝記。

❷ 五大改革指令❶ ――一九四五年一〇月一一日 ★☆☆☆☆

ポツダム宣言の達成によって日本国民が数世紀にわたって隷属《れいぞく》させられて来た伝統的社会秩序は匡正《きょうせい》されるであろう。このことが憲法の自由主義化を包含《ほうがん》することは当然である。……余《よ》❷は貴下《きか》❸が日本の社会秩序において速《すみや》かに次の如《ごと》き諸改革を開始しこれを達することを期待する。

一、選挙権賦与《ふよ》による日本婦人の解放……
二、労働の組合化促進……
三、より自由主義的教育を行ふための諸学校の開校……

品　目	単　位	公定価（単位円）	やみ価格（単位円）		
			18年12月	19年11月	20年11月
米	1升（1.5kg）	0.5	3.0	22.0	60.0
小麦粉	1貫（3.75kg）	1.5	8.0	30.0	90.0
しょうゆ	1升（1.8L）	0.8	3.0	13.0	50.0
食料油	1升	2.9	15.0	120.0	170.0
清　酒	1升	3.5	15.0	120.0	160.0
砂　糖	1貫	2.2	50.0	300.0	700.0

探究1　アメリカの初期対日占領政策の特色を述べよ。

四、秘密の検察及びその濫用《らんよう》が国民を絶えざる恐怖《きょうふ》に曝《さ》らしてきた如き諸制度の廃止……

五、生産及び貿易手段の収益及び所有を広帆《こうはん》に分配するが如き方法の発達により独占的産業支配が改善されるやう日本の経済機構が民主主義化せられること。

『幣原《しではら》喜《き》重郎《じゅうろう》』

解説　一九四五（昭和二〇）年一〇月、東久邇宮稔彦《ひがしくにのみやなるひこ》内閣の総辞職に伴い首相に就任した幣原喜重郎《しではらきじゅうろう》がマッカーサーを訪問した際に、史料の五大改革指令と憲法の改正が口頭で伝えられた。これに基づき、翌年にかけて次々と民主化のための具体的政策が指令されるのである。例えば、四五年一一月の財閥解体指令は史料の五の具体策であり、一二月の新選挙法は一に基づくものである。また、労働組合法（一二月公布）、軍国主義者の公職追放令（四六年一月）、教育基本法（四七年三月公布）なども同様である。

Spot

終戦直後の食料事情

戦後の日本は、インフレと食料難の波に洗われ、東京を初め、大都市では、その日の生活にも事欠く有様で各地で「米よこせ」の声が高まった。空地という空地はほとんど耕作され、麦、イモ、野菜などが作られ国会議事堂前も畑になり、特に東京では、連日のように、食料デモが行われ、世田谷の区民大会の代表が、皇居内に初のデモ行進をする一幕もあった。また地方への買い出し部隊のラッシュで、列車の混雑ぶりは、まさに「生地獄《いきじごく》」そのものであり、どの列車も〝満員〟などという生やさしいものでなく、車内は、身動きひとつできず機関車にも人が群がる有様で、各駅とも改札が始まると、我先に乗客が列車に殺到、窓ガラスを破って、乗り込む風景も珍しくなかった。買出し列車を一斉に手入れした時、からだ中に米を背負い、オーバーの下に、風呂敷に包んだ米がどっさりあったということも、よく見られたものである。

一九四六（昭和二一）年五月一九日には食糧メーデーが皇居前広場で開かれ、約二五万人が「米よこせ」と気勢をあげ、大会では、欠配米の即時配給などを決議、代表が宮内庁や首相官邸へ抗議に押しかけた。

一一月一日には、成人一日、二合五勺《しゃく》（三三五g）のお米の配給が始まり、国民待望の主食増配であった。一九四五（昭和二〇）年七月、二合一勺に強制されてから一年四か月目であり、一九四六年の主食は前年の大凶作《きょうさく》で「遅配」・「欠配」続きで、国民は栄養失調で細々と生き延びていたが、ようやく、食生活の最低ラインを確保できたのであった。この時の新配給価格は、一升五円三三銭であった。やみ市も、食料・衣料などが雑然と並び、「飢えたる人々」が群がり、〝生活の支え〟であった。

② 戦後の民主化

❶ 天皇の人間宣言❶（新日本建設に関する詔書）——一九四六年一月一日公布 ★★☆☆☆

要点ナビ 昭和天皇が国民に発した新日本建設を呼びかける詔書。

惟《おも》フニ長キニ亘《わた》レル戦争ノ敗北ニ終リタル結果、我国民ハ動《やや》モスレバ焦躁《しょうそう》ニ流レ、失意ノ淵《ふち》ニ沈淪《ちんりん》セントスルノ傾《かたむ》キアリ。詭激《きげき》ノ風漸《ようや》ク長ジテ道義ノ念頗《すこぶ》ル衰へ、為《ため》ニ思想混乱ノ兆《きざし》アルハ洵《まこと》ニ深憂《しんゆう》ニ堪ヘズ。然《しか》レドモ朕《ちん》ハ爾等《なんじら》国民ト共ニ在《あ》リ、常ニ利害ヲ同ジウシ休戚《きゅうせき》ヲ分《わか》タント欲ス。朕ト爾等国民トノ間ノ紐帯《ちゅうたい》❷ハ、終始相互ノ信頼ト敬愛トニ依《よ》リテ結バレ、単ナル神話ト伝説トニ依《よ》リテ生ゼルモノニ非《あら》ズ。天皇ヲ以《もっ》テ現御神《あきつみかみ》❸トシ、且《かつ》日本国民ヲ以テ他ノ民族ニ優越セル民族ニシテ、延《ひい》テ世界ヲ支配スベキ運命ヲ有ストノ架空《かくう》ナル観念❹ニ基クモノニモ非ズ。朕ノ政府ハ国民ノ試煉ト苦難トヲ緩和《かんわ》センガ為、アラユル施策ト経営トニ万全ノ方途《ほうと》❺ヲ講ズベシ。

『官報』

あせったり、絶望のあまり沈み込んだりする
過激な風潮が強まって道義が衰え、
喜びも悲しみも分かち合いたいと思う。

解説 一九四六（昭和二一）年元旦、昭和天皇は「新日本建設に関する詔書」いわゆる**人間宣言**を発表して自らの神格性と日本民族の優越性とを否定した。この詔書は軍国主義と超国家主義とを一掃しようとするGHQの意図から生まれたものだった。GHQ主導ですすめられた詔書の作成にあたっては幣原喜重郎首相自らが英文で起草したといわれるが、その過程で昭和天皇の希望で冒頭に**五箇条の誓文**が入れられることになる。これにより、詔書は戦後民主主義が外国から持ち込まれたものではなく、日本に元々あった五箇条の誓文に基づいていることを強調し、新国家建設のために国民の団結を呼びかけるものとなった。神格性の否定は二の次であったのである（史料として引用されているのは神格性を否定した後半部分だけである）。しかし、天皇戦犯論や天皇制廃止論を退けて、天皇を利用した民主化政策を遂行しようとしていたマッカーサーにとって民主化の先頭に立つ天皇というイメージを与える内容は満足のいくものだった。これ以後、天皇は全国巡幸を開始、その性格、日常の生活ぶりによって国民に親しまれて非政治的な名声を博し、いわゆる象徴的存在を定着させていった。

※色文字は重要語

❶**天皇の人間宣言** 天皇自らが神話との絶縁を宣言し神格化を否定しているので、一般的にこう呼ばれている。

❷**紐帯** 両者を結び付けているつながり。

❸**現御神** 現人神（人間の姿となって現れる神）。

❹**架空なる観念** 太平洋戦争中に盛んに宣伝された、大和民族最優秀論や八紘一宇《はっこういちう》（全世界を一つの家のごとく支配する）の考え方をさす。

❺**方途** 進むべき道。方法。

史料注

官報 三五八頁参照。

探究2 天皇が存続し得た理由を述べよ。

② 財閥解体——財閥調査団長コーウィン=エドワーズの見解 ★☆☆☆☆

財閥《ざいばつ》❶解体の目的は日本の社会組織を米国経済が望むがごとく改革することでもなく、いわんや日本

❶**財閥** 三井・三菱・住友・

安田など大独占資本。国家の手厚い保護下で発展したコンツェルンだが、家を中心とした封建的色彩の濃い集団である。

史料注　**日本財閥とその解体**　持株会社整理委員会編、一九五一（昭和二六）年刊。引用部分は一九四六（昭和二一）年一〇月に来日したアメリカの財閥調査団長コーウィン=エドワーズが表明した財閥に対する見解。

探究3　**財閥解体の理由を述べよ。**

国民自身の利益のためにするものでない。その目的とするところは、日本の軍事力を心理的にも制度的にも破壊するにある。財閥は過去において戦争の手段として利用されたのであって、これを解体し産業支配の分散を計《はか》ることは平和目的にも寄与《きよ》するところが多いと考えられる。……日本の対外侵略にたいする財閥の責任は、人的なものではなく主として制度的なものである。すなわち個々の財閥の組織が軍事的侵略に都合のよい手段となったのである。日本の産業は日本政府によって支持され強化された少数の大財閥の支配下にあった。産業支配権の集中は、労資間の半封建的関係の存続を促し、労賃を引下げ、労働組合の発展を妨《さまた》げてきた。また独立の企業者の創業を妨害し、日本における中産階級の勃興《ぼっこう》を妨げた。かかる中産階級がないため、日本には今日まで個人が独立する経済的な基盤が存在せず、したがって軍閥に対抗する勢力の発展もなく、ために此国《この》では軍事的意図に対する反対勢力として働く民主主義的、人道主義的な国民感情の発展も見られなかったのである。さらにかかる特権的財閥支配下における低賃金と利潤の集積は、国内市場を狭隘《きょうあい》にし、商品輸出の重要性を高め、かくて日本を帝国主義的戦争に駆《か》りたてたのである。

『日本財閥《ざいばつ》とその解体』

解説　満州事変以来の日本軍部の大陸進出と、それに引き続いて起こった太平洋戦争を、日本における財閥《ざいばつ》と軍部との提携による帝国主義の表れであると断じた連合国は、明治以来多年にわたって培《つちか》われた日本財閥の力をして、その根底からくつがえそうとした。そのためにとられた最初の総司令部の指令が、一九四五（昭和二〇）年一一月六日にみられた四大財閥（三井、三菱、住友、安田）解体指令である。この指令を皮切りにして財政改革の指令が発せられた。そして翌年四月には持株会社整理委員会が発足、**財閥解体**の具体的な方策が実施された。やがてこの財閥の解体を永久ならしめようとして、一九四七（昭和二二）年四月には、**独占禁止法**が公布されて、それぞれの企業の独占が禁じられることになったが、さらに同年の一二月には、**過度経済力集中排除法**という特定の資本家に経済力が集中するのを防止する法律が成立公布されるに至った。この持株整理委員会の設置と独禁法及び過度経済力集中排除法の三者は、いずれも財閥の解体とその後の成立をこばもうとする法律であった。しかし財閥解体は、財閥の中枢《ちゅうすう》である大銀行が最後まで放置されたように不徹底に終わり、その後、質的変化を遂げながら再軍備問題とも関連し、旧財閥を中心として巨大な企業集団を形成した。

❸ 農地改革❶　★☆☆☆☆

第一項　日本帝国政府は民主主義的傾向の復活強化に対する経済的障碍《しょうがい》を除き去り人民の権威尊重を樹立し、日本農民を数世紀におよぶ封建的抑圧のもとにおいてきた経済的束縛《そくばく》を破壊するための日本の土地を耕すものがかれらの労働の成果を享受《きょうじゅ》する平等な機会を持つことを保証するやうな措置《そち》をとるやう指令される。

第二項　この指令の目的は全人口の殆《ほと》んど半分❷が農耕に従事してゐる日本の農業構造を永きにわたってむしばんできた害毒を除去するにある。これらの弊害《へいがい》中特に甚《はなは》だしいものは左の通り。

(A)　農地における過度の人口集中。……

(B)　小作人にきわめて不利な条件における小作制度の広範囲な存在。……

(C)　農家貸金に対する高利と結びついて重い農家負担。……

(D)　商工業に厚く農家に薄い政府の差別的財政政策。……

(E)　農民の利益を無視した農民および農業団体に対する政府の統制。……

第三項　従って日本政府は本司令部に対し農地改革計画を一九四六年三月十五日或《あ》ひはそれ以前に提出することを命ぜられる。この計画は次の諸計画を含むべきである。

(A)　不在地主❸から耕作者への土地所有権の移転。

(B)　公正な価格で農地を非耕作者から購入する規定。

(C)　小作人の所得に相応した年賦《ねんぷ》による小作人の土地購入に関する規定。

(D)　小作人たりしものが再度小作人に転落することを合理的に防止する規定。

『農地改革顚末《てんまつ》概要』

❶**農地改革**　一九四五（昭和二〇）年一二月九日に示された農地改革に関する総司令部の指令。

❷**全人口の殆んど半分**　一九四六（昭和二一）年現在の農家人口は三四二四万人で人口の四五％であった。

❸**不在地主**　農地のある市町村に居住していない地主。居住するものは在村地主。

政府は一〇月から農地改革に着手しており、一二月にこの指令が出された。法案は議会を通過し、一二月二九日に公布された（第一次農地改革）。しかしこれでは不十分であるとされ、翌年対日理事会におけるイギリス案を柱とした討議を受けて、GHQは六月「勧告」を行った。これに基づいて一九四六年一〇月一一日に成立した改正法案が第二次農地改革である。

史料注

農地改革顚末概要　一九五

4 近・現代

一（昭和二六）年刊。農地改革記録委員会編。

探究4

① **農地改革のねらいは何か。**

② **農地改革のもつ歴史的意義について述べよ。**

解説　この史料は、一九四五（昭和二〇）年一二月連合国軍総司令部から日本政府に発せられた**農地改革**に関する指令書である。日本占領の連合国は、過去の日本帝国主義と密接な関係を持つ諸制度の改革に乗り出したが、そのなかで経済機構の改革の一つとして指摘してきたのがこの農地改革である。日本社会に根強く残っている封建的要素を除くため、また経済民主化を妨げる最大のガンを除去するために、不在地主を認めず、土地を直接耕作する農民に与えることにこの改革のねらいがあった。この改革は第一次（農地調整法の改正）、第二次（自作農創設特別措置法・農地調整法改正）と進められ、在村地主の所有し得る小作地は一町歩以下とし、それ以上は国家が買い上げて、これをもとの小作人に優先的に売り渡すこととし、小作料はすべて金納とされ、その率は全収穫の二五％以内に限った。この農地の買収売り渡しを実施する執行機関が農地委員会で、その組織にも小作人の利益が代表されるようになった。

　農地改革によって農村の階級関係は大きく変化し、以後小作争議はみられず、むしろ農村は保守勢力の地盤ともなった。この改革は、二か年内の完了をめざしたのであるが、実際には農民の組織の弱いところにおいては法律すら実行されていないという状態や、山林原野の大部分は地主の手に残されるなど、問題を今後に残している。

4 労働三法

(1) 労働組合法――一九四五年一二月二二日公布　★☆☆☆

第一条　本法ハ団結権❶ノ保障及団体交渉権❷ノ保護助成ニ依リ労働者ノ地位ノ向上ヲ図リ経済ノ興隆《こうりゅう》ニ寄与《きよ》スルコトヲ以テ目的トス

第十一条　使用者ハ労働者ガ労働組合ノ組合員タルノ故ヲ以テ之ヲ解雇シ其ノ他之ニ対シ不利益ナル取扱ヲ為《な》スコトヲ得《え》ズ　使用者ハ労働者ガ組合ニ加入セザルコトヲ又ハ組合ヨリ脱退スルコトヲ雇用条件ニ為《な》スコトヲ得《え》ズ

『官報』

(2) 改正労働組合法❸――一九四九年六月一日公布　★☆☆☆

第一条　この法律は、労働者が使用者との交渉において対等の立場に立つことを促進することにより労働者の地位を向上させること、労働者がその労働条件について交渉するために自ら代表者を選出することその他の団体行動を行うために自主的に労働組合を組織し、団結することを擁護《ようご》すること並びに使用者と労働者との関係を規制する労働協約を締結するための団体交渉をすること及びその

要点ナビ

労働組合法…幣原喜重郎内閣。
労働関係調整法、労働基準法…第一次吉田茂内閣。

❶**団結権**　労働者が使用者と対等の立場に立ち、労働条件などについて交渉するために労働組合を結成・加入する権利。

❷**団体交渉権**　労働者側と使用者が交渉して協約を結ぶ権利。

❸**改正労働組合法**　一九四九（昭和二四）年全面改正された。

昭和・平成

4労働争議 労働者が自らの労働条件の向上を目指して行う活動のことで、ストライキ（同盟罷業）やサボタージュ（怠業）などがある。

史料注

官報 三五八頁参照。

要点ナビ 第一次吉田茂内閣（高橋誠一郎文相）。

手続を助成することを目的とする。 『官報』

(3)労働関係調整法——一九四六年九月二七日公布、同年一〇月一三日施行 ★☆☆☆

第一条 この法律は労働組合法と相俟《ま》って、労働関係の公正な調整を図り、労働争議《そうぎ》4を予防し、又は解決して、産業の平和を維持し、もって経済の興隆《こうりゅう》に寄与《きよ》することを目的とする。 『官報』

(4)労働基準法——一九四七年四月七日公布、同年九月一日施行 ★☆☆☆

第一条 労働条件は、労働者が人たるに値《あたい》する生活を営むための必要を充《み》たすべきものでなければならない。

この法律で定める労働条件の基準は最低のものであるから、労働関係の当事者は、この基準を理由として労働条件を低下させてはならないことはもとより、その向上を図るように努めなければならない。 『官報』

解説 **労働組合法・労働関係調整法・労働基準法**を労働三法と呼ぶ。労働組合法は、憲法二八条に基づいて、労働者の団結権、団体交渉権を保障し、その地位の向上と労働条件の維持、改善をはかるため定められた法律であり、その交渉に伴う労働関係の公正な調整、労働争議の予防・解決をはかるのが労働関係調整法である。また、労働基準法では、「人たるに値する」生活のために、労使対等の原則や待遇の均等、男女同一賃金、強制労働の禁止、八時間労働制など様々な労働条件の基本原則を定めている。

⑤ 教育基本法——一九四七年三月三一日公布、四月一日施行 ★★☆☆

われらは、さきに日本国憲法を確定し、民主的で文化的な国家を建設して、世界の平和と人類の福祉に貢献《こうけん》しようとする決意を示した。この理想の実現は根本において教育の力にまつべきものである。

われらは個人の尊厳《そんげん》を重んじ、真理と平和を希求《ききゅう》する人間の育成を期するとともに、普遍《ふへん》的にし

1門地　家柄。

史料注　官報　三五八頁参照。

探究5　新教育の理念と目的を述べよ。

てしかも個性ゆたかな文化の創造をめざす教育を普及徹底しなければならない。

ここに日本国憲法の精神に則《のっと》り、教育の目的を明示して新しい日本の教育の基本を確立するため、この法律を制定する。

第一条（教育の目的）教育は、人格の完成をめざし、平和的な国家及び社会の形成者として、真理と正義を愛し、個人の価値をたっとび、勤労と責任を重んじ、自主的精神に充《み》ちた心身ともに健康な国民の育成を期して行われなければならない。

第三条（教育の機会均等）①すべて国民は、ひとしくその能力に応ずる教育を受ける機会を与えられなければならないものであって、人種、信条、性別、社会的身分、経済的地位又《また》は門地《もんち》1によって教育上差別されない。②国及び地方公共団体は、能力があるにもかかわらず経済的理由によって修学困難な者に対して、奨学の方法を講じなければならない。

第八条（政治教育）①良識ある公民たるに必要な政治的教養は、教育上これを尊重しなければならない。②法律に定める学校は、特定の政党を支持し、又はこれに反対するための政治教育その他政治的活動をしてはならない。

第一〇条（教育行政）①教育は、不当な支配に服することなく国民全体に対し直接に責任を負って行われるべきものである。

『官報』

解説　一九四七（昭和二二）年三月に制定された**教育基本法**は、教育勅語《ちょくご》に代わって戦後日本の民主教育の根本理念を示す法律であり、いわば教育憲法的性格を持つものである。

一九四六（昭和二一）年三月、連合国軍総司令部の招請によって、イリノイ大学総長ストダート博士を団長とする米国教育使節団が来日し、一か月にわたり日本の教育事情を視察し、日本側の委員会と討議を重ねて、報告書を作成し発表した。この報告書の示唆を勘案し、新憲法の精神に基づいて起草されたのが、この教育基本法である。この起草には、先の日本側の委員会が改組されてできた教育刷新委員会（委員長安倍能成）があたった。この法律は、制定の主旨・目的を示す前文と、教育の目的・

方針・教育の機会均等・義務教育・男女共学・学校教育・社会教育・政治教育・宗教教育・教育行政、補則の合計一一条から成っている。これを基礎法として、さらに**学校教育法**や教育委員会法が作られ、戦後日本の教育体系が構築されていった。

参考 改正教育基本法——二〇〇六年一二月二二日公布・施行 ★☆☆☆

我々日本国民は、たゆまぬ努力によって築いてきた民主的で文化的な国家を更に発展させるとともに、世界の平和と人類の福祉の向上に貢献することを願うものである。

我々は、この理想を実現するため、個人の尊厳を重んじ、真理と正義を希求し、公共の精神を尊び、豊かな人間性と創造性を備えた人間の育成を期するとともに、伝統を継承し、新しい文化の創造を目指す教育を推進する。

ここに、我々は、日本国憲法の精神にのっとり、我が国の未来を切り拓く教育の基本を確立し、その振興を図るため、この法律を制定する。

第二条（教育の目標）① 幅広い知識と教養を身に付け、真理を求める態度を養い、豊かな情操❶と道徳心を培うとともに、健やかな身体を養うこと。

⑤ 伝統と文化を尊重し、それらをはぐくんできた我が国と郷土を愛するとともに、他国を尊重し、国際社会の平和と発展に寄与する態度を養うこと。

第十六条（教育行政） 教育は、不当な支配に服することなく、この法律及び他の法律の定めるところにより行われるべきものであり、教育行政は、国と地方公共団体との適切な役割分担及び相互の協力の下、公正かつ適正に行われなければならない。

『官報』

解説 「美しい国づくり」をスローガンに「戦後レジームからの脱却」を掲げた第一次安倍晋三内閣は、二〇〇六（平成一八）年一二月、歴代自民党政権が成し遂げられなかった教育基本法の改正を実現した。施行以来、五十九年ぶりの改正となった教育基本法は、教育の目的に「伝統と文化の尊重」や「わが国と郷土を愛する態度を養う」ことを盛り込むことをめぐり、国家による教育への管理・統制が強まることへの懸念も高まる中、政府案は衆議院議席の三分の二を制する自民・公明の与党単独採決により可決・成立した。

❶情操 感情や情緒。

史料注
官報 三五八頁参照。

※色文字は重要語

3 日本国憲法の制定

要点ナビ マッカーサー、憲法改正の三原則を提示。

❶ マッカーサー・ノート——一九四六年二月三日示達 ★☆☆☆

一、天皇は、国の最上位にある〔at the head of the state〕。皇位の継承《けいしょう》は世襲《せしゅう》による。天皇の職務執行および権能行使は、憲法にのっとり、かつ憲法に規定された国民の基本的意志に応《こた》えるものとする。

二、国権の発動たる戦争は、廃止する。日本は、紛争解決の手段として、さらには自らの安全維持の手段としても、戦争を放棄《ほうき》する。日本は、今や世界を動かしつつある、より崇高《すうこう》な理想に依拠《いきょ》して自らの防衛および保全を図《はか》る。日本は、陸・海・空軍のいずれを保有することも認められず、また、いかなる日本の武力にも交戦権が与えられることはない。

三、日本の封建制度は廃止される。貴族の権利は、皇族の場合を除き、当該《とうがい》現存者一代に限り認められる。華族《かぞく》の特権は、今後はいかなる国民的または公民的な政治権力もともなうものではない。予算の型は、英国の制度にならう。『資料《しりょう》日本占領《にほんせんりょう》』

史料注 **資料日本占領** 中村政則・山際晃編。一九九〇（平成二）年刊。

❷ 象徴天皇制への道 ★☆☆☆

日本における最終的な政治形態は、日本国民が自由に表明した意志によって決定されるべきものであるが、天皇制を現在の形態で維持することは前述の一般的な目的《日本の民主化のための基本方針に合わない》に合致しないと考えられる。

日本人が、天皇制を廃止するか、あるいはより民主主義的な方向にそれを改革することを、奨励支持しなければならない。『日本国憲法制定《にほんこくけんぽうせいてい》の過程《かてい》』

史料注 **日本国憲法制定の過程** 高柳賢三・大友一郎・田中英夫編著。一九七二（昭和四七）年刊行。日本国憲法制定に関するアメリカ側の史料を編集したもの。

❸ 憲法草案の比較 ★☆☆☆

(1)憲法草案要綱❶——一九四五年十二月二十六日発表

一、日本国ノ統治権ハ日本国民ヨリ発《ほっ》ス❷
一、天皇ハ国政ヲ親《みずか》ラセス国政ノ一切ノ最高責任者ハ内閣トス❸
一、天皇ハ国民ノ委任ニヨリ専ラ国家的儀礼ヲ司ル
一、国民ハ法律ノ前ニ平等ニシテ❹出生又ハ身分ニ基ク一切ノ差別ハ之ヲ廃止ス
一、国民ノ言論学術芸術宗教ノ自由ニ妨ケル如何《いか》ナル法令ヲモ発布スルヲ得ス❺
一、国民ハ健康ニシテ文化的水準ノ生活ヲ営ム権利ヲ有ス
一、国民ハ民主主義並《ならびに》平和思想ニ基ク人格完成社会道徳確立諸民族トノ協同ニ努ムルノ主義ヲ有ス

(2)松本案❻——一九四六年一月四日作成

第三条　天皇ハ至尊《しそん》❼ニシテ侵スヘカラス
第十一条　天皇ハ軍ヲ統帥《とうすい》ス
第二十条　日本臣民ハ法律ノ定ムル所ニ従ヒ役務ニ服スル義務ヲ有ス
第二十八条　日本臣民ハ安寧秩序《あんねいちつじょ》ヲ妨《さまた》ケサル限ニ於テ信教ノ自由ヲ有ス
第三十一条　日本臣民ハ前数条ニ掲ケタル外凡《ほかすべ》テ法律ニ依ルニ非スシテ其ノ自由及権利ヲ侵サルルコトナシ
第五十五条　国務各大臣ハ天皇ヲ輔弼《ほひつ》シ一切ノ国務ニ付帝国議会ニ対シテ其ノ責ニ任ス
②　凡テ法律勅令其ノ他国務ニ関ル詔勅《しょうちょく》ハ国務大臣ノ副署《ふくしょ》ヲ要ス　軍ノ統帥ニ付亦《また》同シ

❶憲法草案要綱　鈴木安蔵ら民間の研究者でつくられた憲法研究会の草案。後に作成されるマッカーサー草案に大きな影響を与えた。

❷日本国ノ……発ス　主権在民（国民主権）の規定。日本国憲法第一条と関連。

❸天皇ハ……内閣トス　象徴天皇制の規定。日本国憲法第三条と関連。

❹法律ノ前ニ平等　日本国憲法第一四条と関連。

❺国民ノ……得ス　日本国憲法第二一条と関連。

❻松本案　憲法改正問題担当の国務大臣松本烝治が作成した憲法改正案。議院内閣制の徹底や軍のシビリアン・コントロールなど天皇機関説を徹底させる内容が盛り込まれていたが、天皇主権の原則は変わらなかった。この案はGHQから一蹴され、代わりにマッカーサー草案が提示されることになる。

❼至尊　この上なく尊いこと。

(3) マッカーサー草案[8]——一九四六年二月一三日、日本政府に提示

第一条　皇帝ハ国家ノ象徴ニシテ又人民ノ統一ノ象徴タルヘシ……

第三条　国事ニ関スル皇帝ノ一切ノ行為ニハ内閣ノ輔弼及協賛ヲ要ス……

②　皇帝ハ此《こ》ノ憲法ノ規定スル国家ノ機能ヲノミ行フヘシ彼ハ政治上ノ権限ヲ有セス……

第八条　国民ノ一主権トシテノ戦争ハ之ヲ廃止ス他ノ国民トノ紛争解決ノ手段トシテノ武力ノ威嚇《いかく》又ハ使用ハ永久ニ之ヲ廃棄ス

第十二条　日本国ノ封建制度ハ終止スヘシ……一般ノ福祉ノ限度内ニ於《おい》テ生命、自由及幸福探求ニ対スル其ノ権利ハ……至上考慮タルヘシ

第十三条　一切ノ自然人ハ法律上平等ナリ……

第十八条　思想及良心ノ自由ハ不可侵タルヘシ

第十九条　宗教ノ自由ハ何人ニモ保障セラル……

『日本国憲法成立史』

解説　一九四五（昭和二〇）年一〇月四日、GHQは日本政府に憲法改正を指示した。これにより政府は松本《まつもと》烝治《じょうじ》を中心に改正案を起草したが（松本案）、GHQはその保守的な内容に失望。**マッカーサー・ノート**の原則をもとに、GHQは民間団体である憲法研究会の憲法草案要綱などを参考にしてマッカーサー草案を作成し、日本政府に手渡した。これが後の**日本国憲法**のベースとなる。

4 日本国憲法[1]（前文）——一九四六（昭和二一）年一一月三日公布、翌年五月三日施行

★★☆☆

日本国民は、正当に選挙された国会における代表者を通じて行動し、われらとわれらの子孫のために、諸国民との協和による成果と、わが国全土にわたつて自由のもたらす恵沢《けいたく》を確保し、政府の行為によつて再び戦争の惨禍《さんか》が起ることのないやうにすることを決意し、ここに主権が国民に存すること

「天皇の人間宣言」により、明治憲法の「神聖」の用語が使用できなくなったための変更。

8マッカーサー草案　日本政府による改正作業に見切りをつけたGHQが、マッカーサー・ノートの三原則に基づいて独自に作成した草案。日本政府はこの草案に難色を示したものの最終的に受け入れ、帝国議会で若干の修正を加えられたものが日本国憲法として成立した。

史料注　**日本国憲法成立史**　佐藤達夫著。日本国憲法の誕生過程の資料・記録を集成したもの。一九六五（昭和四〇）年より刊行され、一九九四（平成六）年に完結。

要点ナビ　第一次吉田茂内閣。

1日本国憲法　一九四五（昭和二〇）年一〇月四日、最高指令官マッカーサーが憲法改正を指示。翌年幣原内

閣は松本案を提示したが、GHQはこれを拒否、改めてGHQが原案を提示し草案が作成された。

史料注 **官報** 三五八頁参照。

探究6 **日本国憲法の制定経過について述べよ。**

史料注 **あたらしい憲法のはなし** 日本国憲法が公布されて一〇か月後の一九四七（昭和二二）年八月、文部省によって発行され、全国の中学校に一年生用の教科書として配布。

を宣言し、この憲法を確定する。そもそも国政は、国民の厳粛《げんしゅく》な信託《しんたく》によるものであって、その権《けん》威《い》は国民に由来し、その権力は国民の代表者がこれを行使し、その福利は国民がこれを享受《きょうじゅ》する。これは人類普遍《ふへん》の原理であり、この憲法は、かかる原理に基くものである。われらは、これに反する一切の憲法、法令及《およ》び詔勅《しょうちょく》を排除《はいじょ》する。『官報』

解説 日本国憲法は、一九四六（昭和二一）年一一月三日公布、翌年五月三日から施行された。この憲法は前文及び本文一一章一〇三条から成り、その主な特色は、**主権在民・国民の基本的人権の保障・平和主義**にある。すなわち、天皇は、旧憲法のように国政に関する権能は持たず、神格は否定されて、日本国民統合の象徴となり（**象徴天皇制**）、主権在民の立場が貫かれ、国権の最高機関は衆議院と参議院からなる**国会**となった。また、総理大臣の任命は国会が議員のなかから指名決議することとなった。そして国民の基本的人権は、法のもとに平等に保障されることとなり、人種・信条・性別・社会的身分または門地《もんち》によって、政治的・経済的・社会的関係において差別を受けないと規定されている。また、思想・良心・信教・学問・表現などの自由、教育を受ける権利、勤労の権利、健康で文化的な最低限度の生活を営む権利などが認められた。それと同時に教育・納税・勤労・憲法遵守・公共の福祉を害さないことなどの義務も規定されている。さらに注目すべきことは、第九条に「国権の発動たる戦争と武力による威嚇《いかく》または武力の行使は国際紛争解決の手段としては永久にこれを放棄する」と規定し、**戦争は永久に放棄し戦力を保持しない**ことを宣言したことである。これらの規定は政治的不自由と悲惨な戦争を身をもって体験した国民の自由と平和に対する切実な要望と一致するものであった。

新憲法の制定に伴い、多くの法律もその精神に従って民主的に改められ、あるいは新たに制定された。

参考 **あたらしい憲法のはなし** ★☆☆☆

……こんどの憲法では、日本の国が、けっして二度と戦争をしないように、二つのことをきめました。その一つは、**兵隊も軍艦も飛行機も、およそ戦争をするためのものは、いっさいもたない**ということです。これからさき日本には、陸軍も海軍も空軍もないのです。これを戦争の放棄《ほうき》といいます。「放棄」とは「すててしまう」ということです。しかしみなさんは、けっして心ぼそく思うことはありません。日本は正しいことを、ほかの国より先に行ったのです。世の中に、正しいことぐらい強いものはありません。

もう一つは、**よその国と争いごとがおこったとき、けっして戦争によって、相手をまかして、じぶんのいいぶんをとおそうとしない**ということをきめたのです。おだやかにそうだんをして、きまりをつけようというのです。なぜならば、いくさをしかけることは、けっきょく、じぶんの国をほろぼすようなはめになるからです。また、戦争とまでゆかずとも、国の力で、相手をおどすようなことは、いっさいしないことにきめたのです。これを戦争の放棄《ほうき》というのです。……　『あたらしい憲法のはなし』

要点ナビ 吉田首相、自衛権の発動としての戦争も放棄と答弁。

1 吉田首相答弁 一九四六（昭和二一）年六月二八日の衆議院本会議で、野坂参三議員の自衛権放棄の反対質問に答えたもの。

史料注
資料戦後二十年史 辻清明編、一九六六（昭和四一）年刊。昭和二〇年以降、二〇年間にわたって資料を収める。全六巻。

5 戦争放棄問題——吉田茂首相答弁[1] ★☆☆☆

戦争抛棄《ほうき》に関する憲法草案の条項に於《お》きましては、国家正当防衛権に依《よ》る戦争は正当なりとせらるるやうであるが、私は斯《か》くの如《ごと》きことを認むることが有害であると思ふのであります。（拍手）近年の戦争は多くは国家防衛権の名に於《お》て行はれたることは顕著《けんちょ》なる事実であります。故《ゆえ》に正当防衛権を認むることが偶々《たまたま》戦争を誘発する所以《ゆえん》であると思ふのであります。……併《しか》しながら正当防衛に依る戦争が若《も》しありとするならば、其《そ》の前提に於て侵略を目的とする戦争を目的とした国があることを前提としなければならぬのであります。故《ゆえ》に正当防衛、国家の防衛権に依る戦争を認むると言ふことは、偶々戦争を誘発する有害な考へであるのみならず、若し平和団体が、国際団体が樹立された場合に於きましては、正当防衛権を認むると言ふことそれ自身が有害であると思ふのであります。御意見の如きは有害無益の議論と私は考へます。（拍手）　『資料戦後二十年史』

解説 **戦争放棄《ほうき》**を設けた新憲法は、世界でも例のない画期的なものであった。これは占領軍が日本の軍国主義が復活することを阻止《そし》しようとしたことにもよるが、悲惨な戦争を身をもって体験し、苦しみ抜いた国民が熱烈に歓迎した部分でもあった。史料は、再建された日本共産党の野坂参三議員が、党を代表して自衛権としての防衛権の肯定を説き、自衛権の放棄に反対質問した際、**吉田茂**首相が反論答弁したものである。しかし、アメリカの占領政策の転換に伴い戦争放棄の第九条解釈も変更され、吉田首相自身も自衛権の存在を認めるようになり、その後軍隊も自衛力に含まれるとの立場に転じていった。

※色文字は重要語

1ロイヤル米陸軍長官演説 同長官がサンフランシスコのコモンウェルズクラブで行った対日政策に関しての演説。

2全体主義 共産主義をさす。

史料注 **昭和財政史** 旧大蔵省財政史室編纂の史料集。

探究7 **アメリカの対日政策転換の動機を、日本の国内情勢面と国際情勢面から考えよ。**

4 占領政策の転換と講和

1 ロイヤル米陸軍長官演説[1] ―― 一九四八年一月六日 ★☆☆☆

……われわれのドイツ及び日本に対する勝利の最も失望的な面の一つは、占領問題についてわれわれに負わされて来た責任と費用であった。

降伏直後わが政策の目的は、第一に「日本が再び世界の平和と安全に対する脅威とならないように保証する」ことであり、第二に「国際的責任を遂行し、他国の権利を尊重し、連合国の目的を支持する民主的かつ平和な政府を可及的《かきゅうてき》に速《すみや》かに確立する」ことであった。

しかし占領の政策的責任を共にする陸軍省及び国務省は、両者共に、今後政治的安定が続き、自由な政府が成功するためには、健全な自立経済がなければならないことを認識しており、占領の統率者たるマッカーサー元帥《げんすい》はこれらの政策を具体化し得るものと期待してよい。われわれはまた、米国が永久に年々数億ドルを占領地救済資金に注入し続け得るものではなく、またこのような寄与は被占領国が自己の生産と輸出をもって自己の必需品代金を支払い得るに至ったとき、はじめて悲惨な事故を生ずることなくこれを打切り得るものであることをも認識している。

われわれは、自立すると同時に、今後極東に生ずべき他の全体主義[2]的戦争の脅威に対する制止役として役立つほど充分に強くかつ充分に安定した自足的民主政治を日本に建設するという、同様に確固たる目的を固守するものである。 『昭和財政史』

解説 第二次世界大戦末期からそのきざしを見せていた米ソの対立は、日独伊という枢軸《すうじく》国の敗退により表面化し、東西の**冷戦**状態が始まった。アメリカは、ヨーロッパにおいて一九四七（昭和二二）年三月のトルーマン=ドクトリンや、同年六月のマーシャル=プランで、イギリスに代わり資本主義陣営のリーダーとしてソ連の勢力拡大を食い止める意志を表明していた。アジアでも朝鮮半島の米ソによる分断占領や、中国内戦の情勢においては中国共産党の優位が決定的となるなかで、日本の非軍事化・民主化といった占領政策を転換し、日本の経済的自立を促し共産主義の防壁となる資本主義国建設を推進しようとした。そのため賠償・経済力集中排除、経済パージなどの諸政策を新しい国際情勢に対応して修正することを演説は主張している。同演説やトルーマン=ドクトリンで「全体主義」という用語を使ったのは、大戦以来アメリカ国民が「全体主義の脅威」という言葉に敏感で、国民の支持が得やすいためである。この対日政策の転換は、アメリカはアジアの同盟国を、当初予定した中国から日本に変更したことをも意味している。

要点ナビ　日本経済を自立させるためGHQが第二次吉田内閣に指示。

❷ 経済安定九原則❶ ―― 一九四八年一二月一八日指令　★☆☆☆

一、極力経費の節減をはかり、また必要であり、かつ適当なりと考えられる手段を最大限に講じてただちに総予算の均衡《きんこう》❷をはかること。

二、徴税《ちょうぜい》計画❸を促進し、脱税者に対する刑事訴追《そつい》を迅速《じんそく》広範にまた強力に行うこと。

三、信用❹の拡張は日本の経済復興に寄与するための計画に対するほかは厳重に制限されていることを保証すること。

四、賃金安定実現のため効果的な計画を立てること。

五、現在の物価統制を強化し、必要な場合はその範囲を拡張すること。

六、外国貿易統制事務を改善し、また現在の外国為替《かわせ》統制を強化し、これらの機能を日本側機関に引継いでも差支えないようにするよう意を用いる。

七、とくにできるだけ輸出を増加する見地より、現在の資材割当、配給制度を一そう効果的に行うこと。

八、一切の重要国産原料と製品の増産をはかること。

九、食糧収集計画を一そう効果的に行うこと。

以上の計画は単一為替レート❺の設定を早期に実現させる途《みち》を開くためには、ぜひとも実現されねば

❶**経済安定九原則**　マッカーサーからの指令。

❷**総予算の均衡**　一九四九（昭和二四）年度、ドッジ=ラインにより超緊縮・均衡予算として具体化。

❸**徴税計画**　のちシャウプ勧告に基づき、税制改革として具体化した。

❹**信用**　金融機関の貸し出しのこと。

❺**単一為替レート**　一九四九

（昭和二四）年四月、一ドル＝三六〇円とされた。

史料注

朝日新聞 一八七九（明治一二）年大阪で創刊。のち東京に進出、「東京朝日新聞」・「大阪朝日新聞」並立時代を経て、一九四〇（昭和一五）年「朝日新聞」に統一。

要点ナビ

経済安定九原則の実施にあたり、ドッジが示した具体策。

❶**国内的な方針政策** 傾斜生産方式のこと。

❷**米国の援助** ガリオア・エロア資金をさす。

❸**国内的な補助金** 価格調整補給金など政府の補給金のこと。

史料注

朝日新聞 四六七頁参照。

ならぬものである。

〔一九四八年一二月一九日『朝日新聞』〕

解説 戦後の日本経済はアメリカ政府の援助によってようやく支えられてきたが、一九四八（昭和二三）年頃から対日援助を打ち切り、日本経済の自立化の方向が打ち出された。一九四八（昭和二三）年一二月米占領軍総司令部が日本政府に対し日本経済安定のための九項目の原則（**経済安定九原則**）を指示した（形式はマッカーサー総司令官から吉田茂首相にあてた書簡であった）。それには日本はいつまでも漫然とアメリカの援助にすがっているべきでなく、自立のために貿易を奨励し特に輸出を増大すべきである。その際特殊な産業に補助金を与えたり、不健全な融資を行うような政策を改め、さらに財政の赤字を出さないため徴税の強化をはかり、また物価と賃金の安定をはかるべきであるというもので、一言でいうなら久しくとられてきたインフレーション政策をただちに収束しなければならないというのである。そして一九四九（昭和二四）年二月、この九原則を推進するためデトロイト銀行の総裁ドッジが公使として来日、政策の立案にあたった。

❸ ドッジ声明 ― 一九四九年三月八日掲載 ★☆☆☆

米国は日本救済と復興のため昭和二三（一九四八）年度までに約一二億五〇〇〇万ドルを支出した。米国が要求し同時に日本が必要とすることは、対日援助を終らせること、日本の自立のための国内建設的な行動である。私の信ずるところでは日本は目下厳しい経済を余儀《よぎ》なくされている。しかし現在とられている国内的な方針政策❶は、合理的でも現実的でもない。すなわち日本の経済は両足を地につけていず、竹馬にのっているようなものだ。竹馬の片足は米国の援助❷、他方は国内的な補助金❸の機構である。竹馬の足をあまり高くしすぎると転《ころ》んで首を折る危険がある。今ただちにそれをちゞめることが必要だ。つゞけて外国の援助を仰ぎ、補助金を増大し、物価を引きあげることはインフレの激化を来《きた》すのみならず、国家を自滅に導く恐れが十分にある。

〔一九四九年三月八日『朝日新聞』〕

解説 一九四九（昭和二四）年連合国軍総司令部経済顧問J・ドッジ（当時デトロイト銀行総裁）が来日し、日本のインフレーションを抑制し、急速な経済自立をはかるために示した経済処理方針。この政策は**ドッジ＝ライン**とよばれ、①赤字のない総合的均衡予算を実現し、補助金等は大幅に整理し、税収を確保し公債はできる限り償還する。②**一ドル三六〇**

円の単一為替レートを設定し、貿易の拡大をはかる。③アメリカの対日援助物資の売払代金を積み立て、この基金（見返資金）を従来の補給金に代えて重要産業復興の資金及び外国為替需要調節のために使う、以上の三点であった。ドッジは、本史料にみるようにいわゆる「竹馬経済論」を説き、日本の経済はアメリカからの援助と政府の補給金という二本の竹馬に乗っているようなものであり、馬の足を短くして経済の自立をはかるべきだと訴えた。それは財政緊縮を通しての一挙安定政策であり、日本政府やＧＨＱの予想を超えた厳しいものであった。

４ マッカーサー・昭和二五年「年頭の辞」——一九五〇年一月一日　★☆☆☆

新しい年を迎えるにあたって、現在あらゆる日本人がひとしく不安にかられている二つの極めて重要な未解決の問題がある。その一つは中国が共産主義の支配下にはいったため❶全世界的なイデオロギーの闘争が日本に身近なものとなったことであり、もう一つは対日講和会議の開催が手続にかんする各国の意見の対立から❷遅れていることである。……❸この憲法の規定は日本人みずから考え出したものであり、もっとも高い道義的理想にもとづいているばかりでなく、これほど根本的に健全で実行可能な憲法の規定はいまだかつてどこの国にもなかったのである。この憲法の規定はたとえどのような理屈《りくつ》をならべようとも、相手側から仕掛《しか》けてきた攻撃にたいする自己防衛の冒《おか》しがたい権利を全然否定したものとは絶対に解釈できない。　〔一九五〇年一月一日『朝日新聞』〕

❶**中国が……はいったため**　一九四九（昭和二四）年の中華人民共和国成立をさす。
❷**各国の意見の対立**　アメリカはソ連の主張する拒否権（米英中ソが持つ）を認めず、三分の二の多数決方式を主張した。
❸この中略部分では、日本の憲法が戦力と武力による安全保障を放棄したことは、決して「夢想」ではないと説く。

史料注　**朝日新聞**　四六七頁参照。

要点ナビ　第三次吉田茂内閣。

解説　アメリカは、一九四八（昭和二三）年対日政策を変更し、日本の**再軍備方針**を打ち出した。マッカーサーは憲法第九条を根拠に当初それに反対したが、ソ連の原爆保有や中華人民共和国成立という情勢の変化のなかで再軍備の方向に傾いていた。一九五〇（昭和二五）年「年頭の辞」で、日本国憲法の第九条は自衛権をも否定するものではないと説明し、再軍備の道を開くこととなった。また、これと前後して**沖縄に大規模な陸・空軍基地の建設が決定**し、沖縄は米軍の「基地の島」の道を歩み始めた。

５ 警察予備隊令——一九五〇年八月一〇日公布　★☆☆☆

第一条（目的） この政令は、わが国の平和と秩序を維持し、公共の福祉を保障するのに必要な限度内で、国家地方警察及び自治体警察の警察力を補うため警察予備隊を設け、その組織等に関し規定することを目的とする。……

『官報』

史料注 官報 三五八頁参照。

解説 一九五〇（昭和二五）年六月、朝鮮戦争が始まると、在日米軍は国連軍として朝鮮に出動した。そこで日本における米軍の弱体化を補うため、マッカーサーは、日本政府に七万五〇〇〇人の**警察予備隊**の新設と海上保安庁八〇〇〇人の増員を指令し、吉田内閣は警察予備隊令を同年八月に公布・施行した。

要点ナビ 第五次吉田茂内閣。

6 自衛隊法——一九五四年六月九日公布 ★☆☆☆

第三条 自衛隊は、わが国の平和と独立を守り、国の安全を保つため、直接侵略及び間接侵略に対しわが国を防衛することを主たる任務とし、必要に応じ、公共の秩序の維持に当るものとする。

第七条 内閣総理大臣は、内閣を代表して自衛隊の最高の指揮監督権を有する。

第七十六条 内閣総理大臣は、外部からの武力攻撃（外部からの武力攻撃のおそれのある場合を含む。）に際して、わが国を防衛するため必要があると認める場合には、国会の承認……を得て、自衛隊の全部又は一部の出動を命ずることができる。ただし、特に緊急の必要がある場合には、国会の承認を得ないで出動を命ずることができる。

『官報』

史料注 官報 三五八頁参照。

解説 **日米安全保障条約**の締結により日本の再軍備が着実に進んだ。一九五二（昭和二七）年、警察予備隊と海上警備隊がそれぞれ保安隊・警備隊に改組され、翌々年アメリカの相互安全保障法に基づく援助を受ける見返りに軍事的義務を果たすという**MSA協定**が日米間で結ばれた。吉田内閣は、朝鮮戦争休戦による特需《とくじゅ》の消滅を補いたいとする財界の意向も受け調印したのである。この協定により、軍事力増強をはかるため同五四（昭和二九）年防衛庁設置法と本史料の**自衛隊法**の防衛二法が公布され、保安隊と警備隊は陸上・海上自衛隊に改編され、新たに航空自衛隊が創設された。当初の隊員は一五万一〇〇〇人、防衛費は一三一〇億円であったが、規模を徐々に拡大し、現在では世界有数の軍事力を有するに至っている。また、日本の再軍備化や軍事基地化に反対する住民により、内灘《うちなだ》（石川）、砂川（東京）などで一九五七（昭和三二）年頃まで激しい基地反対闘争が繰り広げられた。

要点ナビ
第三次吉田茂内閣。

史料注
官報　三五八頁参照。

探究8
破壊活動防止法の制定のねらいを述べよ。

7 破壊活動防止法――一九五二年七月二一日公布　★☆☆☆☆

1 第一条（この法律の目的）　この法律は、団体の活動として暴力主義的破壊活動を行った団体に対する必要な規制措置《そち》を定めるとともに、暴力主義的破壊活動に関する刑罰規定を補整し、もって、公共の安全の確保に寄与することを目的とする。　『官報』

解説　一九五二（昭和二七）年の講和条約の発効により、それまで治安の取り締まりを行っていたポツダム政令に代わる法律の成立がはかられ、七月吉田内閣により**破壊活動防止法**が制定された。二か月前に皇居前で警官隊とデモ隊が衝突したメーデー事件が成立に拍車をかけたとみられる。また前年より武力闘争方針を採用していた共産党を弾圧する目的もあった。破壊的団体の調査のためには公安調査庁が置かれ、その長官の要請により公安審査委員会が同法の適用を決し、該当団体には活動停止から解散まで命じられ、内乱・外患の教唆《きょうさ》、煽動《せんどう》には懲役または禁錮《きんこ》刑も適用されるというものである。この法律に対しては思想そのものの統制につながるとして、野党・労働組合そして日本学術会議など文化人・ジャーナリストらの強い反対運動が展開された。

Spot

破壊活動防止法とオウム真理教

地下鉄サリン事件を初めとするオウム真理教が引き起こした凶悪な犯罪によって、それまで制定以来一度も適用されたことのなかった破壊活動防止法の団体規制の問題が急浮上した。公安調査庁は松本智津夫《ちづお》被告逮捕後の一九九五（平成七）年五月から破防法適用に向けての調査を本格化し、一二月一四日、政府はオウムに破防法に基づく団体規制を適用する方針を決定した。時の首相は社会党（現社民党）の村山富市《とみいち》、歴史の皮肉な巡り合わせでもあった。破防法の団体適用については、依然として違憲とする声も多く、首相の決断は法曹界《ほうそう》に大きな衝撃を与えた。「公共の安全」か「人権の保護」かをめぐって広範な議論が巻き起こされた。もともと左翼勢力を規制することが狙いであった破防法は、思わぬ現代の社会のひずみのなかで、その姿を人々の前に示すことになった。一年有余の討議の末、「現時点で、教団が破壊活動を繰り返す明らかなおそれがあると認める十分な理由はない」として、適用は破棄されたが、治安維持法の再来とも称された破防法、その存在の意味を改めて人々に問い直すこととなった。

❺ 講和と安保

❶ サンフランシスコ平和条約——一九五一年九月八日調印 ★★★☆☆

要点ナビ 第三次吉田茂内閣。

※色文字は重要語

❶**第二十三条** 批准《ひじゅん》についての規定。

❷**効力を生ずる日** 一九五二(昭和二七)年四月二八日。

❸**領水** 領海のこと。このころは三海里(一海里は約一八五二メートル)。

❹**権原** 権利を発生させる法的な根拠。

❺**琉球諸島及び大東諸島** 現在の沖縄県。一九七二(昭和四七)年五月返還。

❻**小笠原群島、西之島及び火山列島** 現在の東京都小笠原村。一九六八(昭和四三)年返還。

❼**信託統治制度** 国連憲章による制度。第二次大戦の敗戦国の支配から離れた地域の統治を一定の加盟国に信託する制度。

❽**いかなる提案** アメリカはこのような提案はしなかった。

第一条(a) 日本国と各連合国との間の戦争状態は、第二十三条❶の定めるところによりこの条約が日本国と当該《とうがい》連合国との間に効力《こうりょく》を生ずる日❷に終了する。

(b) 連合国は、日本国及びその領水《りょうすい》❸に対する日本国民の完全な主権を承認する。

第二条(a) 日本国は、朝鮮の独立を承認して、済州《さいしゅう》《チェジュ》島、巨文《こぶん》《コムン》島及び鬱陵《うつりょう》《ウルルン》島を含む朝鮮に対するすべての権利・権原《けんげん》❹及び請求権を放棄《ほうき》する。

(b) 日本国は、台湾及び澎湖《ほうこ》《ポンフー》諸島に対するすべての権利、権原及び請求権を放棄する。

(c) 日本国は、千島列島並びに日本国が千九百五年九月五日のポーツマス条約の結果として主権を獲得した樺太《からふと》の一部及びこれに近接《きんせつ》する諸島に対するすべての権利、権原及び請求権を放棄する。

……

第三条 日本国は、北緯《ほくい》二十九度以南の南西諸島(琉球《りゅうきゅう》諸島及び大東《だいとう》諸島❺を含む。)孀婦岩《そうふいわ》の南の南方諸島(小笠原《おがさわら》群島、西之島《にしのしま》及び火山列島❻を含む。)並びに沖の鳥島及び南鳥島を合衆国を唯一《ゆいいつ》の施政《しせい》権者とする信託統治《しんたくとうち》制度❼の下におくこととする国際連合に対する合衆国のいかなる提案❽にも同意する。このような提案が行われ且《か》つ可決されるまで、合衆国は、領水を含むこれらの諸島の領域及び住民に対して、行政、立法及び司法上の権力の全部及び一部を行使する権利を有するものとする。

第六条(a) 連合国のすべての占領軍は、この条約の効力発生の後なるべくすみやかに、且つ、いか

⑨駐とん　軍隊がその地に長くとどまっていること。日米安全保障条約を締結するためにこの部分を入れ、その結果占領軍は駐留軍となる。

史料注　**日本外交主要文書・年表**　四四八頁参照。

探究9
① アメリカが講和会議の開催を急いだ理由を述べよ。
② 講和条約は、どのような問題点を残したか。

要点ナビ
安保条約…第三次吉田茂内閣。
新安保条約…岸信介内閣。

なる場合にも、その後九十日以内に、日本国から撤退《てったい》しなければならない。但《ただ》し、この規定は、一又《また》は二以上の連合国を一方とし、日本国を他方として双方《そうほう》の間に締結《ていけつ》された若《も》しくは締結される二国間若しくは多数国間の協定に基《もと》づく、又はその結果としての外国軍隊の日本国の領域における駐《ちゅう》とん⑨又は駐留《ちゅうりゅう》を妨《さまた》げるものではない。……　『日本外交主要文書・年表』

解説　連合国と講和条約を結んで国家の独立を回復することは、日本国民の強い要望であったが、アメリカとソ連が対日講和方針に関して意見の調整がとれないため、講和会議の開催は思うようにいかなかった。しかし一九五〇（昭和二五）年の朝鮮戦争以後、アメリカは対日講和締結を急ぎ、同年一一月二四日、米国務省が発表した「**対日講和七原則**」をもとに各連合国との交渉を行って条約案を起草した。翌五一年九月八日、サンフランシスコで、吉田茂首相以下の日本全権が出席し、五二か国の代表とともに条約を審議したが、米英の意見の対立から中国は、北京政府（中華人民共和国）・台北政府（中華民国）ともに招請されず、インド、ビルマ、ユーゴスラビアは出席を拒否した。内容は前文と七章二七か条から成り、日本の海外植民地を剥奪《はくだつ》し、日本の帝国主義に終止符を打つとともに、西側陣営の一員としての日本の進路を選択させるものであった。条約は①第六条で、**アメリカ軍の駐留の道を開き**、②第三条で**沖縄・小笠原諸島をアメリカの支配下に置き**、③第二条で**千島列島に対する領有権を放棄させる**など、多くの問題点があった。ソ連、ポーランド、チェコ・スロバキアは条約の調印を拒否し、アメリカの外交方針に同調する四九か国との間で締結され、一九五二（昭和二七）年四月二八日発効した。こうしたアメリカ主導型による**単独講和**（片面講和）に反対し、中ソを含む戦争当事国全体との講和を求める**全面講和論**も国内に起こり、激しい講和論争が闘わされたが、自由党、国民民主党（のうち多数）、右派社会党らの賛成多数で条約は批准された。しかし日本が敵対した全交戦国人民の七割以上が、日本との戦争状態を終結されぬ形態が残り、日本の経済復興を優先して軽減された賠償問題とともに、近隣のアジア諸国の不満が長く尾を引くことになる。

② 日米安全保障条約　★★★☆☆

1 (1) 日米安全保障条約（安保条約）――一九五一年九月八日調印

平和条約は、日本国が主権国として集団的安全保障取極《とりきめ》を締結する権利を有することを承認し、さらに、国際連合憲章は、すべての国が個別的及び集団的自衛の固有の権利を有することを承認している。

これらの権利の行使として、日本国は、その防衛のための暫定措置《ざんていそち》として、日本国に対する武力攻撃を阻止《そし》するため日本国内及びその附近にアメリカ合衆国がその軍隊を維持することを希望する。

アメリカ合衆国は、平和と安全のために、現在、若干《じゃっかん》の自国軍隊を日本国内及びその附近に維持する意思がある。……

よって、両国は、次のとおり協定した。

第一条　平和条約及びこの条約の効力発生と同時に、アメリカ合衆国の陸軍・空軍及び海軍を日本国内及びその附近に配備する権利を、日本国は許与し、アメリカ合衆国はこれを受諾《じゅだく》する。この軍隊は極東《きょくとう》❶における国際の平和と安全の維持に寄与《きよ》し、並びに、一又は二以上の外部の国による教唆《きょうさ》又は干渉《かんしょう》によって引き起された、日本国における大規模の内乱及び騒《そう》じょうを鎮圧するため、日本国政府の明示の要請に応じて与えられる援助を含めて、外部からの武力攻撃に対する日本国の安全に寄与するために使用することができる。

第三条❷　アメリカ合衆国の軍隊の日本国内及びその附近における配備を規律する条件は、両政府間の行政協定で決定する。

『日本外交主要文書・年表』

(2)日米相互協力及び安全保障条約（新安保条約）——一九六〇年一月一九日調印

第三条　締約《ていやく》国は、個別的に及び相互に協力して、継続的かつ効果的な自助及び相互援助により、武力攻撃に抵抗するそれぞれの能力を憲法上の規定に従うことを条件として、維持し発展させる。

第五条　各締約国は、日本の施政《しせい》の下にある領域における、いずれか一方に対する武力攻撃が、自国の平和及び安全を危《あや》うくするものであることを認め、自国の憲法上の規定及び手続に従って共通の

❶極東　政府は極東の範囲の解釈を二転三転させ、新安保条約に際しては「フィリピン以北……中国の一部、沿海州など」として中ソの反発を招き、ベトナム戦争ではベトナムまでを極東に含めた。

❷第三条　これに基づき、日米行政協定が結ばれ、一九五二（昭和二七）年安保条約とともに発効。

危険に対処するように行動することを宣言する。

第六条[3]　日本国の安全に寄与し、並びに極東における国際の平和及び安全の維持に寄与するため、アメリカ合衆国は、その陸軍、空軍及び海軍が日本国において施設及び区域を使用することを許される。

第十条　……この条約が十年間効力を存続した後は、いずれの締約国も、他方の締約国に対しこの条約を終了させる意思を通告することができ、その場合には、この条約は、そのような通告が行なわれた後一年で終了する。　　『日本外交主要文書・年表』

3 第六条　具体的には、日米行政協定を継承した日米地位協定で、施設・区域と日本国内での米軍の地位が定められ、また交換公文で、米軍装備の重大な変更、日本からの戦闘作戦行動のための施設・区域の使用には事前協議が行われることとされた。

史料注　**日本外交主要文書・年表**　四四八頁参照。

探究10　新安保と旧安保を比較し、特に改定された点を調べよ。

解説　一九五一（昭和二六）年九月八日、**サンフランシスコ平和条約**の結ばれた六時間後、サンフランシスコ郊外の米兵のクラブでもう一つの条約が調印された。**日米安全保障条約**である。この安保条約は平和条約の第六条に基づき、アメリカ軍の日本駐留権を認め、極東の平和と安全の維持や、日本国内の騒乱の鎮圧のためにアメリカ軍を使用できることを決めた駐兵協定の色彩の強いものであった。一方で日本防衛の義務は持たず、軍隊の配備は条約ではなく国会の審議のいらない**日米行政協定**によって決められるなどの問題点もあった。アメリカは西側の一員として日本の再軍備を強く望み、それが実現するまでは基地を使用する代わりに恩恵として日本を守るという姿勢をとったのである。

旧安保条約調印には当初から強い反対があったが、それは、米ソ間の冷戦を激化させるものだとの論点のほか、その片務《へんむ》性及び条約期間がないことや事実上の駐兵協定が日本の主権を侵し占領が継続するという印象もあったのである。一九五七（昭和三二）年首相に就任した岸信介《のぶすけ》はこの安保改定に取り組み、一九六〇（昭和三五）年**新安保条約**が調印された。それはアメリカに日本の防衛義務を持たせ、日本領域内での共同防衛や条約期間の設定、終了方法など双務的な相互援助規定となっている。しかし、このため日本は軍備の一層の増強を求められたり、核兵器の持ち込みやアメリカの極東紛争に巻き込まれる危険性があって、第六条に基づいた交換公文による事前協議制度が設けられたが、それがアメリカの恣意《しい》によるなどの問題点も多い。衆議院では野党の反対を押し切って岸首相により強行採決されたが、強引で非民主的な議会運営と、東条英機内閣の閣僚として中国侵略に携《たずさ》わりA級戦犯であった彼の経歴への反発から、空前の国民的反対運動（安保闘争）が起こった。そうした混乱のなか、参議院を通過せぬまま条約は自然承認され、批准《ひじゅん》後岸内閣は退陣した。

6 国際社会のなかの日本

1 日ソ共同宣言——一九五六年一〇月一九日調印 ★☆☆☆

要点ナビ 日本（鳩山一郎首相）とソ連（ブルガーニン首相）との間で調印。

一、日本国とソヴィエト社会主義共和国連邦との間の戦争状態[1]は、この宣言が効力を生ずる日に終了し、両国の間に平和及び友好善隣《ぜんりん》関係が回復される。

二、日本国とソヴィエト社会主義共和国連邦との間に外交及び領事関係が回復される。両国は、大使の資格を有する外交使節を遅滞《ちたい》なく交換するものとする。

四、ソヴィエト社会主義共和国連邦は、国際連合への加入[2]に関する日本国の申請《しんせい》を支持するものとする。

六、ソヴィエト社会主義共和国連邦は、日本国に対し一切の賠償《ばいしょう》請求権を放棄《ほうき》する。

九、日本国及びソヴィエト社会主義共和国連邦は、両国間に正常な外交関係が回復された後、平和条約の締結《ていけつ》[3]に関する交渉を継続することに同意する。

ソヴィエト社会主義共和国連邦は日本国の要望にこたえ、かつ日本国の利益を考慮して、歯舞《はぼまい》群島および色丹《しこたん》島[4]を日本国に引き渡すことに同意する。ただし、これらの諸島は日本国とソヴィエト社会主義共和国連邦との間の平和条約が締結された後に、現実に引き渡されるものとする。

『日本外交主要文書・年表』

※色文字は重要語

1 戦争状態 ソ連はヤルタ協定に従い日ソ中立条約を破棄し、一九四五（昭和二〇）年八月八日、満州及び南樺太に進撃したことより始まる。

2 国際連合への加入 この日ソ国交正常化により、一九五六（昭和三一）年一二月一九日国連総会は日本の加盟を可決。

3 平和条約の締結 領土問題に関して、日ソ（現、ロシア）両国見解の対立のため未締結。

4 歯舞群島および色丹島 北海道の一部、現在ロシアが領有。

史料注
日本外交主要文書・年表 四四八頁参照。

探究11 ソ連との国交回復がなぜ必要であったか。

解説 ソ連は、一九五一（昭和二六）年のサンフランシスコ講和会議でアメリカ主導の条約に調印せず、日本との間に戦争状態が継続していた。日本のたび重なる国連加盟の申請も、ソ連が安全保障理事会の常任理事国として拒否権を発動することで実現せず、さらに北方領土、漁業の安全操業の諸問題を解決するためにも、日本はどうしてもソ連との国交回復が必要であった。国内では向米一辺倒の吉田茂内閣に代わり、自主外交を掲げる民主党の鳩山《はとやま》一郎内閣が一九五四（昭和二九）年一二月に成立して日ソ国交回復をめざした。ソ連もスターリンの後任のフルシチョフが平和共存路線をとり、国際情勢も冷戦の雪どけとともに好転し、翌年六月ロンドンで松本俊一全権とマリク大使との間に日ソ間の交渉が開始された。いったん領土問題で対立して中断したものの、一九五六（昭和三一）年モスクワにおいて鳩山首相とブルガーニン首相との間で、領土問題は棚上げにして、一〇月一九日に**日ソ共同宣言**調印にこぎつけたのである。その結果、同年日本待望の**国連加盟**も実現することになった。

Spot

北方領土問題

北方領土問題には次の諸地域が関わっている。⑴日本固有の領土としてロシア（旧ソ連）にその返還を要求している地域（国後《くなしり》島・択捉《えとろふ》島）、⑵日ソ共同宣言第九条において、ソ連が日ソ平和条約締結後に日本に引き渡すことを同意した地域（歯舞《はぼまい》群島・色丹《しこたん》島）、⑶日本がサンフランシスコ平和条約第二条（Ｃ）にて放棄し、その帰属が未決定の地域（千島列島・南樺太《からふと》）、である。そのうち日本政府が固有の領土と考えているのは⑴及び⑵である。

歯舞・色丹及び国後・択捉島については、政府はこれまで一八五五（安政二）年の日露和親条約などから「かつて一度も外国の領土となったことのない我が国固有の領土であり、ソ連の占拠は不法」として一貫してソ連に返還を要求してきた。しかしソ連側は、一九六〇（昭和三五）年日米安保条約の改定によって北方領土がアメリカの軍事基地化することを恐れて態度を硬化し、以後「ソ連の国際取り決めによって解決ずみ」と門前払いの形で両国の主張は全く対立したままで経過した。ソ連の主張した根拠は①カイロ宣言、②ヤルタ協定、③ポツダム宣言、④一九四六年一月二九日の総司令部覚書（ＳＣＡＰＩＮ第六七七号）、⑤サンフランシスコ条約第二条、⑥日ソ共同宣言第九条、である。これに対し日本側は①北方領土はカイロ宣言でいう「日本が略取した地域」ではない、②千島列島をソ連に引き渡すことを決めたヤルタ協定は、国際法的に領土問題を最終決定したものではなく、また日本はヤルタ協定に参加していないから、その取り決めには拘束されない、③サンフランシスコ平和条約で、日本が放棄した南樺太と千島列島の最終的帰属は決まっていないし、歯舞・色丹はもとより、一八七五（明治八）年の樺太・千島交換条約の条文からみて国後・択捉島も平和条約のいう千島列島に含まれない、④松本・グロムイコ書簡（領土問題を含め平和条約を結ぶための交渉は、国交回復後継続することを合意）など、日ソ共同宣言が結ばれたいきさつからみて、国後・択捉両島は未解決の問題である、と反論してきた。日ソ共同宣言の締結後三十数年、両国間で以上のような法理論的論争を繰り返してきたが、まったく出口の見つからなかったこの問題も、一九八五年に登場したゴルバチョフ書記長（のち大統領）のペレストロイカ政策のなかでいったんは領土問題の存在が認められるようになった。しかし、一九九一年一二月のソ連邦解体により、北方領土問題はロシアとの外交交渉に受け継がれ、ロシア政府は領土問題の解決の必要性を認識しながらも、国内世論や保守派及び議会との対立から慎重な姿勢をとり続けている。

2 日韓基本条約——一九六五年六月二二日調印 ★★☆☆☆

要点ナビ 日本（佐藤栄作首相）と韓国（朴正煕大統領）との間で調印。

日本国及大韓民国は……両国の相互の福祉及び共通の利益の増進のため、並びに国際の平和及び安全の維持のために、両国が国際連合憲章の原則に適合して緊密に協力することが重要であることを認め……次の諸条を協定した。

第一条 両締約国間に外交及び領事関係が開設される。……

第二条 千九百十年八月二十二日[1]以前に大日本帝国と大韓《だいかん》帝国との間で締結されたすべての条約及び協定は、もはや無効であることが確認される。

第三条 大韓民国政府は、国際連合総会決議第百九十五号（III）[2]に明らかにされているとおりの朝鮮にある唯一の合法的な政府であることが確認される。

『日本外交主要文書・年表』

解説 日本政府は、一九五一（昭和二六）年九月署名したサンフランシスコ平和条約により、朝鮮の自由・独立を承認したが、戦後朝鮮半島に朝鮮民主主義人民共和国と大韓民国という二国家が成立したため、その関係の正常化は極めて困難なものとなった。このうち韓国とは一九五一年以来七次に及ぶ日韓会談を重ね、ようやく一九六五（昭和四〇）年六月に**日韓基本条約**が佐藤栄作内閣と朴正煕《パクチョンヒ》政権との間で締結された。その背景には日本からの経済援助を期待する朴政権と、日本の援助で韓国兵をベトナム戦争に派遣したいアメリカの思惑も働いていた。その一方で、多くの問題を先送りにせざるを得ず、慰安婦問題や竹島問題など、今日に大きな課題を残すこととなる。また日本では、朝鮮半島分断の固定化と、米・日・韓の軍事的結合が懸念された。こうして両国内でそれぞれの立場からの激しい反対運動で国会が揺れたが、一二月までに批《ひ》准《じゅん》された。なお、条約締結と同時に日本は韓国に有償無償合わせて八億ドル以上の経済援助を約束、以後韓国経済への日本の進出が急速に進むことになる。

1 **千九百十年八月二十二日** 一九一〇（明治四三）年八月二二日、韓国併合条約調印の日。

2 **国際連合総会決議** 韓国の統治権は北緯三八度以南に限定するというもので、半島における唯一合法政権であることを明記したい韓国の要求が全面的には認められなかった。

史料注 **日本外交主要文書・年表** 四四八頁参照。

探究12 日韓基本条約の問題点を述べよ。

3 沖縄返還協定[1]——一九七一年六月一七日調印 ★★☆☆☆

要点ナビ 日本（佐藤栄作首相）と米（ニクソン大統領）との間で調印。

第一条 1 アメリカ合衆国は、2に定義する琉球《りゅうきゅう》諸島及び大東《だいとう》諸島に関し、千九百五十一年九月

1 **沖縄返還協定** 正式には「琉球諸島及び大東諸島に関する日本国とアメリカ合

八日にサンフランシスコ市で署名《しょめい》された日本国との平和条約第三条の規定に基づくすべての権利及び利益を、この協定の効力発生の日から日本国のために放棄《ほうき》する。……

第二条　日本国とアメリカ合衆国との間に締結《ていけつ》された条約及びその他の協定（……）❷は、この協定の効力発生の日から琉球諸島及び大東諸島に適用されることが確認される。

第三条　1　日本国は、千九百六十年一月十九日にワシントンで署名された日本国とアメリカ合衆国との間の相互協力及び安全保障条約及びこれに関する取極《とりきめ》に従い、この協定の効力発生の日にアメリカ合衆国に対し琉球諸島及び大東諸島における施設及び区域の使用を許す。　『官報』

衆国との間の協定」という。

❷（……）このカッコ内の省略部分では、新日米安保条約とそれに関連する取り決め、日米友好通商条約が含まれるが、それらに限定されないとしている。

史料注　**官報**　三五八頁参照。

解説　沖縄は一九四五（昭和二〇）年四月～六月、太平洋戦争末期の沖縄戦でアメリカ軍の手に落ち、以後その統治下に置かれた。アメリカの沖縄に対する方針は当初明確なものではなかったが、東西冷戦のなかで次第に軍事的価値が注目されるようになり、一九五一（昭和二六）年のサンフランシスコ平和条約で占領の長期化が決定的となった。沖縄が極東の軍事拠点として重視されるにつれ、アメリカは住民に起こった復帰運動を弾圧したが、逆に一九六〇（昭和三五）年の沖縄祖国復帰協議会結成など運動の盛り上がりを呼ぶこととなった。さらに一九六五（昭和四〇）年以降アメリカのベトナム戦争の北爆（北ベトナムへの空襲）基地となり、沖縄復帰（本土では返還）運動がベトナム反戦運動と連動して展開された。日本政府も事態に応じ返還運動に取り組み始め、アメリカもベトナム戦争遂行のため同盟国に負担を分担させる意図から交渉に応じ、**佐藤栄作**首相とジョンソン大統領の会談で、一九六七（昭和四二）年、「両三年以内」の沖縄返還が約束された。（小笠原諸島の返還はここで決定した。）さらに一九六九（昭和四四）年一一月の佐藤・ニクソン共同声明で一九七二（昭和四七）年中の沖縄返還が決定し、それに基づいて一九七一（昭和四六）年六月一七日、**沖縄返還協定**が調印され、翌七二年五月一五日に返還された。そして、日本の極東における西側陣営の一員としての一層の防衛努力と、ドル危機のなか、日米貿易摩擦での譲歩なども取り決められた。

佐藤首相は「沖縄返還が実現しない限り戦後は終わらない」と述べ、軍事施設については日米安保条約を適用し「核抜き」「本土なみ」をめざし、形式としてその原則は貫かれた。しかし、核保有についてアメリカは言及していないこと、全国の米軍専用施設の約七〇パーセントが沖縄に集中しており、しかも米軍の削減分に自衛隊が配備されていることなど多くの問題点が残り、沖縄経済についても基地依存からの脱却やどう平和的振興をはかるかなど難問が多い。一七世紀の薩摩藩の侵略から明治政府での強引な日本の領土編入を経て、太平洋戦争ではいわば本土の「捨て石」にされ唯一地上戦を経験した沖縄、そして戦後は本土と切り離されて統治されてきた沖縄県民にとって、「戦後が終わる」には課題があまりにも重く積み残されている。

4 日中国交問題 ★☆☆☆☆

要点ナビ
日中共同声明…日本（田中角栄首相）と中国（周恩来首相）との間で調印。日中平和友好条約…福田赳夫内閣。

1 復交三原則 ①中華人民共和国政府が中国の唯一の合法政府であること、②台湾は中華人民共和国の領土の不可分の一部であること、③日本と台湾の平和条約は不法・無効であること。

(1) 日中共同声明――一九七二年九月二九日調印

日本側は、過去において日本国が戦争を通じて中国国民に重大な損害を与えたことについての責任を痛感し、深く反省する。また日本側は中華人民共和国政府が提起した「復交三原則」[1]を十分理解する立場に立って国交正常化の実現をはかるという見解を再確認する。中国側は、これを歓迎するものである。……

一、日本国と中華人民共和国との間のこれまでの不正常な状態は、この共同声明が発出される日に終了する。

二、日本国政府は、中華人民共和国政府が中国の唯一の合法政府であることを承認する。

三、中華人民共和国政府は、台湾が中華人民共和国の領土の不可分の一部であることを重ねて表明する。日本国政府はこの中華人民共和国政府の立場を十分理解し、尊重し、ポツダム宣言第八項に基づく立場を堅持する。

五、中華人民共和国政府は、中日両国国民の友好のために、日本国に対する戦争賠償《ばいしょう》の請求を放棄《ほうき》することを宣言する。

六、日本国政府及び中華人民共和国政府は、主権及び領土保全の相互尊重、相互不可侵《ふかしん》、内政に対する相互不干渉《ふかんしょう》、平等及び互恵《ごけい》並びに平和共存の諸原則の基礎の上に両国間の恒久《こうきゅう》的な平和友好関係を確立することに合意する。

両政府は、右の諸原則及び国際連合憲章の原則に基づき、日本国及び中国が、相互の関係において、すべての紛争を平和的手段により解決し、武力又は武力による威嚇《いかく》に訴えないことを確認する。

七、日中両国間の国交正常化は、第三国に対するものではない。両国のいずれも、アジア・太平洋地域において覇権《はけん》❷を求めるべきではなく、このような覇権を確立しようとする他のいかなる国あるいは国の集団による試みにも反対する。

『日本外交主要文書・年表』

(2)日中平和友好条約❸——一九七八年八月一二日調印

第二条　両締約国は、そのいずれも、アジア・太平洋地域においても又は他のいずれの地域においても覇権を求めるべきではなく、また、このような覇権を確立しようとする他のいかなる国又は国の集団による試みにも反対することを表明する。

第四条　この条約は、第三国との関係に関する各締約国の立場に影響を及ぼすものではない。

『日本外交主要文書・年表』

❷覇権　覇者としての権力。当時中国はソ連と対立、ブレジネフ政権を「覇権主義」として反ソキャンペーンを実施し、ソ連の圧力に対抗する目的で、アメリカ、日本との友好を摸索した。明らかにソ連を非難しており、次の日中平和友好条約では「覇権条項」をめぐって交渉が中断、双方歩みよりの結果、第二条の「覇権条項」に加えて第四条を設け、ソ連に配慮する内容とした。

❸日中平和友好条約　正式には「日本国と中華人民共和国との間の平和条約」。

史料注

日本外交主要文書・年表　四四八頁参照。

解説

サンフランシスコ講和会議に招かれなかった中国（中華人民共和国）政府と台湾国民政府のうち、国民政府とは一九五二（昭和二七）年四月、日華平和条約を結んで戦争状態を終えていた。それは、米ソの冷戦構造のなかで日本がアメリカに同調する道を選んだからである。しかし、そのため中華人民共和国との国交正常化には二十数年を要することとなる。民間レベルの貿易協定は既に一九五二年に結ばれ交流が盛んとなっていたが、親台湾派の岸信介《のぶすけ》内閣の施策を不満とした中国は貿易経済関係をも断絶した。その後、一九六二（昭和三七）年（池田勇人《はやと》内閣）には貿易が再開される（**LT貿易**）が、台湾を捨て切れないアメリカに追随する佐藤栄作内閣のもと再び後退するに至った。ところが、一九七一（昭和四六）年日本がアメリカに協力して反対し続けた中国の国連加盟が実現し、翌七二年ニクソン大統領が中国を訪問する事態に及んだ。

佐藤内閣のあと成立した**田中角栄**内閣は、米中接近に対応、また国内経済界のあと押しにも乗って首相就任直後の一九七二（昭和四七）年九月に訪中、**周恩来**《しゅうおんらい》首相との**日中共同声明**を発表、**日中国交正常化**を実現した。これに伴い台湾は日本との国交を断絶した。なお共同宣言がめざした日中平和条約の交渉は「覇権条項《はけんじょうこう》」をめぐって難航、**福田赳夫**《たけお》内閣まで持ち越され、「ソ連の覇権」と特定したい中国に対し、全方位外交を掲げる日本は対ソ関係の悪化を懸念して難色を示し、結局一般的な覇権反対を表明することで合意が成立、一九七八（昭和五三）年に**日中平和友好条約**調印が実現した。

⬆日中共同声明の発表（1972年）

7 高度経済成長

1 朝鮮戦争と特需 ★☆☆☆☆

朝鮮戦争[1]が日本経済にもたらしたブームは、そのもり上り方からすると、おそらく戦後で最大のものであった。ブームのひきがねは、第一に大量の特需《とくじゅ》[2]の発生、第二に輸出の伸長であった。日本が戦場と至近の距離にあったことから、軍需の緊急調達のためいわゆる朝鮮特需が大量集中して発注された。朝鮮特需というのは、当初は朝鮮戦線に出動する国連軍（主力は米軍）に補給するための物資、および役務《えきむ》サービスの需要を直接的に意味したもので、……朝鮮戦争三カ年間のこの意味での狭義《きょうぎ》特需だけでも、累計《るいけい》一〇億ドルにのぼったが、……そして物資について戦争前半期は、土のう用麻袋、軍用毛布および綿布・軍用トラック・航空機用タンク・砲弾《ほうだん》・有刺《ゆうし》鉄線などが多かったが、のち休戦交渉に入ってからは韓国復興用資材の特需が増えた。　『戦後日本経済史』

※色文字は重要語

1 朝鮮戦争　一九五〇年六月〜五三年七月、北緯三八度線での朝鮮民主主義人民共和国と大韓民国の武力衝突に、それぞれソ連・中国とアメリカ（国連軍）が介入して長期化した。

2 特需　第二次大戦後のアメリカの軍事政策によって生じた特殊需要。朝鮮戦争における国連軍が行ったドル払いによる軍需品買い付けから始まる。

史料注

戦後日本経済史　経済安定本部（現経済企画庁）に勤務した経済学者内野達郎の著書。

探究13 朝鮮戦争が日本に与えた経済的影響について述べよ。

解説　一九四九（昭和二四）年の**ドッジ=ライン**以来の不況にあえいでいた日本経済に、活気を与える結果となったのが**朝鮮戦争**である。米軍の軍需物資の調達や兵器の修理などによる多額のドル収入により日本経済は復興し、一九五一（昭和二六）年にはGNP（国民総生産）と個人消費が総額で戦前の水準を超え、一九五三（昭和二八）年にはそれぞれ一人当たりでも戦前水準を上まわった。また、アメリカからのドル収入で石炭などのエネルギーを輸入し、加工して輸出するという、以後の貿易の形態もこの時確立した。政府はこの機に日本経済の自立を図り、積極的な産業政策を実施した。この努力は一九五〇年代後半にみのり、高度経済成長へとつながっていく。日本経済の復興と発展が、歴史が生み出した民族分断の不幸な戦争を背景としてもたらされた事実を見逃してはならない。

2 もはや戦後ではない ★★☆☆☆

要点ナビ　「もはや戦後ではない」。この言葉の本当の意味とは？

戦後日本経済の回復の速《すみや》かさには誠に万人《ばんにん》の意《い》表外《ひょうがい》にでるものがあった。それは日本国民の勤勉な努力によって培《つちか》われ、世界情勢の好都合な発展によって育《はぐ》くまれた。しかし敗戦によって落ち込んだ谷が深かったという事実そのものが、その谷からはい上るスピードを速からしめたという事情も忘れることはできない。経済の浮揚力《ふよう》には事欠かなかった。経済政策としては、ただ浮き揚《あが》る過程で国際収支の悪化やインフレの壁に突き当たるのを避《さ》けることに努めれば良かった。消費者は常にもっと多く物を買おうと心掛《が》け、企業者は常にもっと多く投資しようと待ち構えていた。いまや経済の回復による浮揚力はほぼ使い尽《つく》された。なるほど、貧乏な日本のこと故《ゆえ》、世界の他の国々にくらべれば、消費や投資の潜在《せんざい》需要はまだ高いかもしれないが、戦後の一時期にくらべれば、その欲望の熾烈《しれつ》さは明かに減少した。もはや「戦後」ではない。われわれはいまや異った事態に当面しようとしている。回復を通じての成長は終った。今後の成長は近代化によって支えられる。そして近代化の進歩も速かにしてかつ安定的な経済の成長によって初めて可能となるのである。

『一九五六年度版　経済白書』

史料注

経済白書　経済安定本部のちには経済企画庁が出している経済の現状・政策に関する年次報告書。一九四七年より出されている。

要点ナビ　池田勇人内閣が打ち出した長期経済政策。

❸ 国民所得倍増計画──一九六〇年一二月二七日閣議決定　★★☆☆☆

(1) 計画の目的

国民所得❶倍増計画は、速《すみ》やかに国民総生産❷を倍増して、雇用の増大による完全雇用の達成をはかり、国民の生活水準を大幅に引き上げることを目的とするものでなければならない。この場合とくに農業と非農業間、大企業と中小企業間、地域相互間ならびに所得階層間に存在する生活上および所得上の格差の是正につとめ、もつて国民経済と国民生活の均衡ある発展を期さなければならない。

(2) 計画の目標

❶**国民所得**　一年間に国民が得る所得の総量で、国民総生産（GNP）から固定資本減耗・間接税を差し引き、補助金額を加えた額。

❷**国民総生産**　英略語GNP。一年間に国民が生産した価値の総量。経済のグローバル化が進展したことから、

現在では国内総生産（GDP）が指標として用いられている。

3 国土総合開発計画　地域間の均衡ある発展を目指した第一次の全国総合開発計画は、一九六二（昭和三七）年に策定された。

4 地域住民……とする　当時はもっぱら特定地域の開発に重点がおかれていたが、朝鮮戦争による特需をきっかけに日本経済が「復興」から「成長」へと向かったことから、特定地域にとどまらない「全国」「日本列島」を対象とする「総合」的な開発計画の必要性の気運が高まっていった。

史料注　**国民所得倍増計画**　池田内閣の下で策定された長期経済計画で、経済学者の下村治が立案した。

国民所得倍増計画は、今後一〇年以内に国民総生産二六兆円（三三年度価格）に到達することを目標とするが、これを達成するため、計画の前半期において、技術革新の急速な進展、豊富な労働力の存在など成長を支える極めて強い要因の存在にかんがみ、適切な政策の運営と国民各位の協力により計画当初三カ年について三五年度一三兆六、〇〇〇億円（三三年度価格一三兆円）から年平均九％の経済成長を達成し、昭和三八年度に一七兆六、〇〇〇億円（三五年度価格）の実現を期する。

(3)　計画実施上とくに留意すべき諸点とその対策の方向

(イ)　農業近代化の推進……　(ロ)　中小企業の近代化……

(ハ)　後進地域の開発促進　後進性の強い地域……の開発促進ならびに所得格差是正のため、速やかに国土総合開発計画[3]を策定し、その資源の開発につとめる。さらに、税制金融、公共投資補助率等について特段の措置を講ずるとともに所要の立法を検討し、それら地域に適合した工業等の分散をはかり、以つて地域住民の福祉向上とその地域の後進性克服を達成するものとする。[4]

『国民所得倍増計画』

解説　朝鮮戦争の特需《とくじゅ》に沸《わ》いた日本経済も一九五三（昭和二八）年の休戦協定以後、深刻な危機を迎えた。特需ブームで物価は上昇して輸出が伸び悩み、逆に輸入が急増して五三年段階で国際収支は四億ドル近い赤字となった。「**もはや戦後ではない**」という言葉は、戦後奇跡の復興を遂げた日本経済の高らかな勝利宣言と誤解されている向きがあるが、決してそうではない。敗戦によって落ち込んだ谷が回復した以上、もはや戦後の回復を通じての経済成長は終わったのであり、これからが正念場であるということを言っているのである。政府は特需依存体制からの脱却をめざし、経済の自立と成長のための長期計画を実行し始めた。それが一九七〇年代初めの石油危機（オイルショック）まで続く高度経済成長の出発点である。「高度成長」を国民に強く意識させたのは、六〇年安保改定問題で退陣した岸信介内閣のあと登場した**池田勇人**内閣であった。池田首相は**国民所得倍増計画**により国民の関心を政治から経済に巧みに移行させていった。高度経済成長を支えた基盤としては、平和憲法を始め戦後改革によるものが大きい。軍事費、資源、労働力を平和経済に振り向けることができ、労働改革、教育改革、農地改革もそれぞれ生産性の向上や国内市場の拡大などにつながった。その一方で公害、農山村の過疎、都会の過密、外国との貿易摩擦、生活関連資本の立ち遅れなどの問題を生んだ。

8 現代の諸課題

1 同和問題 ★☆☆☆☆

(1)同和対策審議会答申[1]——一九六五年八月一一日答申

いうまでもなく同和問題は人類普遍《ふへん》の原理である人間の自由と平等に関する問題であり、日本国憲法によって保障された基本的人権にかかわる課題である。したがって、審議会はこれを未解決に放置することは断じて許されないことであり、その早急な解決こそ国の責務であり、同時に国民的課題である。……

……歴史をかえりみても、同和地区住民がその時代における主要産業の生産過程《かてい》から疎外《そがい》され、賤《せん》業《ぎょう》とされる雑業《ざつぎょう》に従事していたことが社会的地位の上昇と解放への道を阻《はば》む要因となったのであり、このことは現代社会においても変らないからである。したがって、同和地区住民に就職と教育の機会均等を完全に保障し、同和地区に滞溜《たいりゅう》する停滞的過剰《ていたいてきかじょう》人口を近代的な主要産業の生産過程に導入することにより生活の安定と地位の向上をはかることが、同和問題解決の中心的課題である。『官報』

(2)同和対策事業特別措置法[2]——一九六九年七月一〇日公布・施行

第一条（目的）　この法律は、すべての国民に基本的人権の享有《きょうゆう》を保障する日本国憲法の理念にのっとり、歴史的社会的理由により生活環境等の安定向上が阻害されている地域（以下「対象地域」という。）について国及び地方公共団体が協力して行なう同和対策事業の目標を明らかにするとともに、この目標を達成するために必要な特別の措置を講ずることにより、対象地域における経済力の培養、住民の生活の安定及び福祉の向上等に寄与することを目的とする。

※色文字は重要語

1 同和対策審議会答申　政府が一九六〇（昭和三五）年総理府の付属機関として設置した同和対策審議会（同対審）に「同和地区に関する社会的及び経済的諸問題を解決するための根本的方策」を諮問したのに対する答申。

2 同和対策事業特別措置法　一〇年間の時限立法であるが、七八年さらに三か年延長された。

史料注　官報　三五八頁参照。

第五条（同和対策事業の目標）　同和対策事業の目標は、対象地域における生活環境の改善、社会福祉の増進、産業の振興、職業の安定、教育の充実、人権擁護活動の強化等を図ることによって、対象地域の住民の社会的経済的地位の向上を不当にはばむ諸要因を解消することにあるものとする。

『官報』

解説　日本国憲法の理念と諸規定にもかかわらず、部落差別は依然として根絶されなかった。戦後の解放運動は水平社の流れをくむ部落解放同盟が中心となり、労働組合、民主団体、革新政党などにより展開され、政府もこれを受けて同和対策審議会を設け、一九六五（昭和四〇）年八月に答申を得た。答申は部落問題は基本的人権にかかわる課題であり早急な解決を国の責務・国民的課題とし、特別措置法の制定や財政的措置などを緊急課題とした。さらに同対審完全実施要求運動が展開するなか、政府は一九六九（昭和四四）年七月、同和対策事業特別措置法を制定した。これは差別に苦しむ同和地区の住民はもとより、明治以来の部落解放運動を進めてきた人々の悲願の達成であり、同和地区の生活環境改善など、実態的差別はかなり解消されることとなった。しかし、心理的差別にかかわる啓発活動などの遅れもあり差別事件は現在も根絶できていない。部落差別の撤廃のためには、この問題が国民一人ひとりの課題であることと、その根絶が日本の民主主義社会建設のために必要不可欠であることの強い自覚が必要である。

❷ 核兵器拡散防止条約[1]——一九六八年七月一日調印　★☆☆☆

この条約を締結する国は、核戦争が全人類に惨害《さんがい》をもたらすものであり、……核兵器の拡散が核戦争の危険を著しく増大させると信じ、核兵器の一層広範囲にわたる分散の防止に関する協定を締結することを要求する国際連合総会の決議に従い、……次のとおり協定した。

第一条　締約国である各核兵器国は、核兵器その他の核爆発装置又はその管理をいかなる者に対しても直接又は間接に移譲《いじょう》しないこと及び核兵器その他の核爆発装置の製造若しくはその他の方法による取得又は核兵器その他の核爆発装置の管理の取得につきいかなる非核兵器国に対してもなんら援助、奨励《しょうれい》又は勧誘を行なわないことを約束する。

1 核兵器拡散防止条約　正式には、「核兵器の不拡散に関する条約」といい、一九六八（昭和四三）年国連総会で成立。日本は七六年批准、現在の締約国は一九二か国（二〇一七年一月現在）。

史料注　**日本外交主要文書・年表**　四四八頁参照。

第二条　締約国である各非核兵器国は、核兵器その他の核爆発装置又はその管理をいかなる者からも直接又は間接に受領しないこと、核兵器その他の核爆発装置を製造せず……いかなる援助をも求めず又は受けないことを約束する。『日本外交主要文書・年表』

解説　戦後、一九五〇年代前半までは東西冷戦構造のなかで、米ソの核兵器開発競争が激しく行われたが、一九五四（昭和二九）年、日本漁船第五福竜丸がアメリカの核実験に被爆したことを契機に、第二次世界大戦での唯一の被爆国日本を中心に原水爆禁止運動が高まった。また、朝鮮戦争や一九六二（昭和三七）年の**キューバ危機**で核戦争の寸前までいったことを背景に、六三年の部分的核実験停止条約に続き、**核兵器拡散防止条約**が一九六八（昭和四三）年、六二か国による調印が行われ、一九七〇（昭和四五）年三月に発効した。採択・発効後も加盟国は増加し、二〇一七（平成二九）年一月現在の締約国は一九二か国である。二五年間の期限付きで導入されたため、発効から二五年目にあたる一九九五（平成七）年に再検討・延長会議が開催され、条約の無条件、無期限延長が決定された。この条約は、核兵器保有国を米、ソ（ロ）、英、仏、中の五か国と規定しているが、核兵器保有国であるインドとパキスタンは、条約が制定時の核兵器保有五か国にのみ核兵器保有の特権を認め、それ以外の国には保有を禁止する不平等条約であるとして未加盟であり、核兵器を保有していると疑われているイスラエルも加盟していない。また、北朝鮮は核兵器開発疑惑の指摘と査察要求に反発して一九九三（平成五）年三月に脱退、二〇〇六（平成一八）年一〇月に核実験を強行するなど、今後の課題も多い。

要点ナビ　宮沢喜一内閣。

❶PKO協力法　正式には、「国際連合平和維持活動等に対する協力に関する法律」という。

❷平和維持活動　（Peace-Keeping Operations）第二次世界大戦後、米ソの対立によって、国連憲章第七章で唱えられた集団安全保障が実現されなかったため、紛争の平和的解決をめざして、独自に考え出された活

3 PKO協力法❶――一九九二年六月一九日公布、同年八月一〇日施行　★☆☆☆

第一条（目的）　この法律は、国際連合平和維持活動❷及び人道的な国際救援活動に対し適切かつ迅速《じんそく》な協力を行うため、国際平和協力業務実施計画及び国際平和協力業務実施要領の策定《さくてい》手続、国際平和協力隊の設置等について定めることにより、国際平和協力業務の実施体制を整備するとともに、これらの活動に対する物資協力のための措置《そち》等を講じ、もって我が国が国際連合を中心とした国際平和のための努力に積極的に寄与することを目的とする。

第二条（国際連合平和維持活動及び人道的な国際救援活動に対する協力の基本原則）　政府は、この法律に基づく国際平和協力業務の実施、物資協力、これらについての国以外の者の協力等（以下「国際平和協力業務の実施等」という。）を適切に組み合わせるとともに、国際平和協力業務の実施

等に携わる者の創意と知見を活用することにより、国際連合平和維持活動及び人道的な国際救援活動に効果的に協力するものとする。

2 国際平和協力業務の実施等は、武力による威嚇又は武力の行使に当たるものであってはならない。『官報』

解説 一九九一（平成三）年に起こった**湾岸《わんがん》戦争**でアメリカに「国際貢献」を迫られた日本は、多国籍軍に一三〇億ドルもの資金援助を行ったが、終結後のアメリカを中心とした参戦国からの非難により自衛隊の実任務として初めてペルシャ湾に掃海艇を派遣した。これをきっかけに自衛隊のあり方についての新たな論議がおこった。冷戦終結後、続発する地域紛争に**国連平和維持活動（PKO）**で対応する国際的動きもあいまって、PKOへの参加を目的に初めて自衛隊の海外派遣を可能ならしめた法律がPKO協力法である。制定にあたっては、憲法九条との関係や、自衛隊の集団的自衛権の行使につながるものとして国会で激しい議論がかわされたが、**国連平和維持軍（PKF）**参加の凍結、PKF参加の国会事前承認、三年後の見直しなどを内容とする大幅な修正が行われ、一九九二（平成四）年六月に可決、成立した。この法律に基づく最初の自衛隊の派遣は一九九二（平成四）年九月のカンボジア国際平和協力隊として国際連合カンボジア暫定機構（UNTAC）に対するものであった。派遣される隊員は、自衛の為の最小限度の武器の携帯は許されるが、集団的自衛権は適用されないとしていたが、二〇〇一（平成一三）年の改正により、自衛隊のPKF参加が可能になったほか、武器の使用規定についても、自己の管理の下にある者の生命、身体の保護のための武器使用や武器等の保護のための武器使用を認める内容に改正された。

動である。主たる活動は紛争の拡大の防止、停戦の監視、または選挙の監視のほか、非武装の監視団と軽火器を保有する平和維持軍である。

史料注 **官報** 三五八頁参照。

4 アイヌ文化振興法❶——一九九七年五月一四日公布 ★☆☆☆

第一条（目的） この法律は、アイヌ❷の人々の誇りの源泉であるアイヌの伝統及びアイヌ文化（以下「アイヌの伝統等」という。）が置かれている状況にかんがみ、アイヌ文化の振興《しんこう》並びにアイヌの伝統等に関する国民に対する知識の普及及び啓発（以下「アイヌ文化の振興等」という。）を図《はか》るための施策を推進することにより、アイヌの人々の民族としての誇りが尊重される社会の実現を図り、あわせて我が国の多様な文化の発展に寄与することを目的とする。

第二条（定義） この法律において「アイヌ文化」とは、アイヌ語並びにアイヌにおいて継承《けいしょう》されてきた音楽、舞踊、工芸その他の文化的所産及びこれから発展した文化的所産をいう。『官報』

要点ナビ 北海道旧土人保護法は廃止も、アイヌの先住性は認められず。

❶**アイヌ文化振興法** 正式には、「アイヌ文化の振興並びにアイヌの伝統等に関する知識の普及及び啓発に関する法律」という。

❷**アイヌ** 北海道、樺太などに住む一種族。

史料注 **官報** 三五八頁参照。

解説 アイヌ文化振興法は「民族としての誇りが尊重される社会の実現」と「多様な文化の発展に寄与する」ことが立法の趣旨である。日本が複数民族国家であることを初めて認めた民族法となる。一方、文面に「先住性」という言葉も消え、また現実には人口一〇〇〇人当たりの生活保護受給者が道内の平均の二倍強、大きく下回る高校・大学への進学率、就職・結婚差別など多くの課題も残されている。日本列島に住む人々は決して単一民族ではなく、沖縄の問題も含めて、そこには支配と隷従の歴史があることを改めて認識することが必要である。

Spot

改正特措法とアイヌ文化振興法

一九九七（平成九）年の春、四月、五月と相次いで二つの法案が成立した。一つは沖縄、米軍施設用地の暫定《ざんてい》使用を可能にするいわゆる「改正特措法」であり、一つはアイヌ文化振興法である。琉球《りゅうきゅう》を沖縄県と呼び、蝦夷地《えぞち》を北海道と呼ぶのは近代の産物である。富国強兵・殖産興業の国是《こぜ》のなかに、人々は日本国への同化を余儀なくされた。今なお広大な米軍基地の集中する沖縄、そして今になって初めて民族の誇りが尊重される社会の実現がうたわれるアイヌの人々。日本列島に住む我々は何かを忘れてはいないだろうか。

5 周辺事態法[1]——一九九八年五月二八日公布　★☆☆☆

第一条（目的）　この法律は、そのまま放置すれば我が国に対する直接の武力攻撃に至るおそれのある事態等我が国周辺の地域における我が国の平和及び安全に重要な影響を与える事態に対応して我が国が実施する措置、その実施の手続その他の必要な事項を定め、日本国とアメリカ合衆国との間の相互協力及び安全保障条約の効果的な運用に寄与し、我が国の平和及び安全の確保に資することを目的とする。

第二条（周辺事態への対応の基本原則）　①　政府は、周辺事態に際して、適切かつ迅速《じんそく》に、後方地域支援、後方地域捜索救助活動、周辺事態に際して実施する船舶検査活動に関する法律に規定する船舶検査活動その他の周辺事態に対応するため必要な措置を実施し、我が国の平和及び安全の確保に努めるものとする。

要点ナビ

小渕恵三内閣。

1 周辺事態法　正式名称は「周辺事態に際して我が国の平和及び安全を確保するための措置に関する法律」。

②対応措置の実施は、武力による威嚇《いかく》又は武力の行使に当たるものであってはならない。

第三条（定義等）三 後方地域 我が国領域並びに現に戦闘行為が行われておらず、かつ、そこで実施される活動の期間を通じて戦闘行為が行われることがないと認められる我が国周辺の公海……及びその上空の範囲をいう。

『官報』

史料注 **官報** 三五八頁参照。

解説 **周辺事態法**とは日米防衛協力のための指針（日米新ガイドライン）の規定に基づき、「周辺事態」における「日米相互協力計画」を実施するための法律である。「周辺事態」とは「日米新ガイドライン」において、日米政府が「日本有事」とともに対処すべきとされている「日本周辺地域における事態で、日本の平和と安全に重要な影響を与える場合」であるとされたが、その概念は、「地理的なものではなく、事態の性質に着目したものである」という曖昧《あいまい》なものとなっている。この「周辺事態法」により、日米安保体制は「アジア・太平洋」の安全保障として機能することになり、必然的に自衛隊の軍事分担も拡大されて、単に「本土防衛」のみならず、新たに「周辺事態」に対処することが可能となった。日本本土の外に向かっての軍事機能の発揮が可能となったことで、周辺諸国からは懸念が表明され、アジアの平和と逆行するとの指摘もある。

6 国旗・国歌法❶——一九九九年八月一三日公布 ★☆☆☆

第一条 国旗は、日章旗《にっしょうき》とする。

第二条 国歌は、君が代《きみがよ》とする。

別記第二（第二条関係） 君が代の歌詞

君❷が代は 千代《ちよ》に八千代《やちよ》に さざれ石の いわおとなりて こけのむすまで

『官報』

要点ナビ 小渕恵三内閣。

❶**国旗・国歌法** 正式名称は「国旗及び国歌に関する法律」。

❷**君** 君が代の「君」については、小渕首相（当時）が日本国憲法第一条を引用して「日本国及び日本国民統合の象徴であり、その地位が主権の存する国民の総意に基づく天皇のことを指す」との見解を示した。

史料注 **官報** 三五八頁参照。

解説 一九九〇年代後半から、公立学校の教育現場において、当時の文部省の指導により日章旗（日の丸）の掲揚《けいよう》と、君が代の斉唱《せいしょう》が事実上、義務づけられるようになった。しかし、反対派は日本国憲法の思想・良心の自由に反すると主張して社会問題となった。一九九九（平成一一）年には広島県の県立高校で卒業式当日に、君が代斉唱や日章旗掲揚に反対する教職員と文部省の通達との板挟《いたばさ》みになっていた校長が自殺。これが一つのきっかけとして法制化が進み、本法が成立した。当時の小渕恵三首相は衆議院本会議において、法制化にあたり、国旗の掲揚および国歌の斉唱に関し義務づけを行うことは考えておらず、学校における国旗および国歌の指導についても、その方針に変更が生ずるものではないと答弁している。

索 引

あ

い

う

え

お

か

時代	元号	よみ	年
	文暦	ぶんりゃく	1234〜1235
	嘉禎	かてい	1235〜1238
	暦仁	りゃくにん	1238〜1239
	延応	えんおう	1239〜1240
	仁治	にんじ	1240〜1243
	寛元	かんげん	1243〜1247
	宝治	ほうじ	1247〜1249
	建長	けんちょう	1249〜1256
	康元	こうげん	1256〜1257
	正嘉	しょうか	1257〜1259
	正元	しょうげん	1259〜1260
	文応	ぶんおう	1260〜1261
	弘長	こうちょう	1261〜1264
	文永	ぶんえい	1264〜1275
	建治	けんじ	1275〜1278
	弘安	こうあん	1278〜1288
	正応	しょうおう	1288〜1293
	永仁	えいにん	1293〜1299
	正安	しょうあん	1299〜1302
	乾元	けんげん	1302〜1303
	嘉元	かげん	1303〜1306
	徳治	とくじ	1306〜1308
	延慶	えんきょう	1308〜1311
	応長	おうちょう	1311〜1312
	正和	しょうわ	1312〜1317
	文保	ぶんぽう	1317〜1319
	元応	げんおう	1319〜1321
	元亨	げんこう	1321〜1324
	正中	しょうちゅう	1324〜1326
	嘉暦	かりゃく	1326〜1329

南朝

時代	元号	よみ	年
南北朝時代	元徳	げんとく	1329〜1331
	元弘	げんこう	1331〜1334
	建武	けんむ	1334〜1336
	延元	えんげん	1336〜1340
	興国	こうこく	1340〜1346
	正平	しょうへい	1346〜1370
	建徳	けんとく	1370〜1372
	文中	ぶんちゅう	1372〜1375
	天授	てんじゅ	1375〜1381
	弘和	こうわ	1381〜1384
	元中	げんちゅう	1384〜1392

北朝

時代	元号	よみ	年
	元徳	げんとく	1329〜1332
	正慶	しょうけい	1332〜1334
	建武	けんむ	1334〜1338
	暦応	りゃくおう	1338〜1342
	康永	こうえい	1342〜1345
	貞和	じょうわ	1345〜1350
	観応	かんのう	1350〜1352
	文和	ぶんな	1352〜1356
	延文	えんぶん	1356〜1361
	康安	こうあん	1361〜1362
	貞治	じょうじ	1362〜1368
	応安	おうあん	1368〜1375
	永和	えいわ	1375〜1379
	康暦	こうりゃく	1379〜1381
	永徳	えいとく	1381〜1384
	至徳	しとく	1384〜1387
	嘉慶	かけい	1387〜1389
	康応	こうおう	1389〜1390
	明徳	めいとく	1390〜1394

（1392　南北朝合体）

時代	元号	よみ	年
室町時代	応永	おうえい	1394〜1428
	正長	しょうちょう	1428〜1429
	永享	えいきょう	1429〜1441
	嘉吉	かきつ	1441〜1444
	文安	ぶんあん	1444〜1449
	宝徳	ほうとく	1449〜1452
	享徳	きょうとく	1452〜1455
	康正	こうしょう	1455〜1457
	長禄	ちょうろく	1457〜1460
	寛正	かんしょう	1460〜1466
	文正	ぶんしょう	1466〜1467
	応仁	おうにん	1467〜1469
	文明	ぶんめい	1469〜1487
	長享	ちょうきょう	1487〜1489
	延徳	えんとく	1489〜1492
	明応	めいおう	1492〜1501
	文亀	ぶんき	1501〜1504
	永正	えいしょう	1504〜1521
	大永	だいえい	1521〜1528
	享禄	きょうろく	1528〜1532
	天文	てんぶん	1532〜1555
	弘治	こうじ	1555〜1558
	永禄	えいろく	1558〜1570

時代	元号	よみ	年
安土・桃山	元亀	げんき	1570〜1573
	天正	てんしょう	1573〜1592
	文禄	ぶんろく	1592〜1596
	慶長	けいちょう	1596〜1615
江戸時代	元和	げんな	1615〜1624
	寛永	かんえい	1624〜1644
	正保	しょうほう	1644〜1648
	慶安	けいあん	1648〜1652
	承応	じょうおう	1652〜1655
	明暦	めいれき	1655〜1658
	万治	まんじ	1658〜1661
	寛文	かんぶん	1661〜1673
	延宝	えんぽう	1673〜1681
	天和	てんな	1681〜1684
	貞享	じょうきょう	1684〜1688
	元禄	げんろく	1688〜1704
	宝永	ほうえい	1704〜1711
	正徳	しょうとく	1711〜1716
	享保	きょうほう	1716〜1736
	元文	げんぶん	1736〜1741
	寛保	かんぽう	1741〜1744
	延享	えんきょう	1744〜1748
	寛延	かんえん	1748〜1751
	宝暦	ほうれき	1751〜1764
	明和	めいわ	1764〜1772
	安永	あんえい	1772〜1781
	天明	てんめい	1781〜1789
	寛政	かんせい	1789〜1801
	享和	きょうわ	1801〜1804
	文化	ぶんか	1804〜1818
	文政	ぶんせい	1818〜1830
	天保	てんぽう	1830〜1844
	弘化	こうか	1844〜1848
	嘉永	かえい	1848〜1854
	安政	あんせい	1854〜1860
	万延	まんえん	1860〜1861
	文久	ぶんきゅう	1861〜1864
	元治	げんじ	1864〜1865
	慶応	けいおう	1865〜1868
明治以後	明治	めいじ	1868〜1912
	大正	たいしょう	1912〜1926
	昭和	しょうわ	1926〜1989
	平成	へいせい	1989〜2019
	令和	れいわ	2019〜

元号一覧 （西暦は改元年を含む）

時代	元号	西暦
飛鳥時代	大《たい》化《か》	645〜650
	白《はく》雉《ち》	650〜654
	朱《しゅ》鳥《ちょう》	686
	大《たい》宝《ほう》	701〜704
	慶《けい》雲《うん》	704〜708
奈良時代	和《わ》銅《どう》	708〜715
	霊《れい》亀《き》	715〜717
	養《よう》老《ろう》	717〜724
	神《じん》亀《き》	724〜729
	天《てん》平《びょう》	729〜749
	天平感《かん》宝《ぽう》	749
	天平勝《しょう》宝《ほう》	749〜757
	天平宝《ほう》字《じ》	757〜765
	天平神《じん》護《ご》	765〜767
	神《じん》護《ご》景《けい》雲《うん》	767〜770
	宝《ほう》亀《き》	770〜780
	天《てん》応《のう》	781〜782
平安時代	延《えん》暦《りゃく》	782〜806
	大《だい》同《どう》	806〜810
	弘《こう》仁《にん》	810〜824
	天《てん》長《ちょう》	824〜834
	承《じょう》和《わ》	834〜848
	嘉《か》祥《しょう》	848〜851
	仁《にん》寿《じゅ》	851〜854
	斉《さい》衡《こう》	854〜857
	天《てん》安《あん》	857〜859
	貞《じょう》観《がん》	859〜877
	元《がん》慶《ぎょう》	877〜885
	仁《にん》和《な》	885〜889
	寛《かん》平《びょう》	889〜898
	昌《しょう》泰《たい》	898〜901
	延《えん》喜《ぎ》	901〜923
	延《えん》長《ちょう》	923〜931
	承《じょう》平《へい》	931〜938
	天《てん》慶《ぎょう》	938〜947
	天《てん》暦《りゃく》	947〜957
	天《てん》徳《とく》	957〜961
	応《おう》和《わ》	961〜964
	康《こう》保《ほう》	964〜968
	安《あん》和《な》	968〜970
	天《てん》禄《ろく》	970〜973
	天《てん》延《えん》	973〜976
	貞《じょう》元《げん》	976〜978
	天《てん》元《げん》	978〜983
	永《えい》観《かん》	983〜985
	寛《かん》和《な》	985〜987
	永《えい》延《えん》	987〜989
	永《えい》祚《そ》	989〜990
	正《しょう》暦《りゃく》	990〜995
	長《ちょう》徳《とく》	995〜999
	長《ちょう》保《ほ》	999〜1004
	寛《かん》弘《こう》	1004〜1012
	長《ちょう》和《わ》	1012〜1017
	寛《かん》仁《にん》	1017〜1021
	治《じ》安《あん》	1021〜1024
	万《まん》寿《じゅ》	1024〜1028
	長《ちょう》元《げん》	1028〜1037
	長《ちょう》暦《りゃく》	1037〜1040
	長《ちょう》久《きゅう》	1040〜1044
	寛《かん》徳《とく》	1044〜1046
	永《えい》承《しょう》	1046〜1053
	天《てん》喜《ぎ》	1053〜1058
	康《こう》平《へい》	1058〜1065
	治《じ》暦《りゃく》	1065〜1069
	延《えん》久《きゅう》	1069〜1074
	承《じょう》保《ほう》	1074〜1077
	承《じょう》暦《りゃく》	1077〜1081
	永《えい》保《ほ》	1081〜1084
	応《おう》徳《とく》	1084〜1087
	寛《かん》治《じ》	1087〜1094
	嘉《か》保《ほう》	1094〜1096
	永《えい》長《ちょう》	1096〜1097
	承《じょう》徳《とく》	1097〜1099
	康《こう》和《わ》	1099〜1104
	長《ちょう》治《じ》	1104〜1106
	嘉《か》承《しょう》	1106〜1108
	天《てん》仁《にん》	1108〜1110
	天《てん》永《えい》	1110〜1113
	永《えい》久《きゅう》	1113〜1118
	元《げん》永《えい》	1118〜1120
	保《ほう》安《あん》	1120〜1124
	天《てん》治《じ》	1124〜1126
	大《だい》治《じ》	1126〜1131
	天《てん》承《しょう》	1131〜1132
	長《ちょう》承《しょう》	1132〜1135
	保《ほう》延《えん》	1135〜1141
	永《えい》治《じ》	1141〜1142
	康《こう》治《じ》	1142〜1144
	天《てん》養《よう》	1144〜1145
	久《きゅう》安《あん》	1145〜1151
	仁《にん》平《びょう》	1151〜1154
	久《きゅう》寿《じゅ》	1154〜1156
	保《ほう》元《げん》	1156〜1159
	平《へい》治《じ》	1159〜1160
	永《えい》暦《りゃく》	1160〜1161
	応《おう》保《ほ》	1161〜1163
	長《ちょう》寛《かん》	1163〜1165
	永《えい》万《まん》	1165〜1166
	仁《にん》安《あん》	1166〜1169
	嘉《か》応《おう》	1169〜1171
	承《じょう》安《あん》	1171〜1175
	安《あん》元《げん》	1175〜1177
	治《じ》承《しょう》	1177〜1181
	養《よう》和《わ》	1181〜1182
	寿《じゅ》永《えい》	1182〜1185
	元《げん》暦《りゃく》	1184〜1185
鎌倉時代	文《ぶん》治《じ》	1185〜1190
	建《けん》久《きゅう》	1190〜1199
	正《しょう》治《じ》	1199〜1201
	建《けん》仁《にん》	1201〜1204
	元《げん》久《きゅう》	1204〜1206
	建《けん》永《えい》	1206〜1207
	承《じょう》元《げん》	1207〜1211
	建《けん》暦《りゃく》	1211〜1213
	建《けん》保《ぽう》	1213〜1219
	承《じょう》久《きゅう》	1219〜1222
	貞《じょう》応《おう》	1222〜1224
	元《げん》仁《にん》	1224〜1225
	嘉《か》禄《ろく》	1225〜1227
	安《あん》貞《てい》	1227〜1229
	寛《かん》喜《ぎ》	1229〜1232
	貞《じょう》永《えい》	1232〜1233
	天《てん》福《ぷく》	1233〜1234

干支順位表　方位・時刻表

十干

五行	木		火		土		金		水	
兄弟	兄	弟	兄	弟	兄	弟	兄	弟	兄	弟
十干	甲 きのえ コウ	乙 きのと オツ	丙 ひのえ ヘイ	丁 ひのと テイ	戊 つちのえ ボ	己 つちのと キ	庚 かのえ コウ	辛 かのと シン	壬 みずのえ ジン	癸 みずのと キ

十二支

子 ね [鼠]	丑 うし チュウ [牛]	寅 とら イン [虎]	卯 う ボウ [兎]	辰 たつ シン [龍]	巳 み シ [蛇]	午 うま ゴ [馬]	未 ひつじ ビ [羊]	申 さる シン [猿]	酉 とり ユウ [鶏]	戌 いぬ ジュツ [犬]	亥 い ガイ [猪]

干支順位表

4 きのえ ね 甲子 カッシ	5 きのとうし 乙丑 イッチュウ	6 ひのえとら 丙寅 ヘイイン	7 ひのとう 丁卯 テイボウ	8 つちのえたつ 戊辰 ボシン	9 つちのと み 己巳 キシ	10 かのえうま 庚午 コウゴ	11 かのとひつじ 辛未 シンビ	12 みずのえさる 壬申 ジンシン	13 みずのとり 癸酉 キユウ
14 きのえいぬ 甲戌 コウジュツ	15 きのと い 乙亥 イツガイ	16 ひのえ ね 丙子 ヘイシ	17 ひのとうし 丁丑 テイチュウ	18 つちのえとら 戊寅 ボイン	19 つちのとう 己卯 キボウ	20 かのえたつ 庚辰 コウシン	21 かのと み 辛巳 シンシ	22 みずのえうま 壬午 ジンゴ	23 みずのとひつじ 癸未 キビ
24 きのえさる 甲申 コウシン	25 きのととり 乙酉 イツユウ	26 ひのえいぬ 丙戌 ヘイジュツ	27 ひのと い 丁亥 テイガイ	28 つちのえ ね 戊子 ボシ	29 つちのとうし 己丑 キッチュウ	30 かのえとら 庚寅 コウイン	31 かのとう 辛卯 シンボウ	32 みずのえたつ 壬辰 ジンシン	33 みずのと み 癸巳 キシ
34 きのえうま 甲午 コウゴ	35 きのとひつじ 乙未 イツビ	36 ひのえさる 丙申 ヘイシン	37 ひのととり 丁酉 テイユウ	38 つちのえいぬ 戊戌 ボジュツ	39 つちのと い 己亥 キガイ	40 かのえ ね 庚子 コウシ	41 かのとうし 辛丑 シンチュウ	42 みずのえとら 壬寅 ジンイン	43 みずのとう 癸卯 キボウ
44 きのえたつ 甲辰 コウシン	45 きのと み 乙巳 イッシ	46 ひのえうま 丙午 ヘイゴ	47 ひのとひつじ 丁未 テイビ	48 つちのえさる 戊申 ボシン	49 つちのととり 己酉 キユウ	50 かのえいぬ 庚戌 コウジュツ	51 かのと い 辛亥 シンガイ	52 みずのえ ね 壬子 ジンシ	53 みずのとうし 癸丑 キチュウ
54 きのえとら 甲寅 コウイン	55 きのとう 乙卯 イツボウ	56 ひのえたつ 丙辰 ヘイシン	57 ひのと み 丁巳 テイシ	58 つちのえうま 戊午 ボゴ	59 つちのとひつじ 己未 キビ	0 かのえさる 庚申 コウシン	1 かのととり 辛酉 シンユウ	2 みずのえいぬ 壬戌 ジンジュツ	3 みずのと い 癸亥 キガイ

干支は、十干と十二支を組み合わせて60回ごとに一周する周期を表した暦で、年や日付を表すのに利用された。その使用は中国の殷代（紀元前17〜11世紀）にさかのぼり、日本では5世紀頃の金石文から使用が確認できる。

十干は、陰陽五行説における五行（木・火・土・金・水）それぞれの陰陽を表すもので、日本では陽が兄姉（え）に、陰が弟妹（と）と解されたため、「えと」と呼ばれるようになった。

なお、ある紀元後西暦年の干支を調べる場合、その西暦年を60で割ったときの余りが干支順位表の左上の数と一致する干支が、その年の干支である。

方位・時刻表

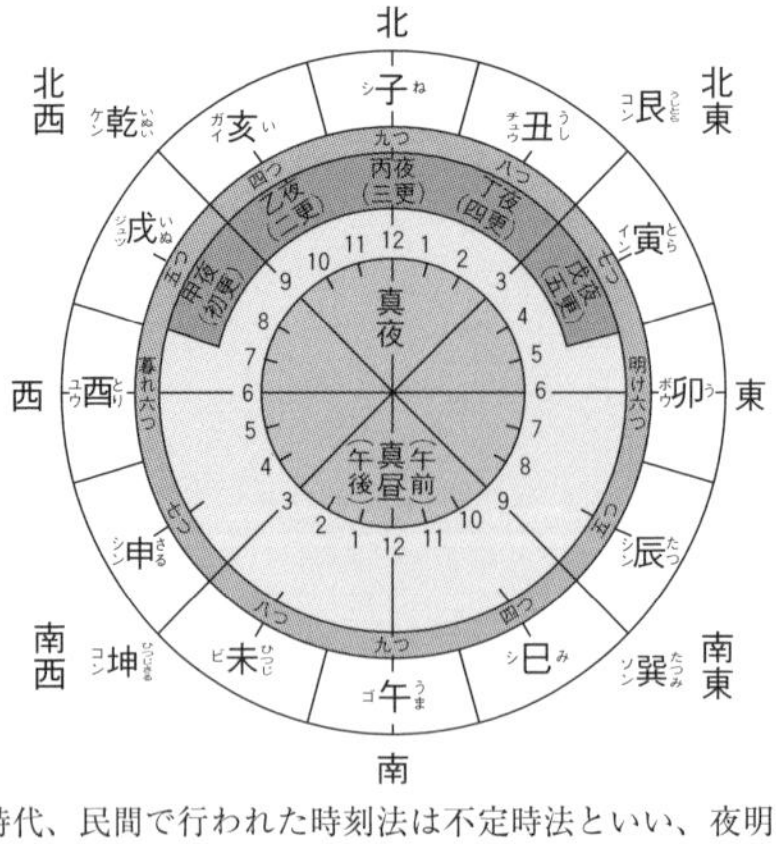

江戸時代の不定時法

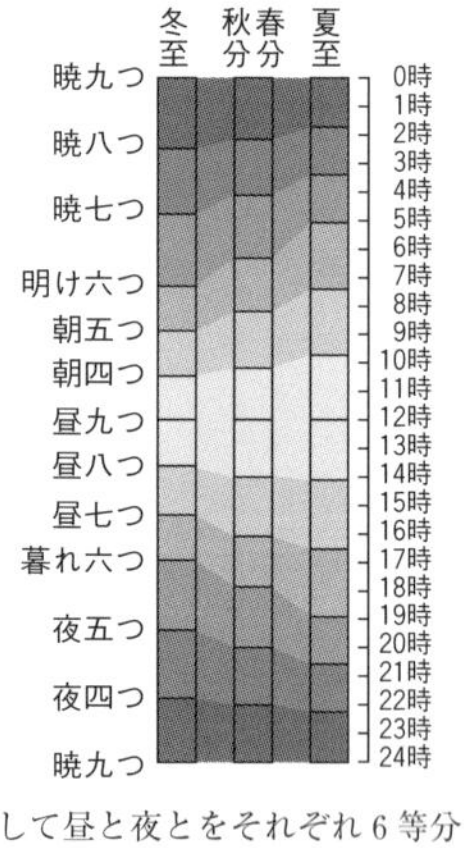

江戸時代、民間で行われた時刻法は不定時法といい、夜明けと日暮を境として昼と夜とをそれぞれ6等分したがその間隔は季節によって変動した。上記の表は夏至・春分（秋分）・冬至の時刻を示したものである。